U0677278

吕世伦法学论丛

· 第四卷

当代法的精神

The Spirit of
Contemporary Law

· 吕世伦　著

黑龙江美术出版社
Heilongjiang Fine Arts Publishing House
http://www.hljmscbs.com

图书在版编目（CIP）数据

当代法的精神 / 吕世伦著 . —— 哈尔滨：黑龙江美术出版社， 2018.4

（吕世伦法学论丛；第四卷）

ISBN 978-7-5593-2688-1

Ⅰ . ①当… Ⅱ . ①吕… Ⅲ . ①社会主义法制—研究—中国 Ⅳ . ① D920.0

中国版本图书馆 CIP 数据核字 (2018) 第 074974 号

当代法的精神
The Spirit of Contemporary Law

著　　者 /	吕世伦
出 品 人 /	金海滨
责任编辑 /	赵立明　王宏超
编辑电话 /	（0451）84270530
出版发行 /	黑龙江美术出版社
地　　址 /	哈尔滨市道里区安定街 225 号
邮政编码 /	150016
发行电话 /	（0451）84270514
网　　址 /	www.hljmscbs.com
经　　销 /	全国新华书店
制　　版 /	黑龙江美术出版社
印　　刷 /	杭州杭新印务有限公司
开　　本 /	710mm×1000mm　1/16
印　　张 /	30.25
版　　次 /	2018 年 4 月第 1 版
印　　次 /	2018 年 5 月第 1 次印刷
书　　号 /	ISBN 978-7-5593-2688-1
定　　价 /	197.00 元

本书如发现印装质量问题，请直接与印刷厂联系调换。

吕世伦法学论丛

• 第四卷

当代法的精神

The Spirit of
Contemporary Law

• 吕世伦　著

黑龙江美术出版社
Heilongjiang Fine Arts Publishing House
http://www.hljmscbs.com

图书在版编目（CIP）数据

当代法的精神 / 吕世伦著 . —— 哈尔滨：黑龙江美术出
版社， 2018.4
（吕世伦法学论丛；第四卷）
ISBN 978-7-5593-2688-1

Ⅰ.①当… Ⅱ.①吕… Ⅲ.①社会主义法制—研究—中
国 Ⅳ.① D920.0

中国版本图书馆 CIP 数据核字 (2018) 第 074974 号

当代法的精神

The Spirit of Contemporary Law

著　　者 / 吕世伦
出 品 人 / 金海滨
责任编辑 / 赵立明　王宏超
编辑电话 / （0451）84270530
出版发行 / 黑龙江美术出版社
地　　址 / 哈尔滨市道里区安定街 225 号
邮政编码 / 150016
发行电话 / （0451）84270514
网　　址 / www.hljmscbs.com
经　　销 / 全国新华书店
制　　版 / 黑龙江美术出版社
印　　刷 / 杭州杭新印务有限公司
开　　本 / 710mm×1000mm　1/16
印　　张 / 30.25
版　　次 / 2018 年 4 月第 1 版
印　　次 / 2018 年 5 月第 1 次印刷
书　　号 / ISBN 978-7-5593-2688-1
定　　价 / 197.00 元

本书如发现印装质量问题，请直接与印刷厂联系调换。

探索理论法学之路

（总序）

《吕世伦法学论丛》出版了,此亦垂暮之年的一件快事。值此之际,几十年求法问道的点点滴滴,学术历程中的风风雨雨,不免时常浮现脑海,思之有欣慰也有嘘唏。当年如何与法学结缘而迈入法学的门槛,在浩瀚的法学领域中如何倾情于理论法学,理论法学的教学与研究中所经历的诸般坎坷与艰辛,对自己平生言说作文的敝帚自珍之情,如此等等,都时常萦绕心间。借这套书出版的契机,整理一下思绪,回首自己的学术人生,清贫守道,笔砚消磨,个中冷暖甘苦,或可絮叨一二,喟然叹曰:"著书撰文求法意,一蓑烟雨任平生。"

一、"我是中国人"的觉醒

我的法学之梦是在一种极为特殊情况下形成的。本人出生于甲午战争后被日本军国主义侵占的大连地区。少年时期读过不到两年的私塾,先是接受童蒙类的教育,继而背诵《论语》《唐诗三百首》等。稍长便开始翻看一些信手拈来的古典小说如包公、彭公、施公"三案"书,当代文学小说,"四大才子书"等。尽管很多地方似懂非懂,但读书兴趣愈发深厚,颇有贪婪的劲头。彼时追求的是知识,与政治无关。进小学不久,太平洋战争爆发,学校里不准孩子讲中国话,只许讲日语(叫"国语常用"),否则便会遭受处罚;每周除了上几堂日语会话之外,其余时间便是军训,种地,四处捡废铁、骨头和采野菜,支援"大东亚圣战"。社会上传播的声音,一方面是因不堪忍受横征暴敛、苦工奴役、饥寒交迫、恐怖虐杀而引起的怒吼,另一方面是关内尤其是隔海相望的山东不断流进八路军率领群众抗日壮举之类所引起的欢呼。大连地区迅速变成一座即将爆发的反日火山。我们中间,也与日俱增地盛传鬼子兵必败的消息,背地里玩着诅咒日本的各种游戏。对我来说,这是头脑中第一次萌发反抗外敌压迫的观念。

1945 年 8 月 15 日,我的心灵受到从未有过的巨大震撼,因而这一天成为我永生难忘的日子。那天,我亲眼看到的历史性场景是:上午,日本宪兵、警察及汉奸们还在耀武扬威,横行霸道,民众敢怒不敢言地躲避着他们;而正午 12 点,收音机特别是街心的高音喇叭突然播出"裕仁天皇"宣布日本无条件投降的颤抖声音。顷刻间,人们蜂拥而出,塞满街巷,议论着、欢呼着,脸上挂着喜悦、激动的泪花。大连 42 年被殖民地化和民众被"亡国奴"化的耻辱,一洗而净。大约半个小时之后,鼎沸的人群中响起一片"报仇的时候到了""抓狗腿子去"的喊叫声,瞬间大家三五成群地分散奔跑而去。我们几个小朋友也兴冲冲地尾随大人们四处颠簸,眼瞅着一些又一些"狗腿子""巡捕"从各个角落被揪出来示众和推打;一些更胆大的人则手持棍棒,冲进此前唯恐躲避不及的"大衙门"(警察署)和"小衙门"(派出所)拍桌子、缴枪,而这些往日肆无忌惮的豺狼们,则个个瑟瑟发抖,交出武器,蹲在屋角,乞求给一条活命。

"八一五"这天上、下午之间的巨大反差和陡然引爆的空前的中华民族大觉醒,对我有着决定性的影响,就是使我确切知道了自己是一个中国人。追想起来,几世代大连人的命运,是那样难以表达的不幸。从我懂事的时候起,总听到老人们念叨:"这世道,大清国不回来就没个好!"这是由于他们所经历的是大连被沙皇俄国和日本占领,不知道有个"中华民国",也不知道有个大人物孙中山,而一直没有忘记自己生下来就是"大清国"的子民。

行文至此,我不禁忆起1944年冬天遇上的一件事:一天下午,金州城东街一个墙角处,有位衣衫褴褛、踏着露出大脚趾的鞋子的醉汉坐在地上晒太阳。不一会儿,迎面走来个腰挂短刀的日本警察,用大皮靴狠狠地踢他,问"你是什么人?"汉子被惊醒,连忙回答:"我是中国人。"那警察更凶恶地继续踢他,说:"我要踢的就是中国人!"汉子赶快改口说:"我是满洲国人(指伪满人)。"警察也说不对。汉子显得不知如何应答,便冒出一句:"我是日本人。"警察轻蔑地反问:"你够格吗?!"还告诫:"记住,你是洲人。"(当时日本把大连地区叫做其所属的"关东洲")"洲人",这个怪诞的称呼,包含多少令人心酸苦楚的蕴意。其时,我脑际里随即浮现一种强烈的感受:做一个中国人,做一个有尊严的中国人是多么艰难,又多么值得珍惜啊!

二、马克思主义的启迪

日本投降之后,大连地区一天之间变成无人管理的"无政府"状态。此时,出现了大多数人以前未曾说过、处于秘密状态的共产党与国民党两股力量的争夺战。街墙上贴满红红绿绿的条幅,红色的歌颂共产党、毛主席、八路军,绿色的歌颂国民党、"蒋总裁"、"中央军"。有识者解释,这叫"标语"。1945年8月22日,在居民的欢迎下,苏联红军进驻大连,社会秩序有了个支撑点。但苏军却并不怎么管事,其欠佳的纪律又造成新的秩序问题。当时,更醒目的现象是,猛烈的意识形态争夺战展开了。一方面,莫斯科国家外文出版局中文版的马列书籍大量输入,而且大都是漂亮的道林纸的精装本,堆满街道,几乎不要用钱购买。其中,我印象最深的有《马克思恩格斯选集》《列宁文选》(上、下集)、斯大林的《列宁主义问题》《联共(布)党史简明教程》及《1936年苏联宪法》(又称"斯大林宪法")等,还有不少马克思主义经典著作的单行本。继而是刚刚闭幕的中共"七大"文献,如毛泽东的《论联合政府》、刘少奇的《论党》、朱德的《论解放区战场》。另一方面，国民党则以"正统"自居，兜售蒋介石的《中国之命运》和一个日本人写的《伟大的蒋介石》等几本书。当时，我面对这些令人眼花缭乱的各类书籍，感到非常好奇，尽力收集，而且勤奋阅读，细心琢磨。不用说，许多东西看不懂，但慢慢也大概知道什么叫马克思主义、列宁主义、社会主义与共产主义；而毛泽东的著作通俗易懂，讲的又是中国的事，读之更觉亲切。当然，作为一种先进的博大精深的意识形态体系，不会那么容易就能把握，遑论尚处在幼稚时期的人。但我确信它是真理，内心里希望追随它。由于这个缘故，便自觉地按照中共党组织的号召行事。当时主要围绕三个主题进行宣传活动：第一，拥护党组织领导的"人民政府"；第二，中苏友谊，向苏联"老大哥"学习；第三，解放战争的胜利。我还曾参加过金洲皮革厂"职工会"的成立工作，在城墙上刷大标语，在北城郊"山神庙"的外墙壁上办黑板报。1947年进入中学之后，担任校学生会学习部部长与校通讯组组长，组织各年级喜欢写作与思想进步的同学，以消息报导、文艺小品或散文等形式，给大连地区各报刊撰稿，宣传党的政策。自己先后在《旅大人民日报》《民主青年》杂志及苏军司令部机关刊物《实话报》（即《真理报》的另一种中文译名）和《友谊》杂志等发表数十篇文章。

这一时期，由于读马列书籍引发了对理论的兴趣，我逐渐尝试写点小型评论，如对"生产力要素"的讨论、评维辛斯基联大演讲"原子弹已不再是美国专有的"，等等。使我无法忘记的是，从那时起，我已开始申请加入仍没公开的中共党组织，但因为出身家庭非工人、贫下中农而未遂愿，只能于1948年春加入"东北青年联合会"。就读高中期间，作为校党支部培养的"积极分子"，我担任"党的宣传员"，每周六下午到低年级各班讲解政治时事。我继续利用课余时间为报刊撰稿，获得过优秀作品奖。临近毕业，按照组织分配，经过简单的培训，我成为大连中学的一个教师。我讲授的是政治课，主要内容包括介绍毛主席和列宁、斯大林著作里的一些政治观点以及中国人民政治协商会议《共同纲领》。在《共同纲领》的备课与授课中，我认真比照那本一直保留着的《1936年苏联宪法》，这是平生第一次关注到法律问题，并对它产生了兴趣。后来还翻阅过新中国成立初期为数很少的几个立法文件。从此，我对政治理论方面的爱好逐渐同法学理论融汇起来，自此终身行走于这条专业道路。

三、正式迈入法学之门

1953—1957年，我在中国人民大学法律系读本科。因为学法律是当初报考的第一志愿，所以学起来很带劲。客观上，这四年恰逢国家处于完成国民经济恢复，转向全面进入社会主义经济建设的新阶段，因而猛烈的政治运动较少，大学生们能安稳地学习专业。通过一批青年老师的热心教学，学生系统掌握到苏联专家传授的苏维埃法学理论；有的老师还尽量做到联系当时中国法律的实际。除了课堂教学以外，还有较长时间到法院、检察院、律师所实习，来应用所学的东西。此间，令学生们获益匪浅的马列主义基础(《联共(布)党史》)、中共党史、哲学、政治经济学这"四大理论"课,对确立与强化未来一代法学家和法律实务家的马克思主义世界观与方法论起到重要作用。确实,离开这种世界观与方法论,很难称之为社会主义国家的法学。我热衷于理论法学的学习与研究,与此有重要联系。

本科毕业后留校任教,我选择了法理专业。十分遗憾的是,恰好从1957年起,政治运动浪潮一个又一个地滚滚而来。反右派,高举"三面红旗"(总路线、大跃进、人民公社),反右倾机会主义,"四清",社教,直至十年之久的"无产阶级文化大革命"。显而易见,这么一来,留给教师们教学与科研和学生们课业学习的时间,几乎化为乌有了。即令断断续续上一些课,皆是重复政策性的内容而且每门课彼此相差不多,即"党的领导"与"群众路线";对立面便是批判"右派"观点。这种情况同1958年中央北戴河会议有很大关系。当时,中央一位领导人说:"什么是法?党的政策就是法,党的会议就是法,《人民日报》社论就是法。法律不能解决实际问题,不能治党、治军,但党的政策就能解决问题。"另一位领导人补充说:"我们就是要人治,不是什么法治。"接着,各层级的领导干部便迅速传达和贯彻首长讲话的精神。我们教师正是以这种"人治"思想为指导,国家的宪法和为数不多的几部立法也被淡化了。

1958年开展了"大跃进"运动,法学研究也跟着"大跃进"。法理方面,撰写《论人民民主专政和人民民主法制是社会主义国家的锐利武器》(出版前,作为兼职党总支学术秘书,我建议改为《论人民民主专政和人民民主法制》);刑法方面,撰写《中华人民共和国刑法是无产阶级专政的重要工具》;刑事诉讼法方面,撰写《中华人民共和国司法是人民民主专政的锐利武器》。其中都突出"专政",而社会主义法制如何保障和发扬社会主义民主则没有得到应有的研究与阐发。至于民法和民事诉讼法,因对私有制与私有权利的恐惧,没有出版教科书,也很长时间不开课。司法中的"重刑轻民",在学校中亦有明显的反映。事实证明,用政策替代法律、以"无法无天"的群众政治运动当作治国基本方略、讲专政不讲或少讲民主、重权力轻权利、重刑事法轻民事法,把法律程序说成是"刁难群众"等,皆同人治思想密不可分。

此外,当年还曾出现过的一种情况是,反右派之后,为配合批判资产阶级观点,还搞了一段时间的"教学大检查"。即发动每个学生仔细翻看课堂笔记,查找"错误"观点,然后写大字报贴在学生宿舍楼侧的墙壁上公示。例如,一些大字报认为"人情""爱情"这类字眼是"不健康"的,把自由、平等、人权、人性等词说成是资产阶级或右倾的,甚至个别大字报上说"人民"的提法也"缺乏阶级性"。在这种出口即错、动辄受咎的情况下,教师便难于登讲台;要讲,只能念中央文件和首长讲话。至于撰写文章,更令人不安:多一事莫若少一事,与其挨批判不如落个清闲自在。在国际间法学信息交流方面,新中国成立之后,来自国外的图书资料已基本上见不到,但毕竟尚有苏联的东西可谈。比如,我们能订阅到《苏维埃司法》等杂志。1959年中苏交恶,读俄文资料的机会也失去了。之后,除需要批判右派言论、右倾机会主义、资产阶级法律思想之外,当然还需要批判苏联修正主义,法学的政治螺丝拧得更紧了。简言之,随着政治运动不断升级,尤其是十年"文革"的暴风骤雨,"知识无用"论、"资产阶级知识分子统治学校"论,以及"四人帮"倡导学生反对教师、"交白卷"等,不一而足。

我之所以回忆这些,不光是表明此二十余年间自己成长的客观环境与条件,更重要的是要总结在这样的环境与条件下自己的法学思维受到哪些影响。从积极方面说,它确实不断地强化我对党的领导、社会主义道路的信念。从消极方面说,主要是"极左"思想的影响。这些在我的讲课和撰写的文章中,都不乏明显的表现。

毛主席从来强调学习马列,在"运动"中尤其如此。学马列很投合我的喜好。在长期坚持翻读马克思主义经典著作的基础上,又加上系统的"四大理论"和国家与法权理论等课程的培养,我在法律系讲坛所授第一课便是"马列法学著作选读",对象包括本科生和研究生班。这些法学著作有:毛泽东《新民主主义论》《论人民民主专政》,马克思、恩格斯《共产党宣言》《法兰西内战》,列宁《国家与革命》等。可以说,我备课认真,讲课严谨。如,为了讲《国家与革命》,除广泛查阅国内资料之外,还看过苏联和日本出版的相关书刊,一般都做笔记或摘要。日本共青团(左派)机关报《青年战士》登载的长篇论文《〈国家与革命〉研究》,我甚至全部译出。凑巧的是,"文革"中人民大学解散,我被分配到北京医学院宣传组,仍然负责学院和各附属医院领导干部(也包括"工宣队""军宣队"负责人)学习马列著作的讲授工作。虽然这个讲授说不清有几多效果,但我本人是负责任的,积累下一大堆资料和手稿。

在法律科学研究方面,我深知一个理论法学教师欠缺扎实的学术功底是难以胜任的。这就需要以多读书、勤思考为依托,并训练撰写论文。1958年,我作为法律系科研秘书,不仅要定期向最高人民法院和司法部报告系内学术动态,还在《法学研究》杂志上发表相关的通讯报道。在1959—1961年三年经济困难期间,党组织要求师生尽量多休息,"保证身体热量",因而"运动"也暂时中止。

新中国成立后,党中央一直强调批判资产阶级法律观。因此,平时我经常考虑,要批判就必须弄清其对象究竟是个什么情形,否则就会陷于尴尬的境地。鉴于此种想法,我便集中力量阅读或复读西方法学名著以及法律思想史类的图书,觉得心得不少,制作了许多卡片,对西方法律思想史滋生了浓厚的兴趣。1963年4月,我在《人民日报》理论版发表《为帝国主义服务的自然法学》,继而在该报内部刊物发表《美国实在主义法学批判》。可以想见,在当时对发表文章存在恐惧心理的法学界,载于中央机关报上的这篇文章不免产生一些震动。自不待言,在那种"极左"大潮下,作者亦备受影响,从两篇文章的题目上就可看得出来。翌年,我又在《人民日报》国际版上发表了一篇关于美国儿童状况的政治短评。"文革"前夕给《光明日报》撰写《读列宁〈国家与革命〉》论文,打过两次清样,报社方面也收到人民大学党委宣传部"同意发表"的回复。但是,"文革"凶潮突然袭来,报社编辑部也被"造反",那篇论文亦不知所踪。此前,我还曾与孙国华教授合作,在《前线》杂志上发表《国家与革命》讲座文章。1958年,《苏维埃司法》杂志刊载《美国人谈美国司法制度》论文,我读完后便顺手翻译出来,并在1959年春《政法译丛》上发表。同年,从苏联归来的朋友送给我一本《苏维埃刑法中的判刑(函授教程)》小册子,以为颇有新意,便翻译出来交人民大学出版社打印。在日文资料方面,除前面提到的研究列宁《国家与革命》的论文外,还翻译过《现代法学批判》一书;该书重点是对西方和日本新兴起的"计量法学"的社会法学思潮的系统评论,国内尚没有介绍过。

四、后半生的理论法学探索

终于熬过漫长的十年"文革",国人无不欢欣。1978年,十一届三中全会提出"改革开放"新政策,使社会主义中国社会、经济、文化和科学焕发勃勃生机,亦为法治建设和法学繁荣创造空前有利的条件。邓小平深刻总结新中国成立以来成功的经验与失误的教训;提出始终以经济建设为中心,实行民主的制度化、法律化,大力建设社会主义法制,提出"有法可依,有法必依,执法必严,违法必究"十六字方针;提出近期需要培养一大批法官、检察官、律师。这就为中国社会主义法学的发展开拓了坦途。我的法学生涯由此而发生巨大的转折与提升。党中央倡导解放思想与实事求是的精神,使我倍加注重独立思考,走学术创新之路,理论思维与方法亦有颇大改变。与此相应,教学与科研的热情与进取心更加高昂。

我开出的课程,先后有:本科的西方法律思想史和全校法学概论,硕士生的法理学、现代西方法哲学、黑格尔法哲学、马列法学原著选读,连续多年为法学院和全校博士生进行法学专题讲座。此外,应邀为中国政法大学前五届研究生和西北政法大学(当时称"西北政法学院")开讲"现代西方法理学"课程;为浙江大学分出来的杭州大学和安徽大学本科讲授西方法律思想史;为国内数十所高校及日本一桥大学、关东学院大学、山梨学院大学、立命馆大学等做过法学专题演讲。在吉隆坡,同马来西亚下议院副议长和前财长进行中国法学问题的交流。

近四十年来,在报刊发表法学论文300余篇。与授课情况相一致,科学研究的主题集中于三个方向,即:理论法学①、西方法律思想史与现代西方法哲学、马克思主义法律思想史。

(一)发表的主要论文

(1)理论法学的论文。第一,法的一般理论,其中除纯粹法理学②之外,还有法哲学、法社会学、法经济学、法政治学、法伦理学、法文化学、法人类学、法美学等边缘性诸

---

① 理论法学包括法的一般理论和法史学两大部分。但是,法史学内容广泛,涉及古今中外,故应把它从理论法学中分别开来,独成体系。
② 纯粹法理学指专门研究法律概念与规范的学科,也有西方学者称之为"法教义学"。

学科。在法学的这些学科领域中,发表的论文多寡不一,有的学科极少涉及。第二,在研写论文的过程中,每每重视紧密联系中国特色社会主义理论与国家建设,尤其法治建设的论文。其内容包括普法评论,党的政策与法,社会主义民主与法治,人治与法治(大辩论),法治与德治,人权问题,当代中国社会性质(社会主义社会还是契约社会),社会主义市场经济的法律精神,依法治国基本方略,根本法·市民法·公民法·社会法,以人为本的法体系,从法视角研究市民社会的思维进路,和谐社会与法,法治思维与法治方式,社会主义政治的制度化、规范化、程序化,法学的基本范畴(权利与权力、权利与义务、职权与职责),社会主义司法制度,廉政建设,国家主义与自由主义法律观评析,公平与正义,中国先贤治国理政的智慧等。

(2)有关西方法律思想史与西方法学家的论文。第一,对西方法学思潮研究的论文,涉及自然法学、人文主义法学、分析实证主义法学、社会学法学、历史法学、存在主义法学、行为主义法学、经济分析法学、功利法学、德国古典法哲学、新康德主义法学、新黑格尔主义法学、符号学法学、美国现实主义法学、斯堪的纳维亚现实主义法学、后现代法学、女权主义法学、种族批判法学等。第二,对西方著名法学家的研究论文,包括托马斯·阿奎那、孟德斯鸠、卢梭、斯密、休谟、康德、黑格尔、费希特、彼得拉任斯基、杜尔克姆、赫克、马里旦、德沃金、拉德布鲁赫、布莱克等。第三,对西方政治法律制度的评论,包括政党政治、三权分立、选举制度、司法制度及现代西方主要政治思潮。

(3)马克思主义法律思想史和马克思主义经典著作的研究论文。第一,马克思、恩格斯法律思想研究,其中包括:马克思、恩格斯法律思想史教学大纲,马克思、恩格斯法律思想的历史轨迹,马克思主义与卢梭,马克思主义法哲学论纲,《黑格尔法哲学批判》中的法律思想,《德意志意识形态》中的法律思想,《共产党宣言》中的法律思想,《资本论》及其创作中的法律思想,《路易·波拿巴的雾月十八日》中的法律思想,《反杜林论》中的法律思想,《家庭、私有制与国家的起源》中的法律思想,恩格斯晚年历史唯物主义通信中的法律思想。第二,列宁法律思想研究,其中包括:列宁法律思想史的历史分期,列宁社会主义法制建设理论与实践,《国家与革命》中的法律思想,列宁民主法治思想。第三,毛泽东、邓小平法律思想研究,其中包括:毛泽东民主、法制思想研究,毛泽东湖南农民运动时期的法律思想,邓小平中国特色社会主义法律理论解读,邓小平民主法制思想解读,邓小平民主法治思想的形成与发展。

(二)出版的法学著作

自人大复校以来,出版法学专著40余部,其中不含主编的"西方法学流派与思潮研究"丛书(23册)、"西方著名法哲学家"丛书(已出20册)。

(1)理论法学著作。包括:《法理的积淀与变迁》《法理念探索》《理论法学经纬》《社会、国家与法的当代中国语境》《当代法的精神》《法学读本》《以人为本与社会主义法治》(司法部法学理论重点项目)、《法的真善美——法美学初探》(国家社科基金项目)、《法哲学论》(教育部人文基金项目)等。

（2）马克思主义法律思想史著作。包括：《马克思恩格斯法律思想史》（初版与二版，国家第一批博士点项目）、《列宁法律思想史》（国家社科基金项目）、《毛泽东邓小平法律思想史》、《马列法学原著选读教程》等。

（3）西方法律思想史著作。包括：《西方政治法律思想史》（教程）、《西方政治法律思想史增订版》（上、下）、《西方法律思潮源流论》（初版与二版）、《西方法律思想史论》、《黑格尔法律思想研究》、《现代西方法学流派》（上、下）、《当代西方理论法学研究》等。

（三）论著的意义与创新

尽管我在学术上执拗地努力，并出版了若干本著作和发表了一批论文，但表达的多属平庸之言。然而近几年来，经常有人尤其学生，非让我谈"学术成就"。每逢这种情况，我总是闻而生畏，设法回避，但有时又不允许我闭口不说。在这里，就把我考虑过的和别人概括的看法略示如下，就算是对自身的一点安慰吧。

（1）马克思主义法律思想史"三部曲"，是国内率先出版的著作①。该书的策划、研写和出版的过程，长达30余年之久。作者们埋头于马克思主义经典作家们浩瀚的书海中，竭尽全力进行探索才得以成书；每出一本著作皆需耗时数年。其中《马克思恩格斯法律思想史》（一版）在市场上销售告罄之后，又忙于出修订版（二版），也很快售完。直至近几年，仍陆续有人向出版社或主编索取该书。可以看出，它是备受欢迎的。当然，"三部曲"的主要意义并非在于其出版早的时间性，而在于能够帮助读者特别是从事法学研究的读者系统地了解马克思主义经典作家们有关法学的基本观点与其发展的历史脉络，并以之作为思考法律现象和问题的指导思想。平素间，亦可作为阅读或查阅马克思主义法学经典著作的得力的工具书。

（2）我在研究西方法律思想史的历程中，一个新的起点便是与谷春德教授一起编写的《西方政治法律思想史（上、下）》的教程。这是高等学校恢复招生之后面世的国内第一部西方政治法律思想史教程，因而产生了广泛的影响力。此后，我主持编写了关于西方法律思想源流、现代西方法学流派、现代西方理论法学和两套"丛书"，以及与此相应的一批论文。这些著作与论文，有些属于论述性的，有些属于评介性的。对于读者来说，或者用于教材，或者作为理论观点的参考，或者当成资料，都有一定的意义。

在这些著作中，需要专门说一下《黑格尔法律思想研究》，它开创了国内研究黑格尔法哲学之先河。我国黑格尔研究泰斗贺麟先生在《光明日报》上发表的书评里写道，该书"熔哲学与法学于一炉，可以说填补了黑格尔研究的一个空白"。

（3）《法的真善美——法美学初探》，是我用三年时间同博士生邓少岭探讨国内外均涉足颇少的问题，遑论法美学学科。此间，我们发表多篇相关的学术论文，并在这个

---

① 喜见2014年11月公丕祥、龚廷泰二位教授主编的《马克思主义法律思想通史》四卷本已出版，该书比我们的"三部曲"更为详尽与深刻。

基础上凝结成一部专著。它获得学界的赞许,还获得司法部的奖励。

(4)《法哲学论》。参与写作者有文正邦教授及张钢成、李瑞强、吕景胜、曹茂君等博士,亦系国内头一部系统阐发法哲学的作品。全书分为本体论、法价值论和法学方法论三部分,有青年学者对此研究分类持不同意见,这是令我高兴的好事。从总体上说,该书自成一体,有独立见解,而且引用率较高。

(5)论著中的主要创新观点。

第一,关于民主、法治问题。在法治与人治的大辩论中,我与合作者发表《论"人治"与"法治"》一文,力主法治,并有说服力地解释了"人治论"和"人治法治综合论"的偏颇。《人民日报》以"不给人治留有地盘"为题,转载了论文中的基本观点。在民主问题的讨论中,我率先提出政体意义上的民主和国体意义上的民主的区别,指出前者属于形式民主或程序民主,后者属于实质民主或实体民主,该观点得到普遍的认同。

第二,从法的视角阐发社会主义社会与市民社会的关系。我在《市场经济条件下的社会是怎样的社会》《"从身份到契约"的法学思考》《市民法·公民法·社会法》《"以人为本"的法体系》①等论文中指出:在现今的我国社会,社会主义属性是本体性的,而市民社会是从属性的;社会主义社会是"有契约的社会",而非等同于西方19世纪的"市民社会"或"契约社会"。

第三,批判国家主义与自由主义的法律观。我认为,马克思主义法律观是通过批判这两种法律观,或者说通过这两条战线的斗争而形成的。沿着这样的思考,对西方的政党政治、三权分立、选举制度进行批判性研究的同时,也对国家主义进行系统的探索,揭示了国家主义法律观的几个基本特征,即"重国家、轻社会,重权力、轻权利,重人治、轻法治,重集权、轻分权,重集体、轻个体,重实体、轻程序"。无疑,这种理论探索对我国民主与法治建设是有重要意义的。

第四,人权观点。从20世纪90年代初我国正式宣布"人权保障"伊始,便流行"主权是人权的前提和基础"的命题,而且把它当作不容争辩的真理。我在仔细考察马克思、恩格斯和列宁的人权思想之后,辩证地分析该命题。在《人权研究的新进展》论文中,我指出:从国家主权对国内人权的管辖、反对西方国家人权话语霸权和保护国家主权的独立性而言,这个命题是可取的。不过,从权力(主权)与权利(人权)二者基本关系方面来说,这个命题则是不正确的、不可取的。因为,在民主国家尤其社会主义国家奉行"人民主权"论,权力(主权)来自权利主体的人民并且是以服务人民权利为目的的,即通常所说的"人民当家作主"。所以,权利应当是权力的前提和基础。文中所讲的结论和基本论据均出自马克思主义经典作家的指教,是经过历史实践验证过的真理。这种论述尽管引起一阵"风波",但最终还是被广泛地默认,以至于很少有人再提

---

① 后三篇论文系与任岳鹏博士合写。

起那个命题了。后来,我又发表《权利与权力关系研究》①一文,进一步强化前述观点,具有很强的说服力与启发性。

于今,我已是80岁的老迈之人。回顾过往时日,自知碌碌无功,但却没有枉费宝贵的光阴。时至今日,倍感欣慰者有二:一是,目睹一茬又一茬学士、硕士、博士学成离开,并各有所长、各有作为,在各个岗位上为中华民族伟大复兴的梦想而奉献力量。二是,眼下幸运地逢到一个机会,将自己一生在理论法学方面的重要论著(其中许多得益于合作者的启发与帮助)予以系统整理和付梓。这是对个人学术经历的一个回顾,也希望可以得到更多的批评和指教。

在此选集的策划出版过程中,史彤彪、吕景胜、冯玉军、李瑞强、任岳鹏等多位教授与博士以及北京仁人德赛律师事务所负责人李法宝律师,对拙作的出版事宜先后予以大力的支持和帮助。拙作的出版资助款来自一直关心我的学生和学友以及南京师范大学法学院、南京审计学院法学院。我的2000级学生王佩芬为拙作出版的各项繁杂工作,陆续付出一年有余的心力和辛苦。这里,对于前列的相关人士与单位,一并表示深深的感谢,并铭记于怀。

吕世伦
2018 年 5 月

---

① 与宋光明博士合写。

第四卷出版说明

本书是作者近十年来在学术杂志上发表过的论文汇集而成的,其中包括研究中国特色社会主义法律理论产生、形成及其理论渊源,以人为本的和谐社会与法治的互动关系,当代理论法学思维范式的相关学科、法学基本范畴、法律的实质体系、司法以及西方法哲学等问题。这些论述对于探讨和思考当前法治中国建设的理论问题,是颇有意义的。

本书原由武汉大学出版社出版于 2013 年 11 月。此次编集,在原版的基础上订正了个别错误,其他一仍其旧。

编 者
2018 年 5 月

前　言

一、"当代法精神"释义

古今中外,任何一位法哲学家都不可避免地有其关于"法的精神"的理解与说辞,它是人们周知的。至于把法精神当做专门术语并加以全面、系统阐发的,则是17—18世纪启蒙思想家孟德斯鸠。他的名篇《论法的精神》中指出,"法是事物的性质产生出来的必然关系"。他认为法不是从自身产生出来的孤立的存在,而总是与一定社会历史和现实关系、人文状况及自然环境密不可分。讲到法外在形式的特定国家法律,书中指出,它必须反映国家整体情况同国家政体性质与原则相适应、同国家的自然条件相适应、与政制容忍的自由程度相适应、法律之间(包括立法目的、秩序)相互适应,综合五大"关系"便构成"法的精神"。但是,法律这诸多外在关系及法律反映的多重要素,严格说来还不是法的精神,仅是法精神之渊源。法精神是法自身的内在属性,是抽象的观念物。所以,孟德斯鸠进一步说明,法精神就是"人类的理性"。然而,这种概括同大多数启蒙学者一样,又显得过于模糊。

拙作"当代法的精神"之命名,是把当代世界多国法精神作为参照,以研究当代我国法的精神为主轴。孟德斯鸠说得好,每个国家的法精神皆不相同,甚至每个国家不同历史时期,其法精神也有差异。从改革开放以来,不断成长起来的中国特色社会主义理论是国家总体的指导思想。它是马列主义、毛泽东思想的传承与发展,全国人民在党领导下艰苦奋斗经验和智慧的结晶。当代中国法的精神必然蕴含于中国特色社会主义理论之中。唯有遵循这一科学理论并在其启迪之下,才可能捕捉与把握中国法的精神。

那么,当代中国法的精神,最主要的有哪些方面?第一,以人为本的精神。与着眼于物(金钱)的自由主义不同,马克思主义创立伊始就追求人的解放和全面发展,实现人的主体性、能动性和创造性,让国家为人民服务,并依靠民众建设国家。第二,解放和发展社会生产力的精神。邓小平定义社会主义的时候,首先是强调解放和发展社会生产力。江泽民的"三个代表"中的第一要义也是"代表先进的生产力"。只有如此,方能为社会和人民生活夯实雄厚的物质基础。第三,公平正义的精神。这原本是社会分配利益的道德标准,给每个人以应得的,包括分配正义、交换正义和矫正正义。分配者公允、不偏不倚,接受分配者和他人感到合理。但它也是国家政治法律生活的一项重要原则。经验证明,资源和利益分配特别需要关注向社会弱者倾斜,走共同富裕之路。

第四，民主的精神。社会主义国家有别西方传统民主制，实行新型民主制。那就是党的领导下的人民当家作主。其中最重要的是人民普遍参与国家事务，包括民主选举、民主决议、民主实施、民主监督。第五，和谐的精神。秩序是法的基本价值之一。和谐不仅包含秩序也超越秩序，表现人与人之间的诚实信用、宽容、合作和团结。第六，环境友好的精神。根据"天人合一"法则的要求，人类应当用战略眼光看待自然，把向大自然的索取与保护大自然、维护生态环境两者协调起来，使人类有个美丽、舒适的家园。在这方面，近代以来已有大量的、残酷的教训，是必须吸取的。第七，科学发展的精神。发展是硬道理，但并非盲目和任意的发展。按照胡锦涛指出的科学发展观，发展应当全面、均衡、可持续地进行。全面，即在空间上发展包括社会、经济、政治、文化、生态及人口等各领域；均衡，即在横向关系上多领域的发展要互相协调、比例恰当；可持续，即在时间上前后衔接、涨缩有度、调节有序、源流之间没有中断。可持续也含代际关系，使下一代人比这一代人活得更好。第八，法治的精神。习近平在首都各界纪念现行宪法公布实施30周年大会上指出，坚持"法治国家、法治政府、法治社会一体建设"。还特别强调宪法对坚持党的领导、正确行使权力和保障权利、自由、平等的重大意义。这就意味着，离开国家根本法的宪法是不会有法治的。

二、近十年的求索

长期以来，笔者的理论法学研究重心是马克思主义法律思想史，与此并列的还有西方法哲学，尤其是现代西方法哲学。不论是哪一方面，都紧密地联系中国当代现实进行思考，不做空洞的文章。自邓小平改革开放政策之提出，经过几代党中央领导集体的努力，新经验不断积累，特别是实践经验，中国特色社会主义理论已形成一套宏伟而深邃的理论体系。这30多年来，我在思想理论上的关注和思考，就是沿着中国特色社会主义理论产生、形成和发展的轨迹运行的。需要指出，这种研究秉持的原则和方法是独立的、有自己新意的。不做非学术的注释性的功课；尽力排除"文革"及以前那种"革命大批判"式的、简单粗陋的学风（这是上一代学者做得太多因而现今太厌恶的学风），认为学术上的宽容是一种美德；敢于面对传统的那些扭曲形态的所谓马克思主义观点，忠实马列先贤的本来意思（但这要求下苦工夫反复阅读与理解原著）；不能不动脑筋地采用不符合中国国情和大变动世情的西方思想理论和制度，但不排除而且需要借鉴和吸纳那些科学的、合理的成分。确实，我的这些想法和做法曾经遭受过非难，但时间已证明错的不是我，而是非难者。

改革开放这30余年，笔者通过不停顿的探索，与周边学界同仁，尤其是与许多研究生相互切磋，发表过几百篇法学论文，后经整理和编辑成书出版。其中，第一卷为《法理的积淀与变迁》，674千字，法律出版社于2001年出版；第二卷为《法理念探索》，600千字，法律出版社于2002年出版；第三卷为《理论法学经纬》，918千字，中国检察出版社于 2004 年出版;现下的拙作即《当代法的精神》,为第四卷。

同期间,笔者出版的法学专著,在 2004 年吕景胜、付池斌、高中三位博士主编的《法学理论前沿——献给吕世伦教授七十华诞》(中国检察出版社)一书的"附录二",已按年次详细列出。

2004 年至今出版的专著有:①吕世伦、周世中主编的"司法部法治建设与法学理论"重点研究项目《以人为本与社会主义法治》,中国大百科全书出版社于 2006 年出版;②吕世伦主编、严存生副主编《西方法律思想史论》,商务印书馆于 2006 年出版;③吕世伦主编、王振东副主编《西方法律思潮源流论(第二版)》,中国人民大学出版社于 2008 年出版;④吕世伦著《社会、国家与法的当代中国语境》,清华大学出版社于 2013 年出版;⑤吕世伦著《当代法的精神》,武汉大学出版社于 2013 年出版。

此外尚有两套丛书,第一套是吕世伦主编的《西方法学思潮与流派丛书》(法律出版社 2005—2008),包括 23 本分册:①当代俄罗斯法学思潮(张俊杰著);②当代日本法学思潮与流派(陈根发著);③当代综合法学思潮(薄振峰著);④德国古典法哲学(曹磊著);⑤法西斯主义法学思潮(史广全著);⑥分析法学(徐爱国著);⑦功利主义法学(杨思斌著);⑧后现代法学(高中著);⑨经济分析法学(钱弘道著);⑩空想社会主义法学思潮(刘文著);⑪历史法学(程琥著);⑫批判法学(范季海著);⑬人文主义法学思潮(侯健、林燕梅著);⑭社会民主主义法学思潮(杨晓青著);⑮社会法学(孙文恺著);⑯神学主义法学(阎章荣、陈洪涛著);⑰西方马克思主义法学(任岳鹏著);⑱现实主义法学(付池斌著);⑲新黑格尔主义法学(卓英子著);⑳新康德主义法学(刘建伟著);㉑行为主义法学(胡震、韩秀桃著);㉒自然法学(鄂振辉著);㉓自由主义法学(王振东著)。

第二套是吕世伦、徐爱国主编的《西方著名法哲学家丛书》(黑龙江大学出版社 2009—　　),已出版 14 本分册,其余将陆续出版:①波斯纳:法律的经济分析(李霞著);②肯尼迪:批判法学的教皇(徐爱国等著);③哈贝马斯:协商对话的法律(任岳鹏著);④霍姆斯:法律实用主义(明辉著);⑤斯通:法的综合解读(薄振峰著);⑥庞德:通过法律的社会控制(王婧著);⑦卡多佐:司法传统的革新(陈浩著);⑧韦伯:社会法学理论(王振东著);⑨卢埃林:书本法不同于现实法(付池斌著);⑩埃利希:无主权的秩序(刘坤轮著);⑪马里旦:自然法的现代复归(杨天江著);⑫凯尔森:纯粹法理论(张友书著);⑬拉兹:法律权威的规范性分析(朱峰著);⑭富勒:法律与道德的追问者(李任著)。

三、夕阳絮语

沧海桑田,光阴催人老。遵循祖宗的习惯计算,我已是八十岁的人了。念及此,脑际便浮现出如何对待自己余生的这样一个现实问题。我觉得思考、对待和处理这件事,把人类先贤们的教诲作为参照,将会获益匪浅。当年孔夫子"不知老之将至";曹操曾发出"老骥伏枥,志在千里"的心声。在外国,拥有类似情怀者亦不乏其人。古罗马的西塞罗专门撰写过一本《论老年》的小册子,形象地说道:"青绿的苹果很难从树上掉下,熟透的苹果会跌到地上。""我认为接近死亡的'成熟'非常可爱。"晚近的哲学巨匠黑格尔更强调"密纳发的猫头鹰傍晚才起飞"。所有这些妙言巧喻,可以借唐朝李商隐诗中的两句来概括,即"夕阳无限好,只是近黄昏"。其中包含着极为深邃而又显而易见的矛盾观。一则是,对老年人来说,意味着他步入生命的顶端,有经年历久的经验积累,远见卓识的能力,以及由此凝结起来的智慧,因此是成熟的、美好的、可爱的。但另则是,同任何事物的运行逻辑一样,"顶端"又意味着下降的起点。青苹果生机勃勃地奔向成熟,而熟透的苹果却不免要坠落于地。随着年龄的增长,老年人躯体日渐衰落,机能下行,大脑皮质钝化,直至生命的泯灭。毛泽东主席在阐释庄子生命观时曾说,人的逝去是辩证法的胜利,应当庆祝,因为它预示新生力量的崛起。这是个抽象的宏观哲学话语,大道理。可是,在"人之常情"上,死亡包括老年死亡,总是被视为不幸的、值得悲伤的事。

仔细想来,对待老年的态度,我大抵属于乐观派。其根据是:第一,由于社会经济文化水平的提升,昔日"人生七十古来稀"的俗语显然是业已过时之判断,当今80岁以上高龄者的比率在大幅攀升,已不稀见。而像我之类刚刚迈入80年龄段的人,大多若同夕阳那样储存着一些"余辉"和"余热"可以释放。所以,即使气馁也还不到时候。第二,人的生命的延续,最重要的并非表现在个人(含杰出人物)自身的延续,而是表现在代际的延续。"长江后浪推前浪,一代新人换旧人",是社会发展的绝对法则。改革开放以来,亲身体验让我深深感悟到,逐日优良的条件不断地使新一代人超过前代人,加速推进强国富民的"中国梦"转化为现实。后生可畏,后生可佩——这恰恰是老年人应该借以自慰自娱的。今天,假如有人问我"你觉得一生中最大的幸福和快乐是什么",我会毫不犹豫地回答,那就是在60多年的教师生涯中看到了一批又一批学子朝气蓬勃地成长及为社会主义事业作出的多种贡献,他们在教育、科研、国家机关、律师所及多种实体经济诸多岗位上,普遍地能够严于律己、勤恳敬业、以诚待人,并颇有成就。每每想及这些,我总是难以掩饰激动的心情和会心的微笑。作为一位老人,我的幸福感主要奠基于此。

既来之,则安之。来之,这是客观事实,是不以老人自己意志为转移的;安之,是老人主观上应当把握的。

吕世伦
旧历八十诞辰于寓所

目 录|CONTENTS

第四篇　西方法哲学

第五篇　法学专著的简评及序跋

第一篇

中国特色社会主义法理论

邓小平中国特色社会主义法治理论解读

——纪念改革开放 30 周年

邓小平是建设有中国特色社会主义理论的伟大缔造者。作为邓小平理论重要组成部分的法治理论，是对马列主义法治理论的继承和发展，是在中国革命和建设过程中，深刻总结国际及国内历史经验教训的基础上逐步形成、发展和完善的。十一届三中全会以来，邓小平有中国特色的社会主义法治理论，成为中国新时期法制建设的行动纲领和重要指南。

理论之一：反对人治，主张法治

在中外法律思想史上，不乏法治与人治之争。这是两种根本对立的治国原则和方法。法治的关键是治国依法，主张以法律作为评判是非的尺度和准绳，提倡依法办事。人治的关键是治国依人的意志和权力，将国家的命运寄托于贤明的领导人，而不追求完善的法律和制度。我国在历史上曾长期存在过"依人不依法"的"人治"局面，邓小平认识到这种现象的危害，提出要进行政治体制改革，处理好法治与人治的关系。

（一）人治的表现及其危害

我国是人民民主专政的社会主义国家，根本政治制度是好的，但在"党和国家现行的一些具体制度中，还存在不少的弊端，妨碍甚至严重妨碍社会主义优越性的发挥"①。邓小平认为，从党和国家的领导制度、干部制度方面讲，主要的弊端就是官僚主义、权力过分集中、家长制、干部领导职务终身制及形形色色特权现象。

首先，官僚主义现象是大问题。邓小平认为，官僚主义是一种长期存在的、复杂的历史现象，它同我们长期认为社会主义制度和计划管理体制必须对经济、政治、文化、社会都实行中央高度集权的管理体制有密切关系。官僚主义的主要表现是："高高在上，滥用权力，脱离实际，脱离群众，好摆门面，好说空话，思想僵化，墨守成规，机构臃肿，人浮于事，办事拖拉，不讲效率……这无论是在我们的内部事务中，或是在国际交往中，都已达到令人无法容忍的地步。"②

---

① 《邓小平文选》（第 2 卷），人民出版社 1994 年版，第 327 页。
② 《邓小平文选》（第 2 卷），人民出版社 1994 年版，第 327 页。

其次,权力过分集中问题。邓小平在 1980 年的《党和国家领导制度的改革》一文中,明确提出"着手解决党政不分、以党代政问题"。他批评我们的各级领导机关都管了很多不该管、管不好、管不了的事,指出:"权力过分集中的现象,就是在加强党的一元化领导的口号下,不适当地、不加分析地把一切权力过分集中于党委,党委的权力又往往集中于几个书记,特别是集中于第一书记,什么事都要第一书记挂帅、拍板。党的一元化领导,往往因此而变成了个人领导","因为民主集中制受到破坏,党内确实存在权力过分集中的官僚主义……许多重大问题往往是一两个人说了算,别人只能奉命行事"①。这就必然要犯各种错误,损害各级党和政府的民主生活、集体领导和民主集中制。

再次,家长制问题。在党和国家民主生活中,家长制主要表现为实行个人决定问题、个人崇拜。邓小平认识到,"革命队伍内的家长制作风,除了使个人高度集权以外,还使个人凌驾于组织之上,组织成为个人的工具","一言堂、个人决定重大问题、个人崇拜、个人凌驾于组织之上一类家长制现象,不断滋长","不少地方和单位,都有家长式的人物,他们的权力不受限制,别人都要唯命是从,甚至形成对他们的人身依附关系"②。其结果必然破坏、以致完全毁灭党的集体领导。

党和国家具体制度的这些弊端,从一定程度上讲,就是"人治"问题的表现。这类现象的存在,既是发展新型社会主义民主的大敌,也是进行现代化建设的重大障碍。列宁曾就此告诫全党:"共产党员成了官僚主义者,如果说有什么东西会把我们毁掉的话,那就是这个。"对此,邓小平在总结历史教训的基础上,确立了社会主义法治建设的重要地位,从而澄清了中国社会主义政治实践中依法还是依人治理国家的根本问题。

(二)改革党和国家领导体制,实行法治

人治走向法治是历史的必然,邓小平认为,只有从制度上解决问题,即实行社会主义法治,才能从根本上消除人治弊端,避免诸如权力过分集中、家长制及个人迷信等封建主义影响。"我们现在正在研究避免重复这种现象,准备从改革制度着手。我们这个国家有几千年封建社会的历史,缺乏社会主义的民主和社会主义的法制。现在我们要认真建立社会主义的民主制度和社会主义法制。只有这样,才能解决问题。"③就是说,改革要从完善制度入手。具体措施包括:

第一,适度分权。邓小平讲到,过去在中央和地方之间,分过几次权,但每次都没涉及党同政府、经济组织、群众团体之间如何划分政权范围的问题。他进而提出,对党和国家领导制度的重大改革之一,就是党政分工,"真正建立从国务院到地方各级政府从上到下的强有力的工作系统。今后凡属政府职权范围内的工作,都由国务院和地方

---

① 《邓小平文选》(第 2 卷),人民出版社 1994 年版,第 328、141 页。
② 《邓小平文选》(第 2 卷),人民出版社 1994 年版,第 330—331 页。
③ 《邓小平文选》(第 2 卷),人民出版社 1994 年版,第 348 页。

各级政府讨论、决定和发布文件，不再由党中央和地方各级党委发指示、作决定。政府工作当然是在党的政治领导下进行的，政府工作加强了，党的领导也加强了"①。此外，通过修改宪法来确立、维护和落实人民当家作主、管理国家的权力，限制权力过分集中。中央设立纪律检查委员会并考虑成立顾问委员会，这不但能够发挥老同志的作用，又能使中央和国务院的日常班子更加精干和年轻化。

第二，废除干部职务终身制。在干部终身制及领导干部交接的具体问题上，邓小平曾作过多次说明。早在1979年底，在中央党政军干部会议上，邓小平就提出选拔接班人，培养人才和进行人事制度、领导制度改革的问题。1980年，他又明确提出"必须使干部退休制度化"的问题，认为在组织人事方面，要以法律制度的形式规范干部的选拔、考核、监督、任期，注意大量培养、发现、提拔、使用坚持四项基本原则的、比较年轻的、有专业知识的社会主义现代化建设人才。关键是要健全干部的选举、招考、任免、考核、弹劾、轮换制度，对各级各类领导干部（包括选举产生、委任和聘用的）职务的任期，以及离休退休，要按照不同情况，作出适当的、明确的规定。任何领导干部的任职都不能是无限期的。② 1981年，在中共省、直辖市、自治区委员会书记座谈会上，邓小平讲道："老同志的第一位任务是选拔中青年干部。"③同年7月，就中央设立顾问委员会的问题，他再次阐明，顾问委员会应该说是我们干部领导职务从终身制走向退休制的一种过渡。这些做法充分表明了邓小平力图铲除干部人事制度上的腐败现象，尤其是干部职务终身制的决心。

第三，真正实行民主集中制。邓小平多次提到民主集中制是我们党和国家的根本制度，也是最便利的制度，永远不能丢。他同时要求，"在党内生活和国家政治生活中，要真正实行民主集中制和集体领导。一言堂、个人说了算，集体做了决定少数人不执行等毛病，都要坚决纠正"；"要肃清封建主义残余影响，重点是切实改革并完善党和国家的制度，从制度上保证党和国家政治生活的民主化、经济管理的民主化、整个社会生活的民主化"④。这些论述，勾画出党和国家领导制度改革的宏观思路，有力地推动了党和国家领导制度的改革。

尽管邓小平没有使用过"依法治国"或"法治国家"的提法，但毋庸置疑的是，他的法治理论已成为我国"依法治国"基本方略形成的重要思想来源。

理论之二：法治要为"经济建设"中心服务

党的十一届三中全会以后，邓小平针对我国现阶段的主要矛盾和中心任务，指出：

---

① 《邓小平文选》（第2卷），人民出版社1994年版，第339—340页。
② 《邓小平文选》（第2卷），人民出版社1994年版，第331—332页。
③ 《邓小平文选》（第2卷），人民出版社1994年版，第396页。
④ 《邓小平文选》（第2卷），人民出版社1994年版，第360、336页。

"我们的生产力发展水平很低,远远不能满足人民和国家的需要,这就是我们目前时期的主要矛盾,解决这个主要矛盾就是我们的中心任务。"①因而发展社会生产力、实现社会主义现代化成为首要任务:邓小平在论述社会主义法制建设的过程中,始终围绕"经济建设"这个中心。

（一）坚持"两手抓"的战略方针

十届三中全会后,邓小平多次表达过关于"两手抓"的思想。其主要内容包括:一手抓改革开放,一手抓四项基本原则;一手抓物质文明,一手抓精神文明;一手抓改革开放,一手抓打击犯罪;一手抓改革开放,一手抓惩治腐败;一手抓经济建设,一手抓民主法制。"两手抓"思想,不仅是对我国社会主义经济建设和法制建设经验的总结,也是对国际无产阶级专政历史经验的科学总结。它指明了法制与经济建设的辩证关系,强调法制必须与经济建设同步发展,是中国特色社会主义法制建设的战略方针,对建设中国特色社会主义实践有决定性的指导意义。

1982 年,针对经济领域犯罪严重的状况,邓小平指出:"我们要有两手,一手就是坚持对外开放和对内搞活经济的政策,一手就是坚决打击经济犯罪活动。"②这两手都要硬,否则经济搞不成,国家也会变质。同年 7 月,他再次强调:"我们必须坚持对外开放、对内搞活这一手。但是为了帮助这个政策在贯彻执行过程中能够真正有利于四化建设,能够不脱离社会主义方向,就必须同时还有另外一手,这就是打击经济犯罪活动。没有这一手,就没有制约。"③

邓小平把加强法制建设作为党和国家的基本方针,并明确表达了"两手抓"思想,这些都是邓小平关于法治建设要服务于"经济建设"这个中心任务的精辟论述。正是在这一思想的指导下,党的十二大明确阐述了坚持"两手抓"的方针:"我们在发展社会主义事业的新时期,从思想上到行动上一定要坚持两手:一手是坚持对外开放、对内搞活经济的政策,另一手是坚决打击经济领域和政治文化领域中危害社会主义的严重犯罪活动。"1987 年党的第十三次全国代表大会将"我们必须一手抓建设和改革,一手抓法制"载入了大会的政治报告。

（二）经济建设需要法治保障

经济建设需要稳定的社会环境、安定团结的局面,而法制建设是保证这一局面实现的重要前提。改革开放后,随着我国国民经济的发展,经济领域犯罪活动亦呈现不断增长的态势。这不仅破坏了社会主义的经济秩序,而且污染了社会风气,影响了现代化建设的大局。有鉴于此,邓小平多次强调坚决打击经济领域的严重犯罪活动。他指出,在四个现代化建设中,必须做好四个方面的工作:第一,体制改革;第二,建设社

---

① 《邓小平文选》（第 2 卷）,人民出版社 1994 年版,第 182 页。
② 《邓小平文选》（第 2 卷）,人民出版社 1994 年版,第 404 页。
③ 《邓小平文选》（第 2 卷）,人民出版社 1994 年版,第 409 页。

会主义精神文明;第三,打击经济犯罪活动;第四,整顿党的作风和党的组织,包括坚持党的领导,改善党的领导。这四个方面同等重要。在搞经济建设的同时,不坚决打击经济犯罪活动,就会使国家和人民群众的生命财产安全受到威胁。在社会主义现代化建设中强调打击经济犯罪活动正是为了更好地坚持党的"以经济建设为中心"的基本路线。"打击经济犯罪活动的斗争,是我们坚持社会主义道路和实现四个现代化的一个保证……否则社会主义道路怎么坚持呀? 如果不搞这个斗争,四个现代化建设,对外开放和对内搞活经济的政策,就要失败。"①

邓小平还认为,在特殊时期,打击经济犯罪活动要从重从快。1982 年,针对我国经济犯罪的严重形势,邓小平估计道:"现在是什么形势呢? 我们自从实行对外开放和对内搞活经济两个方面的政策以来,不过一两年时间,就有许多的干部被腐蚀了。卷进经济犯罪活动的人不是少量的,而是大量的……现在一抓就往往是很大的'老虎'……现在的大案子很多,性质都很恶劣,贪污的或者损害国家利益的,都不止是什么'万字号'。有些是个人犯罪,有些是集体犯罪。"②而与此不相适应的是,对严重经济犯罪的打击颇为不力。邓小平就此指出:"要足够估计到这样的形势。这股风来得很猛。如果我们党不严重注意,不坚决刹住这股风,那么,我们的党和国家确实要发生会不会'改变面貌'的问题。"③打击严重经济犯罪活动,"一定要从快从严从重","盗窃国家财产,贪污受贿……对有一些情节特别严重的犯罪分子,必须给以最严厉的法律制裁。刹住这股风,没有一点气势不行啊! 这个问题要认真地搞,而且在近期要抓紧,处理要及时,一般地要严,不能松松垮垮,不能处理太轻了。"④如果该处理的不处理,该判刑的不判刑,就会姑息养奸,法律的权威和尊严就会扫地。

邓小平深邃的论述表达了他关于法制建设要与经济建设相协调并要服务于经济建设的基本精神。正如邓小平一再强调的:"现代化建设的任务是多方面的,各个方面需要综合平衡,不能单打一。但是说到最后,还是要把经济建设当做中心。离开经济建设这个中心,就有丧失物质基础的危险。其他一切任务都要服从这个中心,围绕这个中心,决不能干扰它,冲击它。过去二十多年来,我们在这方面的教训太沉重了。"⑤

(三)改革开放需要法治保障

一方面,改革开放政策的贯彻执行需要以法律作为依据和必要的强制手段。邓小平认为,改革需要大胆地试,同时又必须在宪法和法律范围内进行,各项改革政策的出台都必须以法律为依据。而法律的规范性特点,也使得它能借助自己的各种形式,如宪法、法律、条例、命令条约等,把党的主张和政策具体化、条文化,使改革行为有法可

---

① 《邓小平文选》(第 2 卷),人民出版社 1994 年版,第 404 页。
② 《邓小平文选》(第 2 卷),人民出版社 1994 年版,第 402 页。
③ 《邓小平文选》(第 2 卷),人民出版社 1994 年版,第 402 页。
④ 《邓小平文选》(第 2 卷),人民出版社 1994 年版,第 403 页。
⑤ 《邓小平文选》(第 2 卷),人民出版社 1994 年版,第 250 页。

依。他指出,改革要成功,就必须有领导、有秩序地进行,不能搞"你有政策,我有对策",不能搞违背国家政策的"对策"。必须大力加强法制建设,各级政府、各级领导干部特别是高级领导干部,必须严格遵守党纪国法。"在目前情况下,尤其需要重申和强调个人服从组织、少数服从多数、下级服从上级、全党服从中央的原则。在党内、军内和政府系统,要坚决反对一切不遵守党纪、军纪、政纪的现象。"①

另一方面,改革开放后的新时期要善于运用法律手段处理所面临的新情况和新问题。邓小平提出了一系列带有全局性和战略性的要求和主张。例如,在处理新时期的阶级斗争问题上,他提出了必须破除以往搞运动的方法,学会以法律方式和法律途径处理阶级斗争问题。新时期,急风暴雨式的阶级斗争已经结束,现存的阶级斗争已不再具有原来的性质,它表现为无产阶级和广大人民群众同各种反社会主义分子的斗争。阶级斗争性质、地位和形式的变化,要求我们必须彻底抛弃"阶级斗争为纲"、搞政治运动的极"左"方法。"进行这种斗争,不能采用过去搞政治运动的办法,而要遵循社会主义法制的原则。"②"在整个四个现代化的过程中都存在一个反对资产阶级自由化的问题。既然是长期的事,不可能搞运动,只能靠经常性的说服教育,必要时采取一些行政手段和法律手段。"③这即是说,在防止从前那种极端意识形态化的同时,也不能搞放弃社会主义道路的"非意识形态化"。

(四)经济工作需要法治保驾护航

经济与法的关系问题,是现代社会生活中一个永恒的主题。但由于我国长期以来经济生活一直很不活跃,经济方面的法律法规很不健全,对经济法领域的研究又很少,因而出现"在国内经济工作中,歪曲现行经济政策,利用经济管理工作中的漏洞而进行各种违法活动的个人、小集团甚至企业、单位也有所增加。对于这种反社会主义的违法活动和犯罪分子,也必须严重警惕,坚决斗争"④。粉碎"四人帮"以后,邓小平指出了中国改革开放的发展方向,并在社会主义现代化建设的历史条件下,发展了马克思主义关于法的经济功能的观点。

邓小平认为,只有用马克思主义的世界观和方法论来认识和解决中国的实际问题,才能理清社会主义法与经济的关系问题。他精辟地分析说:"为了建设现代化的社会主义强国,任务很多,需要做的事情很多,各种任务之间又有相互依存的关系,如像经济与教育、科学,经济与政治、法律等等,都有相互依存的关系,不能顾此失彼……离开了经济建设这个中心,就有丧失物质基础的危险。其他一切任务都要服从这个中心,围绕这个中心……"⑤只有发展经济、发展教育,同时也要使法制完备起来,才能有

---

① 《邓小平文选》(第2卷),人民出版社1994年版,第319页。

② 《邓小平文选》(第2卷),人民出版社1994年版,第330页。

③ 《邓小平文选》(第3卷),人民出版社1993年版,第208页。

④ 《邓小平文选》(第2卷),人民出版社1994年版,第338页。

⑤ 《邓小平文选》(第2卷),人民出版社1994年版,第249—250页。

效地引导整个社会有秩序地前进。对于社会主义社会中的各种经济关系,必须用法律来予以调整和规范。

理论之三:民主的制度化、法律化

要实现社会主义民主,必须把民主的精神和原则具体化为法律和制度。社会主义民主的制度化、法律化,就是将人民的民主权利,以及国家在政治、经济、文化、社会等方面的民主生活、民主结构、民主形式、民主程序,用系统的制度和法律固定下来,使之具有制度上、法律上的完备形态,以维护国家政治生活的民主性和人民的民主权利不受破坏和侵害。邓小平的社会主义民主必须法律化、制度化的思想,表现了一位改革者的敏锐思维和理性洞察。

(一)制度问题更具根本性

社会主义民主的制度化、法律化问题,是邓小平在 1978 年召开的中央工作会议上首先提出来的:"为了保障人民民主,必须加强法制。必须使民主制度化、法律化,使这种制度和法律不因领导人的改变而改变,不因领导人的看法和注意力的改变而改变。现在的问题是法律很不完备,很多法律还没有制定出来。往往把领导人说的话当作'法',不赞成领导说的话就叫做'违法',领导人的话改变了,'法'也就跟着改变。"①在这里,邓小平"着意建立一种法律秩序",即"无论领导怎样变更,或不论领导人怎样改变他的观点,转变他们的注意力,都要确使制度和法律保持不变"②。

制度是对个人专断和越权行为的有力限制。民主权利被破坏,往往同个人专断和政府官员的越权行为得不到有效制止有关。在法制健全的国家里,对于公权力都有明确的监督制约机制,各级政府和官员必须在法律规定的范围内行使自己的职权。邓小平特别注意强调制度问题的重要性,他将领导制度、组织制度看成是关系到党和国家是否改变颜色的根本性、全局性、稳定性和长期性的重大问题。在总结"文化大革命"破坏民主的经验教训时,邓小平深刻指出:"斯大林严重破坏社会主义法制,毛泽东同志就说过,这样的事件在英、法、美这样的西方国家不可能发生。"③可见,组织制度、工作制度方面的问题非常重要,制度好可以使坏人无法任意横行,制度不好可以使好人无法充分做好事,甚至会走上反面。这里邓小平已经对制度建设的重要性有了较全面的认识。正是基于这种认识,邓小平反复强调要发展社会主义民主,就必须树立法律的权威,使民主制度化、法律化,靠制度和法制建设解决问题。这些都是党和国家 30年社会主义艰辛探索的价值认同和价值选择,是用沉重的代价换取的。邓小平提出

---

① 《邓小平文选》(第 2 卷),人民出版社 1994 年版,第 146 页。
② 弗朗兹·米切尔:《中国与马列主义危机》,唐红兵译,威斯特维欧出版社 1990 年版,第 135 页。
③ 《邓小平文选》(第 2 卷),人民出版社 1994 年版,第 333 页。

"民主制度化,法律化"的法治思想,已基本上完成了如何跳出中国"历史周期率"的理论探索。但应当看到,这条路仍任重道远。

(二)实现民主法制化

民主的法制化,在理论上一般又称"民主的法律化制度化"。邓小平提出的民主法制化问题,构成其民主思想的重要特征。

1. 以法制保证民主权利的实现

中国要实现社会主义现代化,就必须实行社会主义民主。邓小平不仅从理论上指出了发扬民主的必要性,更从实践的角度强调法制对民主的保障作用。我国是社会主义国家,宪法对人民的民主权利作了具体、广泛而详尽的规定,同时制定了一系列法律,以保证人民民主权利的实现。但由于历史原因,我们的民主法制还有不完善的地方,因此,"要使我们的宪法更加完备、周密、准确,能够切实保证人民真正享有管理国家各级组织和各项企业事业的权力,享有充分的公民权利"[1],同时还要制定一系列法律、法令和条例,使民主制度化、法律化。社会主义民主和社会主义法制是不可分的。不要社会主义法制的民主,不要党的领导的民主,不要纪律和秩序的民主,绝不是社会主义民主。相反,这只能使我们的国家再一次陷入无政府状态。这样,使国家更难民主化,遑论国民经济的发展和人民生活的改善。这方面我们有过惨痛的教训:"文革"中,在"四人帮""砸烂公检法"的煽动下,形成践踏法制的严重混乱局面,人民的民主权利遭到破坏。这些都启示我们,唯有法制才能保证民主的实现。正如薄一波所讲的,要避免历史悲剧的重演,"没有别的办法,只有坚持实行法治,加强社会主义法制建设,使社会主义民主制度化、法律化"[2]。

2. 民主法制化保证社会秩序的实现

社会行为规范有很多,如道德规范、纪律规范等,但法律规范才是维持社会秩序最重要、最有效的行为规范。社会主义法制的建立与运用是打击犯罪、维护人民民主政权和社会秩序的重要工具。"真正巩固安定团结……也要依靠完备的法制……","法制完备起来,司法工作完善起来,可以在很大程度上保障整个社会有秩序地前进。"[3]我们要善于运用法制严厉打击严重刑事犯罪分子,保证经济建设的顺利进行。1980年,针对当时破坏安定团结的反社会势力的嚣张活动,邓小平强调打击行动要遵循社会主义法制的原则。为此,除党内要发布有关的指示以外,建议人大常委会、国务院发布有关的条例、法令。离开法制轨道进行人民民主专政,历史曾给我们留下了深刻的教训。1980年,邓小平在回忆了过去三年中央和全国各地平反冤假错案的情况后说:"已经得到平反的,据不完全统计,总数已经有二百九十万人。没有立案审查而得到平

---

① 《邓小平文选》(第2卷),人民出版社1994年版,第339页。
② 薄一波:《若干重大决策与事件的回顾》(下),中共中央党校出版社1993年版,第1296页。
③ 《邓小平文选》(第2卷),人民出版社1994年版,第254—255页。

·10·

反的,比这个数字还要大得多。"①他以反右派为例,说:"问题出在哪里呢? 问题是随着运动的发展,扩大化了,打击面宽了,打击的分量也太重。"②人们渴望不再发生过去的悲惨教训,寄希望于法制。因此,邓小平当时语重心长地讲道:"现在刑法和刑事诉讼法都通过和公布了,开始实行了。全国人民都看到了严格实行社会主义法制的希望。这不是一件小事情啊!"③可以说,如果民主没有系统的具体化的制度及法律的确定和维护,仍难以保证国家政治生活的民主性及人民民主权利不受侵害。对于中国这样一个缺少执法和守法的传统的国家来讲,民主法制化显得尤其重要。

理论之四:健全社会主义法制

邓小平对于靠制度和法律解决中国的问题,是早有深思熟虑的。还在"文革"期间,他出来主持中央工作,面对"四人帮"的倒行逆施和濒临崩溃的国民经济,他就看到许多问题是制度问题,需要依靠一些基本的规范(包括法律)来保证正确的东西得以坚持,错误的东西加以防止。当年他的九篇讲话中有六篇强调了要解决制度(法律)问题,更加表明邓小平对国家迫切需要强有力的规范,克服无法无天、为所欲为的现象的深刻认识。1978 年后,邓小平着重从理论和操作层面提出加强社会主义法制建设的一系列重大问题。正如美国学者戴维·W. 张评价的那样:"邓小平的'社会主义法制'在许多方面也有了新的改革……一切似乎都在朝着政治制度化和法律稳定化的方向发展。"④

（一）立法思想

依法治国,必须首先做到有法可依,加强立法工作。早在十一届三中全会召开前夕,邓小平在提出新时期要加强法制建设任务的同时,针对当时我国立法很不完备的情况指出:"现在的问题是法律很不完备,很多法律还没有制定出来……应该集中力量制定刑法、民法、诉讼法和其他各种必要的法律,例如工厂法、人民公社法、森林法、草原法、环境保护法、劳动法、外国人投资法等等。"⑤为此,邓小平在改革开放之初,就强调指出:要用马克思主义观点研究政法,并对完善部门法提出具体建议。考虑到经济建设的需要,提出经济立法要求,"国家和企业、企业和企业、企业和个人等等之间的关系,也要用法律的形式来确定;它们之间的矛盾,也有不少要通过法律来解决。"⑥

针对立法的工作量大、人力不足的实际情况,他提出了指导立法的几种具体方法:

---

① 《邓小平文选》(第 2 卷),人民出版社 1994 年版,第 243 页。

② 《邓小平文选》(第 2 卷),人民出版社 1994 年版,第 243 页。

③ 《邓小平文选》(第 2 卷),人民出版社 1994 年版,第 243 页。

④ 戴维·W. 张:《邓小平领导下的中国》,喻晓译,法律出版社 1991 年版,第 265 页。

⑤ 《邓小平文选》(第 2 卷),人民出版社 1994 年版,第 146 页。

⑥ 《邓小平文选》(第 2 卷),人民出版社 1994 年版,第 147 页。

第一,法律条文开始可以粗一点,逐渐完善;第二,有的法规地方可以先试搞,然后经过总结提高,制定全国通行的法律;第三,修改补充法律,成熟一条就修改补充一条,不要等待"成套设备"①。但他同时指出,立法又是一件很严肃的事,切忌操之过急、草率行事,一定要做到有步骤,有领导。根据邓小平的这一思路,国家空前地强化立法工作,完善立法体制,改进立法程序,加快立法步伐。至1979年,全国人大制定并公布了包括刑法在内的七部重要法律,邓小平在不久后会见国外访华团时,对七部法律制定的重要性给予充分肯定"我们好多年实际上没有法,没有可遵循的东西。这次全国人大开会制定了七个法律。有的实际上部分地修改了我们的宪法,比如取消革命委员会,恢复原来的行政体制。这是建立安定团结政治局面的必要保障";他同时提出完善立法的下一步思路"这次会议以后,要接着制定一系列的法律。我们的民法还没有,要制定;经济方面的很多法律,比如工厂法等等,也要制定。我们的法律是太少了,成百个法律总要有的,这方面有很多工作要做,现在只是开端。"②

邓小平对我国的宪法建设十分重视。1980年2月,在党的十一届五中全会第三次会议上的讲话中,他就建议全国人民代表大会修改《宪法》第45条,取消其中关于"大鸣、大放、大字报、大辩论"的规定。同年8月他又强调指出:"中央将向五届人大三次会议提出修改宪法的建议。要使我们的宪法更加完备、周密、准确,能够切实保证人民真正享有管理国家各级组织和各项企业事业的权力,享有充分的公民权利,要使各少数民族聚居的地方真正实行民族区域自治,要改善各级人民代表大会制度等等。关于不允许权力过分集中的原则,也将在宪法上表现出来。"③在邓小平意见的指导下,1982年五届人大第五次会议上通过的宪法,合乎国情,顺乎民意,有力地推动了我国的民主法制建设。

十一届三中全会以来,邓小平关于加强社会主义法治的思想,成为中国新时期法制建设的行动纲领和指导思想。自此,全国人大及其常委会恢复活动,地方各级人民代表大会陆续召开,并把立法工作摆到重要议事日程,整个国家的法制建设重新回到正常的轨道上来。

(二)执法思想

执法必严、违法必究,是有法必依的深化。它要求行政执法机关和司法机关必须秉公办案,按照法律规定处理各种案件,真正做到以事实为根据,以法律为准绳。在法制建设中,贯彻执法必严、违法必究的方针主要应解决如下问题:

1. 司法独立

司法是法治国家的社会能否保持稳定和实现社会公正的最后的也是最有力的救

---

① 《邓小平文选》(第2卷),人民出版社1994年版,第147页。
② 《邓小平文选》(第2卷),人民出版社1994年版,第189页。
③ 《邓小平文选》(第2卷),人民出版社1994年版,第339页。

济手段。相对于行政权而言,"一个独立的司法权就能处理由于政府机关实施法治而引起的各种问题"①。在法治国家,司法的公正与否,标志着国家民主法治的文明程度;而司法的公正性从很大程度上讲,有赖于司法是否拥有不受外来干涉的独立性。司法独立问题,事实上很早就引起了国家和某些领导人的注意。② 十一届三中全会后,邓小平强调,侦查权应由公安机关依法行使,对案件的审判权应由法院依法行使,任何人都不许干扰法律的实施,任何犯了法的人都不能逍遥法外。作为执政党的中国共产党,其组织、领导人和干部如果利用人民委托的权力搞特殊化,凌驾于法律之上,干涉司法机关,就会从根本上破坏司法独立。在党同司法机关的关系上,邓小平认为,党不能直接纠正不正之风、打击犯罪活动,这些属于法律范围的问题,要用法制来解决。③ 这一思想对我国司法体制建设有重大的现实指导意义。

2. 加强政法队伍建设

"徒法不足以自行",执法者的素质影响着执法的优劣,法律的实施需要强有力的执法司法队伍。"司法制度一旦确立,执法上的优点就和组成法庭的人员的价值以及影响或控制他们的舆论的价值成比例了。"④从这个角度讲,加强政法队伍建设是当前法制建设的重要任务。邓小平认为:其一,要解决专业政法人员不足的问题。由于历史的原因,我国的法学教育和政法队伍曾受到严重破坏。十一届三中全会提出加强民主与法制建设后,政法队伍的状况与形势发展的需要极不适应,文化结构和专业结构极不合理,素质偏低,法律人才严重不足。对此,邓小平作过科学的分析:"像我们这么大的国家,各行各业,一千八百万干部,就绝对数字来说,并不算多。问题是干部构成不合理,缺乏专业知识、专业能力的干部太多,具有专业知识、专业能力的干部太少。比如我们现在能担任司法工作的干部,包括法官、律师、审判官、检察官、专业警察,起码缺一百万。可以当律师的,当法官的,学过法律、懂得法律,而且执法公正、品德合格的专业干部很少。"⑤他还指出,要扩大和加强公安干警队伍,从基本建设队伍和转业军人中挑选一批好的职工、干部和战士,经过训练,扩大和加强政法公安队伍。其二,要提高政法队伍素质。针对政法队伍的实际情况,他明确提出,要大力加强执法、公安部门的建设工作,提高这些部门人员的政治素质和业务素质。在政治素质方面,政法干部队伍应当是执法公正、品德合格的专业干部,而且特别要求大公无私、作风正派。

---

① Harvey Wheeler:《宪法主义(Constitutionalism)》,彭锦鹏译,载 Fred I. Greenstein, Nelson W. Polsby 主编:《政府制度与程序》,幼狮文化事业公司编译,中国台湾地区幼狮文化事业公司 1983 年版,第 50 页。

② 我国早在 1954 年《宪法》中就明确了人民法院和人民检察院独立行使职权,只服从法律。刘少奇在 1962 年也强调这一问题,指出"法院独立审判是对的,是宪法规定了的,党委和政府不应该干涉他们判案子","不要提政法机关绝对服从各级党委的领导。它违法,就不能服从"。《刘少奇选集》(下),人民出版社 1985 年版,第 452 页。

③ 《邓小平文选》(第 3 卷),人民出版社 1993 年版,第 163 页。

④ J. S. 密尔:《代议制政府》,汪瑄译,商务印书馆 1982 年版,第 27 页。

⑤ 《邓小平文选》(第 2 卷),人民出版社 1994 年版,第 263 页。

从业务素质来讲,必须通晓各项法律、政策、条例、程序、案例和有关的社会知识。"搞经济建设、搞教育、搞科学、搞政法等等,应该说,我们的专业人才太缺乏了,所以,我们需要建立一支坚持社会主义道路的、具有专业知识能力的干部队伍,而且是一支宏大的队伍。"①邓小平还引用叶剑英同志的话对政法队伍素质的要求作了如下概括:一是坚决拥护党的政治路线和思想路线;二是大公无私、严守法纪、坚持党性、根绝派性;三是有强烈的革命事业心和政治责任性,有胜任工作的业务能力。这些论述不仅对政法干部的政治素质和业务素质提出了具体要求,而且对改革和完善我国的司法制度具有重要的指导性。

(三)守法思想

有法必依是对守法提出的基本要求。十一届三中全会以来,邓小平认真总结了我国法制建设的历史经验,把维护法律的权威性和尊严,作为一个重要问题摆在全党面前。他多次要求全党同志和全体干部都要按照宪法和法律办事,学会运用法律、按社会主义法制的原则处理各种问题,同时提倡全体公民及一切社会组织自觉守法。

1. 加强法制教育,提高公民自觉守法意识

针对我国历史上缺乏法制传统、公民法律意识不强的状况,邓小平十分重视法制的宣传教育,将其作为我国社会主义法制建设的一项基础性工作。1980年在中央工作会议上他就强调指出:"在党政机关、军队、企业、学校和全体人民中,都必须加强纪律教育和法制教育。没有规定纪律或规定得不完善不合理的,要迅速规定和改善……大中小学的学生从入学起,工人从入厂起,战士从入伍起,工作人员从到职起,就要学习和服从各自所必须遵守的纪律。对一切无纪律、无政府、违反法纪的现象,都必须坚决反对和纠正。"②邓小平还认为,教育,不仅是对一般公民,也是对违法犯罪分子的教育。对极少数坏人也要打击一下,对他们要有两手,不能只有一手,应该把教育分化当作主要的一手,对于绝大多数破坏社会秩序的人应该采取教育的方法,凡能教育的都要教育,但是不能教育或教育无效的时候,就应该对各种犯罪坚决采取法律措施,不能手软。他明确指出,我们严肃处理一些人,不但对绝大多数犯罪分子是一种教育,对全党、全国人民也是一种教育。

2. 领导干部要带头学法守法

邓小平认为,要做到人人守法,关键是各级领导干部和广大党员要自觉守法。因而应将增强领导干部的法制观念作为加强干部队伍建设的重要方面。"我们的干部队伍一定要坚持社会主义道路,要有马列主义的基本观点,要遵守党的纪律或国家的法律。"③他告诫全党同志和全体干部都要按照宪法、法律、法令办事,学会使用法律武器。

---

① 《邓小平文选》(第2卷),人民出版社1994年版,第264页。
② 《邓小平文选》(第2卷),人民出版社1994年版,第360页。
③ 《邓小平文选》(第2卷),人民出版社1994年版,第261页。

领导干部只有具备丰富的法律知识,具有强烈的法律意识,才能做到对国家各方面的事务依法治理。此外,领导干部带头守法可为人民群众树立守法的榜样。如果党的领导干部自己不严格要求自己,不遵守党纪国法,就不可能改造社会风气。因此,为了促进社会风气的进步,首先必须搞好党风,特别是要求党的各级领导干部以身作则。这样才能有资格要求和带领群众守法,才能达到身教重于言教的目的。邓小平还举例说:"毛泽东同志、周恩来同志以身作则,严于律己,艰苦奋斗,十几年如一日,成为我党我军优良传统和作风的化身,他们的感人事迹……不仅影响到我们这一代,而且影响到子孙后代。我们的干部,特别是老干部,要以毛泽东同志、周恩来同志为榜样,用实际行动搞好传帮带。"①总之,广大干部党员以身作则是其在遵纪守法方面发挥先锋模范作用和教育作用的必然要求。

3.加强军队法律意识教育

从邓小平的一系列论述中可看出,他非常重视军队法制宣传教育工作。针对广大官兵的法律意识还比较淡薄这一客观情况,他指出:"对全军指战员都要进行必要的法制教育。"②他多次指出在军队必须加强"纪律教育和法制教育。没有规定纪律或规定得不完善不合理的,要迅速规定和改善"③。在教育方式上,首先要采用部队教育与院校教育相结合的方式。在部队教育方面,他认为,战士从入伍起就要学习必要的法律知识;在院校教育方面,各级学校都要设置有关法制教育的课程。其次,要坚持将法制教育与纪律教育结合起来。同党政机关、企业、学校一样,在军队中干部战士也要学习和服从各自所必须遵守的法律和纪律。邓小平指出,命令是要执行的,指挥是要服从的,纪律松弛是不行的,一定要加强这方面的教育。邓小平的法制教育思想在军队得以落实。1986年以来,全军开展了两个五年普法教育。广大官兵通过学习,法律意识大大增强,提高了遵纪守法的自觉性,为中央军委依法治军方针的实施奠定了广泛的群众基础。

邓小平不仅是我国改革开放的总设计师,也为我国的法制建设作出了突出贡献。邓小平在中共十一届三中全会前召开的中央工作会议上提出来,以后又载入了党的十一届三中全会公报和党的许多文件的建议和主张,均包括了对立法、执法、守法等法制建设各方面的基本要求,对于我国法制建设的各项工作具有广泛而又深远的指导意义。

理论之五:借鉴国外法律资源,切忌照搬照抄

大胆利用一切文明成果,为建设中国特色社会主义服务,这是邓小平的重要思想

---

① 《邓小平文选》(第2卷),人民出版社1994年版,第125页。

② 《邓小平文选》(第2卷),人民出版社1994年版,第372页。

③ 《邓小平文选》(第2卷),人民出版社1994年版,第360页。

之一。① 在 1992 年南方谈话中,他明确指出:"社会主义要赢得与资本主义相比较的优势,就必须大胆吸收和借鉴人类社会创造的一切文明成果,吸收和借鉴当今世界各国包括资本主义发达国家的一切反映现代社会化生产规律的先进经营方式、管理方法。"②这就揭示了当今世界发展的趋势及其内在本质,揭示了我国法制建设,既要立足于中国国情,又要面向世界。在吸收国外先进经验时,要坚持审慎、科学的借鉴原则。

(一) 解放思想,吸收借鉴国外立法经验

十一届三中全会召开之前,尤其是受极"左"思想影响的时期,西方法律思想文化的研究成为非常"敏感"的学术领域。诚如邓小平所描述的,那时对于思想理论问题不是贯彻"双百"方针,而是一听到群众有一点议论,尤其是尖锐一点的议论,就要追查所谓"政治背景""政治谣言",就要立案,进行打击压制。因此,那时对现代西方法律思想的研究,很少有真实的内容,更缺乏实事求是的科学态度和科学方法。十一届三中全会的召开,及时扭转了这种偏差,确立了正确的指导思想。

以十一届三中全会为开端,党中央确立了解放思想、实事求是的思想路线和改革开放的方针。开放就是要打开国门,要了解各国的国情和世界发展的潮流,要学习发达国家的成功经验和人类的一切文明成果。"不要给自己设置障碍,不要孤立于世界之外。根据中国的经验,把自己孤立于世界之外是不利的。要得到发展,必须坚持对外开放,对内改革。"③邓小平充分地肯定了社会主义文明的优越性,同时积极主张借鉴资本主义文化中的合理因素。邓小平指出:"经济上实行对外开放的方针,是正确的,要长期坚持。对外文化交流也要长期发展……我们要向资本主义发达国家学习先进的科学、技术、经营管理方法以及其他一切对我们有益的知识和文化,闭关自守、故步自封是愚蠢的……西方如今仍然有不少正直进步的学者、作家、艺术家在进行各种严肃的有价值的著作和创作,他们的作品我们当然要着重介绍。"④在立法的问题上,邓小平明确提出,要反对关门主义,实行开放的原则,包括大胆吸收和借鉴资本主义国家特别是发达资本主义国家成功的立法经验。他认为,资本主义已经有了几百年的历史,各国人民在资本主义制度下所发展的科学和技术,所积累的各种有益的知识和经验,都是我们必须继承和学习的。我们要有计划、有选择地引进资本主义国家的先进技术和其他对我们有用的东西。就法制发展看,现代意义上的法制是资产阶级革命的产物。发达资本主义国家已经有了几百年的发展历史,制定了多如牛毛的法律,积累

---

① 在改革开放新时期,邓小平不止一次地使用了"世界公民"这一提法,意在强调中华民族势必要走出闭关锁国状态,走向世界。他提出的"面向现代化、面向世界、面向未来",不仅是教育界的战略方针,更是中国现代化进程中统摄全局的战略方针。参见王东:《中华腾飞论》,中国人民大学出版社 2001 年版,第 298 页。

② 《邓小平文选》(第 3 卷),人民出版社 1993 年版,第 373 页。

③ 《邓小平文选》(第 3 卷),人民出版社 1993 年版,第 202 页。

④ 《邓小平文选》(第 3 卷),人民出版社 1993 年版,第 44—45 页。

了丰富的立法经验和现代立法技术。即使是某些法律条文,也可供我们直接吸收和借鉴。

(二)立法要立足于我国实际

为保证立法工作正确的发展方向,增强立法的科学性,充分发挥法律在社会生活中的作用,对于立法实践问题邓小平又进一步指出,借鉴吸收国外的成功立法经验时,一定要立足我国的基本国情,制定具有中国特色的社会主义法律。这是他为我国新时期的立法工作规定的指导思想,是他关于从实际出发,走自己的路,建设有中国特色的社会主义这一根本思想在立法工作中的具体表现。

在香港基本法的起草问题上,突出表现了邓小平立法要"从中国实际出发"的思想。"香港的制度也不能完全西化,不能照搬西方的一套。"①这里讲的虽然是香港基本法如何制定这一特定问题,但它却包含一个我国一切法律制定都应普遍遵循的指导思想,即从中国的实际出发,坚持四项基本原则。邓小平不仅反复强调理论战线"要理直气壮而又有说服力地宣传四项基本原则",而且还十分明确地指出,在立法上我们要坚持社会主义制度,坚持四项基本原则。这就要求我们在借鉴西方立法经验时,不要盲目地、不加分析地全盘照搬,必须从我国的实际需要出发。因为,在邓小平看来,照抄照搬别国经验、别国模式,从来不能得到成功。这方面我们有过不少教训。"把马克思主义的普遍真理同我国的具体实际结合起来,走自己的道路,建设有中国特色的社会主义,这就是我们总结长期历史经验得出的基本结论。"②尤其是对属于上层建筑领域的文明成果,包括政治、法律、道德等的吸收利用上,一定要用马克思主义对它们的思想内容和表现方法进行分析、鉴别和批判,要慎重对待。就是说,我们要采取两手政策,既要开放,又不能无计划无选择地引进,更不能不对资本主义的腐蚀性影响进行坚决的抵制和斗争。尤其是对于属于文化领域的东西,一定要用马克思主义观点对它们的思想内容和表现方法进行分析、鉴别、吸收和批判。

思考邓小平的这些言论,联系到现代西方法律思想领域,至少可以得出两点结论:第一,社会主义法学同西方法律思想文化之间必须开展"交往",必须对它进行"吸收和借鉴";第二,最重要的,这种吸收和借鉴的标准就是"趋利避害",即择其善者而从之,择其不善者而改之,因此,在吸收和借鉴之前,一定要有个认真思考和分析斟酌的过程。

---

① 《邓小平文选》(第 3 卷),人民出版社 1993 年版,第 220 页。
② 《邓小平文选》(第 3 卷),人民出版社 1993 年版,第 2—3 页。

尾语

1978 年 12 月召开的中共十一届三中全会,重新恢复和确立了解放思想、实事求是的党的思想路线,这是中国历史上的一个重要转折点,此次会议上,邓小平作了《解放思想,实事求是,团结一致向前看》的主题报告,既总结了历史教训,又对社会主义法制建设的一系列重大问题提出了鲜明的主张;之后,他又将法制建设作为一项重要的战略任务提出来,科学地论证了民主法制建设的一系列重大问题。邓小平的法治思想为我国新时期的法制建设指出了科学的、明晰的大方向。

吕世伦、张学超撰写,刊于《北方法学》2008 年第 6 期。

论中国特色社会主义法治的成长

有中国特色的社会主义法治,是中国共产党在中国革命和建设过程中,深刻总结国际及国内历史经验的基础上逐步产生、发展和完善的。这一治国理念,是人民的意愿和时代需求的完善表达。

一、中国特色社会主义法治的纲领:邓小平的法治理论

邓小平是建设有中国特色社会主义理论的伟大缔造者。作为邓小平理论重要组成部分的法治理论,是对马列主义法治理论的继承和发展。十一届三中全会以来,邓小平提出的具有中国特色的社会主义法治理论,成为中国新时期法制建设的理论指南和行动纲领。

(一)反对人治,主张法治

中外法律思想史上,不乏法治与人治之争。这是两种根本对立的治国原则和方法。法治的关键是治国依法,主张以法律作为评判是非的尺度和准绳,提倡依法办事。人治的关键是治国依人的意志和权力,将国家的命运寄托于贤明的领导人,而不追求完善的法律和制度。我国在历史上曾长期处于"依人不依法"的"人治"状态,邓小平省察与揭示这种现象的危害,提出要进行政治体制改革,处理好法治与人治的关系。他指出,只有从制度上解决问题,即实行社会主义法治,才能从根本上消除人治弊端,避免诸如权力过分集中、家长制及个人迷信等封建主义影响。"我们现在正在研究避免重复这种现象,准备从改革制度着手。我们这个国家有几千年封建社会的历史,缺乏社会主义民主和社会主义法制。现在我们要认真建立社会主义的民主制度和社会主义法制。只有这样,才能解决问题。"①就是说,改革要从完善制度入手。

尽管邓小平没有使用过"依法治国"或"法治国家"的语词,但毋庸置疑的是,他的法治理论已成为我国"依法治国"基本方略形成的重要思想来源和基本依据。

(二)法治要服务于"经济建设"这一中心

十一届三中全会以后,邓小平阐述了我国现阶段的主要矛盾和中心任务。他指出:"我们的生产力发展水平很低,远远不能满足人民和国家的需要,这就是我们目前

---

① 《邓小平文选》第2卷,第348页。

时期的主要矛盾,解决这个主要矛盾就是我们的中心任务。"①因而发展社会生产力、实现社会主义现代化成为重要任务。邓小平在论述社会主义法制建设的过程中,始终围绕"经济建设"这个中心。1982年针对经济领域犯罪严重的状况,他指出:"我们要有两手,一手就是坚持对外开放和对内搞活经济的政策,一手就是坚决打击经济犯罪活动。"②这两手都要硬,否则经济搞不成,国家也会变质。邓小平把加强法制建设作为党和国家的基本方针,并明确表达了"两手抓"思想,这些都是邓小平关于法治建设要服务于"经济建设"这个中心任务的精辟论述。正是在这一思想的指导下,党的十二大明确阐述坚持"两手抓"的方针;1987年党的第十二次全国代表大会,将"我们必须一手抓建设和改革,一手抓法制"庄重地载入大会的政治报告。

(三)健全社会主义法制

邓小平非常看重靠制度和法律解决中国问题。早在"文革"期间,他出来主持中央工作,而对"四人帮"的倒行逆施和濒临崩溃的国民经济,就敏锐地看到许多问题是制度问题,需要依靠一些基本的规范(包括法律)来保证正确的东西得以坚持,错误的东西加以防止。当年他的9篇讲话中就有6篇强调要解决制度(法律)问题,更加表明邓小平对国家需要强有力的规范,克服无法无天、为所欲为的现象的迫切性。1978年后,邓小平从理论和操作两个层面,提出加强社会主义法制建设的一系列重大问题。

1. 立法方面

十一届三中全会召开前夕,邓小平就提出新时期要加强法制建设。针对当时我国立法很不完备的情况他指出:"现在的问题是法律很不完备,很多法律还没有制定出来……应该集中力量制定刑法、民法、诉讼法和其他各种必要的法律,例如工厂法、人民公社法、森林法、草原法、环境保护法、劳动法、外国人投资法等等。"③为此,他主张:要用马克思主义观点研究政法,并对完善部门法提出具体建议。就经济立法而言,他讲道:"国家和企业、企业和企业、企业和个人等之间的关系,也要用法律的形式来确定;它们之间的矛盾,也有不少要通过法律来解决。"④十一届三中全会以来,邓小平关于加强社会主义法治的思想,不断地深化。

2. 执法方面

邓小平认为应大力加强政法队伍建设。改革开放之初,我国政法队伍的状况与形势发展的需要极不适应,文化结构和专业结构极不合理,素质偏低,法律人才严重不足。对此,邓小平这样分析:"像我们这么大的国家,各行各业,一千八百万干部,就绝对数字来说,并不算多。问题是干部构成不合理,缺乏专业知识、专业能力的干部太多,具有专业知识、专业能力的干部太少。比如我们现在能担任司法工作的干部,包括

---

① 《邓小平文选》第2卷,第182页。
② 《邓小平文选》第2卷,第404页。
③ 《邓小平文选》第2卷,第146页
④ 《邓小平文选》第2卷,第147页。

法官、律师、审判官、检察官、专业警察,起码缺一百万。可以当律师的,当法官的,学过法律、懂得法律,而且执法公正、品德合格的专业干部很少。"①他还指出,要扩大和加强公安干警队伍,从基本建设队伍和转业军人中挑选一批好的职工、干部和战士,经过训练,扩大和加强政法公安队伍。这些论述对改革和完善我国的司法制度具有重要的指导性。

3.守法方面

邓小平认为,应加强法制教育,提高公民自觉守法意识。邓小平十分重视法制的宣传教育,将其作为我国社会主义法制建设的一项基础性工作。1980年在中央工作会议上他就强调指出:"在党政机关、军队、企业、学校和全体人民中,都必须加强纪律教育和法制教育。没有规定纪律或规定得不完善不合理的,要迅速规定和改善……大中小学的学生从入学起,工人从入厂起,战士从入伍起,工作人员从到职起,就要学习和服从各自所必须遵守的纪律。对一切无纪律、无政府、违反法纪的现象,都必须坚决反对和纠正。"②邓小平还认为,教育,不仅是对一般公民,也是对违法犯罪分子的教育。他还告诫全党同志和全体干部都要按照宪法、法律、法令办事,学会使用法律武器。领导干部只有具备丰富的法律知识,具有强烈的法律意识,才能做到对国家各方面的依法治理。此外,领导干部带头守法可为人民群众树立守法的榜样。

邓小平为社会主义法制建设作出了突出贡献。他在中共十一届三中全会前召开的中央工作会议上提出来,以后又载入了党的十一届三中全会公报和党的许多文件,均包括对立法、执法、守法等法制建设各方面的基本要求,对于我国法制建设的各项工作具有广泛而又深远的指导意义。

二、中国特色社会主义法治的核心内涵:依法治国的基本治国方略

1997年9月召开的党的十五大,在总结近20年来民主法制建设经验的基础上,对我国的经济、政治、文化发展的一系列重大问题进行了了新的研究,取得许多新成果,其中一个重要方面就是将"依法治国、建设社会主义法治国家"确立为党领导人民治理国家的基本方略。江泽民在十五大报告中指出,我国经济体制改革的深入和社会主义现代化建设的发展,要求我们在坚持四项基本原则的前提下,继续推进政治体制改革,进一步扩大社会主义民主,健全社会主义法制,依法治国,建设社会主义法治国家。这是形势发展的客观要求,历史发展的必然选择。

(一)依法治国的内涵

党的十五大科学界定了依法治国的含义。"依法治国,就是广大人民群众在党的

① 《邓小平文选》第2卷,第263页。
② 《邓小平文选》第2卷,第360页。

领导下,依照宪法和法律规定,通过各种途径和形式管理国家事务,管理经济文化事业,管理社会事务,保证国家各项工作都依法进行,逐步实现社会主义民主的制度化、法律化,使这种制度和法律不因领导人的改变而改变,不因领导人看法和注意力的改变而改变。"①这一论述阐明依法治国的丰富内涵:第一,人民群众是依法治国的主体。社会主义法制就是要将广大人民群众的意志和根本利益上升为国家意志——法律,以实现民主的制度化、法律化;第二,依法治国的对象,主要是国家机构和国家公职人员代表人民群众管理国家事务,管理经济文化事业,管理社会事务的行为和活动。归根到底,是将国家各项工作纳入法律调整的轨道,实现国家各项工作的科学化和规范化;第三,依法治国的方式,是人民在党的领导下,依法通过各种途径和形式管理国家。依法治国和党的领导之间是互相促进的关系。确立依法治国的方略,不是简单地提高法制建设的地位,而是要把国家的各项工作整体性地纳入法制轨道,实行法治。这是关系全局、指导全局的战略性原则。

(二)依法治国是社会主义法治理论的深化

任何正确的路线、方针、政策、策略的形成,都不能没有正确的理论做依据。依法治国方略的理论根据和思想基础,就是马克思主义法学理论和邓小平的法制思想。1996年2月8日,江泽民以跨世纪的长远观点,突出地强调依法治国的重要思想。之后,八届人大四次会议,把"依法治国,建设社会主义法治国家"载入《国民经济和社会发展"九五"计划和2010年远景目标纲要》。党的十五大又进一步把"依法治国"上升为基本治国方略的高度,明确提出建设社会主义法治国家的大方向。从邓小平倡导民主化与法制化的结合,到第三代领导集体确定建设法治国家,标志着我们党对依法治国的认识愈益深刻。

1. 以建设"法治国家"为根本目标

"法治"与"法制"内涵不同。"法治"(rule of law)表达的是法律运行的状态、方式、程度和过程;而"法制"(legal system)的本意是一个静态的概念,是"法律制度""法律和法律制度"的简称。②"法治国家"与"法制国家"的提法,虽只是一字之差,却表明共产党人对人治的根本否定和对实行法治的坚定信念。因为,"法治"的核心在于确立以法律为治国的最具权威的标准,崇尚法高于个人、法大于国家机关和公职人员的权力的根本原则。而"法制"作为一种治国的工具,非但不能表明与人治的必然对立,而且可能出现"人治底下的法制"。建设社会主义法治国家,是实施依法治国方略必然达至的政治目标。

2. 明确了党法关系、党政关系

十五大报告指出:"党领导人民制定宪法和法律,并在宪法和法律范围内活动。依

---

① 中国共产党第十五次全国代表大会文件汇编,人民出版社,1997,第31—32页。
② 李林,建议采用"建设社会主义法治国家"的提法。王家福、刘翰等,"八五"国家社会科学基金重点项目。社会主义民主与法制建设研究。1997-09-30,第249页。

法治国是把坚持党的领导、发展人民民主和严格依法办事统一起来,从制度和法律上保证党的基本路线和基本方针的贯彻实施,保证党始终发挥总揽全局、协调各方的领导核心作用。"①这就是说,依法治国,是人民大众的依法治国,是民主与法制相结合的依法办事,是党倡导和自觉维护和遵从的依法治国,它集中地体现依法治国具有的中国特色。

（三）依法治国是我国治国基本方略的历史性转变

江泽民在十五大报告中明确地指出:"依法治国,是党领导人民治理国家的基本方略。"在党的历史上这一战略性的决定,凸显中国的治国方略选择上的空前跨越。

人民掌握政权,建立社会主义国家之后,究竟沿着什么主导性的途径及采用何种基本手段来治理国家,是一直以来没有得到解决的重大课题。马克思、恩格斯使社会主义从空想变为科学,但由于历史条件的限制,他们不可能回答共产党执政后怎样具体领导人民治理国家的问题。俄国在革命胜利后,随着政权的巩固和社会主义经济、文化建设的开展,列宁开始重视加强社会主义法制,号召坚定不移地"加强革命法制"②。不过,列宁没有明确提出和实行依法治国,也未完整地解决领袖个人权威与法律权威的关系问题。中国共产党在将马列主义同中国革命实践相结合的过程中,曾进行过认真的思考和艰难的探索。民主革命时期,毛泽东就提出要"让人民来监督政府""人人起来负责",以便跳出人亡政息的"历史周期率"。1954 年,他在关于宪法草案的报告中讲到,宪法是全体人民和一切国家机关都必须遵守的,共产党员必须在遵守宪法和一切法律中起模范作用。但自 20 世纪 50 年代后期起,由于"左"的思想泛滥,法制虚无主义猖獗,逐渐形成了个人独断专行的局面,最终导致十年"文化大革命"践踏民主、破坏法制的灾难性后果。依法治国的基本治国方略,正是深刻地借鉴与反思国际共产主义运动和我国社会主义建设的经验教训而进行的创新。同时,这也是我们党对人类文明作出的一大贡献。

三、中国特色社会主义法治理论的价值基础:以人为本

以人为本,是中国共产党提出的科学发展观的核心。2003 年,党的十六届三中全会指出:"坚持以人为本,树立全面、协调、可持续的发展观,促进经济社会和人的全面发展。"③党的十六届六中全会又强调指出:"构建社会主义和谐社会,必须坚持以人为本。"④2007 年,胡锦涛在十七大报告中再次指出:"必须坚持以人为本,全心全意为人

---

①　李林,建议采用"建设社会主义法治国家"的提法。王家福,刘翰等,"八五"国家社会科学基金重点项目。社会主义民主与法制建设研究。1997-09-30,第 32 页。

②　列宁全集,第 42 卷,人民出版社,1987,第 353 页。

③　中共中央关于完善社会主义市场经济体制若干问题的决定,人民出版社,2003。

④　中共中央关于构建社会主义和谐社会若干重大问题的决定,人民日报,2006-10-12。

民服务是党的根本宗旨,党的一切奋斗和工作都是为了造福人民。"①这种以人为本的理念,是基本治国方略的极其重要的实质性的补充和发展。"依法治国"解决的主要是治理国家所必需的规范问题、制度问题和程序问题,而"以人为本"的发展观则进一步明确和解决了"依法治国"的价值取向和人文根基。

(一)"以人为本"确定法治的目的性价值

近代以来,法与人的关系得到重新定位,人——人格成为法的价值基础。康德的法哲学强调,在法的视野中,人永远是目的而不是手段,是主体而不是客体。此一观念由他的学生马克思大力地加以推进。马克思指出,"主体是人","人是人的最高本质","人的根本就是人本身"②。在我国社会主义建设新时期中,党中央又创造性地将人的发展融入社会的物质文明、政治文明、精神文明的战略高度来解读人。在党的80周年纪念大会上,江泽民说:"共产主义社会将是'每个人自由而全面发展的社会'。我们建设有中国特色的社会主义的各项事业,我们的一切工作,既要着眼于人民现实的物质文化生活需要,同时又要促进人民素质的提高,也就是促进人的全面发展。这是马克思主义关于建设社会主义新社会的本质要求。"中共十六大迄今,中央进一步弘扬法的人文主义精神,确定"以人为本"为法的核心价值。这种对人的存在的思考,对人的生存意义的关注,以及对人类命运的探索、理解和把握,充分地体现社会主义法治应有的对人本身的终极关怀。毋庸置疑,不同国度和不同时期,人们可能探查与发明各种通往法治的机制或制度,可能采取诸多的实施法治的策略与方式,可以有不同甚至迥异的法治表达形式,但无一例外地都需要以人的尊严、自由、平等和人的权利为价值和归宿。

从历史上看,我国法律曾更多的是为了强化而不是制约国家权力的产物。缺乏依法治国、人民主权、制约权力、保障权利等法治理念,不谈"以人为本,一切为了人"和漠视自由、平等、人权等人文思想的传播和弘扬,因而理想的"法治"状态是无从言及的。今天尽管我国明确提出将"依法治国,建设社会主义法治国家"作为治国基本方略,并庄严地载入宪法,但无论从理论研究还是法制建设实践来看,法治建设似乎更强调"依法治国"的规范、制度、程序及其运行机制本身,即关注的主要是法制在稳定社会秩序方面的工具性意义。其实,对于法治来说,人文精神所包含的社会秩序和社会文化以及其体现的道德、习惯、风俗等,从来就是社会秩序和制度不可缺少的一部分。任何制度性安排和设计都不能不考虑这些非正式的制度,否则就难以形成普遍的和长久的法律秩序,实现"国泰民安"的大治。正如有学者所言:"中国现代法治不可能只是一套细密的文字法规加一套严格的司法体系……不仅仅是几位熟悉法律理论或外国法律的

---

① 胡锦涛,高举中国特色社会主义伟大旗帜,为夺取全面建设小康社会的新胜利而奋斗,人民日报,2007-10-25。

② 马克思恩格斯全集,第1卷,人民出版社,1956,第88、9、82页。

学者、专家的设计和规划,或全国人大常委会的立法规划。"①更何况,"一种不可能唤起民众对法律不可动摇的忠诚的东西,怎么可能有能力使民众愿意服从法律?"②简言之,只有充溢"以人为本"精神的法律,方能成为活在人们心中的,让人们倍感亲切的,耳熟能详的,从而竞相趋之的法。

（二）"以人为本"才能真正推动法治的实现

既然从根本上说,社会主义法把"以人为本"当做底蕴,确认、维护、实现与升华人的主体性,那么反过来,它也就能够甚至必然被公民普遍地视为自己的护身法宝而予以赞许和认同,真正自觉地恪守。

备受神意观,尤其两千年来基督教的影响,西方习惯于把崇敬《圣经》的思维定式移入法的领域,强调所谓"法律信仰"③。此故,美国的伯尔曼说:"法律必须被信仰,否则将形同虚设。"④对法治信仰的典型事例,就是苏格拉底以命殉法。西方法治社会的建构和形成,有其一系列法治的原则和制度的形式要素,但其实质要素可以说就是这种对法的普遍认同感。根据经验的历史考察,此种情况更大程度上得益于文艺复兴以来的人文精神的崛起。正是在资产阶级启蒙运动中,人文精神所包含的自由、平等、人权、博爱和民主精神唤起了人们对法治的追求,并成为民主基础上的法律和"法律下的自由"的思想渊源,以及建立法律统治的正当理由。可见,西方人的法治观念首要的并非由对法的直接认识造成的,人文理性才是它产生的最深厚的根源。这种"人文理性"崇高的规范形态,便是历经几千年至今而不衰的"自然法"。概言之,犹如昂格尔所分析的那样,法治秩序产生的一个条件就是"存在一种广泛流传的信念,在不那么严格的意义上,可称其为自然法观念",而自然法观念首先来自于罗马法学家在人性基础上发展起来的万民法和商品交换的支持,"对自然法观念的另一支持来自超验性的宗教"⑤。

我国法制建设中仅从实证方面强调加强立法、司法和执法是远不够的,更主要的是要赢得人们对所制定的"良法"的信任、认同,进而对法律产生发自内心的真诚呼应,并自觉将法律作为值得信赖的价值标准和目标追求。而这一状态的生成,就要求承认人是伟大的,人是自由的,从而将法治建立在尊重人的价值和尊严、体现"以人为本"理念的基础之上。可见,对法律的深厚的认同感,是"全部法治建立、存在和发展的根本

① 苏力,变法、法治及其本土资源,中国政法大学出版社,1996,第19页。
② 哈罗德·J.伯尔曼,法律与宗教,梁治平泽,三联书店,1991,第28页。
③ 在目前我国学界,对"法律信仰"问题存在很大分歧。确实,宗教是信仰的产物,法律是理性的产物,两者属于不同的意识领域,不可同日而语。但这绝对排斥对法律的信仰和认同。关键在于对法律的信仰,不是信仰它的外部条文,而是它的内在精神即以人为本与为人服务的精神。
④ 姚建宗,法律与发展研究导论,吉林大学出版社,1998,第28、458页。
⑤ 昂格尔,现代社会中的法律,吴玉章,周汉华泽,中国政法大学出版社,1994,第68—69页。

前提和保障。"①确实,目前中国法治建设侧重点应该从规范制度转向"以人为本"的价值层面了。

四、中国特色社会主义法治的目标:构建社会主义和谐社会

法治是人类文明的重要标志。社会主义法治与社会主义和谐社会之间,是手段与目的的关系。中国特色的法治是构建社会主义和谐社会的根本性手段,社会主义和谐社会的实现是法治的不间断的整体目标。

(一)法治保证公平正义的实现

马克思说:"人们奋斗所争取的一切,都同他们的利益有关。"②法是协调社会多方面利益的重要手段。正义,不论是分配正义、平均正义还是矫正正义,中心点是解决社会利益分配问题。公平,则是分配利益的第三者的行为,被双方当事人及一般理性人认为是合理的感觉。可见,社会主义和谐社会的公平正义最根本的是对社会中存在的诸多利益进行合乎公道或合理的协调与安排,获得普遍的满意。任何社会,包括社会主义社会,利益关系总是纵横交错、难解难分的。个人间和群体间都有不同甚至是截然对立的利益取向和追求。特别是随着市场经济的繁荣,造成日趋坚固的个人本位和经济多元化的格局,使利益关系更加复杂化和尖锐化,利益的冲突与整合的任务愈加重要和迫切。在当下的中国,这种偏离公平正义的社会不和谐的因素的表现,便是凝结于各领域中的弱势群体与强势群体之间的显著差别。举其要者有穷人与富人、农村与城市、西部与东部等矛盾。有史以来,协调利益关系以便达到社会和谐的基本方式无非三种:道德、宗教、法律。人类的童年时期,三者紧密交织在一起。但在分工与交换极为发达、社会交往十分频繁的情况下,法的第一位的重要性和不可替代性已成不争的事实。

(二)法治保障社会的安定有序

社会主义和谐社会也必然是安定和有序的社会,安定有序是国家与法产生的最根本的历史动因,这是法学家们很早就认识并进行过系统论述的。英国思想家洛克认为,法律之所以必需,是为了改变"原始状态"中的那种人人拥有处理自己案件的管辖权、成为本案的法官、同时又是执行判决的执行官的状态,而愿意过着安定有序的生活,使每个人的生命、健康、财产与自由获得保证。但对于国家和法律的起源和目的阐发得更为科学的,则是马克思主义创始人。恩格斯在《家庭、私有制和国家的起源》一书中曾指出:"国家是社会在一定发展阶段上的产物;国家是表示:这个社会陷于不可解决的自我矛盾,分裂为不可调和的对立面又无力摆脱这些对立面。而为了使这些对

---

① 姚建宗,法律与发展研究导论,吉林大学出版社,1998,第28、458页。
② 马克思恩格斯选集,第1卷,人民出版社,1972,第166页。

立面,这些经济利益相互冲突的阶级,不致在无谓的斗争中把自己和社会消灭,就需要一种表面上凌驾于社会之上的力量,这种力量应当缓和冲突,把冲突保持在'秩序'的范围之内,这种从社会中产生又自居于社会之上并且日益同社会脱离的力量,就是国家。"①从发生论上说,国家和法的产生是适应阶级斗争的需要,"缓和"阶级冲突。但它们一经存在就不单纯要解决阶级矛盾,而是解决各种需要其解决的社会矛盾,也不单纯要解决经济上互相对立的矛盾,还解决围绕经济矛盾而展开的诸多领域的矛盾。这是因为国家在形式上是社会的正式代表,垄断统治权,而法则是普遍的规范,并以国家力量为依托,因之与其他社会规范相比有最高的社会调整效力。

（三）法治推动人与自然的和谐相处

人与自然的和谐,是社会主义和谐社会最为基础性的部分。失去了人与自然和谐这样大环境的依托和物质支撑,人与人的和谐、人与社会的和谐必然不会有效和持久。人类社会与自然界相互和谐是维持人类生存和延续的必备条件,也是自然规律和社会规律相统一的必然结果。同近代以来西方发达国家已走过的路子一样,我国在实现经济现代化的途程中,也是以严重破坏自然生态的平衡与人的生存环境为代价的。所以,这是一个必须高度关注和急切加以解决的特大的事项之一。

在构建人与自然相和谐的社会过程中,法作为一种重要的社会规范应该发挥其充分的指引与导向作用。从人类自身的繁衍到人类对自然资源的开发利用,直到对生态环境的维护,都需要大力启动法的"天人合一"机制。唯其如此,才能保证人类得以很好的生存和延续。

吕世伦、张学超撰写,刊于《成人高教学刊》2008 年第 5 期。

---

① 马克思恩格斯选集,第 4 卷,人民出版社,1972,第 166 页。

邓小平民主、法制理论的思想渊源

渊源之一 马克思、恩格斯的民主、法制思想

一、马克思、恩格斯的民主、法制思想的理论基础

　　马克思、恩格斯民主、法制思想的理论或哲学的基础是历史唯物主义。它是指建立在一定的生产力水平上的社会物质生活条件或经济基础决定的民主与法制。经济基础反映各阶级之间的根本利益关系。人们奋斗所争取的一切，都同他们的利益有关。所以，社会各种意识及其相应的制度（民主、法制等），不能超越而只能适应这种利益关系。就这一点而言，它是一种客观的规律，也是马克思、恩格斯全部理论体系中最基础性的东西。如同恩格斯所说："根据唯物史观，历史过程中的决定性因素归根到底是现实生活的生产和再生产。无论马克思或我都从来没有肯定过比这更多的东西。"①正是这一历史唯物主义的"决定"论，解决了人类社会的变迁和发展规律的最基本的、具有整体性的问题，从而成为马克思主义的民主、法制思想的根本指导思想。

　　1883年，恩格斯在《在马克思墓前的讲话》中指出"正像达尔文发现有机界的发展规律一样，马克思发现了人类历史的发展规律，即历来为繁芜丛杂的意识形态所掩盖着的一个简单事实：人们首先必须吃、喝、住、穿，然后才能从事政治、科学、艺术、宗教等等；所以，直接的物质的生活资料的生产，从而一个民族或一个时代的一定的经济发展阶段，便构成基础。人们的国家设施、法的观点、艺术以至宗教观念，就是从这个基础上发展起来的，因而，也必须由这个基础来解释，而不是像过去那样做得相反。"②对历史唯物主义这一精辟的概括，同马克思本人的概括是完全一致的。在《政治经济学批判序言》中，马克思指出："我的研究得出这样一个结果：法的关系正像国家的形式一样，既不能从它们本身来理解，也不能从所谓人类精神的一般发展来理解，相反，它们根源于物质的生活关系，这种物质的生活关系的总和，黑格尔按照18世纪的英国人和法国人的先例，概括为'市民社会'。"还说"用于指导我的研究工作的总的结果，可以简要地表述如下：人们在自己生活的社会生产中发生一定的、必然的、不以他们的意志为

---

①　参见《马克思恩格斯全集》，1版，第37卷，460页，北京，人民出版社，1971。
②　参见《马克思恩格斯选集》，2版，第3卷，776页，北京，人民出版社，1995。

转移的关系,即同他们的物质生产力的一定发展阶段相适合的生产关系。这些生产关系的总和构成社会的经济结构,即有法律的和政治的上层建筑竖立其上并有一定的社会意识形态与之相适应的现实基础。"①为了捍卫历史唯物主义的"决定"论,马克思、恩格斯对政治权力(特别是君主的权力)决定论、意志或法律决定论,进行了坚持不懈的斗争。马克思说道"只有毫无历史知识的人才不知道:君主们在任何时候都不得不服从经济条件,并且从来不能向经济条件发号施令。无论是政治的立法或市民的立法,都只是表明和记载经济关系的要求而已。"②社会不是以法律为基础的。《拿破仑法典》并没有创立现代的资产阶级社会,只是在这本法典中找到了它的法律的表现。这一法典一旦不再适应社会关系,它就会变成一叠不值钱的废纸。③ 马克思、恩格斯一直把唯心史观称作"法学家的幻想"。一切非马克思主义或反马克思主义的民主、法制思想的主要错误,恰在于此。

二、无产阶级专政和民主

无产阶级专政是无产阶级历史地位和历史使命的最高表现。因为只有无产阶级专政才能彻底消灭阶级,进入共产主义的大同世界。

从马克思、恩格斯由激进的民主主义者转变为共产主义者的时候起,他们的无产阶级专政思想就已经酝酿成熟了。马克思、恩格斯共同撰写的《德意志意识形态》中就指出,无产阶级"必须夺取政权",确立自己的"统治"。《共产党宣言》更向全世界宣布,社会主义运动必然要爆发为公开的革命,无产阶级用暴力推翻资产阶级而建立自己的统治。④ 马克思的《1848年至1850年的法兰西阶级斗争》一书,第一次正式使用"无产阶级专政"一词,指出社会主义就是"无产阶级的阶级专政",它的基本口号是"推翻资产阶级! 工人阶级专政!"⑤最值得注意的是,1852年3月5日,马克思致魏德迈的信中的提法:"……至于讲到我,无论是发现现代社会中有阶级存在或发现各阶级间的斗争,都不是我的功劳。在我以前很久,资产阶级历史编纂学家就已经叙述过阶级斗争的历史发展,资产阶级的经济学家也已经对各个阶级作过经济上的分析。我所加上的新内容就是证明了下列几点:①阶级斗争的存在仅仅同生产发展的一定历史阶段相联系;②阶级斗争必然导致无产阶级专政;③这个专政不过是达到消灭一切阶级和进入无阶级社会的过渡……"⑥在这里,马克思对无产阶级专政的思想作了扼要的

---

① 参见《马克思恩格斯选集》,2版,第2卷,32页,北京,人民出版社,1995。
② 参见《马克思恩格斯全集》,1版,第4卷,121—122页,北京,人民出版社,1958。
③ 参见《马克思恩格斯全集》,1版,第6卷,291—292页,北京,人民出版社,1961。
④ 参见《马克思恩格斯选集》,2版,第1卷,284页,北京,人民出版社,1995。
⑤ 参见《马克思恩格斯选集》,2版,第1卷,462页,400页,北京,人民出版社,1995。
⑥ 参见《马克思恩格斯选集》,2版,第4卷,547页,北京,人民出版社,1995。

阐述。它表明,只有无产阶级专政才是马克思主义体系中的最主要之点。马克思主义同一切非马克思主义之间的分水岭,就在于是否能在承认阶级和阶级斗争的同时,也承认无产阶级专政。1875年,马克思在批判拉萨尔主义,特别是《哥达纲领》草案时,进一步发展了无产阶级专政的思想。他指出:在资本主义社会和共产主义社会之间,有一个从前者变为后者的革命转变时期。同这个时期相适应的也有一个政治上的过渡时期,这个时期的国家只能是无产阶级的革命专政。① 与此同时,马克思还指出,在无产阶级专政下必须有法律,以维护"按劳分配"等权利。马克思逝世后,恩格斯继续坚持和发展无产阶级专政的思想,同第二国际的机会主义进行不懈的斗争。他铿锵有力地说道:"近来,社会民主党的庸人又是一听到无产阶级专政就吓得大喊救命。先生们,你们想知道无产阶级专政是什么样子吗,请看看巴黎公社吧。这就是无产阶级专政。"②

　　无产阶级专政通过什么途径来实现呢?那就是无产阶级借助暴力手段打碎资产阶级的国家机器。很早以前,恩格斯就指出,无产阶级唯一可能的出路就是暴力革命。③ 除了进行暴力的民主的革命以外,不承认有实现这些目的的其他手段。④ 后来,马克思总结法国1848年革命的经验,进一步指出,无产阶级暴力革命的主要目标就是集中打碎资产阶级旧国家机器,特别是官僚军事机器。他指出,从前一切变革都是使这个机器更加完备,而不是把它毁坏。那些争夺统治权而相继更替的政党,都把这个庞大国家机器的夺得视为自己胜利的主要战利品。但无产阶级则要集中自己的一切破坏力量来反对这个权力。⑤ 1871年的巴黎公社革命证实了这个"打碎"论的正确性。为此,马克思写道:"我认为法国革命的下一次尝试不应该再像以前那样把官僚军事机器从一些人的手里转到另一些人的手里,而应该把它打碎,这正是大陆上任何一次真正的人民革命的先决条件。"⑥在这里,马克思不仅仅认为必须"打碎",而且也论述了"打碎"的主要理由。必须指出,在"打碎"论中,当然也包括废除资产阶级旧法体系。马克思、恩格斯断然地批判无产阶级需要保存旧的"法制基础"的说法,指出:不能使旧法律成为新社会发展的基础,正像这些旧法律不能创立旧社会关系一样。⑦ 旧法律是从这些旧社会关系中产生出来的,它们也必然同旧社会关系一起消亡……不顾社会发展的新的需要而保存旧法律,实质上不是别的,只是用冠冕堂皇的词句作掩护,维护那些与时代不相适应的私人利益,反对成熟了的共同利益。⑧

　① 参见《马克思恩格斯选集》,2版,第3卷,314页。
　② 参见《马克思恩格斯全集》,1版,第22卷,229页,北京,人民出版社,1965。
　③ 参见《马克思恩格斯全集》,1版,第2卷,548页,北京,人民出版社,1957。
　④ 参见《马克思恩格斯选集》,2版,第4卷,530页。
　⑤ 参见《马克思恩格斯全集》,1版,第8卷,215页,北京,人民出版社,1961。
　⑥ 参见《马克思恩格斯选集》,2版,第4卷,599页。
　⑦ 参见《马克思恩格斯全集》,1版,第6卷,292页,北京,人民出版社,1961。
　⑧ 参见《马克思恩格斯全集》,1版,第6卷,292页,北京,人民出版社,1961。

《共产党宣言》指出:工人革命的第一步就是使无产阶级上升为统治阶级,争得民主。① 对此,列宁强调《共产党宣言》是把"使无产阶级上升为统治阶级"和"争得民主",即把无产阶级专政与无产阶级民主"相提并论"的。

马克思、恩格斯对无产阶级民主问题研究的一个新高峰是对1871年巴黎公社经验的总结。马克思认为,"公社给共和国奠定了真正民主制的基础",而公社本身又是新型民主共和国的雏形,这种民主制的基本特征在于:①从国体上看,首先,无产阶级在公社政权中起主导作用。公社委员的绝大多数是工人或者公认的工人代表。其次,公社是无产阶级政治解放的形式。这次革命的对象不是哪一种国家政权的形式,而是反对国家本身这个社会的超自然怪胎的革命。这次革命是人民为自己的利益而重新掌握自己的社会生活的运动。为了确保人民当家作主,而不使这种"人民公仆"的国家重新蜕化为"人民的主人",公社采取两项措施,即一切职位交给由普选产生的人担任,并可以随时撤换他们;所有公职人员都领取普通技术工人的工资。最后,公社政权获得了相应的经济内容,因而它有确定的经济基础,而不至于流入骗局。②从政体上看,首先,公社的管理形式表现为它"不应当是议会式的,而应当是同时兼管行政权和立法权的工作机关"。需要指出,马克思的这个概括丝毫没有否认国家职能上分工的意思,而是揭露资产阶级议会制的弊端。相反,他特别说明,恰恰是公社式的民主,真正实现了普选制和代表(议)制。其次,在公社的纲领中,国家结构形式将采取在高度地方自治基础上的民族统一的单一制。总之,公社的真正秘密就在于:它实质上是工人阶级的政府,是无产者阶级同占有者阶级斗争的产物,是终于发现的可以使劳动在经济上获得解放的政治形式。② 公社第一次提供了活生生的社会主义民主的光辉形象。

恩格斯在批判1891年德国党的《爱尔福特纲领草案》时,就断然地表示:我们的党和工人阶级只有在民主共和国这种形式下,才能取得统治。民主共和国甚至是无产阶级专政的特殊形式。③

三、法与自由、平等和权利

法不仅有实证的特征,也有其价值的规定性。在这些价值规定性中,马克思、恩格斯对于自由、平等和权利诸范畴,给予更多的关注。

(一)法与自由

早期马克思、恩格斯所信仰的"自由法"就是一种所谓"理性自由法"。这种观点认为,自由确实是人所固有的东西,连自由的反对者在反对实现自由的同时也实现着自

---

① 参见《马克思恩格斯选集》,2版,第1卷,293页。
② 参见《马克思恩格斯选集》,2版,第3卷,58—59页。
③ 参见《马克思恩格斯选集》,2版,第4卷,412页。

由;没有一个人反对自由,如果有的话,最多也只是反对别人的自由。可见各种自由向来就是存在的,不过有时表现为特权,有时表现为普遍权利而已。① 没有自由对人来说就是一种真正的致命的危险。② 正是由于追求人民的"普遍权利"和反对少数人的"特权",马克思提出"法典就是人民自由的圣经"③这个著名的观点。显而易见,这种激进的民主主义的自由观,还缺乏现实的、唯物主义的基础。

在走上历史唯物主义的道路之后,马克思、恩格斯的自由观有了质的飞跃。

1. 自由的概念

从哲学上说,自由是对客观必然性(规律)的认识和对客观世界的改造。恩格斯指出:自由不在于幻想中摆脱自然规律而独立,而在于认识这些规律,从而能够有计划地使自然规律为一定的目的服务。意志自由只是借助于对事物的认识来作出决定的能力。④从社会发展上说,人们都是在现有的生产力所决定和所容许的范围之内得到自由的。

对于法律也是如此。法律绝不是立法者理性的产物。相反,法律是受客观规律或生产力水平的限制,从而它不可能表现立法者的"绝对自由"。但是,人(立法者)能够认识客观规律,因此,法律可以表现立法者的相对自由。

2. 法和自由

在阶级社会中,人的外部行为的自由,不仅要受到客观规律的限制,而且通常还要受到法律的限制,即这种自由是法律范围内的自由。如果违反法律的规定,不仅没有自由,而且要受到法律的惩罚。所以,任何法律都是对人们在一定历史条件下的行为自由的确认和保护。对于一项良好的法律制度而言,法律的惩罚也是以承认人的自由人格为前提的。如同马克思所说的:"罪犯在侵害自由时也就是在侵害他自己,这种侵害自己的罪行对他来说就是一种惩罚,他认为这种惩罚就是对他的自由的承认。"⑤滥用自由的人必然侵害他人的或社会整体的自由,法律惩罚他是为了使他重新作为一个自由的人。

3. 法与责任

法律惩罚的根据是违法者的责任。恩格斯指出:"如果不谈所谓自由意志、人的责任能力、必然和自由的关系等问题,就不能很好地议论道德和法的问题。"⑥人有意志,而意志是自由的。每个人在实施某种行为之前,常常会面临各种不同的方案,迫使他从中进行选择。正由于一种行为方案是他自由选择的,那就意味着他为自己选择了一种相应的责任,即必须对行为负责。假如他没有这种责任能力,那么法律也不应该让他负责,像对无责任能力者或一定情况下的部分责任能力者,法律就不要求他承担责

---

① 参见《马克思恩格斯全集》,1 版,第 1 卷,63 页,北京,人民出版社,1956。
② 参见《马克思恩格斯全集》,1 版,第 1 卷,74 页,北京,人民出版社,1956。
③ 参见《马克思恩格斯全集》,1 版,第 1 卷,71 页,北京,人民出版社,1956。
④ 参见《马克思恩格斯选集》,2 版,第 3 卷,455 页。
⑤ 参见《马克思恩格斯全集》,1 版,第 1 卷,71 页。
⑥ 参见《马克思恩格斯选集》,2 版,第 3 卷,454 页。

任或承担全部责任。由此可知,过错责任原则是合理的、进步的,而无过错责任原则只能是例外,是另一种意义上的责任。法律必须最大限度地将自由与责任统一起来。

（二）法与平等

同自由一样,从古代原始的平等观到现代平等观的形成,必然要经过而且已经经过几千年。平等的观念,无论以资产阶级的形式出现,还是以无产阶级的形式出现,本身都是一种历史的产物,这一观念的形成,需要一定的历史关系。① 这种"历史关系"有决定性意义的是经济关系。

在奴隶社会和封建社会里,经济关系以人身的依附为特征,人和人之间是以"抽屉"分类的。所以,在观念上,不平等比平等更具有合理性。恩格斯反问道:"在古代的奴隶和奴隶主之间,在中世纪的农奴和领主之间,难道谈得上追求幸福的平等权利吗?"②同这种观念相应的法,必然是"特权法""动物的法"。法律赤裸裸地规定财产在政治上、法律上的特权,赤裸裸地规定人与人之间的不平等(不仅统治阶级与被统治阶级不平等,即使在统治阶级成员内部也不平等)。

只有当资本主义经济关系在社会中占统治地位,即资产阶级掌握政权之后,反对封建特权和平等问题才能提到日程上来。资本主义市场经济客观地要求资本之间能够平等地自由竞争,平等地同自由劳动者订立劳动雇佣契约,平等地榨取剩余价值,即平等地作为商品所有者实现用等价物交换等价物。每个主体所给出的和获得的是相等的东西。他们通过交换证明自己是价值相等的人。所以,马克思说道:"资本是天生的平等派,就是说,它要求在一切生产领域内剥削劳动的条件都是平等的。"③相应地,作为纯粹观念,自由和平等是交换价值过程的各种要素的一种理想化的表现,而法律上和政治上的平等不过是另一次方上的再生产物而已。④ 正因为如此,"法律面前人人平等"自然而然地就上升为宪法原则,同时也取消了政治上的特权。但是,政治和法律的平等完全是一种形式的平等。它的背后不仅掩盖着资本与资本之间的战争,更掩盖着资本与劳动者之间在经济与社会方面的事实上的不平等。原先"平等的契约"变成对劳动者残酷剥削的合法根据。因此,无产阶级政党的首要任务就在于帮助被压迫、被剥削的人民群众彻底摆脱资本主义平等观,从而建立起马克思主义的平等观。但在另一方面,又要善于利用这种平等观念和法律平等原则开展对资产阶级的斗争。恩格斯论及卢梭关于平等学说时指出,平等观念特别是通过卢梭在大革命的时候以及在大革命之后起了一种实际的政治的作用,而今天差不多在一切国家的社会主义运动中仍然起着很大的鼓动作用。⑤ 那么,在资本主义社会中无产阶级平等要求的根本内

① 参见《马克思恩格斯全集》,1 版,第 20 卷,117 页,北京,人民出版社,1971。
② 参见《马克思恩格斯全集》,1 版,第 21 卷,332 页,北京,人民出版社,1965。
③ 参见《马克思恩格斯全集》,1 版,第 23 卷,436 页,北京,人民出版社,1972。
④ 参见《马克思恩格斯全集》,1 版,第 46 卷下,477 页,北京,人民出版社,1980。
⑤ 参见《马克思恩格斯全集》,1 版,第 20 卷,113 页。

容是什么呢？恩格斯指出，无产阶级平等要求的实际内容就是消灭阶级的要求，任何超出这个范围的平等要求，都必然要流于荒谬。① 因为只有消灭了阶级，才有普遍的、真实的平等可言。

社会主义社会实现了广大居民对生产资料公有制和按劳分配原则上的平等，并且在政治上成为国家的主人。但社会主义社会还不是一个"平等的王国"。由于生产力发展水平的限制及相应的社会觉悟水平的局限，人们在短期内不可能做到不需要任何法律而为社会劳动。相反，在这里仍然存在着"资产阶级法权"。这集中表现在社会产品的分配领域里。因为，按劳分配的平等，就是一种形式的一定量的劳动可以和另一种形式的同量劳动相交换。平等就在于以同一的尺度——劳动——来计量。② 但各个人的情况是不相同的，因此，这种平等的权利，对不同等的劳动者来说是不平等的权利。③ 对于马克思主义者来说，这种形式（原则）上平等而事实上不平等的情况当然是一种"弊端"。马克思说道："要避免这种弊端，权利就不应该是平等的，而应当是不平等的。"④就是说，要用各尽所能，按需分配原则代替按劳分配原则。真正的自由和平等，即共产主义。

（三）法与权利

权利与自由、平等具有不可分割的联系。从前述马克思、恩格斯对于自由、平等的阐发中，已经包含有关权利的基本观点。自文明社会以来，可以说，权利问题是人际关系的集中体现，因而它也必然成为法的核心范畴之一。

在早期的人类社会中，由于生产力落后，财富极其贫乏，人们共同地生产和生活，人和人之间彼此没有什么差别，所取和所予也没有多大不同，人们还不存在权利与义务的概念。这种情况在仍然处于原始生活早期阶段的印第安人中得到了证明。恩格斯指出：在氏族制度内部，还没有权利和义务的分别；参与公共事务，实行血族复仇或为此接受赎罪，究竟是权利还是义务这种问题，对印第安人来说是不存在的；在印第安人看来，这种问题正如吃饭、睡觉、打猎究竟是权利还是义务的问题一样荒谬。⑤ 到了原始社会后期，出现了私有制、出现了产品交换，特别是个人（家庭）之间的交换，权利、义务问题才提到议事日程上来。因而，双方产品的所有者彼此都被赋予一定的权利和义务。正是产品（商品）交换，加快了社会的分化和阶级的形成。人的这种权利和义务关系经过无数次的重复，开始表现为新的习惯，尔后被刚刚产生的国家所认可，上升为法律。权利，原来是习惯的权利，现在变成了法律的权利。由于权利首先是财产的权利（所有权），所以，它必然越来越集中到富人手中，即集中在当时的统治阶级手中。于

---

① 参见《马克思恩格斯全集》，1版，第20卷，117页。
② 参见《马克思恩格斯全集》，1版，第19卷，21页，北京，人民出版社，1971。
③ 参见《马克思恩格斯全集》，1版，第19卷，22页，北京，人民出版社，1971。
④ 参见《马克思恩格斯全集》，1版，第19卷，22页，北京，人民出版社，1971。
⑤ 参见《马克思恩格斯选集》，2版，第4卷，159页，北京，人民出版社，1972。

是权利与义务的分化也就非常显眼了。如果说在野蛮人中间像我们已经看到那样,不大能够区别权利和义务,那么文明时代却使这二者之间区别和对立连最愚蠢的人都能看出来,因为它几乎把一切权利赋予一个阶级,另一方面却几乎把义务推给另一个阶级。① 概而言之,劳动者在经济上受生活源泉的垄断者(剥削者)的支配,这是一切形式的奴役,即一切社会贫困屈辱和政治依附——无权地位的基础。

马克思和恩格斯深入地研究权利形式的历史演变。在奴隶制社会和封建制社会中,制定法不发达,因此,权利的表现形式大量的是习惯权利,而不是法定权利。习惯权利从本质上看,又分为贫民的习惯权利和贵族的习惯权利。贵族习惯权是特权的习惯权利。尽管贵族阶级的基本权利(首先是财产所有权)很早就已上升为法定权利,但它们还总是贪婪地追求法定之外的习惯权利。对此,马克思说道:"当特权者不满足于法定权利而又呼吁自己的习惯权利时,则他们所要求的不是法的人类内容,而是法的动物形式,这种形式现在已丧失其现实性,并已变成纯粹野蛮的假面具。"②相反,只有穷人的习惯权利才是符合"法的人类内容"。习惯权利按其本质说只能是这一最低下的、备受压迫的、无组织的群众的权利。③ 因为,习惯权利是维持穷人基本生存需要的权利,是他们以丧失基本生产资料才换得的权利。马克思呼吁:对于追求"贵族的不法习惯权利"的人应予以惩罚。我们为穷人要求习惯权利,但并不是限于某个地方的习惯权利,而是一切国家的穷人所固有的习惯权利。④

中世纪权利的另一个特点是,各种权利形式是混合的、二重的,即公权利与私权利是不加区分的。资产阶级掌权后,理直气壮地消除了这种"不定所有权",几乎把一切财富均纳入私法之中,成为富人的独占权。从历史上说,这当然是一种进步,但它同时也取消这种不定所有权对贫民阶级所负的责任,使穷人更加不幸。

从 17 世纪、18 世纪开始,启蒙思想家们把权利问题归结为"天赋人权"的口号,并借此同封建阶级进行斗争,最终以人权的形式承认和批准现代资产阶级社会,从而人权已经不再仅仅是一种理论了。⑤ 随着世界性的资本主义市场的形成,"自由和平等也自然地被宣布为人权"。这种人权的特殊资产阶级性质的典型表现是美国宪法,它最先承认了人权,同时确认了存在于美国的有色人种奴隶制:阶级特权不受法律保护,种族特权被神圣化。⑥ 由此可知,尽管资产阶级宣称他们是"法治国家",但却在事实上承袭了封建特权。强权也是一种法,而且强者的权利也以另一种形式继续存在于他

① 参见《马克思恩格斯选集》,2 版,第 4 卷,174 页。
② 参见《马克思恩格斯全集》,1 版,第 1 卷,143 页。
③ 参见《马克思恩格斯全集》,1 版,第 1 卷,142 页。
④ 参见《马克思恩格斯全集》,1 版,第 1 卷,142 页。
⑤ 参见《马克思恩格斯全集》,1 版,第 2 卷,157 页。
⑥ 参见《马克思恩格斯选集》,2 版,第 3 卷,447 页。

们的"法治国家"中。① 马克思、恩格斯对"天赋人权"观进行了系统的批判。他们认为："人权"不是天赋的,而是历史产生的。② 就是说,人权及人权观念是伴随社会形态的变化而变化的。资产阶级的人权论不过是资本主义生产方式的产物。平等地剥削劳动力,是资本的首要人权。资本要求在一切生产领域内剥削劳动的条件都是平等的,把这当做自己的天赋人权。③

社会主义运动是为实现全人类普遍权利的革命。但它往往要受到资产阶级权利观的影响。恩格斯指出,无产阶级第一批政党组织,以及他们的理论代表都是完全站在法学的"权利基础"上。④ 然而,抽象的权利曾经被坚决地用来为所有的东西辩护,为形形色色的压迫形式辩护,早就应该摒弃这种鼓动了。问题在于应当用什么形式来实现这种权利。⑤ 那就是通过革命来实现。我们的基础不是法制的基础,而是革命的基础;人民权利的合法根据——革命。与资产阶级不同,这种革命不是要争取阶级特权和垄断权,而是要争取平等的权利和义务,并消灭任何阶级统治。⑥ 这也就是实现没有无义务的权利,也没有无权利的义务。⑦ 在当前,工人阶级要善于利用资产阶级权利理论和法律上的空隙,为自己争得可能的权利。例如,资产阶级的"普选权赋予我们一种卓越的斗争手段"。

社会主义社会,如同上述,实现了广大人民的经济权利和政治权利,但短时期内还不可能提供普遍的、事实上的平等权利。正如马克思所说:"权利永远不能超出社会的经济结构以及由经济结构所决定的文化的发展。"⑧

四、法的本质和职能

(一)法的本质

马克思、恩格斯的《共产党宣言》在抨击资产阶级的意识形态时尖锐地指出:你们的观念本身是资产阶级的生产关系和所有制关系的产物,正像你们的法不过是被奉为法律的你们这个阶级的意志一样,而这种意志的内容是由你们这个阶级的物质生活条件来决定的。⑨ 这段话虽然是对资产阶级法而言的,但它对于把握各种类型(尤其是剥削阶级类型)法的本质具有普遍意义。

---

① 参见《马克思恩格斯全集》,1 版,第 46 卷上,25 页,北京,人民出版社,1979。
② 参见《马克思恩格斯全集》,1 版,第 2 卷,146 页。
③ 参见《马克思恩格斯全集》,1 版,第 23 卷,324 页,436 页。
④ 参见《马克思恩格斯全集》,1 版,第 21 卷,546—547 页。
⑤ 参见《马克思恩格斯全集》,1 版,第 16 卷,648 页,北京,人民出版社,1964。
⑥ 参见《马克思恩格斯全集》,1 版,第 16 卷,15 页,北京,人民出版社,1964。
⑦ 参见《马克思恩格斯全集》,1 版,第 16 卷,16 页,北京,人民出版社,1964。
⑧ 参见《马克思恩格斯选集》,2 版,第 3 卷,305 页。
⑨ 参见《马克思恩格斯选集》,2 版,第 1 卷,289 页。

法的最本质的属性是它所体现的阶级意志性。问题在于,法所体现的阶级意志是哪个阶级的意志。从切身利益出发,每个阶级都希望将本阶级的意志提升为法律,使全社会一体遵行。但这是不可能的。法律总是统治阶级,即取得胜利、掌握国家政权的阶级的意志的体现。因为,在激烈的阶级对抗中,唯有取得胜利的阶级才能掌握国家政权,成为统治阶级,进而才能将自己的意志制定成为法律。可见,资产阶级理论家们惯于鼓吹的法是"全民意志"或者"社会整体意志"的观点,全然是虚妄之谈。

法中蕴涵的统治阶级意志,是集中了的统治阶级的整体意志,即共同意志,而不是统治阶级中个别集团、个别成员的意志,也不是统治阶级中每个成员意志的简单相加。马克思曾一再强调,统治阶级力图通过法律形式来实现自己的意志,同时使其不受他们之中任何一个单个人的任性所左右,这一点不取决于他们的意志,如同他们的体重不取决于他们的唯心主义的意志或任性一样。他们的个人统治必须同时是一个一般的统治。① 法律应该是社会共同的、由一定物质生产方式所产生的利益和需要的表现,而不是单个的个人恣意横行。② 不言而喻,法律要强迫被统治阶级严格遵守。但法律同时也要求统治阶级内部成员,必要时作出一定的"自我舍弃"。当然,这种"自我舍弃"是个别场合,而利益的自我肯定则是一般场合。③ 就是说,法只能体现统治阶级成员意志中的相互一致的那部分,即共同意志,而排斥任何个别集团、个别人的与共同意志相违背的意志。如果不这样,法律便起不到维护统治阶级整体的政治统治和经济利益的作用。当然,在不同政体的国家中,制定法律的方式不一样,甚至有很大的差别。在民主制之下,法律由统治阶级中的全体人或大多数人制定;在贵族制之下,由少数人制定;在专制制之下,由独裁者一人制定。但是,不论哪种情况下制定的法律,都要符合统治阶级的共同意志,代表统治阶级的共同利益。否则,这种法律,甚至制定这种法律的少数人或个别人,或早或晚要被统治阶级中的多数人所抛弃。

通过法律形式获得集中表达的统治阶级意志,就是"国家意志"。马克思、恩格斯指出,因为国家是属于统治阶级的每个个人借以实现其共同利益的形式,是该时代整个市民社会获得集中表现的形式,因此,可以得出一个结论:一切共同的规章都是以国家为中介的,都带有政治形式。④ 统治阶级除了必须以国家的形式组织自己的力量外,他们还必须给予他们自己的由这些特定关系所决定的意志以国家意志的一般表现形式。⑤ 马克思主义关于法律是国家意志的论断十分重要。第一,它表明统治阶级只有把自己的共同意志变成国家意志,即经过国家的正式立法程序并赋予国家强制力,才能成为法律,获得人人必须承认和遵守的一般形式。第二,它表明统治阶级的意志除

---

① 参见《马克思恩格斯全集》,1 版,第 3 卷,378 页,北京,人民出版社,1960。
② 参见《马克思恩格斯全集》,1 版,第 6 卷,292 页。
③ 参见《马克思恩格斯全集》,1 版,第 3 卷,378 页。
④ 参见《马克思恩格斯全集》,1 版,第 3 卷,71 页。
⑤ 参见《马克思恩格斯全集》,1 版,第 3 卷,378 页。

法律以外,还有诸如风俗习惯、伦理道德、宗教信条等。这些东西虽然也是统治阶级意志甚至共同意志的体现,但由于它们没有经过政权机关的正式立法程序使之取得一般表现形式,因而还不是国家意志,不是法律。

国家意志的内容如何,这一点归根到底是由统治阶级的物质生活条件决定的。所谓国家意志,无非就是统治阶级所希求的最大的利益,即社会经济关系方面的利益。离开这种经济利益,法律便不可能产生,产生了也没有存在的价值。统治阶级虽然有权制定法律,但法律的内容却不能违拗统治阶级的根本统治利益。否则,这种法律在实践中也行不通。物质生活条件包括地理环境、人口、生产方式等方面,其中生产方式是决定生活面貌、性质和发展方向的主要因素,也是决定国家意志,即法律的内容的主要因素。

(二)法的职能

马克思在谈到剥削阶级国家时曾指出:在那里,政府的监督劳动和全面干涉包括两方面:既包括执行由一切社会的性质产生的各种公共事务,又包括由政府同人民大众相对立而产生的各种特殊职能。① 即直接实现统治阶级专政、维护统治阶级利益的职能。这一点正是国家和法产生和存在的根本历史动因。如同恩格斯所说,无产阶级之所以需要国家是为了镇压自己的敌人,一到有可能谈自由的时候,国家本身就不再存在了。②

法的社会职能(公共职能),就是"执行由一切社会的性质产生的各种公共事务"的职能,即从统治阶级根本利益出发而维护社会全体居民共同利益的职能。例如,在古代的波斯、印度,国家为经营和管理全国性的河谷灌溉及其渠道和水闸,就曾颁布多部法律。在现代,为了保证交通通畅,防止交通事故,就要制定交通法规;为了防止环境污染和保证资源的合理开发和利用,就要制定环境保护法规和资源保护法规。显而易见,这些法规的实施不仅有利于统治阶级,而且在客观上也有利于整个社会。

同执行政治职能的法律规范相比较,执行社会职能的法律规范确有其自身的特点。例如,这类规范多属于技术性规范,侧重调整人与自然界的关系,不具有阶级色彩。但法律的社会职能和政治职能并不是对立的,而是统一的。这种统一性不仅表现在二者都服从于建立和维护有利于统治阶级的社会关系和社会秩序这一根本目的,而且还在于法的社会职能归根到底是为了更好地实现法的政治统治职能。正如恩格斯所指出的:政治统治到处都是以执行某种社会职能为基础,而且政治统治只有在它执行了它的这种社会职能时才能持续下去。③

还必须指出,马克思特别强调,执行公共职能并不是国家和法的本身固有的职能,

① 参见《马克思恩格斯全集》,1版,第25卷,432页。
② 参见《马克思恩格斯全集》,1版,第19卷,7页。
③ 参见《马克思恩格斯选集》,2版,第3卷,523页。

而是由社会和人生存的基本需要所决定的。只要资本家的劳动不是由单纯作为资本主义生产过程的那种生产过程引起,因而这种劳动并不随着资本的消失而自行消失;只要这种劳动不只限剥削别人劳动这个职能;从而,只要这种劳动是由作为社会劳动的劳动的形式引起,由许多人为达到共同结果而形成的结合和协作引起,它就同资本完全无关,就像这个形式本身一旦把资本主义的外壳炸毁,就同资本完全无关一样。① 新型的社会主义国家和法律不仅保留公共职能,而且随着阶级的逐渐消灭还会越来越增强和扩大这一职能。在国家和法律消亡的共产主义社会里,这种职能将由社会自身来承担。

五、法的相对独立性

首先,法的相对独立性,即它的能动性,是马克思、恩格斯关于经济基础与上层建筑相互关系理论中的应有之义。但是,把法的相对独立性的观点作为完整的体系,则是恩格斯晚年的历史唯物主义通信中所完成的。恩格斯谈到经济基础与国家和法的关系时指出,这是两种不相等的力量的交互作用:一方面是经济运动,另一方面是追求尽可能多的独立性并且一经产生也就有自己的运动的新的政治权力。总的说来,经济运动会自己开辟道路,但是它也必定要经受它自己所造成的并具有相对独立性的政治运动的反作用。恩格斯以法同生产和贸易的关系为例说,法虽然一般是完全依赖于生产和贸易的,但是它仍然具有反过来影响这两个部门的特殊能力。

法对于经济的反作用力是很大的。无产阶级专政理论正是以承认这种反作用力为前提的。恩格斯说道:"如果政治权力在经济上是无能为力的,那么我们又为什么要为无产阶级的政治专政而斗争呢?暴力(包括国家和法)也是一种经济力量!"② 所以,恩格斯的结论是:认为我们否认经济运动的政治等反映对这个运动本身的任何反作用,那它就是无的放矢。

其次,法的发展同经济状况的发展之间具有不平衡性。恩格斯根据《资本论》中关于法同经济状况之间发展的不平衡性(超前或滞后),认为"这是个困难问题"的论述。他指出,经济上落后的国家在哲学上仍然能够演第一提琴手。换说法也是如此。③ 对于这种不平衡发展的原因这个"困难问题",恩格斯的回答是:此问题从分工的观点来看是最容易理解的。即随着职业法学家阶层的产生,"经济关系反映法原则"的过程,往往是活动者所意识不到的,法学家以为他是凭着先验的原理来活动。这种颠倒会对经济基础产生反作用,并且能在某种限度内改变它。④ 所谓"法学家幻想",常常是由

① 参见《马克思恩格斯全集》,1 版,第 25 卷,435 页,北京,人民出版社,1974。
② 参见《马克思恩格斯全集》,1 版,第 37 卷,490—491 页。
③ 参见《马克思恩格斯全集》,1 版,第 37 卷,488 页。
④ 参见《马克思恩格斯全集》,1 版,第 37 卷,488 页。

于这种原因形成的,即他们认为不是经济创造了法意识,而是法意识和法创造了经济关系。

再次,一个国家(尤其是发达的资产阶级国家)的法有一套严格、完整的体系(制度)。恩格斯说道:"在现代国家中,法不仅必须适应于总的经济状况,不仅必须是它们的表现,而且还必须是不因内在矛盾而自己推翻自己的内部和谐一致性的表现。"①法体系的内在和谐一致性的主要原因在于:①法所反映的经济基础和统治阶级意志总体上是和谐一致的;②从法的自身来说,只有内部的和谐一致才能起到规范社会行为的作用。法的内部和谐一致性是法的相对独立性的一种重要表现。就是说,有时为了照顾到这种和谐一致,就可能导致它作为"经济关系的忠实反映日益受到破坏",例如,歪曲了传统的公平"法观念"(像"合理违法")。此外,还要看到,法不仅反映经济关系,而且也直接反映社会阶级力量的对比关系,如为了兼顾到不同阶级的部分利益,法体系也会不同程度地同经济基础的要求不完全一致。正像恩格斯所说,无产阶级的斗争在不断地迫使资产阶级作出让步,而一定程度上修改他们的法观念和法律。

恩格斯还强调:"法发展"的进程大部分只在于首先设法消除那些由于将经济关系直接翻译为法律原则而产生的矛盾,建立和谐的法体系,然后是经济进一步发展的影响和强制力又经常摧毁这个体系,并使之陷于新的矛盾(这里我暂时只谈民法)。② 所以,法内部的和谐一致性是相对的。

复次,法有继承性。在《德意志意识形态》和《资本论》中,马克思、恩格斯都讲过法继承性问题。例如,"法有时也可能继承";新阶级从旧阶级那里寻找法的"拐杖"等。不过,从前马克思、恩格斯讲继承性主要指剥削阶级类型法之间,尤其是资产阶级法对前资本主义法的继承;而现在恩格斯则认为法继承是法运动的一项普遍原理。基本原因在于,法作为每个时代社会分工的一个特定的领域,都只有它的先驱者传给它而它便由此出发的特定的思想资料为前提。③ 而法的现实资料是从以前的各代人的思维中独立形成的,经过自己独立发展的道路,而经济在这里并没有重新创造出任何新东西。④

既然不同历史类型的法都能不同程度地冲破经济关系的差异而直接进行继承,那么根据相同的理由,现实的包括阶级本质不同的国家之间相互发生法的借鉴、引进、移植、嫁接等也是可能的,甚至是不可避免的。

最后,国家和法比其他上层建筑现象更接近经济基础,对经济基础的反作用力更大。恩格斯晚年反复论证,在社会上层建筑诸要素中,国家和法是核心。这是因为:第一,国家和法同经济基础之间的联系是直接的,而哲学、宗教、文学、艺术则是更上一个

---

① 参见《马克思恩格斯全集》,1 版,第 37 卷,488 页。
② 参见《马克思恩格斯全集》,1 版,第 37 卷,488 页。
③ 参见《马克思恩格斯全集》,1 版,第 37 卷,489—490 页。
④ 参见《马克思恩格斯全集》,1 版,第 38 卷,490 页,北京,人民出版社,1971。

层次的东西,它们要通过国家和法才能对基础发挥作用。所以,在日常生活中经常看到,哲学、宗教、文学、艺术等除了为经济服务以外,更直接的是为统治阶级的政治(国家和法)服务。这就是说,国家和法影响哲学、宗教、艺术等远大于后者对前者的影响。第二,国家是社会的正式代表,而法又是"国家意志",它们都是现实统治力量的物质载体。它们一经产生便具有强大的、独立的力量,以自己的特有规律和方式规制社会中的行为,使其服从于自己,强劲地推动或者阻碍经济的发展。马克思所说的"批判的武器不能代替武器的批判",就是指政治力量对精神力量的优越性。而精神性的东西,只有经过国家和法的"中介"才能对经济起作用。我们这样说,丝毫无意否定国家和法取决于相应的法律意识的原理,而仅仅是就它们同经济基础之间的关系而言的。

总之,我们掌握恩格斯所完成的马克思主义关于法相对独立性的理论体系,对于我国当前的社会主义政权和法制建设,特别是对社会主义市场经济建设,具有重要的意义。

渊源之二 列宁的民主、法制思想

列宁在领导世界上第一个社会主义国家的实践中,对社会主义法制建设极为重视,总结了丰富的经验,提出和解决了一系列理论问题。列宁在社会主义法制建设方面的理论和实践,具有普遍的意义。

一、专政与民主

列宁在领导俄国革命的过程中,特别是在俄国社会主义革命与建设的实践中,全面继承和发展了马克思、恩格斯的民主和法制思想。

列宁明确地指出,无产阶级专政是马克思主义的核心和实质及真假马克思主义的试金石和分水岭。他还从不同的角度揭示无产阶级专政的科学概念:①从对资产阶级旧国家的态度上,列宁指出:"无产阶级专政"这个公式不过是在历史上更具体、在科学上更确切地说明了无产阶级"打碎"资产阶级国家机器的任务。① ②从专政的主要标志上,列宁说道:"无产阶级的革命专政是由无产阶级对资产阶级采用暴力手段来获得和维持的政权,是不受任何法律约束的政权。"②就是说,无产阶级专政作为国家主权的概念具有至高性,它既不受资产阶级法律的限制,也不受自己法律的限制(因为社会主义法律是它的意志的体现,法律必须服从它)。但作为无产阶级专政的国家机关和公职人员则要极其严格地接受法律的约束。列宁一再说明,社会主义政权的建立并不

---

① 参见《列宁全集》,2 版,第 35 卷,234 页,北京,人民出版社,1985。
② 参见《列宁全集》,2 版,第 35 卷,237 页,北京,人民出版社,1985。

取消阶级斗争;相反,无产阶级专政是"阶级斗争在新形势下的继续"。特别是在建国初期,多年内对被剥削者还保持着巨大的事实上的优势的剥削者,照例要进行长期的、顽强的、拼命的反抗。① ③从社会的结构上,列宁指出,无产阶级专政实质上是无产阶级一个阶级的、不与其他任何阶级分掌的政权。但无产阶级是全体劳动人民利益的当然代表者,所以,专政的最高原则就是维护无产阶级同农民的联盟,使无产阶级能够保持领导作用和国家政权。②

那么,无产阶级专政国家的主要职能何在? 列宁强调两个方面:①镇压阶级敌人的反抗,包括资产阶级和各种社会渣滓。列宁说道:"富人和骗子是一枚奖章的两面,这是资本主义豢养的两种主要寄生虫,这是社会主义的主要敌人,这些敌人应当由全体人民专门管制起来,只要他们稍一违背社会主义社会的规章和法律,就要无情地予以惩治。在这方面任何软弱、任何动摇、任何怜悯,都是对社会主义的极大犯罪。"③②提高劳动生产率。列宁强调:应当做到把全部热情和纪律都转而用于和平经济建设工作,应当争取普通群众参加到这一事业中来。④ 在经济方面也赶上并且超过先进国家。⑤ 为此,苏维埃政权乐于吸取外国的好东西:苏维埃政权 + 普鲁士的铁路秩序 + 美国的技术和托拉斯组织 + 美国的国民教育等 = 总和 = 社会主义。⑥

列宁历来把专政与民主看做同一国家政权的两个侧面,二者相辅相成。何谓民主? 他说道:"民主是国家形式,是国家形态的一种。民主意味着在形式上承认公民一律平等,承认大家都有决定国家制度和管理国家的平等权利。"⑦早在俄国民主革命时,列宁就把民主问题提到议事日程上来了。1902 年,他起草的《俄国社会民主党纲领草案》就是无产阶级民主要求的集中体现。列宁写道:党的最近政治任务就是推翻沙皇专制制度,代之以建立在民主宪法基础上的共和国。这种"民主宪法"的内容有十一项:建立人民专制,即国家的最高权力全部集中在立法会议手里,立法会议由人民代表组成;凡年满 21 岁的公民都有普遍、平等和直接的选举权……人民代表领取薪金;公民的人身和住宅不受侵犯;信仰、言论、出版、集会、罢工和结社的自由不受限制;有迁徙和从业的自由;消除等级制,全体公民不分性别、宗教信仰和种族一律平等;承认国内各民族都有自决权;每个公民都有权向法院控告任何官吏,不必向上级申诉;用普遍的人民武装代替常备军;教会同国家分离,学校同教会分离;对未满 16 岁的儿童一律实行免费的义务教育;由国家供给贫苦儿童膳食、服装、教材和教具。⑧

---

① 参见《列宁全集》,2 版,第 35 卷,255 页,北京,人民出版社,1985。
② 参见《列宁全集》,2 版,第 42 卷,49—50 页,北京,人民出版社,1987。
③ 参见《列宁全集》,2 版,第 33 卷,207 页,北京,人民出版社,1985。
④ 参见《列宁全集》,2 版,第 40 卷,7 页,北京,人民出版社,1985。
⑤ 参见《列宁全集》,2 版,第 32 卷,224 页,北京,人民出版社,1985。
⑥ 参见《列宁全集》,2 版,第 34 卷,520 页,北京,人民出版社,1986。
⑦ 参见《列宁全集》,2 版,第 31 卷,96 页,北京,人民出版社,1985。
⑧ 参见《列宁全集》,2 版,第 6 卷,194—195 页,北京,人民出版社,1986。

列宁在十月革命前夕撰写的《国家与革命》一书中,进一步强调无产阶级要彻底发展民主,找出彻底发展的种种形式,用实践来检验这些形式,等等。① 这些民主的形式,包括苏维埃、代表制、普选制等。革命胜利后,立即把这种"新型民主"制度付诸实施。列宁指出:无产阶级民主……在世界上史无前例地发展和扩大了的,正是对大多数居民即对被剥削劳动者的民主。② 它仅仅"对人民的剥削者、压迫者实行强力镇压,即把他们排斥于民主之外"。列宁针对第二国际社会主义者对苏维埃民主制的攻击,指出:资产阶级民主同中世纪制度比较起来,在历史上是一大进步,但它始终是而且在资本主义制度下不能不是狭隘的、残缺不全的、虚伪的、骗人的民主,对富人是天堂,对被剥削者、对穷人是陷阱和骗局。③ 因此,从本质上说,无产阶级民主比任何资产阶级民主要民主百万倍;苏维埃政权比最民主的资产阶级共和国要民主百万倍。④

列宁指出,民主不单纯是一个公民民主权利以及国家机关和国家干部民主作风的概念,而首先是一个国家制度的概念,是"一种国家形式"或"一种国家形态"。社会主义民主的基本标志就是人民当家作主,享有管理国家的最高权力。无产阶级专政在世界上史无前例地发展和扩大了的,正是对大多数居民即对被剥削劳动者的民主。⑤

二、无产阶级专政需要社会主义法制

国家和法是社会上层建筑的重要组成部分。法离不开国家,国家也不能没有法。这就是列宁所说的:意志如果是国家的意志,就应该表现为政权机关所制定的法律,否则,"意志"一词不过是放空炮而已。⑥ 法律所以有力量,所以能够迫使人们执行和遵守,在于有国家权力作后盾。如果没有政权,无论什么法律,无论什么选出的代表都等于零。⑦ 法律是以国家政权的存在为条件的,如果没有国家政权,它就失去意义。然而国家也不能没有法律。没有法律规定国家的根本政治制度、经济制度和国家机关的基本组织与活动原则,国家政权就不能组成;没有法律表现国家意志和执行国家职能,国家的权力就不能实现;没有法律镇压人民的敌人的反抗,维护社会秩序,国家政权就不能巩固;没有法律在社会经济、文化、教育等各个领域的调节作用,国家政权就不能维持下去。可见,法律是表现国家意志的基本形式,是实现阶级统治、巩固国家政权不可缺少的、非常重要的手段。有法律才能治国。

---

① 参见《列宁全集》,2 版,第 31 卷,75 页。
② 参见《列宁全集》,2 版,第 35 卷,247—248 页。
③ 参见《列宁全集》,2 版,第 35 卷,244 页。
④ 参见《列宁全集》,2 版,第 35 卷,249 页。
⑤ 参见《列宁全集》,2 版,第 35 卷,247—248 页。
⑥ 参见《列宁全集》,2 版,第 30 卷,308 页,北京,人民出版社,1985。
⑦ 参见《列宁全集》,2 版,第 13 卷,309 页,北京,人民出版社,1987。

列宁说道:"工人阶级夺取政权之后,像任何阶级一样,要通过改变同所有制的关系和实行新宪法来掌握和保持政权,巩固政权。"①因此,俄国无产阶级革命在打碎旧国家机器的同时,也彻底摧毁一切旧法制,建立了社会主义法制。

列宁领导的俄国无产阶级专政国家是世界上第一个社会主义国家。被推翻的俄国资产阶级不甘心自己的失败。他们凭借军事上、经济上和文化上的暂时优势,在国际帝国主义的支持下,疯狂地向无产阶级进攻,妄图扼杀年轻的苏维埃政权。在这种阶级斗争异常尖锐激烈的情况下,镇压剥削者的反抗必然成为无产阶级专政国家的一项首要的、迫切的任务。社会主义法制正是实现这一任务的最锐利的武器之一。列宁教育俄国无产阶级要非常重视运用社会主义法制对付那些社会主义的敌人。在苏维埃国家建立初期,除了颁布《关于红色恐怖》专门法规以外,在国家的其他一系列法律、法令中都包括镇压剥削者反抗的条款。苏维埃法院正是依据这些法律,对一切剥削者的破坏活动实行有效的专政,保卫了工农政权。

社会主义民主和社会主义法制是紧密联系、相互依存和相互促进的。充分发展社会主义民主,要求建立完备的社会主义法制。社会主义民主是社会主义法制的前提和基础,社会主义法制是社会主义民主的体现和保障。人民怎样行使和实现自己的权利? 最重要的一点就是把自己的意志上升为国家意志,用法律的形式把它固定下来和表现出来,也就是说,把人民的意志制定为法律。这样,人民的意志才能具有普遍的约束力,才能使人人遵守。保护人民民主权利是社会主义法制的重要任务。列宁一再指出,苏维埃法律要明确规定人民在苏维埃国家中的主人翁地位,极广泛地吸收人民群众参加国家管理,保障人民群众的各项民主权利。列宁在世时制定的几部宪法(根本法)性文件,系统地规定了工人、农民直接或通过选举代表组织国家政权,规定人民可以随时撤换自己的代表,监督国家机关工作人员执行法律、法令,规定人民享有广泛的政治权利、经济权利、劳动权利,以及集会、结社、游行、出版、言论等自由权利。更主要的是,苏维埃国家还积极地创造条件切实保障人民群众行使和实现这些民主权利。对侵犯人民民主权利的违法行为和犯罪行为,社会主义法制要予以追究,予以处置或制裁。随着社会主义民主的扩大和发展,社会主义法制对社会主义民主的保障作用必然变得越来越重要。

社会主义法律在组织社会主义经济中起着重要的作用。在任何社会主义革命中,当无产阶级夺取政权的任务解决以后,随着剥夺剥夺者及镇压他们反抗的任务大体上和基本上解决,必然要把创造高于资本主义的社会结构的根本任务提到首要地位。②苏维埃法律全面地调整社会主义经济关系,促进社会主义经济基础的形成、巩固和发展。苏维埃法律也是管理社会主义经济的重要手段。正如列宁所说:"如果不愿陷于

---

① 参见《列宁全集》,2 版,第 38 卷,299—300 页,北京,人民出版社,1986。
② 参见《列宁全集》,2 版,第 34 卷,168 页。

空想主义,那就不能认为,在推翻资本主义之后,人们立即就能学会不要任何权利准则而为社会劳动,况且资本主义的废除不能立即为这种变更创造经济前提。"①首先苏维埃国家所制定的国民经济计划就是法律。国家还通过工人监督法令,建立各种制度,全面实行对产品的生产和分配的计算和监督,并惩罚那些懒汉、寄生虫、盗窃国库者。在社会主义时期,生活消费品的分配实行"各尽所能,按劳分配"原则,所以,法律规范仍然是分配产品、分配劳动的调节器。很显然,社会主义经济越发展,法律在生产、流通分配、消费以及管理等方面的作用也就越重要。

社会主义精神文明是社会主义的重要特征,是社会主义优越性的重要表现。列宁在《论"双重"领导和法制》一文中说道:"我们的全部生活中和我们的一切不文明现象中的主要弊端就是纵容古老的俄罗斯观点和半野蛮人的习惯,他们总希望保持同喀山省法制不同的卡卢加省法制。如果我们不坚决实行这个确立全联邦统一法制所必需的最起码的条件,那就根本谈不上什么维护和创立文明了。"②在这里,列宁非常深刻地揭示了社会主义法制和社会主义精神文明的紧密联系。以共产主义思想为核心的社会主义精神文明,是社会主义法制的意识形态方面的先决条件。在像旧俄国这样比较落后的国家里所建立起来的社会主义政权,除了要坚持同资产阶级思想影响作斗争之外,还要特别注意同封建意识和小生产观念作斗争。因为这种"半野蛮人"的经济生活方式决定了他们的涣散、无组织、无纪律以及各自为政、自行其是的思想作风,而这一切是同社会主义法制的要求格格不入的。反过来,没有社会主义国家的统一的法制作为手段,也不能有效地开展社会主义与共产主义的思想教育,引导人们建设社会主义精神文明。

总之,无产阶级专政的一切职能都和社会主义法制相联系,没有社会主义法制,无产阶级专政就不能有效地发挥自己的职能,就不能完成自己的历史任务。

三、制定完备的法律是实行社会主义法治的前提

加强社会主义法制,首先就要制定完备的法律。没有法律,便谈不上运用法律、遵守法律,便谈不上法制。苏维埃政权诞生以后,列宁特别重视制定法律的工作。他说,对制定法律的工作的任何拖延就等于灭亡。在俄国无产阶级夺取政权的当天夜里,列宁就亲自起草和宣读了《土地法令》,废除土地私有制,无偿地剥夺土地所有者的土地,满足广大农民对土地的基本要求。接着苏维埃政权又制定关于工人监督的法令,关于将工业部门的各大企业、设备完善的地方企业以及铁路运输方面的各种企业收归国有的法令,剥夺几乎所有的大资本家和工厂主的一切资本,为建立社会主义经济奠定了

---

① 参见《列宁全集》,2 版,第 31 卷,90—91 页。
② 参见《列宁全集》,2 版,第 43 卷,195 页、196 页。

法律基础。从 1918 年至 1924 年,苏维埃政权制定了两部宪法和一部带有宪法性质的权利宣言。为了保障和推动社会主义经济建设,苏维埃国家制定了一系列经济法规,包括关于工人管理工厂的法令、国有企业管理条例,关于铁路运输的法令,关于粮食税法,关于租让的立法,关于电气化的立法等。特别是 1922 年,苏维埃政权先后制定、修改和颁布了《苏俄刑法典》《检察机关条例》《律师机构条例》《苏俄民法典》《苏俄法院组织条例》《苏俄刑事诉讼法典》等。至此,从国家的根本法到各主要的部门法,大体上已经制定完备,基本上形成了社会主义的法律体系。苏维埃国家在成立后短短的 5 年中,能够如此迅速地制定这样多的法律、法令、法典,能够在法制建设上取得如此巨大的成就,是和列宁对立法工作的高度重视分不开的。有些法令是列宁亲手起草的,有些是根据列宁提出的原则意见,由列宁组织专门人员和机构起草的。1922 年,虽然列宁身患重病,但他还是亲自过问苏维埃国家的立法活动,不断地发出指示,直接领导这一工作。

列宁在领导苏维埃国家立法工作的过程中,有一系列极其精辟的论述,丰富和发展了马克思主义的法制理论。

社会主义法律是在总结群众斗争的实践经验的基础上制定的,不是按照什么"计划"或由什么法律家杜撰出来的。而总结群众斗争的实践经验要有一个过程。相应地,社会主义法制也是从无到有,逐步完备起来的。在无产阶级刚刚夺取政权时,其"注意力不应该集中在搞立法工作、颁布完善的法令等上面",而应该把主要注意力集中到镇压一切剥削者的反抗以及恢复和发展经济上;即使斗争需要制定和颁布一些法律、法令,也不要求搞得很详尽和完善。但是当客观条件已经具备,已有可能制定详尽的法律的时候,还不制定这样的法律,这对无产阶级革命事业的发展也是有害的。列宁领导苏维埃国家不失时机地、及时地制定了苏维埃法律,以适应革命和建设的发展需要。

社会主义法制的基本特点之一就是它的统一性和适当性,也就是原则性和灵活性的结合。从立法的角度上说,法制的统一性,是指最高国家权力机关制定的宪法、法律具有最高效力,其他中央国家机关及地方国家机关发布的法规必须同宪法、法律的精神相一致。但是,法制的统一性和全然不顾及时间、地点、条件与对象的法律教条主义完全是两码事。相反,它允许中央和地方国家机关因时、因地、灵活地运用宪法和法律,制定法规。这样,既能加强中央的集中统一领导,又能充分发挥各部门、各地方的积极性。

随着无产阶级专政具体任务的变化和社会主义建设事业的发展,及时地废除和修改过时的法规,制定新的法规,这是社会主义法制建设必须遵循的原则。在苏维埃政权建立初期,社会的政治、经济情况变动非常急速。在这种情况下,已经制定和公布施行的法律不可能长久适用而不改变。列宁说道:"如果旧的规定不合用,那就应该改变,以适应变化了的形势的需要。"①苏维埃国家正是这样做的。例如,1918年的《苏俄劳动法典》和《苏俄婚姻、家庭和监护法典》执行一年,第二年便进行了修订。又如,在1919年12月召开的全俄苏维埃第七次代表大会上,列宁就提议修改1918年宪法。对于《苏俄刑法典》的修改、补充就更多了。但是,对于法律的废除、修改和制定要十分慎重,要具体、细致,实事求是,而不能草率从事。要注意保持法律的稳定性和连续性,不能朝令夕改,否则人们对法律就无法遵守,法律的权威性也就不存在了。

法律是有强烈的阶级性的。列宁首先强调,社会主义法律同资本主义法律有本质的区别。无产阶级专政国家在制定自己的法律的时候,"不要迎合'欧洲'",照抄、照搬资产阶级法律;而应把立足点放在总结本国人民群众斗争实践经验上,要从本国的实际情况出发。只有这样,才能制定出反映工人阶级和广大劳动人民意志,代表人民利益,符合社会主义社会政治、经济发展规律的法律。但是,列宁也指出,并不排除在社会主义法制建设过程中,可以而且应当吸收外国的,包括西方资本主义国家某些有益的经验。他在讲到关于制定科技规程标准问题时,就提出苏维埃政权要吸取旧俄国和外国法律中已有的东西。如果能够把旧俄国法律和外国一切法律中已有的好的东西都吸收过来,那么在这个基础上苏维埃国家就可能保证达到先进国家所能达到的科技规程标准。在制定《苏俄民法典》时,列宁又强调,凡是西欧各国文献和经验中所有保护劳动人民利益的东西,都一定要吸收进来。他还指出,对外国个别法典的研究不是做"过头了",而是做得很不够。可见,在进行社会主义法制建设中,拒绝吸收和借鉴外国的,包括资本主义国家的有益的经验是不对的,是违背马克思主义法制理论的。

四、严格的执法、守法是实行社会主义法治的关键

立法固然重要,但执法和守法更重要。从最严格的意义上讲,所谓法治,就是依法办事,也就是执法、守法的问题。

列宁认为,从制定法律到执行法律,实现法律,总是有相当的距离。制定法律是把全体人民的意志上升为法律规范,以国家意志的形式表现出来,执法、守法则是运用法律调整社会关系和维护社会秩序,从而使人民意志真正实现。有了法律如果得不到实施,不被遵守,那么法律再好,也只是一纸空文。所以,列宁严肃地指出,必须遵守极严格的革命秩序,必须恪守苏维埃政权的法令和命令,并监督所有的人来执行。并说,极小的违法行为,极小的破坏苏维埃秩序的行为,都是劳动者的敌人立刻可以利用的漏洞。② 列宁还指出,任何法律规范都有可能被躲避而不被执行,如果不认真地执行,很可能完全变成儿戏而得到完全相反的结果。③ 这意味着法律的执行和遵守不会自然

---

① 参见《列宁全集》,2版,第35卷,224页。

② 参见《列宁全集》,2版,第37卷,149页,北京,人民出版社,1986。

③ 参见《列宁全集》,2版,第37卷,365页,北京,人民出版社,1986。

地、轻而易举地就能做到,其中存在着巨大的阻力及克服这种阻力的斗争。有鉴于此,1918年上半年,列宁断然强调,苏维埃政权目前的主要任务,就是要集中全力,认真地切实实现那些已经成为法令(可是还没有成为事实)的改造原则。① 从列宁的这些论述中,可以清楚地了解执法、守法的重要性和艰巨性。

可是,应当由谁执法、守法呢? 根据列宁的直接倡议,1918年11月,全俄苏维埃第六次非常代表大会通过的《关于确切遵守法律》的专门决议指出:"共和国的全体公民、所有苏维埃政权机关和一切公职人员,都严格遵守俄罗斯社会主义联邦苏维埃共和国的法律和中央政权机关过去和现在所颁布的决议、条例和命令。"这就明确地告诉我们,严格执法和守法的主体有国家机关、公职人员和全体公民。

列宁非常重视马克思、恩格斯总结的巴黎公社的基本经验,认为无产阶级专政国家机器的主要特征之一,就是立法和行政的统一。全俄苏维埃代表大会作为国家最高权力机关是制定法律的机关,同时又是实施法律的机关。这些机关及其成员必须亲自工作,亲自执行自己通过的法律,亲自检查实际执行的结果,亲自对自己的选民直接负责。② 列宁所阐发的原则不仅对国家最高权力机关适用,而且对所有国家机关都适用。因为所有国家机关都要在其职权范围内发布效力不等的法规,这些法规正是首先要求制定它的国家机关本身遵守和实行的。只有这样,才不至于使无产阶级专政的国家机器沦为资产阶级议会式的"清谈馆",或者资产阶级官僚主义的行政衙门。

在社会主义国家的机构中,法院、检察院和公安保卫机关是实现无产阶级专政和社会主义民主的锐利工具,是专门的执法机关。它们能否依法办事,对于法律的贯彻实施有特殊的重要意义。列宁在1917年11月至1918年7月间签署颁布的关于法院的三项法令和1922年关于建立检察院的指示,以及当时苏维埃诉讼法等,对法院、检察院和公安保卫机关的性质、任务、组织和活动原则、工作程序和方法都作了明确的规定,要求这些机关在执法活动中,包括侦查、逮捕、搜查、起诉、审判和对犯人的管理和改造等方面,都要严格按照法律规定办事。只有这样,才能完成打击敌人、保护人民的光荣任务。

无产阶级专政国家的职能,是通过在国家机关工作的干部(公职人员)实现的。干部,特别是各级领导干部以身作则、带头守法极为重要。只有他们模范地遵纪守法,才有资格要求和引导群众自觉守法。列宁认为,对干部破坏法制的行为尤其不能容忍。他反复强调对官僚主义、拖拉作风、贻误工作、挥霍浪费、营私舞弊、贪污受贿以及各种渎职行为必须追究查办,情节严重的,要交付法庭治罪,处以严厉的刑罚。1918年5月,莫斯科革命法庭审理关于莫斯科审讯委员会4名干部受贿的案件,最后仅判6个月徒刑。列宁知道后,极为震怒,断然指示:"不枪毙这样的贪污犯,而只判了轻得令人发

① 参见《列宁全集》,2版,第34卷,164页。
② 参见《列宁全集》,2版,第31卷,45页。

笑的刑罚,这对共产党员和革命者来说是可耻行为,这样的同志应受到舆论的谴责,并且开除出党。"

列宁认为,与干部执法、守法问题密切相关的是坚持法律面前人人平等的原则,反对任何特权思想。特权思想和法制是互不相容的。哪里有特权,哪里就没有法制。而破坏法律平等原则的特权思想,最容易从国家干部,尤其是担任领导职务的干部中间发生。为此,列宁同马克思、恩格斯一样,经常强调干部是人民群众"雇用"的"工人、监工和会计""社会公仆"或"人民的勤务员",他们只有努力为人民服务的义务,没有骑在人民头上作威作福的权利。干部是执法者,理所当然地要在遵守法律方面率先垂范。列宁在强调维护领导权威、加强组织性和纪律性、反对无政府主义倾向的同时,也强烈反对少数干部,特别是各级领导干部用个人的意志代替国家的法律和制度的做法,他把它称作资产阶级国家官僚制度的"余孽",号召工人、农民"清除"这种恶劣现象,以便捍卫和遵循"工农共和国的法令"。当时,苏维埃国家的许多法律是由列宁亲自起草和领导制定的,但列宁并不因此而随便用自己的意志改变它们。相反,作为无产阶级革命领袖和苏维埃国家最高领导人的列宁,对于社会主义法律非常尊重,一丝不苟地恪守。例如,1919年2月,当达尼洛夫纺织厂的代表就有关配给他们纺织品问题向列宁提出请求时,列宁复信说:"由于这个问题是中央执行委员会主席团决定的,而根据宪法规定,中央执行委员会主席团高于人民委员会,所以无论是我这人民委员会主席,还是人民委员会都无权改变此项决定。"①从而拒绝了达尼洛夫纺织厂的要求,并及时地对该厂代表进行了遵守法律的教育。列宁以身作则、带头执法守法的模范行为,是非常值得我们效法的。

在列宁看来,社会主义法律是人民群众自己制定的,是自己的利益和意志的集中体现,他们能够自觉自愿地、积极主动地遵守。但又要懂得,国家,这是实行强制的领域。② 国家要强制所有的人遵守它所颁布的法律。法律作为人民整体的意志,不仅对人民的敌人是一种铁腕,对人民中各个成员也同样有强制性的约束力。对能够习惯遵守自己法律的绝大多数人民群众说来,自然是不会感到它怎样地强制了自己的。但当人民中的个别人不听从说服教育而违反法律的时候,就应该对他采取强制措施。这是社会主义法制的要求,是保护人民的利益、巩固国家政权所必需的。

应当清醒地看到,人民内部存在的背离法制的倾向,有其一定的社会历史根源。旧俄国是一个小资产阶级占绝对多数的国家。列宁指出,小资产阶级在一定的情况下经常表现极端的革命狂热,但不能表现出坚忍性、有组织、有纪律和坚定精神。轻视法律、规避法律的思想是很容易投合小资产阶级的涣散性和无政府主义的。广大群众的习惯和愚昧这样一种势力,这些群众想"照老样子"生活,而不了解必须严格地认真遵

---

① 参见《列宁全集》,2版,第48卷,512页,北京,人民出版社,1987。
② 参见《列宁全集》,2版,第40卷,296页。

守苏维埃政权的法律。① 从历史上看,人民群众对旧日国家事务的仇视导致他们产生对任何法制都不信任的心理,这也影响对社会主义法律的执行和遵守,要克服这种心理是一项很困难的任务。再者,如同列宁所说,无产阶级在夺取政权的过程中是"不要任何法和法律的",而主要靠党的政策指导下的直接的群众革命行动。这种情况在无产阶级建立政权的初期还会继续存在,因此就产生了群众对苏维埃法律不够重视的副作用。这就决定了党和苏维埃国家必须长期地、系统地、大量地向人民群众开展社会主义法制的宣传教育工作。

五、严格法律监督是实行社会主义法治不可或缺的必要条件

社会主义国家中的法律监督,是法制建设的又一个必不可少的环节。法律监督的目的在于同一切破坏法制的现象作斗争,保证法律能够全面、正确地实施。社会主义的法律监督是全社会性的,主要包括党组织的监督、专门国家机关的监督和人民群众的监督。

党是社会主义国家的领导核心,党组织对法律实施的监督是实现党对国家领导作用的一个重要方面。共产党员在实现党组织的法律监督作用中负有重要的责任。因此,列宁经常教育广大党员要认识到遵守国家法律和遵守党的纪律的一致性,模范地守法。反之,破坏国家法律就是破坏党的纪律,就要同时受到国家法律与党的纪律的处分,严重的要开除出党。只有监督党员,尤其是在国家机关工作的党员模范地守法,党才能监督全社会一体守法。

专门国家机关的法律监督,是指检察院的监督。列宁曾说,检察长有权利和有义务做的只有一件事:注意使整个共和国对法制有真正一致的理解,不管任何地方差别,不受任何地方影响。检察长的唯一权利和义务是把案件提交法院判决。② 为了切实使检察机关起到法律监督作用,列宁坚决主张全国检察组织系统实行自上而下的"垂直领导",独立行使职权,不受任何地方机关的干涉;但是专门机关的监督,必须是在党的统一领导下,同人民群众的监督密切结合起来。

人民群众监督法律的实施,是他们行使当家作主的权利、参加国家管理的基本途径之一。"十月革命"以后,列宁领导苏维埃政权制定了政治、经济、文化、教育等各个领域和各有关方面的监督条例。这些条例鼓励人民群众,首先是工人群众直接管理国家,同一切破坏社会主义法制的行为作斗争,保证他们行使揭发、控告国家机关工作人员违法乱纪行为的权利。列宁要求国家机关对于人民群众揭发、控告的案件必须严肃对待,迅速、有效地处理。他责成人民委员会的总务处处长,及时报告人民委员会收到

---

① 参见《列宁全集》,2 版,第 37 卷,149 页。
② 参见《列宁全集》,2 版,第 43 卷,195 页。

的一切控诉书。列宁常常在百忙之中亲自处理和接待人民群众的来信、来访。1921
年,列宁正患重病时,他接到一位红军战士的来信,反映顿河区工农群众对某些国家机
关干部违法乱纪、盗公肥私行为的不满。列宁指示要立即处理这起案件,并叮嘱秘书:
"赶快找到写这封信的人,接见他,安慰他,并且转告他说我病了,但他的事情我一定会
处理的。"①对于干部利用职权对人民群众的控告检举实行打击报复行为,列宁是十分
痛恨的。1919 年 4 月,诺夫哥罗得的几位手工业生产合作社的工人写信向列宁申诉
说,他们的合作社的房屋和工具被非法征用了。列宁便打电报给该省执行委员会,让
他们调查此事。可是省执行委员会却把控告信转给了有关单位。这个有关单位竟然
把控告人逮捕起来,实行报复。列宁得悉后,非常愤慨,当即去电严厉追查此事,并要
求逮捕违法者,予以法律制裁。列宁就是这样重视法律监督的。

渊源之三　毛泽东的民主、法制思想

一、人民民主专政(国体)

马列主义的主要点是无产阶级专政,毛泽东思想的主要点是人民民主专政。人民
民主专政本质上就是无产阶级专政,是无产阶级专政学说的中国形态。

1921 年 1 月,青年毛泽东苦心地追索,终于发现社会民主主义、无政府主义和资产
阶级自由主义均不是中国的出路。激烈方法的共产主义,即所谓劳农主义,用阶级专
政的方法,是可以预计效果的,故最宜采用。此后,毛泽东一直用人民民主专政思想指
导中国革命,并取得了成功。1949 年,在《论人民民主专政》中,毛泽东指出:总结我们
的经验,集中到一点,就是工人阶级(经过共产党)领导的以工农联盟为基础的人民民
主专政。这个专政必须和国际革命力量团结一致。这就是我们的公式,这就是我们的
主要经验。② 人民民主专政经过了两个发展阶段,即新民主主义时期各解放区的政权
和社会主义时期的政权。后者是前者的继续和发展。

人民民主专政作为中华人民共和国的阶级本质,可以从两个角度来理解:

第一,社会各阶级在国家政权中的地位。毛泽东说,这就是"国体"的基本含义。
人民民主专政的主体是人民。人民是什么? 在中国,在现阶段,是工人阶级,农民阶
级,城市小资产阶级和民族资产阶级。③《论人民民主专政》的这一概括,至 1957 年的
《关于正确处理人民内部矛盾的问题》又有新的提法:在现阶段,在建设社会主义的时
期,一切赞成、拥护和参加社会主义建设事业的阶级、阶层和社会集团,都属于人民的

---

① 参见《列宁生平事业简史》,334 页,北京,中国人民大学出版社,1952。
② 参见《毛泽东选集》,2 版,第 4 卷,1480 页,北京,人民出版社,1991。
③ 参见《毛泽东选集》,2 版,第 4 卷,1475 页,北京,人民出版社,1991。

范围。反之,一切反抗社会主义革命和敌视、破坏社会主义建设的社会势力和社会集团,都是人民的敌人。① 在人民内部,工人阶级是人民民主专政的领导力量;工人阶级、农民阶级和城市小资产阶级的联盟是人民民主专政的基础;民族资产阶级也是人民的组成部分。人民内部矛盾是建立在互相的根本利益一致基础上的矛盾,一般是非对抗性的。但如果处理不好,或失去警惕,麻痹大意,人民内部也可能发生对抗。至于工人阶级同民族资产阶级之间的矛盾,情况比较复杂,既有对抗性的一面,也有非对抗性的一面。处理得当,它可以转变为非对抗性的矛盾。相反,如果工人阶级不对民族资产阶级采取团结、批评、教育的政策,或者民族资产阶级不接受这项政策,这种矛盾就会变成对抗性矛盾。人民同敌人之间的矛盾是对抗性的矛盾。

第二,对人民内部民主和对敌人专政相结合。毛泽东指出:这两方面,对人民内部的民主方面和对反动派的专政方面,互相结合起来,就是人民民主专政。② 在人民内部实行民主集中制,人民群众有"广大的自由",包括宪法规定的言论、出版、集会、结社、游行、示威、宗教信仰等自由。人民通过选举产生国家机关,并通过各种方式参加国家管理,国家机关则以为人民服务为唯一的宗旨。相反,对敌人实行专政,即在必要的时期内,不让他们参加政治活动,强迫他们服从人民政府的法律,只许他们规规矩矩,不许乱说乱动,否则就立即予以取缔,加以制裁。

毛泽东认为,两类矛盾的性质不同,解决的方法也根本不同。人民内部矛盾的解决方法是1942年我党整风中采用过的"团结—批评—团结"的方法。凡属于思想性质的问题,人民内部争论的问题,只能用民主的方法、讨论的方法、批评与自我批评的方法、说服教育的方法解决。即使人民政府为了维持社会秩序而颁布的带有强制性的命令,也要伴之以说服教育,单靠命令本身常常是行不通的。敌我矛盾采用强制的方法、专政的方法解决。但不是对整个阶级分子加以肉体消灭,而是尽可能地通过强迫劳动改造和正确地引导,使他们变成自食其力的劳动者。人民民主专政是一个严整的权力体系。毛泽东指出:军队、警察、法庭等国家机器……它是压迫的工具,它是暴力,并不是什么"仁慈"的东西……我们对于反动派和反动阶级的反动行为,决不施仁政。我们仅仅施仁政于人民内部。③ 在这里,毛泽东精辟地阐发了社会主义国家产生和存在的历史动因。

人民民主专政本身并不是目的,而是一种手段。《关于正确处理人民内部矛盾的问题》指出,专政的第一个作用,就是压迫国家内部的反动阶级、反对派和反抗社会主义革命的剥削者,压迫那些社会主义建设的破坏者,就是为了解决敌我之间的矛盾。其中包括逮捕某些反革命分子并将他们判罪,剥夺敌对阶级分子的选举权,不给他们发表言论的自由权利等。同时也包括镇压和清除社会渣滓,即对于那些盗窃犯、诈骗

---

① 参见《毛泽东著作选读》,下册,757页,北京,人民出版社,1986。
② 参见《毛泽东著作选读》,下册,682页,北京,人民出版社,1991。
③ 参见《毛泽东选集》,2版,第4卷,1476页。

犯、杀人放火犯、流氓集团和各种严重破坏秩序的坏分子,也必须实行专政。① 专政的第二个作用,就是防御国家外部敌人的颠覆活动和可能的侵略。在这种情况出现的时候,专政就担负着对外解决敌我矛盾的任务。

专政的目的是为了保卫全体人民进行和平的劳动,将我国建设成为一个具有现代工业、现代农业和现代科学文化的国家,即一个民主、文明、富强的社会主义大国。

二、国家政体

毛泽东指出,政体就是指的政权构成的形式问题,指的一定的社会阶级取何种形式去组织反对敌人保护自己的政治机关。② 同马克思、恩格斯、列宁一样,毛泽东在领导中国革命的过程中,对无产阶级专政(人民民主专政)的国家政体问题,一直给予极大的关注,进行了艰苦的探索和精心的研究,因为如何表现和实现人民民主专政,是比肯定人民民主专政更难解决的问题。

中国共产党创立不久就采取积极步骤,同孙中山领导的国民党实行联合,并建立广东革命根据地和广州革命政府。在北伐时期,以湖南为中心的一些南方省份的农村,普遍组织了农民协会,提出“一切权力归农会”的口号,而且成立“农民自卫军”“特别法庭”等,采取许多实际办法打击封建势力和自己当家作主。这种农会,实质上就是无产阶级通过共产党领导的农村革命政权,也就是人民民主专政的雏形。对此,毛泽东在《湖南农民运动考察报告》中热情地加以肯定。1927 年,毛泽东在担任中华全国农民协会临时委员会执行委员期间,亲自对农民说“农民政权有两个阶段:①农民协会时代。在农村革命的时候,政权集中在农民协会。②革命过后,乡村政府应在国民政府的一个系统之下。”③这种乡村政府就是乡村自治政府。

在 1927 年大革命失败后,以毛泽东为首的中国共产党人建立工农红军,开辟革命根据地,以江西瑞金为中心成立了苏维埃政权,其性质是工农民主专政。1934 年,毛泽东当选为中华苏维埃共和国主席,此间制定的《中华苏维埃共和国根本法(宪法)大纲草案》第 2 条规定:“真正实现劳动群众自己的政权——工农兵会议(苏维埃),使政治权力握在最大多数工农群众手里。”苏维埃政体真正实行的时间并不很长,而且各个红色区域做法也颇不一致。但它是工农群众的政权这一点是毋庸置疑的。

1937 年“卢沟桥事变”发生后,毛泽东立即宣布建立全国爱国统一战线的民主共和国。同年 10 月,他在和英国记者贝特兰的谈话中指出,这“是一个有利于抗日战争的国家制度和政府制度”,相当于“战时政府”,其含义是:它是除汉奸卖国贼以外的一切抗日阶级的政府;政府的组织形式是民主集中制;给予人民必需的政治自由,特别是组

① 参见《毛泽东著作选读》,下册,759—760 页。
② 参见《毛泽东选集》,2 版,第 2 卷,677 页,北京,人民出版社,1991。
③ 参见《毛泽东文集》,1 版,第 1 卷,44 页,北京,人民出版社,1993。

织、训练和武装自己的自由。这既非欧美式的资产阶级共和国,亦非苏联式的社会主义共和国,而只能是第三种形式,即新民主主义共和国。1940年,在讲到革命根据地的政权问题时,毛泽东说明,在这种政权中,共产党员占三分之一,非党的左派进步分子占三分之一,不左不右的占三分之一。但是,必须保证共产党员在政权中占领导地位。因此,必须使占三分之一的共产党员在质量上具有优越的条件。① 这就是著名的"三三制"政府。

在解放战争时期,全国解放区开始实行人民代表会议制度。这一制度是在反封建的土地改革运动中,在贫农团和农会的基础上建立起来的区(乡)村两级人民代表会议及其政府委员会。毛泽东说,这是一项极其宝贵的经验,在一切解放区,也应当这样做。在各级人民代表会议中,必须使一切民主阶级,包括工人、农民、独立劳动者、自由职业者、知识分子、民族工商业者以及开明绅士,尽可能地都有他们的代表参加进去。②人民代表会议制度,后来不仅扩及县、专区、市、省,乃至整个东北解放区和华北解放区的大区一级。

我国人民民主专政的最完善的政治形式是人民代表大会制度。1940年,毛泽东在《新民主主义论》中,第一次提到这项制度,书中写道:中国现在可以采取全国人民代表大会、省人民代表大会、县人民代表大会、区人民代表大会直到乡人民代表大会的系统,并由各级人民代表大会选举政府。在抗日战争接近胜利的时期,毛泽东在《论联合政府》报告中又说:新民主主义的政权组织,应该采取民主集中制,由各级人民代表大会决定大政方针,选举政府。它是民主的,又是集中的,就是说,在民主基础上的集中,在集中指导下的民主。只有这个制度,才既能表现广泛的民主,使各级人民代表大会有高度的权力;又能集中处理国事……并保障人民的一切必要的民主活动。③ 但是,这一设想并没有实现。只是到了中华人民共和国成立以后,人民代表大会制度才具备了条件。1949年9月21日,在北平召开的包括各民主党派、各人民团体、各界民主人士、国内少数民族、海外华侨的代表参加的中国人民政治协商会议,临时代行全国人民代表大会的职权,宣告中华人民共和国成立。1954年正式召开全国人民代表大会。到此为止,在无产阶级专政的历史上不同于巴黎公社、不同于俄国苏维埃的一种适合中国国情的新式社会主义国家政体,才正式出现。

还必须指出,我国是一个拥有56个民族的国家。由于我国各族人民在悠久的历史过程中一直保持着统一,特别是由于近几十年来在中国共产党的领导下在反对帝国主义、封建主义和官僚资本主义的斗争中各民族一直是精诚团结和密切合作,不存在民族分裂的传统,因此,以毛泽东为首的中国共产党坚决排除了联邦制,而采用民族区域自治的办法成功地解决了国内的民族问题,即建立起日益巩固的多民族统一的单一制国家。

---

① 参见《毛泽东选集》,2版,第2卷,742页。
② 参见《毛泽东选集》,2版,第4卷,1309页。
③ 参见《毛泽东选集》,2版,第3卷,1057页,北京,人民出版社,1991。

三、民主

毛泽东从踏上政治斗争的舞台开始,便成为一名激进的反对封建或半封建的专制独裁、争取民主的杰出战士。他先后参加过孙中山领导的(旧)民主革命,拿起武器同清朝统治者作战,参与领导驱逐湖南省军阀谭延闿、赵恒惕等人的斗争以及为此而掀起的"湖南自治运动"。不久后,毛泽东发现,在半封建半殖民地的中国,这条路是走不通的,因此,他毅然决然地接受马克思列宁主义的国家观和民主观,并成为新民主主义理想的创始人。在全部新民主主义革命过程中,他在对红色区域、抗日根据地和解放区的军事、政治、经济、文化,特别是政权建设的有关论述中,无不强调民主问题的重要性,认为这是团结国内一切进步人士,取得革命成功的基本力量源泉。

在抗日战争之后,中国又面临"向何处去"的新的选择。一切有识之士已经看到,中国共产党领导人民建立一个崭新的中国是指日可待的事情。因而,他们当中有人便联想到中国历代王朝,包括农民起义后建立的王朝都无法避免从盛到衰、从成功到失败的实际情况,并由此对未来的新中国是否会重蹈古人的覆辙提出了疑问。1945年,黄炎培等六人访问延安时对毛泽东说:"一部历史,'政息宦成'的有,'人亡政息'的也有,'求荣取辱'的也有。总之没有跳出这周期率。"毛泽东回答说:"我们已经找到新路,我们能跳出这个周期率。这条新路,就是民主。只有让人民来监督政府,政权才不会人亡政息。"这确实是非常有力的回答。它说明社会主义国家生存与发展的唯一支撑点,就是真正实行社会主义民主制,并不断地发展和扩大这种民主制。的确,毛泽东在作为新中国理论纲领的《论人民民主专政》中就指出,工人阶级、农民阶级、城市小资产阶级和民族资产阶级,这些阶级在工人阶级和共产党的领导之下,团结起来,组成自己的国家,选举自己的政府,有了人民的国家,人民才有可能在全国范围内和全体规模上,用民主的方法,教育自己和改造自己。① 作为新中国临时宪法的《共同纲领》和1954年《宪法》都规定,中华人民共和国的一切权力属于人民。人民享有言论、出版、集会、结社、游行、示威、宗教信仰等广泛的自由。这些都体现了人民当家作主的崇高地位。

我们的民主是社会主义的民主。正是为帮助人民正确认识这种民主的性质,并且正确地行使自己的民主权利,那就必须划清它与资产阶级民主的界限。为此,毛泽东在《关于正确处理人民内部矛盾的问题》中对资产阶级民主,尤其是作为资产阶级民主制橱窗的议会制和两党制,进行了深刻的揭露。他指出,实际上这些制度不过是维护资产阶级专政的方法,它决不能保障劳动人民的自由权利。世界上只有具体的自由和民主,而没有抽象的自由和民主。有了剥削阶级剥削劳动人民的自由,就没有劳动人

---

① 参见《毛泽东著作选读》,下册,683页。

民不受剥削的自由;有了资产阶级的民主,就没有无产阶级和劳动人民的民主。即使一些资本主义国家允许共产党的合法存在,也是以不危害资产阶级根本利益为限度,超过这个限度就不允许了。从马克思主义观点看来,民主属于上层建筑,属于政治范畴,归根结底是为经济基础服务的。自由也是如此。民主和自由都是相对的,不是绝对的,都是在历史上发生和发展的。至于社会主义的民主,毛泽东指出,在人民内部,不可以没有自由,也不可以没有纪律;不可以没有民主,也不可以没有集中。这种民主和集中的统一,自由和纪律的统一,就是我们的民主集中制。在这种制度下,人民享有广泛的民主和自由权利,同时又必须用社会主义的纪律约束自己。这一目标就是造成一个既有集中又有民主,既有纪律又有自由,既有意志统一又有个人心情舒畅、生动活泼那样一种政治局面。

1956 年 7 月,在中共上海市第一届代表大会的讲话中,毛泽东进一步强调"扩大民主",现在我们人民民主专政应该是:专政要继续,民主要扩大……专政的权力虽然建立在民主的基础上,但这个权力是相当集中,相当大的,如果处理不好,就容易忽视民主。苏联的历史经验可以借鉴。在反右派、反右倾等运动之后,我国人民内部包括党内的民主受到一定压抑的情况以及苏联等社会主义国家民主制的种种限制的事实,引起毛泽东的高度关注。为此,他意味深长地提醒党和国家领导人注意:在我们的国家,如果不充分发扬人民民主和党内民主,不充分实行无产阶级的民主制,就不可能有高度的集中,而没有高度的集中,就不可能建立社会主义经济……无产阶级专政就会转化为资产阶级专政,而且会是反动的、法西斯式的专政。① 这就把社会主义民主问题同国家的前途命运紧紧地联系在一起了。

四、法律

(一) 法律的一般原理

毛泽东对法律问题的思考是广泛的,主要可以归纳为以下观点:

1. 研究法律必须以马克思主义为指导

1947 年 1 月 16 日,毛泽东在致中共中央法律委员会委员陈瑾昆的信中强调:从新的观点出发研究法律,甚为必要。新民主主义的法律,一方面,与社会主义的法律相区别,另一方面,又与欧美日本一切资本主义的法律相区别,请本此主旨加以研究。同年11 月 18 日,毛泽东又对陈指示:新的宪章的内容,应以工农民主专政为基本原则(即拙著《新民主主义论》及《论联合政府》中所指之基本原则)。② 不言而喻,这里所说的"新的观点"就是马克思主义观点,更进一步地理解就是马克思主义同中国革命实际情况

---

① 参见《毛泽东著作选读》,下册,822 页。
② 参见《毛泽东书信选集》,280 页,288 页,北京,人民出版社,1983。

相结合的观点,即毛泽东思想。只有这种观点才能正确区分新民主主义法律与资产阶级法律以及未来的社会主义法律,坚持"以工农民主专政为基本原则",亦即新民主主义法律的基本精神。

2.无产阶级革命要废除旧法体系

1949年,行将灭亡的国民党政权坚持以保存伪宪法和伪法统作为同中共谈判的先决条件。对此,1949年初,毛泽东主席发表《关于时局的声明》,针锋相对地提出8项条件,其中第2项是"废除伪宪法",第3项是"废除伪法统"。这个重要声明虽然是回答国民党政府的,但对于人民群众树立马克思主义法律观也起了重要的作用。因为新中国诞生在即,我们有些干部,特别是解放区的政法干部对如何对待国民党政府的"六法全书",在认识上模糊不清。如东北解放区的司法部门编写的《怎样建设司法工作》小册子中就持有所谓新旧法律要"蝉联交代"的观点。根据毛泽东声明的精神,同年2月,中共中央发布《关于废除国民党六法全书与解放区的司法原则》的指示:在无产阶级领导的工农联盟为主体的人民民主专政的政权下,国民党的"六法全书"应该废除,人民的司法工作不能再以国民党的六法全书为根据,而应该以人民的新的法律作根据。在人民新的法律还没有系统地发布以前,应该以共产党政策以及人民政府与人民解放军已发布的各种纲领、法律、命令、条例、决议作根据。目前在人民的法律还不完备的情况下,司法机关办事的原则应该是:有纲领、法律、命令、条例、决议规定者,从纲领、法律、命令、条例、决议之规定;无纲领、法律、命令、条例规定者,从新民主主义的政策。同时司法机关应该经常以蔑视和批判六法全书及国民党其他一切反动法律、法令的精神,以蔑视和批判欧美、日本资本主义国家的一切反人民法律、法令的精神,以学习和掌握马列主义毛泽东思想的国家观、法律观及新民主主义政策、纲领、法律、法令、条例、决议的办法来教育和改造司法干部。同年3月14日,《新华社答记者问》又说:在国民党反动政府统治下制定和建立的一切法律、法典、政治制度、政治机构、政治权力等均归无效。

3.法律的本质

在俄国社会主义实践的影响下,毛泽东很早就形成一种信念,认为搞法律不应当是少数绅士大人们的事,而应当是劳动人民的事。法律要体现劳动人民的意志,并由劳动人民自己制定。1927年12月1日,毛泽东致蔡和森的信在讨论国民教育问题时写道:教育所以落在资本家手里,则因为资本家有"议会"以制定保护资本家并防制无产阶级的法律;有"政府"执行这些法律,以积极地实行其所保护与所禁止;有"军队"与"警察",以消极地保障资本家的安乐与禁止无产者的要求;有"银行"以为其财货流通的府库;有"工厂"以为其生产品垄断的机关。如此,共产党人非取政权,且不能安息于其宇下,更安能握得其教育权?[①] 这里非常清楚地揭露了资产阶级法律乃是资产阶级意志的体现的事实,揭露了资产阶级法律的本质。

---

①　参见《毛泽东书信选集》,5页。

4. 法律应如实地反映客观经济规律

斯大林在 1952 年出版的《苏联社会主义经济问题》一书中，反复强调俄文里的"3AKOH"一词所包含的"法则"（规律）和"法律"两种意思要加以区分：法律是主观性的东西，是人（统治阶级）的意志的表现；而法则，即规律是客观性的东西，不以人的意志为转移。毛泽东肯定了斯大林的见解。他在《对斯大林〈苏联社会主义经济问题〉的批语》中指出：政府法令之所以正确，不仅出于工人阶级意志，而且由于如实地反映了客观经济法则的要求。经济规律属于基础的范畴；法律则是上层建筑，它只有符合客观规律才能对社会的发展起着积极的推动作用，否则迟早会被客观经济规律所摧毁。

5. 法律是对事实的认可

法律来自现实，通常都是统治阶级已经取得的成果的记录。1940 年，在延安召开的各界宪政促进会上，毛泽东讲话指出：世界上历来的宪政，不论是英国、法国、美国，或者是苏联，都是在革命成功有了民主事实之后，颁布一个根本大法，去承认它。① 其实，早在第一次国内革命战争后期，毛泽东已经形成了这种观点。1927 年 4 月，在中共中央委员会第二次会议上，毛泽东发言说道：中国土地问题的解决，应先有事实，然后再用法律去承认它。② 当然，如同毛泽东领导的中国共产党的实践所表明的那样，这并不排除法律可以包含一定的纲领性。即使这种纲领性，也是从现实的需要出发的。

6. 法律本于人情

情、理、法的关系，历来是法律思想家们所关注的问题。特别是中国，从古到今，人们见仁见智，其说法难以概括。1947 年 11 月 8 日，毛泽东致中共中央法律委员会委员张曙的信中就援用中国人的传统说法，认为法本于人情，收集各解放区实际材料，确是必要的。但这里所说的"人情"完全不含个人私情的意思，他所说的"人情"，是指民间的实际情况，当然也包括广大群众的愿望或要求以及他们的法律意识等情况。

7. 法律的作用和目的

最早，毛泽东认为，法律的目的就是"保人民权利""增进国民之富力""树国威"。毛泽东的早年想法虽然简单、朴实，但不乏合理性。后来，当毛泽东成为当代马克思主义大师的时候，这一思想也大大地深化了。1957 年 1 月，在省、市、自治区党委书记会议上的讲话中，毛泽东指出，法律是上层建筑。我们的法律，是劳动人民自己制定的。它是维护革命秩序，保护劳动人民利益，保护社会主义经济基础，保护生产力的。③ 这里提出的三个"保护"，是根据唯物史观对社会主义法的作用和目的的精辟概括。

（二）立法

中国新民主主义革命的主要特点和优点是"枪杆子里面出政权"，而且革命根据地

---

① 参见《毛泽东选集》，2 版，第 2 卷，735 页。
② 参见俞荣根《艰难的开拓》，52 页，南宁，广西师范大学出版社，1977。
③ 参见《毛泽东文集》，1 版，第 7 卷，197 页，北京，人民出版社，1999。

的政权以人民武装为依托。因此,人民军队建设和政权建设是一体的。从一开始毛泽东就有以法治军的思想。他不仅为军队制定了"三大纪律,八项注意"等训令,而且重视制定军事法规。1929 年,毛泽东为古田会议拟定的决议中就规定:编制红军法规,明白地规定红军的任务,军事工作系统和政治工作系统的关系,红军和人民群众的关系,士兵会的权能及其和军事政治机关的关系。① 显而易见,这种军队法规,是对军事法律关系的一种全面的调整。

新中国建立后,毛泽东把立法当作法制建设的一个重要环节。1956 年以前,在他的领导下,我国先后颁布了宪法、选举法、各种国家机关的组织法、镇压反革命条例、惩治贪污条例、货币治罪办法,以及土地法、婚姻法、工会法等一系列重要法律。

1956 年,鉴于苏共二十大揭露斯大林所犯的错误,在中国共产党第八次全国代表大会上董必武发言中系统地论述"有法可依"是社会主义法制建设的首要条件。同年12 月,在毛泽东主持的中央政治局扩大会议上讨论和通过的《再论无产阶级专政的历史经验》一文中确认斯大林"破坏了一部分社会主义法制",并相应地提出"应该在国内政治生活中逐步地发展和健全各种民主程序"和"法制"。无疑,健全"各种民主程序"和"法制"必然要求加快我国的立法步伐。

进入 20 世纪 60 年代,毛泽东注意到了我国立法中连一部系统的刑法和民法等这样的基本法律都没有的严重反常现象。1962 年,毛泽东在听取全国政法汇报时,正式指示,不仅刑法要,民法也需要,现在是无法无天。不仅要制定法律,还要编案例。此后又不无遗憾地感到,到现在还没有颁布民法、刑法、诉讼法!②

(三)法的实施

人民的司法工作是革命战争取得胜利的一项重要保证。毛泽东历来注意总结根据地的司法建设的经验。在他的领导下,到抗日战争时期,已形成一套独具特色的、比较成熟的、行之有效的人民司法制度。它的主要内容包括:①群众路线与专门办案人员相结合。1944 年,毛泽东同负责政法工作的谢觉哉的谈话中,对于这点说得十分明确:"司法中也该大家动手,不要靠专问案子的推事、审判员"。群众路线是根据地司法工作的最基本的方针,贯穿司法工作的各个环节。②调查研究,把握案件的客观真实性。1942 年《陕甘宁边区刑事诉讼条例草案》第 48 条规定:"案情复杂者,应于审判前为必要之调查研究,调查得派员或审判人员亲自到当地调查。"同样,《陕甘宁边区民事诉讼条例草案》也规定:"法庭管理案件,应派员调查或审判人员亲自到当地调查,不得委托其他机关团体代为调查。"这是司法工作思想路线的体现。③方便群众。由于革命战争时期,人民生活环境非常恶劣、农村交通不便,如何方便群众的诉讼显得特别重要。因此,法院普遍采取巡回审判,就地办案,并且程序简便,不严格拘泥于形式。④人

---

① 参见《毛泽东选集》,2 版,第 1 卷,88 页。

② 转引自公丕祥主编《法制现代化研究》,第 7 卷,18 页,南京,南京师范大学出版社,2001。

民调解制度。在这方面,尤其重视通过邻里、亲友或群众团体进行调解,体现人民群众自己管理自己与自我教育的精神。⑤把一些轻刑犯交给乡执行。例如,判处半年苦役或徒刑收监,影响其家庭生计者,交区、乡政府或机关执行,即由其指导,成立群众帮助小组监督、教育和改造犯罪分子。这就是新中国成立后"管制"的渊源。⑥社会治安采取群防群治的办法。这就是专门机关的工作与依靠群众相结合,开展"除奸"运动以及改造社会中的不稳定分子。解放区司法制度后被称为"马锡五审判方式"。

所有的人都要守法。毛泽东在关于中华人民共和国宪法草案的讲话中说:"这个宪法草案是完全可以实行的,是必须实行的。当然,今天它还只是草案,过几个月,由全国人民代表大会通过,就是正式的宪法了。今天我们就要准备实行。通过以后,全国人民每一个人都要实行……首先在座的各位要实行。不实行就是违反宪法。"①在"斯大林事件"后,毛泽东进一步地把守法看做社会主义法制的一个核心环节。毛泽东认为,干部,尤其是领导干部带头守法,注意自己行为的合法性,对坚持法制有决定意义。

(四)宪政与宪法

宪政是以宪法为基本依据的政治。长期以来,它一直是毛泽东的理想追求。1920年,毛泽东在长沙民众反对军阀唐继尧、谭延闿之流的"湖南自治"运动中,与各界代表共同发表《由"湖南革命政府"召集"湖南人民制宪会议"之建议》。②继而,他还主持筹备自治运动的第二次各界联席会议,提出《湖南人民宪法会议选举法和组织法》的草案。当毛泽东任主席的中华苏维埃共和国成立后,立即制定了《宪法大纲》,规定国体是"工农民主独裁",政体是"工农兵会议(苏维埃)",以及有关劳动者民主自治权利,妇女、民族、对外以及政治、经济等基本政策。

1942年初,毛泽东在《新民主主义宪政》的演讲中指出:宪政是什么呢?就是民主的政治。新民主主义的政治,是新民主主义的宪政。③显然,毛泽东所讲的宪政,其重心不在"政"而在"宪",即用强迫国民党政府搞民主政治,以发动全国人民的民主运动。因此,他强调真正的宪政绝不是容易到手的,是要经过艰苦斗争才能取得的。④

新中国第一部宪法草案出台后,毛泽东发表的有关讲话进一步深化了其宪法思想。它的基本精神是:①宪法的概念。毛泽东指出:一个团体要有一个章程,一个国家也要有一个章程,宪法就是一个总章程,是根本大法。②我国宪法是历史经验的总结。我们这个宪法草案,主要是总结了我国的革命经验和建设经验,同时它也是本国经验和国际经验的结合。⑤例如,1912年孙中山领导制定的《中华民国临时约法》,在那个时候是比较好的东西,带有革命性和民主性。当然,讲到宪法,资产阶级是先行的。英

---

① 参见《毛泽东著作选读》,下册,710页。
② 参见湖南《大公报》,1920-10-05。
③ 参见《毛泽东选集》,2版,第2卷,732页。
④ 参见《毛泽东选集》,2版,第2卷,736页。
⑤ 参见《毛泽东著作选读》,下册,708页。

国有不成文的宪法,而 1787 年美国制定了世界上第一部近代性的成文宪法;继而有法国 1789 年大革命时期的几部宪法文件等。这些宪法在历史上具有重要的地位。但是,我们的宪法是新的社会主义类型,不同于资产阶级类型。我们的宪法,就是比他们革命时期的宪法也进步得多,我们优越于他们。我们的宪法有我们的民族特色,但也带有国际性,是民族现象,也是国际现象的一种。① ③原则性与灵活性相结合。宪法的基本原则是"民主原则和社会主义原则"。民主原则指政治上的人民当家作主;社会主义原则指经济上的以生产资料公有制为基础。从总体上说,这部宪法是"社会主义类型宪法",但当时我国尚处于新民主主义向社会主义转变的过程,所以,又是一个"过渡时期的宪法"。宪法的灵活性正是由此产生的。例如,宪法既规定社会主义经济的主导地位,又规定私人经济的合法性;既规定共产党的领导,又规定建立同各民主党派的共同合作;既规定公民的广泛民主自由权利,又承认这些权利尚受到物质条件的限制;既规定法律的全国统一性,又规定各少数民族地区可以制定符合本民族特点的自治条例和单行条例……宪法的这个特色正是这种情况的反映。④搞宪法是搞科学。毛泽东特别指出:在我们这样的人民民主国家里,不应当写那些不适当的条文。搞宪法是搞科学。我们除了科学以外,什么都不要相信,就是说,不要迷信。② 关键在于对不对,不对的就不能写,只有这样,才能为整个社会指出正确的方向。⑤制定宪法的方法。这就是领导和群众相结合,领导和广大积极分子相结合的方法。过去我们采用了这个方法,今后也要如此。一切重要的立法都要采用这个方法。这次我们采用这个方法,就得到了比较好的、比较完全的宪法草案。③

（五）刑事法律

毛泽东的刑事法律思想是极其丰富并独具中国特色的。它是革命根据地、解放区实践经验和新中国实践经验的系统总结。

1. 刑事法律适用中的人人平等原则

在"左"倾机会主义分子主持中央工作的时期,曾经提出所谓"贯彻阶级路线"的刑罚原则。例如,1931 年《中华苏维埃共和国惩治反革命条例》第 35 条规定:"凡对苏维埃有功绩的人,其犯罪行为得按本条例的规定减轻处罚。"后来,在"纠正肃反扩大化"时,竟然将不对工农出身者减免刑罚当成扩大化的原因。同年年末,中央执行委员会第 6 号令批评,"处置犯人的时候,不分阶级成分","不释放附和的工农分子"。毛泽东反对这种观点和做法,而坚持刑法适用中的法律平等原则。1937 年 10 月,陕甘宁边区高等法院审判抗日军第六大队长黄克功强奸杀人案,最后判决死刑。在这前一天,毛泽东给高等法院院长兼"黄案"审判庭长雷经天的信中指示:正因为黄克功不同于一个

---

① 参见《毛泽东著作选读》,下册,708、711 页。
② 参见《毛泽东著作选读》,下册,712、713 页。
③ 参见《毛泽东著作选读》,下册,707 页。

普通人,正因为他是一个多年的共产党员,是一个多年的红军,所以不能不这样办。共产党与红军,对于自己的党员与红军成员不能不执行比较一般平民更加严格的纪律。①

新中国成立后,在"三反""五反"运动中,毛泽东对党内大贪污犯刘青山、张子善问题作了类似的批示:正因为他们两人的地位高,功劳大,影响大,所以才要下决心处决他们。只有处决他们,才能挽救二十个、二百个、二千个、二万个犯有各种不同程度错误的干部。② 这项批示极大地振奋了人心,有力地促进了广大党员和干部的廉洁作风的保持和发扬。

2. 稳、准、狠地打击犯罪

在镇压反革命运动过程中,毛泽东作了一系列指示,其中最重要之点就是"稳、准、狠"三个字。他说所谓打得稳,就是要注意策略。打得准,就是不要杀错。打得狠,就是要坚决杀掉一切应杀的反动分子(不应该杀者,当然不杀)。③ 这项指示也适用于同整个刑事犯罪的斗争。

为了保证做到"稳",毛泽东为党和国家制定了系统的方针政策。这套方针政策包括:①镇压与宽大相结合。即首恶者必办,胁从者不问,立功者受奖。②从宽与从严相结合。在"五反"运动中毛泽东提出:过去从宽,今后从严;多数从宽,少数从严;坦白从宽,抗拒从严;工业从宽,商业从严;普通商人从宽,投机商人从严。这个概括尽管有其具体历史背景,但它的策略思想至今仍有适用性。③死缓。在反革命罪犯中,对于没有血债、民愤不大和虽然损害国家利益但尚未达到最严重的程度,而又罪该处死者,应当采取判处死刑,缓期二年执行,强迫劳动,以观后效的政策。④ 毛泽东认为,这个政策可以获得广大社会人士的同情,又有利于分化反革命势力,有利于消灭反革命。④给出路。不杀头,就要给饭吃。对一切反革命分子,都应当给以生活出路,使他们有自新的机会。⑤

至于"慎杀",这是毛泽东从民主主义革命时期开始就反复强调的问题。在延安时期,毛泽东指示,机关、学校、部队里面清查出来的反革命,"一个不杀,大部不捉"。在《论十大关系》中,又一次地说:要坚持在延安开始的一条,就是一个不杀,大部不捉。真凭实据的反革命,由机关清查,但是公安局不捉,检察院不起诉,法院不审判。⑥ 凡介在可捕可不捕之间的人一定不要捕,如果捕了就是犯错误;凡介在可杀可不杀之间的人一定不要杀,如果杀了就是犯错误。⑦ 关于慎杀的理由,毛泽东认为有以下五项:①杀

---

① 参见《毛泽东书信选集》,110—111 页。
② 参见薄一波:《若干重大决策与事件的回顾》,上卷,152 页,北京,中共中央党校出版社,1991。
③ 参见《毛泽东文集》,1 版,第 6 卷,117 页,北京,人民出版社,1999。
④ 参见《毛泽东文集》,1 版,第 6 卷,158 页,北京,人民出版社,1999。
⑤ 参见《毛泽东著作选读》,下册,738 页。
⑥ 参见《毛泽东著作选读》,下册,736 页。
⑦ 参见《毛泽东文集》,1 版,第 6 卷,159 页。

了一个,第二个第三个就要来比,许多人头就要落地。②可能杀错人。一颗脑袋落地,历史证明是接不起来的,也不像割韭菜那样,割了一次还可以长起来,割错了,想改正错误也没有办法。③消灭证据……你把他消灭了,可能就再找不到证据了。④杀了他们,一不能增加生产,二不能提高科学水平,三不能帮助除四害,四不能强大国防,五不能收复台湾。① ⑤这样做,对人民事业,对国防影响,都有好处。②

与此相应,毛泽东强调严格的"审判"程序。1951年,他指示,为了防止在镇压反革命运动的高潮中发生"左"的倾向,决定从6月1日起,全国一切地方,包括那些至今仍然杀人甚少的地方在内,将捕人批准权一律收回到地委专署一级,将杀人批准权一律收回到省一级,离省远者由省级派代表前往处理。任何地方不得要求改变此项决定。其应执行死刑的极少数人(大约占死罪十分之一二),为慎重起见,一律要报请大行政区或大军区批准。有关统一战线的重要分子,须报请中央批准。③

3. 反对"逼供信"

在几千年的中国封建社会的司法制度中,一直把"口供"视为"黄金证据",因此,诱供、逼供成了常规。1941年,毛泽东在《中共中央关于审查干部的决定》中提出审查干部的九条方针,提出反对逼供信。毛泽东解释为:①"逼",即"采用肉刑,变相肉刑,及其他威逼方法"。②"供",即逼其乱供,"然后被审人随意乱供,诬陷好人"。③"信",即"然后审讯人及负责人不假思索地相信这些绝对不可靠的供词,乱捉、乱打、乱杀"。这是"主观主义的方针与方法"。《中共中央关于审查干部的决定》指出:在审查运动中,一定会有过"左"的行动发生,一定会有"逼供信"(个人的"逼供信"与群众的"逼供信"),一定会有以非为是,以轻为重的情形发生,领导者必须紧密注意,适时纠正。④

4. 有错必纠

毛泽东一贯把"有反必肃"和"有错必纠"同时加以强调,全面地体现了党的刑事政策中的实事求是的精神。1944年,针对锄奸和审干中屡屡出现的极"左"错误,毛泽东一再要求有关负责人注意:"如果是被冤枉了的或被弄错了的,必须予以平反,绝无犹豫余地。"1944年4月,他对李克农等人说道:你们回去对犯人说,一个字如果是假的,就改正一个字;一句话是假的,改正一句话;一段话是假的,改正一段话;全篇是假的,那就全部推翻……要把好关,不要冤枉一个好人。毛泽东曾经亲自向被搞错的同志赔礼道歉。1962年,在扩大的中央工作会议上毛泽东也曾经说过:"在正确路线领导时期,一经发现有错误处理的,就能甄别、平反,向他们赔礼道歉,使他们心情舒畅,重新抬起头来。"这对于维护革命队伍和党内的团结起了很大的作用。⑤

---

① 参见《毛泽东著作选读》,下册,737页。
② 参见《毛泽东著作选读》,下册,738页。
③ 参见《毛泽东文集》,1版,第6卷,159页。
④ 转引自《法制现代化研究》,第7卷,26页。
⑤ 转引自《法制现代化研究》,第7卷,27页。参见《毛泽东著作选读》,下册,817页。

5.重视对犯人的改造

对罪犯的改造工作是毛泽东非常重视的事情。1964—1965年,他与公安部负责人的谈话及接见外宾时,反复讲解这个问题。他指出:人是可改造的,就是政策和方法正确才行。做人的工作,就是不能压服,要说服。在一定的条件下,在敌人放下武器、缴械投降以后,敌人中的绝大多数人是可以改造的,但要有好的政策,好的方法,要他们自觉改造,不能只靠压服。这项工作的前提,是把罪犯"当作人",承认其潜在的良知。毛泽东进一步指出:"要把犯罪的人当作人,对他有点希望,对他有所帮助,当然也要有所批评。""应该把犯人当人,反革命也是人嘛。我们的目的就是把他们改造好。"毛泽东还曾提议,将来的民法、刑法等各种法典,要写进对人的教育问题。

与此密切相关的,劳改机关必须摆正对犯人的政治改造与生产劳动的关系。毛泽东批评有些同志"只爱物不爱人;只重生产,不重改造",甚至单纯"把犯人当成劳役"。1963年8月8日,毛泽东在接见几内亚教育代表团、总检察长及夫人时,更为具体地说道:"劳动工厂、劳动农场就不能生产第一,就要以政治改造第一。要做人的工作,要在政治上启发人的觉悟,发挥他的积极性,劳动工厂、劳动农场就会办得更好。不仅犯人能够自给,而且还能给家里寄点钱……""我们有些干部不懂得要把改造人放在第一位,不要把劳动和生产放在第一位,不要赚犯人的钱。"

在以毛泽东为首的党的这种政策的感召之下,我们国家不仅成功地改造了一批又一批的反革命犯和刑事犯,而且连日本法西斯战犯、伪满皇帝溥仪以及国民党战犯都是因得到不同程度的改造而被"特赦"。毛泽东主席这种博大的胸襟和深谋远虑,在国际上赢得了崇高的声誉。

吕世伦、李瑞强撰写,刊于《邓小平理论、"三个代表"重要思想民主法制导论》,中国人民大学出版社,2004年。

邓小平民主、法制理论的形成

邓小平民主、法制理论是邓小平理论的重要组成部分。作为民主、法制理论本身，它涉及政治、经济、文化和社会生活的许多方面，也有理论自身的结构和体系。这个结构和体系同邓小平建设有中国特色社会主义理论的整体一样，是逐渐发展而来的。在改革开放前，甚至早在革命和战争时期，邓小平就论述过民主、法制范畴内的一些具体问题。后来随着革命和建设的发展，特别是改革开放以来，民主、法制成为社会生活、政治生活和国家建设中的极为迫切的一件大事，以邓小平为核心的党和国家第二代领导集体顺应大势，全面地从制度建设、民主政治、改革开放的角度思考民主、法制建设的问题，并提出了一系列反映中国民主、法制建设实践的理论观点。研究这些理论观点，对于把握邓小平民主、法制理论的脉络和发展规律，对于指导和促进我国的民主、法制建设具有十分重要的意义。

邓小平前期的民主、法制思想

邓小平的民主、法制理论主要集中在改革开放之后。但是，在此之前的革命和建设时期，邓小平也先后在不同场合论述过有关民主、法制的问题。

一、抗日民主政权是民主的政体

抗日战争是全面的、全民族抵抗外来侵略的战争。中国共产党为了团结一切爱国力量，取得抗日战争的胜利，在解放区成立了由一切爱国、进步势力参加的抗日民主政权，即"三三制"政权。对此，邓小平作过深刻的论述。

邓小平指出："三三制"政权的实质是民主。① 首先，政权的组织形式是民主的制度化。在政权机关或民意机关，共产党员、进步势力、中间分子各占了1/3。邓小平认为，政权要保护各阶级和阶层的利益，因为这涉及争取多数的问题。对各个抗日党派合法的自由权利都要保障。对于民主政权中不同利益、不同立场、不同党派阶级的民主政治斗争，邓小平认为这是联合政权的必然表现，但他主张不但不应惧怕这种政治斗争，而且要发展这样的民主政治斗争，因为这对革命有利。他同时认为，党应领导抗

---

① 参见《邓小平文选》，2版，第1卷，8页，北京，人民出版社，1994。

日民主政权,但这种领导不应是强制的,最主要的是从民主政治斗争中取得,即主要从依靠党领导的主张的正确,能为广大群众所接受、所拥护、所信赖的政治声望中取得。只有民主政治斗争,才能使党取得真正的优势,邓小平认为抗日民主政权不应仅仅是形式上的民主,而应在实践中贯彻。因为这种政权表现为几个革命阶级对汉奸、亲日派、反动派的联合专政,既能合乎统一战线原则,团结大多数以与日寇、汉奸、亲日派、反对派进行斗争,又能保证由共产党员与进步势力结合起来的优势,所以这不仅是今天敌后抗战的最好政权形式,而且是将来新民主主义共和国所应采取的政权形式。①

针对有些共产党员和党组织不尊重边区政府及其法令和"以党治国"的观念。邓小平指出,某些同志的"以党治国"的观念,就是国民党恶劣传统反映到我们党内的具体表现,这些同志误解了党的优势,以为党员包办就是绝对优势,不了解真正的优势要表现在群众拥护上。把优势建筑在权力上是靠不住的。② 邓小平指出:党对抗日民主政权的正确领导原则是什么呢? 是指导与监督政策。这就是说,党对政权要实现指导的责任,使党的主张能够经过政权去实行,党对政权要实现监督的责任,使政权真正合乎抗日的民主的统一战线的原则。党的领导责任是放在政治原则上,而不是包办,不是遇事干涉,不是党权高于一切。③ 党的各级委员会应把政府的领导,放在自己经常的议事日程中。如果发现上级政令有不妥之处,或有不适合于本区本县之处,也只能经过党团提到政府讨论,由政府向上级呈报理由,党也应该把这些问题迅速反映到上级党部,设法改正。但党没有任何权力去命令政权工作同志不执行上级政令,或者自己来一套。④

这是邓小平第一次比较系统地论述政治体制的民主性与党政关系。其中主要包含了这样的思想,即民主只有具体化为一定的政治组织形式才能得到制度的保障;一定的民主政治体制是一定的社会需要和政治矛盾的反映(在当时即表现为团结一切力量抗日);党政应当分开,党的领导表现为政治上的指导和监督。这些思想,在当时具有现实指导意义,也成为改革开放后邓小平关于党政分开和政治体制改革思想的重要理论来源。

邓小平前期的民主、法制思想来源于党在各个革命阶段的实践,但却具有很强的理论性,同时成为毛泽东思想的重要组成部分。这些观点在邓小平思想理论的发展中具有一贯性和连续性,在改革开放后,也一直是国家民主政治建设的指导思想。

---

① 参见《邓小平文选》,2 版,第 1 卷,8 页。
② 参见《邓小平文选》,2 版,第 1 卷,10 页。
③ 参见《邓小平文选》,2 版,第 1 卷,12 页。
④ 参见《邓小平文选》,2 版,第 1 卷,13 页。

二、革命战争时期发挥人民政权法律的作用

邓小平作为我党最早一代的革命家,在领导革命战争和解放区政权建设中就很重视人民政权法律的作用。

首先,邓小平认为,军队建设绝不能完全用长官的严厉统制办法,而必须有民主政权工作的法令。①

1941 年 4 月,邓小平在论述抗日时期的"三三制"政权时,系统地指出:把党的领导解释为"党权高于一切",遇事干涉政府工作,随便改变上级政府法令;不经过行政手续,随便调动在政权工作的干部;有些地方没有党的通知,政府法令行不通,形成政权系统中的混乱现象。应该说,党的政策一般能够保证贯彻于政府的法令中,这个特点必须认识。因此各级党部必须研究上级政府,特别是一个战略区的高级政府(如本区的联办)的法令指示,并根据这些法令指示去指导同级政府党团的工作。党的责任是研究上级政令运用于本区本县的步骤和方式方法,及时检查执行程度,以保证上级政令的实现。② 党没有任何权力去命令政权工作同志不执行上级政令,或者自己来一套。

其次,还要用法治精神对群众进行教育。他指出:在人民中,要养成遵守抗日民主政权法令的习惯。③ 即使对一个反革命,也必须经过民主斗争或合法手续,才能加以逮捕或处理。在这里,邓小平把党政关系、政策与法律的关系、法律与民主的关系、专政与法律的关系讲得非常透彻。

1943 年 1 月,邓小平继续号召要利用人民拥护抗日政权的热情,宣传政府法令,鼓励实行法令。④ 此外,邓小平还发展了马克思主义若干无产阶级革命中的合法斗争与非法斗争相结合的思想。他要求游击区和国统区的干部要注意合法斗争与非法斗争的配合与联系。⑤

1948 年 6 月,邓小平指出,凡与政权有关事情,不能依靠党或群众来办,例如,筹款筹粮、收税要由政府来做,杀人要经过法庭的审判来进行。⑥

三、实行民主集中制

从中国共产党第二次代表大会开始,历届党章均有关于民主集中制的规定。

---

① 参见《邓小平文选》,2 版,第 1 卷,5 页。
② 参见《邓小平文选》,2 版,第 1 卷,13 页。
③ 参见《邓小平文选》,2 版,第 1 卷,15 页。
④ 参见《邓小平文选》,2 版,第 1 卷,57 页。
⑤ 参见《邓小平文选》,2 版,第 1 卷,59 页。
⑥ 参见《邓小平文选》,2 版,第 1 卷,119 页。

民主集中制是中国共产党的根本组织制度和领导制度。它是民主基础之上的集中和集中领导下的民主相结合的制度。民主集中制的民主，就是党员和党组织的意愿、主张的充分表达和积极性、创造性的充分发挥；民主集中制的集中，就是全党意志、智慧的凝聚和行动的一致。实行这种制度，就是要努力造成既有集中又有民主，既有纪律又有自由，既有统一意志又有个人心情舒畅、生动活泼的政治局面。

1956 年，邓小平在中国共产党第八次全国代表大会（以下简称八大）作《关于修改党的章程的报告》中指出：为了解决各种实际问题，党必须按照个人服从组织、少数服从多数、下级服从上级、全国的各个组织统一服从中央的原则去行动。在这里，党要求那些有不同意见的党员，在实际行动中无条件地执行党的决议，这是完全正确和必要的。但是，就在这种条件下，这些党员也仍然有权保留自己的意见，并且仍然有权向所属的党组织和高级的党组织提出自己的意见，党组织不应该用纪律迫使他们放弃这些意见。这对于党不但没有害处，而且可以有某些益处。只要党的决议是正确的，这些持有不同意见的党员又是愿意服从真理的，他们终于会心悦诚服地认识到党的正确和自己的错误。如果真理最后被证明是在少数方面，那么，保护少数的这种权利，也可以使党更容易地认识真理。① 邓小平的这段话，明确地指出了民主集中制的实质，它既要党员无条件地服从党的决定，承认和保护党员的思想自由，使真理不因它的掌握者是少数而失去被多数接受的机会，也从另一个角度体现了民主精神，即民主也尊重少数人的意志。

同时，邓小平又从思想解放的高度认识民主集中制的意义。他说道：解放思想，开动脑筋，一个十分重要的条件就是要真正实行无产阶级的民主集中制。我们需要集中统一的领导，但是必须有充分的民主，才能做到正确的集中。当前这个时期，特别需要强调民主。因为在过去一个相当长的时间内，民主集中制没有真正实行，离开民主讲集中，民主太少。②

邓小平深刻地指出，民主集中制体现了社会主义制度下不同的利益关系，同时又指导和调整了这些利益关系。他说道：民主集中制是社会主义制度的一个不可分的组成部分。在社会主义制度之下，个人利益要服从集体利益，局部利益要服从整体利益，暂时利益要服从长远利益，或者叫做小局服从大局，小道理服从大道理。我们提倡和实行这些原则，绝不是说可以不注意个人利益，不注意局部利益，不注意暂时利益，而是因为在社会主义制度之下，归根结底，个人利益和集体利益是统一的，局部利益和整体利益是统一的，暂时利益和长远利益是统一的。我们必须按照统筹兼顾的原则来调节各种利益的相互关系。如果相反，违反集体利益而追求个人利益，违反整体利益而追求局部利益，违反长远利益而追求暂时利益，那么，结果势必两头都受损失。民主和

---

① 参见《邓小平文选》，2 版，第 1 卷，249 页。
② 参见《邓小平文选》，2 版，第 2 卷，144 页。

集中的关系,权利和义务的关系,归根结底,就是以上所说的各种利益的相互关系在政治上和法律上的表现。①

在民主和集中关系的具体做法上,邓小平把它和党的群众路线结合起来。在1962年扩大的中央工作会议上,邓小平指出:没有民主,就没有集中;而这个集中,总是要在民主的基础上,才能真正地正确地实现……从领导方法来说,只有从群众中来,才能到群众中去。没有民主基础上的集中制,既不能实行真正的从群众中来,也不能实行真正的到群众中去。②

邓小平最终把民主集中制上升到党和国家的根本制度的高度来认识。他说道:民主集中制是党和国家的最根本的制度,也是我们传统的制度。坚持这个传统的制度,并且使它更加完善起来,是十分重要的事情,是关系我们党和国家命运的事情。凡是违反这个制度的,都要纠正过来。③ 民主集中制是社会主义制度的一个不可分的组成部分。④

民主集中制,作为一种组织原则,既包括发扬民主,同时又强调在民主基础上的集中,即通过民主方式形成的决议,每个人和每个组织都要服从。邓小平认为在党内生活和国家政治生活中,要真正实行民主集中制和集体领导。一言堂、个人说了算、集体作了决定少数人不执行等毛病,都要坚决纠正。

四、加强民主监督和企业民主管理的重要性

邓小平比较早地注意到了加强民主监督和企业民主管理的重要性。1957年,他在《共产党要接受监督》一文中认为,农村的命令主义同那里的干部不受监督、上级领导缺乏民主作风分不开。他认为在学校也要扩大民主生活。教职员工会、学生会要发挥作用,教职员、学生的意见要能充分表达。学校的负责人,要善于吸收教职员的意见,善于吸收学生的意见。军队也要有民主,没有民主就不可能有自觉的纪律。军队里要实行政治、经济、军事三大民主。政治民主体现在当地各级、各类会议上的民主讨论。在部队要利用经济委员会保护战士的经济利益。在军队教育训练方面,要官教兵、兵教兵,充分发挥战士们的作用,特别是发挥他们的技术优势。

在实现基层民主中,邓小平特别重视企业职工的民主管理。民主管理是我国社会主义企业的基本原则,其核心是依靠工人阶级管理好企业的各项经营活动,这也是我国社会主义企业的基本特征之一。1957年,中共中央决定在国有企业中试行党委领导下的职工代表大会制度。同年9月,邓小平在党的八届三中全会《关于整风运动的报

---

① 参见《邓小平文选》,2版,第2卷,175—176页。
② 参见《邓小平文选》,2版,第1卷,304—305页。
③ 参见《邓小平文选》,2版,第1卷,312页。
④ 参见《邓小平文选》,2版,第2卷,175页。

告》中指出：党委领导下的职工代表大会，是扩大企业民主、吸引职工群众参加管理，克服官僚主义的有效形式，是正确处理人民内部矛盾的有效方法之一。

"文化大革命"结束后，邓小平在《中国工会第九次代表大会致词》中重申了企业应当实现民主管理和建立职工代表大会的制度。他指出：为了实现四个现代化，我们所有的企业必须毫无例外地实行民主管理，使集中领导和民主管理结合起来。今后企业的车间主任、工段长、班组长要由本车间、工段和班组的工人选举产生。企业的重大问题要经过职工代表大会或职工大会讨论。企业的领导干部要在大会上听取职工意见，接受职工的批评和监督。对某些严重失职或作风恶劣的领导人员和管理人员，大会有权向上级建议给以处分或撤换。各企业的工会，将成为职工代表大会和职工大会的工作机构。①

邓小平认为加强基层民主有许多好处：第一，可以调动群众的积极性。第二，可以发挥群众的长处和聪明才智。第三，可以监督领导的专断作风。第四，出了问题群众能够理解和原谅。第五，可以有效地保护群众利益。总之，民主是党和国家行之有效的组织原则，更是社会主义国家本质的体现和国家政治生活的目标。在改革开放的民主法制建设中，邓小平更注意从制度化和实现形式的角度思考民主问题。

五、新中国成立后至 1978 年十一届三中全会以前邓小平的民主、法制思想

在 1957 年"反右派"之前，党是比较重视民主和法制建设的。我国权力机关制定了宪法及政府与司法机关的组织法、工会法、婚姻法、劳保法、民族区域自治法、公私合营等法律、法令。1956 年，董必武在党的八大发言中，为适应经济建设的新形势，提出"有法可依、有法必依"的法制原则。在八大会上，邓小平关于修改党章的报告专门指出：党章草案要求每一个党员严格地遵守党章和国家的法律，遵守社会主义宪法，一切党员，不管他们的功劳和职位如何，都没有例外。这是进一步涉及党、法关系问题。直至 1957 年，邓小平还发表了《共产党要接受监督》一文，强调要扩大各方面的民主。②他说道：如果没有小民主，那就一定要来大民主。③

1957 年以后，群众运动愈搞愈烈，极"左"思潮愈来愈强，直到发展成为"文化大革命"。邓小平本人也被认定为是"中国第一个最大的党内走资派"。但他丝毫没有迎合破坏民主与法制的凶猛浪潮。1975 年 1 月，他出任党、政府和军委的副职之后，大胆地提出要"全面整顿"，要把国民经济搞上去的决定，认为国家生活的各方面都必须有必要的制度，说"编制也是法律"。

---

① 参见《邓小平文选》，2 版，第 2 卷，137 页。
② 参见《邓小平文选》，2 版，第 1 卷，271 页。
③ 参见《邓小平文选》，2 版，第 1 卷，273 页。

1977 年,邓小平再次复出,他把法律制度的建设提到更高的程度。他说道,我们要总结正反两方面的经验,把必要的规章制度恢复或建立起来。执行规章制度宁可要求严一些,不严就建立不起来。① 于是,邓小平就有力地引导我国法制建设走上了正常的发展轨道,得到了人民的积极拥护。

邓小平民主、法制理论的形成

邓小平早期的民主思想具有根本性、理论性、一般性的特点。而关于中国社会主义民主、法制建设的系统的、丰富的理论,却是在改革开放后形成的。"文化大革命"结束后,国家有两项基本工作要做,一项是拨乱反正,另一项是恢复和发展经济。这其中的许多具体工作都涉及民主和法制的理论和实践。在完成这一系列具体工作的过程中,邓小平民主、法制理论的主体逐步形成了。

一、民主建设首先要解放思想

"文化大革命"结束后,首先遇到的理论问题是解放思想。邓小平在 1978 年 12 月召开的中央工作会议上作了《解放思想,实事求是,团结一致向前看》的报告。在这个报告中,邓小平提到民主是解放思想的重要条件。

1979 年 7 月 30 日,在党的理论工作务虚会上,邓小平作了《坚持四项基本原则》的重要讲话,在讲话中,他指出没有民主就没有社会主义,就没有社会主义现代化。

1980 年 8 月 18 日,在中共中央政治局扩大会议上,邓小平主要谈了党和国家领导制度的改革,针对党和国家领导制度中存在的权力过分集中、党政不分、以党代政的现象,为从长远着想,也为了选拔人才,促进经济更快地发展,邓小平提出了改革党和国家领导制度。

为了真正实现人民当家作主,使党和政府受到社会的监督,邓小平多次强调要坚持和完善共产党领导的多党合作和政治协商制度。同时,为了保障民主,邓小平提出了必须加强法制,必须使民主制度化、法律化。

为迅速恢复和发展经济,改革僵化的经济体制,邓小平强调要在经济领域广泛推行民主,即改革经济管理中权力过于集中的现象,有计划地大胆下放权力,以发挥国家、地方、企业和劳动者个人的积极性。

以上涉及的思想建设、制度建设、现代化建设、改革开放等几个方面,构成了邓小平民主、法制理论的基本内容。在此基础上,随着改革开放的发展,邓小平多次谈到以上问题及与此相关的问题,如加强法制建设、维护社会稳定,严厉打击严重的刑事、经

---

① 参见《邓小平文选》,2 版,第 2 卷,11 页。

济犯罪,"一国两制"问题等,这些又促进了邓小平民主、法制思想的发展和深化。邓小平在改革开放之初的这些思想,一直指导着我国的民主、法制建设。

二、社会主义法制建设的基本方针

1978 年,邓小平在党的十一届三中全会前召开的中央工作会议上提出"有法可依,有法必依,执法必严,违法必究",指出它是我国法制建设的基本方针。以后又载入了党的十一届三中全会公报和党的许多文件,它包括对立法、执法、守法等法制建设各方面的基本要求,对我国法制建设的各项工作具有广泛而又深远的指导意义。

邓小平在 1980 年就曾指出,"我们要在全国坚持实行法律面前人人平等的原则"。同年,在论及党和国家领导制度的改革问题时,他又指出,公民在法律和制度面前人人平等,党员在党章、党纪面前人人平等。人人有依法规定的平等的权利和义务,任何犯了法的人都不能逍遥法外。公民在法律面前人人平等,是我国法制建设一贯坚持的原则,也是邓小平法制理论的重要内容。

三、增强全民族的法律意识,搞好法制宣传教育工作

邓小平在 1980 年曾经指出:在党政机关、军队、企业、学校和全体人民中,都必须加强纪律教育和法制教育。① 1986 年,在《在全体人民中树立法制观念》一文中,他进一步强调:加强法制重要的是要进行教育,根本问题是教育人。② 法制观念与人们的文化素质有关。现在这么多青年人犯罪,无法无天,没有顾忌,一个原因是文化素质太低。③ 加强法制的根本问题是教育人的思想,对于加强我国的社会主义民主与法制建设,对于建设社会主义精神文明,都具有十分重要的意义。搞好法制宣传教育工作,不断增强全民族的法律意识,是我国社会主义法制建设的一项基础性工作。

首先,要加强对执法人员的法制教育。邓小平指出:要大力加强执法、公安部门的建设和工作,提高这些部门人员的政治素质和业务素质。④ 执法人员除了必须通晓各项法律、政策、条例、程序、案例和有关的社会知识以外,还特别要求大公无私、作风正派。⑤ 其次,要加强对青少年的法制教育。邓小平强调指出:法制教育要从娃娃开始,小学、中学都要进行这个教育。⑥ 再次,要有法制教育的目标,邓小平十分概括地指出:

---

① 参见《邓小平文选》,2 版,第 2 卷,360 页。
② 参见《邓小平文选》,1 版,第 3 卷,163 页。
③ 参见《邓小平文选》,1 版,第 3 卷,163 页。
④ 参见《邓小平文选》,2 版,第 2 卷,371 页。
⑤ 参见《邓小平文选》,2 版,第 2 卷,286 页。
⑥ 参见《邓小平文选》,1 版,第 3 卷,163 页。

要讲法制,真正使人人懂得法律,使越来越多的人不仅不犯法,而且能积极维护法律。①这段论述表明,法制教育的总的目标是"要讲法制",为不断完善社会主义民主与法制打好基础。

四、发展法学教育,加强政法队伍建设

邓小平认为,加强民主与法制没有人才不行,不抓教育不行。1980 年,他强调指出:没有大批的人才,我们的事业就不能成功。② 这一点在法制建设领域尤其突出。由于历史的原因,法学教育和政法队伍受到严重破坏。针对法律人才青黄不接的情况,邓小平说道:像我们这么大的国家,各行各业,一千八百万干部,就绝对数字来说,并不算多。问题是干部构成不合理,缺乏专业知识、专业能力的干部太多,具有专业知识、专业能力的干部太少……可以当律师的,当法官的,学过法律、懂得法律,而且执法公正、品德合格的专业干部很少。③ 我们需要建立一支坚持社会主义道路的、具有专业知识和能力的干部队伍,而且是一支宏大的队伍。④ 他针对政法队伍的实际,明确提出要大力加强政法、公安部门的建设和工作,提高这些部门人员的政治素质和业务素质。

邓小平是我国法学教育的大力倡导者。1977 年 8 月,他在科学和教育工作座谈会上提出,用马克思主义观研究政法。他指出,对政治学、法学、社会学以及世界政治的研究,我们过去多年忽视了,现在也需要赶快补课。1985 年,他强调指出,法律院校要扩大、要发展。粉碎"四人帮"以后,在邓小平的大力倡导下,我国法学教育获得了迅速恢复和发展。

加强民主法制,确保安定团结

中国能不能保持安定团结,如何实现长期稳定,这是关系到全国人民的根本利益,关系到社会主义现代化建设大局的重大问题。党的十一届三中全会以来,邓小平反复强调稳定压倒一切并分析了社会主义民主同安定团结的关系,阐述了健全法制对保障社会稳定的重要作用。

一、稳定符合当代中国最高利益

稳定是社会进步与发展的基本条件。任何一个国家,如果政局动荡,没有稳定的社会环境,就只能一事无成。特别是像中国这样一个发展中的大国,如果动乱不止,无

---

① 参见《邓小平文选》,2 版,第 2 卷,254 页。
② 参见《邓小平文选》,2 版,第 2 卷,221 页。
③ 参见《邓小平文选》,2 版,第 2 卷,263 页。
④ 参见《邓小平文选》,2 版,第 2 卷,264 页。

论是对中国自身,还是对国际社会,都将是一场极大的灾难。

稳定是现代化建设的需要。现代化建设,中心是经济建设。邓小平作为改革开放和现代化建设的总设计师,为我国经济发展描绘了一幅"三步走"的宏伟蓝图。要实现这个目标,关键是政局稳定。中国要实现四个现代化,摆脱落后状态,必须有一个安定团结的政治局面,必须有领导有秩序地进行建设。①

稳定是实行改革的需要。因为每项改革涉及的人和事都很广泛、很深刻,触及许多人的利益,会遇到很多的障碍,需要审慎从事。② 为此,邓小平指出:经济体制和政治体制的改革要成功,就必须有领导有秩序地进行。没有这一条,就是乱哄哄,各行其是,怎么行呢?③ 我们需要一个安定团结的环境,以便进行改革和建设。

稳定是对外开放的需要。邓小平一再指出,对外开放是我们党和国家坚定不移的方针。对外开放、扩大开放,使中国真正活跃起来,有利于我国摆脱落后状态。但是,对外开放和搞经济建设一样,需要有稳定的社会环境。因为全国局势稳定,我们才可能不断扩大国际交流,引进外国的先进技术,引进外国和海外侨胞的资金,也才可能把我国传统的封闭型的产品经济转变为同国际市场接轨的开放型的社会主义市场经济。正因为如此,邓小平曾十分严肃地告诫人们,中国不允许乱,我们在这方面控制得严一点,不会影响外商来华投资,恰恰相反,外商会更放心。④

稳定是实现祖国和平统一、振兴中华的需要。邓小平在1987年4月16日接见香港基本法起草委员会,谈及按"一国两制"方针统一祖国和实现四个现代化时指出:要达到这样一个目标,需要什么条件呢? 第一条,需要政局稳定……第二条,就是现行的政策不变。⑤

二、发扬社会主义民主是安定团结的基础

在社会主义条件下,人民需要的是一种新型的稳定。其特点是在体现人民共同意志和利益的法律范围内,独立自主地规划和支配自己的行动,从而形成一种绝大多数人满意的、有利于社会全面进步的、理想的社会秩序。毛泽东对此作出了一个科学的界定,邓小平将其简单地概括为"安定团结的政治局面"。

一种稳定的形成,是经济、政治和文化等诸多因素互相作用的结果。概括起来,经济是根本,民主是基础,法制是保障。如果稳定不建立在民主的基础上,绝不可能造成安定团结、生动活泼的政治局面。

---

① 参见《邓小平文选》,1 版,第 3 卷,208 页。
② 参见《邓小平文选》,1 版,第 3 卷,176 页。
③ 参见《邓小平文选》,1 版,第 3 卷,277 页。
④ 参见《邓小平文选》,1 版,第 3 卷,286—287 页。
⑤ 参见《邓小平文选》,1 版,第 3 卷,216 页。

为什么说社会主义民主是安定团结的基础呢？只有发扬民主，充分调动人民建设社会主义的积极性，才能为安定团结创造物质前提。邓小平提出一个新的命题：调动积极性是最大的民主。① 就是说，在当代，民主的最主要的作用是充分调动人民的积极性，加速社会主义现代化建设的进程。

只有发扬民主，增强人民内部的团结，才能对极少数敌人实行有效的专政，扫除破坏安定团结的主要障碍。邓小平说道："只有人民内部的民主，而没有对破坏分子的专政，社会就不可能保持安定团结的政治局面，就不可能把现代化建设搞成功。"②

调整人民内部的各种矛盾，这也需要有正常的民主生活。邓小平指出：群众有气就要出，我们的办法就是使群众有出气的地方，有说话的地方，有申诉的地方。大民主是可以避免的，这就要有小民主。③ 也就是说，民主是解决人民内部矛盾的基本方法。一般来说，如果民主生活比较正常，民主制度比较健全，民主渠道比较畅通，就有利于安定团结政治局面的形成和发展，有利于社会主义制度的巩固。

三、健全法制是安定团结的重要保障

早在 1979 年 3 月，邓小平就指出，为了夺取现代化建设的胜利，在坚决发扬民主的同时，大力稳定社会秩序，加强社会主义法制，确保安定团结。④

法制在维持和巩固社会稳定中的重要作用，是由法律自身的属性和特点决定的。第一，法律和制度体现的是整个统治阶级的共同意志和共同利益，它不受领导者个人的主观色彩和偏私的影响，具有更大的公平性。第二，法律和制度有普遍的约束力，从执政党和国家的高层领导人到一般群众都要遵守。第三，法律和制度具有稳定性、连续性和权威性，可以使全社会的政治、经济、文化朝着一个共同的目标有序地发展。从这个意义上说，健全社会主义法制，厉行社会主义法治是长治久安的根本保证。

四、民主和法制这两方面都应该加强，以巩固和发展安定团结的政治局面

1979 年 6 月，邓小平在《民主和法制两手都不能削弱》的讲话中指出：民主和法制，这两方面都应该加强。⑤ 1980 年 12 月，邓小平在中央工作会议上所作的《贯彻调整方针，保证安定团结》的讲话中再一次强调要继续发展社会主义民主，健全社会主义法

---

① 参见《邓小平文选》，1 版，第 3 卷，242 页。
② 参见《邓小平文选》，1 版，第 3 卷，154 页。
③ 参见《邓小平文选》，2 版，第 2 卷，273 页。
④ 参见《邓小平文选》，2 版，第 2 卷，162 页。
⑤ 参见《邓小平文选》，2 版，第 2 卷，189 页。

制。这是三中全会以来中央坚定不移的基本方针,今后也决不允许有任何动摇。①

在强调坚持发展民主与法制的同时,邓小平又论述了二者的内在关系。把社会主义民主与社会主义法制紧密结合起来,这是邓小平民主、法制思想的一个重要特点。在他看来,民主与法制是一个问题的两个方面,二者是辩证统一、不可分离的。他多次指出:社会主义民主和社会主义法制是不可分的。② 中国的民主是社会主义民主,是同社会主义法制相辅相成的。这些论述,既是历史经验的总结,又深刻地揭示了社会主义民主与法制的内在关系。社会主义民主是社会主义法制的前提和基础,社会主义法制是社会主义民主的体现和保障。民主必须制度化、法律化。

1992 年 3 月,在邓小平视察南方发表重要讲话的历史背景下,中共中央政治局在北京召开全体会议,认真讨论了我国改革和发展的若干重大问题。明确地指出,在加快经济建设发展步伐的同时,要坚持两手抓,加强社会主义精神文明建设和民主、法制建设,巩固和发展安定团结的政治局面。

五、长期实行适合我国国情的政党制度,促进安定团结

政党制度是政治制度的重要组成部分。由于各的政治、经济情况不同,历史情况各异,各国的政党制度都有差别。我国的政党政治是根植于我国实际的,它不同于西方资本主义国家的多党制和两党制,也有别于一些社会主义国家实行的一党制。

我国的多党合作和政治协商制度是在长期革命实践中形成和发展起来的,它是我国的一项基本政治制度。邓小平早在 1956 年就指出:我们党同民主党派和无党派民主人士的合作是长期的,这一个方针是早已确定了的。从抗日战争时期开始,我们党就实行了同党外民主人士合作的方针。在中华人民共和国成立以后,我们同各个民主党派和无党派的民主人士的合作,得到了进一步的发展。十多年的经验证明,这种合作对于我们党的事业,是有益而无害的。③

在我国,实行共产党领导的多党合作和政治协商制度是由具体的历史条件和现实情况决定的。这一方面是由于各民主党派同共产党长期合作奋斗的历史传统,在社会主义时期,各民主党派又都发生了历史性的转折,实行为社会主义服务的政治路线,这就为多党合作提供了共同的政治基础。另一方面也由于共产党居于执政党的领导地位,需要经常听到各种不同的意见,各民主党派不是在野党,而是参政党,能够对于我们党提供一种单靠党员所不容易提供的监督,能够发现我们工作中的一些我们所没有发现的错误和缺点,能够对于我们的工作作出有益的帮助④,促进和发展安定团结的政

---

① 参见《邓小平文选》,2 版,第 2 卷,359 页。
② 参见《邓小平文选》,2 版,第 2 卷,359 页。
③ 参见《邓小平文选》,2 版,第 1 卷,224 页。
④ 参见《邓小平文选》,2 版,第 1 卷,225 页。

治局面。

在我国进入社会主义现代化建设的新时期后,为了在新的基础上继续坚持共产党领导的多党合作,邓小平反复阐述了与民主党派合作共事的方针。他曾经强调指出:我国各民主党派在民主革命中有过光荣的历史,在社会主义改造中也作了重要的贡献。这些都是中国人民所不会忘记的。现在它们都已经成为各自联系的一部分社会主义劳动者和一部分拥护社会主义的爱国者的政治联盟,都是在中国共产党领导下为社会主义服务的政治力量。① 为了发展社会主义民主政治,巩固和发展最广泛的爱国统一战线,应加强同民主党派的合作共事,吸收民主党派的成员在各级国家机关中担任领导职务,保证人民政协发挥政治协商、民主监督和参政议政的作用。我们一定要坚持"长期共存、互相监督""肝胆相照、荣辱与共"的方针,加强同各民主党派、无党派民主人士和一切爱国的党外朋友们的合作,共同为开创我国社会主义现代化建设的新局面,为开创爱国统一战线的新局面,为开创人民政协工作的新局面而努力奋斗。②

总之,我国的统一战线已经成为工人阶级领导的、以工农联盟为基础的社会主义劳动者和拥护社会主义的爱国者的广泛联盟。新时期统一战线和人民政协的任务,就是调动一切积极因素,努力化消极因素为积极因素,团结一切可以团结的力量,同心同德、群策群力,维护和发展安定团结的政治局面,为把我国建设成为现代化的社会主义强国而奋斗。

一手抓改革开放,一手抓打击犯罪活动

一、严厉打击各种犯罪活动,坚持人民民主专政

人民民主专政和社会主义法制是相辅相成的。依法严厉打击经济犯罪和各种刑事犯罪活动是人民民主专政的一项重要内容。这是邓小平关于民主、法制理论的又一重要内容。

早在 1979 年邓小平就指出:在社会主义社会,仍然有反革命分子,有敌特分子,有各种破坏社会主义秩序的刑事犯罪分子和其他破坏分子,有贪污盗窃、投机倒把的新剥削分子,并且这种现象在长时期内不可能完全消灭……对于这一切反社会主义的分子仍然必须实行专政。③ 从根本上说,社会主义制度的建立和完善为减少犯罪提供了条件。但由于在社会变革时期各种利益和矛盾非常复杂,这就使得诱发犯罪和突发事件的因素大量

① 参见《邓小平文选》,2 版,第 2 卷,186 页。
② 参见《邓小平建设有中国特色社会主义论述(专题摘编)》(新编本),408 页,北京,中央文献出版社,1995 年。
③ 参见《邓小平文选》,2 版,第 2 卷,169 页。

存在。国家如果放任各种犯罪活动泛滥,就是视人民的权利遭受践踏而不顾,就是对人民的不负责任。因此,严厉打击各种刑事犯罪实际上就是履行国家政权的专政职能。邓小平在与公安部的领导谈话时,明确地指出:解决刑事犯罪问题,是长期的斗争,需要从各方面做工作。现在是非常状态,必须依法从重从快集中打击,从严才能治住。搞得不疼不痒,不得人心。我们说加强人民民主专政,这就是人民民主专政。①

二、严厉打击经济犯罪,保障改革开放和经济建设

随着十一届三中全会以来对外开放、对内搞活政策的实行,特别是党的十四大提出建立社会主义市场经济体制的改革目标以来,我国经济生活日趋活跃,以市场为趋向的改革不断深入,市场经济得到了很大发展。在这一过程中,由于在新旧体制交替中不可避免地出现了一些漏洞,思想道德教育不得法,一些人在新形势下经不起考验,贪图享乐,利令智昏,猖狂地在经济领域进行各种犯罪活动,这些犯罪活动已经和正在腐蚀着国家干部队伍,损害了党和政府的集体和国家的信誉,毒害了人民的思想,污染了社会风气,破坏了改革开放和经济建设的顺利进行。邓小平从改革开放之初就看到了经济犯罪活动的严重危害,多次要求全党重视打击严重经济犯罪活动的重要性,并提出了一系列重要的指导思想。

邓小平一再强调充分认识经济犯罪活动发展的严重形势。1980年,他就指出:现在有些青年,有些干部子女,甚至有些干部本人,为了出国,为了搞钱,违法乱纪,走私受贿,投机倒把,不惜丧失人格,丧失国格,丧失民族自尊心,这是非常可耻的。② 1982年,他在分析经济犯罪活动形势时指出:我们自从实行对外开放和对内搞活经济两个方面的政策以来,不过一两年时间,就有相当多的干部被腐蚀了。卷进经济犯罪活动的人不是小量的,而是大量的……要足够估计到这样的形势。这股风来得很猛。如果我们党不严重注意,不坚决刹住这股风,那么,我们的党和国家确实要发生会不会"改变面貌"的问题。③ 到了1986年,他更严肃地指出:经济建设这一手我们搞得相当有成绩,形势喜人,这是我们国家的成功。但风气如果坏下去,经济搞成功又有什么意义,会在另一方面变质,反过来影响整个经济变质,发展下去会形成贪污、盗窃、贿赂横行的世界。④

邓小平始终坚持把打击经济犯罪作为坚持社会主义道路和实现四个现代化的重要保证,要求在实际工作中坚持一手抓建设和改革开放,一手抓打击经济犯罪的方针。1982年,邓小平指出:我们要有两手,一手就是坚持对外开放和对内搞活经济的政策,

---

① 参见《邓小平文选》,1版,第3卷,34页。
② 参见《邓小平文选》,2版,第2卷,337—338页。
③ 参见《邓小平文选》,2版,第2卷,402—403页。
④ 参见《邓小平文选》,1版,第3卷,154页。

一手就是坚决打击经济犯罪活动。没有打击经济犯罪活动这一手,不但对外开放政策肯定要失败,对内搞活经济的政策也肯定要失败。有了打击经济犯罪活动这一手,对外开放、对内搞活经济就可以沿着正确的方向走。① 他说道:"打击经济犯罪活动,我们说不搞运动,但是我们一定要说,这是一个长期的经常的斗争。我看,至少是伴随到实现四个现代化那一天。"②他说过:"对外开放,资本主义那一套腐朽的东西就会钻进来的……我们必须坚持对外开放、对内搞活经济这手。但是为了保证这个政策在贯彻执行过程中能够真正有利于四化建设,能够不脱离社会主义方向,就必须同时还有另外一手,这就是打击经济犯罪活动。没有这一手,就没有制约。"③邓小平在中国共产党第十二次代表大会开幕词中还强调,打击经济领域和其他领域内破坏社会主义的犯罪活动,是今后一个时期,至少是到 20 世纪末的近 20 年内我们要抓紧的四件工作之一。

1989 年,邓小平指出:"80 年代初建立经济特区时,我与广东同志谈,要两手抓,一手要抓改革开放,一手要抓严厉打击经济犯罪,包括抓思想政治工作,就是两点论。"④

邓小平对经济犯罪活动一贯主张坚决打击,严厉惩处。他指出:"现在刹这个风,一定要从快从严从重……对有一些情节特别严重的犯罪分子,必须给以最严厉的法律制裁。"⑤他在批评一些同志对打击经济犯罪活动态度不坚决、行动不果断时指出:"现在对这个问题,我们的思想并没有完全统一。有一部分同志遇事手软,下不了手。为什么下不了手? 思想上没有认识这个问题的严重性,只当作一般性质的问题来对待。"⑥1989 年,邓小平又指出,腐败、贪污、受贿,抓个一二十件,有的是省里的,有的是全国范围的。要雷厉风行地抓,要公布于众,要按照法律办事。该受惩罚的,不管是谁,一律受惩罚。⑦

为保障改革开放和经济建设的顺利进行,在邓小平严厉打击经济犯罪思想的指引下,1982 年 3 月,第五届全国人民代表大会第二十二次会议通过了《关于严惩严重破坏经济的罪犯的决定》。同年 4 月,党中央、国务院作出了《关于打击经济领域中严重犯罪活动的决定》。之后,全国各级司法机关自觉加大打击力度,严厉惩处各类经济犯罪,取得了令人瞩目的成果。

三、严厉打击各种刑事犯罪活动,维护国家政治稳定和社会安定

在社会主义现代化建设新的历史时期,伴随着体制改革的进行,各种社会矛盾显

---

① 参见《邓小平文选》,2 版,第 2 卷,404 页。
② 参见《邓小平文选》,2 版,第 2 卷,403 页。
③ 参见《邓小平文选》,2 版,第 2 卷,409 页。
④ 参见《邓小平文选》,1 版,第 3 卷,306 页。
⑤ 参见《邓小平文选》,2 版,第 2 卷,403 页。
⑥ 参见《邓小平文选》,2 版,第 2 卷,403 页。
⑦ 参见《邓小平文选》,1 版,第 3 卷,297 页。

得更加错综复杂,可为犯罪利用的漏洞和空隙甚多,各种刑事犯罪不仅不可能避免,而且可能在改革、开放继续深化的过程中继续发展。在这种严峻的形势下,不依法严厉打击严重刑事犯罪分子,就不能稳定治安,安定社会,保障人民群众工作、生产和生活的顺利进行,并有可能导致整个社会治安的恶性循环,最终影响到国家政治局面的稳定。邓小平曾经深刻地指出:对违法犯罪分子手软,只能危害大多数人民的利益,危害现代化建设的大局。①

对于各种破坏国家政治稳定和社会安定的严重刑事犯罪分子,邓小平一贯主张坚决打击。1980年,邓小平指出:中央早就讲过,对各种反革命分子、反党反社会主义分子、刑事犯罪分子,从来主张不能放纵他们,不能听任他们胡作非为。从中华人民共和国成立,直到最近这几年来,除了十年动乱不算以外,我们一直坚持对各种敌对势力、反革命分子、严重危害社会秩序的刑事犯罪分子实行专政,决不对他们心慈手软。②1983年,邓小平在与公安部的领导谈话时指出:"刑事案件、恶性案件大幅度增加,这种情况很不得人心。几年了,这股风不但没有压下去,反而发展了。原因在哪里?主要是下不了手,对犯罪分子打击不严、不快,判得很轻。对经济犯罪活动是这样,对抢劫、杀人等犯罪活动也是这样。"③他还说:"对严重刑事犯罪分子,包括杀人犯、抢劫犯、流氓犯罪团伙分子、教唆犯、在劳改劳教中继续传授犯罪技术的惯犯,以及人贩子、老鸨儿等,必须坚决逮捕、判刑,组织劳动改造,给予严厉的法律制裁。"④在谈到群众对严惩刑事犯罪的反映时,他又指出:"群众只担心将来处理太宽,放虎归山,罪犯又来报仇。群众还认为早就应当从严打击,批评我们搞晚了。这些反映和批评值得高度重视。"⑤1986年,邓小平还指出,对于严重刑事犯罪分子要用最严厉的处罚手段,他说:"死刑不能废除,有些罪犯就是要判死刑。"⑥

四、依法严惩严重危害社会的腐败分子和严重的经济犯罪分子

自改革开放以来,一些意志薄弱的人在新形势下经不起考验,利令智昏,猖狂地在经济领域进行各种犯罪活动。邓小平从改革开放之初就看到了经济犯罪和腐败现象的严重危害,认为扫除丑恶现象,手软不得。他主张对有一些情节特别严重的犯罪分子,必须给以最严厉的法律制裁。⑦

① 参见《邓小平文选》,2版,第2卷,253页。
② 参见《邓小平文选》,2版,第2卷,372页。
③ 参见《邓小平文选》,1版,第3卷,33页。
④ 参见《邓小平文选》,1版,第3卷,34页。
⑤ 参见《邓小平文选》,1版,第3卷,152页。
⑥ 参见《邓小平文选》,1版,第3卷,38页。
⑦ 参见《邓小平文选》,2版,第2卷,403页。

邓小平强调指出,要依法严惩严重危害社会的腐败分子,特别是高级干部中违法犯罪的腐败分子。他们的违法事件越要抓紧查处,因为这些人影响大,犯罪危害大。抓住典型,处理了,效果也大,表明我们下决心克服一切阻力抓法制建设和精神文明建设。① 1989 年 5 月,他再次强调:腐败的事情,一抓就能抓到重要的案件,就是我们往往下不了手。这就会丧失人心,使人们以为我们在包庇腐败。这个关我们必须过,要兑现。是一就是一,是二就是二,该怎么处理就怎么处理,一定要取信于民。腐败、贪污、受贿,抓个一二十件,有的是省里的,有的是全国范围的。要雷厉风行地抓,要公布于众,要按照法律办事。该受惩罚的,不管是谁,一律受惩罚。② 他之所以强调对领导干部中的腐败分子严惩不贷,因为这些人手中掌握了相当大的权力,大案、要案往往与他们有关,他们的腐败行为给党和人民造成了很大的危害。

邓小平认为,对严重的经济罪犯、刑事罪犯,该判死刑的就要判死刑。他指出:现在一般只是杀那些犯杀人罪的人,其他的严重犯罪活动呢? 广东卖淫罪犯那么猖獗,为什么不严惩几个最恶劣的? 老鸨,抓了几次不改,一律依法从重判处。经济犯罪特别严重的,使国家损失几百万、上千万的国家工作人员,为什么不可以按刑法规定判死刑? 1952 年杀了两个人,一个刘青山,一个张子善,起了很大的作用。现在只杀两个起不了那么大作用了,要多杀几个,这才能真正表现我们的决心。③ 根据邓小平的指示,全国人民代表大会常务委员会于 1988 年 1 月 21 日通过了《关于惩治贪污贿赂罪的补充规定》,它规定了对贪污、受贿数额巨大、情节特别严重的处以死刑。司法机关也依法对一批危害极大的贪污、受贿罪犯判处死刑,在社会上引起了很大震动,对惩治腐败分子起了重要的作用。

总的来说,随着我国建设社会主义市场经济体制改革的不断深入,许多新的社会问题和新的犯罪现象不断出现。这就要求我们进一步落实邓小平关于严厉打击经济犯罪和各种刑事犯罪活动的思想。只要还有严重的刑事犯罪分子存在,还有破坏社会主义的犯罪分子存在,就丝毫不能放松打击犯罪的工作。对于严重的刑事犯罪分子,要依法予以坚决打击。只有这样,才能切实维护国家政治稳定和社会治安秩序的安定,最终保证社会主义现代化建设的顺利实现。

吕世伦、张学超撰写,刊于《邓小平理论、"三个代表"重要思想民主法制导论》,中国人民大学出版社 2004 年。

---

① 参见《邓小平文选》,1 版,第 3 卷,152 页。
② 参见《邓小平文选》,1 版,第 3 卷,297 页。
③ 参见《邓小平文选》,1 版,第 3 卷,153 页。

列宁民主法制思想及对苏联法制的影响

列宁在领导俄国社会主义革命与建设的实践过程中,全面地继承和发展了马克思、恩格斯的民主法制思想,对苏维埃俄国和苏联的法制建设产生了深远的影响。

一、专政与民主

列宁明确地指出,无产阶级专政是马克思主义的核心和实质,是真假马克思主义的试金石和分水岭,并从不同的角度揭示了无产阶级专政的科学概念。列宁历来把专政与民主看做是同一国家政权的两个侧面,二者相辅相成。早在俄国民主革命时,列宁就把民主问题提到日程上来了,1902 年他起草的《俄国社会民主工党纲领草案》就是无产阶级民主要求的集中体现。列宁写到,党的最近政治任务就是“推翻沙皇专制制度,代之以建立在民主宪法基础上的共和国”。这种民主宪法的内容有以下各项:建立人民专政,即国家的最高权力集中在立法会议手里,立法会议由人民代表组成;凡年满21 岁的公民都有普遍、平等和直接的选举权;公民的人身和住宅不受侵犯;信仰、言论、出版、集会、罢工和结社的自由不受限制;有迁徙和从业的自由;废除等级制;全体公民不分性别、宗教和种族一律平等;用普遍的人民武装代替常备军;教会同国家分离,学校同教会分离;对未满16 岁的儿童一律实行免费的义务教育,由国家供给膳食、服装和教具。①

在十月革命前夕撰写的《国家与革命》一书中,列宁进一步强调无产阶级要“彻底发展民主,找出各种形式,用实践来检验这些形式”②。这些民主的形式,包括苏维埃、代表制、普选制等。革命胜利后,要立即把这种“新型民主”制度付诸实施。列宁指出:“无产阶级民主……在世界历史上史无前例地发展和扩大了的,正是对大多数居民即对被剥削者的民主。”③它仅仅“对人民的剥削者、压迫者实行强力镇压,即把他们排斥于民主之外”。列宁针对第二国际机会主义者对苏维埃民主制的攻击,指出:“资产阶级民主与中世纪制度比较起来,在历史上是一大进步,但它始终是而且在资本主义制度下不能不是狭隘的、残缺不全的、虚伪的、骗人的民主,对富人是天堂,对被剥削者、

---

① 《列宁全集》第 6 卷,第 194 页。本文引用的《列宁全集》均为第 2 版。
② 《列宁全集》第 31 卷,第 75 页。
③ 《列宁全集》第 35 卷,第 244 页。

对穷人是陷阱和骗局。"①因此,从本质上说,"无产阶级民主比任何资产阶级民主要民主百万倍,苏维埃政权比最民主的资产阶级共和国要民主百万倍"②。

二、无产阶级专政需要社会主义法制

法律是国家意志,是由国家机关制定和认可,并依靠国家的强制力保证实施的行为规则。这就是列宁所说的:"意志如果是国家的意志,就应该表现为政权机关所制定的法律,否则,'意志'一词不过是放空炮而已。"③法律之所以能够迫使人们执行遵守,在于有国家权力做后盾。"如果没有政权,无论什么法律,无论什么选出的代表都等于零。"④列宁说:"工人阶级夺取政权以后,像任何阶级一样,要通过改变同所有制的关系和实行新宪法来掌握和保持政权,巩固政权。"⑤因此,俄国无产阶级革命在打碎旧国家机器的同时,也彻底摧毁一切旧法制,建立了社会主义法制。

列宁领导的俄国无产阶级专政国家是世界上第一个社会主义国家。被推翻的俄国资产阶级不甘心自己的失败。他们凭借军事上、经济上和文化上的暂时优势,在国际帝国主义的支持下,疯狂地向无产阶级进攻,妄图扼杀年轻的苏维埃政权。在这种阶级斗争异常尖锐激烈的情况下,镇压剥削者的反抗必然成为无产阶级专政国家的一项首要的、迫切的任务。社会主义法制正是实现这一任务的最锐利的武器之一,列宁教育俄国无产阶级要非常重视运用社会主义法制对付那些社会主义的敌人。在苏维埃国家建立初期,除了颁布《关于红色恐怖》的专门法规以外,在国家的其他一系列的法律、法令中都包括有镇压剥削者反抗的条款。苏维埃法院正是依据这些法律,对一切剥削者的破坏活动实行有效的专政,保卫了工农政权。

"在任何社会主义中,当无产阶级政权的任务解决以后,随着剥夺者及镇压他们反抗的任务大体上和基本上解决,必然要把创造高于资本主义的社会结构的根本任务提高到首要地位。"⑥社会主义法律在组织社会主义经济中起着重要作用,它全面地调整着社会主义经济关系,促进社会主义经济基础的形成、巩固和发展。苏维埃法律也是管理社会主义经济的重要手段。首先苏维埃国家所制定的国民经济计划就是法律。国家还通过工人监督法令,建立各种制度,全面实行对产品的生产和分配的计算和监督,并惩罚那些懒汉、寄生虫、盗窃国库者。在社会主义时期生活消费品的分配实行"各尽所能、按劳分配"的原则,所以法律规范仍然是分配产品、分配劳动的调节者。正

---

① 《列宁全集》第 35 卷,第 244 页。
② 《列宁全集》第 35 卷,第 249 页。
③ 《列宁全集》第 30 卷,第 308 页。
④ 《列宁全集》第 13 卷,第 309 页。
⑤ 《列宁全集》第 38 卷,第 299 页。
⑥ 《列宁全集》第 34 卷,第 168 页。

如列宁所说:"如果不愿陷于空想主义,那就不能认为,在推翻资本主义之后,人们立即就能学会不要任何权利准则而为社会劳动,况且资本主义的废除不能立即为这种变更创造经济前提。"①很显然,社会主义经济越发展,法律在生产、流通、分配、消费及管理等方面的作用也就越重要。

总之,无产阶级专政的一切职能都和社会主义法制相联系,没有社会主义法制,无产阶级专政就不能有效地发挥自己的职能,就不能完成自己的历史任务。

三、制定完备的法律是社会主义法制建设的前提

苏维埃政权诞生以后,列宁特别重视制定法律的工作。在俄国无产阶级夺取政权的当天夜里,列宁就亲自起草了《土地法令》,废除私有制,无偿地剥夺大土地所有者的土地,满足广大农民对土地的基本要求。接着,苏维埃政权又制定关于工人监督的法令,关于将工业部门的各大企业、设备完善的地方企业以及铁路运输方面的各种企业收归国有的法令,剥夺几乎所有的大资本家和工厂主的一切资本,为建立社会主义经济奠定了法律基础。1918—1924 年,苏维埃政权制定了两部宪法和一部带有宪法性质的权利宣言。为了保障和推动社会主义经济建设,苏维埃国家制定了一系列经济法规,包括关于工人管理工厂的法令、国有企业管理条例,关于铁路运输的法令,关于粮食税法,关于租让的立法,关于电气化的立法,等等。特别是 1922 年,国家先后制定、修改和颁布了《苏俄刑法典》《检察机关条例》《律师机构条例》《苏俄民法典》《苏俄法院组织条例》《苏俄刑事诉讼法典》等。从而,从国家的根本法到各主要部门的部门法,大体上已经制定完备,基本上形成了社会主义的法律体系。

苏维埃国家在成立后短短的五年之中,能够如此迅速地制定这样多的法律、法令、法典,能够在法制建设上取得如此巨大的成就,都是和列宁对于立法工作的高度重视分不开的。有些法令是列宁亲自起草的,有些是根据列宁提出的原则意见,由列宁组织专门人员和机构起草的。1922 年列宁虽然身患重病,还是亲自过问苏维埃国家的立法活动,不断地发出批示,直接领导这一工作。

列宁在领导苏维埃国家立法工作的过程中,有一系列极其精辟的论述,丰富和发展了马克思主义的法制理论。

在苏维埃政权建立初期,社会的政治、经济情况变动非常急速。在这种情况下,已经制定和公布施行的法律,不可能长久适用而不改变。列宁说:"如果旧的规定不合用,那就应该改变,以适应变化了的形势的需要。"②苏维埃国家正是这样做的。例如,1918 年的《苏俄劳动法典》和《苏俄婚姻、家庭和监护法典》执行了一年,第二年便进行

① 《列宁全集》第 31 卷,第 90 页。
② 《列宁全集》第 35 卷,第 5 页。

了修订。又如，在 1919 年 12 月召开的全俄苏维埃第七次代表大会上，列宁提议修改 1918 年宪法。对于《苏俄刑法典》的修改，补充就更多了。随着无产阶级专政具体任务的变化和社会主义建设事业的发展，及时地废除和修改过时的法规，制定新的法规，也是社会主义法制建设必须遵循的原则。但是，对于法律的废除、修改和制定要十分慎重，要具体细致，而不能草率从事。要注意保持法律的稳定性和连续性，不可朝令夕改，否则人们对法律就无法遵守，法律的权威也就不存在了。在新的法律还没有制定出来以前，对原有的法律就不应以任何借口而拒绝执行。

法律是有强烈阶级性的。列宁首先强调，社会主义法律同资产阶级法律有本质的区别。无产阶级专政国家在制定自己的法律的时候，不要迎合"欧洲"，照抄照搬资产阶级法制；而应把立足点放在总结本国人民群众斗争的实践经验上，要从本国的实际情况出发。只有这样，才能制定出反映工人阶级和广大劳动人民意志，代表人民利益，符合社会主义社会政治、经济发展规律的法律来。但是列宁也指出，这并不排除在社会主义法制建设过程中，可以而且应当吸收外国的包括西方资本主义国家某些有益的经验。他讲到关于制定科技规程标准问题时，就提出苏维埃政权要吸取旧俄国和外国法律中已有的东西。如果能够把俄国法律和外国一切法律中已有的好的东西都吸收过来，那么，在这个基础上苏维埃国家就可能达到先进国家所能达到的科技规程标准。在制定《苏俄民法典》时，列宁又强调，凡是西欧各国文献和经验上所有保护劳动人民利益的东西，都一定要吸收进来。他还指出，对外国个别法典的研究不是做过头了，而是做得很不够。可见，在进行社会主义法制建设中，拒绝吸收和借鉴外国的、包括资本主义国家的有益的经验是不对的，是违背马克思主义法制理论的。

四、严格的执法守法是社会主义法制建设的关键

列宁严肃地指出，必须极严格地遵守革命秩序，必须恪守苏维埃政权的法令和命令，并监督所有的人来执行。他说，"极小的犯法行为，极小的破坏苏维埃秩序的行为，都是劳动者的敌人立刻可以利用的漏洞"[1]。列宁还指出，任何法律规范都有可能躲避执行，"如果不认真地执行，很可能完全变成儿戏而得到完全相反的结果"[2]。这意味着法律的执行和遵守不会自然地、轻而易举地就能做到，其中存在着巨大的阻力。有鉴于此，1918 年上半年，列宁断然强调，苏维埃政权目前的主要任务，就是要集中全力，认真地切实实现那些已经成为法令（可是还没有成为事实）的改造原则[3]。从列宁的这些论述中，可以清楚地了解执法守法的重要性和艰巨性。

应当由谁来执法守法呢？根据列宁的直接倡议，1918 年 11 月全俄苏维埃第六次

---

① 《列宁全集》第 37 卷，第 149 页。
② 《列宁全集》第 37 卷，第 365 页。
③ 《列宁全集》第 34 卷，第 164 页。

非常代表大会通过的《关于确切遵守法律》的专门决议指出:"共和国的全体公民,所有苏维埃政权机关和一切公职人员,都严格遵守俄罗斯社会主义联邦苏维埃共和国的法律和中央政权机关过去和现在所颁布的决议、条例和命令。"这就明确地告诉我们,严格执法和守法的主体有国家机关、公职人员和全体公民。

列宁非常重视马克思、恩格斯总结的巴黎公社的基本经验,认为无产阶级专政国家机器的主要特征之一,就是立法和行政的统一。全俄苏维埃代表大会作为国家最高权力机关是制定法律的机关,同时又是实施法律的机关。这些机关及其成员"必须亲自工作,亲自执行自己通过的法律,亲自检查实际执行的结果,亲自对自己的选民直接负责"①。列宁所阐发的原则不仅对国家最高权力机关适用,而且对所有国家机关都适用。因为所有国家机关都要在其职权范围内发布效力不等的法规,这些法规要求制定它的国家机关本身必须遵守和实行。只有这样,才不至于使无产阶级专政的国家机器沦为资产阶级议会式的"清谈馆",或者资产阶级官僚主义的行政衙门。

尤其需要提到的是,在社会主义国家机构中,法院、检察院和公安保卫机关是实现无产阶级专政和社会主义民主的锐利工具,是专门的执法机关。它们能否依法办事,对于法律的贯彻实施有特殊的重要意义。列宁在 1917 年 11 月至 1918 年 7 月间签署颁布的关于法院、检察院和公安保卫机关的性质、任务、组织和活动原则、工作程序和方法等对此都做了明确的规定:这些机关在执法活动中,包括侦查、逮捕、搜查、起诉、审判和对犯人的管理和改造等方面,都要严格按照法律规定去办,只有这样才能胜利地完成打击敌人、保护人民的光荣任务。

干部特别是各级领导干部以身作则、带头守法极为重要。列宁认为,对干部破坏法制的行为尤其不能容忍。他反复强调对官僚主义、拖拉作风、贻误工作、挥霍浪费、营私舞弊、贪污受贿以及各种渎职行为必须追究查办,情节严重的要交付法庭治罪,处以严厉的刑罚。1918 年 5 月,莫斯科革命法庭审理关于莫斯科审讯委员会四个干部受贿的案件,最后仅判六个月徒刑。列宁知道后,极为震怒,断然批示:不枪毙这样的贪污犯,而只判了轻得令人发笑的刑罚,这对共产党员和革命者来说是可耻行为。这样的同志应受到舆论的谴责,并且开除出党。

列宁认为,与干部执法守法问题密切相关的是坚持法律面前人人平等的原则,反对任何特权思想。特权思想和法制是互不相容的。哪里有特权,哪里就没有法制。而破坏法律平等原则的特权思想,最容易从国家干部尤其是担任领导职务的干部中间产生。为此,列宁同马克思、恩格斯一样,经常强调干部是人民群众"雇用"的"工人、监工和会计",是"社会公仆"或"人民的勤务员",他们只有努力为人民服务的义务,没有骑在人民头上作威作福的权利。干部是执法者,理所当然地要在遵守法律方面率先垂范。列宁在强调维护领导权威、加强组织性纪律性、反对无政府主义倾向的同时,也强

---

① 《列宁全集》第 31 卷,第 45 页。

烈反对少数干部特别是各种领导干部用个人的意志代替国家法律和制度的做法。他把它称作资产阶级国家官僚制度的余孽,号召工人、农民清除这种恶劣现象,以便捍卫和遵循"工农共和国的法令"。问题很明白,如果个别领导人挥毫为法、出言为律、点头为制,这就意味着人民群众或下级工作人员要不要执行、遵守国家的法律和制度是无所谓的,而只要对个别领导者的个人意志唯命是从就行了。在这种情况下,社会主义法制必然化为乌有。

五、搞好社会主义的法律监督

社会主义法律监督是全社会性的,主要包括党组织的监督、专门国家机关的监督和人民群众的监督。

党组织对法律实施的监督是党对国家实施领导的重要方面。共产党员在实现党组织的法律监督作用中负有重要的责任。因此,列宁经常教育广大党员要认识到遵守国家法律和遵守党的纪律的一致性,模范地守法。反之,破坏国家法律就是破坏党的纪律,就要同时受到国家法律与党的纪律的处分,严重的要开除出党。只有监督党员,尤其在国家机关中工作的党员模范地守法,党才能监督全社会一体守法。

专门国家机关的法律监督指的是检察院的监督。列宁说,"检察长有权利和有义务做的只有一件事:注意使整个共和国对法制有真正一致的理解,不管任何地方的差别,不受任何地方的影响,并以国家公诉人的名义把案件提交法院判决。"①为了切实使检察机关起到法律监督作用,列宁坚决主张全国检察组织系统实行自上而下的"垂直领导",独立行使职权,不受任何地方机关的干涉。

人民群众监督法律的实施,是他们行使当家做主权利,参加国家管理的基本途径之一。列宁要求国家机关对于人民群众揭发、控告的案件必须严肃看待,迅速、有效地处理。他责成人民委员会的总务处处长,及时报告人民委员会收到的一切控诉书。列宁经常在百忙之中亲自处理和接待人民群众的来信来访。1921年列宁正患重病,他接到一个红军战士的来信,反映顿河区工农群众对某些国家机关干部违法乱纪、盗公肥私行为的不满。列宁指示要立即处理这个案件,并叮嘱秘书:"赶快找到写这封信的人,接见他,安慰他,并且转告他说我病了,但他的事情我一定会处理的。"②

对于国家干部利用职权对人民群众的控告检举实行打击报复的行为,列宁是十分痛恨的。1919年4月,诺夫哥罗德的几个手工业生产合作社的工人写信向列宁申诉说,他们的合作社的房屋和工具被非法征用了。列宁便发电报给该省执行委员会,让他们调查此事。可是省执行委员会却把控告信转给了有关单位。这个单位竟然把控

---

① 《列宁全集》第43卷,第195页。
② 《列宁生平事业简史》,中国人民大学出版社1952年版,第334页。

告人逮捕起来,实行报复。列宁得悉后,非常愤慨,当即去电严厉追查此事,并要求对违法者加以逮捕,予以法律制裁。

六、尾论

列宁的民主法制思想,不论从社会发展规律上看还是从其本身的造诣上看,都是人类智慧的新结晶。它在俄罗斯国家政治法律思想发展史上谱写了光辉的篇章。列宁民主法制思想直接指导着刚刚诞生的苏维埃政权的建设,后来崛起的社会主义国家(尤其是中华人民共和国)也从那里获得颇多的教益。

不过,我们也不应当忽略,如同任何一位伟大思想家的思想一样,列宁的民主法制思想亦不可避免地存在着时代的局限性。特别是在比较落后的俄罗斯的背景下,这种局限性会更突出一些。在这方面,我觉得最值得注意的是:列宁反复阐发无产阶级专政,这无可非议,但他分析无产阶级专政的两个方面——专政与民主的过程中,对"新型专政"强调得多,相应地强调民主显得不够充分。列宁常常提起"专政不受法律限制",可是没有清晰地指出,这个命题仅仅在国家主权的意义上才成立,在直接的法治意义上则应另当解释。正是这些缺陷,为斯大林时代的高度集权、"肃反"扩大化以及压制民主和破坏法治的做法,提供了可利用的理论依据。并且,这也容易使人们产生误解。

简言之,我们既不能抹杀列宁民主法制思想的积极意义,也不能否认它的局限性,而应当采取实事求是的科学态度。

吕世伦撰写,刊于《俄罗斯法论丛(1)》,中国社会科学院出版社 2006 年。

第二篇

以人为本的和谐社会与法治

"以人为本"的法哲学思考

——马克思的理论阐释

一、以人性为本

任何人都无法否认人性的存在。在人性问题上的不同认识导致了不同法律学说的产生和发展,并对法律的发展产生重大的影响作用。正如休谟所说:"一切科学对于人性总是或多或少地有些联系,任何科学不论与人性离得多远,它们总是通过这样或那样的途径回到人性。"①马克思之前思想家关于人性的一般观点无非是人性善和人性恶的两个极端,而且几乎都是建立在抽象的玄虚论的基础上的。马克思也不回避对人性问题的研究和重视,只是将人性问题的考察融入历史唯物主义的科学体系中。马克思的历史唯物主义法律观中始终注重对人的关注和以人为法律发展的出发点和归宿点,认为"创造这一切、拥有这一切并为这一切而斗争的,不是'历史',而正是人,现实的、活生生的人。'历史并不是把人当做达到自己目的的工具来利用的某种特殊的人格。历史不过是追求着自己的目的的人的活动而已'"②。尽管人的个性复杂多变,但仍然存在着共同性的方面,即人的共同本质或类本质,人要生存就必须坚持人的类本质,舍弃人的类本质,人就无法存在。因此可以说"在许多曾经风靡一时的理论昙花一现并都成了历史的匆匆过客的情况下,是什么使得马克思主义保持了生命的旺盛和永驻的?我们认为,马克思主义说到底是一种关于人的学说,它表现了对人的生存境况的深层关切和终极眷注"③。

马克思不是抽象和简单地谈论人性的善还是恶,而是对人性进行客观和辩证地分析,认为人性是历史文化的产物,人性是十分复杂和变化发展的,尤其是充分揭示了人性是自然性和社会性相互交织的复合体。人首先直接地是自然存在物,"而且作为有生命的自然存在物"④,人与其他动物一样,"为了生活,首先就需要衣、食、住以及其他东西"⑤,因此人具有自私性、野蛮性、排他性、放纵性等兽性或恶性的一面。由于人

---

① 休谟:《人性论》(上册),商务印书馆1980年版,第6页。
② 《马克思恩格斯全集》第2卷,第118—119页。
③ 陶渝苏、徐圻:《人的解读与重塑——马克思学说与东西方文化》,重庆出版社2002年版,第41页。
④ 《马克思恩格斯全集》第42卷,第167页。
⑤ 《马克思恩格斯全集》第3卷,第31页。

具有这些自然属性,人就必须首先满足自己的物质生活的需要,但人不可能像普通动物那样弱肉强食。如果人的恶性的一面得不到控制,人类就会在相互争斗中毁灭。因此如何满足自己的需要就有一个正当性的问题,这就需要一定相互遵守的规则将人的需要原获得手段和途径控制在秩序的状态下。而法律正是这些规则中的佼佼者,或者说人类设计法律的动机和目的首先就是为了更好地满足人对物质生活条件的需要。任何法律必须首先是以人的物质需要为本,赋予人对物质财富的所有权是法律的首要准则。但作为人的根本属性是社会性,人是在一定的社会关系中满足自身的需要的,这是人与其他动物的根本区别,"人的本质并不是单个人所固有的抽象物。在其现实性上,它是一切社会关系的总和"①。人们之间在生产生活中所产生各种社会关系,既可能是合作、交换的良性互助关系,也可能是冲突矛盾的恶性对立关系。

因此,法律应是人类满足自身需要和建立良好社会关系的重要规则。"如果没有这种规则性,我们就会生活在一个疯狂混乱的世界里,我们会被反复无常、完全失控的命运折腾得翻来覆去,似木偶一般。"②法律的价值应该是以人的这种自然性和社会性为本,既考虑控制人的本性中的恶性,也注重发扬人的本性中的善性,使得人类在有序和谐的状态下生存。正如邓小平所说:"制度好可以使坏人无法任意横行,制度不好可以使好人无法充分做好事,甚至会走向反面。"③马克思作为一位理想主义者,他是宁可相信人性是善良的,但这种性善存在于应然的理想王国之中;可人的现实性却悖离了"应然本质",人们必须通过自己的历史活动去扬弃其现实存在,使之朝着理想本性复归。虽然阶级社会中的法具有阶级性,但是法作为人类文明发展的产物,法还具有普遍性和社会性,阶级本质与人的类本质最终应该统一。随着人类社会的不断进步和发展,法的阶级性应该逐步退缩。法一定要越来越体现人的类本质,未来社会的法应该是越来越体现人的类本性的良法。由于人的自然性、社会性的本性中蕴含对利益、自由、权利甚至是爱的需要,法应该是满足最大多数人的最大限度的这些出自于人的本性的需求。在现代社会的法治建设中尤其应关注和尊重人性的因素,以人的本性作为法治的基础。"认真看待法治的人性论基础,对法治的性质及其建构才能有更深入的把握"④,轻视和忽视人的本性便会违背法的初衷,关注和重视人的本性才是法的目的。

① 《马克思恩格斯全集》第 3 卷,第 7 页。
② 博登海默:《法理学——法哲学及其方法》,邓正来、姬敬武译,华夏出版社 1987 年版,第 209 页。
③ 《邓小平文选》第 2 卷,人民出版社 1994 年版,第 333 页。
④ 叶传星:《论法治的人性基础》,载《天津社会科学》1997 年第 2 期。

二、以自由为本

自由是人的本性中一个十分重要的组成部分,"人的类特征恰恰就是自由和自觉的活动。……有意识的生命活动把人同动物的生命活动直接区别开来"①。人具有其他动物所不具备的主观能动性。人的意识是客观世界的产物,同样也可以通过对客观世界规律的把握来反作用于客观世界。"马克思的科学历史观应该有两个重要的逻辑层面:既科学地说明了人类主体的能动性和主导地位,又坚持了社会历史发展的一般物质生产基础和客观必然性,是历史地肯定人类主体作用的历史辩证法与坚持从现实物质生产出发的历史唯物主义的完整统一。"②

马克思反对那种不受限制的绝对自由,坚持自由是对必然性的认识的基本观点。"这个自由王国只有建立在必然王国的基础上才能繁荣起来。"③经济领域的自由是在人们对经济规律的正确认识的基础上形成的,人们必须尊重经济领域的客观经济规律才能获得经济活动的自由。他指出:"流通中发展起来的交换价值过程中,不但尊重自由和平等,而且自由和平等是它的产物;它是自由和平等的现实基础。作为纯粹的观念,自由和平等是交换价值过程中各种要素的意志理想化的表现;作为法律的、政治的和社会的关系发展的东西,自由和平等不过是另一次方的生产而已。"④人们通过长期的商品经济的交往活动,商品生产者逐渐地认识和掌握了经济领域的基本规律,从而可能获得商品流通领域的自由,商品生产者能够按照自己的自由意志进行活动。对商品经济的交换活动来说,要使商品的交换能成功就在商品所有者自愿的基础上得以进行。对商品的买者和卖者来说,从表面上看只取决于自由意志,即买卖双方是完全自由的,没有谁强迫你买,也没有谁强迫你卖,你可以买也可以卖。通过商品生产者的自由交换,各自的需要得到了满足。"每个主体都作为全过程的最终目的,作为支配一切的主体而从交换行为本身中返回到自身。因而就实现了主体的完全自由。"⑤由于社会主体在商品经济活动中享有充分的自由,可自由地表达自己的意思,谁都不能通过暴力强行占有他人的财产,经济主体的商品交换的行为是建立在价值规律的基础上,以生产商品的社会必要劳动时间所决定的价值量为标准,以等价交换为原则进行的。也就是说,人的自由是商品经济发展的需要,是不以人的意志为转移的必然产物。

在商品经济社会中,这种自由是通过法律所确定的契约形式来保障的,通过体现自己自由意志的契约形式从事经济活动。"他们起初在交换行为中作为这样的人而相

---

① 《马克思恩格斯全集》第 42 卷,第 96 页。
② 张一兵:《马克思历史辩证法的主体向度》(自序),南京大学出版社 2002 年版,第 2 页。
③ 《马克思恩格斯全集》第 25 卷,第 926—927 页。
④ 《马克思恩格斯全集》第 46 卷(下),第 435 页。
⑤ 《马克思恩格斯全集》第 46 卷(下),第 473 页。

互对立:互相承认对方是所有者,是指自己的意志渗透到自己的商品中去的人,并且只是按照他们共同的意志,就是说实质上是以契约为媒介,通过互相转让而互相占有。这里边已有人的法律因素以及其中包含的自由因素。"①从自然经济到商品经济的过渡,伴随着由身份到契约的发展,"在契约关系中,当事人已充分认识到自己得到独立存在及其价值,对自己的行为在不受外来干涉的条件下加以选择,懂得这种选择的内容和意义。为了进行商品交换,交换主体在交换行为中必须默默地彼此当做被让渡物的所有者"②。因此,只有法律保护下通过契约的形式,才能最终保证自由的实现。马克思说:"自由就是从事一切对别人没有害处的活动的权利。每个人所能进行的对别人没有害处的活动的界限是由法律规定的,正像地界是由界标确定的一样。"③所以,法律并不是限制个人自由,只是指导人们沿着正确的方向在允许的范围内去追求自由,离开这种指导,势必使个人之间相互冲突,互相妨碍自由,最终丧失自由。市民社会中的商品经济活动是以牟利为目的的,每个人都以自己利益的最大化的营利活动为目标,所以必然产生矛盾和冲突,这就需要在人们之间建立一定的法律上的契约关系,来对人们的行为进行限制,使得人们在行使自己自由权利的同时并不妨碍他人的自由,从而真正实现自由交往的目的,促进商品经济活动的顺利进行。

因此,马克思始终将自由作为法的重要价值目标,限制人们自由的资本主义法是一种恶法。在马克思看来,凡是反映自由的法律才是真正的法律,否定自由的法律是专制的法律,是形式上的法律。马克思认为:"法律不是压制自由的手段,正如重力定律不是阻止运动的手段一样。恰恰相反,法律是肯定的、明确的、普遍的规范,在这些规范中自由的存在具有普遍的、理论的、不取决于个别人的任性的性质。"④真正的法律应是对人们自由的普遍维护,"法典就是人民自由的圣经"⑤。因此,自由观念是商品交换的基本要求,自由是重要的法权观念,也是良法所追求的重要价值。未来社会中的人们应该享受着充分的自由,人们"不仅摆脱了人的依赖性,也摆脱了物的依赖性,社会生活'表现为自由结合、自觉活动并控制自己的社会活动的人们的产物'。它根除了那种表现为与个人隔离的虚幻共同体的传统权力,建立起尊重人的价值、维护人的尊严、确认人个性的价值机制。这是'人类社会主义结构',是'一个自由人的联合体'"⑥。只有在共产主义社会中,才能反映自由扩展到亿万劳动人民手中,社会生活"表现为自由结合、自觉活动并控制自己的社会活动的人们的产物"⑦。因此,法律以

---

① 《马克思恩格斯全集》第46卷(下),第472页。
② 公丕祥:《权利现象的逻辑》,山东人民出版社2002年版,第366—367页。
③ 《马克思恩格斯全集》第1卷,第438页。
④ 《马克思恩格斯全集》第1卷,第71页。
⑤ 《马克思恩格斯全集》第1卷,第71页。
⑥ 公丕祥:《马克思法哲学思想述论》,河南人民出版社1992年版,第159—160页。
⑦ 《马克思恩格斯全集》第49卷,第195页。

人的自由为本是社会发展的必然要求和趋势,也是法律发展的必然归属。

三、以权利为本

权利是法哲学中的核心问题,权利是法的本体,法即权利。利益和自由的实现必须转化为法律上的权利。马克思对权利问题的考察不是停留在逻辑的推理和抽象的设定上,而是围绕着经济发展与人的权利之间的内在逻辑联系,展示了一幅人类随着社会经济关系的发展而体现出来的权利演进历程的整体与宏观图景。马克思指出:"人的依赖关系(起初完全是自然发生的),是最初的社会形态。在这种状态下,人的生产能力只是在狭窄的范围内和孤立的地点上发展着。以物的依赖性为基础的人的独立性,是第二大形态。在这种状态下,才形成普遍的社会物质交换全面的关系、多方面的需求以及全面的能力体系。建立在个人全面发展和他们共同的社会生产能力成为他们的社会财富这一基础上的自由个性,是第三阶段。第二阶段要为第三阶段创造条件。"①马克思对人类权利现象发展规律的揭示,是建立在对其所赖以存在的社会经济基础的科学分析的基石上的。

在原始社会,由于生产力水平的极端低下,刚从动物分化出来的原始人还只是一种自然成长的结构。可以说人在一切本质方面是和动物一样是不自由的,更没有什么权利可言。人处处受到大自然的摆布,人的行为方式带有自然的必然性,人在自然的必然性面前几乎是无能为力的,人的生活都在依赖大自然的恩赐。但随着原始社会生产力水平的提高,逐步地创造了人奴役人的物质条件。越来越多的战俘和无力清偿债务的人沦为奴隶,人类社会从此步入了奴隶社会。奴隶社会中的奴隶在经济上、政治上是没有任何权利的,只不过是被当作与其他牲畜一样的"会说话的工具",是商品交换的客体而非主体。奴隶主对奴隶拥有生杀予夺的大权,奴隶是完全依赖于奴隶主而几乎无任何权利。到了封建社会,生产者的自由权利有了一定的进步,地主阶级占有生产资料和半占有生产者——农奴。统治者不能随意地处置农奴。有时农奴也可以成为法律关系的主体,有些农奴还可以拥有自己的小块土地,并可进行简单的商品交换。"封建时代的所有制的主要形式,一方面是地产和束缚于地产上的农奴劳动,另一方面是拥有少量资本并支配着帮工劳动的自身劳动。"②但总体来看封建社会是充满人身依附和等级特权的社会,生产者的权利范围还十分有限,尤其是黑暗的欧洲中世纪。"我们看到的不再是一个独立的人了,人都是互相依赖的:农奴和领主、陪臣和诸侯、俗人和牧师。物质生产的社会关系以及建立在这种生产的基础上的生活领域,都是以人身依赖为特征的。"③总之,在前资本主义社会,虽然存在一定的商品交换活动

---

① 《马克思恩格斯全集》第46卷(上),第104页。
② 《马克思恩格斯全集》第3卷,第28页。
③ 《马克思恩格斯全集》第23卷,第94页。

和商品交换关系,但只是个别的、附带的和地域性的,并未触及整个社会生活。因此,人与人之间的关系"只是自然血缘关系和统治服从关系为基础的地方性联系"①,因而个人的自由和权利是很有限的。

到了"以物的依赖关系"为基础的资本主义社会,商品经济得以充分发展,商品交换频繁地和大范围地进行,市民社会成员作为经济活动的主体的地位和力量不断壮大,成为经济活动的主宰,从而不断摆脱政治国家的控制而逐渐成为一个独立的阶级。人与人的关系最充分地体现在最普遍的商品交换的物化形态上,人们在物与物的相互交换中发生关系。"资本主义发达的交换制度,事实上打破了人的依赖纽带、血统差别、教育差别,各个人看起来似乎是独立地自由地互相接触并在这种自由中互相变换。资本主义社会把人与人之间的关系变成了金钱关系、交换关系,人与人的关系通过这种人与物的关系表现出来,表现为生产关系和交换关系的纯粹产物。"②与前资本主义的封建等级关系制约下的人的依赖关系相比,人的独立性和自由度有了很大的发展,他们不再被束缚在土地上或者依附于他人,"生产者可以自由地出卖自己的劳动力,工人有出卖或不出卖自己的劳动力的自由,也有出卖给这个资本家或那个资本家的自由"③。在劳动力市场上,工人和资本家的地位在形式上是平等的。在商品变换的过程中,体现着自由和平等的交换法则,每个人都可以按照价值规律的要求自由表达自己的意志,谁都不能用暴力的手段占有他人的商品。人们通过物的交换为媒介,把社会成员在社会的范围内结合起来,从而摆脱了人的依赖关系而受物的关系的支配。"这种强制关系并不是建立在任何人身统治关系和人身依赖关系之上的,而是单纯从不同经济职能中产生出来的。"④这无疑是一种权利的扩展和历史的进步,起码"形式变得比较自由了"⑤。正如马克思所总结的那样,"美好和伟大之处,正是建立在这种自发的、不以个人的知识和意志为转移的、恰恰以个人互相独立和毫不相干为前提的联系即物质的精神的新陈代谢上。毫无疑问,这种物的联系比单个人之间没有联系要好,或者比只是以自然血缘关系和统治服从关系为基础的地方性联系要好。"⑥当然,这种资本主义商品经济社会条件下的自由权利主要是形式上的,而且正是这种形式上的自由和平等掩盖了资本主义社会人们在实质上的不自由和不平等,也就是人们在财产上的不平等。财产上的差异和悬殊决定了人们在现实社会生活中不可能有真正的自由和平等,带有一定的虚伪性和欺骗性。

---

① 《马克思恩格斯全集》第 46 卷(上),第 108 页。

② 李光灿、吕世伦主编:《马克思、恩格斯法律思想史》,法律出版社 2001 年版,第 500 页。

③ 吕世伦、彭汉英:《略论法治的经济起点》,载《法制现代化研究》(第二卷),南京师范大学出版社 1996 年版,第 9 页。

④ 公丕祥:《法制现代化的理论逻辑》,中国政法大学出版社 1999 年版,第 58 页。

⑤ 《马克思恩格斯全集》第 49 卷,第 88 页。

⑥ 《马克思恩格斯全集》第 46 卷(上),第 108 页。

只有到了未来的共产主义社会,这种自由和平等才能真正得以实现,"建立在个人全面发展和他们共同的社会生产能力成为他们的社会财富这一基础上的自由个性"①。在共产主义社会中,"代替那存在着各种阶级以及阶级对立的资产阶级旧社会,将是一个以个人自由发展为一切人自由发展的条件的联合体"②。在共产主义社会中,生产力得到了极大提高,社会物质产品和精神产品极大丰富。劳动成了人们生存的手段,产品实行"各尽所能,按需分配"的原则。人们生活在这样的社会中享受着充分的自由,拥有十分广泛的权利。

总之,马克思在分析权利的形成和发展时,认为权利观念的形成和法律对人们权利的保护是商品经济发展的必然产物。商品交换活动是商品经济社会基本的经济活动。随着商品交换的不断重复进行,人们逐渐按照一定的规则意识进行交易活动,这种人的意志关系的"法律因素"渗透进商品中逐渐成为商品交换者行为的规范。因此,马克思认为所有权最初表现为对公有财产中一部分的"观念上的要求权"③。仅仅是有意识地把生产条件看作是自己所有这样一种关系,"对于单个人来说,这种关系是由共同体造成,在共同体中宣布为法律并由共同体保证的"④。因此,"法律的精神就是所有权"⑤。虽然从根本上说权利关系源于经济关系,但一旦双利关系形成以后,"过去表现为实际过程的东西,在这里表现为法律关系,也就是说,被承认为生产的一般条件,因而也就在法律上被承认,成为一般意志的表现"⑥。因此,"从法律上看这种交换的唯一前提是每个人对自己产品的所有权和自由支配权"⑦;对他人劳动的所有权是通过对自己的劳动的所有权取得的。总之,商品交换的一个法律前提是,交换主体在交换之前就存在着对自己的商品所有权,这种法律所确定的所有权关系是商品经济发展的前提条件。因此,法律的重要任务和价值就是确认和维护权利,法律应以人的权利为本,维护所有权和人的基本权利。

四、以个体为本

利益在很大程度上是个体利益,个体利益是主体行为的决定性因素,如果没有个体利益就不可能激发起创造性和主动性。因为,"个人总是并且也不可能不是从自己本身出发的。"⑧个体利益是现实地和客观地存在的。在商品经济社会中,利益更多地

---

① 《马克思恩格斯全集》第 46 卷(上),第 104 页。
② 《马克思恩格斯全集》第 4 卷,第 491 页。
③ 《马克思恩格斯全集》第 46 卷(上),第 489 页。
④ 《马克思恩格斯全集》第 46 卷(上),第 493 页。
⑤ 《马克思恩格斯全集》第 26 卷(二),第 368 页。
⑥ 《马克思恩格斯全集》第 46 卷(上),第 519 页。
⑦ 《马克思恩格斯全集》第 48 卷,第 161 页。
⑧ 《马克思恩格斯全集》第 3 卷,第 274 页。

表现为交换主体各自的个人利益,当事人都是为了实现其个人利益的人。所以,个体利益成为主体行为和活动的动因,表明权利首先是个体利益的固定化。"应有权利作为相互稳定的形式,一个重要的功用,就是它确保个人追求利益满足活动的合理性,意味着个体利益获得了社会的意义。"①在商品经济活动中,如果说交换当事人之间存在着共同利益,那么这种共同利益恰恰存在于主体各方的独立之中,一般利益就是各种个体利益的一般性。"任何人类历史的第一个前提无疑是有生命的个人存在。"②马克思十分重视个体的存在价值。在个人与集体的关系方面他提出了"真正的集体"的概念,认为在这种集体中,"个人是作为个人参加的。他是个人的这样一种联合,这种联合把个人的自由发展和运动的条件置于他们的控制之下"③。这就是说,"真正的集体"应当认可每个参与者的个人主体性,因而它自身并不能具有独立性;除了成全有个性和独立性的个人之外,不再有任何借以自重的价值。因此,马克思说:"应当避免重新把'社会',当作抽象的东西同个人对立起来。"④没有孤立存在的社会和社会生活,个人是社会的存在物,离开个人就没有社会,离开个人丰富多彩的生活就无所谓社会生活。因此,"社会不是高悬和凌驾于个人之上的对立物或统治者,它的唯一功能就是对个人的自由发展创造条件"⑤,即马克思所说的集体应该是一个以各个人的自由发展作为一切人自由发展的条件的联合体。因此,在马克思看来,除了维护公共利益之外,社会或国家权力对个人生活无端干涉都是无理的和危险的。马克思坚决反对用社会的强制性手段去摧残个人的特殊才能,去否定个人的个性;个性自由和人格独立对于社会发展具有深远意义。当然,马克思并不否定人是社会的存在物,人的一切活动都与他人、社会相关联,个人的行为和活动离不开一定的集体环境。"只有在集体中,个人才能获得全面发展其才能的手段,也就是说,只有在集体中才能有个人自由。"⑥但是,马克思的总体理路是个人的价值优先于集体的价值,集体是为个人而服务的,扼杀个体自由的集体对于个人来说不仅是虚幻的而且是应该推翻的。马克思指出:"从前各个人所结成的那种虚构的集体,总是作为某种独立的东西而使自己与各个人对立起来;由于这种集体是一个阶级反对另一个阶级的联合。因此对于被支配阶级来说,它不仅是虚幻的集体,而且是新的桎梏。"⑦

　　法律作为一种制度安排首先应该尊重和注重个体的利益,那种扼杀人的个性和自由的法律就是恶法,正如马克思对普鲁士法律所评价的那样:"法律允许我写作,但是

---

①　公丕祥:《权利现象的逻辑》,山东人民出版社 2002 年版,第 15 页。
②　《马克思恩格斯全集》第 3 卷,第 23 页。
③　《马克思恩格斯新全集》第 3 卷,第 85 页。
④　《马克思恩格斯全集》第 42 卷,第 122 页。
⑤　陶渝苏、徐圻:《人的解读与重塑——马克思学说与东西方文化》,重庆出版社 2002 年版,第 74 页。
⑥　《马克思恩格斯全集》第 42 卷,第 122 页。
⑦　《马克思恩格斯全集》第 3 卷,第 85 页。

我不应当用自己的风格去写,而应当用另一种风格去写。我有权利表露自己的精神面貌,但首先应当给它一种指定的表达方式!——我是一个幽默家,可是法律却命令我用严肃的笔调。我是一个激情的人,可是法律却指定我用谦逊的风格。没有色彩就是这种自由唯一许可的色彩。"①因此,这种扼杀人的个性的法律是应该加以废除的,任何借口维护集体的利益而牺牲个体利益的法律都是不可取的。罗尔斯认为:"每个人都拥有一种基于正义的不可侵犯性,这种不可侵犯性即使以社会整体利益之名也不能逾越。因此,正义否认为了一些人分享更大利益而剥夺另些人的自由是正当的,不承认许多人享受的较大利益能绰绰有余地补偿少数人的牺牲。所以,在一个正义的社会里,平等的公民自由是确定不移的,由正义所保障的权利决不受制于政治的交易或社会利益的权衡。"②根据罗尔斯的理论,无论我们以什么样的理由来否定任何一个公民的自由都是不正义的,不管是因为维护秩序还是提高效率。因此,所谓的人权首先应该是每个个体的权利,法律对人权的维护首先是对人的个性的关注,而传统的"作为一种无论何时何地都属于全体人类的人权概念,它不仅忽视了文化的多样性,而且忽视了人的个性的社会基础"③。这在我国以往的理念和制度中表现得尤为明显,那就是过于强调集体而相对忽视个体,主张一切为了"集体主义",个人在集体中没有什么地位可言。个人成为集体的附属,使得人变成了没有什么个性的机器部件。其实,马克思主义追求的人是被解放出来的人,使个人真正成为社会关系的主体,使得个人要从压制性的群体、社会和国家中解放出来,使其富有个性并得到全面发展。集体应该是自由人的联合体。因此,法的创设、实施和遵守应该首先以人的个体为本,赋予每个人充分的自由和权利,那种为了城市的秩序而牺牲个人的基本人权的法律及在此前提下发生的诸如孙志刚等的案件应该一去不复返,那种借口经济的发展强行拆迁公民的住宅而又不能给予合理补偿的法律和案件等也不应该再次发生。

以人为本是马克思法哲学思想的核心。随着我国科学发展观逐步深入人心,马克思的这一重要思想应该在法治建设中得到普遍重视和得以充分弘扬,法律的发展和依法治国的实施应该时刻遵从以人的人性、自由、权利和个体为本。

吕世伦、蔡宝刚撰写,刊于《法学家》2004 年第 6 期。

---

① 《马克思恩格斯全集》第 1 卷,第 7 页。
② 罗尔斯:《正义论》,何怀宏等译,中国社会科学出版社 1988 年版,第 1—2 页。
③ 米尔恩:《人的权利与人的多样性》,中国大百科全书出版社 1995 年版,第 6 页。

"以人为本"的法哲学解读

——"以人为本"四人谈

刘旺洪(主持人):各位老师、各位同学,非常高兴在这个"五一"长假期间有幸请到了我国四位著名的法学家,他们是——中国法学会副会长、中国法理学会副会长、博士生导师、吉林大学党委书记张文显教授;中国法学会常务理事、中国法理学会副会长、博士生导师、浙江大学法学院院长李龙教授;中国法律史学会副会长、博士生导师、中国人民大学法学院吕世伦教授;中国法理学会副会长、博士生导师、江苏省高级人民法院院长公丕祥教授。今天,四位著名法学家共同给我们开设一个四人谈,主题是"'以人为本'的法哲学解读"。下面请四位专家用现代法哲学的理念和方法来解读"以人为本"的命题。

李龙:我先来解题,抛砖引玉。"以人为本"是党的十六大以来,或者说是近几年来,咱们国家最热门的一个话题。关于这个问题,我想谈三点,由于时间关系,仅就其中一点展开。"以人为本"是法学文化遗产的科学总结,我从法学、法哲学的角度来讲。最早提出"以人为本"的是谁呢?从历史上来看,在春秋时期有个著名的法学先驱,叫管仲,是春秋五霸时期的一个相国,是他首先提出来的。他曾明确提出"夫霸王之事也,以人为本",这就是说创霸王之道后,他的世界都要以人为本。与此同时,他还明确提到"十年树木,百年树人",这句话的原话是"十年树木,终年树人",这大概就是中国最早提出该观点的人。同样也是在春秋时期,孔夫子明确地提到"仁",这是孔子思想的核心,后来的孟子对"仁"作了解释——"仁者爱人"。从此以后"仁者爱人"成了儒家的重要核心理论,这一理论到了唐朝演变为唐太宗时候的"水能载舟,亦能覆舟",这就是中国古代的"民本主义"。从古代的渊源看大概就是这样。

西方明确提出"以人为本"这个词的还没有,但人文主义的观念是早就有了。人文主义观念的提出者应该是古希腊的一个著名的思想家,叫普罗泰戈拉。他说"人是万物的尺度",他提出了这个命题,但这个命题被后来的人们所遗忘。13世纪文艺复兴是人文主义的高潮时期,进一步提出了文艺复兴时期的口号"我是一个人",就是这句口号掀起了整个波澜,可以这么说,这是人类历史上最大的一次思想解放运动,也正是此动摇了封建专制和神权统治的基础。文艺复兴主要可分为三点,其中最主要的一点就是用"人道"来替代"神道",用"人权"来替代"神权",主要强调人文主义,强调意思自由和科学解放。

　　如果将中国和西方加以对比的话,叫"人本主义"也好,叫"人文主义"也好,我们可以这样说,中国的人权注重人的生活,侧重于人的经济生活,强调道德教化。西方则侧重对人的肢体的研究,其中涉及人的价值、人的尊严,当然也包括人的身体,因为它追求的最主要的价值目标就是人权、人道这样一些东西,强调物理性,而我们强调经济层面。"以人为本"是批判地继承了中西方的文化遗产,或者说是该文化遗产的科学总结,"取其精华、去其糟粕",这就是我们现在讲的"以人为本"。

　　"以人为本"在新的历史条件下,应该有它新的解释,根据我的理解,它至少包含三方面含义。"以人为本",它的第一层意思是以人为出发点和归宿,这恐怕是最主要的要求。一切都要是以人为出发点和归宿,从法理学角度来讲,在法学领域它应该是这样的。当法学的价值形态发生冲突的时候,"以人为本"是最高的选择,或者说得更准确些,"以人为本"首先表述为人的尊严、对人的尊重和人权,这就成为最高的或最佳的价值选择。例如我们最近颁布了《道路交通安全法》,原来是"撞了也白撞",我这次在武汉大学搞了一次讨论"撞了也白撞到底对不对"。法律要保护私权,离开了私权的国家岂不乱套了? 当它侧重于私权时,"撞了也白撞"是不对的。我的一个学生当时还不同意我的观点,但我还是坚持人权。现在看来,这个还是对的。当价值发生冲突时,"以人为本"就要尊重人的尊严和人权,《道路交通安全法》就反映了这个问题。在我们新的宪法修正案中,更体现了这个原则。我在国务院作报告时就说,不管哪一条都与这个问题有关,哪怕就改了一个字,如"有中国特色的社会主义",实质上也反映了人的作用,因为有特色的"有没有"是客观存在的,而不是加一个字,人为地加上去的;再比如说,"社会主义建设者"概念的提出,不仅是对私营中产阶层的尊重,更重要的是对人的尊重。原来我国的人民包括三个部分,即社会主义的劳动者、拥护社会主义的爱国者和拥护祖国统一的爱国者,现在又加了一个社会主义建设者。我认为这是"以人为本"对马克思主义的一个发展,或者说是发展中的马克思主义的具体体现。

　　张文显:今天这个主题"'以人为本'的法哲学解读",刚才李龙老师对这个问题进行了解题。这就为我们提供一个前提,在这个基础上我想谈这么几点认识。首先就是如何理解"以人为本"。我个人理解,"以人为本"就是一切从人出发,以人为中心。一切从人出发、以人为中心就是要把人作为观念、行为、制度的主体,把人的解放和自由、人的尊严、兴趣和全面发展作为我们每个人、每个群体,作为我们每一届政府、每一届领导人的一种终极关怀,十六大充分体现了党和政府对人的全面发展的终极关怀,这是个方面。另一方面,"以人为本"应当包含人也应当把自己看作人,就是说我们每一个人都应当提高我们自己的人性。在社会生活中,应当有宽容、诚信、自主、自律这样一种自觉的意识和观念;所以说不能光强调政府对我们全面发展的终极关怀,人也应关怀自己、善待自己,也要让别人能够善待我们自己。"以人为本"不是人类中心主义。例如我们都知道近代哲学理念奉行人类中心主义,当代的"以人为本"实际上体现了人与自然的和谐,所以是一种克服了人类中心主义的人文精神,人文精神与自然精神是融为一体的,这是需要声明的。另外,我们现在讲的"以人为本"也不是古典哲学理论中的人本主义,不是以费尔巴哈为代表的人本主义,我们现在讲的"以人为本"是把人从物质的层面和精神的层面融为一体的人本主义。有人问"以人为本"是不是就是人本主义的复活,在这一点上应清楚地划清界限。此外,我们现在讲的"以人为本"和可持续发展是连在一起的一个科学发展观。以上是我对人本主义、以人为本的理解,换一种说法来讲,我们现在讲的实际上就是一种人文精神,这是我讲的第一点。下面我谈三点:

我们现在讲的"以人为本""人文精神",我个人理解有三个方面,从法学角度讲,第一点就是提倡和弘扬以人为本,要把人文精神作为现代法律精神。最近十多年大家都在讨论现代法律精神,孟德斯鸠有部著作就叫《论法的精神》。他把法的精神,主要放在法律与习俗、宗教、地理环境的关系中来讲。法的精神,是对法律进行的一种人类学、历史学、宗教学的理解,在这种理解当中提出了自己对法的精神的一种看法。我们现在也要讲法的精神,是一种现代法的精神,或者说是把现代法的精神和后现代法的精神融在一块来谈的。我们现在既有现代性又有后现代性。总而言之,中国社会还处在一个现代化的发生过程当中,所以我们还是讲现代法的精神。把人文精神作为现代法律精神,实际上这是有一些针对性的,主要针对法律在社会中的负面影响,另外也是强调用人文精神来评判我们现代的法治,把我们现代法治当中的不符合"以人为本"的、没有体现人文精神的那样一些负面的东西诊断出来,然后用人文精神、"以人为本"来加以纠正。所以说,讲人文精神,讲"以人为本",现在提出把可持续发展、社会全面进步连在一块讲,我们社会生活中确确实实存在很多负面的东西,如生态危机、环境污染、拜金主义、急功近利、纵欲骄奢、恃强凌弱等,我们社会生活中看到的这些都是不符合社会全面进步的。社会的全面发展、全面进步包含了每一个人在社会公正的制度范围内的权利和发展。

第二点就是刚才李龙老师讲到的,"以人为本"就是要强调人权至上,强调尊重和保障人权。这次宪法修正案第一次把人权的概念引入中国法律体系。我不知道这么说是否准确,反正在此之前,准确地说,除了一些国际性的如《人权公约》《人权宣言》等,我们正式的立法当中只有公民的权利和义务,这次把尊重和保障人权写入宪法,它最大的意义就是把人权的概念引入到中国的法制体系中,这样就为尊重和保障人权提供了一个宪法基础。我们过去讲人权是资产阶级口号,后来有一种理论叫"中华人民共和国就只讲公民的权利和义务",我们不能讲抽象的人的权利,所谓抽象的接下来就是最接近的、最易实行的等,这样推演下去。用人权至上衡量我们今天的法律观念以及今天的法律手段,我们就会发现我们有很多的制度规定,很多的法律理念不是建立在尊重和保障人权基础上的,恰恰是相反,或者说是没有自觉地意识到人权在整个法律体系中的基础性地位。既然"以人为本",人权自然就是整个法律制度、整个法律体系的核心。

第三点，现在我们讲"以人为本"，重在保护社会弱势群体，因为社会弱势群体和弱势群体权利保护是一个全球性问题。我国以前很少在正式的文本里，即党和国家政策文件里使用社会弱势群体这个概念。前年九届五次会议上，朱镕基总理在政府工作报告中首次使用了社会弱势群体这个概念，朱总理使用这一概念后还引起了一些争论，即如果我们承认中国存在社会弱势群体，是不是就意味着还有一个社会强势群体？那么强势群体又是谁？弱势群体可以说是下岗职工、待业者、农民等，容易引起意识形态上的争论，引起政治上的分歧。不管怎么说，社会弱势群体这一概念的提出已被官方所采用，我想现在我们讲"以人为本"，再把新一届中央领导两年的实践联系起来，以人为本的思想在很大程度上是尊重和保护弱势群体人权的。社会弱势群体权益保障问题，国家文件中也都已提到了，如果不上升为权利的范畴，不上升为弱势群体权利，并进一步上升为社会弱势群体人权，那么我们对弱势群体的救济、利益保护总是一种恩赐，总是一种关怀，而不是社会弱势群体应有的。我们现在讲"以人为本"，提社会弱势群体的人权问题，对弱势群体的关怀和保护就是权利问题、人权问题。前一阵子我在北京开会时也有人讲到，现在党中央、国务院讲弱势群体，将来是不是把农民工、农民的胃口吊起来了？是不是把下岗职工、国企改革分流出来的这些人的胃口吊起来了？这样的话我们中国岂不是要出现灾难性的后果？他们从这样的角度看问题，这样就和"以人为本"的观点相背离。我们每个人都可以想一想，当我们自己就是一个进行了一年辛勤劳动，最后却分文拿不到手的农民工的时候；当我们在一个国有企业辛辛苦苦劳动了一辈子，突然成了下岗职工，每个月基本的生活保障都得不到的时候；当我们的尊严，当我们的权利无故受到伤害时，我们站在这样的位置上来理解"以人为本"，和一个哲学家、一个夸夸其谈的人讲"以人为本"，我们的理解、我们对"以人为本"的亲和力，我想是大不一样的。

所以我觉得"以人为本"的三个方面，从法学的领域里应总结为以下几点：一个就是把人文精神作为现代法的精神，作为我们法律的根本理念；第二个就是把尊重和保障人权作为我们法学教育和法学研究的重中之重；再一个就是要明确地提出社会弱势群体的权利保护。我就讲这三方面，不对的地方请两位前辈批评指正。

吕世伦："以人为本"的法哲学解读，这对我来说是一个需要去很好地思考的问题。李龙老师昨天谈到这个事情，当时讨论的时候我感到非常兴奋，觉得搞法学研究的人应该和这个问题结合起来思考。从自我感受来说，中央提出了依法治国建立社会主义法治国家之后，是法律之本和政治之本的变革，但依法治国、建设法治国家应建立在什么样的基础上还没解决。这次提出"以人为本"就把这个问题解决了，我们搞法治国家的目的应该建立在"以人为本"这样一个价值基础上。为什么要搞法治国家，以及怎样搞法治国家，如果没有这样一个基础，把依法治国看成是抽象的、玩弄法律的东西就没有意思了。如果依法治国确实能落实到"以人为本"的基础之上，使一个社会主义国家的人能真正成为一个人，有人的尊严、人的独立地位，这样的话，我们的社会主义法治国家就可以自然地走向文明、民主和富强的道路。如果不确立"以人为本"的理念,这样的一个法治只侧重于形式法,并不是实质法。我们要通过批判历史上的形式法,为十三亿人解决问题。所以空洞谈法治,使人作为一个人不能有尊严地生活是没有意义的。到现在真正体会到民主法治意义的是少数人,在人口总量中占绝对的少数,特别是能体会到法理念的更是少之又少。但对广大老百姓来讲,他们体会不到民主法治对他们有什么意义。因为第一,民主不能当饭吃;第二,法治不能当衣穿。现在群众需要的是温饱,需要作为人存在的基本载体的生存问题。再说,现代中国存在着小生产者,小生产者的要求根本不是民主法治,而是人治,是好皇帝主义,至于这个皇帝姓什么对他们并不重要,只要能保证他们平顺地活下去即可。目前重要的是好好学本事把国家建设起来,按照中央的要求把全部精力都投入到发展社会生产中去,把国家建设富强起来,有了丰富的物质基础,老百姓不但有时间谈民主法治,也有条件谈民主法治,到这个时候社会主义民主就变成在本质上是比资产阶级民主"要民主一百万倍的"民主。所以我认为,"以人为本"这个老问题简单的概括就是——人永远是目的而不是手段,把人作为唯一的中心,在任何情况下都不是手段。马克思强调法是人创造的,是为人服务的,不是为国家服务的。以前讲阶级斗争,老是把人作为斗争的对象、专政的对象,老是与人相对立,所以就不重视"以人为本"这样一个问题。现在往往没有看到这一点,中央提出"以人为本"就在于"以人为本"是个实质性的口号,法治国家则侧重于形式方面(手段)。目的和手段相比,目的永远是第一位的,手段是第二位的,这是我的一点体会。

那么至于这个问题如何进行法哲学思考,我也谈几点想法。我觉得我们今天在法律建设中谈"以人为本"应该是体现人的类本质的,人共同的东西,但有人认为马克思强调的就不是共同的东西,而是阶级。人的类本质是什么?我体会马克思讲的就是指人与人之间的社会分工合作,以便求得共同发展这样一种关系,也就是说,人生来就是社会的动物。法这种社会现象必然与社会中人的类本质相联系,有人说法一开始就是阶级斗争不可调和的、矛盾的产物的表现,确实有道理。我认为法也应该体现人的类本质,是从应然这个角度来讲,是从社会发展规律这个角度来讲,是从人类的最终目标上来讲的。我不是说在奴隶社会、封建社会、资本主义社会到现在,我们社会的法一定都是体现人的类本质,我并非这个意思。法是有阶级性的,我从来也都这么认为,但马克思在《资本论》和《反杜林论》中都提到法还有社会性,还有公共的性质,这个东西在任何法中一般都是结合在一起的。除非希特勒的法,那是另当别论,希特勒的法不存在这一点,因为他把有色人种根本不当人看,就如同奴隶主把奴隶不当人看一样,他的法根本不存在类属性。法总是要体现它的阶级性,一定要反映广大社会主体的要求,它就必然要体现普遍的社会性,就是人的类本质,这是不可避免的。我刚才提到,法从应然角度应该体现人的类本质,这当然是个很漫长的历史过程。随着人类历史的发展一点点地扩大法的类本质的成分。人类文明总是向前发展,这是不可阻挡的。二战结束后,英国在南非实行种族主义政权也是有一定基础的,但英国后来也不得不宣布制裁南非这一种族主义政权;美国历届总统选举都将种族平等问题作为重要的竞选口号。人类文明总是向前不断发展的,人类总是越来越文明的,不会越来越野蛮,法也一样。随着社会物质生活的发展,文明也是不断向前发展的,像日本军国主义、纳粹主义这些东西,那只是人类文化中的一个小波折、小插曲而已,所以随着人类文明的发展,法必然会越来越多地体现人的类本质。一个社会主义国家理所当然地从一开始就应当如此,它不是广大人民当家作主的政权吗?既然人民当家作主就更应该"以人为本"。但长期以来,这点被抛到脑后,就整天强调阶级斗争,走歪了方向。由于生产力落后,物质条件不够,也有很大的障碍。我想对于社会主义国家来说,"社会主义"这个词本身应有之意就是如此。实现人的全面发展和人的解放,这个观念马克思早就确定了。但这个过程是很漫长的,要慢慢来,不能一步到位,特别在一个发展中的国家,路还很长。人类文明走了两千多年到现在当然有很大的进步,但是放到一个社会主义政权的政府面前来,那也是一个很长的时间。毛主席和小平同志讲得很有道理,他开始讲初级阶段是几代人的事,也即是几百年的事情,后来又讲需要几十代人。几十代人的事情是什么概念,从孔夫子到现在不过七十代,要是九十九代就更长了。总之,小平同志的意思就是很长。所以法真正实现和体现人的类本质,彻底实现"以人为本",达到这一目标是个漫长的过程。但我不是悲观主义者,因为我脑子里有历史唯物主义,有人类发展规律这样一个认识。这是我要强调的法必须体现人的类本质。类本质是马克思的原话,在我的读书笔记本上也是打了引号的。马克思在讲这话的时候还讲到应该按照美的规律去创造。世上最美的东西是什么?就是人!所以我写了一篇文章谈了点感想,我的题目就是"按照美的规律来创造法",这是我讲的第一点。

第二个问题就是根据社会关系体现的事实、经验,特别是我们国家这半个多世纪的经验。我感觉到要实现"以人为本"这个目标必须强调把个人从群体中解放出来。马克思说的人真正说来是个自然人,什么法人、集体的人都是人的抽象,不是本来的人,本来的人是有血有肉有思想的自然人。但是我们长期以来还没有做到像资产阶级革命、西方国家一样把人从社会整体、封建政权中解放出来。我们刚从封建的旧社会那里解放后马上就装入一个新的整体主义,叫"社会主义整体主义",也就是把人变成一个整体的附属品,所以要想真正实现以人为本,这个人首先应理解为个人,是个有血有肉的自然人,应该从群体中解放。但是我不主张像19世纪那种资产阶级革命式的解放,反对不顾整体的唯个人主义,我的意思是每个人要做到全面发展。把人放在整体当中,囚禁在整体当中,不可能求得真正的人的个性的解放、人的全面发展。我认为这一点很重要。以前我国显然都是整体人,是生产队、合作社,特别是国家。那只能叫整体人,个人没有地位,个人不能得到真正的自由和全面的发展。只有在真正自由的基础上,我们这个整体才是有生命力的,才是个有机的整体,不是铁板一块。这个道理黑格尔也讲到,我们大家也应认识到,整体与个人之间应该是一致的,所以我觉得这个很重要。在总体上突出强调的,不是 power(权力)主动,而要实行 right(权利)主动,这也是与我们以前讨论的权利本位相一致的。法是什么?法是 right,right 是什么?是权利。权利就是人的权利,所以法要实现"以人为本"就是要使人作为真正的人,使法体现人的类本质,使法为实现人的自由、人的全面发展而服务,黑格尔的逻辑是很有道理的,他说 right 是法,法就是权利,权利就是人,从而在法和人之间画上了等号。法是人创造的,是为人服务的,这是我讲的第二点。

第三个问题就是"以人为本"的内容。我觉得"以人为本"最核心的内容就是自由。马克思说自由是人所固有的,没有自由对于人来说是最大的悲哀;世界上没有一个人反对自由,顶多是反对别人的自由。这是一个很雄辩的论证。自由是人性最根本的东西。那么要实现人的自由,除了各种政治的、法律的调节外,还需要物质条件。因为人的自由、人性、人的精神是以人的躯体为载体,以人的物质存在为载体。黑格尔说生命是人的全部自由的进展,没有生命,自由无从谈起;没有物质条件,自由就不具有可讨论性。所以我很重视人的生存权。但我不赞成把人的生存权说成是第一位的人权。在我看来,鸟笼里的鸟、猪圈里的猪,生存权是第一位的,但人不是这样,人不仅是为了活着,更需要主体性、能动性、创造性以及人格和尊严。如果生存是第一位的,很多名人名言就要修改了。譬如"生命诚可贵,爱情价更高,若为自由故,二者皆可抛",一位资产阶级大诗人尚且这么说。把生存放在第一位会导致很多荒谬的结论,导致同动物没有区别。但生存权仍是个前提性条件,特别是对我们还欠发达的国家来讲尤其重要。没有物质前提,谈自由、实现自由,那就是侈谈。所以,我觉得以人为本的核心是保障和实现人的自由。人权当中最根本、最核心的问题就是自由,其他权利对于自由而言都是派生的东西。如平等权,什么是真正的平等?就是自由人的平等,而不是写在法律上的空洞的"法律面前人人平等"。正义是个价值分配的概念,它也是以维护人的自由为根本。其他价值,包括像民主、法治都是围绕自由这个最核心的东西来运行的。所以,"以人为本"应围绕自由这一问题展开,否则"以人为本"早晚会变成空话。

公丕祥:在党的十六届三中全会上,胡锦涛总书记提出了要树立和落实"以人为本"、全面协调可持续发展的科学发展观。这样一个重大命题、概念、理念提出后,在国内外产生了巨大的反响,这实际上是我党执政理念的新的飞跃,对整个国家现代化建设意义重大,包括对社会科学研究、法学研究也的确具有很重要的意义。昨天下午李龙老师提出这样一个题目,从法哲学角度对"以人为本"进行解读,以此作为今天上午讨论的一个核心话题,我觉得非常有意义。刚才三位老师提出了一系列很重要的命题,我想在座的各位同学,包括我们一些老师可能都有深刻体会。如何从法哲学角度把握"以人为本"中"人"的概念,换句话说,在法哲学意义上,"以人为本"中的"人"是什么?这里的人不是生物学意义上的人,而是社会性的人;这里的人不是孤立的个体,不是鲁滨逊漂流记里生活在荒岛上与世隔绝的人,他(她)是社会群体中的人;这里的人也不是对人的依赖、对物的依赖的那样一种人,他(她)是独立的、自主的、有个性的人;这里的人也不是片面的、畸形的人,他(她)是全面发展的、大写的人。所以在法哲学意义上对"人"的概念进行解读,这里面蕴含了一系列深刻的问题。从这个意义上来说,"以人为本"所关怀的人是主体,以这样的人作为根本,人是主体,而非客体;人是目的,而非手段;人是出发点,而非附带的、无关紧要的、次要的东西。

按这样的理解,我们这里所说的"以人为本"和人本主义不是一个东西,费尔巴哈人本主义中的人是一个自然的人。"以人为本"也不是民本主义,为什么不叫"以民为本",而叫"以人为本",这不是一般意义上的界定。民本主义是中国传统文化的精华所在,是儒家民本思想的集大成。从孔子到孟子,特别是孟子的民本思想是非常丰富的,儒家给我们留下了这样一笔丰厚的文化遗产。既然民本主义是传统文化的精华所在,为什么"以人为本"又不是民本主义呢? 因为儒家民本主义有一个基本的社会前提,即宗法等级制度,它是在宗法等级的框架下强调"民为重、君为轻"的观点,因此它与现代法治精神在取向上是不吻合的。"以人为本"也不能简单理解为人道主义,人道主义更多是从伦理意义上来理解人、认识人,更多是伦理学意义上的东西,而"以人为本"毫无疑问其包容量是相当广泛的,是在更为广阔的社会背景下对人的尊重、对人的关注。所以"以人为本"不是"人本主义",也不是"民本主义",也不可简单理解为"人道主义"。按照这样的理解,对我们的法哲学研究、法学研究、法制建设而言,"以人为本"的科学发展观的提出有以下几点意义:

第一,坚持"以人为本",可以使我们更为准确地把握法的现象的本体基础。什么是法? 这里的法不能简单理解为一大堆规范的集合,这里的法实际上是社会主体的权利要求,是人的利益本质的反映,在法律上就是一种法权要求。这样一种法权要转化、要上升,否则就是一种习惯权利,就是自然权利的一种呼吁。要通过国家这一中介转化为法律制度、法律规范,使主体权利制度化、规范化。如果这样来理解法的现象的本体的话,很多问题都可以得到比较好的解决、比较好的解释,在逻辑上可以承接和贯通起来。

第二,坚持"以人为本",可以使我们更好地理解文明社会法律发展的基本尺度。怎样把握一部几千年社会的法律发展史,就按照人的尺度理解就好了,这是一种非常重要的理解尺度。按照马克思基本的划分方法,法律发展经历了三个阶段:第一阶段是人对人的依赖关系阶段,在这里法律确认的是支配人的主人的特权,这里的法律是一种特权法;到了人对物的依赖时期,表面上大家在形式上都是平等的,但这种表象上的平等掩盖了人对物的依赖,即自由财产至上、货币至上,这种法律是形式上平等的法,或用马克斯·韦伯的表述叫法律形式主义;到了第三个发展阶段就是自由个性阶段,既摆脱了人对人的依赖,又摆脱了人对物的依赖,这个阶段的法律,其基本要求是确认主体的自由,这是其基本的价值取向,当然这有一个过程。这样理解人类法律发展史可以给我们一个新的视角。

第三,坚持"以人为本",可以使我们更好地理解建设现代法治国家的价值准则。

现代法治国家的内容相当广泛,但从基本准则角度来说,一个重要的问题就是怎么理解权利和权力的关系问题,即 right 和 power 的关系。按照"以人为本"的要求,这一关系是比较容易把握、容易理解的,这样就可以为建设法治国家找到一个基本的准则。从主体权利角度来看,无论是立法也好、司法也好,立法要确认主体权利,司法活动要保护主体正当合法的权利,要维护弱势群体的正当合法权益,要体现社会公平。从权力角度来看,"以人为本"提出了国家公权力怎么形成的问题,国家公权力的行使有一个价值评价的尺度。坚持"以人为本",对于国家机关来说,就是中央提出的"执政为民"。执政本身是公权力的集中体现,执政的基础目的是为了人民的利益。执政为民也好,执法为民也好,按照这样一个命题进行解读的话,又可以上升到一个新的高度,"以人为本"的命题为建设法治国家提供了一个重要的价值层面。

第四,坚持"以人为本",可以使我们更好地把握全球法律文明共同的发展走向。现在说法律的发展,谈到全球化对法律发展的影响,一个明显的事实是,全球化背景下法律发展的重要走向之一就是注重人权的保障,这是共同的趋势。这次中央、全国人大把"尊重和保障人权"写入宪法,这确实反映了时代的潮流,这是人类社会的共同价值追求。所以提出"以人为本"的问题的确是意义重大,为我们的法理学研究,包括整个法学研究提供了一个重要的指导思想。

刘旺洪:刚才四位教授运用现代法哲学的基本理念和方法,分别从不同的角度对中央提出的"以人为本"的科学发展观的基本内涵,主要内容,"以人为本"与中国古代的"以民为本",近代西方的"人本主义""人道主义"的区别和联系,对我国法学研究和我国社会主义法治国家的建设的指导意义等作了较为全面的阐发和深刻的论述,对于我们进一步加深理解党的十六届三中全会提出的"以人为本",全面、协调、可持续的科学发展观具有十分重要的启迪意义和指导价值。最后,我提议,对四位著名法学家来到我院给我们开了一个精彩的学术论坛,表示衷心的感谢!

李龙、张文显、吕世伦、公丕祥,刊于《金陵法律评论》2004 年秋季号。

"以人为本"与社会主义法治

——一种法哲学上的阐释

　　"依法治国"与"以人为本",是协调统一的。如果说,"依法治国"解决了治理国家是"依人"还是"依法"这一涉及一国文明程度的重大问题的话,那么,现今党中央提出的"以人为本"的发展观,则是"依法治国"这一基本治国方略的重要补充和价值升华。因为,只有坚持"以人为本",才能牢固地奠定法治大厦的人文根基,才能彰显出法治的终极目标和价值关怀。

一、"以人为本"的发展观与"依法治国"的价值基础

　　党的十六届三中全会通过的《中共中央关于完善社会主义市场经济体制若干问题的决定》(以下简称《决定》)指出:"坚持'以人为本',树立全面、协调、可持续的发展观,促进经济社会和人的全面发展。"①这一重要思想和指导方针,生动体现了马克思主义相关的重要思想,同时成为我国"依法治国,建设社会主义法治国家"治国方略的重要补充和发展。"依法治国"解决的主要是治理国家所必需的规范问题、制度问题和程序问题,而"以人为本"的发展观则进一步明确和解决了"依法治国"的价值取向和目的性价值之基础。从法哲学的角度上说,法治承担的直接任务在于要保证实现人的"权利"和"自由",即体现着"以人为本"。韦伯认为:"任何一项事业的背后都存在某种决定该项事业发展方向和命运的精神力量。"②法治是源于人类对自身的存在、价值和命运的一种制度安排,"以人为本"则是深藏在它背后决定其发展方向和命运的最高的精神力量。

　　(一)"以人为本"的概念及其历史渊源

　　1."以人为本"的概念阐释

　　西方社会在表述"以人为本"的意思时,往往更多地以"人文精神"表述。"人文精

---

　　① 中共中央关于完善社会主义市场经济体制若干问题的决定,北京:人民出版社,2003。
　　② 马克斯·韦伯,新教伦理与资本主义精神,于晓、陈维纲译,北京:三联书店,1997,第98页。

神"一词来源于 Humanism,又译作"人道主义""人本主义""人文主义"①。这里,我们很难给"以人为本"下一个确切的定义,学界在此问题上也是仁智各见。主要列举如下:第一,"以人为本"指的是人们处理和解决一个问题时的态度、方式、方法,即人们抱着以人为本的态度、方式、方法来处理问题,而所谓"根本"乃指最后的根据或者最高的出发点和最后的落脚点。例如我们抱着以人为本的态度来处理人与自然的关系,来追求天人关系的和谐,也就是以人的根本利益为最后依归,以是否符合人的整体利益和长远利益为最高准则。第二,"以人为本"是将"人本身为最高价值从而主张善待一切人、爱一切人、把一切人都当做人来看待的思想体系"②。第三,"以人为本"的价值理念与人文主义精神的实质内涵是一致的,或者说,"人文精神的实质是以人为本"③。第四,"以人为本"包含着对个人价值的尊重。它意味着对任何个人的合法权利都应给予合理的尊重;也意味着对人的活动所面临的对象,都应注入人性化的理念;它要求我们对现实社会中一切违背人性发展的合理要求的不尊重人的现象进行反思和超越,不断推进人的全面发展。第五,"以人为本"的发展观,坚持以人为主体,以人为前提,以人为动力,以人为目的。它充分肯定人在经济社会发展中的主体地位和作用;经济社会发展必须坚持尊重人、解放人和塑造人;在研究和解决经济社会发展问题时,既要坚持并运用历史的尺度,又要坚持并运用人的尺度,真正着眼于依靠人、为了人。④

上述学者关于"以人为本"的表述虽不尽相同,但他们都直接或间接承认"以人为本"包含如下内容,即尊重人的生命和价值,强调人的主体地位,要求以人为中心对社会的政治、经济和文化进行全方位的改造,建立起充分肯定人的价值和尊严的新的社会秩序。按照我们的见解,不论是西方的人文主义、人道主义、人本主义,还是中国传统的民本主义,均可视为"以人为本"思想的渊源,均同"以人为本"有着密切联系,即不等程度地包涵着"以人为本"的精神。但是,它们相互之间又有所区别。民本主义突出统治者(尤其帝王)同被统治者"民"的协调,人道主义侧重于人与人之间的同情与互助,人本主义则抽象地从物体的人(自然人)的观点出发强调对人的关怀;比较之下,人文主义既重视人的外部存在(生命、生存),也重视人的内部存在(自由、权利),因而能

---

① 周国平教授对西方的"人文精神"一词作了广义与狭义的区分:"狭义是指文艺复兴时期的一种思潮,其核心思想为:一、关心人,以人为本,重视人的价值,反对神学对人性的压抑;二、张扬人的理性,反对神学对理性的贬低;三、主张灵肉和谐、立足于尘世生活的超越性精神追求,反对神学的灵肉对立、用天国生活否定尘世生活。广义则指欧洲始于古希腊的一种文化传统。按照我对这一传统的理解,我把人文精神的基本内涵确定为三个层次:一、人性,对人的幸福和尊严的追求,是广义的人道主义精神;二、理性,对真理的追求,是广义的科学精神;三、超越性,对生活意义的追求。简单地说,就是关心人,尤其是关心人的精神生活;尊重人的价值,尤其是尊重人作为精神存在的价值。"参见《人文精神的哲学思考——周国平教授在国家行政学院的讲演》,载《人民日报》2002 年 12 月 1 日。

② 王海明,公平、平等、人道,北京:北京大学出版社,2000,第 126 页。

③ 樊崇义,人文精神与刑事诉讼法的修改,政法论坛,2004,(3)。

④ 许晓平,以人为本:科学发展观的基本价值取向,http://www.wutnews.net,2003 - 10 - 15。

更全面地关注人,体现"以人为本"。马克思主义经典作家正是直接批判地继承人文主义传统观点,而提出实现"人的全面发展""解放全人类"和最终实现"自由人联合体"一套完整的"以人为本"的科学观念体系。

2. 西方和中国"以人为本"思想的历史发展

"以人为本"观念是历史的产物。无论是在西方还是中国文化中,以"以人为本"为核心(或精髓)的人文主义精神都有其深远的历史渊源。早期人类社会由于生产力的落后,人类征服自然的能力低下,在人与外部世界关系上,总是处于被动的从属地位。早期的唯物主义虽然认识到外部世界不以人的意志为转移的客观实在性,因此将外部世界看成与自己的内在世界全然无关,"对事物、现实、感性,只是从客体的或者直观的形式去理解,而不是把它们当作人的感性活动,当作实践去理解,不是从主观方面去理解"①。那时,人只能是处于被动的地位。在西方,从渊源上讲,公元前5世纪,以普罗泰戈拉为代表的古希腊智者学派,已经将人的活动和创造性,人的认识和活动的社会意义、性质置于视野之内,从对自然和"神"的研究转向对人和社会的研究。他们提出的"人是万物的尺度,存在时万物存在,不存在时万物不存在"的著名论断,已经把人看作万物的核心和衡量万物的标准,无疑是对人的尊重和地位的提升,古希腊的城邦文明更是孕育了"以人为本"的思想。正如有学者指出:"古希腊思想最吸引人的地方之一是,它是以人为中心,而不是以上帝为中心的。"②柏拉图和亚里士多德的法治学说,也表明希腊哲学的主流已经由自然哲学转变为人的哲学。在柏拉图的政治哲学中,人即是它的出发点,也是它的最终归属。不过,这些思想大师所讲的"人"指自由人,广大奴隶是排除在外的。只是古希腊时期的斯多葛学派,才认为一切人在上帝目前是平等的,他们作为上帝的子民都被当作人而拥有精神上平等的地位。至15世纪文艺复兴时期,人文主义思潮得以更多张扬。它要求冲破受神权和王权压抑人的主体性和藐视人的尊严、价值、生命、权利的状况;从人本身出发,关注人的本质及人与自然的关系,并强调人的地位、尊严、作用和价值;恢复和维护人的本真的存在,强调人的主体性、意志自由性。总之,文艺复兴倡导的人文主义,是"以人自身为中心,提出有关人的最终本性的问题,并试图在人自身的范围内来解决这些问题,就此而言,人道主义思想意味着人的修养,人的自我培育、自我发展丰富的人性"③。德国古典哲学家康德崇尚人格的内在尊严。他指出,任何人都没有权利仅把他人作为实现自己主观目的的工具。每个人都应当永远被视为目的本身。④ 就是说,人永远是目的而不是工具。"这样行动,

---

① 马克思恩格斯选集:第一卷,北京:人民出版社,1972,第16页。
② 阿伦·布洛克,西方人文主义传统,董乐山译,北京:三联书店,1997,第14页。
③ 大卫·戈伊科奇等,人道主义问题,杜丽燕等译,北京:东方出版社,1997,第109页。
④ E.博登海默,法理学——法律哲学与法律方法,邓正来译,北京:中国政法大学出版社,2001,第77页。

无论是对你自己或对别人,在任何情况下把人当作目的,决不只当做工具。"①费尔巴哈把人当作其哲学的中心点,从而形成人本学唯物主义体系。如果说,西方文化传统中体现了"以人为本"的精神的话,那么,近代以来西方国家的法律实践也充分印证了他们对人文精神的笃信。无论是英国的《权利法案》、法国的《人权宣言》,还是美国的《独立宣言》和1787年宪法,都是对长期存在的对人的平等、自由权利、正义的不懈追求的结晶。西方社会确立的"私有财产神圣不可侵犯""契约自由""罪刑法定""无罪推定""司法独立"等法律原则和制度,无不是以"以人为本"为精髓的人文精神的重要体现。

在中国,"以人为本"的文化精神最早可推至殷末周初,那时人们已经能从宗教观念中分离出"人德"的观念。先秦时期管仲首先提出"以人为本",目的是保护"耕战"的人力资源。以后,以孔孟为代表的儒家学说推崇重视人的"仁"学思想,提出"民贵君轻"的"民本"思想。西汉出现了大一统的儒家文化,具有民本主义因素的德治思想取得了统治地位,对人及社会的关怀提高到一个新的高度。魏晋时期的思想家比较重视人的个性发展和情感生活。汉唐比较强调人的气质、修养,重视奋发有为的社会意识。宋明时期则稍有不同,它以人的品格的具体抽象化,用真心真性去概括,并与无心无理相聚合,使人文精神从人间飞到天上。明末清初,由于西方文明的输入拓宽了人们的眼界,出现了一股反礼制规范的人文潮流。但是纵观中国传统文化,尽管包含了一定的人文精神,却出于这一精神总是与忠君、与封建专制浑然一体,因而使"儒学的人文精神不可避免地带有很深的封建主义烙印,大大损害了儒学人文精神的积极作用,从而不利于社会发展与文明进步"②。之后,自清代严复提出"主权在民"的思想以来,中国的人文主义有了进一步发展。尤其是"五四"新文化运动中提出的"民主"和"科学"思想,其核心就在于要打碎封建礼教和封建枷锁,争取人性的解放和个性发展,争取个人独立自主的权利。

由上可见,尽管西方和中国传统文化中都不乏人文精神,但二者产生的时代背景及具体表现却大不相同。西方的人文精神更加注重实现个体的自由、平等、独立、人权的精神;中国传统的人文主义更多弘扬个人的道德修养和人际关系的和谐,彰显人的社会性和群体性。③ 换言之,西方是从人性出发、强调人的独立个体和自由意志的人文精神,注重从法的目的和终极意义的角度注重法的人文理念,从而更具价值理性和人本底蕴。而中国传统文化中的人文主义精神更加注重群体精神和社会整体人格的塑

---

① 康德,道德形而上学探本,北京:商务印书馆,1959,第43页。

② 樊崇义,人文精神与刑事诉讼法的修改,政法论坛,2004(3)。

③ 如中国传统文化中的"内圣外王"观,就是主张探讨理想人格与理想世界,这种人文精神的终极关怀在于追求圣贤与大同世界,其目的是唤起一种崇高的伦理觉醒和道德自律,陶冶出"圣人"般的道德人格。这种精神导致是重内在而轻外在,重长远而轻眼前,重义务轻权利,重德轻法。参见庞朴:《中国文明的人文精神(论纲)》,《光明日报》1986年1月6日。

造,缺乏对个体价值的关注。它讲的人不是作为社会主体的人,而是社会政治工具的人,非个体的人,而是群体的人①,即把人看成全体的分子,不是个体,得出人是具有群体生存需要、有伦理道德自觉的互动个体的结论,并把仁爱、正义、宽容、和谐、义务、贡献之类的理念纳入这种认识中,认为每个人都是他所属关系的派生物,他的命运同群体息息相关。这样一种文化特征造成社会生活与国家生活中重集体轻个人、重义务轻权利、重德轻法的基本价值取向,导致社会主体没有任何选择性思维,其应有潜能受到严重压抑。

（二）"以人为本"的发展观,是对马克思主义人文观的继承和推进

马克思主义者一向重视人在国家和社会发展中的主体作用。当年在对黑格尔关于国家与个人之间统一性的论题加以唯物主义的改造时,马克思就批判地继承近代启蒙运动,尤其是卢梭和康德自然法的突出人的价值与尊严、强调人的权利的精神。他对黑格尔颠倒人与国家和法的关系的观点,进行了强烈的批判。② 马克思还指出:"主体是人,客体是自然"③,"人是人的最高本质","人的根本就是人本身"④。即人作为主体不能不把自身作为衡量一切事物的尺度和标准,视自己类的需求为一切活动的出发点。具体到国家和法,理应是"以人为本",从人的需要出发,为人的需要而存在,而不是相反。马克思批判德国古典哲学的非科学性,吸收其合理的因素,阐述了人的存在和发展本质规律的历史唯物主义观念。在《论犹太人问题》中,马克思对此作了进一步的升华。论文中首次使用了"政治解放"和"人类解放"的概念,认为只有当现实的个人同时也是抽象的公民,并且作为个人,在自己的经验生活,自己的个人劳动,自己的个人关系中,成为类存在物的时候,只有当人认识到自己的原有力量并把这种力量组织成为社会力量因而不再把社会力量当做政治力量跟自己分开的时候,只有到了那时候,人类解放才能完成。⑤ 这就使"以人为本"观念同共产主义紧密联系在一起了。

在我国社会主义建设新时期,党和国家领导人继承和发展了马克思主义人文观的精神,并创造性地将人的发展融入社会主义物质文明、政治文明、精神文明协调发展的战略高度来认识。"促进人的全面发展,同推进经济、政治、文化的发展和改善人民物质文化生活,是互为前提和基础的。人越全面发展,社会的物质文化财富就会创造得

---

① 汪太贤、艾明,法治的理念与方略,北京:中国检察出版社,2001,第 163 页。
② 在黑格尔看来,国家本身是目的,个人是为国家而存在的,所以,个人的自由、权利、利益及一切,只有符合实现国家这一最高目的时才有地位和意义,成为国家成员乃是单个人的最高义务。显然,在黑格尔这里,国家已不仅是中心,而且是个人生命的本质与生存意义之所在。这里,黑格尔将绝对主义国家观加以更理论化的言语表达了对国家的崇拜。当然,不能忘记,在抽象的意义上,黑格尔(和康德一样)是把国家和法当作"自由的定在物"。
③ 马克思恩格斯选集:第二卷,北京:人民出版社,1972,第 88 页。
④ 马克思恩格斯选集:第一卷,北京:人民出版社,1972,第 9 页。
⑤ 马克思恩格斯全集:第一卷,北京:人民出版社,1959,第 443 页。

越多,人民的生活就越能得到改善,而物质文化条件越充分,又越能推进人的全面发展。"①在十五大报告中,江泽民指出:"共产党执政就是领导和支持人民掌握国家的权力,实行民主选举、民主决策、民主监督,保证人民依法享有广泛的权利和自由,尊重和保障人权。"在党成立八十周年纪念大会上,他又讲道:"共产主义社会将是'每个人自由而全面发展的社会'。我们建设有中国特色的社会主义的各项事业,我们进行的一切工作,既要着眼于人民现实的物质文化生活需要,同时又要促进人民素质的提高,也就是要促进人的全面发展。这是马克思主义关于建设社会主义新社会的本质要求。"人的全面发展是社会主义新社会的本质要求,社会主义不只是简单地提供一个生活模式,更为重要的任务是促进人民素质的提高,促进人的全面发展。十六大报告指出要把建设政治文明同发展社会主义民主联系起来,这就表明了民主政治和政治文明的构建以自由、平等、民主、法治为核心,应着眼于人的权利,集中体现"以人为本"。总之,"政治文明说到底是有利于人的各种权利的实现和全面发展"②。

党的十六届三中全会《决定》则进一步从全面建设小康社会的新阶段、新任务、新要求的高度,系统地提出了"以人为本"同经济和社会发展这一不可分割的有机整体全面发展的指导方针。从法治角度讲,人的全面发展的价值,应是法的最高目的价值。社会主义的诞生是对人的自由的充分肯定,是每个人享有充分的自由及发展权利。社会的发展必然推动法律的普遍化和理性化,使之逐渐地充分展示其服务特性,融入人的发展环境之中。此时,人的全面自由发展成为全社会的普遍价值,人成为自己的主人即自由的人。可以说,《决定》确立的"以人为本"的全面、协调、可持续的人文发展观,反映了我们党在人对经济、社会发展的重要作用有了思想认识上的飞跃,同时表明我国的法律价值观已发生历史性变革。

(三)"以人为本":"依法治国"的价值定位

"以人为本"的发展观是对人的存在的思考,对人的价值、人的生存意义的关注以及对人类命运的把握与探索;相应的法治是这种思考、关注和把握过程中的产物。就是说,人本身理应成为法治的逻辑起点和最终逻辑归宿。法治作为一种人类的制度安排,法治史便是人类对自己认识的历史,是追求自我解放和价值的历史。

现代西方法治的理想,就是使人文主义成为法律发展运动的价值终极关怀。③ 西方的法治文明在精神层面上获得了崭新的符合时代需要的内容,主要表现为法治文明对人的尊严、自由、平等和权利的张扬与保障。在我国建设依法治国的治国方略中,"以人为本"的发展观就是要坚持以人为主体,以人为前提,以人为动力,以人为目的。从这个角度讲,《决定》不仅是经济、社会和人的全面发展的理论创新,更是尊重人的权

---

① 中共中央宣传部,"三个代表"重要思想学习纲要,北京:学习出版社,2003。
② 郑惠,政治文明:涵义、特征与战略目标,政治学研究,2002(3)。
③ 李龙,依法治国方略实施问题研究,武汉:武汉大学出版社,2002,第158页。

利和自由、保证人的个性的真实弘扬与人类全面发展的创新,从而明确了法治的终极价值关怀及所在。① 可见,人类可以发明许多通向法治的机制或制度,也可能采用很多实现法治的策略与方式,尽管其表现形式有较大差异,但无一例外地应该是以人的尊严、自由和人的权利为价值依托和最终归属的。

"以人为本"与"依法治国"之间的紧密联系,基于两个方面的思考:其一,确定法治的目的性价值;其二,"以人为本"才能真正推动法治的实现。

1."以人为本"表现了法治的终极价值追求

"法治表现为制度,却生成于精神。"②就是说,法治国家的实质标准在于人民大众是否形成了根深蒂固的法治观念和浓厚的人文精神。从深层次上理解,"以人为本"是法治的核心和灵魂。如果没有人文精神对法治的支撑,法治就只会是空洞的外壳,而失去实际意义,甚至可能导致"恶法亦法"。法治的实现诚然需要法律制度的强制保障,但更主要的还要靠社会成员的内心自觉。而这种主观的自觉情感往往仰仗于法治与社会内在的亲和力。因此,法治要善于有效地调动每一个个体运用自己的知识并采取有效行动,促成人们之间的相互合作,形成、发展、选择人们乐于趋向的秩序。因为,人都有实现其人格潜力的强烈欲望。正如霍金所讲的:"一个人应当发挥其潜力,而不管是什么能力,这从客观上来讲是'正确'的。"③我们说,法治社会的形成和发展的根本原因,正在于它对人的关注。

长期以来,尤其是在极"左"的年代,我国法律更多的是为了强化而不是制约国家权力的产物,缺乏依法治国、人民主权、制约权力、保障权利等法治理念或法律信仰,不谈"以人为本,一切都为了人"和"漠视自由、平等、人权"等人文思想的传播和弘扬,因而理想的"法治"状态是无从言及的。今天尽管我国明确提出将"依法治国,建设社会主义法治国家"作为治国基本方略,并庄严地载入宪法,但无论从理论研究还是法制建设实践来看,法治建设似乎更偏重于法律的形式化方面,即更加强调"依法治国"的规范、制度、程序及其运行机制本身,即关注的主要是法制在稳定社会秩序方面的工具性意义。其结果很可能是引致法律万能论、法律至上论乃至于唯法律论。因为,对于法治来说,人文精神所包含的社会秩序和社会文化以及习惯、风俗等,从来就是社会秩序和

---

① 按照学者杜宴林的理解,终极关怀从其内容来看,通常表征的是一种形而上学的超验因素或载体,体现着至善至真至美等人文价值诉求。见杜宴林:《论中国法制现代化的现实关切与终极关怀》,《法制与社会发展》2003 年第 3 期。朱德生先生认为,终极关怀"主要追索的是人生最深刻的意义和价值,寻求是的这种意义和价值的实现",它"更多地被看作是一种至上、至本的精神感悟与洞察。它主要提升人们的精神境界,并通过这种提升帮助人们寻找自己的精神寄托与精神归属",并进而铸就人之为人的精神家园或安身立命之寓所。简言之,终极关怀应以现实为根,并超越于现实生活,它"既不是已经给定了存在,也不是永远处在彼岸世界的、实现不了的抽象存在,而是由人们经过实践不断实现,又不断否定的理想中的存在"。见朱德生:《形而上学的召唤》,《江淮论坛》1995 年第 3 期。

② 尹焕富,论中国法治的人文基础,江苏警官学院学报,2004,(2)。

③ William E. Hocking, *Present Status of the Philosophy of Law and of Rights*, New Haven, 1926.

制度不可缺少的一部分。任何制度性安排和设计都不能不考虑这些非正式的制度,否则就难以形成普遍的和长期的法律秩序。正如有学者所言:"中国现代法治不可能只是一套细密的文字法规加一套严格的司法体系……不仅仅是几位熟悉法律理论或外国法律的学者、专家的设计和规划,或全国人大常委会的立法规划。"①更何况,"一种不可能唤起民众对法律不可动摇的忠诚的东西,怎么可能有能力使民众愿意服从法律?"②简言之,只有充溢"以人为本"精神的法律,方能成为活在人们心中的,倍感亲切的,耳熟能详的,从而竞相趋之的法。

2. "以人为本"有助于培育人们的法律信仰

"法律必须被信仰,否则它将形同虚设。"③对法治的信仰是西方社会的特征和根基,苏格拉底以生命的代价换取对法治的尊重即是明证。西方法治社会的建构和形成,有其一系列法治的原则和制度的形式要素,然更为关键的是有赖于人们对法的普遍信仰。如果将制度比喻为法治这棵大树的枝叶的话,那么对法的普遍尊重和信仰则是支撑这棵大树的根。信仰作为人的一种绝对精神,处于人类意识的核心层,它的形成往往必须凭借或依赖多种因素的辅助,包括政治、经济、文化等。根据经验的考察,在很大程度上,西方社会法律信仰的形成得益于人文精神的崛起。正是在资产阶级启蒙运动中,人文精神所包含的自由、平等、人权、博爱和民主精神唤起了人们对法治的追求,并成为民主基础上的法律和"法律下的自由"的思想渊源,以及建立法律统治的正当理由。因此,西方人们对法的信仰在很大程度上不是由对法的直接认识造成的,人文理性的支持不能不说是它产生的重要根源之一。④

在我国法制建设中仅从实证方面强调加强立法、司法和执法是远远不够的,更主要的是要赢得人们对所制定的"良法"的信任、认同,进而对法律产生发自内心的真诚信仰,并自觉将法律作为值得依靠的价值标准和目标追求。而这一状态的生成,就要求承认人是伟大的,人是自由的,从而将法治建立在尊重人的价值和尊严、体现"以人为本"理念的基础之上,这样就能在客观上增强人们对法的信任和依赖,使人们能在法的实现中,看到、找到并实现自己的尊严和自身的价值。可见,"法律的宗教情怀和信

---

① 苏力,变法、法治及其本土资源,北京:中国政法大学出版社,1996,第19页。

② 哈罗德·J.伯尔曼,法律与宗教,梁治平译,北京:三联书店,1991,第28页。

③ 哈罗德·J.伯尔曼,法律与宗教,梁治平译,北京:三联书店,1991,第28页。

④ 有学者指出,西方人对法的信仰主要源于两个外部因素的促成:一是源于宗教信仰的支持,二是人文理性的支持。参见汪太贤、艾明《法治的理念与方略》,中国检察出版社2001年版。在西方法律文化里,基督教的"气息"虽然在法律制度里被逐步清除,但在民众的意识中却日益根深蒂固的。人们在对上帝的普遍信仰中,获得了法律的神圣性和至上性的理念。伯尔曼指出:西方法律至上的理念来自于超现实的宗教信仰,即基督教信仰的帮助。昂格尔也认为,法治秩序产生的一个条件就是"存在一种广泛流传的信念,在不那么严格的意义上,可称其为自然法观念",而自然法观念首先来自于罗马法学家在人性基础上发展起来的万民法和商品交换的支持,"对自然法观念的另一支持来自超验性的宗教"。见[美]昂格尔,《现代社会中的法律》,吴玉章、周汉华译,中国政法大学出版社1994年版,第68—69页。

仰,是全部法治建立、存在和发展的根本前提和保障。"①确实,目前中国法治建设侧重点已经到了从规范制度转向"以人为本"的时候了。

二、法如何体现"以人为本"的发展观

(一)法"以人为本",应是以人的类本质即普遍的人性为本

在谈到法及法律时,理论上一般认为,法与法律属于一国上层建筑的范畴,其本质体现以统治阶级为主导的利益关系和意志关系;二者共同根源于并受制于一定的经济关系。就是说,法和法律都具有强烈的阶级性。法的这一特性在经济不发达的社会中表现得尤为明显。这是不容否认的。

但另一方面,马克思主义又承认人的类本质的存在。认为,类本质指人在社会生活中互相分工合作实现共同发展的本性。② 如果从人的类本质出发,一个不容置疑的事实就是,法还具有普遍性和公共性。法所包涵的人的类本质,随着社会经济的发展和相应的文明的进步而愈加突出,尤其是自二战后。当今,由于经济、规则乃至观念文化渐趋一体化、全球化,人类面临越来越多的需要一同关注的"共性"问题,这种背景下,法的阶级性、具体性、特殊性、差异性因素必然在逐渐缩小或减弱,代之而起的是人们开始了对表现人的类本质、更大普遍性和一般性的全球化法的思考。

早年,就资本主义生产方式的世界化问题,马克思曾指出,近代资本主义生产方式的迅速扩张,使生产、销售、市场都日益市场化、世界化。这种扩展形成了世界资本主义普遍的经济、政治、文化交往,随着交往的世界化,历史也就转变为世界历史。这样,历史上曾为各民族独有的政治、经济、精神、文化、艺术、哲学的方式都逐步式微,使"民族的片面性和局限性日益成为不可能"③。在此基础上,"各民族的精神产品成了公共的财产",从而形成了"世界性的精神产品"④。据此,马克思预言道:必然会出现这样的时代,那时,哲学不再是同其他各特定体系相对的特定体系,而变成面对世界的一般哲学,变成当代世界的哲学。⑤ 在东西方法律文化的交融中,实际上也形成了一种超越国家边界的、具有世界性的法律机制与文化,包括表现人的类本质、具有普遍性的法观

---

① 姚建宗,法律与发展研究导论,长春:吉林大学出版社,1998,第458页。
② 关于"类本质"这一概念,并非马克思的发明。德国古典哲学家费尔巴哈的人本主义也正是从"类"这个基础概念出发的,并由此引申产生了诸如"类本质""类本能""类生活""类存在"等概念。此外,他从人的精神生活、精神行为中引申人的类本质,把人的类本质界定为"理性、爱和意志"或"理性、意志、心"。见路德维希·费尔巴哈,《费尔巴哈哲学著作选集》(下卷),荣震华译,商务印书馆1984年版,第27—28页。
③ 马克思恩格斯选集:第一卷,北京:人民出版社,1972,第254页。
④ 马克思恩格斯选集:第一卷,北京:人民出版社,1972,第254页。
⑤ 马克思恩格斯全集:第一卷,北京:人民出版社,1959,第22页。

念:反映经济一体化趋势的世界性法治。① 正如有学者所言:随着全球化进程的加快,法治已成为解决诸多全球公共问题的有效机制。② 在国际政治和国际关系学界,人们从过去强调大国或大国集团解决全球公共问题的能力和责任,开始转向强调各国依据国际制度共同管理和解决全球公共问题。前者是一种人治的思路,后者是一种法治的思路。③ 1945 年《联合国宪章》的签订与联合国的建立,表明世界各国越来越自觉地协同,以条约形式确立国际关系和全球社会的规则,建立国际性的治理组织。因此,如果说联合国的诞生表达了人们对一种世界政府的美好愿望,那么法律全球化,或者随之全球化的发展,这种愿望可能有一天会成为现实。④ 与此同时,世界贸易组织的成立,《欧盟基本权利宪章》《公民权利与政治权利国际公约》《世界人权宣言》《欧盟法》等跨国界法律制度的建立,更加表明国际社会对普遍的人性给予了越来越多的关注。⑤ 所有这些现实对传统的法律观不能不说是个巨大的挑战。英国法理学家麦考密克在分析欧盟对传统的主权观和法律观的冲击时指出:"只有摆脱所有的法律必须来源于某个单一的权力中心(如主权)的观念,才有可能采取一种更宽泛、更开放的法律观。一种新的路径是体系中心的法律观,即强调法律的本质是一种规范体系,而不是某类特定的或排他性的权力关系。"⑥这无疑对我们的传统法律观提出了新的要求:对法的本质的理解应逐渐摆脱主权国家对法律的制约(限制)的封闭性框架,转向法所具有的世界普遍性属性,包括普遍形式属性、过程属性和效力属性。

马克思认为,人类解放应作为无产阶级的共产主义革命的历史使命。他指出:"只有当现实的人同时也是抽象的公民并且作为个人,在自己的经验生活、自己的个人劳动、自己的个人关系中间,成为类存在物的时候,只有当人认识到自己的'原有力量'并把这种力量组织成为社会力量因而不再把社会力量跟自己分开的时候,只有到了那个

---

① 今天,法治已被普遍公认为治理国家的基本模式和文明国家的根本标志。与此相适应的是法治观念的更新,一方面,国际社会确立的一些规则、政策大体反映了现代民主、自由、平等、公平、正义的理念;另一方面,人们开始超越民族界限。对诸如正义、民主、平等、权利、自由等具有全球普遍性的法治理念给予主动的接受和认同。因为所有这些理念是全人类共同追求的崇高价值,也是人的自然本性在人类共同体中的必然要求。

② 事实上,全球公共问题是随着不断推进的全球化进程而产生的。如地球环境污染、全球气候恶化、国际恐怖主义、世界金融风暴、南北差距扩大等。这些问题的解决只能靠全球各国共同遵守的、长期稳定有效的法律制度。参见黄文艺:《全球化和法理学的变革与更新》,载朱景文主编:《法律与全球化》,法律出版社 2004 年版,第 54—55 页。

③ 苏长和,全球公共总是与国际合作:一种制度的分析,上海:上海人民出版社,2000,第 301 页。

④ 於兴中,自由主义法律价值与法律全球化,朱景文,法律与全球化,北京法律出版社,2004,第 8 页。

⑤ 建立保证"人的全面而自由的发展"的社会是法治追求的核心目标。以《世界人权宣言》为例,它是"作为所有人民和所有国家努力实现的共同标准",宣称"鉴于对人类家庭所有成员的固有尊严及其平等的和不移的权利的承认,乃是世界自由、正义与和平的基础",从而表明它将全人类融于一体,它的价值追求在于对具有共同性一面的人的自然属性的普遍尊重。

⑥ N. MacCormick, *Beyond the Sovereign State*, *Modern Law Review*, Vol. 56, 1993.

时候,人类解放才能完成。"①就是说,要真正使人获得解放,必须超出"政治解放"的狭隘框框,必须废除政治国家和市民社会之间的二元性。共产主义社会就是这样一种社会。马克思主义关于人的全面发展、解放全人类,以便迈入实现人的类本质之大同世界理想,揭示了人类社会发展的历史大趋势。它是千百年来,无数先进智慧的结晶和深化,是颠扑不破的真理。环顾今日的世界,无不或先或后地沿着这样一条光明大道运行着,差别仅在于,西方国家是自发地、曲折地这样走,社会主义国家(至少从应然上)是自觉地、径直地(但也常常因违背客观规律而出现反复)这样走。

我们清楚地知道,话说到这儿,就难免要碰到"法的阶级性"的"敏感"问题。不可否认,发现法的阶级性确实是马克思主义法学的重大新贡献。在剥削类型的社会乃至在社会主义政权初创时期,这都是不争的事实。但是若认为在马克思主义法的本质论中只包含阶级性,那就是一种片面的理解了。事实情况是,马克思和恩格斯不止一次地强调过法还包含社会性和公共性,而且说这种社会性和公共性是阶级性(阶级统治)的基础。特别是马克思,一直坚持人是按照美的规律创造对象的,其中包括创造法。在美的规律中,最重要的莫过于"人的类本质"。法包含人的类本质要素越多,越是美的法。从历史的进程的观点出发,社会主义法是最高类型的法,因而也必然体现更多的人的类本质。因为这种法开始就不是传统的法,而是由百分之九十五以上居民所创造和掌握的法。经过不长时期的激烈阶级斗争消灭了剥削阶级之后,法的阶级性必然走向不断的弱化,普遍人性或社会公共性(人的类本质)不断地强化。由此可知,在法本质结构中,存在着阶级性和公共社会性两个因素的对立统一。其运行的前景便是阶级性逐渐向着公共社会性转化,使法更多地体现人的类本质,直至共产主义的到来和法的消亡。既然马克思主义经典作家把实现人的类本质作为社会主义国家和法的具有极其深远意义的指导思想,并把国家和法当成推动社会主义—共产主义建设的手段;那么,社会主义法的本质中有决定性意义的就不是阶级性,而是人的类本质。只有人的类本质才能全面地体现社会主义法的历史地位和伟大的使命。这就是我们强调在法的阶级性和普遍人性对立中,应以普遍人性(人的类本质)为本的基本根据。

(二)法"以人为本",应是以自由为本

自由一词源于西方。英语为 freedom、liberty,希腊文为 elentheros。国内外学者对自由的定义很多。如霍布斯就指出:"自由这个词,按照其确切的意义说来,就是外界障碍不存在的状态。"②海德格尔则从哲学的角度对自由进行释义,认为从超越主客观关系的真理观来看,自由是人的存在状态;自由即"自由"③;人与世界是融为一体的,自

---

① 马克思恩格斯全集:第一卷,北京:人民出版社,1959,第433页。
② 霍布斯·利维坦,黎思复、梁廷弼译,北京:商务印书馆,1985,第164—165页。
③ 熊伟,海德格尔论自由,谢龙,中西哲学与文化比较新论,北京:人民出版社,1995,第127页。

由在于人同世界合一的整体中与其他一切"协调一致",还讲道:"自由乃是使人的一切行为协调于存在者整体"。此种意义下的"自由"不能被理解为人的属性,相反地倒是自由使人成为人。① 丹宁的法律哲学也非常重视自由问题,他将法律的作用分为三种:实现公正;法律下的自由(freedom under the law);相信上帝(put your trust in God)。其中法律下的自由即是每一个守法的自然人在合法的时候不受任何其他人的干涉,想其所愿想,说其所愿说,做其所愿做的自由。② 就是说,法律充分尊重自然人自决的自由,而不是强迫他接受法律以代替他自身作出的选择,哪怕是选择牺牲生命的自由。尽管不同时代人们对自由的解释有别,但自由基本涵义是:在人与自然、人与社会的关系中,人是有其相对独立性和自主地位的。

自由观念是西方法治的基石,这种法治又总是把人置于中心位置,以个人的自由和社会的平等作为追求的价值目标。亚里士多德认为法律的使命就在于对自由的保护。"公民们都应遵守一邦所定的生活规则,让各人的行为有所约束,法律不应该看作(和自由相对的)奴役,法律毋宁是拯救。"③洛克和卢梭继承了这一观点,并进行了更深入的发挥。特别是卢梭对自由的推崇影响颇大。他在《社会契约论》中开宗明义地宣布:"人是生而自由的,但却无所不在枷锁之中。"④这一思想先是为美国《独立宣言》和法国《人权宣言》所吸收,并直接成为法国1789年大革命的旗帜。康德将自由作为其道德和法哲学的核心。在康德看来,作为理性的主体的人都根据意志行事,而意志总是自由的。他宣称,自由乃是"每个人据其人性所拥有的一项唯一的和原始的权利"⑤。黑格尔已指出,在纷繁复杂且多种多样的历史运动的背后,存在一种伟大的理想,即实现自由。自由的实现是一个漫长而艰难的过程。在这个进程中,历史上的每个民族都承担着一项特殊的任务,任务一旦完成,这个民族也就失去了其在历史上的意义:"世界精神(world spirit)"超越了它的理想和制度,并被迫将智慧的火炬传给一个更年轻、更有生气的民族。世界精神就是以这种方式实现普遍自由这一终极目标的。⑥尽管康德和黑格尔之间存在着自由主义和国家主义的重大分歧,但他们作为卢梭的继承者都承认自由是国家和法的实体,国家和法是自由的定在。自由是维护人的内在价值与独立人格所不可缺少的,是人类生来就有的不可剥夺的权利。博登海默就此强调:"在一个正义的法律制度所必须予以充分考虑的人的需要中,自由占有一个显要的位置。要求自由的欲望乃是人类根深蒂固的一种欲望。"⑦

---

① 张世英,进入澄明之境:哲学的新方向,北京:商务印书馆,1999,第81—82页。

② 阿尔弗雷德·汤普森·丹宁,法律的训诫,刘庸安、丁健译,北京:人民出版社,2000,第2页。

③ 亚里士多德,政治学,吴寿彭译,北京:商务印书馆,1965,第276页。

④ 卢梭,社会契约论,其林译,北京:商务印书馆,1980,第8页。

⑤ E.博登海默,法理学:法律哲学与法律方法,邓正来译,北京:中国政法大学出版社,2001,第279页。

⑥ 马克思恩格斯全集:第一卷,北京:人民出版社,1959,第80—81页。

⑦ E.博登海默,法理学——法律哲学与法律方法,邓正来译,北京:中国政法大学出版社,2001,第278页。

"自由"是马克思主义法哲学中的一个核心范畴。马克思在继承了近代启蒙思想家和康德、黑格尔关于自由是人性最重要、最突出的观念的基础上,将自由看成人的天性,并以此作为探讨法和自由关系的理论基石。他指出,"自由确实是人所固有的东西"①,表达了人的本质在于自由的观点。他认为,"自由是全部精神存在的类的本质"②;"自由不仅包括我靠什么生存,而且也包括我怎样生存,不仅包括我实现着自由,而且也包括我在自由地实现自由"③;"没有自由对人来说就是一种真正的致命的危险"④;"没有一个人反对自由,如果有的话,最多也只是反对别人的自由。可见各种自由向来就是存在的,不过有时表现为特权,有时表现为普遍权利而已"⑤。总之,"法典就是人民自由的圣经"⑥。这些都表明,马克思强调自由是人类的本质之体现,真正的法律是以自由为基础并且是自由的保护神。同时,马克思主义始终将人的自由作为人之所以成为人的必要条件,"人终于成为自己的社会结合的主人,从而也就成为自然界的主人,成为自身的主人——自由的人"⑦。在《共产党宣言》中,马克思、恩格斯明确指出:"代替那存在着阶级和阶级对立的资产阶级旧社会的,将是这样一个联合体,在那里,每个人的自由发展是一切人自由发展的条件。"⑧马克思在描述"自由人的联合体"时所说的"每个人的自由发展",指的是每个人摆脱出资本主义私有制而造成的物支配人的社会关系。这样,它才构成"一切人的自由发展的条件",也因此才需要以真正的共同体的建立为前提,从而使他的自由学说与消灭私有制、消灭阶级并最终实现国家消亡的学说联系了起来。

确实,就人应享有的权利的位阶而言,自由优于其他一切权利。宪法和法律必须把自由权作为权利之本位,即不允许以牺牲自由权来换取其他权利。因为,第一,自由是基于人类的生物本性所拥有的人权或自然权利。人之所以异于禽兽,在于最初的原始人类能直立行走,解放了双手,而获得劳动和制造工具、战胜自然力、免受自然的侵害的相对自由。这种自由,可以说是人类与生俱来的自然本性。卢梭说:对人而言,"自由乃是他们以人的资格从自然中所获得的禀赋"⑨。第二,自由是人存在的充分条件,是人的完整性的一个重要组成部分。追求自由是人类的本性之一。马克思曾说过:"一个种的全部特性、种的类特性就在于生命活动的性质,而人的类特征恰恰就是

---

① 马克思恩格斯全集:第一卷,北京:人民出版社,1959,第 63 页。
② 马克思恩格斯全集:第一卷,北京:人民出版社,1959,第 67 页。
③ 马克思恩格斯全集:第一卷,北京:人民出版社,1959,第 77 页。
④ 马克思恩格斯全集:第一卷,北京:人民出版社,1959,第 71 页。
⑤ 马克思恩格斯全集:第一卷,北京:人民出版社,1959,第 63 页。
⑥ 马克思恩格斯全集:第一卷,北京:人民出版社,1959,第 71 页。
⑦ 马克思恩格斯选集:第三卷,北京:人民出版社,1995,第 760 页。
⑧ 马克思恩格斯选集:第一卷,北京:人民出版社,1972,第 294 页。
⑨ 卢梭,论人类不平等的起源和基础,李常山译,北京:商务印书馆,1986,第 137 页。

自由的自觉的活动。"①人类的发展史就是一个从不自由到自由、从较少的自由到较多的和较高级的自由的历史。第三,自由使人成为真正的人格独立的主体,从而是无限地激发人的主观能动性和创造力的必要前提。换言之,只有当人的能力不受压制性的桎梏束缚时,一种有助于尽可能多的人的高度文明才能得以建立。正如哈耶克所讲:"自由理想激发起了现代西方文明的发展,而且这一理想的部分实现,亦使得现代西方文明取得了当下的成就。""在西方历史上,恰恰是对这种自由的信奉,使得西方世界得以完全充分地利用了那些每个导致文明之发展的力量,并使西方文明获得了史无前例的迅速发展。"②简言之,无论是从法治的制度方面还是从精神方面而言,自由既是它产生的根源,又是它始终关怀的目标。

当前国内有的学者提出"生存权是首要的人权"。这是一个非常容易引起误解的命题。的确,生命(生存)是一个人的全部价值的载体和总和,失去生命就不会有任何人的价值(包括自由)。所以,生存是价值的严格必需的前提条件。但人并非为了活着才活着,而是追求更高尚的东西,那首先就是自由。把生存权置于价值的第一位,就无法把人与动物相区分。当一个社会尚未解决多数人的温饱问题时,人们必须将生存权看得畸重,可是一旦他们一个个富裕起来,情况还可能是这样吗?正如郭道晖先生所指出的:"没有自由权(特别是人身自由和思想言论自由),就只会是像动物般、奴隶般的生存。"③显然把生存看作首要人权的观点是浅近的,缺乏整体性和长远性。

我国自改革开放以来,人民生活水平得以较大提高,但与发达国家相比我们的经济发展还较落后,但我们不能据此就片面夸大生存权。否则势必导致荒谬的结论。拿见义勇为来讲,尽管生命对人来说是重要的,但当人们认识到个人的生命利益与他人、公共利益相比,后者具有更高的社会价值的时候,权利人为了实现自身的价值,换取更大的自由,就有权自由处分自己的生命,从而使他的生命价值在更高层次上得以升华。这种以生命来"舍生取义",保卫和实现普遍人权的做法,难道不值得我们褒扬和提倡吗?

如同马克思所说,自由总是包含着内在和外在的限制。需要特别指出的,在政治社会中,自由通常是法律范围内的自由。这不仅表现在自由是做法律所许可的事情,而且表现在确认和维护自由也恰恰是法律本身的特性。法律总是意味着或蕴涵着某种自由。正如洛克所说:"法律的目的不是废除或限制自由,而是保护和扩大自由。"④卢梭认为,强迫一个人遵守法律,就是强迫他实现自由。在法的诸种价值(生存、正义、平等、秩序、效益)中,唯有自由是最高的。

---

① 马克思恩格斯全集:第一卷,北京:人民出版社,1959,第42、96页。
② 哈耶克,自由秩序原理(上),邓正来译,北京:三联书店,1997,第1—2页。
③ 郭道晖,人权的本性与价值位阶,政法论坛,2004,(2)。
④ 洛克,政府论:下篇,瞿菊农、叶启芳译,北京:商务印书馆,1996,第36页。

（三）法"以人为本"，应是以个体为本

理论上讲，权利是由利益的差别和冲突所导向的利益主体的选择活动与外部客观可能性相连结的一种社会关系。① 根据权利主体的不同，权利又可划分为个体（人）权利、集体权利、阶级权利、国家权利、国家组织权利等。如果将这些主体重要性作一排序的话，最为主要的权利主体应是个体。因为个体总是集体的基础，现实的社会就是由个体和人群按一定方式构成的有机整体。"任何人类历史的第一个前提无疑是有生命的个人的存在。"②人类的历史"始终是他们的个体发展的历史"③。在马克思看来，生产力、生产关系、社会、国家等都只不过是人的个体发展、个体借以实现的形式，它们是从人的个体发展那里获得了存在意义和价值的认可。同时，"个人总是并且也不可能不是从自己本身出发的"，任何个体都必然追求和实现一定的个人利益才能生存和发展。④ 而法人、社会群体特别是国家属于抽象人格，并非真实人格。正是基于对个体的珍视，马克思指出：无产者"为了保持自己的个性，就应当消灭他们至今所面临的生产条件，消灭这个同时也是整个旧社会生存的条件……他们应当推翻国家，使自己作为个性的个人确立下来"⑤。马克思将在旧的分工和雇佣劳动下各个个人所结成的集体称为"虚构的集体"。在这个集体中，个人是与集体相对立的，个人的自由只是就那些在统治阶级范围内发展的个人而言的。所以，理想中的未来社会应该是这样一种"真实的集体：在这个集体中个人是作为个人参加的"⑥。

我国历来有重集体轻个体的文化传统。先秦儒家倡导的"仁"的含义就是克己为人的利他行为，即"仁者爱人"。"他的'仁道'实在是为大众的行为。"⑦传统中国，个人在任何场合下都隶属于一定的群体，个人作为群体的一分子，依附于群体，且无条件地服从于群体，这个群体或为家庭、家族，或为社会，或为国家。这种群体主义的文化氛围，有利于培育人们的集体道德观和形成以道德统治的社会秩序，但随之也产生了压抑人的个性的群体本位观，即强调群体价值作为主要的价值评判尺度；强调个人服从社会、整体权利重于个人权利的观念；个体的自由、自主、自尊得不到应有的尊重和保障。正如梁漱溟先生所说："在中国没有个人观念，一个中国人从不为自己而存在。然而在西洋，则正好相反。"⑧中国传统的整体主义现象，都程度不等地反映着人对群体的"异化"，特别是国家为市民社会的异化，而公民则是市民的异化。群体由个体所组

① 程燎原，王人博，赢得神圣：权利及其救济通论，济南：山东人民出版社，1998，第 62 页。
② 马克思恩格斯选集：第一卷，北京：人民出版社，1972，第 24 页。
③ 马克思恩格斯选集：第一卷，北京：人民出版社，1972，第 321 页。
④ 马克思恩格斯选集：第三卷，北京：人民出版社，1995，第 274 页。
⑤ 马克思恩格斯选集：第一卷，北京：人民出版社，1972，第 85 页。
⑥ 马克思恩格斯选集：第一卷，北京：人民出版社，1972，第 83 页。
⑦ 郭沫若，十批判，北京：东方书店，1996，第 88—89 页。
⑧ 梁漱溟，中国文化要义，上海：学林出版社，1987，第 90 页。

成,反过来又成为个体的压抑者。群体越落后,这种压抑会越严重。

群体主义的人文精神牺牲了人的独立性和自由,进而阻碍了以关心具体个人、保障人权自由地位为宗旨的法治的诞生。正如西方法学家歇斯代克指出的那样:集体要经常转变为以反对个人权利为结局。新中国成立后,由于特殊的历史条件与前苏联的影响,大力加强国家对社会的控制、社会国家化的过程。表现在集体与个人的关系上,就是片面强调集体权利,使个人权利受到极大压抑,甚至像邓小平所说,在党和国家干部中间也存在着下级的人身"依附"关系。十一届三中全会后,国家慢慢退出一些领域,一个国家—社会的二元格局正在形成。尤其是 1998 年以后,我国渐渐扭转对集体人权的片面强调,相应地缩小集体人权的范围,使之适用于特殊社会群体的利益范畴,逐步加强对个人权利的保护,但集体权利仍是人权保护的一个中心议题。① 正是基于对个人权利重要性的认知,我们要反对那些抹杀或者是掩盖个人权利的集体主义,批判"唯群体论"。要主张把个人从传统的家族、社会特别是国家的压抑性的群体中解放出来,使每个个体都得以充分发展,形成鲜明个性,使每个人都能真正成为各种社会关系的主体。只有这种人,才能算是真正自由的人。

诚然,我们这样讲,并非提倡无政府主义和反对任何形式的集体主义,鼓吹孤立的个人主义。我们只是认为,只有每个人成为一个独立的人,获得全面解放,突出主体化才能使整体成为不带压制性的、生动活泼的、具有旺盛生命力的整体,即黑格尔讲的"有机的整体"或马克思讲的"真实的集体",以实现"自由人联合体"的终极目标。

(四)法"以人为本",应是以权利为本

权利与权力、权利与义务的关系问题,不但是法学的基本问题,而且是政治学的重要概念。说它重要,是因为法哲学的许多问题都是围绕这两对范畴展开的。它们是法哲学研究中的举足轻重的理论问题②。对这两对范畴,有各种学说,但"以人为本"要求在处理它们的关系时,都应以权利为本位。

---

① 这一现象的突出表现,就是每当谈起中国传统的自由与权利理论的特点时,往往涉及个人与集体的关系,而这种关系的重心仍在强调集体的重要性上。有一种观点甚至认为,把个人解放看作是社会解放的前提,就是把个人自由的绝对化,那么,"这种自始至终以个人为出发点和中心的学说,必然导致绝对的个人意志自由和无政府主义的政治理想。"这一观点有失偏颇。我们强调,人权的个人性才能使人权概念本身有意义,如果个人不以"人权"为理由主张权利并最终获得利益的话,人权的全部理论就失去存在的必要。

② 在权利与义务、权利与权力何者为法学的中心范畴的问题上,学界有不同的观点。张文显教授认为,权利和义务构成现代法哲学的中心范畴。这是他在对"中心(核心)范畴"作了明确界定,并在充分的理论依据及实践依据的基础上得出的重要结论。参见张文显:《法哲学范畴研究》,中国政法大学出版社 2001年版,第 324—333 页。童之伟教授则提出了"法权最有理由成为法学的核心范畴"的观点。在他看来,权利权力统一一体的客观属性表明,将标志它的法权概念认定为法学的核心范畴"有非常充分的根据",同时列举充足的理由对这一结论予以证明。参见童之伟,《法权与宪政》,山东人民出版社 2001 年版,第 207—211页。但是,无论权利义务,还是权利权力,都以"权利"为先。可见,权利是较之其他法学范畴而言的重要性。

1. 权利与权力关系中，以权利为本位

这是因为：第一，权利衍生权力。马克思主义认为，权利和权力都属于社会上层建筑，归根到底根源于并决定于社会经济关系及其矛盾运动。"每种生产形式都产生出它特有的法权关系、统治形式等等。"①马克思反对把权利归结为纯粹意志的幻想②，同时反对把权力作为国家和法的基础，认为生产方式才是国家的现实基础，这些现实的关系绝不是国家政权创造出来的，相反地，它们本身就创造国家政权的力量③。就是说，国家权力不是凭空产生的，是以公民的权利为中介对社会经济关系的集中反映。④这在现代民主国家中，表现得更为明显。第二，国家权力的目标在于保障社会主体的权利。马克思在反对黑格尔对人民权利的轻蔑态度时，阐发了一个非常重要的观点。他指出：既然国家是和"国家的个人"发生联系的，是和"个人的国家特质发生联系的"，那么，"国家的职能和活动是和个人有联系的"，"国家只有通过个人，才能发生作用"⑤，个人是真正现实的主体，也是国家的基础。就是说，国家权力的存在是以维护一定阶级、集团和人们的权利为前提的。只有为了社会的普遍权利，个别阶级才能要求普遍统治。⑥ 恩格斯在谈到国家的产生时指出，国家是一种行使公共权力的组织，是从"社会中产生但又自居于社会之上并且日益同社会脱离的力量"⑦；"随着法律的产生，就必然产生出以维护法律为职责的机关——公共权力，即国家"⑧。概言之，公共权力的存在基点与运行的终极目标，就是保障市民社会的私人领域以及私法主体的自由，并最终确保全部社会主体的自由与安全。西方政治学说中的天赋权利带有一定的虚构成分，但它阐明了这样一个重要原则：即国家的一切权力都是为了权利而设定。

2. 法的本位是权利，而不是义务

辩证的观点认为，作为法学的基本范畴，权利与义务这对矛盾的双方是对立统一的关系。将法的本位归结为权利，是因为在市场经济条件下，法本身就是商品交换关系和其他社会关系的意志化形态，即按照社会主体的意愿对一定利益及其获取方式的认可和规定，这实际就是权利。在欧洲的传统用语中，"法"和"权利"常用一个词来表示（recut，droit，diritto 等）。"即'法'与'权利'只是从不同侧面来观察同一社会现象而已。……法以'权利'为单位而构成、而适用。从这个意义上讲，法是权利的体系，且法当然地又应该是'权利本位'。"⑨也就是说，权利是法律大厦的基本构件。德国法学家

① 马克思恩格斯全集：第二十一卷，北京：人民出版社，1959，第738页。
② 马克思恩格斯选集：第三卷，北京：人民出版社，1995，第72页。
③ 马克思恩格斯选集：第三卷，北京：人民出版社，1995，第277—278页。
④ 吕世伦、文正邦，法哲学论，北京：中国人民大学出版社，1999，第560页。
⑤ 马克思恩格斯全集：第一卷，北京：人民出版社，1959，第270页。
⑥ 马克思恩格斯全集：第一卷，北京：人民出版社，1959，第12页。
⑦ 马克思恩格斯全集：第二卷，北京：人民出版社，1959，第194页。
⑧ 马克思恩格斯全集：第二卷，北京：人民出版社，1959，第539页。
⑨ 川岛武宜，现代化与法，申政武等译，北京：中国政法大学出版社，1994，第148页。

耶林则将个人的权利视为主观法,讲道:"众所周知,法这一概念在客观的主观的双重意义上被应用。所谓客观意义的法(recut)是由国家适用的法原则的总体、生活的社会秩序,所谓主观意义的法即对抽象规则加以具体化而形成的个人的具体权利。"①这就为权利在西方法学研究中占据核心地位奠定了理论基础。权利本位是特定历史形态的产物。在原始社会,基本上是一种权利义务未分化的状态,那时,"在氏族制度内部,还没有权利和义务的分别"②。奴隶社会和封建社会,是义务本位制,这是由当时经济关系建立在人身依附的基础上以及政治领域中实行的专制制度决定的。资本主义社会强调权利本位制,但这种本位实质上是维护"资本奴役劳动"的权利。社会主义社会,只在生产资料公有制和人民当家作主的范围是权利义务相统一的;而在市场经济领域(这将存在很长时期)中,依然是权利本位的。"以人为本"就是强调重视每个个人的权利。意在弘扬人的自主意识和主体精神,认可与扩充人们活动的自由空间,同时也是繁荣社会主义市场经济所绝对必需的。

需要指出的是,主张"权利本位",并不是要一般地反对权力,也并非否定国家权力在社会生活中的重要作用。③ 相反,马克思主义反对否认国家权力的无政府主义,并竭力支持和实现无产阶级专政。同样,坚持"权利本位",并不是一般地反对义务,不是排斥个人对他人、国家和社会应尽的义务。如同马克思所说:"没有无义务的权利,也没有无权利的义务。"只是说,搞市场经济就不能排斥权利本位。至于权利、义务的彻底统一,那是遥远的共产主义社会才能做到的。

三、"以人为本"的法治精神的重构

我国自20世纪70年代末至80年代初以来,"法治"概念在中国重新提起,尤其是我国"依法治国"方略确立后,学界围绕法的合理性、法的价值、法制与法治、良法等问题予以广泛的关注和理论探讨。在法制的人文精神建设方面也取得了一定进步:如,取消刑事类推制度,实行罪刑法定原则;刑事诉讼法中吸收无罪推定原则;行政立法开始注重以人为本,改革行政许可制度;特别是人权立法的强化等。尽管如此,作为法治精神根基的"以人为本"的培植与研究的不足仍是不可回避的现状,导致无论是理论界还是实践中,关于法治的目的性价值——关怀人的价值和个性的培养和发展之类的问题,尚未得到应有的重视和解决。而这些问题势必影响到"依法治国"方略的准确理解及科学实施。因为要构建法治不仅需要完善的法律(制度)这一因素,更为重要的是,需要具备支撑法治的"以人为本"的精神。就是说,法治的出发点和最终目标都必须立足于关怀人类自身,否则势必违背人类追求法治的初衷。重构"以人为本"的法治精

---

① 梁慧星,为权利而斗争,北京:中国法制出版社,2000,第3页。
② 马克思恩格斯选集:第四卷,北京:人民出版社,1972,第159页。
③ 吕世伦、文正邦,法哲学论,北京:中国人民大学出版社,1999,第562页。

神,是当代我国法治建设的重心和必然,也是由社会主义自身的性质所决定的。

（一）"以人为本"的法治观念

法治观念是人们关于法治的认知、评价和情感体验,是一种带有基本倾向的法律意识。① 从总体上说,自由、民主、平等以及个体本位没有内生于中国传统社会的观念文化中,这是数千年中国法意识和法制度匮乏的重要原因。当代中国,"依法治国"与"以人为本"要求树立与之相适应的法治观念体系。

1. 突出个人权利观念

法治观念包含权利观念、守法观念、良法观念、法律权威观念等。但"以人为本"的发展观,要求对个人的权利观念的特别关注与培育。因为法治化状态,需要的不仅仅是一系列良法,更要有理解法精神的人文基础和权利观念。亚里士多德曾讲过:"即使最完善的法制,而且为全体公民所赞同,要是公民们的情操尚未经习俗的教化陶冶而符合于政体的基本精神(宗旨)——要是城邦订立了平民法制,而公民却缺乏平民情绪……这终究是不行的。"②这就是说,公民对法的精神的理解和内化对于法治建设具有关键作用,公民应充分理解国家与法的存在的正当理由以及国家权力资源配置的出发点。否则,公民就不能很好地适应本邦的政治体系,当然也就不能从事公民所应实践的善业。这一意识就包括了公民个体对自己及他人权利的认知,对国家法律的认知。一般认为,强调个人权利更多的是相对于"义务""权力"及集体权利而言的优先性。这些问题前已作过论述,不赘。

2. 主体性观念

主体观念是公民现代法治观念的重要方面。在法治社会,人首先要认识到自己是人,是主体的存在。同时,尊重他人作为人的这种主体性。黑格尔曾将主体性的人和他们之间的相互尊重视为其抽象正义的出发点。他说,意志的根本属性是自由。但自由只有作为意志、作为主体,才能摆脱单纯的精神形态和抽象性,才是现实的意志即人的意志。川岛武宜也讲到:"近代法意识的最根本的基础因素是主体性的意识。"他还具体分析了主体性意识包含的内容:"第一,人要认识自己作为人的价值,是有独立价值的存在,是不隶属于任何人的独立存在者;第二,这种意识在社会范围内,同时是'社会性'的存在,大家互相将他人也作为这种主体人来意识并尊重其主体性。"③公民的主体性意识表现在政治经济领域,就是对政治生活、经济生活的广泛参与。事实上,也确是因为公民的参与意识的提高,才奠定了现代法治国家的以限制政府权力、保护公民权利为宗旨的宪政基础。如同美国学者詹姆斯·李所言:"正是在公民这一层次上,而不是在精英层次上,决定着民主自治政府的最终潜能是否存在。"④马克思也曾指

---

① 李龙,依法治国方略实施问题研究,武汉:武汉大学出版社,2002,第121页。
② 亚里士多德,政治学,吴寿彭译,北京:商务印书馆,1965,第275页。
③ 川岛武宜,现代化与法,申政武等译,北京:中国政法大学出版社,1994,第53页。
④ 魏健馨,论公民、公民意识与法治国家,政治与法律,2004(1)。

出:"在所有国家,政府不过是人民教养程度的另外一种表现而已。"①就是说,公民通过参与国家政治而获得的体验和积累,有利于提高公民的宪政素养;而法治国家又需要通过广大公民的各种参与,达到其成员的心理认同,维持政治系统的良性运作。从这个角度讲,"最大多数人的利益和全社会、全民族的积极性和创造性,对党和国家事业的发展始终都是具有决定因素的……把一切积极因素充分调动起来,至关重要。"②

中国的传统文化是以儒家思想为基础构建的,国家与社会、国家与个人之间的关系带有浓厚的宗法等级色彩。加之传统的政治法律倡导追求统治的和谐、漠视个体生命自由的存在和价值、强调身份差别和肯定社会地位的等级,平民百姓对于国政是沉默的、惊畏的,从而导致国家本位、官本位为基本的思维定式,公民主体意识的缺乏也就不足为怪了。法治要求强化公民的主体意识,并使之成为公民的内心诉求。当然这种主体意识并非为所欲为,而是"必须不使自己成为他人的妨碍","而且正因为约束了他本性中自私性部分的发展才使其社会性部分可能有更好的发展"③。

3. 开放观念

在法治观念的民族性与普遍性的问题上,传统上的做法是固守阶级性的理念,简单地把法归于政治范畴,以便维护本国孤立的计划经济体制。但我们今天所面临的任务则应是不断迎合世界经济一体化的潮流,更新自己的观点和认识方法。④ 具有民族性特征的法理念本身,是该民族特定的生存和生活方式、地理环境、文化传统、社会体制的反映。当法理念赖以生成的现实条件和根据一旦发生变化而且是剧变,法治观念的变革与更新就在所难免了。这种情况下,"以人为本"精神就要求开放性的法治意识。因为,只有实现开放,才能快速地解放和发展生产力,推动政治和文化事业的前进,增强人的独立自主性,使人得到全面发展,满足迅速增长的人的物质和精神上的需要。

(二)"以人为本"的立法精神

法治的实现固然需要良法,但"以人为本"的人文精神的奠基和弘扬,无疑是法治得以顺利实施并达至理想目标的关键。⑤ 正因如此,法制现代化不应等同于法律制度

---

① 马克思恩格斯选集:第一卷,北京:人民出版社,1972,第 687 页。
② 江泽民,全面建设小康社会开创中国特色社会主义事业新局面,人民日报,2002 - 11 - 18。
③ 约翰·密尔,论自由,程崇华译,北京:商务印书馆,1959,第 1 页。
④ 林荣林,社会主义政治文明建设的方法论思考,http://www.wutnews.net,2004 - 10 - 15。
⑤ 正如伯尔曼所讲的那样,西方法治深深扎根于近现代西方人文沃土之中——文艺复并对人的本质、尊严、个性和自由的发现和肯认;宗教改革对人的理性、人道、人的价值等的深切关怀和崇尚——又以这样的人文精神的反哺为其根本的精神底蕴和动力之源。因而,法治的势强无疑就是因为人文精神在其中得到了十足的维系和张扬的缘故,而法治的式微无疑是也仅仅是因为人文精神的失落与式微。他认为,所谓目前发生在西方的法治危机又称正统性的危机别无他解,仅仅是因为人文精神、人文信仰的整体失落和沦丧,它已为现世主义和理性功利主义所取代。参见伯尔曼:《法律与革命》,贺卫方、高鸿钧等译,中国大百科全书出版社 1993 年版,导论第 39 页以下。另参见杜宴林:《论中国法制现代化的现实切与终极关怀》,《法制与社会发展》,2003 年第 3 期。

的现代化,不能坚守法治就是法律规则得到实施之信念。谢晖先生曾坦言道:"法治的法律:人化的道德",是"主体道德需要的制度安排和规范表达"①。就是说,只有法治之法是以保障促进人的自由为核心,反映人类的尊严、实现人类价值等人文精神的时候,只有立法精神和价值导向获得公众的认同的时候,法治才能将客观的行为标准转化为人民的主观行为模式,获得人民的信赖和自觉遵守,从而达到真正的法治国家的目标。博登海默就此指出:在最普遍的意义上,"任何值得被称之为法律制度的制度,必须关注某些超越特定社会结构和经济结构相对性的基本价值"。可以想象,"一种完全无视或根本忽视上述基本价值中任何一个价值或多个价值的社会秩序,不能被认为是一种真正的法律秩序。"②对此,马克斯·韦伯和哈贝马斯有着类似的观点。马克斯·韦伯认为,统治系统由自愿服从和信仰体系构成,而后者具有关键意义,只有确定对统治的合法信仰,才能使社会成员对现存制度予以认可并使之得以维系③。哈贝马斯则将人民的认可与法律制度的合法性相联系,说:"合法性是一个合法的制度赢得承认。合法性就是承认一个政治制度的尊严性。""任何一种政治制度,如果它抓不住合法性,那么,它就不可能永久地保持住群众(对它所持有的)忠诚心,这也就是说,就无法永久地保持住它的成员们紧紧地跟它前进。"④总之,在立法时,"法律不应只图方便;它应当致力于培养所有有关人员——当事人,旁观者和公众——的法律情感"⑤,还应该用法律来集中和反映人民的意志,并按照"服从法律的人民就应该是法律的创作者"⑥的精神与要求来制定法律,从而充分体现出关心人、尊重人的特有的"以人为本"精神,将一个人治与权力的文化转变为一个法治与"以人为本"的文化。正是基于对人文精神关怀的重要性的认识,哲学家伯特兰·罗素说道:"我以人类的一员向所有的人类存在物呼吁:记住你们的人性而忘记其他吧!如果你们能够做到这一点,那么你们就会打开通向新的天堂之路;如果你们不能做到这一点,那么留给你们的只会是共同的毁灭。"⑦

当前,我国立法中应着重强调以下几点:

1. 立法要着眼于尊重人的自由权

现代社会,法的价值呈现多元化取向,但最为根本的就是立法的价值应当符合自由、民主、人权和法治的精神,符合最大多数人的最大利益,符合人类社会的本质和每个人的生存与发展。在所有立法价值的选择中,最主要的应当是自由。自由是法发展

---

①　谢晖,法治的法律:人化的道德,法律科学,1997(5)。

②　E. 博登海默,法理学——法律哲学与法律方法,邓正来译,北京:中国政法大学出版社,2001。

③　苏国勋,理性化及其限制:韦伯思想引论,上海:上海人民出版社,1988,第189页。

④　欧力同,法兰克福学派研究,重庆:重庆出版社,1993,第339页。

⑤　哈罗德·J.伯尔曼,法律与宗教,梁治平译,北京:三联书店,1991,第59页。

⑥　卢梭,社会契约论,其林译,北京:商务印书馆,1980,第52页。

⑦　弗洛姆,人的呼唤,王泽应等译,北京:三联书店,1991,第53页。

到现代其所应当具有的精神内核。如果说法的最高使命是人的彻底解放,是人的全面发展的话,那么自由则是人类走向这条道路的动力、途径和始终相随的法律精神。

中国是一个在法制历史上缺乏自由传统的国家。历史上长期的专制严重压抑了人的自由。在制度层面上,不尊重人的自由、漠视人的自由早已成为历史积弊。社会主义建立后,在法制上,人民的自由得到了法律的确认。但是,由于历史的原因,这种局面的根本改变有待长时间的努力和法制的不断完善。自己自由,也尊重别人的自由,这是自由的两个重要的方面。

中国正在进行市场经济建设。而市场经济无疑是自由经济和法治经济,市场经济对于法制和法治都提出把自由作为时代精神的要求。没有自由和法治,便无市场经济可言。市场主体的精神需要自由,市场主体的行为更需要自由,这些自由都需要法制予以保障。市场经济中的立法,必须体现自由的精神要求,必须切实地保护市场主体的自由。市场经济中的执法、司法一定要以实现自由为己任。凡是对于法律所保护的自由的任何侵犯,都应当受到法律的制裁。凡是法律所不禁止的,都是人们不受法律干涉而可以自由行为的领域。

中国正在进行的改革的一个重要目标就是给每个个体和群体以最大限度的自由,从而达成解放生产力、发展生产力的目的。这也包含着对于法律自由的时代要求。中国的改革是全方位的,包括政治、经济、文化、教育乃至社会生活的各个方面。这些改革不是对于自由的压制,而是对于自由的张扬与扩展。一个充满自由的社会才是一个具有活力的社会,才是一个有发展前途的社会。改革的自由旋律,要求法的自由精神与之相呼应。只有法具有了自由的精神,改革的目的才可能在法律的保障下成为现实。

2. 立法要尊重和保障人权

享有充分的人权,是长期以来人类追求的理想。从一定程度上讲,"以人为本"在法律上的体现就是"以人权为本"。对于中国来讲,维护人权和不断改善人权状况,是国家的根本目的之一;依法治国,共产党执政,保障人民当家作主,都是为了实现人民的人权和基本自由,最终实现全人类的彻底解放。正如1991年《中国的人权状况》白皮书向全世界宣示的那样,"继续促进人权的发展,努力达到中国社会主义所要求的实现充分人权的崇高目标,仍然是中国人民和政府的一项长期的历史任务"。人权是人之作为人,基于人的自然属性和社会本质所应当享有的权利。"中国政府依法保护人权,反对一切侵犯公民合法权利的行为。"社会主义市场经济和共产党执政条件下的依法治国,其确认和保障人权的基点,在于为公民权利的行使提供可靠的法治保障。从这个角度讲,依法治国与尊重和保障人权的内在属性是一致的。

我国到目前为止,已加入了22个国际人权公约,包括《经济、社会和文化权利国际公约》以及《公民权利和政治权利国际公约》。这两个公约都明确规定:"对人类家庭所有成员的固有尊严及其平等的和不移的权利的承认,乃是世界自由、正义与和平的基础。""国家尊重和保障人权"先后出现于中国共产党十五大、十六大报告中,并于2004年庄严载入宪法修正案;宪法还正式赋予了非公有制经济的同等权利保障;2003年行政许可法的制定和实施,目的就在于更好地保证行政相对人的权利和利益。所有这些都意味着国家立法正在实现由政府本位立法向公民本位立法,由义务本位立法向权利本位立法的转变。① 这标志着国家权力运作、国家的价值观正在朝着"以人为本"的方向迈进,直至上升为一种国家理念。需要指出的是,所有这些承诺或立法精神和原则还需要相应的配套制度保证落实。中国的立法应严格遵守国际人权公约的各项规定,保证国内立法的价值选择符合国际社会的正义和人权标准。一句话,"以人为本""人权至上"应当成为我国立法的重要指导原则。

3. 立法应关注私法自治的理念

公法与私法的划分源自大陆法系,并对大陆法系产生了深远的影响。② 公法、私法的划分标准很多,区分公法、私法的工作亦非易事。理由在于,"区分公法与私法之间的困难正好在于国家及其国民间的关系不仅具有'公的'而且还有'私的'性质③。但我们不能因此认为区分公法、私法毫无意义。相反,私法因与公法分开,使私法能够不受政治的影响,有效地保护和促进市场经济的发展。④ 韦伯也认为划分公法私法具有重要意义,指出:"现代法律理论和实践中的最重要划分之一是'公法'和'私法'的划分。"而且,"从整体上讲,私法中的合同法的重要性的增强是我们社会中市场趋向在法律上的反映。"⑤

我国历史上曾长期实行高度集权的计划经济体制,那时从实质上讲,是不存在具有"真正私法精神"的私法的。尽管存在调整公民与公民之间的关系的法律,但却充满了国家的意志的干预,当事人的意志自治受到了极大的限制和约束。而市场经济机制的确立,为私法的发展提供了空间。在市场经济背景下,社会划分为公域与私域,表现为政治国家和市民社会二元结构。为了进一步约束国家公共权力,扩大公民个人权利的范围,鼓励和保护人们对个人权利的合法追求。将私法制度作为国家法律制度的基点和支点,具有重要意义。因为,私法的精神主要就表现为平等原则与意思自治原则;如果一种私法不体现这两种原则,那么,"它只是形式上的私法,而不是实质上的私法,

① 阮占江,从旧法废止中看立法精神的变迁,法制时报,2004-06-03。
② 关于划分公法与私法的划分是罗马法以来的传统分类。《法学总论》中讲到:"法律学习分两部分,即公法和私法。公法涉及罗马帝国的政体,私法则涉及个人利益"。见查士丁尼:《法学总论》,张企泰译,商务印书馆1993年版,第5—6页。《学说汇纂》认为:"公法是有关罗马国家的规定,私法是关于个人利益的规定"。见江平、米健:《罗马法基础》,中国政法大学出版社1991年版,第9页。此后在西方国家,公法、私法的划分标准大致可分为四种:利益说、主体说、法律关系说和生活关系说。
③ 凯尔森,法与国家的一般理论,沈宗灵译,北京:中国大百科全书出版社,1996,第227页。
④ 王泽鉴,台湾的民法与市场经济,王泽鉴,民法学说与判例研究(第7册),北京:中国政法大学出版社,1997。
⑤ 王晨光、刘文,市场经济与公法与私法的划分,中国法学,1993(5)。

它只具有私法的躯干,而不具有私法的精神"①。私法理念的培育和逐渐养成,有利于公民确立主体、人格、权利、平等、自由和责任等权利观念以及民主的、有限的和法治的政府观念,从而更好地体现和实现"依法治国"与"以人为本"的结合。

(三)"以人为本"的执法理念

执法②是法治实现的关键环节。我国民主革命的先行者孙中山先生在总结中外法制建设的经验时曾深刻指出:"国人性习,多以定章程为办事,章程定而万事毕,以是事多不举。异日制定宪法,万不可蹈此覆辙。英国无成文宪法,然有实行之精神,吾人如不能实行,则宪法犹废纸也。"③这段话足以表明法制建设中,执法是非常重要的环节之一。近年来,国家执法机关在执法工作中,取得的成效是有目共睹的。但也存在明显的问题,如执法"不作为"、执法权力商品化倾向、滥用刑事强制措施、不注重保护违法犯罪嫌疑人合法权益、行政执法重实体轻程序等,其影响和危害颇大。

现代法治国家是建立在"以人为本"——对人的价值和基本权利的保障基础上的。执法过程也并非一个简单的落实和执行法律的过程,它"可以视为一个由权限、权力与权利关系以及多项因素综合作用的过程,它也可以看作一个摆正权力与法律、权力与权力关系以及同等看待实体与程序、合法与合理的过程"④。现代执法理念的核心和基石应是对人的尊严和人的价值的认可和尊重,体现"民主""人权""法治"等基本人文精神。就民主而言,现代执法理念要求反映人民群众对执法者权力和责任的要求,现代执法要充分体现"以人为本",在司法制度的构建与运作中,要尊重公民和当事人的意愿、保障其权利和自由,维护其尊严。⑤ 就人权讲,人权是现代执法理念的核心。人权对于执法者具有道德和观念上的导向作用,要以保障人权为出发点,推进公、检、法机关的人性化服务。在这种服务型行政模式中,"管理主体是服务者,而管理客体是服务的接受者",国家的行政体系是"一种根据服务的目的而建立起来的,不仅在客观制度或体制的设置上体现了为公众为社会服务的目的,而且在行政人员的主观动机中深深地蕴涵着时时处处从公共利益出发为公众为社会服务的强烈愿望"⑥。法治运用于执法理念中,就是执法方本身必须尊重、服从和遵守法律。因为"政府守法从一定意

---

① 王涌,私权的概念,夏勇,公法(第一卷),北京:法律出版社,1999,第398页。

② "执法"有广义与狭义之分。广义上相当于"法的实施",不仅包括通常意义上的"行政执法",而且包括"司法"。对此,姜明安教授在《行政法适用的十个问题》(《法制与社会发展》,1995年第3期)一文中也指出,在一个法治国家,整个行政活动及司法活动在广义上都可以认为是"执法",但狭义上的执法仅指行政执法。本文中执法一词是在广义上使用。

③ 严存生,法的理念探索,北京:中国政法大学出版社,2001,第259页。

④ 肖全明,关于政府立法品位和行政执法错位的思考,法学,1999,(9)。

⑤ 2003年最高人民检察院试行的外部监督机制——人民监督员制度,是"以人为本"理念在我国检察工作中的重要体现。一方面,吸收公民直接参与司法活动是一国司法民主化的重要标志;同时,为推进司法的民主化和社会化作出了表率。

⑥ 张康之,公共管理伦理学,北京:中国人民大学出版社,2003,第13页。

义上关系着法律至上观念的成败。因为完全缺乏对法律的经验，人们尚可以相信法律的价值及其作用，保留对法律的企盼，若是一种恶劣的'政府都不守法'的法律经验，将会从根本上摧毁关于法律的信念，甚至使人们丧失对法律的信心，更不必说法律至上观念"。① 因而，法治要求执法主体在执法过程中，尤其是在行使自由裁量权时，要以"法治主义"和"以程序制约权力"为基础，因为法治的要义之一就是"政府必须根据公认的、限制自由裁量权的一整套规则和原则办事"②。显然，这是"依法治国"之起码的形式要件。

综上所述，"以人为本"应作为我国法治建设的精神支柱。正如毛泽东所讲的："被束缚的个性如得不到解放，就没有民主主义，也就没有社会主义。"③就是说，社会主义法治应以彻底解放人作为最高宗旨，"以人为本"与"依法治国"相辅相成，缺一不可。

吕世伦、张学超撰写，刊于《法制与社会发展》2005 年第 1 期。

① 夏锦文，蔡道通，论中国法治化的观念基础，中国法学，1997(5)。
② 张文显，二十世纪西方方法哲学思潮研究，北京：法律出版社，1996，第612页。
③ 毛泽东，致秦邦宪，毛泽东，毛泽东书信选集，北京：人民出版社，1983，第239页。

社会主义和谐社会与"以人为本"的法治精神

　　20 余年的经济体制改革使中国的面貌发生了巨大的变化,也带来了一系列的新问题和新矛盾,以至转型期的中国社会面临严峻的挑战,中共十六届三中全会提出"以人为本"的科学发展观以及四中全会提出"社会主义和谐社会"的目标,正是中国共产党和中央人民政府做出的理论和政治上的应对。这里自然引出的一系列问题值得我们深思:究竟何为"以人为本",什么样的社会才能谓之"和谐","社会主义和谐社会"的意蕴何在,"和谐社会"究竟是一种现实的存在抑或某种人类可欲而不可求的理想,"和谐社会"是一种静态的存在还是某种动态的、辩证的过程。就法学研究与法律发展而言,则的确必要进一步思考"民主与法治"在这种存在或过程中究竟处于何种地位。

一、"空想主义和谐社会"思潮的启示

　　近几年来,空想主义思潮已成为学术界有意或无意地予以遗忘的角落。然而,不可回避的事实是,这些思潮所蕴含的许多观念和价值标准已深深地渗透到中国社会群体心理结构之中,从法哲学视角对中外历史上"空想主义和谐社会"思潮所包含的"和谐社会"理念进行比较与反思,对于我们当下所致力的"'以人为本'的社会主义和谐社会"目标应该是有益的。

　　(一)中外思想史上"空想主义和谐社会"思潮

　　"和谐社会"这一用语由 19 世纪的空想社会主义者傅立叶首次提出。他认为现代社会中分散的个体间不断的斗争是造成贫富悬殊、道德沦丧和阶级压迫的根本原因。他主张在未来的和谐社会中,通过由富人捐资组织的"试验性"股份公司制协作社,把对抗性的资本主义社会改造成为和谐社会;所有国家的人们都联合在若干个"法郎吉"中,城乡对立消灭了,国家也不复存在①。其实,傅立叶的"和谐社会"理想,前有远久的渊源,后有不间断的来者。例如,古希腊柏拉图的"哲学王之治的理想国",16 世纪英国人道主义者莫尔的"乌托邦",基督教原初思想中的"在上帝面前人人平等、教会兄弟姐妹互帮互爱的人间天国",民主主义启蒙思想家卢梭所向往的自然状态下没有压迫、没有剥削和人人平等的"黄金时代",以及 19 世纪中期空想社会主义者威廉·魏特

---

　　① 约安尼·阿·鲁,傅立叶传,汪裕苏译,北京:商务印书馆,1961,第 1—28 页。

林的"所有人的自由与和谐"的美妙世界。①

中国古代至近现代的"大同世界"思潮亦可谓薪火相传。比较典型的有:春秋时期孔子以"仁"为核心倡导的"爱有差等"——具有浓郁原始人道主义和民主主义色彩的"大同世界";墨子以"普遍的爱"为指南主张的无等级差别,充满和谐秩序的"兼爱"社会;老子"鸡犬相闻,老死不相往来""无为则无不为"的自给自足的田园社会;太平天国追求的"凡天下田,天下人同耕……无处不均匀,无人不保暖""人无私财,逆者问罪"的绝对平均的"理想天国";康有为"天下为公,无阶级,一切平等""太平之世不立刑"的资产阶级改良主义"大同世界";中国资产阶级革命的先行者孙中山自认为超越西方资本主义自由、平等、博爱理念,坚信"举政治革命、社会革命毕其功于一役"的资产阶级民生主义和"全民政治"理想。②《礼记·礼运》所描绘的"大同世界"是,"天下为公,选贤与能,讲信修睦。故人小独亲其亲,不独子其子,使老有所终,壮有所用,幼有所长……是故谋闭而不兴,盗窃乱贼而不作,故外户而不闭"。这种和谐社会观的精神实质是流传于中国传统文化数千年的"中庸之道"。

(二)对各种"空想主义"和谐观的比较与反思

上述各种"空想主义"和谐观不但在精神实质上具有跨越时空的惊人相似一面,而且有着类似的社会背景、类似的困惑与企盼以及类似的误区。

(1)相似的社会背景。中外各种空想主义和谐思潮的产生总是与社会转型、社会矛盾激化的现实密不可分的。孔子的大同观和墨家的兼爱社会勃兴于以血缘和宗法制度为核心的奴隶社会后期向封建社会转型的"礼崩乐坏"、兼并战争此起彼伏、民不聊生的大变革时期。清朝后期,政治腐败、外国列强横行、人民生活于水深火热之中的社会现实,正是太平天国运动、康有为的"大同世界"和孙中山的民生主义、"五权宪制"理想得以产生的根本原因。16—19世纪各个阶段的西方空想社会主义思潮也与残酷的"资本原始积累"、无序的"自由竞争"、有其形而无其实的"平等、博爱、宪政"制度以及贫富极度悬殊的社会现实直接相关。同样,古希腊柏拉图的"理想国"在很大程度上起因于雅典民主共和国"有民主之形而无自由之实",因而欲维持一个由贵族掌权的斯巴达式城邦社会的幻想。古往今来,人人都幻想幸福美好的生活,但当这种幻想与现实发生激烈冲突乃至基本的生存条件都无法保障时,这些困惑与企盼必然会在处于边缘状态的群体中形成一种解构社会现状、追求理想生活的思潮。受这些思潮影响而又有切肤之痛的群体,自然就会寻求打破旧有的秩序、建立新秩序的出路。

(2)相似的和谐社会理想和基本相似的和谐社会法律观。"和谐为美"的思想是

---

① 柏拉图:《理想国》,郭斌和、张竹明译,商务印书馆1986年版;威廉·魏特林:《和谐与自由的保证》,孙则明译,商务印书馆1960年版;卢梭:《社会契约论》,商务印书馆1982年版。

② 参见张国华、饶鑫贤:《中国法律思想史纲》,甘肃人民出版社1984年版,126—140页;张国华:《中国法律思想史新编》,北京大学出版社1998年版,249—257页,302—309页,332—335页;李泽厚:《中国古代思想史论》,安徽文艺出版社1994年版,27—28页。

"天人合一"的中国文化传统的体现。"和自然相一致的生活"也是古希腊思想家们倡导的理想生活。"天人合一"或者"和自然相一致的生活"的和谐观念由来已久,源远流长。它既与新石器时代人们顺应自然而生存与发展密不可分,又与奴隶制度建立前的原始体制下氏族、部落内部维持着的某种自然和谐关系(即原始的人道、民主关系)一脉相承。① 即使是马克思主义的创始人也充分肯定了对这种和谐社会的憧憬,"这种十分单纯质朴的氏族制度是一种多么美妙的制度啊! 没有军队、宪兵和警察。没有贵族、国王、总督、地方官和法官,没有监狱、没有诉讼,而一切都是有条理的"②。

在对待私有财产方面,许多空想主义者都认定"私有财产是万恶之源"。康有为指出,贫富之悬殊所导致的"阶级之苦"和"犯罪之源"正是一个"私"字,有了"私"才有了阶级、国家、家庭和人自己之分。因此,只有去九界,进入无家、无国、无己之分的"太平之世",消除"触犯刑法"之根源,才能达到"刑措不用,囚狱不设"的"无讼"境界。威廉·魏特林一针见血地指出,"在今天社会里维护私有财产这个概念,这就是屠杀大量的劳动者。……私有财产是一切罪恶的根源。"③

在对待社会治理方面,空想主义者均主张实现"哲学王"或"贤人"之治。威廉·魏特林认为,现行的所谓宪政、共和制、选举制等怪物,令人生厌,属于动听的欺人之谈。为了实现社会和谐和保障一切人的自由,哲学必须至上。这里的哲学包含一切崇高、善良、有益、美好的观念和思想。社会管理最高层由最伟大的哲学家组成,他们同时也是在医学、物理学和机械学方面的最优秀的天才。魏特林的这种思想基本上就是柏拉图"哲学王"之治的翻版,也即《礼记·中庸》里的"为政在人"的"圣人之治"思想的写照。

在对待法律方面,空想主义者均持法律虚无主义的态度,强调法律在"和谐社会"中已丧失了它的阶级压迫与维护私有财产制的功能。在一个为了自由而一切财产都是共有共享的地方,社会也就根本不用去禁止盗窃。魏特林认为,自由与和谐的社会只需要不损害全体人的自由、起着"卫生条例"作用的法律,这些法律应当视犯法之人为病人。一切法律,凡是以处罚犯罪行为为目的,都是对个人自由的侵犯。在和谐与自由的社会里再没有要处罚的人,而只有要治疗的人;警察和宪兵在这种制度里自然完全无用。不过墨家的法律观与前者有所不同。墨家期望将其"兼爱观"贯彻于国家法律之中,以使其获得国家强制力的保障;在立法上,提出"壹同天下之义",以使国法贯彻"兼爱"原则。欲实现这些理想,在当时的历史条件下也只能求助于宇宙之神的威慑力以及代天行道的人间圣君。

(3)在认识论和人性论上,均存在着相似的误区。进入私有制和阶级社会以来,人类就处于不平等的历史枷锁之中。伴随生产力的发展,社会形态由低级向高级不断迈进。社会在发生质的飞跃性转型时,代表文明进步的社会力量往往以摧枯拉朽之势冲

---

① 李泽厚,中国古代思想史论,合肥:安徽文艺出版社,1994,第315—316页。
② 马克思恩格斯选集(第2卷),北京:人民出版社,1972,第92页。
③ 魏特林·威,和谐与自由的保证,孙则明译,北京:商务印书馆,1960,第73—74页。

破旧有社会秩序的桎梏,用血与火的抗争与既得利益者作顽强的斗争。其中,必然会出现黑格尔所总结的历史悲剧性二律背反:一方面,社会文明迈向质的飞跃;另一方面,流血、争纷、礼崩乐坏、强势者称雄与弱势者尊严受践踏等伦理秩序的破坏和沦丧难以避免。中外历史上的空想主义者囿于历史的局限性,认识不到社会发展的基本规律,必然会幻想旧有秩序的维系乃至憧憬原始时代那种和平、安宁、有序的生活。即使如傅立叶或者魏特林等本着向前看的世界观,也难以割舍那种对原始平等主义的眷恋。例如,一谈“和谐社会”的理想构图,空想主义大师们就离不开这种或者那种形式的“公共食堂”情结。在一定程度上,正是这种认识论上的误区导致对社会实践主体“人”本身的认识趋于简单化、授权化与等级序列化。欲消除个体心中的“私心杂念”,以实现“绝对平均主义”“安贫乐道”“兼相爱交相利”“全体人的和谐与自由”等理想,必然需要一个拥有绝对权威的人格的神来作为最高主宰,使这些美好的原则和信仰建立在绝对服从的基础上。

老子的“无为”思想在客观上有利于下层受压迫阶级休养生息,减轻经济剥削与政治压迫的强度,但是“虚其心,实其腹,强其骨,常使民无知无欲”的论断则彰显了老子思想的政治倾向。有学者研究指出,《老子》全书绝不是一个在野圣人探索自然奥秘或者人怎样达于至善的哲学,而是不折不扣的政治哲学、统治哲学。老子的无为政治、愚民政治,是为王侯既得利益得到切实保障而出谋划策的结果。从历史进步的观点来说,都是开倒车的、落后的①。尽管孟子在人性说与天命观上使人独立于天地万物之外,以和谐的社会秩序和独立完善的人格作为其基本价值取向,从而肯定了人的地位,但是这种超越于常人的“至善”要求又在事实上否定人的类本质。从而自荀况始,主流意识形态既从“内圣外王”的道德视角来高扬人的本性,又必然会为维护封建等级秩序而为个体自由发展设置种种障碍和枷锁。

柏拉图建立“理想国”的目的“并不是为了某一个阶级的单独突出的幸福,而是为了全体公民的最大幸福”。但是,全体公民“幸福”了,作为有着人格尊严和基本自由的“个体”的人却消失了,有的只是道德的强制。①等级森严的社会分层——“最佳的一种人是黄金做成的,适合做统治者;次一种人是银子做的,适合做士兵;其余的人是铁或铜做的,只适合做农民或匠人”。②人的尊严尽失——“这些女人应该归这些男人公有,任何人都不得与任何人组成一夫一妻的小家庭”。③思想自由的扼杀——“(理想国中)要审查故事的编者,接受他们编得好的故事,而拒绝那些编得坏的故事”②。16世纪后西方各种空想主义和谐社会思潮也离不开柏拉图式的“和谐

---

① 顾准,顾准文稿,北京:中国青年出版社,2002,第409—417页。
② 柏拉图,理想国,郭斌和、张竹明译,北京:商务印书馆,1986,第133、71页。

社会"影子。①

简而言之,中外空想主义和谐思潮在人性问题上存在一个共同点:在理想的"和谐世界"中,作为个体的"人"消失了,而且社会矛盾和人的异化也没有了;与此同时,人之所以为人的尊严不见了,有的只是那种"时代的智慧、荣誉和良心"在统治着芸芸众生。② 如果当社会物质文明达到我们所难以想象的丰富程度,这种"和谐社会"方有可能实现的话,那么将这种模式的"和谐社会"当作我们今天的目标,当作我们不久就可以实现的愿望,权威主义或者极权主义的社会格局必定难以避免,以"肯定人的尊严"和"平等的关怀与尊重"为核心要素的现代民主与法治理想和实践,肯定只能被再次搁置于一边。诚如先哲所言,历史重复两次,而第二次往往是悲剧。③

二、"社会主义和谐社会"的基本特征④

(一) 既体现为相对静态的存在,又体现为动态的、辩证的过程

人类数千年可记载的文明发展,从整体上来说,是朝着"自由、平等"的大方向迈进的。即使是社会道德观念也随着文明的发展越来越多地体现人性中共同的东西。从奴隶社会到封建社会再到资本主义社会,个体的权利与自由的内涵与外延乃至享有权利与自由的主体的范围都在不断扩展。社会主义社会的产生,无疑为实现人的自由与解放从而使人类从必然王国走上自由王国提供了一种全新的、可选择的实现途径。十月革命以来,资本主义和社会主义两种意识形态和社会制度一直在交互地影响着人类文明的发展。西方资本主义日益摆脱自由商品竞争所带来的尖锐社会矛盾,逐渐(或已然)迈向福利国家。那些曾经以高度集权、高度计划为本位的社会主义国家也开始迈向政治经济改革和对外开放的征途。这两股文明形态的相互借鉴、相互渗透,对人类文明向着更美好的生活迈进起着重要的推动作用。进而言之,历史上的空想社会主

---

① 少有学者注重对西方空想社会主义思潮所体现的"人性观"作深入的分析,这可能与长期以来教条主义地理解西方人性论有关。参见维·彼·沃尔金等:《论空想社会主义(中、下卷)》,商务印书馆1980、1982年版。

② 空想主义和谐社会论者出于善意的"公共食堂"情结,在事实上忽视乃至剥夺平常家庭中应当有的"家人围坐一团其乐融融"的伦理常情。不管一个社会如何进步,为了"大家"而牺牲"小家"绝不是我们所追求的"和谐社会"的目标。

③ 中西方空想主义和谐社会思潮在历史地位与作用上是不同的。整体而言,中国历史上的空想主义和谐社会理念与自给自足的封建农业社会有着千丝万缕的联系。因此,西汉董仲舒的"新儒学"、南宋朱熹的"理学"、明朝王守仁的"心学"能够融合这些空想主义和谐观并加以改造,以服务于封建特权阶层,并且在历史演进中渗透于中国民众的社会心理结构。而西方空想主义思潮,尤其是16世纪以来的空想社会主义思潮则与西方文艺复兴时期的人文精神和人道主义思潮密不可分。因此,它既可以孕育西方的社会民主主义思潮,又可以成为科学社会主义的主要思想渊源之一。

④ 从不同的视角出发,可以归纳出"社会主义和谐社会"的不同特征,如人与自然的和谐理当为社会主义和谐社会的基本特征之一。本文仅从法治精神角度,阐述社会主义和谐社会应当包含的一些基本特征。

义者所憧憬的"无阶级、无剥削、人人平等"的和谐社会蓝图,并非可遇而不可求的虚幻目标。不同之处在于,资本主义制度是自发地发展的,而社会主义制度则体现为自觉的发展进程,这是其自身承担的历史使命所决定的。

然而,各国社会经济与人权事业的发展囿于国情、传统、文化等差异,在迈向和谐社会的历史过程中必然会存在着这样或者那样的差异。"一刀切"的模式,将"应然"等同于"实然"或者"目标"与"手段"发生历史的错位(比如简单地用计划经济代替市场经济),只能再次落入乌托邦梦想。正如马克思所言:"权利永远不能超出经济结构以及由经济结构所制约的社会文化发展。"①原始社会的氏族生活是和谐的,但在本质上是落后的、没有发展前途的,它必然会被更为发达的社会形态所突破。新中国成立初期的"战时共产主义"也是不长久的,因为它不符合生产关系必然要适应生产力发展之客观规律。"社会主义和谐社会"既体现为某种当下的生活与实践,又体现为社会主义中国不断追求的目标和理想。将这种范式的和谐社会观视为"某种当下的生活与实践"意味着,我们必须充分挖掘现有的制度资源以解决目前社会、政治、经济和法律实践中存在的各种尖锐矛盾和问题。矛盾推动着社会物质文明、精神文明和制度文明从量变向质变的转变。资本主义社会如此,社会主义社会也是如此。因此,"社会主义和谐社会"又体现为"社会主义中国不断追求的目标和理想"。社会主义中国发展的不同历史阶段,必然会存在质与量方面的差异。也就是说,在本质意义上只有"不断进步、日益和谐"的社会,而没有尽善尽美、绝对的社会主义和谐社会。诚如恩格斯在《费尔巴哈论》(1888年)中指出的,"并没有什么永远确定的、绝对的、神圣的东西……除了无穷的低级进到高级的上升过程之外,没有任何东西是永存的"。正是在此意义上,"社会主义和谐社会"既体现为相对静态的存在,又体现为动态的、辩证的过程。

(二)渗透着以物质文明发展为前提条件的"以人为本"精神

建立社会主义和谐社会的根本目的并非为某个政党、某个集团或者某些阶层的利益服务。它的整个发展过程都是为"人"服务的,为实践主体服务的。它的出发点和归属点都应当是着眼于作为"个体"的人。党的十六届三中全会通过的《中共中央关于完善社会主义市场经济体制若干问题的决定》倡导的科学发展观——"坚持以人为本,树立全面、协调、可持续的发展观,促进经济社会和人的全面发展",体现了经典马克思主义学说中的重要思想即以物质文明发展为前提条件的"以人为本"精神。这种精神应当渗透到社会主义建设的始终,成为追求社会主义和谐社会的精神动力。

将中西空想主义和谐思潮与西方自文艺复兴始的主流人文主义思潮相比较,西方的主流形态的人文精神更加注重实现个体的自由、平等、独立和人权。中西空想主义和谐社会观体现为某种压抑个性的整体主义进路。西方的人文主义多从人性出发,强调人的独立性和自由意志;从法律价值角度来看,更注重从法的目的和终极意义来体

---

① 马克思恩格斯全集(第19卷),北京:人民出版社,1963,第22页。

现人文理念,从而更具价值理性和人文底蕴。西方许多国家目前呈强势状态的社会民主主义思潮,在一定意义上正是抛弃空想社会主义和谐思潮中的整体主义观念,吸收其合理的内核并与西方人文主义相结合的产物。反观中国传统文化,即使是倡导大同世界的和谐社会思潮,注重的也是群体精神和社会整体人格的塑造,缺乏对个体价值的真切关怀。它弘扬的"人"不是作为社会主体而是社会政治工具的人、非个体的人。新中国成立以后接踵而至的公社化、反右倾运动、"文化大革命"等所体现出来的思想渊源,其实既有中国传统封建文化流毒的影响,也离不开空想社会主义尤其是西方空想社会主义和谐思潮中许多观念的影响。中国历史乃至社会主义国家建立后的很长一段时期都是将道德与政治紧密相连;在社会政治制度和经济结构的运行过程中,人们不是遵循某种普遍性的、以权利为主导的法律,而是遵从某位(或某些)体现着道德理想的领袖。历史证明,将国家之安危、民族之振兴、人权之发展寄托于"哲学王"或者"圣人"之上,是非常可怕的,也是没有前途的。各种空想社会主义思潮就其本质而言,是产生不出"以人为本"精神的。其实,马克思主义创始人一向重视人在国家和社会发展中的主体作用。当年,在对黑格尔关于国家与个人之间统一性的论题加以唯物主义改造时,马克思就批判地继承了近代人文思潮,尤其是卢梭和康德自然法思想中突出人的价值与尊严、强调人的权利的精神。他明确指出,"人是人的最高本质"①"人的根本就是人本身"②。所以,欲使社会主义和谐社会体现为某种"动"与"静"相结合、充满活力与朝气的秩序,那么这种秩序一定是作为有血有肉、有情感有欲望、有理性亦有感性的人的"合力"的实践。在中国当代,唯有将作为"个体"的人从旧有羁绊中逐渐解放出来,方能使社会主义和谐社会真正成为以自然的"人"为本而不是以高度"异化"、人性扭曲的抽象整体的"人"为本的社会。20余年中国的改革开放正是将作为"个体"的人从整体主义的羁绊中逐渐解放出来的过程。但是,人的解放、个体的解放,必须有必要的、发达的物质基础。缺乏这个物质前提,所谓的和谐社会只可能是"不患寡而患不均"的普遍贫困的社会。邓小平说,"贫困不是社会主义";同样,和谐社会也不可能建立在贫困的基础之上。

(三)存在能有效平衡或解决社会各种矛盾与冲突的多元机制

良好的平衡与解决纠纷的机制在本质上就是"和谐社会"内在生命力的体现。事实表明,一国在社会转型时期和社会各项制度趋于稳定化的时期,面对的问题和矛盾在性质和程度上是不尽相同的。基于不同的历史、文化和社会政治传统,即使是同一种政治制度下的不同国家,面对的问题也是共性与个性并存的。因此,在解决问题的进路和制度安排上也会有所不同。

就中国目前的现实状况而言,从理论上来说,"以人为本"的社会主义和谐社会就

---

① 马克思恩格斯选集(第2卷),北京:人民出版社,1972,第88页。
② 马克思恩格斯选集(第1卷),北京:人民出版社,1972,第9页。

是全体人民各尽其能、各得其所而又和谐相处的社会,即良性运行和协调发展的社会。从制度层面上说,构建和谐社会,需要从人际关系、资源配置、社会结构,即个人、群体、社会等方面来研究具体的条件和机制。从社会结构以及社会与自然关系的结构层面来说,构建社会主义和谐社会,必须针对我国城乡差距、区域差距、贫富差距较大,农业人口比重较大,对自然生态环境破坏极其严重等特殊国情,构建城乡结构区域结构、社会阶层结构、就业结构和代际结构以及人与自然结构的和谐。社团组织是联系政府和人民群众的桥梁与纽带,是维护社会稳定的"安全阀",是政府职能转移的载体。从"以人为本"的视角出发,就是要将作为"个体"的人从整体主义和家长主义的治国模式中解脱出来,充分发挥个体的伦理、道德和社会责任的自觉性、自我选择能力和解决纠纷能力,使本不应该由国家管理和控制的问题还原给"个体"的人或由基于共同信念和目的自发组织起来的社团来解决,从而逐渐实现"大社会、小政府"格局。从垂直社会流动的角度看和谐社会应该具备两个基本条件——为人们提供更多的上升机会;人们地位的变化应该是公平合理的;从横向社会流动的角度看,鼓励社会流动,推进城镇化进程和户籍改革,是实现我国社会长治久安和社会和谐的基本途径。促进社会公平和正义,是构建社会主义和谐社会的一个重要基础,应当确立保障机制,坚持机会平等、按贡献分配和社会调剂的原则。①

西方当代主流法哲学和政治哲学日益关注弱势群体的保障问题,并将之视为实现社会正义的主要目标之一。罗尔斯写作《正义论》的目的就在于"解决社会所面临的基本问题,特别是协调、有效和稳定这三大难题"。他批驳了功利主义社会政策,即把效率放在第一位,只要能促进社会整体利益,就允许不平等地对待少数人或者牺牲他们的利益。他提出第二大正义原则,即"一切社会、经济的不平等只有在对待所有人,特别是对处于不利条件下的人来说有利的情况下才是合理的"②。德沃金在《认真对待权利》中明确提出,对待每一个人的"平等的关怀和平等的尊重"应当成为政府的首要政治道德责任。在《至上的美德:平等的理论与实践》一书里,他进一步论证了社会医疗保障和其他社会福利政策的理论基础和现实意义,认为国家对国民收入的再分配政策及其制度构建的目的在于,保障弱势群体的基本生存权、自由选择权和发展权,避免贫富的过度悬殊,维护一个相对公正、稳定、有序的社会秩序。西方社会尚且已有这样的认识,"以人为本"的社会主义中国更应当主动、自觉地关注社会中的每一个人,尤其是社会中的妇、幼、老、残疾人、农民、在城市中的打工者、下岗职工等事实上的弱势群体。政府应当结合本国经济发展的状况,有的放矢、循序渐进地建立和加强各项社会福利保障制度和弱势群体合法权益的法律救济制度。这既是社会主义的本质所决定

① http://www.people com.cn/GB/shehui/1063/3024298.html.2004－12－01。
② 吕世伦,现代西方法学流派,北京:中国大百科全书出版社,2000,第76—92页。

的,也是建设社会主义和谐社会的必然要求。

可见,构建社会主义和谐社会的目标涉及社会政治经济文化生活方方面面的诸多矛盾和问题,正是这种复杂性、多样性、交错性决定了解决机制上的多元化。一般而言,依据调整的对象性质和调整的手段而言,主要有包括政治、法律和道德在内的三种调整方式。每种调整方式都在构建社会主义和谐社会中起着重要的、不可替代的作用。每种调整方式所固有的内在的规律及其可能产生的不同社会效果昭示,必须加强对"问题"的研究,树立"问题意识",而不能仅仅局限于"主义"之争。

(四)存在着以"民主与法治"为制度核心的生机勃勃的政治环境

西方资本主义商品经济的萌芽和发展乃至福利国家的形成,整体而言,是一种自发的过程,其中所产生的许多矛盾和问题是通过对"血与火"的激烈社会革命和残酷的"恶法"的反思和政治斗争而逐步解决的,带有明显的"非主动性"特征,发展过程中的社会道德成本也是巨大的。相对而言,当代民主国家能够在多元话语的对话格局中反思并消解这些矛盾,使社会在相对和谐的环境中求得进步与发展。中国的社会主义改革开放事业就建立于对过去的教训的反思的基础上,具有明显的"自觉"意识。中国的国情决定了我们不可能超越市场经济高度发达这道门槛。但是,我们在培育和发展市场经济的过程中并非不能有意识地通过各种渠道和深化各领域的改革将社会转型过程中所应付出的道德代价降低到最低限度。① 社会转型阶段同时也是社会主义初级阶段的必经途径,社会转型时期的长期性决定了社会主义初级阶段的长期性。从宏观上说,在社会转型时期出现的一些重大问题,如三农问题、国有资产流失问题、上访剧增问题、经济体制改革中的"瓶颈"问题、腐败问题等愈演愈烈,无不体现为生产力的不断发展与社会政治上层建筑的滞后性之间的矛盾。解决这个矛盾的主要方式只能是民主与法治。

民主制度是现代政治文明的核心要素之一,也是社会主义和谐社会的真正意义所在。社会矛盾的出现与解决依赖于社会中的每个有着人格尊严和平等地位的人的积极参与。虽然我国宪法庄严宣告人民当家作主,但人民如何参政、议政,如何实现人民的选举、人民的议决、人民的管理和人民的监督,仍然是我国必须直面的重大问题。言论自由是民主制度的基础和必要前提。没有"百花齐放、百家争鸣"的社会局面,就不可能通过思想交流,在观念的"市场"中找到切合既存问题的解决路径。社会主义和谐社会存在一种主流意识形态、一种主流的指导思想。但是,在一个信息技术高度发达、客观上已处于利益多元化状态下的社会格局中,如果这种主流指导思想或者意识形态

---

① 大中型国有企业体制的根本性变革是给社会生产力"松绑"的必由之路,但是在改革过程中产生的各种问题和矛盾(如国有资产流失问题),各级政府则不应"睁一只眼,闭一只眼",这是由政府所秉持的政治道德责任所决定的。

下不能采取与时俱进、兼容吸纳的科学态度,那么建设社会主义和谐社会的目标只能陷入空想之中。

言论自由、利益多元、民主勃兴等社会现象的出现,必然会带来新的问题、新的冲突。世间没有哪种事物存在着绝对的"善"。① "有利必有弊"的客观存在昭示我们,没有一套稳定的、具有普遍约束力的、不依领导者个人意志为转移的规则来协调、处理这些矛盾,是行不通的。这套规则在观念上和实践中体现为"以保障人权为核心,以合理和公正地确定人与人之间、人与国家之间的权利义务关系为内容,以独立的司法制度为最终手段,以'以人为本'为终极价值追求"的依法治国的理念和制度。

西方许多国家之所以能从阶级矛盾激烈的自由资本主义阶段相对平稳地过渡到福利国家阶段,其中的一个重要原因是存在着能够协调各集团、各阶层利益冲突与对立的政治与法律机制和以思想表达自由为基石的民主对话机制。不可否认,这些机制的产生是资本主义经济发展客观要求的产物,也是广大民众通过革命或和平的方式不断争取来的结果。然而,社会主义建设在本质上是广大人民群众自己的事业,它能够激发社会成员的自觉性和创造性。新中国成立之初的第一个五年计划所取得的成果就是一个很好的证明,而中国的第一部宪法正是这种成功的经验在制度上的体现。可惜的是,随后的近20年我们偏离了这个轨道,已有的良好制度被打破,"百家争鸣"的局面被压制,各个领域充斥的是一轮又一轮的阶级斗争和路线斗争。客观地说,这是与当时的计划经济体制相一致的。今天,在社会物质生活状况和人们的精神状况已有新的飞跃、国际大背景也发生了重大变化的情势下,欲构建社会主义和谐社会,就必须充分发挥法治在平衡矛盾、解决纠纷、保障社会稳定与发展方面的重要作用。实行法治,就是要将社会政治经济生活的重要方面纳入到法律所调整的轨道上来,使多元的利益诉求、形形色色的权利主张,通过法言法语的方式,遵循法定的程序,由相对中立的机构(如法院、仲裁机构)予以解决。中国近年来建立的法律援助制度,就体现了对弱势群体的"权利"关怀。但是从制度学意义上来看,则意味着将中国社会中大量存在的这类矛盾纳入到法律程序轨道中来,由专门机构使用普遍性规则予以解决。然而,上访人数和次数的剧增、尤其是越级上访的趋势愈演愈烈,又凸现了中国目前制度建设中的诸多缺陷。如行政机关滥用公权力的历史惯性,信访制度严重滞后,司法机关缺乏公信力和权威性,各级人民代表大会在表达民意和监督各级政府部门依法行政等方面缺乏制度性保障和主流政治意识形态的强力支撑,执政党依法执政能力欠缺(尤

---

① "国家安全"研究专家巴瑞·布赞教授亦有类似观点:言论自由是民主的必备要件,但言论自由同时也为反民主的鼓吹者提供了通行证。参见 Barry Buzan, *People*, *State and Fear*, 2ed, Harvester Wheatsheaf, 1991.

其是对党政干部腐败之风的遏制乏力)等。① 这些社会政治制度上的缺陷不能很好地解决,"建设社会主义和谐社会"的目标就会沦为"雷声大雨点小"的运动式口号。正是在此意义上,我们应当不折不扣地致力于党在十五大中提出的"建设社会主义法治国家"的宏伟目标的实现,在各项制度建设中体现以普遍人性为本、以个体为本、以自由为本、以权利为本的价值理念②。因为不管是民主、法治或者宪政制度在本质上都是一种手段,一种"以人为终极性目的"的手段。只有目的与手段的历史与逻辑的统一,才能真正实现社会的和谐,并将这种和谐不断地推向更高的水平。

三、"以人为本"的社会主义法治精神的重构

法治的出发点和最终目的都必须立足于关怀人自身。重构"以人为本"的社会主义法治精神,既是当代我国法治建设之需要,也是社会主义和谐社会自身性质所决定的。当下亟待重构"以人为本"的法治观念、立法精神和执法司法理念。

(一)"以人为本"的法治观念

适应社会主义和谐社会需要的"以人为本"的法治观念的内涵很广泛,在此强调以下三个方面:

第一,"以人为本"的秩序观念。秩序与和谐之间有着紧密的关联——秩序往往意味着起码的和谐,和谐也总是有秩序的和谐。社会秩序是人类社会生存与发展的基本条件。只有在有序的社会里,生产力才能顺利地发展,精神文明才能更快地进步。西方中世纪的神学主义者奥古斯丁也承认:"无论天国还是地上之国,也无论社会还是个人,一个共同的目标是追求和平与秩序,以便获得社会和个人的心灵安宁,法律正是维护和平和秩序的必要工具。"③秩序是法律产生的初始动因和直接的价值追求。

在现代法治社会中,秩序的维持应着眼于作为个体的"人"的不断解放与全面发展,而不是为某个(某些)阶层、政党、团体的既得利益服务,否则这样的秩序只能是一种家长主义、权威主义或者极权主义的秩序。就中国而言,在社会主义发展的不同历史阶段可能存在着破坏或者颠覆秩序的不同因素。但是,在维护社会法律秩序方面,

---

① 由中国社会科学院提交的一份题为《信访的制度性缺失及其政治后果》的调查报告,引起了高层重视。报告认为,信访制度已经到了非改不可的地步。调查显示,实际上通过上访解决的问题只有2‰。而90.5%是为了"让中央知道情况",88.5%是为了"给地方政府施加压力"。另据官方统计,中国去年全年信访超过1000万件。国家信访局局长周占顺在去年接受《半月谈》采访时也坦诚:信访活动目前相对活跃,自1993年群众来信来访总量开始回升以来,信访数量上升现象已持续十年。参见赵凌:《中国信访制度实行50多年,走到制度变迁关口》,载《南方周末》。

② 吕世伦、蔡宝刚,"以人为本"的法哲学思考——马克思的理论阐释,法学家,2004,(6),第43—49页。

③ 王哲,西方政治法律学说史,北京:北京大学出版社,1988,第66页。

应当遵循"依法惩治秩序破坏者与尊重其基本人权并重、保障秩序与弘扬人的自由相统一"的"以人为本"的原则。只有这样的法律秩序,才能真正为社会主义和谐社会的形成奠定牢固的、生机勃勃的基础。

第二,"个人权利"的观念。"以人为本"的发展观,客观上要求对个人的权利观念予以特别的关注和培育,因为法治常态下的社会主义和谐社会需要的不仅仅是一系列良法,更要有能够正确理解法的精神的人文基础和权利观念。公民对法治精神的理解并内化于日常行为和思考之中,对于法治建设和社会的和谐秩序具有关键性的意义。个人权利意识包括公民个体对自身及他人权利的认知;强调个人权利的目的主要针对的是"义务""权力"以及集体权利而言的优先性。法治观念之所以在中国难以形成固然存在着多方面的因素,但是个人权利观念的薄弱无疑是不可忽视的主要原因之一。在一个强调集体本位、国家本位的政治环境和文化传统中,个人无法真正复归自我,为个人权利而斗争的观念难以形成。事实证明,法治状态的形成在一定意义上正是源于社会中的各个个体为争取个人合法的权益而不懈斗争的合力。在中国社会,为了使自己的权利或他人的权利得以维护而在司法救济和政治救济的漫漫长路上的求索者,正是中国"依法治国"方略得以实现、"社会主义和谐社会"得以形成的社会脊梁。①

第三,"主体性"的观念。在法治社会中,人首先要认识自己是有着独立的人格尊严的人,是主体的存在;同时,尊重他人作为人的这种主体性。日本著名法学家川岛武宜指出,"近代法意识的最根本的基础因素是主体性的意识"。其内容包括:"第一,人要认识自己作为人的价值,是有独立价值的存在,是不隶属于任何人的独立存在者;第二,这种意识在社会范围内,同时是'社会性'的存在,大家互相将他人也作为这种主体人来意识并尊重其主体性。"②公民的主体意识表现在政治经济领域,就是对政治生活、经济生活的广泛参与。在很大程度上,正是公民参与意识的提高,才奠定了现代法治国家"以限定政府权力、保护公民权利"为宗旨的宪政基础。马克思曾指出:"在所有国家,政府不过是人民教养程度的另外一种表现而已。"③该论断的意蕴是,公民通过参与国家政治而获得的体验和积累,有利于提高公民的宪政素养;而法治国家又需要通过广大公民的各种参与,达到其成员的心理认同,维持政治系统的良性运作。正是在此意义上,"最大多数人的利益和全社会、全民族的积极性和创造性,对党和国家事

① 例如,《讨薪农妇熊德明为民工维权续:相信总理会支持》,载《重庆时报》2004 年 11 月 29 日;河南宜阳农民王幸福自费秘密调查 230 起暴力征税事件(75 名群众被打伤),无一例是真正抗税的"钉子户",参见孟亮:《秘密调查显示 230 起暴力征税无一农民真抗税》,凤凰网 2004 年 7 月 1 日;央视国际"新闻会客厅"栏目:《"刺儿头警察"办维权网站,专和政府"过不去"》,2004 年 7 月 1 日;邵道生:《嘉禾拆迁与权力性暴力》,人民网 2004 年 5 月 25 日;王幼华:《孙志刚案写入〈广州年鉴〉属罕见编入历史个案》,人民网 2004 年 10 月 23 日。
② 川岛武宜,现代化与法,王志安等译,北京:中国政法大学出版社,1994,第 53 页。
③ 马克思恩格斯选集(第 1 卷),北京:人民出版社,1972,第 687 页。

业的发展始终都是具有决定因素的……把一切积极因素充分调动起来,至关重要。"①
可见,社会主义和谐社会应当是弘扬公民主体意识、使之成为公民内心诉求并见诸实
践的社会。

(二)"以人为本"的立法精神

社会主义法治的实现与和谐社会的形成需要良法,而"以人为本"的人文精神是良
法的精神和价值取向所在。只有这样的法律才能保障和促进人的自由、体现人的尊
严、实现人的价值并获得公众的情感认同,才能将客观的行为标准转化为人们主观行
为的模式,从而获得社会大众的信赖和自觉遵循。

目前中国的立法应当着眼于尊重人的自由与正当权益。中国正在大力深化社会
主义经济体制改革,并逐步推行政治体制改革。如何在通过立法保障公民经济自由的
同时,又逐渐扩大并保障公民的政治自由是摆在我们面前的重大课题,也是执政党在
执政能力上所面临的最大挑战。② 中国到目前为止,已签署或加入了 22 个国际公约。
其中的《经济、社会和文化权利国际公约》和《公民权利和政治权利国际公约》都明确规
定:"对人类家庭所有成员的固有尊严及其平等的、不可移转的权利的承认,乃是世界
自由、正义与和平的基础。""国家尊重和保障人权"先后出现在中共的十五大、十六大
报告中,并于 2004 年载入宪法修正案中。与此同时,宪法还正式赋予合法的私有财产
以和公有财产同等的保障地位。2003 年《行政许可法》的制定与实施的宗旨是更好地
保证行政相对人的权利和利益,避免行政权的滥用。正在审议中的《治安管理处罚法
(草案)》在制度上更加完备、更加具有现实针对性,与此同时也进一步严格规范了公安
机关实施治安管理处罚的执法行为和执法程序,尊重和保障人权、防止警察滥用职
权。③ 中国三大诉讼法也将做修改,保障人权将成为重要原则。④ 2004 年 10 月 22 日,
新中国第一部《物权法》草案进入二次审议程序。物权法草案明确规定私有财产权是

---

① 江泽民,全面建设小康社会,开创中国特色社会主义事业新局面,人民日报,2002 年 11 月 18 日。
② 在中国语境下也是个执政党的执政安全课题。参见徐晨光:《执政党执政安全研究》,红旗出版社
2003 年版。笔者认为,从民主政治建设视角来看,也涉及一个党内民主与党外民主的问题。中共中央在
2004 年颁布的《中国共产党党员权利保障条例》可视为执政理念上的重大转变。一般而言,在中国传统话语
中"权利"属于纯粹的法言法语。在党的重要文件中突出"权利"一词,具有不同寻常的重要意义。条例强
调,坚持在党的纪律面前人人平等,不允许任何党员享有特权;坚持权利与义务相统一;党员应当正确行使党
章规定的各项权利,并在宪法和法律的范围内活动,同时必须履行党章规定的义务,不得侵犯其他党员的权
利。究其实,这就是一种"以人为本"的法治观念的体现。当然,"徒法不足以自行",实然状态下的制度保障
是第一要义。
③ 《治安管理处罚制度将"变脸",草案首次提请审议》,新华网,2004 年 10 月 22 日。
④ 证人无故不出庭其证言不能作为证据,建立保释为主羁押为辅的制度,抽象行政行为和教育权、劳
动权列入行政受案范围,这是最高人民法院副院长黄松有在 2004 年 11 月 3 日答记者问时就修改三大诉讼法
提出的部分意见。据悉,中国三大诉讼法将做重大修改,第十届全国人大已将其列入了立法规划,有望在五
年内完成。

公民的基本权利,其宗旨在于构建完善的私有财产保护法律制度,依法保护私有财产,最终促使一切创造社会财富的源泉充分涌流。2004 年 11 月 14 日《最高人民法院关于人民法院民事执行中查封、扣押、冻结财产的规定》向社会公布,并于 2005 年 1 月 1 日正式施行,尊重和保障人权成为法院执行的一项基本原则。① 所有这些变化都意味着国家立法和针对法律适用的司法解释正在实现由"政府本位"立法向"个人本位"立法、由"义务本位"立法向"权利本位"立法的转型。这标志着国家权力的运作、执政党的执政理念正朝着"信守国际人权公约""以人为本"和构建社会主义和谐社会方向迈进。另外必须指出的是,在一个"权利话语"多元的时代,"以多数者至上"为表决原则的立法机关应当倾听来自不同利益阶层的声音,通过各种对话途径给予不同的利益诉求以表达的机会,否则所立之法也难以真正体现"以人为本"的精神②。

（三）"以人为本"的执法和司法理念

近年来国家执法机关在执法工作中取得的成效有目共睹,但执法中仍存在许多问题。上访问题的严重性日益凸现,例如地方政府"违法拆迁"大搞形象工程,为了"净化"市容而在对行政相对人无正当救济保障的前提下肆意武断执法和野蛮执法,执法"应作为"而"不作为",执法权力寻租,滥用刑事强制措施,蔑视犯罪嫌疑人的合法权益,行政执法重实体轻程序。这说明,"以人为本"执法理念欲在行动中得以体现,仍然任重道远。

司法权是化解社会纠纷和平息社会矛盾的最后一道关口。如果在任何一个国家,行政权的滥用本质上难以避免,最终的救济渠道——司法救济不能担当起"纠枉扶正"、尊重人权、保障人权、"弘扬社会正义"之职责,那么矛盾、冲突和不和谐的因素将很难应对。这些缘于社会经济生活中的问题和矛盾,在法治社会中本应通过法定的程序由司法机关做出权威性的判定,以维护社会正常秩序。但是,司法实践中存在的腐败现象,行政机关横加干预现象,司法与行政职能混同错位的尴尬局面以及愈积愈多的裁判文书"执行难"的现象等,使得本应解决的矛盾和冲突冲破了司法救济这道安全防线,而延伸至政治领域并成为不折不扣地影响社会稳定与和谐的"政治问题"。而政治救济手段所固有的随意性、非常态性、非程序性、易受社会舆论影响的不确定性以及中国传统的盼望"清官为民做主"的崇拜权威的"人治"情结,更使得矛盾愈演愈烈,中央政府疲于应付,而各级基层政府则花大力气做"防漏堵塞"的工作。这种恶性循环局面的产生纵然有多种原因,但是缺乏一个建立在"以人为本"的执法理念下的整体与部分相互协调、相互独立与监督、运行有序和稳定的法律制度构架,则是问题症结之所在。

---

① "法律解读:8 种财产不得查封",最高人民法院副院长黄松有答记者问,《人民日报》2004 年 11 月 15 日 2 版。

② 高中,后现代法学与批判法学关于"权利话语"论争的启示,法治论丛,2005(1),第 43—54 页。

如果说"效率优先,兼顾公平"是现阶段的社会经济方针,那么"公正优先、保障人权"的社会和谐发展和"以司法正义为本位"的司法审判则应当成为法律适用过程中的核心理念。社会主义法治国家的建立和社会主义和谐社会的形成是社会各成员"合力"的结果。体制欲变,旧体制中的人的观念和行为模式首先得变。这里的"人"既包括立法者、政府官员、法官、执政党成员,也包括参与社会实践的所有其他角色。行政执法相对人和司法审判的当事人之"权利意识""主体意识""尊严意识"的缺乏,执法和司法理念的真正转变并"生根发芽"是不可能的。正是在此意义上,"以人为本"的法治精神的"启蒙"是一个不竭的永恒过程;启蒙的对象也必然包括被启蒙者和启蒙者本身,否则又会落入空想主义和谐社会思潮所构建的整体主义的藩篱。

美国当代杰出法官伦尼德·汉德说:"'自由'存在于男人和女人的心里。内心的自由枯竭殆尽,任何宪法、法律或法庭都将无法挽救它。内心中的'自由'依在,那么,它将不需要任何法律、宪法、法院来挽救它、扶持它。如果人民选择了某条不归路,没有什么宪法、法律或法院能真正挽救自由权利的丧失。"①归根结底地说,"以人为本"乃是本于人心,"和谐社会"源于人心的和谐。"人同此心,心同此理",才是建设"以人为本"的社会主义和谐社会的可靠保证。

吕世伦、高中撰写,刊于《学习与探索》2005 年第 3 期。

---

① HAND L. The Spirit of Liberty: Papers and Addresses of Learned Hand, Irving Dilliard ed. ,3d ed. 1960, 第 189—190 页。

"以人为本"的法治精神之构建

　　法治表现为制度,却生成于精神。如果说,"依法治国"解决了治理国家是"依人"还是"依法"这关涉一国文明程度的重大问题的话("依法治国"解决的主要是治理国家所必需的规范问题、制度问题和程序问题),那么,"以人为本"的发展观,则进一步明确和解决了"依法治国"的价值取向和目标基础,是"依法治国"这一基本治国方略的重要补充和价值升华。"以人为本"是对人的存在的思考,对人的价值、人的生存意义的关注,以及对人类命运的把握与探索;相应的,法治是这种思考、关注和把握过程中的产物。就是说,人本身理应成为法治的逻辑起点和最终逻辑归宿。从法哲学的角度而言,法治承担的直接任务在于要保证实现人的"权利"和"自由",即体现为"以人为本"。韦伯认为"任何一项事业的背后都存在某种决定该项事业发展方向和命运的精神力量。"①法治是源于人类对自身的存在、价值和命运的一种制度安排,"以人为本"则是深藏在它背后决定其发展方向和命运的最高的精神力量。

　　我国"依法治国"方略确立后,学界围绕法的合理性、法的价值、法制与法治、良法等问题进行了广泛的关注和理论探讨,在法治的人文精神建设方面也取得了较大进步,但作为法治精神根基的"以人为本"的培植与研究的不足仍是不可回避的现状,理论与实践中,关于法治的目的性价值——关怀人的价值和个性的培养和发展之类的问题,尚未得到应有的重视和解决。这些问题势必影响到"依法治国"方略的准确理解及科学实施,因而,加强"以人为本"法治精神的构建,是我国法治建设的重心和必然。

　　(一)"以人为本"的概念阐释

　　西方社会在表述"以人为本"之意义时,往往以"人文精神"表述。"人文精神"一词来源于 Humanism,又译作"人道主义""人本主义""人文主义"。这里,我们很难给"以人为本"下一个确切的定义,学界在此问题上也是仁智可见,如:第一,"以人为本"指的是人们处理和解决一个问题时的态度、方式、方法,即人们抱着以人为根本的态度、方式、方法来处理问题,而所谓"根本"乃指最后的根据或者最高的出发点和最后的落脚点。例如我们抱着"以人为本"的态度来处理人与自然的关系,来追求天人关系的和谐,也就是以人的根本利益为最后依归,以是否符合人的整体利益和长远利益为最高准则。第二,"以人为本"是将"人本身为最高价值从而主张善待一切人、爱一切人、

---

　　①　马克斯·韦伯:《新教伦理与资本主义精神》,于晓、陈维纲译,三联书店 1997 年版,第 98 页。

把一切人都当作人来看待的思想体系"①。第三,"以人为本"的价值理念与人文主义精神的实质内涵是一致的,或者说,"人文精神的实质是以人为本"②。第四,"以人为本"包含着对个人价值的尊重。它意味着对任何个人的合法权利都应给予合理的尊重,也意味着对人的活动所面临的对象,都应注入人性化的理念;它要求我们对现实社会中一切违背人性发展的合理要求的不尊重人的现象进行反思和超越,不断推进人的全面发展。第五,"以人为本"的发展观,坚持以人为主体,以人为前提,以人为动力,以人为目的。它充分肯定人在经济社会发展中的主体地位和作用;经济社会发展必须坚持尊重人、解放人和塑造人:在研究和解决经济社会发展问题时,既要坚持并运用历史的尺度,又要坚持并运用人的尺度,真正着眼于依靠人、为了人。③ 上述关于"以人为本"的表述虽不尽相同,但均直接或间接承认,"以人为本"即尊重人的生命和价值,强调人的主体地位,要求以人为中心对社会的政治、经济和文化进行全方位的改造,建立起充分肯定人的价值和尊严的新的社会秩序。其实,不论是西方的人文主义、人道主义、人本主义,还是中国传统的民本主义均可视为"以人为本"思想的渊源,均同"以人为本"有着密切联系,即程度不等地包含着"以人为本"的精神。但是,它们相互之间又有所区别。民本主义突出统治者(尤其帝王)同被统治者"民"的协调,人道主义侧重于人与人之间的同情与互助,人本主义则抽象地从物体的人(自然人)的观点出发强调对人的关怀;比较之下,人文主义既重视人的外部存在(生命、生存),也重视内部存在(自由、权利),因而能更全面地关注人,体现"以人为本"。马克思主义经典作家正是在直接批判地继承人文主义传统观点的基础上,提出了实现"人的全面发展""解放全人类"和最终实现"自由人联合体"一套完整的"以人为本"的科学观念体系。

(二)"以人为本"的法治观念

法治观念是人们关于法治的认知、评价和情感体验,是种带有基本倾向的法律意识。④ 从总体上说,自由、民主、平等以及个体本位没有内生于中国传统社会的观念文化中,这是数千年中国法意识和法制度匮乏的重要原因。当代中国,"依法治国"与"以人为本"要求树立与之相适应的法治观念体系。

1. 个人权利观念

法治观念包含权利观念、守法观念、良法观念、法律权威观念等。但"以人为本"的发展观,要求对个人权利观念的特别关注与培育。因为法治化状态需要的不仅仅是一系列良法,更要有以理解法精神的人文基础和权利观念。亚里士多德曾讲过:"即使最完善的法制,而且为全体公民所赞同,要是公民们的情操尚未经习俗的教化陶冶而符合于政体的基本精神(宗旨)——要是城邦订立了平民法制,而公民却缺乏平民情绪,

① 王海明:《公平、平等、人道》,北京大学出版社 2000 年版,第 126 页。

② 樊崇义:《人文精神与刑事诉讼法的修改》,载《政法论坛》2004 第 3 期。

③ 许晓平:《以人为本:科学发展观的基本价值取向》,http://www.wutnews.net,2003-10-15。

④ 李龙:《依法治国方略实施问题研究》,武汉大学出版社 2002 年版,第 121 页。

……这终究是不行的。"①这就是说,公民对法的精神的理解和内化对于法治建设具有关键作用,公民应充分理解国家与法的存在的正当理由,以及国家权力资源配置的出发点。否则,公民就不能很好地适应本邦的政治体系,当然也就不能从事公民所应实践的善业。这一意识就包括了公民个体对自己及他人权利的认知,对国家法律的认知。这里,强调个人权利更多的是相对于"义务""权力"及集体权利而言的优先性。

2. 主体性观念

主体观念是公民现代法治观念的重要方面。在法治社会,人首先要认识到自己是人,是主体的存在,同时,尊重他人作为人的这种主体性。黑格尔曾将主体性的人和他们之间的相互尊重视为其抽象正义的出发点。他指出,意志的根本属性是自由,但自由只有作为意志、作为主体,才能摆脱单纯的精神形态和抽象性,才是现实的意志即人的意志。川岛武宜也认为,近代法意识的最根本的基础因素是主体性的意识。他还具体分析了主体性意识包含的内容:"第一,人要认识自己作为人的价值,是有独立价值的存在,是不隶属于任何人的独立存在者;第二,这种意识在社会范围内,同时是'社会性'的存在,大家互相将他人也作为这种主体人来意识并尊重其主体性。"②公民的主体性意识表现在政治经济领域,就是对政治生活、经济生活的广泛参与。事实上,也确是因为公民的参与意识的提高,才奠定了现代法治国家的以限制政府权力、保护公民权利为宗旨的宪政基础。如同美国学者詹姆斯·李所言:"正是在公民这一层次上,而不是在精英层次上,决定着民主自治政府的最终潜能是否存在。"③就是说,公民通过参与国家政治而获得的体验和积累,有利于提高公民的宪政素养;而法治国家又需要通过扩大公民的各种参与,达到其成员的心理认同,维持政治系统的良性运作。

中国的传统文化是以儒家思想为基础构建的,国家与社会、国家与个人之间的关系带有浓厚的宗法等级色彩。加之传统的政治法律一度倡导追求统治的和谐、漠视个体生命自由的存在和价值、强调身份差别和肯定社会地位的等级,平民百姓对于国政是沉默的、惊畏的,从而导致国家本位、官本位为基本的思维定势和公民主体意识的缺乏就不足为怪了。法治要求强化公民的主体意识,并使之成为公民的内心诉求。当然这种主体意识并非为所欲为,而是"必须不使自己成为他人的妨碍","而且正因为约束了他本性中自私性部分的发展才使其社会性部分可能有更好的发展"④。

3. 开放观念

在法治观念的民族性与普遍性的问题上,传统上的做法是固守阶级性的理念,简单地把法归于政治范畴,以便维护本国孤立的计划经济体制。但我们今天所面临的任

---

① 亚里士多德:《政治学》,吴寿彭译,商务印书馆1965年版,第275页。
② 川岛武宜:《现代化与法》,申政武等译,中国政法大学出版社1994年版,第53页。
③ 魏健馨:《论公民、公民意识与法治国家》,载《政治与法律》2004第1期。
④ 约翰·密尔:《论自由》,程崇华译,商务印书馆1959版,第1页。

务则应是不断迎合世界经济一体化的潮流,更新自己的观点和认识方法。① 具有民族性特征的法理念本身,是该民族特定的生存和生活方式、地理环境、文化传统、社会体制的反映。当法理念赖以生成的现实条件和根据一旦发生变化而且是剧变时,法治观念的变革与更新就在所难免了。这种情况下,"以人为本"精神就要求开放性的法治意识。因为,只有实现开放,才能迅速地解放和发展生产力,推动政治和文化事业的前进,增强人的独立自主性,使人得到全面发展,满足迅速增长的人的物质上和精神上的需要。

(三)"以人为本"的立法精神

法治的实现固然需要良法,但"以人为本"的人文精神的奠基和弘扬,无疑是法治得以顺利实施并达至理想目标的关键。只有法治之法是以保障促进人的自由为核心,反映人类的尊严、实现人类价值等人文精神的时候,只有立法精神和价值导向获得公众的认同的时候,法治才能将客观的行为标准转化为人民的主观行为模式,获得人民的信仰和自觉遵守,从而达到真正的法治国的目标。博登海默就此指出:在最普遍的意义上,"任何值得被称之为法律制度的制度,必须关注某些超越特定社会结构和经济结构相对性的基本价值",可以想象,"一种完全无视或根本忽视上述基本价值中任何一个价值或多个价值的社会秩序,不能被认为是一种真正的法律秩序"。② 对此,马克斯·韦伯和哈贝马斯有着类似的观点。马克斯·韦伯认为,统治系统由自愿服从和信仰体系构成,而后者具有关键意义,只有确定对统治的合法信仰,才能使社会成员对现存制度予以认可并使之得以维系。③ 哈贝马斯则将人民的认可与法律制度的合法性相联系,其指出,"合法性是一个合法的制度赢得承认。合法性就是承认一个政治制度的尊严性。""任何一种政治制度,如果它抓不住合法性。那么,它就不可能永久地保持住群众(对它所持有的)忠诚心,这也就是说,就无法永久地保持住它的成员们紧紧地跟它前进。"④总之,在立法时,"法律不应只图方便;它应当致力于培养所有有关人员——当事人、旁观者和公众——的法律情感"⑤,还应该用法律来集中和反映人民的意志,并按照"服从法律的人民就应该是法律的创作者"⑥的精神与要求来制定法律,从而充分体现出关心人、尊重人的特有的"以人为本"精神,将一个人治与权力的文化转变为一个法治与"以人为本"的文化。

当前,我国立法中应着重强调以下几点:

---

① 林荣林:《社会主义政治文明建设的方法论思考》,http://www. wutnews. net,2004-10-15。
② E. 博登海默:《法理学:法律哲学与法律方法》,邓正来译,中国政法大学出版社 2001 年版。
③ 苏国勋:《理性化及其限制:韦伯思想引论》,上海人民出版社 1988 年版,第 189 页。
④ 欧力同:《法兰克福学派研究》,重庆出版社 1993 年版,第 339 页。
⑤ 哈罗德·J. 伯尔曼:《法律与宗教》,梁治平译,三联书店 1991 年版,第 59 页。
⑥ 卢梭:《社会契约论》,其林译,商务印书馆 1980 年版,第 52 页。

1. 立法要着眼于尊重人的自由权

现代社会,法的价值呈现多元化取向,但最为根本的就是立法的价值应当符合自由、民主、人权和法治的精神,符合最大多数人的最大利益,符合人类社会的本质和每个人的生存与发展。在所有立法价值的选择中,最主要的应当是自由。自由是法发展到现代其所应当具有的精神内核。如果说法的最高使命是人的彻底解放,是人的全面发展的话,那么自由则是人类走向这条道路的动力、途径和始终相随的法律精神。

我国是一个在法制历史上较为缺乏自由传统的国家。社会主义建立后,在制度层面上,不尊重人的自由、漠视人的自由早已成为了历史积弊,人民的自由已得到了法律的确认。但是,由于历史的原因,这种局面的根本改变有待长时间的努力和法制的不断完善。现今我们正在进行市场经济建设,而市场经济无疑是自由经济和法治经济,市场经济对于法制和法治都提出把自由作为时代精神的要求。没有自由和法治,便无市场经济可言。市场主体的精神需要自由,市场主体的行为更需要自由,这些自由都需要法制予以保障。市场经济中的立法,必须体现自由的精神要求,必须切实地保护市场主体的自由。市场经济中的执法、司法定要以实现自由为己任。凡是对于法律所保护的自由的任何侵犯,都应当受到法律的制裁。凡是法律所不禁止的,都是人们不受法律干涉而可以自由行为的领域。我国正在进行的改革的一个重要目标就是给每个个体和群体以最大限度的自由,从而达成解放生产力、发展生产力的目的。这也包含着对于法律自由的时代要求。一个充满自由的社会才是一个具有活力的社会,才是一个有发展前途的社会。改革的自由旋律,要求法的自由精神与之相呼应。只有法具有了自由的精神,改革的目的才能在法律的保障下成为现实。

2. 立法要尊重和保障人权

享有充分的人权,是人类长期以来追求的理想。一定意义上,"以人为本"在法律上的体现就是"以人权为本"。维护和改善人权状况,是国家的根本目的之一;依法治国,共产党执政,保障人民当家作主,都是为了实现人民的人权和基本自由,最终实现全人类的彻底解放。社会主义市场经济和共产党执政条件下的依法治国,其确认和保障人权的基点,在于为公民权利的行使提供可靠的法治保障。从这个角度讲,依法治国与尊重和保障人权的内在属性是一致的。

我国已加入的《经济、社会和文化权利国际公约》和《公民权利和政治权利国际公约》都明确规定:"对人类家庭所有成员的固有尊严及其平等的和不移的权利的承认,乃是世界自由、正义与和平的基础。""国家尊重和保障人权"先后出现于党的十五大、十六大报告中,并于2004年庄严载入宪法修正案,宪法还正式赋予了非公有制经济的同等权利保障;2003年行政许可法的制定和实施,目的就在于更好地保证行政相对人的权利和利益;2012年新修改的刑事诉讼法写入了"尊重和保障人权"……所有这些都意味着国家立法正在实现由政府本位立法向公民本位立法,由义务本位立法向权利本位立法的转变①。这标志着国家权力运作、国家的价值观正在朝着"以人为本"的方向迈进。需要指出的是,所有这些承诺或立法精神和原则还需要相应的配套制度保证落实。我国的立法应严格遵守国际人权公约的各项规定,保证国内立法的价值选择符合国际社会的正义和人权标准。一句话,"以人为本""人权至上"应当成为我国立法的重要指导原则。

3. 立法应关注私法自治的理念

公法与私法的划分源自大陆法系,并对大陆法系产生了深远的影响。公法、私法的划分标准很多,区分公法、私法的工作亦非易事。理由在于,"区分公法与私法之间的困难正好在于国家及其国民间的关系不仅具有'公的'而且还有'私的'性质。"②但我们不能就此认为区分公法、私法毫无意义。相反,私法因与公法分开,使私法能够不受政治的影响,有效地保护和促进市场经济的发展。③

我国历史上曾长期实行高度集权的计划经济体制,那时从实质上讲,是不存在具有"真正私法精神"的私法的。尽管存在调整公民与公民之间的关系的法律,但却充满了国家意志的干预,当事人的意志自治受到了极大的限制和约束。而市场经济机制的确立,为私法的发展提供了空间。在市场经济背景下,社会划分为公域与私域,表现为政治国家和市民社会二元结构。为了进一步约束国家公共权力,扩大公民个人权利的范围,鼓励和保护人们对个人权利的合法追求。将私法制度作为国家法律制度的基点和支点,具有重要意义。私法理念的培育和逐渐养成,有利于公民确立主体、人格、权利、平等、自由和责任等权利观念以及民主的、有限的和法治的政府观念,从而更好地体现和实现"依法治国"与"以人为本"的结合。

(四)"以人为本"的执法理念

执法,是法治实现的关键环节。民主革命的先行者孙中山先生在总结中外法制建设的经验时曾深刻指出:"国人性习,多以定章程为办事,章程定而万事毕,以是事多不举。异日制定宪法,万不可蹈此覆辙。英国无成文宪法,然有实行之精神,吾人如不能实行,则宪法犹废纸也。"④这段话足以表明法制建设中,执法是非常重要的环节之一。近年来,国家执法机关在执法工作中,取得的成效是有目共睹的。但也存在明显问题,如执法"不作为"、执法权力商品化倾向、滥用刑事强制措施、不注重保护违法犯罪嫌疑人合法权益、行政执法重实体轻程序等问题还较为突出,其影响和危害颇大。

现代法治国家是建立在"以人为本"——对人的价值和基本权利的保障基础上的。执法过程也并非一个简单的落实和执行法律的过程,它"可以视为一个由权限、权力与

---

① 阮占江:《从用法废止中看立法精神的变迁》,载《法制时报》,2004-06-03。
② 凯尔森:《法与国家的一般理论》,沈宗灵译,中国大百科全书出版社1996年版,第227页。
③ 王泽鉴:《台湾的民法与市场经济》,《民法学说与判例研究(第7册)》,中国政法大学出版社1997年版。
④ 严存生:《法的理念探索》,中国政法大学出版社2001年版,第259页。

权利关系以及多项因素综合作用的过程,它也可以看作一个摆正权力与法律、权力与权力关系以及同等看待实体与程序、合法与合理的过程"①。现代执法理念的核心和基石应是对人的尊严和人的价值的认可和尊重,体现"民主""人权""法治"等基本人文精神。就民主而言,现代执法理念要求反映人民群众对执法者权力和责任的要求,现代执法要充分体现"以人为本",在司法制度的构建与运作中,要尊重公民和当事人的意愿、保障其权利和自由,维护其尊严。人权是现代执法理念的核心,人权对于执法者具有道德上和观念上的导向作用,要以保障人权为出发点,推进公、检、法机关的人性化服务。在这种服务型行政模式中,"管理主体是服务者,而管理客体是服务的接受者",国家的行政体系是"一种根据服务的目的而建立起来的,不仅在客观制度或体制的设置上体现了为公众为社会服务的目的,而且在行政人员的主观动机中深深地蕴含着时时处处从公共利益出发为公众为社会服务的强烈愿望"②。法治运用于执法理念中就是执法方本身必须尊重、服从和遵守法律。因为"政府守法从一定意义上关系着法律至上的观念的成败。因为完全缺乏对法律的经验,人们尚可以相信法律的价值及其作用,保留对法律的企盼,若是一种恶劣的'政府都不守法'的法律经验,将会从根本上摧毁关于法律的信念,甚至使人们丧失对法律的信心,更不必说法律至上观念。"③因而,法治要求执法主体在执法过程中,尤其是在行使自由裁量权时,要以"法治主义"和"以程序制约权力"为基础,因为法治的要义之一就是"政府必须根据公认的、限制自由裁量权的一整套规则和原则办事。"④而这也是"依法治国"最基本的形式要件。

吕世伦撰写,刊于《检察视窗》2012 年专号。

---

① 肖全明:《关于政府立法品位和行政执法错位的思考》,载《法学》1999 年第 9 期。
② 张康之:《公共管理伦理学》,中国人民大学出版社 2003 年版,第 13 页。
③ 夏锦文、蔡道通:《论中国法治化的观念基础》,载《中国法学》1997 年第 5 期。
④ 张文显:《二十世纪西方方法哲学思潮研究》,法律出版社 1996 年版,第 612 页。

构建社会主义和谐社会的法机制研究

本文所谈的法机制,即法结构的诸要素(规则、原则、部门、体系、制度)及其相互关系形成的内在功能和外在作用。毫无疑问,在构建社会主义和谐社会的过程中,许多规范性现象与非规范性现象都或多或少、或直接或间接地具有影响力。但是,法的地位则最为明显。经过很长一个时期的研究,我们认为法对于构建社会主义和谐社会的机制,大致可以概括为伦理机制、政治机制、天人合一机制和保障自由机制。

一、法构建社会主义和谐社会的伦理机制

社会主义和谐社会是人类理性构划的社会理想。这样的社会必然对每个成员的伦理(道德)观念水准提出很高的要求,同时,也为他们憧憬的社会提供现实的制度支撑和氛围。缺乏公平正义精神的社会里,也许会存在秩序、稳定与"和谐",但它充其量也仅是有限的,这是由其赖以存在的那个社会的非正当性质所决定的,因而是必然的。社会主义和谐社会有所不同,它应当并且能够克服以往社会的时空局限性,而建立在越来越真实和持久的公平正义的伦理基础之上。

社会主义法,对于促进公平正义的实现,具有空前强劲的推动意义。

法是协调社会多方面利益的重要手段。正义,不论是分配正义、平均正义还是矫正正义,中心点是解决社会利益分配问题。公平,则是分配利益的第三者的行为,被双方当事人及一般理性人认为是合理的感觉。可见,社会主义和谐社会的公平正义,最根本的是对社会中存在的诸多利益进行合乎公道或合理的协调与安排,获得普遍的满意。马克思说,"人们奋斗所争取的一切,都同他们的利益有关。"①任何社会,包括社会主义社会,利益关系总是纵横交错、难解难分的。个人间和群体间都有不同甚至是截然对立的利益取向和追求。特别是随着市场经济的繁荣,造成日趋坚固的个人本位和经济多元化的格局,使利益关系更加复杂化和尖锐化,利益的冲突与整合的任务愈加重要和迫切。有史以来协调利益关系的基本方式无非三种:道德、宗教、法律。人类的童年时期,三者紧密交织在一起。但在分工与交换极为发达、社会交往十分频繁的情况下,法的第一位的重要性和不可替代性已成不可避免的事实。

法在协调利益关系的过程中组织和协调的公平和正义的机制,其要者有以下

---

① 马克思恩格斯全集(第 1 卷),北京:人民出版社,1956,第 82 页。

几点:

(1)在法政策和立法的层面,国家必须把维护社会公平放在首位,必须是为了公众的利益或普遍的利益而进行治理,而不是为了部分人或特定阶级的利益。公平正义的法律在立法上需清晰厘定社会成员之间的权利和义务关系,并通过权利和义务的规定来确定社会资源与利益在社会群体之间、在社会成员之间的适当安排和合理分配。为此,首先要审慎和细腻地分析各方面的利益结构和利益关系,寻找和确定最大多数人的共同利益和不同阶层、不同群体具体利益的平衡点以及利益冲突的症结所在。

(2)促进社会成员之间的合理流动。一个公平和正义的社会不仅体现为静态的平衡,更体现为动态的平衡。人们对于社会主义社会公平的定位,大多涉及起点公平、机会公平、规则公平和结果公平等诸多环节。与这些公平的要求相适应,就需要为社会成员提供足够的在社会各阶层之间流动的机会和途径。这是因为,"社会成员的平等权利和自由追求在很大程度上是通过社会流动机制来实现和保证的。社会流动的重要功能在于,可以为社会位置较低的弱势群体成员处境的改善提供平等的机会,同时,又可以为优秀者脱颖而出提供有效的途径。就一般情况而言,一个社会的社会流动程度越高就越意味着能够为社会成员提供更多的机会和希望。"①法能否成为社会流动的推动力量,取决于法的性质和社会的性质。促进公平正义为目的的法要求为每一个公民提供改变自己身份和地位的平等的机会,要求为社会阶层之间的积极流动打开一条畅通之路。根据这个观点,显而易见,我国现行的法律制度,尤其像户籍制度等,尚存在着颇大的弊端需要加以改变。

(3)矫正显失公平的社会分配结构和格局。一个组织良好与和谐的社会里,它的法能够及时而有力地矫正已经出现的显失公正的状态,从而避免造成利益失衡的严重后果。在当前的中国,诸多的强势群体与弱势群体之间的利益失衡与冲突的现象比比皆是,如贫富两极分化、"三农"问题、东西部差距、下岗失业、消费者权益的无保障等,其中有些矛盾已达到相当严重的程度,乃至有危机之虞。我们一定要搞清楚,弱势群体之所以处于弱势,固然不乏其自身某些因素的影响,但最主要的原因常常是因为社会资源(含经济、政治、文化各种资源)的分配不公造成的,所以应由社会整体承担责任,而不能反过来归咎于弱者。还必须看到,在严格意义上讲,社会弱势群体的存在并不是一种社会的负担,而是为了整个社会的发展被迫做出牺牲的结果。虽然扶贫、助困等行政化措施对于帮助弱势群体很重要,但不是最有效的解决问题的出路,最关键的环节在于从根本上解决社会资源分配不公的问题。我们认为,解决这个全球性的难题,不妨参考当代著名的正义主义自然法学者罗尔斯的办法。《正义论》一书中,他针对类似的情况,提倡一种"最大最小原则",即法对不平等所采取的对策应当是使社会上最小受惠者得到最大的利益。

---

① 石运玲、颜延娟,对构建社会主义和谐社会的思考,延边:党校学报(延边),2004(4):8—9。

罗尔斯提出的这个原则之于社会主义的中国而言,是不言而喻的。如果说立法是社会资源的第一次分配,那么执法和司法不仅是对这种资源分配原则和规划的维持和保障,而且还可能成为个别或局部的对资源的再分配。

当然,和谐与公平丝毫不意味着消灭差异。相反,恰恰需要发挥差异的作用。和谐与多元是辩证统一的,和谐关系以多元为存在的条件。其一,和谐首先需要承认差异与多元性的存在。当年孔夫子提出"和而不同"的社会状态思维范式,对于今天我们构建和谐社会有着格外重要的意义。只有肯定"不同",在"不同"的基础上形成"和"(和谐),方能推进社会的发展。如果一味地追求"同",忽视或不尊重"不同",不能求同存异(不同)迟早会招致失败。其二,和谐是目的,差异和多元是手段,两者共存共荣,缺一不可。凡是人为的强行的"和",就必然会扼杀人的积极性,而造成普遍的贫穷和"万马齐喑"的悲哀局面。

除了公平正义之外,法在构建社会主义和谐社会中的伦理机制,还有一个丝毫不可轻忽的、非常重要的方面,那就是相应地坚持和发扬诚实信用原则。诚信意即诚恳老实、讲信用、够义气、与人友善,反对尔虞我诈。这是公平正义原则在每个人内心和行为中的体现和最端正的品行。古人云,"民无信而不立",表明诚信是中华民族的传统美德。哪里有诚信,哪里就有公平正义,哪里就有美德。如同广大学者所共识的那样,法无非是最低限度的道德,而诚信则是法的基本原则之一。本来,诚信是人类的一项道德原则,但也是法的精神根基。反过来,法对于维护诚信原则又有最强大的作用。法能够在现代社会促进诚信原则的壮大与发展。从社会规范层面上讲,法律能够为社会成员讲求诚信的日常行为提供明确的准则和标尺。诚信原则不仅作为最基本的法律原则在立法上受到重视,在具体的法律规范中,确保诚信原则的精神亦处处可见。法律既要确保诚信之人获得自己的预期利益,又要使违反诚信原则的人无利可图并付出应有的代价。市场经济就是法治经济,也是诚信的经济。如果说没有法治就没有市场,同样地没有诚信市场也会顷刻瓦解。在市场里人们司空见惯的契约(合同)就是一种法律文件,具有法律效力,当事人必须予以恪守,违约就是违法。法的诚信导向,不仅适用于经济领域,也适用于政治、文化领域及法所不干预的日常生活的方方面面。诚信是人际关系和谐的前提:待人以诚,行为必信,相互间才能友好相处,互助合作,共同发展。由此可知,法的诚信原则的意义,实在是举足轻重的。

二、法构建社会主义和谐社会的政治机制

社会主义和谐社会,必定是民主和法治的社会。法在促进民主与法治的实现与社会主义和谐社会的生成方面,要发挥其应有的作用。众所周知,民主是法治的前提,法治是民主的保证,二者相互依存、相得益彰,都是现代政治生活的最基本的内涵。只有当每个社会成员都成为国家的主人都按照体现他们共同意志的法来办事,才能实现彼

此间的平等,而只有平等的人们之间才谈得上和谐一致。

　　根据马克思主义经典作家的观点,社会主义民主优越于资本主义民主的根本标志,在于它的真实性。就是说,在充分的物质和文化条件的保证之下,让全体居民有意识、有能力并切实地置身于日常民主生活的洪流中。这虽然不是短时期能够做到的,但却是必须做到的。否则,民主很容易流于空洞的政治口号,甚至流于一场骗局。类似情况即令是现代人,亦属司空见惯的现象。民主有实质民主和程序民主之分。实质民主(国体)虽然是决定性的,但在理论上容易搞清楚。程序民主(政体)虽然是附随性的,但难以弄得明白,原因就在于它极富实践的色彩,要靠长年累月的点滴经验的积累才能真正找到其路径。简言之,说说群众当家作主是简单的事,而解决人民如何当家作主的问题则要困难得多。不过,有一点是肯定无疑的,那就是群众广泛的参与,并通过参与来摸索实现真实民主的方式。法国政治学者托克维尔说,"民主并不给予人民以最精明能干的政府,但能提供最精明能干的政府往往不能创造出来的东西:使整个社会洋溢持久的积极性,具有充沛的活力,充满离开它就不能存在和不论环境如何不利都能创造出奇迹的精力。这就是民主的真正好处。"①这句话的精髓在于言简意赅地道出广大群众民主参与的政治优势。民主参与集中于四个环节,即:民主的选举,民主的决策,民主的管理,民主的监督。

　　社会主义和谐社会之所以可以被称为和谐,非常重要的一个因素就在于要保证社会各个阶层和社会团体在参政议政等方面有比较充分的机会。社会主义和谐社会要求"进一步健全民主制度,丰富民主形式,扩大公民有序的政治参与,不断推进社会主义民主政治的制度化、规范化、程序化,更好地发挥社会主义政治制度的特点和优势。"②参与是政治文明和法律文明中的重要问题,公民参与的广泛性和真实性,也是衡量一个社会民主与法治程度的重要标尺。参与问题从根本上讲是对于社会和政治资源的利益进行分配的重要手段,是公民踊跃行使表达自由、反映自身需求的制度化途径。通过社会成员的政治参与和非政治参与,将民众尤其是底层民众和弱势群体的呼声与需求尽可能地自下而上地反映出来,这个过程就是一个政治民主化的过程。公民的参与程度不仅是一个国家民主状况的晴雨表,也是社会和谐的重要标志。

　　在构建社会主义和谐社会中,法的政治机制在于要协调国家与社会的关系,使国家权力逐步融入社会。恩格斯指出:国家是"从社会产生但又自居于社会之上并且日益同社会脱离的力量"③。几千年来的传统国家都是社会的主人,而社会则是国家的奴隶。与此相反,社会主义国家是"半国家"或"消亡中的国家"④。这是国家对社会的异化转变为同化,使国家把吞噬的社会力量重新归还社会并逐步溶化于社会。但在长

①　托克维尔,论美国的民主(上册),北京:商务印书馆,1988,第280页。
②　胡锦涛,在省部级主要领导干部提高构建社会主义和谐社会能力专题研讨班上的讲话。
③　马克思恩格斯选集(第4卷),北京:人民出版社,1972,第166页。
④　列宁选集(第3卷),北京:人民出版社,1972,第185页。

期内,国家依然会存在,依然还是特殊的强制权力。既然如此,那么它就不能避免孟德斯鸠所说的"一切有权力的人都容易滥用权力"而走向腐败的规律。为了有效地遏制国家权力对社会的严密布控,改变国家(权力)本位为社会(权利)本位,党的十五大确定"依法治国,建设社会主义法治国家"的基本治国方略。这就要求法在国家向社会回归过程中能够发挥重要的作用:

(1)法通过经济体制改革,从计划经济向市场经济转化,培育社会自身的经济独立性。市场经济体制的确立,要求国家从微观经济领域中退出,实现社会资源占有的分散化和多元化,意味着社会开始直接掌握经济资源。相应地,国家控制社会的手段也趋于多元化,从以管理为主走向以服务为主,即"全能政府"沿着"小政府、大社会"的路径发展。企业获得自治,根据市场法则,追求自身利益。在联产承包责任制之下,千百万个农户也取得自己独立的经济支配权。根据市场经济的要求,个人的择业自由、迁徙自由、结社自由、财产权(包括知识产权)及公共舆论权,在迅速发展。可见,"市场权力"增长的直接后果,便是"社会权力"的增长。

(2)法划定国家权力的界限,防止它的滥用。如何防止国家权力的腐败,古今中外的人士曾提出过无数的措施和办法。但针对中国的情况,我们认为用法来制约权力是一个控权的基本手段。

首先,法给权力的行使设定明确的范围和界限。我们不实行西方国家普遍采取的"三权分立",但通过权力分工来控权是绝对必需的,不同的国家权力由不同的国家机关分别行使。这包括同级国家机关的分权,也包括中央和地方国家机关的分权。如同博登海默所说的:"在法统治的地方,权力的自由行使受到了规则的阻碍,这些规则使掌权者受到一定行为方式的约束。"①

其次,法为权力的行使设定科学合理的程序,排除权力运行的任性。法的程序化乃是现代法治的典型特征之一,也是法形式运动的必然产物。程序公正是法制现代化的重要价值目标,亦属现代法的重要工具性特质。法律的程序功能意义在于:一方面它能给当事人一种公正待遇感,促进纠纷的合理解决,增加双方的信任;另一方面,它给政治权力的运行提供了相对固定的步骤与方法,以便制约权力运作者的主观随意性。从而,为防止权力的滥用创立一种公正的法机制,为监控权力提供有力的保障。

最后,法保障公民的政治权利,并排除国家权力对公民权利的任意干涉。对此,前面所讲的公民"参与"问题也作了说明,不再赘述。需要指出的只是一点,即公民权利越多,越有利于推动国家社会化的进程。

(3)法防止国家公职人员由社会公仆变成社会主人,加强对权力行使的监督,保证公务行为的廉洁性。恩格斯说:"官吏既然掌握着公共权力和征税权,他们就作为社会机关凌驾于社会之上。……文明国家的一个最微不足道的警察,都拥有比氏族社会的

---

① E.博登海默,法理学——法哲学及其方法,北京:华夏出版社,1987,第344页。

全部机关加在一起还要大的'权威'……后者是站在社会之中,而前者却都不得不企图成为一种处于社会之外和社会之上的东西。"①与这种传统国家及其官吏根本不同,社会主义政权的使命在于全心全意为社会服务,亦即为组织在政权中的全体人民服务,公职人员也从社会的主人变成社会的公仆。但做到这一步是极其艰难的。新中国成立以来,党采取了许多强硬的措施,期望实现国家和社会、官吏与人民群众的应有关系。但是,由于党的政策的不稳定性、群众运动自身的弊端,特别是对于马克思主义社会与国家关系的理论缺乏深入的理解,并没能有效地达到目的,官场的腐败反而愈演愈烈。鉴于对此种情况的深刻反思,邓小平在我党的历史上空前地强调了法律和制度的决定意义。他指出,"组织制度、工作制度方面的问题更重要。这些方面的制度好了可以使坏人无法任意横行,制度不好可以使好人无法充分做好事,甚至会走向反面。"②保证官吏廉洁奉公的法律和制度的核心,在于消除管理中的法外特权。其中包括,规定官吏行使权力的严格限制,确保人民通过自己的代表行使国家权力;进行政治体制改革,精简政府机构和人员;消除"官本位"观念,把公职当作社会公仆正当的职业选择;严惩腐败,防止公职人员的堕落;保障对公职人员的广泛的社会监督;等等。

(4)依法规范党政关系,制约党员特别是党的领导干部滥用职权行为,实现依法治国与党的领导的有机统一。最基本的原则是:党领导人民和国家制定宪法和法律,同时又要严格地在宪法和法律的范围内活动;党政分开,反对以党代政和以党的政策代替法。"党干预太多,不利于在全体人民中树立法制观念"③;党的领导应是集体领导,而不能由个别人特别是第一书记一切说了算。

(5)法保障实行广泛的社会自治,扩大社会权力,形成"小政府、大社会"的关系格局。法之所以必须而且能够成为国家回归社会的强大手段甚至是基本手段,根本原因就在于立法权是"市民社会向国家派出的代表团"④,所以它所制定的法是社会意志或广大群众公意的体现。既然如此,法就成为支配国家特别是政府的唯一力量。

社会主义和谐社会也必然是安定和有序的社会。安定有序是国家与法产生的最根本的历史动因,这是法学家们很早就认识并进行过系统论述的。英国的洛克认为,法律之所以必需,是为了改变"原始状态"中那种人人拥有处理自己案件的管辖权、成为本案的法官、同时又是执行判决的执行官的状态,而愿意过着安定有序的生活,使每个人的生命、健康、财产与自由获得保证。但对于国家和法律的起源和目的阐发得更为科学的,则是马克思主义创始人。恩格斯在《家庭、私有制和国家的起源》一书里指出,"国家是社会在一定发展阶段上的产物;国家是表示:这个社会陷于不可解决的自我矛盾,分裂为不可调和的对立面又无力摆脱这些对立面。而为了使这些对立面、这

---

① 马克思恩格斯选集(第4卷),北京:人民出版社,1972,第167—168页。
② 邓小平文选(第2卷),北京:人民出版社,1994,第333页。
③ 邓小平文选(第3卷),北京:人民出版社,1993,第163页。
④ 马克思恩格斯全集(第1卷),北京:人民出版社,1956,第319页。

些经济利益相互冲突的阶级,不致在无谓的斗争中把自己和社会消灭,就需要一种表面上凌驾于社会之上的力量,这种力量应当缓和冲突,把冲突保持在'秩序'的范围之内,这种从社会中产生又自居于社会之上并且日益同社会脱离的力量,就是国家。"①从发生论上说,国家和法的产生是适应阶级斗争的需要,"缓和"阶级冲突。但它们一经存在就不单纯要解决阶级矛盾,而是解决各种需要其解决的社会矛盾,也不单纯要解决经济上互相对立的矛盾,还解决围绕经济矛盾而展开的诸多领域的矛盾。这是因为国家在形式上是社会的正式代表,垄断统治权,而法则是普遍的规范,并以国家力量为依托,因而与其他社会规范相比有最高的社会调整效力。

三、法构建社会主义和谐社会的天人合一机制

人与自然的和谐,是社会主义和谐社会最为基础性的东西。失去了人与自然和谐这样大的环境依托和物质支撑,人与人的和谐、人与社会的和谐必然不会有效和持久。人类社会与自然界相互和谐是维持人类生存和延续的必备条件,也是自然规律和社会规律相统一的必然结果。

古今中外的思想家,历来重视处理人类与自然的关系。对此,大致存在过三种不同的回答:首先是自然中心主义。它以生物为中心,将伦理学引入自然界,倡导生物平等思想,认为人和其他所有生物都是自然界的有机组成部分,自然界是一个相互依赖的系统,每一个生命体都拥有同等的天赋价值,物种平等。自然中心主义强调自然本身的价值,自然界和人、生物一样既有满足自身生存的内在价值,又有作为他物手段的外在价值。这种哲学观虽然提倡对自然的保护,对自然规律的尊重,但敬畏自然的思想就是消极主义世界观的体现,总体而言是一种非理性的、蒙昧的观念,与科学思想格格不入。其次是人类中心主义。它与自然中心主义正好相反,它是一种以人为宇宙中心的观点,它的实质是:一切以人为中心,一切从人的利益出发,一切为人的利益服务。人类中心主义虽然强调了人的自主价值,突出了人类的利益和需要,但是,它对自然价值的漠视,对自然资源的过度开发,违背了大自然的客观法则。最后是人与自然的和谐主义。认为道德和法律应是人的眼前利益和长远利益、实用与理性、科学态度与道德信念的结合,应同时反映自然生态规律和社会经济规律,主张热爱、尊重、保护、合理利用自然,通过道德和法律协调人与自然的关系及人与人的关系,实现社会生产力与自然生产力相和谐,经济再生产与自然再生产相和谐,经济系统与生态系统相和谐,"人化的自然"与"自然的人化"相和谐。这是人类中心论与自然主义相互渗透、结合、优化的产物和科学的观念。它同时把当代人的发展与多代人的发展协调起来。

在构建人与自然相和谐的社会过程中,法作为一种重要的社会规范应该发挥其充

---

① 马克思恩格斯选集(第 4 卷),北京:人民出版社,1972,第 166 页。

分的指引与导向作用。从人类自身的繁衍到人类对自然资源的开发利用,直到人类的生存环境的维护,都需要借助法治的威力,这样才能保证人类得以很好的生存和延续。

第一,加强自然资源开发、利用与保护的法治调控。

对自然资源的合理开发和利用。地球上的土地资源、水资源、石油、煤炭、天然气等资源都是有限的不可再生资源,它只能满足有限时期的有限利用。如果过度开发和不当利用,必然会造成自然资源的枯竭。为科学合理地开发这些土地资源和水资源,我国自1986年以来陆续颁布和修改了《中华人民共和国土地管理法》《中华人民共和国土地管理法实施条例》《基本农田保护条例》《土地利用年度计划管理办法》《国土资源听证规定》《中华人民共和国水法》《取水许可制度实施办法》《全国河道采砂管理办法》《水资源费征收管理办法》《全国节约用水管理办法》等,这些法律和法规的颁布和实施,为我国自然资源的开发和利用建立了可操作的规范机制。

对自然资源的有效保护。为维护世界生态平衡,保护世界的生物多样性,世界各国普遍采取各种制度对有限的自然资源加以保护和利用。我国采取建立自然保护区这种对于保护自然资源和生态环境最重要、最有效的措施,用以维护生态安全,促进生态文明,实现经济全面、协调、可持续发展和人与自然和谐共存。这方面的主要法律法规是《中华人民共和国自然保护区条例》《全国自然保护区发展规划纲要》《森林和野生动物类型自然保护区管理办法》等。同时,减少水污染,尤其是大江大河的污染对于保护生态环境也是十分重要的。虽然我国自然保护区的发展建设取得了可喜的成就,但必须考虑我国现有自然资源与我国人口发展的需求,要严格按照自然保护区设立的典型性、稀有性、脆弱性、多样性、自然性等标准,严格审批,合理划分。这时候,法律的调控作用就体现得更加明显了。

对再生能源的开发利用。能源是一切人类活动的物质力量。随着人类对自然资源的需求量越来越大,不可再生资源的有限性不能满足人类日益增长的需要,走再生能源的开发利用之路是世界各国的首选。为加速我国再生能源的发展,我国政府明确提出要"因地制宜地开发和推广太阳能、风能、地热能、潮汐能、生物质能等清洁能源",先后制定和实施了《新能源和可再生能源发展纲要》《国家计委、科技部关于进一步支持可再生能源发展有关问题的通知及基础》《当前国家重点鼓励发展的产业产品和技术目录》等。为了促进可再生能源的开发利用,增加能源供应,改善能源结构,保障能源安全,保护环境,实现经济社会的可持续发展,2005年全国人大常委会通过《中华人民共和国可再生能源法》,该法确立"国家将可再生能源的开发利用列为能源发展的优先领域,通过制定可再生能源开发利用总量目标和采取相应措施,推动可再生能源市场的建立和发展。国家鼓励各种所有制经济主体参与可再生能源的开发利用,依法保护可再生能源开发利用者的合法权益"①。从此以后,我国的再生能源的开发利用正

①　中华人民共和国可再生能源法(第4条)。

式进入发展的法治快车道。

通过对于自然资源的开发、利用和保护的法治调控，我国的人与自然的关系得到很大的改善。但是，在此方面，我国还处于发展的初级阶段，法律和法规还是比较粗糙和不成熟的。

第二，确立循环经济的立法保护。

发展循环经济是世界各国走可持续发展道路的必然选择。循环经济本质上是一种生态经济，它遵循自然生态规律，合理利用自然资源，保持合理的环境容量，在物质不断循环利用的基础上发展经济，把经济系统纳入到自然生态系统的物质循环过程中，实现经济活动的生态化。这是人类实现可持续发展的一种全新的经济运行模式。

大力发展循环经济，建立资源节约型和环境友好型社会，对于我国这样一个处于工业化和城市化加速阶段、人均资源占有不足、环境恶化趋势未得到根本性扭转的发展中国家来说，是一项带有全局性、紧迫性、长期性的战略任务。加快发展循环经济，是坚持以人为本，树立和落实科学发展观的具体体现，是转变经济增长方式，走新型工业化道路，从根本上缓解资源约束和环境压力的战略选择。因此，必须加快完善对循环经济的立法工作。"力争到 2010 年建立比较完善的循环经济法律法规体系、政策支持体系、技术创新体系和有效的激励和约束机制。"[1]

为此，有的学者提出，我们要从国家、民族和社会的全局出发，跳出部门法的认知，把循环经济法作为一个独立的法律部门，上升到基本法的地位，应该形成独立的基本法律部门。[2]

为使循环经济法得以充分实现，必须建立起政府大力推进、市场有效驱动、公众自觉参与的有效机制。在实施循环经济法的过程中，必须解决好四个方面的问题：一是明确政府资源环境管理部门的权力与职责，各级资源环境管理职能部门，包括国家发展改革委员会、国土资源部、环保总局、国家统计局等单位，应当强化对循环经济的宏观调控，用循环经济理念指导编制各类专项规划、区域规划和城市总体规划，加快建立资源生产率、资源消耗降低率、资源回收率、废弃物最终处置降低率等循环经济评价指标体系。二是优化循环经济的资源配置的市场机制。在循环经济条件下，必须建立起完备的资源、产品的市场配置机制，运用市场的基本规律，达成对资源、能源、产品、消费的基础配置，杜绝行政干预。三是赋予公众监督权利。提高公众对循环经济的参与度，赋予公众更广泛的监督权，通过舆论、媒体等公共监督方式对污染环境、浪费资源的行为进行公开的监督和谴责。四是加大违法惩罚的力度。在现行的体制下，我国普遍存在着违法成本偏低和对环保执法力度不够的问题。在循环经济发展过程中，必须加大对污染环境行为、资源浪费行为、不采用新技术新方法等行为的惩处力度，要让其

---

① 关于加快发展循环经济的指导意见（讨论稿）（国发〔2005〕第 22 号）。

② 蔡守秋，论循环经济立法，南阳师范学院学报（社会科学版），（南阳）2005，（1）：6。

在经济上为此种行为付出高昂代价,直至破产,对造成严重后果的,还要追究刑事责任。巨大的代价可以迫使行为主体加强自控,主动减少违法行为。

第三,积极鼓励环境公益诉讼,完善环境救济机制。

对自然环境与生态平衡的破坏行为,从主体上讲,可以分为公民个人不良习惯与行为、企业和工厂的生产性行为以及国家和地区的不当立法、倾向性政策与不当审批行为。在诸种行为中,企业、工厂的行为和国家的立法与行政行为,尤其是后者对于环境和生态的影响最大。大规模的不当的行政审批和倾向性政策由于以眼前一时利益为标准衡量经济效益和周边环境的关系,或者从根本上忽略人与自然的协调关系,会在短时或长期对环境造成毁灭性的打击。随着人们对生态平衡意义体验的深化和认识的提高,客观上就要求进一步发挥法律的调整和规范作用。其中包括,积极鼓励公益诉讼,支持社会个体成员和社会团体保护和恢复良好生态环境的志愿行为和诉讼行为,完善环境救济法律机制。在关注环境公益诉讼及相关活动过程中,各种非政府组织,尤其是一些"绿色"环保组织的作用受到社会的瞩目。不过,非政府、非营利性的组织在发展的过程中,由于缺乏政府组织那样强有力的优越条件,存在着许多困难。毫不夸张地说,此类充分发育的非政府组织和社会团体的形成使法律更能代表民意,体现多元社会的利益要求。在促进人与自然和谐的过程中,尤其是推动公民关注和参与环境公益诉讼的过程中,法律必须不遗余力地支持绿色环保组织和环保行为的发展与壮大。

四、法构建社会主义和谐社会的自由保障机制

社会主义和谐社会必定是充满活力的社会。为此,就需要个人能获得全面发展和极大解放,从而成为自由的人。

社会与个人是人类发展过程中的两重维度,真正的发展应该是社会与个人的良性互动和双重发展。马克思对未来的美好社会图景进行了如此构画:那将是"一个更高级的、以每个人的全面而自由的发展为基本原则的社会形式"[1],那么,个人的极大解放和自由的真正涵义是什么呢?"人类解放的含义即是使人摆脱束缚和压抑,获得人类生存发展的合理条件和组织结构,使人的本质力量得以塑造和弘扬,从而进入较为自由的创造历史阶段。具体说,人的解放包括两个方面的内容:其一是人从自然力的盲目控制下获得解放;其二是人从社会关系的盲目控制下获得解放。"[2]人的解放和自由是同一个问题的两个方面,人不自由的原因在于人没有从自然力和社会压迫的束缚中解放出来。

[1]　马克思恩格斯全集(第23卷),北京:人民出版社,1972,第649页。
[2]　翟磊,马克思人类解放思想与建构和谐社会——基于市民社会批判的考察,求实(北京),2005(5):5。

　　为了实现人的解放和自由,关键在于正确地对待和处理个人与整体的关系。无疑,自社会产生之日起,社会个体成员和社会整体之间就不可避免地发生密切的关系。我们可以很容易地得出这样的结论,即个人与社会是密切联系、彼此依托、互为支撑的。但是,在个人和社会之间,到底谁是目的、谁是手段这个问题上就会存在着两种倾向和进路:或者更加注重个人的主体地位、个人的解放和自由,或者更加强调社会的总体利益和总体安排。笔者认为我们不能否认社会在人类历史发展过程中存在的重要性和不可替代的意义。但是,家庭、社会与国家最终服务的对象是作为个体而存在的人,失去了这样一个基本目标和理论认知,就会最终使得个人陷入到盲目的国家主义之下,而成为所谓"整体利益"的牺牲品,这方面的教训实在太多了。国家和社会都是在为了满足社会个体成员不断发展的物质和精神利益的过程中,应运而生和发展的。所以,当国家和社会的力量强大到足以随意侵害社会个体成员利益的时候、就必须充分强调个人的自由和解放对于社会和国家的目的性意义或终极性价值。"和谐"的内涵意味人的平等状态,而唯有所有自由人与自由人之间才存在真正的平等——和谐。

　　人是生产力结构中的第一要素,是最活跃和最富革命性的要素。人的解放就是生产力的解放;人的自由就是生产力的最大源泉,因为,解放了的自由人,才具有改革社会历史、变革自然的主体意识,使人的无限能动性和创造性释放和迸发出来。这样,人世间的面貌便会为之一新。

　　在许多先贤名士的眼里,法的崇高价值,恰恰在于它是人的解放和自由的指南与保证。古罗马共和国末期的思想家西塞罗说,我们是法律的仆人,以便我们可以获得自由。古典自然法学派的巨子们也普遍地讲到法与自由之间不可分割的关系。例如,洛克说:"法律按其真正的含义而言,与其说是限制不如说指导一个自由而有智慧的人去追求他的正当利益。""法律的目的不是废除或限制自由,而是保护和扩大自由。"①卢梭亦强调"遵守法律即自由"的主张,并认为自由必须是普遍的,当世上尚有主人与奴隶区分的时候,每一方都不是自由的。德国古典哲理法学家康德和黑格尔一致认为,法是自由的定在。当年美国人发表《北美独立宣言》和法国人发表《人和公民权利宣言》,都是向往人的解放和自由的宣言。而革命成功之后,正是宣言的精神,造成资本主义生产力的强大发展。这些先进的思想直接为马克思所汲取。马克思批判普鲁士的封建法是"动物法",与体现"人类内容"的自由法是格格不入的。他深刻地指出:"法典是人民自由的圣经。"②关于自由及其同生产力解放的关系,马克思说:"自由确实是人所固有的东西。"③"自由不仅包括我靠什么生存,而且包括我怎样生存,不仅包括我实现着自由,而且也包括我自由地实现着自由。"④"没有自由对人来说就是一种

---

① 洛克,政府论(下),北京:商务印书馆,1996,第36页。
② 马克思恩格斯全集(第1卷),北京:人民出版社,1956,第63页。
③ 马克思恩格斯全集(第1卷),北京:人民出版社,1956,第63页。
④ 马克思恩格斯全集(第1卷),北京:人民出版社,1956,第77页。

真正致命的危险。"①"没有一个人反对自由,如果有的话,最多也只是反对别人的自由。可见各种自由向来就是存在的,不过有时表现为特权,有时表现为普遍权利而已。"②而只有当"每个人的自由发展是一切人的自由发展的条件"(实际上即普遍和谐)的时候③,社会生产力也随之达到最高的水平,物质财富才能源泉般地涌流出来。那时的社会,便是最有活力的社会。

　　社会主义国家是根据社会发展规律和以解放全人类为使命建造起来的。因此,社会主义法更应当是将自由作为自己的核心精神,更自觉、更明确和更切实地成为自由的宣言书与保证书。从宪法到各部门法都贯穿自由这条红线,并在立法、执法、司法的过程中,毫不动摇地体现法的自由精神。历史的经验生动地表明,在计划经济时代,强调人治而轻蔑法治,把人束缚于整体主义的控制之下,个人也因此失去主体性和能动的创造性,死气沉沉,难以形成生动活泼的局面。这就必然遏制生产力的发展,人的物质和文化生活显得空泛和滞后。成明显对比的是,改革开放之后,党和国家逐步摒弃人治而把依法治国作为基本治国方略,情况很快就变得大为不同。邓小平指出:社会主义基本制度的确立,就要"从根本上改变束缚生产力发展的经济体制,建立起充满生机和活力的社会主义经济体制,促进生产力的发展。这是改革,所以改革也是解放生产力。"④到目前为止,我国立法数量日趋齐备,但更重要的是法应不断地提升公民的自由精神,愈益强化对人的关怀和人权的保障。它所带来的直接后果便是生产力的蓬勃发展,物质文明与精神文明亦随之不断提高,从而整个社会就激发出生机,人的活力也得以增强。死气沉沉的"和谐",不可能是真正的、持久的和谐;唯有充满生机活力的和谐才有强大的生命力。

吕世伦、马金芳撰写,刊《北京政府学院学报》2006 年第 4—5 期。

① 马克思恩格斯全集(第 1 卷),北京:人民出版社,1956,第 74 页。
② 马克思恩格斯全集(第 1 卷),北京:人民出版社,1956,第 63 页。
③ 马克思恩格斯选集(第 1 卷),北京:人民出版社,1995,第 294 页。
④ 邓小平文选(第 3 卷),北京:人民出版社,1993,第 370 页。

和谐社会实现公平原则的法律机制

公平原则是法律的正义价值的根本体现。它最初来源于民法中的债法原则,后来逐渐向外延伸其运作空间,成为经济法、社会法和其他部门法律中的一项重要原则。在不同的部门法中,它的含义又有新的变化。公平原则随着历史条件的变化,不断地增加新的内容。从某个角度上说,今天我们建立的社会主义和谐社会,其核心法律原则就是公平原则。公平原则如何实现以及实现的程度,可以直接测试社会主义和谐社会的法治水平。

一、公平原则的含义

据悉,最初作为民法意义上的公平,主要强调的是权利和义务、利益和负担在相互关联的社会主体之间的合理分配或分担。这种分配或分担的结果与主体的付出相适应,并为当事人和社会所认可。民法上所说的公平,主要有四个层次的意思:一是当事人面临平等的社会外部条件和处于平等的法律地位。这种公平可称为"前提条件的公平"。二是社会对所有成员都一视同仁,它要求平等地分配基本的权利和义务,每一个社会成员都能从社会那里获得同等的与之付出相对应的待遇。这种公平可称为"分配的公平"。三是在交换过程中当事人的权利义务应做到基本对等和合理。这种公平可称为"交换的公平"。四是当出现权利义务关系失衡时,法律应当依据正义原则和人类理性对这种失衡结果进行矫正,这种公平可称为"矫正的公平"。公平原则体现了民法的任务、性质和特征,也反映民法追求的目的,是民事立法的宗旨、执法的准绳和行为人守法的指南,是民法活的灵魂。

公平原则包含了平等原则。欲解释公平原则,必须先解释平等原则。平等原则是公平原则的前提,没有平等原则,就没有公平原则可言。平等原则解决人的地位问题,这是市民社会法律关系的根本条件。在没有人的独立地位的身份等级关系社会中,不可能有普遍的交易行为。商品交易需要三个前提条件:一是交易者是身份独立的人,不依附于相对方,也就是彼此之间的地位是平等的;二是交易者拥有产权;三是交易者拥有独立的意志。平等原则是从交易的前提进行判断的,是一种假设条件,一种静态的制度安排。但是,法律所确定的平等原则,只是形式上的平等,不是事实上的平等。在经济交往中,由于各个人的经济实力、智慧和意志能力的差异,在事实上是很难做到平等的。法律的平等原则,没有事实平等的内容。这样讲,并不意味着法律不关注事实平等,而是因为事实平等属于公平原则的一个必然内容。形式平等只关注机会平等不关注结果平等。而公平原则不仅关注机会平等,还关注结果平等。平等原则的判断者是一个抽象的行为人,而公平原则的判断者则是社会公众。

随着社会的发展以及法律的发展,平等原则和公平原则不再局限于民法或私法的范围,而是进一步扩展。平等原则变成形式公平原则,不仅指民事主体参与民事活动的地位平等,而且扩展到公民参与政治活动的地位平等,男女之间的平等、民族和国家之间的平等……公平原则不仅包含了当事人之间交易的公平,还扩展到当事人与社会、与子孙后代,强者与弱者,穷人与富人,政府与民众,民族和国家之间的长久的、全球性的公平。

公平原则是对权利关系的一种价值判断。它以个人的权利保障为前提。个人的合理合法权利能够得到保障,这是每个人的基本价值目标。因此,人们往往把个人权利能否得到保障作为检验所处社会制度是否公正的基本尺度。罗纳德·德沃金认为,公正与权利共存共生、不可分离,公正即各人享有各自的权利;"得到平等的关心和尊重的权利"实在是人的终极的基本权利①。

自然法学从法律的理性和正义的合理性标准出发,企图寻找一种能使我们认识法律公平的方法。如果这样的法律在客观上是可以论证的,就可以用法律的内在原则来证明法和做出法律决定的合理性,在涉及法官的斟酌决定权或法律缺陷的情况下更是如此。法的内在原则和实现内在原则的程序,就构成公平原则。这种证明合理的来源是理性、直觉和经验。但是,在逻辑(形式)意义上,理性是思想转化和相应的证明合理的工具,它不能提出任何关于实质上的公平的标准。任何社会关系都是由历史条件决定的。离开历史条件,所谓的理性、直觉和经验都是一种虚妄的假设;依靠这种假设来判别利益的分配关系,是不能令人信服的。为此,自然法的理想必须予以实证化,变成可行的法律规范。著名的 1804 年《拿破仑民法典》是一个重要的实例。与自然法相对应,法律实证主义不从内心确信的标准和理性出发,而是从这样一个假定出发,即法律是社会现实的一个组成因素,法律作为一个被法律科学理解和解释的制度事实而存在。对法律的认识,被认为是对一个社会现实的认识。法律实证主义并不认为有任何关于法律正确性的先验标准。"法律规定的内容和法律决定的内容的确定乃是评价考虑的结果,因而是合理的,至少在与某些预想的联系上是合理的。"②法律实证主义者从制度本身出发探讨公平问题,企图构建公平的制度机制,有不少值得肯定的价值。然而,他们忽视历史条件下的具体社会关系,尤其是否认价值判断之必要,这也不可能得出令人信服的公平含义。

公正的法律制度应该正视形式平等条件下存在的实际上的不平等,因而也需要确

① 参见罗纳德·德沃金:《认真对待权利》,信春鹰、吴玉章译,中国大百科全书出版社 1998 年版,第240 页。

② 麦考密克、魏因贝格尔:《制度法论》,周叶谦译,中国政法大学出版社 1994 年版,第 142 页。

立社会补偿机制,并在这种补偿原则指导下构建一套自治的法律制度体系。罗尔斯继承洛克、卢梭、康德的社会契约思想传统,提出新的正义理论,以代替 19 世纪以来功利主义的传统学说。他指出,功利主义的错误在于只把社会看成是个人情况的推广,没有认真地关注不同个体之间的差异;只考虑最大限度地满足人们的愿望这一总量,而不考虑这一总量在个人之间如何分配的问题。为了公平地分配利益,就必须确立利益分配原则。而这些原则就是,通过提供一种在社会结构和制度中如何分配权利和义务的方法,规定社会合作的利益和负担的适当分配。在罗尔斯看来,社会公平原则对社会控制来说是必要的,并且构成社会合作条件的基础。借助于"原初状态"概念工具将自由和平等两种价值结合起来。他的正义观念由两个基本原则构成:一是每个人对与其他人所享有的类似自由相一致的最广泛的基本自由,都应有一种平等的权利;二是社会的和经济的不平等将被安排得使人们能够合理地期望它们对每个人都有利,尤其要使它们适合于最少受惠者的最大利益,而与它们相联系的地位与职务应该向所有人开放。由第二个原则出发,罗尔斯主张对于由社会成员自然条件造成的不平等,社会应该采取补救措施。现代资本主义国家在面对因形式机会和实际机会脱节而导致的问题时,往往会采取确保基本需要的平等去补充基本权利平等的方法,从而实现社会公平。这就意味着,要赋予社会地位低下的人以应对生活急需之境况的特权。颁布最低工资法、建立福利制度等,都是在于实现这一目的的政策。①

二、公平是和谐社会的一项重大原则

党的十六大把社会更加和谐作为全面建设小康社会的重要内容;党的十六届四中全会提出构建社会主义和谐社会,并把它作为加强党的执政能力建设的重要课题提到全党面前。胡锦涛总书记在省部级主要领导干部提高构建社会主义和谐社会能力专题研讨班上的重要讲话,深刻地阐述了构建社会主义和谐社会的重大意义、科学内涵、基本特征、重要原则和主要任务,是对马克思主义社会主义社会建设理论的创新。我们所要建设的社会主义和谐社会,应该是民主法治、公平正义、诚信友爱、充满活力、安定有序、人与自然和谐相处的社会,是对历史上的制度理想的扬弃和升华。我们不仅要继承和发扬传统民族文化中所蕴含的优秀成分,而且也要学习和借鉴资本主义国家已经被证明是合理、有效的制度经验及其文化成果。

和谐社会的利益基础就是公平。只有社会成员的权利和义务对等,在利益的分配方面处于均衡状态,社会成员才能心理平衡、心情舒畅,才能达到社会关系的和谐状态。

我们主张和谐社会的公平观,与西方社会的人文传统的个人主义是不同的。虽然我们也强调个人权利的保障,甚至将人权纳入宪法保障体系中,但中国"和合"的传统

---

① 参见季金华:《宪政的理念与机制》,山东人民出版社 2004 年版,第 53—54 页。

文化是和谐社会的土壤。今天,它正与西方的"竞争"文化处于平等的交流过程中。我们在建设和谐社会的过程中,切不可忘记这一点。澳大利亚向 1995 年在东京召开的第四届 IACL 大会上提交的国家报告,题为"在香港和澳门环境中人权的个人权利保护的社会精神"。该报告指出:"虽然香港受到了 150 年的西方影响,但是东方价值还是在这两个地区的一般文化领域中占主导地位。……但是,当西方政治法律价值与东方价值在这两个地区的人民的头脑中相遇时,西方价值的优势远不是那么明显,在西方,保护工人权利的机制是建立在人们对保护模式的主要特征的普遍认同以及对其价值的信仰的基础之上的。这一广泛的社会心理基础在香港和澳门没有得到广泛的接受。"①我国传统文化的"公"的成分比西方浓烈,而"私"的成分却比西方淡薄。因此,我们建设法治社会和和谐社会时,应当将权利意识引进我国的文化土壤中,并发扬光大。

社会主义和谐社会的公平原则含有以下具体原则:①平等原则。即形式公平原则,不仅是指当事人在经济交往中的地位平等,而且要求法律和政府、法院要平等地对待当事人,程序要公开、透明。在经济生活中,社会资源平等地向市场主体开放,市场主体同等地不受歧视,市场主体平等地拥有实现其经济目的的手段。②公平竞争原则。市场活动中的实质公平原则着眼于市场主体实际权利义务的配置及其结果,而非限于形式上的规定。在市场秩序规制法中,它包括两方面相互联系的要求:一是对具备优势地位和能力的市场主体的行为进行一定的限制,增加其义务或制止其权利的滥用;二是对可能遭受经济特权侵害的弱势市场主体进行特别保护,以提升其地位,从而使之与强势市场主体相抗衡,最终为实现公平竞争和公平交易提供保障。③社会公平原则。社会公平是社会整体的利益平衡。它是从社会角度实现强者与弱者之间的力量平衡。社会公平的范围十分广泛,包括穷人和富人之间的公平、消费者权利的保护、妇女儿童权益的保护、企业的社会责任、弱者的救济和保障等。社会公平原则的贯彻仅仅依靠私人力量是不够的,需要政府承担更多的社会责任,需要法律对弱者倾斜保护。④环境公平原则。环境公平实际上也是社会公平的一个组成部分或进一步延伸。环境公平又称生态公平,是指生态效益和负担的正当分配,无论是当代人还是后代人都应拥有同等的生态权。生态权是公民享有的在不被污染和破坏的环境中长期生存及利用环境资源的权利。它侧重于人类的持续发展和人与自然的和谐发展。可持续发展的生态公平包括代内公平和代际公平,代内生态公平强调当代人在利用自然资源满足自身利益上机会均等,在谋求生存发展上权利均等。代际生态公平就是保证当代人与后代人具有平等地享有自然、开发自然和持续发展的机会。②

资本主义世界从自由资本主义发展到垄断资本主义,已经感觉到自身矛盾的存在,并通过学习社会主义的一些有益的做法来缓解内在矛盾的冲突。现代西方福利国

① 转引自莉蒂亚·R.芭斯塔:《宪政民主的反思:后现代和全球化的挑战》,载刘海年、李林、托马斯·弗莱纳主编:《人权与宪政》,中国法制出版社 1999 年版,第 8 页。
② 张向前:《可持续发展环境伦理的基本原则探析》,www.hnedur.com,2005 年 6 月 28 日。

家在某种程度上修正了19世纪极度的个人主义,增加社会公平的理念,酝酿出一些和谐社会的成分。"我们也可以说在福利国家中,国家对人权起着非常重要的既是保护又是干预的作用。但同时,也正是福利国家中的宪法人权政策在使国家的这两种相对立的作用逐渐走向和谐一致。……随着日益增长的经济社会不平等,宪法的一体化功能变得越来越重要了。"①随着市场经济的不断发展,市民社会日益分化,开始出现了自身无力解决的两极分化问题以及由此带来的一切不良的社会后果,从而向政治国家提出理性干预以维持适度平衡的要求,于是政治国家与市民社会开始相互渗透、相互建构、相互塑造。由于市民社会的分化引发了政治国家的积极干预,导致了福利国家政策的广泛实施和公民的社会福利权利的不断扩张,由此,宪政国家在某种程度上变成了服务国家。它承诺给国民提供与警察国家相反的发展经济、充分就业、老年社会保障的条件,进而根据各自的国情提供全民最低收入保障。从历史上看,民主普选制的各个利益集团之间的相互作用,推动了福利国家在二战后的发展。为了争取各派选民对政府的支持,福利国家发展成为满足各派利益的工具。随着市民社会与政治国家的相互渗透,某些私人利益上升到普遍利益高度而取得了社会利益的形式。这部分利益需要新的类型的法律来调整,从而导致了兼具公法和私法因素的社会法。劳动法、社会保障法、环境资源法、产品质量法、消费者权益保护法以及反垄断法,逐渐被归属于社会法的范畴。社会公平理念贯穿于这些法律的始终,成为它们的灵魂和精神支柱,市场经济的社会性越来越普遍。以瑞士为例,一直到第二次世界大战以前,市场经济的社会性主要表现为家庭生活中的私人领域,地方城市的有限领域以及私人和教堂慈善事业的领域。尽管家庭纽带、地方城市的救助和慈善组织在扶危济困方面确实发挥了一定作用,但其重要性是非常有限的。在过去的50年中,瑞士和其他欧洲国家一样,建立了覆盖面很广的社会保障体系。这种社会保障体系作为一种制度化的结构,建立在以下三大支柱之上。每一支柱被假定为包含正反两个方面,三大支柱的有机结合旨在实现负面作用的最小化与正面作用的最大化。整个制度化结构的基本理念在于,把经济繁荣的活力与社会稳定的凝聚力相结合,把获得自由的权利(如在不受他人限制的前提下生活的权利)和摆脱贫穷的权利(如在不受资源匮乏限制的前提下生活的权利)相结合。第一支柱是老年人、未成年人或无行为能力人的保险;第二支柱是失业保险;第三支柱是私人储蓄。②

改革开放以来,我国在建立市场经济体系方面取得了很大发展,市场主体不断地释放自己的活力,经济发展速度和国民收入的增长速度是举世公认的。但我们对社会公平原则没有予以足够的重视。出现了两大问题:一是贫富分化越来越严重;二是自

---

① 弗里堡联邦研究所教授莉蒂亚·R.芭斯塔:《宪政民主的反思:后现代和全球化的挑战》,载刘海年、李林、托马斯·弗莱纳主编:《人权与宪政》,中国法制出版社1999年版,第8—9页。

② 盖·基尔希:《瑞士的经济和社会保障政策及其对人权的影响》,刘俊海译,参见刘海年、李林、托马斯·弗莱纳《人权与宪政》,中国法制出版社1999年版,第172—174页。

然和环境资源遭到严重破坏。

在改革开放的第一阶段,当时社会主要矛盾是民生必需品的不足。而第二阶段的改革造成财富重新分配严重的不均——富者越富,而贫者越贫。对此,部分专家还在抱残守缺,仍然只谈改革第一阶段所倡导的效率,而不谈第二阶段所倡导的公平。他们简单地认为将西方的经济学特别是美国波斯纳的法经济学概念引入中国,就能解决中国的问题。但是,他们忽略了一个重要的前提,那就是西方经济学的基础,首先是由政府与全民合作塑造良好的社会环境,在这种环境之下谈论各种不同学派的经济理论才有意义。因为,良好的社会环境是经济成功发展的充分而且必要的条件。在目前社会大环境逐日恶化的前提下,只谈经济问题无异于缘木求鱼。到底什么是小康社会?那绝对不是人均 GDP 多少美元就能说明的问题,而应该是老百姓能住房,能看病,能上学,以及能够退休养老。可是现在第二阶段的改革结果是什么呢?房改之后老百姓住不起房了,医改之后看不起病了,教改之后小孩上不起学了,国企改革之后有些职工竟然被迫下岗,不但吃不起饭,甚至无法退休了。因此,有学者认为当前最严重的问题是整个社会的道德伦理和是非原则被破坏,一些人已经认为不公平是一种正常的社会现象了。①

我国经济发展另一个被忽视的问题,是环境公平问题。据官方统计,3 亿中国农民无法获得充足的清洁饮用水。中国飞速的工业化使江河湖泊臭气熏天。政府估计40% 的湖泊不再提供饮用水。世界 1/5 的人口生活在中国,但中国只掌握世界 7% 的淡水资源,人均淡水储量至少下降了 15%。② 美国《波士顿环球报》2006 年 5 月 8 日报道,滇池是云南的明珠,也是中国第六大淡水湖。但如果置身滇池沿岸的小村庄里,湖水所散发出来的阵阵恶臭简直要令人窒息。不久前,滇池还是昆明市饮用水的良好供给水源和周边渔民富饶的渔场。滇池也是昆明供游客们泛舟湖上欣赏美景的最负盛名的风景区。但是由于近年来大量未经净化处理的生活污水和化工废料排入湖中,这座 300 平方公里的西南最著名的湖泊已经变成了一池含有有毒物质的污水。③ 2005 年的松花江重大污染事件是另一个典型例子。从 2005 年 11 月 13 日中石油吉化公司车间发生爆炸,到黑龙江省 21 日晚宣布哈尔滨全城大停水,一共 8 天时间,有关松花江水污染的报告则为零。由此,不难看出,我们环境保护的法律意识和法律制度,多么远离和谐社会的要求。

三、实现和谐社会的公平原则的法律机制

和谐社会的公平原则具有十分丰富的内涵,包含着多个层面,并且在不同的时期和不同的环境下又有不同的要求,因而该原则的实现具有相对性,在不同的条件下侧

① 参见郎咸平:《现阶段改革应以公平优先》,《观点》,《中国证券报》2006 年 2 月 16 日 A23 版。
② 哈拉尔德·马斯:《水污染让滇池明珠失色》,《参考消息》2006 年 5 月 11 日第 15 版。
③ 哈拉尔德·马斯:《水污染让滇池明珠失色》,《参考消息》2006 年 5 月 11 日第 15 版。

重点和标准也有一定的变化,所以,必须从社会整体的角度出发,建立全方位地实现和谐社会的公平原则的法律机制。

机制,本意是机器运转过程中各个零部件之间相互联系、互为因果的联结关系及运转方式。法律机制是指一种制度机制。概括起来,法律机制是相互密切关联的法律规范、规范群组(狭义法律制度,如上诉制度、离婚制度)、法律体系、法律制度及其相关政策等要素所形成的内在功能和外在作用。但是,除了上述的法律制度机制之外,还必须有法律的实施机制。它意味着,与法律关系的主体(人)和法律关系的客体(物、行为、知识产权等),有不可分割的关系。法律实施机制可分为执法系统、司法系统、守法系统和法律文化系统;每一个系统都是一个整体,都包含着法律机制元素的各自目的性组合。各个系统又形成新的统一整体。"整体大于部分之和"是哲学之公理,其原因在于,生物体、人、社会本质上都是由原子、分子形成的不同层次的组织,无生命的元素一旦形成组织就会产生新的性质和能力。组织系统越复杂,功能越高级。坎农在谈到人的生命组织时写道:"当我们考虑到我们的机体的结构的高度不稳定性,考虑到机体对最轻微的外力所引起的纷乱的敏感性,以及考虑到在不利情况下它的解体的迅速出现等情况时,那么对于人能活几十年之久这种情况是令人不可思议的"①,这种有机体结构"本身并不是永恒不变的,而是在活动的磨损和裂解中不断地解体,并且又籍修复作用不断地重建时,更要使人感到惊奇"②。同法律机制各系统的总和相比,作为整体的法律机制,不仅具备严密的统一性,而且有重要的原则指导性和更大的推动力量。

在机制中,法律才是活的法律,而不是僵死的条文。"社会中的法律最好被理解成一种行为或事业,即执行社会事务的活的制度。法律制度也不仅仅是规则的整体,它还要对社会的需要、压力和灵感做出相应的反应。"③法律机制要实现的公平原则,在不同的时期所要解决的主要矛盾也是不同的。目前,我国的市场经济体制已经建立,市场经济已经有了巨大的发展。同时,我国的民法体系已经建立,民法精神比较深入人心;经济法体系正在发展壮大,有效的竞争秩序已经初步建立。民法中的形式公平原则和经济法中的公平竞争原则虽然仍然是我国法治建设的重要原则,但在公平原则体系中已经不是最突出和最尖锐的问题了。现阶段的最突出和尖锐的问题,是社会公平原则和环境公平原则的实现。民法的形式公平原则的实现主要依靠私人的力量以及法院的公力救济,而社会法和经济法中的社会公平原则和环境公平原则的实现则需要社会的综合力量,政府作为社会利益的代表者在保障和实现社会公平和环境公平方面往往居于主导地位。

---

① W. B. 坎农:《躯体的智慧》,商务印书馆 1980 年版,第 6 页。

② W. B. 坎农:《躯体的智慧》,商务印书馆 1980 年版,第 6 页。

③ Leonard Broom, Philip Selznick, *Sociology: A Text with Adapted Readings*, Harper & Bow Publisher, 1977, 6th education, p408.

法律应当建立有效的利益冲突解决机制,形成促进社会公平正义的机制环境。和谐社会并不是无矛盾的社会,任何社会都不能排除权利和利益遭受侵害的威胁。在市场经济条件下各种利益群体、社会组织和个人之间产生利益矛盾与冲突是不可避免的,关键要有表达利益诉求的顺畅渠道和及时解决利益冲突的有效机制,特别是对弱势群体予以更多的话语权。然而,利益表达和利益均衡机制的建立过程通常相当艰难,必须要在利益表达和社会稳定之间取得平衡。它的底线是社会的稳定,上限是利益的表达,两者之间的阈值就是形成利益表达制度的空间。公共产品是政府向社会所有成员提供的各种公共服务以及公共设施的总称,其本质属性在于它的公共性。公共产品的供给要求实现社会总福利和人均总福利的最大化,要求政府必须按照社会公共的集体意愿提供公共产品,而不仅是以企业获取利润为最终目标。公共产品的供给也注重效率,但效率必须与公平并举甚至在一定情况(比如目前的情况)下,要适当地向公平倾斜,否则就会出现比市场失灵造成更大灾难的政府失效。公平和效率是人类经济生活中的一对基本矛盾。社会经济资源的配置效率是人类经济活动追求的目标,而经济主体在社会生产中的起点、机会、过程和结果的公平,也是人类经济活动追求的目标。一般而言,效率型政策更能促进经济增长,而公平型政策更有利于社会稳定。但两者又是互动的、彼此包含的。没有效率,只能提供低水平乃至贫困的公平;而没有公平,社会的大多数就会产生心理的不平衡,从而就没有劳动的热情和创造的积极性。改革开放以来,我国经济政策的基本取向是"效率优先,兼顾公平"。但从现实情况看,改革收入分配制度、增加社会公平,已经到了不得不为的地步。近年来,民生问题和社会公平问题一直是社会关注的热点。党和国家极力强调在科学发展观的指导下构建和谐社会,强调社会稳定和社会发展,相应地,政策由效率型向公平型转变就成为必然。唯有如此,才能真正体现以人为本的精神。①

确实,在社会保障中,国家是最强有力的杠杆。西方"福利国家"的建设,主要是通过自上而下的渠道逐渐实现的。但与此同时,还必须重视民间慈善事业这一有效的渠道。法律机制要为私人慈善事业提供积极的支持。私人慈善事业是社会慈善事业的一个组成部分,即社会保障体系的一个有机组成部分。自由慈善主义传统认为:即使在民主政治中,由民主政府主持财富的重新分配也远不如由那些在市场竞争中证明了自己效率的人来主持财富重新分配更优越。政府行为的最大弱点就是其非歧视性。比如,政府一旦决定资助贫困家庭,就必须对所有收入低于法定收入指标的家庭一视同仁地发放救济,无法区分负责的贫困(即愿意努力但没有机会)和不负责的贫困(如因吸毒而倾家荡产)。私人的慈善事业则可以选择资助的对象,重点帮助那些愿意自资的人。这样,慈善捐赠就提高了受惠者的品格,而不像福利国家那样产生懒惰和对政府的依赖的负面影响。这既保护了弱者,又鼓励了竞争。这就是为什么卡内基把大

① 国家信息中心经济预测部宏观政策动向课题组:《下一步宏观调控:结构重于总量》,《中国证券报》2006 年 9 月 5 日。

部分钱花在教育和公共图书馆上;洛克菲勒把钱重点花在医疗上。盖茨最大的慈善开支,是花在第三世界的健康和卫生方面(如预防和治疗艾滋病);其国内项目的款项大多花在弱势阶层的教育上。很明显,他们认为,自己的钱应该用来解决那些个人无法负责的问题(如疾病),或者帮助那些愿意努力但没有机会的人。① 对目前已经形成贫富两极分化的中国来说,这种见解显得十分重要。如此做,既能弥补国家保障之不足,又避免两极分化走向极端,减少贫困群体心理不平衡的状况,从而利于社会的稳定。

在实现环境公平方面,加快循环经济立法,是促进我国经济健康持续发展,建设资源节约型和环境友好型社会的一个基本保障。循环经济的基本法律制度含有许多环节:循环经济发展的规划制度,循环经济产业指导制度,循环经济发展的科技支持和示范制度,生产者责任延伸及产品回收利用制度,消费者责任和绿色消费制度,重点污染企业强制实施循环经济的制度,循环经济发展的激励制度和循环经济发展的公众参与制度等②。政府要继续整顿和规范矿产资源的开发秩序,合理划分中央和地方管理权限;完善矿产资源有偿使用制度和矿产资源开发利益分配机制,矿业权有偿使用的收入要更多地向地方、向基层、向农村、向社会事业倾斜;建立矿山安全生产、环境保护和生态恢复等补偿机制。政府和民间公益性团体和自律组织应充分利用电视、网络、报纸等媒体渠道,加强资源环境利用的宣传,提高全民族的资源意识、生态意识和环境意识。政府应通过财政、税收、价格、金融等经济和行政方面的政策,形成有效的激励机制。

还必须指出,和谐与公平丝毫不意味着消灭差异。相反,恰恰需要发挥差异的作用。和谐与多元是辩证统一的,和谐关系以多元为存在为条件。其一,和谐首先需要承认差异与多元性的存在。当年孔夫子提出"和而不同"的社会状态思维范式,对于我们今天构建和谐社会具有格外重要的意义。只有肯定"不同",在"不同"的基础上形成"和"(和谐),方能推进社会的发展。如果一味地追求"同",忽视或不尊重"不同",不能求同存异(不同),迟早会招致失败。其二,和谐是目的,差异和多元是手段,两者共存共荣,缺一不可。凡是人为强行的"和",就定然扼杀人的积极性,而造成"万马齐喑"的悲哀局面。过去在这方面的教训,是千万不能忘记的。

温家宝总理最近指出,在我国现阶段中,面临的两大任务就是:一是集中精力发展社会生产力;二是推进社会公平与正义,特别是让正义成为社会主义国家制度的首要价值③。无疑,正义蕴涵着效率,但更突显公平。

杨思斌、吕世伦撰写,刊于《法学家》2007 年第 3 期。

---

① 薛涌:《慈善事业如何改善财富再分配》,《南方周末》2006 年 7 月 13 日第 6 版。
② 循环经济立法项目正式纳入了十届人大常委会立法计划,并被列为关系经济社会发展全局、在法律体系中起支架作用的重要法律。
③ 参见《在十届全国人大五次会议记者招待会上温家宝总理答中外记者问》,《光明日报》2007 年 3 月 17 日第 2 版。

论和谐社会背景下我国弱势
群体保护与政府责任

　　构建社会主义和谐社会,必须对社会弱势群体予以广泛的关注。弱势群体在不同的学科领域有不同的界定。社会学强调从社会结构方面界定弱势群体,经济学则注重从经济利益的视角界定弱势群体。从法学的视角看,弱势群体是由于主客观原因所导致的,在社会生活中由于权利欠缺或实现障碍而处于社会不利地位的,需要法律的特别规定来获取权利、维护权利的特殊的社会群体。我国目前的弱势群体主要由残疾人、失业者、下岗人员、城乡贫困人员、农民工、失地农民等构成。弱势群体的形成既有自然方面的原因,也有社会方面的原因;既有国民收入初次分配的因素,也有国民收入再分配的因素。随着社会的分化,弱势群体已经在全国人口总数中占有相当的比例。随着社会转型的加快,弱势群体的规模有可能进一步扩大,存在的问题有可能进一步加深。在我国已经进入到一个新的发展阶段的背景下,完善弱势群体权利保障机制,强化弱势群体保护的政府责任,促进弱势群体平等参与社会,共享社会经济发展成果,不仅体现了现代民主法治国家对弱势群体的关怀,更是落实科学发展观、改善民生、建设服务型政府、构建和谐社会的客观要求。

一、弱势群体保护在构建和谐社会中的作用

　　弱势群体问题的实质是人权问题。弱势群体权利保障直接反映了法治的价值目标,加强弱势群体保护是实现社会和谐的必然要求。
　　1.弱势群体保护反映了和谐社会的人权保障目标
　　在当今世界,人权作为一种旨在借助权利语言和机制来保护弱者、受压迫者的尊严和自由的普遍性道德权利,已成为普适性价值。人权是作为一个社会的人,为满足其生存发展需要应当享有的最基本的、不可剥夺的权利,包括公民的政治、经济、社会、文化生活等基本的权利。现代法治理论普遍认为,人权是国家的基础和来源,也是国家权力的目标,保护人权是现代法治国家的首要任务。凡是不以人权作为价值目标的法律不能称之为良好的法律。在社会主义和谐社会的构建过程中,人权保障即尊重人,关心人,使人成其为人。根据现代人权标准,主体的平等性和法律保护的普遍性是人权保护水平的基本指标。人权具有普遍性,弱势群体和非弱势群体一样,共同作为人类共同体的成员,根据其属人的本性,是生而平等的。弱势群体,作为人类的一部

分,应当和其他社会群体一样享有基本人权;作为国家的公民,他们有权享有公民权利,有权共享经济社会发展的成果;而且,基于他们的特殊境遇,国家还有义务对他们进行"倾斜性保护",以保障弱势群体的权利不因此而减损或受到侵害。

2. 弱势群体保护体现了和谐社会的公平正义价值

公平正义是法律追求的最高价值,是民主法治的核心价值,也是社会和谐的内在要求。中共十七大报告把"实现社会公平正义"摆在突出位置,指出实现社会公平正义是中国共产党人的一贯主张,是发展中国特色社会主义的重大任务,并且提出既要通过增加社会物质财富不断改善人民生活,又要通过保障社会公平正义不断促进社会和谐。美国法学家约翰·罗尔斯认为,"正义是社会制度的首要价值,正像真理是思想体系的首要价值一样。"①他提出了社会正义即社会基本结构正义,是用来分配公民的基本权利和义务,划分由社会合作产生的利益和负担的主要制度。他的正义理论由两个基本原则构成:一是每个人对与其他人所享有的类似自由相一致的最广泛的基本自由,都应有一种平等的权利;二是社会和经济的不平等将被安排得使人们能够合理地期望它们对每个人都有利,尤其要使它们适合于最少受惠者的最大利益,而与它们相联系的地位与职务应该向所有人开放。由第二个原则出发,罗尔斯主张对于由社会成员自然条件造成的不平等,社会应该采取补救措施。现代法律的一个重要发展趋势就是在追求平等的大前提下,对社会弱势群体进行倾斜性保护。保护弱势群体是实现法律公平正义价值的基本手段,是"良法"的基本要素。"一个良好的法律必须是正义的法律,正义的法律必须是关爱和保护弱者的法律,保护弱者就必须通过制度建构与完善的努力使弱者的利益得到保护或者使弱者的利益得到补偿。"②弱势群体只有得到有效的保护,社会正义的原则才能维系。国家给予弱势群体的帮助和救济,保障其生存与人格尊严,不仅可以体现国家对弱势群体的人文主义关怀,更体现了社会公平与正义的价值。

3. 弱势群体保护是构建和谐社会的秩序基础

法的首要作用是固化一种秩序,使社会稳定、安全,使社会成员的矛盾和冲突被控制在合理的限度内。弱势群体由于其自身的弱势性,仅靠自身的力量无法实现其应有权利和法定权利。当弱势群体权利得不到法律保障,尤其是陷入生存危机时,就可能成为社会稳定和安全的潜在甚至是现实的威胁。弱势群体的存在和不断扩大不可避免地会导致双重痛苦:当弱势群体问题不突出、不普遍、不明显时,个体痛苦是主要形态;反之,社会痛苦是主要形态。"个体痛苦是弱势群体(包括当事人及其家庭)因为处于弱势地位而承受的痛苦,这种痛苦包括物质上的匮乏和精神上的压力。社会痛苦是指因为弱势群体的存在给社会的经济、政治、道德伦理和秩序所带来的压力。"③弱势

① 约翰·罗尔斯,正义论,何怀宏译,北京:中国社会科学出版社,1998,第56页。
② 冯彦君,社会弱势群体法律保护问题论纲,当代法学,2005(7):38。
③ 王思斌,社会弱势群体生存状况的改善与社会政策的调整,中国党政干部论坛,2002(4):23。

群体的生活状况,不仅影响个人和家庭,还影响着整个社会。弱势群体分散在社会的各个角落,如果不解决好他们的问题,个体痛苦就会转化为社会的痛苦并且会不断放大,影响社会的安全与稳定,使得社会不得不为解决弱势群体问题付出沉重代价;而如果解决好了他们的问题,不仅能使弱势群体个体受益,而且有利于整个社会的又好又快发展。因此,只有从法律上将保护弱势群体的权益设定为政府的职责,使政府承担起保障弱势群体基本生活和发展机会的义务,保障他们共享人类文明和社会经济发展的成果,才能形成安定稳定、和谐相处的社会秩序。

二、我国弱势群体保护的现状与不足

改革开放以来,我国在弱势群体权利的保护方面做出了巨大努力,取得了重大成就。我国宪法关于公民平等权、物质帮助权、国家尊重和保障人权以及建立健全社会保障制度的规定为我国弱势群体权利保护提供了宪法根据。我国已经制定《妇女权益保障法》《未成年人保护法》《老年人权益保障法》《残疾人保障法》等法律和《城市居民最低生活保障条例》《城市生活无着的流浪乞讨人员救助管理办法》《农村五保户供养工作条例》《法律援助条例》《残疾人教育条例》《残疾人就业条例》等行政法规。此外,我国的刑法、民法、刑事诉讼法、民事诉讼法、义务教育法、婚姻法、母婴保健法、公益事业捐赠法等重要法律和最高人民法院颁布的司法解释中都有涉及弱势群体权益保护的规定。国务院的许多部委还制定了保护弱势群体的部门规章,地方权力机构和政府还制定了数量较多的与弱势群体权利保护相关的地方性法规和政府规章。弱势群体的人身权利、财产权利、劳动就业权利、教育权利、社会保障权利等已经在很大程度上得到法律的确认。但是,弱势群体权利保护的法律制度仍然存在与社会经济发展不相适应,适用对象狭窄,法律实施机制薄弱等问题。

1. 法律制度的规定比较原则,缺乏可操作性

我国关于弱势群体权利保护的法律法规多属于原则性的规定,缺少法律的规范性、程序性与法律责任的刚性约束,往往不具有可操作性。弱势群体权利保障的法律总体上存在道德性强于法律性,倡导性多于规范性等问题,弱势群体保护的许多工作是靠行政手段和道德来规范的,法律的权威性和强制性在弱势群体保障中没有得到很好的体现。一些地方政府对弱势群体的关注具有很强的功利主义色彩,弱势群体权利保障很多是临时性的权宜之计。弱势群体保护的法律存在立法粗疏,已经制定的法律具有一定的滞后性,整个法律体系不健全等问题,弱势群体的保护没有建立稳定持久的长效机制。

2. 法律制度的适用对象狭窄

由于受二元经济社会结构和社会经济发展水平影响,我国的弱势群体保护的法律制度基本上是以城市弱势群体的需要为标准设置的,能受到法律保护的主要是城市的

失业人员、下岗职工、老人、儿童、残疾人等弱势群体,农村弱势群体的许多权利往往得不到法律保障。比如,依据《城市生活无着的流浪乞讨人员救助管理办法》的调整范围,生活无着的流浪乞讨人员的救助仅限于"城市"之中,而生活在"农村"中的生活无着的流浪乞讨人员是被排斥在该法规的调整之外的,无权享受政府的社会救助。又如,城市的弱势群体如果不能就业,大多数可以享受到最低生活保障待遇。由于我国农村社会保障制度建设的滞后,农村弱势群体最低生活保障权的实现非常困难,极易陷入贫困状态。由于生活环境和所受教育的限制,农村弱势群体占有的资源极少,其生存发展权、受教育权、劳动权、社会保障权的实现状况令人担忧。

3. 弱势群体社会保障权利缺失

现代社会,社会保障不仅是社会稳定的"安全网"和经济运行的"稳定器",而且已经成为公民的基本人权。人人享有社会保障作为公民的一项基本人权已被规定在许多国际公约中,如《世界人权宣言》《经济、社会和文化权利国际公约》等。健全的社会保障制度对于弱势群体保护的意义尤为重要。从一定意义上讲,弱势群体保护问题的核心就是社会保障。通过社会保障制度的推行,保障每个人最低的物质生活水平,从而在制度层面减少弱势群体的数量,改变弱势群体的弱势地位。一般而言,社会保障制度由社会保险、社会救助、社会福利等制度组成。从世界范围看,不少国家已经建立比较完善的社会保障制度来改进弱势群体的生活状况和社会地位。我国目前社会保障法律制度体系不健全、立法层次低、覆盖面窄。弱势群体的社会保障水平低于社会平均水平,严重滞后于社会经济的发展。弱势群体的社会保障带有很强的救济色彩和很大的随意性,无法满足弱势群体社会保障的合理需求。

4. 法律实施机制薄弱

我国弱势群体保护在法律实施机制方面非常薄弱,主要表现在以下几个方面:第一,现代法治发展的一个重要趋势是宪法的司法化即通过宪法司法手段来救济权利。许多国家已经建立了弱势群体权利的宪法司法保护机制。宪法司法保护机制既可以表现为由违宪审查机关通过对规范性文件的审查,从制度层面消除对弱势群体的歧视;也可以表现为由司法机关通过对宪法基本权利的适用来维护弱势群体的具体权益。我国没有建立宪法司法保护机制,导致实践中弱势群体宪法上的权利受到侵害得不到救济,弱势群体的宪法性权利在实践中得不到保护。第二,有关弱势群体保护的法律赋予政府相关部门的职权和强制措施不够,没有明确政府对弱势群体保障的法定责任,弱势群体权利受到侵犯时向政府部门寻求救济时,经常被推诿或者搁置,以至于他们不得不走"上访"的道路来维护自身的权利。第三,司法是保护弱势群体权利保障的最后一道屏障,对弱势群体保护具有决定性的意义。弱势群体由于经济条件的困难性和知识信息的欠缺性等因素,在他们的权利被侵犯以后,往往很难获得司法的救济。

三、强化弱势群体保护的政府责任

保护弱势群体是政府义不容辞的责任,是法治社会对政府的必然要求,是政府存在的合法性基础。无论是西方的人民主权说、社会契约论、新公共管理理论,还是我们倡导的"为人民服务"理论,其实都强调了政府自身不是其存在的目的,政府存在的目的和合法性基础是保障人民的自由和权利。弱势群体保护首先需要依靠公共权力的力量,依靠政府对市场缺陷的弥补和对市场的适度干预来实现。政府"依法运用公共权力对社会资源重新分配,给予弱势群体以特别的物质保障;或者运用公共权力,通过创造条件、排除妨碍等方式,给予弱势群体以特别的精神、道义保障;或者双管齐下,两者兼而有之"①。政府承担保护弱势群体责任还是实现社会公平正义的必然要求。"……由于每个人所处的社会环境不同,与此相比,一部分人缺乏能力或能力受到阻碍,而同时他人的能力却高出一筹或得天独厚,权利的平等就成为一种漂亮的然而确是空虚的浮夸之词。对于在这种不平等下生活的不走运的社会成员提供补偿是一种社会责任。社会和法律程序向人们提出这种要求,法律应当力求确认和支持这种要求。"②此外,相对于社会强势群体,弱势群体是远离"社会权力中心"的边缘群体,较少参与社会政治活动,很难真正表达其利益诉求,无法有效地影响法律与公共政策的制定。这就需要政府从社会公共利益出发,对弱势群体的利益诉求和权利保护予以关注和负责,这是维护社会秩序和可持续发展的基本要求。因此,世界银行在其1997年的世界发展报告中,把保护弱势群体作为每一个政府的核心使命之一。③ 在我国社会发展进入一个新的阶段的背景下,强化政府保护弱势群体的责任,有利于建设服务型政府,有利于社会结构和社会关系的调适,从而有利于加强社会建设,保障民生,实现社会的真正和谐。

1. 树立弱势群体保护的新理念

保障弱势群体需要树立科学的理念。弱势群体保护本质上是一个人权问题。弱势群体具有与生俱来的公民权利以及得到各种社会补偿的权利;弱势群体作为权利的享有者,他们能够而且应当像其他社会成员一样决定自己的生活;弱势群体在充分参与个人发展和社会发展中所遇到的障碍是对人权的侵犯。弱势群体保护科学理念的核心是寻求一种全面而有效地保障弱势群体权利与利益的方法,即全面促进和保障弱势群体在政治、经济、社会、文化生活等领域的人权和公民权,保证弱势群体在平等的基础上,有均等的机会参加社会生活和经济发展。弱势群体保护的科学理念要求国家承担起对弱势群体保护的责任,通过法的制定与实施全面保护弱势群体首要的生存权

---

① 李林,法治社会与弱势群体的人权保障,前线,2001(5):23。
② 伯纳德·施瓦茨,美国法律史,北京:中国政法大学出版社,1990。
③ 世界银行,1997年世界发展报告:变革世界中的政府,北京:中国财政经济出版社,1997,第42页。

和发展权及其他权利的弱势群体法律制度要以权利保障为宗旨,法律制度建设是保护弱势群体权利的手段。当前,应该着重于提高居民收入在国民收入分配中的比重,提高劳动报酬在初次分配中的比重,提高低收入者收入,提高扶贫标准和最低工资标准等方面的制度建设。

2. 贯彻平等原则和倾斜保护原则

弱势群体保护需要贯彻平等保护与倾斜保护两大原则。平等原则强调形式平等和机会公平,它主要在消极意义上界定并尊重弱势群体权利。坚持平等原则,反对歧视,保障弱势群体共享社会经济发展的成果,是世界范围内弱势群体权利保障的共同原则。弱势群体是我们社会的平等成员,在人身权利、财产权利、政治权利、婚姻家庭权利等方面与其他社会成员一样是平等的,社会不应该对弱势群体给予不合理的差别待遇。贯彻平等原则,有利于消除社会对弱势群体的歧视和排斥,有利于消除现行法律制度中含有的对弱势群体权利实现构成限制和排挤的规定。

保障弱势群体的权利和利益,法律仅为他们提供与一般正常人同等的机会和待遇是不够的,必须给予倾斜性的保护,以克服法律上与政治上的形式平等的缺陷,实现法律对实质平等的价值追求。"一旦我们判定,就某些相应特征而言,特定群体受到歧视,那么为了消除这种不平等,受轻视的就应得到加倍的重视。"①弱势群体,由于其在身体、生理的特点或者在经济收入、社会地位、信息资源等方面处于弱势群体的地位,其权利的行使与实现会比正常人有着更大的困难,所以需要对弱势群体的权利实行倾斜保护原则。倾斜性保护原则,是合理的差别待遇,体现了法律的矫正正义,符合罗尔斯正义论中对"最少受惠者"给予补偿原理,也是和现代法治注重实质平等的发展趋势相一致的。依据倾斜保护原则,国家应当在基本生活、教育、就业、康复、社会保险等领域对弱势群体采取一系列的特别扶助措施,以缩小弱势群体与健全人的差距。倾斜保护原则并非是对平等保护原则的否定,而是在平等原则的基础上,对弱势群体实行特别保护,以矫正形式正义之不足,体现了更高层次的平等观和法律对实质正义的追求。

3. 构建完善的法律与政策体系

完善的法律体系是弱势群体保护的前提和基础。虽然随着社会问题的不断严重化,困难群体、弱势群体以各种方式提出保障自己利益的诉求,一些有识之士也在呼吁制定相应的社会政策,甚至人大、政协会议也总有不少提案,但是一些有关保护弱势群体的立法总是"处于过程之中",相对于其他立法是滞后的。弱势群体的权利保护不应当被视为一种恩赐或施舍,而应当看作是强者群体优先地占有了本来属于他们的那部分资源和条件。而要弥补这个不公,只有通过立法,才能获得国家强制力的保护,进而完成从应有权利向法定权利和现实权利的转化。为使弱势群体这一特殊群体的合法权益得到更好的保障,维护国家和社会的和谐与稳定,应尽快完善弱势群体保护的法

---

① 乔·萨托利,民主新论,北京:东方出版社,1998,第396页。

律体系。首先,需要正视弱势群体的生活水平、医疗保险、养老保险、居住环境等方面权利缺失的现实,完善社会保障法制建设,尽快出台《社会救助法》《社会保险法》等社会保障法律,为弱势群体提供最低限度的社会保护。其次,进一步完善弱势群体的劳动权、教育权、环境权等方面的法律制度,以形成对弱势群体权利保护的完整的法律体系,切实保障弱势群体的各种权利得以实现。最后,由于弱势群体构成情况的复杂性和多样性,政府还应当在法律的框架下制定具体的政策措施,以落实法律对弱势群体的保护和弥补法律调整缺少灵活性和针对性的不足。

4. 强化政府的公共服务职能

在服务型政府的基本理论中,政府的主要职能是提供公共产品。公共产品除了明确的产权制度、清晰的交易规则、合理的竞争制度、纠纷解决机制与健全的社会秩序外,还包括公平的分配制度、环境和社会保障制度以及公平的教育机会和基本的公共福利体系。建设服务型政府,意味着政府应该着重解决公共问题,提供公共产品或公共福利。政府绩效评估的标准取决于服务对象的满意程度,取决于公共福利的促进程度。在弱势群体保护方面,服务型政府的评估标准则取决于社会弱势群体享有的基本权利是否得到了有效的保障,他们是否与其他的社会群体在基本公共服务方面享有"均等化"的权利。因此,政府有责任为社会弱势群体提供公共服务,关心弱势群体,保护弱势群体的利益和权利,通过制度创新和增加公共财政的支出,努力为弱势群体提供方便、快捷、优质、高效的公共服务。

5. 健全权利救济制度

在许多发达国家,弱势群体可以通过一系列的途径包括法院、国家人权机构、国家协调委员会以及非政府组织等,在其权利受侵犯时寻求救济。在我国,弱势群体权利实现的救济制度应该包括以下几个方面:第一,弱势群体权利的宪法救济制度。应该借鉴西方发达国家宪法诉讼的经验,赋予宪法基本权利具有直接的司法适用效力。当弱势群体的宪法性权利如平等权、受教育权、劳动权等在实践中受到侵害时,能够获得具有最高法律效力的法律——宪法的救济。第二,弱势群体权利的司法救济制度。完善的、相对独立的司法系统是保护弱势群体权利保障的最后一道屏障,对弱势群体权利保障具有决定性的意义。为保障我国弱势群体能够平等地获得司法保护,我们需要进一步完善有利于弱势群体诉讼权利实现的诉讼制度,简化诉讼程序,降低诉讼成本,建立符合弱势群体特点的便利、快捷的法律援助和司法救助制度,以使弱势群体能够利用国家的司法资源维护自身的合法权益。第三,建立公益诉讼制度,赋予弱势群体的社会组织代表弱势群体提起诉讼,也是弱势群体权利司法救济的一个重要方面。

杨思斌、吕世伦撰写,刊于《北京行政学院学报》2008 年第 3 期。

"以人为本"的法体系研究

一国的法体系根据不同的标准,可以划分为不同的法部门。不同的法部门调整不同的社会关系,不同的社会关系中所活动的人各不相同,这些人所具有的权利也相应而异。例如,民法中的人和刑法中的人是不同的,民法中的人所具有的权利和刑法中的人所具有的权利也是不同的。人的不同最终决定着各个法部门的不同,不同的法部门也以这种不同的人为特征。可以说,法部门的分化与人的分化是同一的。法要真正实现"以人为本",就必然要把法体系具体化为"不同的法部门以不同类型的人为本,以不同类型人的权利为本"这样一个公式。

本文的宗旨在于论述,以"人"为着眼点和归宿点,以不同法部门中人的不同为依据,把整个法体系分为根本法、市民法、公民法和社会法。而这背后则是市民社会与政治国家由浑然一体到相互分离,再到相互融合的发展过程。笔者试图说明根本法应以"普遍的人"为本,应以人的基本权利为本;市民法应以"市民"为本,应以人的市民权为本;公民法应以"公民"为本,应以人的公民权为本;社会法应以"社会人"为本,应以人的社会权利为本。

一、根本法与基本人权

民主和法治即宪政意义上的宪法,是17、18世纪资产阶级革命胜利的成果之一,其目的就是要限制、约束、规范国家的权力,保护市民社会的权利,防止封建专制的复辟。17、18世纪之后,资产阶级借助社会同国家之间的互动关系,一方面稳固地掌握着政治国家,另一方面又通过产业革命建立起最发达、最典型意义上的市民社会。这种市民社会创造了民主的政治国家,又以民主的政治国家作支撑,有力地保障市民社会的经济自由与人的自由。于是,封建制度下的社会与国家的对立,变成近代的社会与国家的"统一"。但是,这种统一一始终包含着,一方面由官僚操纵的、凌驾于社会之上的国家制度,与另一方面市民社会为控制国家制度而向"国家派出的代表团"或"全权代表"①所形成的立法权或议决权,这两者之间谁主宰谁的"二律背反"。为此,马克思才说市民社会和政治国家的统一带有一定程度的虚伪性,尽管如此,政治国家毕竟是凭借市民阶级(最初称为"第三阶级")的力量建造的。它不容许国家对自己为所欲为;反之,

---

① 参见《马克思恩格斯全集》(第1版,下同),第1卷,第319—320页。

要求最大限度地制约政治国家。为了恰当地解决前述的"二律背反"引发的冲突,缓和市民社会与政治国家的争斗,以利于全社会的共同需要和共同发展,就必须找到连接两者的牢固纽带。这条纽带就是作为市民革命初衷的那种意志,就是美国《独立宣言》和法国《人权宣言》体现的精神,就是基于这些意志与精神的实证化而形成的根本法即宪法。所以,如同整个国家制度一样,宪法事实上是市民社会与政治国家的"协议"或"契约"①。

作为市民社会与政治国家的"契约"的宪法,既不只调整市民社会,也不只调整政治国家,而是把两者作为共同的调整对象。它是市民社会奉行的最高准则,也是政治国家的最高准则,从整体上而非具体上调整私权利关系和公权力关系。援用卢梭的话说,宪法既具有主体的普遍性亦具有内容的普遍性。一切其他的部门法均由宪法所衍生,并服从和实现宪法的宗旨,而不得同宪法相平行,更不得超越和侵犯宪法。因此,宪法是一个市民社会及其国家的根本法,而不能仅仅把它归结为"公法"。

宪法之作为根本法,不仅在于具有最高的法律效力,最根本的在于它是"人权保障书"。人权原则是宪法的最基本的原则和范畴,宪法的终极目标就在于保护人的基本权利。世界上第一个把人权提到纲领性文件和根本法地位的是 1776 年美国的《独立宣言》。它宣布:"人人生而平等。他们从自己的造物主那里被赋予了某些不可转让的权利,其中包括生命权、自由权和追求幸福的权利。"马克思称它为"第一个人权宣言"②。1789 年法国制宪会议通过了第一个直接以"人权"命名的《人权和公民权利宣言》(即通称的《人权宣言》),它宣布:"在权利方面,人们生来而且始终是自由平等的。""任何政治联盟的目的,都是保护人的不可剥夺的自然权利,这些权利是:自由、财产、安全和对压迫的抵抗。""凡权利无保障的地方,就没有宪法。"随着资产阶级革命在其他国家的胜利,人权原则也被确认为这些国家宪法的精髓。社会主义国家产生后,有了资本主义类型的宪法与社会主义类型的宪法之分;然而,在人权保护方面,这两种阶级本质不同的宪法却拥有共同的理念和支撑点,即都以保护人的基本权利为己任。

人的权利是多方面的,宪法保障的主要是人的基本权利。这种基本权利具有普遍性,它是人作为人都应该享有的权利,不因国家制度的不同而不同。在最根本的意义上,中国人、美国人、欧洲人、非洲人都是"人",都有作为"人"的基本需要,也就是人的"基本"权利,而保护这些"基本"权利的法部门只能是宪法。在全球化的今天,宪法更应该彰显其对人权"共性"方面的保护,而不应仅仅局限于只和本国公民身份相联系的权利。生活在中国的美国人或生活在美国的中国人同样需要宪法的保护,而不论其是否是这个国家的公民。现代国家的通例是非政治性的宪法权利——包括言论、新闻、集会、结社等具有政治含义的权利——同样为生活在特定国家里的一切人所享有;是

---

① 参见《马克思恩格斯全集》,第 1 卷,第 316 页。
② 参见《马克思恩格斯全集》,第 16 卷,第 26 页。

否属于特定国家的公民,并不能成为享有这些基本"人权"的先决条件。事实上,在某些国家,某些政治权利——例如地方政府的选举权——也可以为生活在当地的外国人所行使。相比之下,我国宪法所定义的权利还是"公民权利",仍待完成从公民权到普遍人权的观念转变。① 2004 年修宪已把"国家尊重和保障人权"正式写入宪法,这在"人权"保护方面是一个巨大进步。

作为国家的根本法,宪法不只是要保护多数人的权利,而且要保护少数人的基本权利。如果宪法借口保护多数人的权利和利益,而置少数人的"基本"权利于不顾,就势必发生"多数人暴政"(历史的教训早已证明,多数人的暴政会迅速地转化为个别人的专制政治)。因为这些基本权利是人作为人都应该享有的权利,是人的价值和尊严的体现,应该始终受到尊重,不能被随意剥夺和取消。这一点,联合国 1948 年的《世界人权宣言》、1966 年的《经济、社会和文化权利国际公约》和《公民与政治权利国际公约》已有相当透彻和清晰的规定。

宪法上的人是涵盖每一个体的"普遍的人"。宪法上的人的权利是社会和国家中的个体与群体的"基本权利",亦即"普遍人权"。宪法的存在与发展就是以这种普遍人的"基本权利"为"本",而不应简单地当成执政党或少数执政者政策的宣言书。对此,有两点是必须肯定的:第一,宪法上这种"普遍的人"必须具体化为部门法中的"具体的人",这种普遍人的"基本权利"也必须被部门法具体化为"具体的权利"。只有这样,宪法上的人和宪法上的权利才能落到实处。当然,由于各国的政治、经济、文化等具体国情不同,宪法上的基本权利在具体化为部门法上的权利时,也必然表现出差异性和多样性。另外,即使宪法上的"基本权利"没有具体化为部门法的"具体权利",当公民的基本人权受到侵害时,法院也应该直接援用基本人权条款对公民做出保护,从而让宪法真正成为公民手中的"圣经"而不至沦落为"中看不中用"的摆设。第二,要严格地遵循"普遍人权"原则,应该正确对待和处理"人权"和"主权"的关系。在此问题上,我们既要反对以人权为由干涉他国或民族共同体内政的西方(尤其是美国)霸权主义行径,同时也要反对以"主权高于人权"的国家主义为由否认人权的普遍性和共性,否认人权全球化保护的时代大趋势。

二、市民法与市民权

作为公法的对称,私法是市民社会的基本法,在私法中活动的人(主体)是"市民",私法保护的是"市民权"(人权),因而私法也叫市民法。私法在一国法体系中居于重要的基础性的地位,主要包括民法和商法两个部门。市民社会有广义和狭义之分。广义上的市民社会就是从物质方面加以强调的一般社会,简称"社会"。黑格尔和马克思常

① 参见张千帆著:《宪法学导论》,法律出版社 2004 年版,第 465 页。

常把"市民社会"称之为"经济国家",就是由于它是物质生活资料的生产和消费的领域或"需要的体系"。狭义上的市民社会即指自由资本主义社会,它是从中世纪贸易城市兴起,经过资产阶级革命确定下来的,其典型形态就是19世纪的西欧和北美社会,即英国思想家梅因所说的"契约社会"。

市民社会是市场经济发展的结果,而市场经济的灵魂乃个人所有制和契约自由。市民社会使人从国家主义、集体主义和整体主义压制下解放出来,使人成为独立的人,成为自由人格,成为拥有权利而又彼此竞争的主体。黑格尔指出,市民社会是个人追逐私利的领域,是一切人反对一切人的战场,并且也是私人利益与公共事务冲突的舞台。他说:"在市民社会中,每个人都以自身为目的,其他一切在他看来都是虚无。但是,如果他不同别人发生关系,他就不可能达到他的全部目的,因此,其他人便成为特殊的人达到目的的手段。但是特殊目的通过同他人的关系就取得了普遍性的形式,并且在满足他人福利的同时,满足自己。"①"市民社会的市民,就是私人,他们都把本身利益作为自己的目的。"②实际上,黑格尔所理解的市民社会中的"市民",就是亚当·斯密所说的"经济人"和边沁所讲的"功利主义者",自身利益最大化是其一切行动的目的。马克思认为,市民社会与政治国家的分离,使社会中的每一个独立的人都担当着双重角色,他既是市民社会的成员,也是政治国家的成员。个人也具有双重身份:市民和公民。"在政治国家真正发达的地方,人不仅在思想中,在意识中,而且在现实中,在生活中,都过着双重生活——天国的生活和尘世的生活。前一种是政治共同体的生活,在这个共同体中,人把自己看作社会存在物;后一种是市民社会中的生活,在这个社会中,人作为私人进行活动,把别人看作工具,把自己也降为工具,成为外力随意摆布的玩物。"③

市民社会与政治国家的分离又导致了人权④和公民权的确立,并且使公民权成为人权的一部分⑤。马克思指出,在市民社会与政治国家合而为一的中世纪,人为政治制度而存在,是整体本位的;而在市民社会与政治国家分离的条件下,政治制度为人而存在,是个人本位的,利己主义的个人不仅是市民社会的目的,也是政治国家的目的。当边沁理直气壮地宣布国家需要保障和实行"最大多数人的最大幸福"这个公式的时候,他确实是一语道破了"天机"。在市民社会中,人的目的性体现为人权;而在政治国家中,人的目的性则体现为公民权。马克思说:"人权之作为人权是和公民权不同的","不同于公民权的所谓人权无非是市民社会的成员的权利,即脱离了人的本质和共同

---

① 黑格尔著,范扬、张企泰译:《法哲学原理》,商务印书馆1961年版,第197页。
② 黑格尔著,范扬、张企泰译:《法哲学原理》,商务印书馆1961年版,第201页。
③ 《马克思恩格斯全集》,第1卷,第428页。
④ 即市民权,是人在市民社会所享有的权利,是人最初意义上的权利。
⑤ 参见俞可平:《政治与政治学》,社会科学文献出版社2003年版,第82、83页。

体的利己主义的人的权利"①。马克思进一步认为,"作为市民社会成员的人是本来的人,这是和公民不同的人,因为他是有感觉的、有个性的、直接存在的人,而政治人则是抽象的人、人为的人,寓言的人,法人。"②简言之,市民社会的人是现实的人,政治社会的人是抽象的人。人们首先是市民社会的成员,其次才是政治社会成员。与此相一致,公民权隶属于人权,它是人权的一部分。

由此可以看出,市民社会里的人是作为纯粹私人进行活动的,自由与平等是其基本原则,权利是其基本追求。这一切的总和就是本来意义上的真实人权。作为调整这种市民之间关系的法即市民法,就是维护私权利(市民权利)的法,也可以说是"人权法"。恩格斯说:"私法本质上只是确认单个人间的现存的、在一定情况下是正常的经济关系。"③在商品经济中,这个"正常的经济关系"就是商品交换得以存在和发展的法权制度。这个法权制度必须确立交换者的能力(主体)制度、物的归属(所有权)制度及物与物相交换(契约)制度这些商品经济的基石,个人的独立、自由、平等的法律表现,就是权利。所以,私法的本质是个人权利,它在形式上表现为一系列授权性规范。

市民权的存在以国家与社会的相对分离为前提,如果没有对国家权力范围的限制,私权利只是暂时的、不确定的,随时有受到无限扩张的公权力侵害的可能。私法要以"市民"为本,以"市民权"为本,就必须防止和警惕国家权力的不当干涉和侵犯。市民权以自由为价值取向,它确立的是作为个体的人在社会经济活动中所具有的自主性与主导性,由此界定出一个国家不能干预的、平等个体交往的相对独立的发展空间。私法是个人主义和自由主义的集中体现,它应该以"放"为主,由私人主体自我调整、自我解决其关系及纠纷,只有当私人的力量不足以或不适合于解决时,国家才可以出面,以保护者、监督者的身份出现,这就是"私法自治"。"私法自治"的典型表述为:"个人得依自我意思形成私法上的权利义务关系。"④从历史上看,私法自治无疑是一种进步,它是近代资产阶级革命胜利的产物。资产阶级用法律的形式记载了资产阶级的个人自由、意思自治,为发展自由的资本主义经济扫清了障碍。"私法自治"把个人权利放在"本位"的地位,不是以等级特权为中心,而是以市民社会的人及其活动为中心,这是商品经济替代自然经济的必然结果,"向以适合于人的方式对待人的方向迈出的基础性的第一步"⑤。其背后是一种尊重人、使人成为人的思想的支持。它可以有效地将国家权力排除在私人生活之外,实现私人生活的非政治化和非意识形态化,从而向着实现私人生活的自由、平等与博爱和对人的一种终极关怀的方向迈出

---

① 《马克思恩格斯全集》,第 1 卷,第 437、436 页。
② 《马克思恩格斯全集》,第 1 卷,第 443 页。
③ 《马克思恩格斯全集》,第 4 卷,第 76 页。
④ 梁慧星:《民法总论》,法律出版社 2001 年版,第 33 页。
⑤ 星野英一:《私法中的人——以民法财产法为中心》,王闯译,载《民商法论丛》第 8 卷,第 192 页。

的历史性的步伐。

与西方不同,中国私法(市民法)的发展不仅存在着先天不足而且在新中国成立后的几十年中也没有能够得到正确认识和应有的发展。可以说,改革开放的 20 多年就是一个市民社会艰难发育的过程,同时也是市民法由兴起到繁荣的发展过程。市民法的发展强调市民社会的独立性和人的自由、平等即权利或人权,要求"把恺撒的东西交给恺撒,把上帝的东西交给上帝"。在这种意义上,"公私不分""一切为公"或"大公无私",会阻碍人的解放和市场经济的发展。

我们面临的现实是个缺乏"私法精神""私法文化"的社会,以公权力侵犯"私领域"和"私权利"的事件屡见不鲜,"陕西夫妻黄碟案"就是一个典型例证。因而,在当前,一方面我们强调私法要以"市民"而不是"公民"为本,以"市民权"而不是以"公民权"为本,防止和消除国家权力的不当干涉。另一方面,个人权利的完满也依赖于我们每个人的权利意识和为权利而斗争。正如耶林所说,斗争是法的生命,为权利而斗争是对自己的义务。① 因为,个人权利就是法(right)本身,对前者的侵害也同时是对后者的侵害。要真正使私法以"市民"为本,以"市民权"为本,需要我们每个个体人的持续的、不断的斗争。

三、公民法与公民权

市民社会与政治国家的分野不仅产生了现代意义上的私法,也产生了现代意义上的公法。公法是相对私法而言的,无私法则无所谓公法。公法即公民法,是调整政治国家领域内之关系的法,是人作为公民所制定的法,包括刑法、行政法、程序法以及军事法。

市民社会并非万能,也并非是一个自足的体系,在市场和整个市民社会的原则失效的地方,就是政治国家起作用的地方。市民社会虽然拥有其自身的规律而独立于国家,但市民社会的市场规定性决定了它的盲目导向,"在市民社会中,每个人都以自身为目的,其他一切在他看来都是虚无"②。由于"市民"的所有活动都关注于个人的私利或特殊利益,所以,市民社会是一个私欲间无休止的冲突场所。市民社会本身无力克服自己的不足和消除内部的利益冲突,如要维持其存在,就必须诉诸一个更高的伦理实体——国家。川岛武宜说:"市民社会不是完全自然地存在着的,在非常强烈的政治社会的近代国家里,它是据此而存在的。没有以中央集权为基础的近代国家的强烈保障,市民社会也是不能存在的。自主的经济规律的支配如没有以国家的手段来排除

---

① 鲁道夫·冯·耶林著,胡宝海译:《为权利而斗争》,中国法制出版社 2004 年版,第 15、23 页。
② 黑格尔著,范扬、张企泰译:《法哲学原理》,商务印书馆 1961 年版,第 197 页。

障碍是不能成立的。"①

不过,在发生论上,国家是源自社会又凌驾于社会之上的特殊公共权力,它是市民社会的异化。马克思说,"完备的政治国家,按其本质来说,是和人的物质生活相反的一种类生活。"②然而,社会主义国家又有不同于一般政治国家的特点。恩格斯在其晚年指出,社会主义国家是无产阶级在革命过程中不得不"暂时地"加以利用的"祸害"。"不得不"利用,指社会主义国家对社会主义社会的重要性、必要性、合理性和现实性的利用;"祸害",指它本身包含着腐败的现实可能性和历史局限性。列宁说,社会主义国家一开始就不是"原来意义上的国家",而是很大程度上已经返回并服务于以广大人民为主体的社会,而且最后要完全融合到社会之中的"半国家"。③ 它的一切权力属于人民,国家官吏是人民的公仆。社会主义的国家性质决定了调整这种政治领域的公法的性质。

作为公法上的人,即参加到国家中的公民,通过一定的民主形式参与国家管理,享有公民权,公法就是以保障公民的公民权为核心。所谓公民权就是人的政治权利,"这种权利的内容就是参加这个共同体,而且是参加政治共同体,参加国家"④。公民权以民主参与为核心,以选举权为主要内容,它将市民社会的需求通过民主程序反馈到国家的政治决策层,以此来决定国家的法律框架与公共政策建构。同时,通过公民权的扩张,市民社会的各种群体,无论是经济或社会地位上居于优势地位的群体抑或是弱势群体,都获得了参与国家决策及权力运行的机会;社会也因此增强了对国家的控制能力。因此,公民权是国家与市民社会之间联系的纽带。公民法的存在和发展就是以不同于市民的公民为本,以公民的公民权为本。

公民权与市民权既有联系又有区别。公民权与市民权的区别是:第一,公民权形式上一律平等,而市民权则绝非平等。国家是社会的异化,相应的作为国家里的公民则是市民社会里的市民的异化。本来意义上的人,作为市民,权利由本人自己来行使,互相间则没有平等(平等的只是自由竞争的原则);而作为一个公民,政治上和法律上都被宣布为"一律平等",并且权利亦转化为权力,只能同别人一起来行使。这是用形式的权力(公民权)平等掩盖着权利(人权)的事实不平等。第二,作为市民权,只要是法律未禁止的,都是允许的;而作为公民权,则实行严格的法定主义。就是说公民权的行使以法律规定为限,法律未作规定的则不能行使。比如,选举权和被选举权行使主体的范围,就必须由法律给予明确、严格的规定。第三,公民权与义务紧密相联,一般不得舍弃,而市民权则可以由权利主体放弃。公法中,权利义务具有相对性,公民的权

① 川岛武宜著,申政武、王志安、渠涛、李旺译,王晨校:《现代化与法》,中国政法大学出版社 1994 年版,第 12 页。

② 《马克思恩格斯全集》,第 1 卷,第 428 页。

③ 《列宁全集》,第 31 卷,第 16 页。

④ 《马克思恩格斯全集》,第 1 卷,第 436 页。

利往往又是公民的义务。最明显的例子就是公民的参政权。"人民可以构成国家的机关去参加国家的公务这回事,在为国家一份子的各人民个人看来,当然是自己的名誉,是自己的利益;因而就是人民的权利。但那绝不是单为个人的利益,而是同时从国家的利益出发,认为人民参加公务为适当才使之成立的,所以参政的权利,同时又必然带有义务的性质。""以权利为主要性质的选举议员的权利,当然亦同时带有义务的性质。"①"私法上的权利,原则上是单以权利者本身的利益为目的的;即使该权利消灭,亦无害于公益或他人的利益,所以除法律有特别规定者外,以权利者得任意舍弃为原则。反之,公法上的权利,无论是国家对人民所享有的权利,或为人民对国家所享有的权利,都不是单为着权利者本身的利益,而是同时为着社会公共利益的;所以若法律无特别规定,原则上不能舍弃,即经表示舍弃的意思,亦属无效,该权利并不因之而消灭。"②

市民法中市民的私权利(市民权)与公民法中公民的公权利(公民权)又是相互联系、互相制约的,其中存在着一种交错的、彼此作为前提的"二律背反"。一方面,公民是否享有公权利以及是否平等地享有公权利,是市民的私权利能否在法律中得到合理反映的前提条件。公民通过法定程序选举出来的人员组成议会也就是市民社会向国家派出的代表团,由议会或代表团制定相关法律确定国家权力行使的边界以及市民私权利的框架。另一方面,市民私法权利的真正享有(私域自主受到平等保护)是其公权利是否能充分行使的基础和前提。公民只有充分地享有财产权等私法权利,他们才有可能、有能力、有条件享有选举权之类的公法权利;个人只有被确定为自主的能动者,他才能在政治上自由地表达意见,争取相关的权益,并承担相应的责任。因此,这两种权利的享有是互为条件的,公法上对政府权力的限制和对公民权利的维护,以私法对市民权的确认为前提;而市民在私法上所享有的权利,则促进了公民运用公法维护权益、参与政府决策的积极性,对其中一种的贬损同时也意味着对另外一种的贬损。

要使公民权得到落实和保障,核心是要实行民主政治,只有实行民主政治,才能使国家权力得到有效的约束和规范,真正落实"全心全意为人民服务"的宗旨。民主政治包括实质民主和程序民主两个方面。实质民主即民主的性质,其意旨在于说明国家权力,首先是主权归属于谁人所有;程序民主即借助何种形式和方法来体现和实现民主。无数的历史与现实雄辩地证明,冠冕堂皇地讲讲"人民主权""人民主宰一切"等是非常容易的,而怎样才能做到这一步却是十分困难的。在这个注重程序的时代,不仅法律要讲程序,政治也同样要强调程序。具体来说,程序民主有下列几个重大环节:第一,民主选举。西方学者一般认为,没有自由的选举,就没有民主政治,便不是人民主权。

---

① 美浓部达吉著,黄冯明译,周旋勘校:《公法与私法》,中国政法大学出版社 2003 年版,第 107 页。
② 美浓部达吉著,黄冯明译,周旋勘校:《公法与私法》,中国政法大学出版社 2003 年版,第 110 页。

选举是民主的本质内涵,民主在很大程度上就体现于全体选民的投票行为之中。选民通过定期或不定期的投票,以多数票原则决定重大事项,选出政府官员代表自己管理国家事务。① 第二,民主议决。这是指立法的民主性,也就是如何根据民意来立法,以及可靠的公民参与立法活动的机制,最大程度地避免公民代表团或立法权力机关的任性和专断。第三,民主管理。所谓民主管理,就是让多数人来进行管理。列宁说:"对我们来说,重要的就是普遍吸收所有的劳动者来管理国家,这是十分艰巨的任务。社会主义不是少数人——一个党所能实现的。只有千百万人民群众亲自做这件事的时候,社会主义才能实现。"②当然,在现阶段,还存在着一个由间接民主向直接民主逐步过渡的问题。第四,民主监督、凡有权力的地方就要有监督,否则就会产生权力的滥用和腐败。监督是现代民主政治的重要内涵,完善监督制度,充分发挥监督的职能和作用,是现代民主政治真正实现的最终保障。

四、社会法与社会权

社会法是市民社会与政治国家相互融合的产物,同时也是私法公法化和公法私法化的结果。

市民社会中人的平等、自由只是形式上的平等、自由,由于主体实际地位的不平等,占有资源的不同,这种形式上的平等导致的结果却是人的实质不平等,"契约自由"背后掩盖着压制和欺诈。这种人的实质不平等随着市民社会的发展愈来愈明显,越来越突出,严重影响着社会的稳定和谐。19 世纪末 20 世纪初,一些发达资本主义国家由自由竞争进入了垄断资本主义阶段以及由此带来的一系列尖锐的社会矛盾就是最好的说明。因此,市民社会迫切需要国家这只"看得见的手"的介入和平衡。国家介入市民社会的趋势反映在法律上就是"私法公法化"。同时,随着社会的进步和发展,政治国家的权力运作方式也不得不进行某种程度的改变,国家开始采取大量的私法手段进行管理。这种国家以私人身份出现在法律关系中的结果就是"公法私法化"。"公法私法化"的实质是国家向社会靠拢、权力向权利靠拢。总之,随着市民社会与政治国家的相互渗透以及由此而产生的"私法公法化"和"公法私法化",就出现了独立于公法、私法的第三法域——社会法,它主要包括经济法(反垄断法、农业法、中小企业保护法、合作法等)、劳动法、社会保障法、自然资源与环境保护法等。

社会法虽然是作为公法与私法相融合而产生的第三法域,但这一中间地带一经形成,就有既区别于公法,也区别于私法的特征。社会法最本质的特征就在于社会法中的人的不同。社会法的人是一种"社会人",这种"社会人"是一种追求实质平等的人。

---

① 参见韩强:《程序民主论》,群众出版社 2002 年版,第 125—126 页。
② 《列宁全集》,第 27 卷,第 123 页。

社会法就是以这种"社会人"为本,维护的是人的社会经济以及文化权利。具体来说,这种"社会人"与市民的不同之处在于,市民法是把所有的人都视为抽象掉了各种能力和财力差别而存在的平等的个人,它"不知晓农民、手工业者、制造业者、企业家、劳动者等之间的区别,而只知道完完全全的法律主体,只是'人'"①。因此,市民法中人的平等是一种表面平等即形式平等,其含义包括机会平等、程序平等。市民法要保障的就是人的形式平等,而不是实质平等。正是这种形式平等,使雇主利用其优势地位剥削劳动者,大企业利用有利地位控制消费者,一言以蔽之,优势群体压抑弱势群体。另外,市民的自由是一种没有他人或国家强权干涉的自由。对于这种自由,F. 哈耶克的评价是:"我们可能是自由的,但同时也可能是悲苦的。""所谓自由亦可以意指有饥饿的自由,有犯重大错误的自由,或有冒生命危险的自由。"②总之,以自由、平等为理念的市民社会中的人最终却越来越不平等、越来越不自由。社会法所关注的正是这种人的表面平等下的实质不平等,表面自由掩盖下的实质不自由,它通过对弱势群体进行更多的帮助,力图实现人的实质平等和真正自由,社会法的使命就在实现社会的实质正义和矫正正义,其途径则在于保障人的社会权。

社会法确认、保护人的社会经济文化权利,其重要作用在于借助国家力量进行利益再分配,缓和由市场导致的严重不平等,以逐步实现人的实质平等。而达成此目的的方式主要有两个,也可以说社会经济文化权利有两种表现形态:一是限制或牺牲某些人的自由和减少某些人的利益,并将以这些办法收集的社会资源分配给社会的弱势群体,如失业工人、妇女、儿童、残疾人、消费者等。在此意义上,这种社会经济文化权利又被称为"类权利"或"集体权利"。二是以全体社会成员共同需要为基础,其利益指向对象是全体人,比如环境权、公共服务设施方面的权利等,这些权利的核心问题是如何通过国家的再分配来弥补自由市场的缺陷以及其负面效应,以满足市民社会的共同需求。

社会经济文化权的确认和发展与公民的政治权利密切相关,公民政治权利的扩展为社会经济文化权的兴起开辟了道路。随着普选权的确立,绝大多数弱势群体参与到国家权力的运行过程中,由此获得了争取自身利益的机会。诸如教育、健康、就业、最低生活保障等为达到社会公正的福利或经济利益,开始被作为法定的权利得到法律的确认和保障。社会福利不再是社会或国家为贫困阶层提供的一种恩赐式的救助,而成为公民对国家提出的一种法定要求,一种国家必须承担的义务。

市场经济的发展给我国带来了经济的繁荣,同时也带来了日益严峻的社会问题,最突出的表现就是贫富差距扩大化,由此带来的社会矛盾冲突严重影响着社会的稳定与和谐。私法形式上的平等带来的实质上的不平等迫切需要社会法进行实质正义的

---

① 拉德布鲁赫,米健、朱林译:《法学导论》,中国大百科全书出版社1997年版,第66页。
② F.哈耶克著,邓正来译:《自由秩序原理》上册,北京三联书店1997年版,第13页。

补救。另外,环境与自然资源保护、社会的可持续发展、全球化趋势等都要求我们进行社会立法。

社会法代表着法律未来发展的趋势和方向。根据马克思的社会发展理论,国家最终是要回归于社会的,并实现二者真实统一。这个统一就是"把靠社会供养而又阻碍社会自由发展的寄生赘瘤——'国家'迄今所吞食的一切力量归还给社会有机体";就是"社会把国家政权重新收回,把它从统治社会、压制社会的力量变成社会本身的生命力"①。当然,这种国家向社会的回归不是回归到 19 世纪的市民社会,而是一种更高层次上的社会,其最终目标就是"每个人的自由是一切人自由发展的条件"的"自由人的联合体"即共产主义社会。社会法就是国家向社会回归这个过程在法律上的反映,它追求的是人的全面发展和整个社会的和谐进步。社会主义社会,作为在社会与国家关系方面以"社会"为本的社会,社会法应是其自觉选择,因为社会法含有最多的社会主义的意蕴,它是推动国家与法走向消亡途径的有力的规则形式。

简短的结论

不同的法部门保护不同的人,不同的法部门中人的权利也不同,法的发展应该以这种不同的人为本,以这种不同的人的不同权利为本,促进人的全面发展和社会进步。于是,根本法应以一个普遍人的普遍权利为本,市民法应以市民的市民权为本,公民法应以公民的公民权为本,社会法则应以人的社会权利为本。社会法代表着法律未来的发展方向。当然,参加到根本法、市民法、公民法以及社会法中的人毕竟是同一个人,这里强调的是其在参加不同法律关系中的不同身份、不同面目、不同特征。只有认识到不同法部门中的人的不同,只有认识到不同法部门中人的权利的不同,并以这种不同的人的不同权利作为法律发展的价值取向,才能把法律的终极价值"以人为本"具体化、实定化,否则,"以人为本"就是一句可望不可即的空话。

吕世伦、任岳鹏撰写,刊于《法学家》2006 年第 1 期。

---

① 《马克思恩格斯选集》,第 2 卷,第 377 页、413 页。

第三篇

法学的若干问题

理论法学的前提性问题解读

——对法学思维范式、法学思潮及其相关法学学科的思考

法学,有理论法学和应用法学之分。无疑,理论法学应当包括法史学,但鉴于法史学以"史"为特征,而且外延广阔(中外法律思想史与中外法制史)、内容丰盈,所以通常做法是将其当做单独部分而从理论法学中剥离出来,与理论法学相并列。这样看待法理学与法史学的学科关系确实不无道理。然而,当前法理学乃至整个理论法学面临着怎样的问题呢? 回答也许是多样的。但笔者以为,在整体上,理论法学的前提性问题(包括法学思维范式、法学思潮及相关学科之间的关系)需要更引起重视。

一、问题的提出

目前整个理论法学大体上尚处于没有严格学科区分的芜杂状态,"法理学"几乎囊括一切理论法学的各学科,但"法理学"所讲的内容却大多不属于它所研究的范围。各理论法学学科间的混淆还表现在:把法理学与法哲学甚至法社会学当成同义语,相互替代。这种情况在美国综合法学代表人物 E. 博登海默撰写的《法理学——法哲学及其方法》一书中就有所表现,他在书名中就把法理学与法哲学等同起来。又如,2007 年夏的一次学术会议叫做"法理学与部门法哲学理论研讨会",这里的"法理学"显然指法哲学,因为与"部门法哲学"相对应的当是法哲学(总论),而非法理学;从实证法学的意义上说,与法理学相对应的是部门法学。可见,国际国内都存在着法理学与法哲学相互等同的现象。近年来国内出版的法学书籍琳琅满目,但绝大多数是应用法学方面的,刑法、民商法和行政法领域的尤为居多。比较一下,除了名为"法理学"的书籍之外,其余理论法学诸学科的著作寥若晨星。所以,我们应当对整个理论法学科学体系问题(涉及各法学学科相互间关系)给予相当关注。

二、法学思维范式

笔者认为,建构科学的理论法学体系无论如何都不应忽略法学思维范式这个核心,特别是不应忽略将法学思维范式转变为法律、法律论据和法律实践的思考和表达方式。

在现代科学中,范式的概念是比基本理论更复杂、更特别的概念结构。范式不仅包含方法,也可能包含意识形态因素;范式可以有层次上的差别,其内容可能部分地重叠,不同的范式也可能并存于基本上同属一个学派或理论模式的学者共同体中。就像美国学者托马斯·库恩(Kuhn)在《科学革命的结构》(1962)一书中所提出的:一个范式是一个"格式塔"①,一条看世界的道路,一种表达,一幅图画,一种方法,一种总的理论,或者对实在的基本性质的叙述。库恩还指出,科学界总不免受一种流行范式(paradigm)所支配。此范式指导和决定着问题、数据和理论的选择,进而形成一种学科。可是,当科学家们对于既存学科思维范式的正确性发生疑问或动摇时,该范式便会面临危机。在这种情况下,他们就会追求或创造一个新的范式,随之可能逐渐地形成一个新学科。库恩关于科学思维范式的论断也适用于法学。如果说在库恩那里范式通常是指那些公认的科学成就,它们在一段时间里为科学共同体提供典型的问题和解答,那么,在法学家看来,法学思维范式就是指一种有特色的、相对确定的法律研究方式,它们在一段时间里,同样要为法律共同体提供典型的问题和解答。例如,美国法学家H. J. 伯尔曼不仅接受而且成功地运用了库恩的"范式"观点。在《法律与革命——西方法律传统的形成》一书中,伯尔曼就认为在西方法律中,像在西方科学中一样,预先假定材料即"已知的"东西(条件)将发生变化;这些变化将被吸收到现存的制度或范例中去;如果它们不被吸收,则将作为异常之物而被接受,但如果它们中不能被吸收的数量过多,那么该制度本身某些方面便需要巨大的改革②。美国宪法学家劳伦斯·H. 却伯在《弯曲的宪法空间:法律人能够从现代物理学中学到什么?》等论著中也承认自己"在某种程度上受到托马斯·库恩在其开创性著作中关于范式探讨的启发",但他更相信对物理学中某些发展的反思能够帮助我们得到法律推理与宪法分析的新范式,从而使这些"变革中的法律范式"③丰富我们对社会与法律议题的理解。

笔者认为,所谓法学思维范式是指基于一定的视角与视阈,考察、理解和研究法现象的各种模型(式)。对于法学思维范式的功能和作用,我们可以从三个方面来理解:①法学思维范式有助于组织和阐释材料,决定某个观察是否具有适用性。在大多数情况下,法学思维范式是解释法律行为的一种开始、一些标准、一种态度、一种方法、一种概念性框架。据此,法学思维范式不需要全部排斥其他学说、框架或理论,而是将其他学说、框架或理论的信息针对相关研究者的问题进行筛选,且以相关的格式组织起来。事实上,库恩的范式概念正是这样使用的:科学家是通过范式产生知识的。因此,法学思维范式是"法律是什么"得以理解的概念架构,所有的关于"法律是什么"的理解都发

---

① 库恩,科学革命的结构,金吾伦,胡新和,译. 北京:北京大学出版社,2003,第101—102页。

② 伯尔曼哈,法律与革命——西方法律传统的形成,贺卫方,等,译,北京:中国大百科全书出版社,1993,第26页。

③ 却伯,弯曲的宪法空间:法律人能从现代物理学中学到什么,张千帆,哈佛法律评论·宪法学精粹,北京:法律出版社,2005,第443,467页。

生在法学思维范式这一框架之内。②法学思维范式有助于深化人们对法律的认识和预期。一般而言,范式会使研究者运用推导方式来预测未来的事件,其适用于这一方面的能力不等,既可用于具体的事物,也可适用于相对普遍的事项。只有将法律过程理解为一种实践,它处于人类行动中,法学思维范式才能展开它的解释性功能。实际上,在我们的现代生活中,是法律(制定法)首先给了我们有关具体的应然规范(如法律应有权威、法律应有效力)的法律思维。正是这种思维使我们建立起人类生活与法律规范之间的互动联系。因此,如果一种法学思维范式不能提供典型的、应然的法律规范对人类生活问题做出解答,这就意味着我们的法学思维需要一种"变革中的法律范式",或进行"法律范式的选择"。正如库恩在《科学革命的结构》一书中所说的那样:"范式改变的确使科学家对他们研究所及的世界的看法变了。"①同样的,法学思维范式的改变也的确使法学家对他们研究所及的世界的看法变了。③法学思维范式有助于法律理论的创新,提供解决现实法律问题的思维路径和分析模型。"一个完整的法律理论将大体上是社会理论,但是它将考虑其他法律行为人主张的社会结构和价值观。"②如此说来,法律理论旨在解释法现象。然而,传统的法律理论和批判方法都未能充分地解释法律背景下的人类行为是如何在社会中建构起来的。而法学思维范式旨在说明法律关系与可能富有理论成果的研究途径,其认识论意义是为了揭示法律结论与研究途径之间的内在联系。法律理论与法学思维范式之间最主要的区别就在于法律理论并不需要说明某一结论得来的思维路径,而法学思维范式却向人们展示了这种思维路径。虽然法律领域中理论革命的最初发生可能往往只是一种现实性的需要,但它的最终完成却是与思维范式的转换分不开的。正是在此意义上,法学思维范式意味着既要努力超越对法律自身的理解,从而表达在法律实践和制度当中更为丰富的内涵,也要超越对法律理论直接的工具性后果,得出法律实践中体现的政治和社会秩序生活中的推断,从而使我们法律思维的想象力得以释放,并且获得我们所面临的情形之内的改革可能性。

法学思维范式的内涵有以下三个环节:

(一)法之前见(preconception)

法之前见,即法学研究主体已形成的法律观,其中主要是法的本体与价值上的见解,以及由此而对自己选定主题的基本思考。研究主体的法之前见是他或他们进行法学思维的理论基础、出发点和对于法学的创新或倒退,因而具有决定性意义。不论何种法学思维范式都不是哪个人凭空地突然从头脑中冒出来的,必然是在前人和外域的影响下,经过长年累月、艰苦曲折努力的结晶。后现代法学派也认为,跨学科的比较带

---

① 库恩,科学革命的结构,金吾伦,胡新和,译,北京:北京大学出版社,2003,第101页。
② 弗里德曼,法律制度——从社会科学角度观察,李琼英,林欣,译,北京:中国政法大学出版社,2004,第189页。

来了对前见更为清晰的认知,而正是对此类潜在知识的挖掘创造了选择与知识进步的可能性。就这一点而言,后现代派法哲学家的论证是极具说服力的。当然,这完全不意味着在相同或相类似的社会历史传统和现实社会环境之下,人们的法之前见都相同或相近。刚刚相反,人是能动的。一个或一批法学家,并不因为面临相同或相似的客观时空条件而都怀持同样的想法。实际情况是,每位学者缘于具体处境、机遇及种种偶然因素,在其主观上会形成彼此相异甚至对立的反应和成见。就像我们已知晓的,各法学流派之间,进而各派别内部不同代表人物之间,他们的思想进路常常存在着程度不等的距离。准确地说,这种矛盾的必然对于法学思维范式非但不是坏事,而是好事,因为它推动着每种范式自身的完善,促使新范式的产生,淘汰过时的旧范式,这也正是"百花齐放,百家争鸣"对法学理论创新的重要意义之显现。

(二) 法学方法

方法的基本含义即思考和行动的手段或工具。而法学方法是指为实现法学理论创新的目的,以研究主体的法之前见为起点所运用的手段或工具,体现于展开与推进法之前见的过程。现代解释学的理论也证明,任何解释或理解都包含了对前见的解释或理解。这个意义上所讲的法学方法,包括能够运用到法学思维过程中的一切方法,而不限于法学独有的方法。

按照应用的范围,法学方法有广义、狭义之分。首先,作为世界观的法学方法是以基本哲学观点来理解与分析法现象的方法(如唯物辩证法)。因为这种方法适用于看待万事万物,所以也适用于法。例如,探讨法现象究竟是物质的还是精神的,法与生产力、经济基础、地理环境是何种关系,法与宗教、道德、风俗习惯是何种关系之类问题,就离不开这种方法。这是宏观的法学方法。其次,作为研究法现象的一般方法,比如探讨法的产生、发展及其前景的规律,法的精神,法的基本原则,法的全球化之类问题。这是中观的法学方法。最后,作为实践性法现象的法学方法。这是指在立法、执法、司法运行中采用的方法,包括法律程序和法定的技术规程,其共同特点是具有操作性。这是微观的法学方法。

对于法学方法的功能和作用,可以从三个方面来认识:①按照微观的法学方法论,法学方法应有利于平等对待法律的适用性。法律适用者有义务首先说明其用来评价事实的一般法律规范。如果缺乏法律规范,法官在法律续造的时候就有义务自己采用一个规则。该规则不能只适用于正在经手的案件,还应当具备一般性和普遍性。如果出现类似案件,原则上法院有义务适用先前所采用的规则。在当代德国法学家魏德士看来,法学方法还要求法官公开其法律适用的步骤。这一点是必要的,否则将完全不知道法官为什么对某一事实适用某一法律规范。只有这样,才可能检验法官是否在事实上对同样的案件也作出相同的裁判。为了达到这样的目的,法学方法论最终要求在用以判决的前提(法律和规则)与法官的推论之间存在一个可检验的推导关系。此外,法学方法还有利于对法院裁决进行批判性讨论,使议会(立法机关)关于适用于待决社会事实的相关规则的讨论在另外层面上继续进行。① ②按照中观的法学方法论,法学方法应有利于权力分立,也就是国家权力的分配及其透明度。这也意味着,要防止司法披着"解释"的外衣篡夺立法的功能。法学方法有利于法治国家属性的实现。对美国法学家富勒关于"法的内在道德属性"而言,法学方法论是不可缺少的前提。借助这个概念不仅可以强调法的规则特征,而且还涉及法治国家原则的要素,其中包括以下法律规定:"法律规范是一般性表达的规则,而不只涉及个别案例;国家机关根据这些规则对待任何人;规则为公众所知晓;规则长期而稳定;从理论上看,规则自身具有内部的协调性;任何人都只能在规则的范围内尽力而为。法的'内在道德性'具有自身价值,但是,如果没有法学方法,这种价值就得不到保持。"②③按照宏观的法学方法论,法学方法对于法学思维范式而言,往往有决定性意义。就是说,研究主体既定的法之前见和确定的主题思想最终能否创造出理想的产品,关键就在于采用的方法是否得当。虽然"大多数关于法理学和方法论的文献都在很大程度上表现出非历史性、非政治性",然而,这种"危险的"非历史和非政治的法律适用的"幻想","其共同之处在于试图将解释者的主观价值转换为科学确定的客观的法律内容。人们很少以批判的眼光去分析这种在学术研究和实践中根深蒂固的论证模式。因此,不难理解,即最高级别的联邦法院的司法实践对法学方法的意识也非常有限"③。因此,"法律工作者在认识了他们在制度转变期间及其后所发挥的作用之后,不得不在法学和司法实践中进行方法上的反省。由于规范体系的复杂性和方法工具的多样性,就有必要通过添加与解释来适应世界观的变化。这表明,非历史和非政治的方法论是不切实际的。"④

　　由法的性质所决定,法学方法亦有双重性质。一方面是客观性。就是说,任何一种法学方法都不是主体随心所欲杜撰的产物,或者是借鉴前人和外域的成就,或者是经过潜心总结实践经验之体悟而形成的。总之,都有现实的根据。另一方面是主观性。不言而喻,不论创造法学方法或运用法学方法都离不开主体的思维。从总体上说,将法学方法放在法学思维范式的研究范围内是很妥当的,对法理学和法哲学的一般原理会有所贡献。因为从本质上说,它所涉及的是思维模式问题,而不只限于法律专业或法律职业领域中的问题、原则与规则。

　　(三)独创成果

　　法之前见随各研究者不同所确定主题的精神意蕴也不同,相应地,研究方法就更不尽相同。这些不同决定了每个人所进行的论证、所使用的论据和最后的论点肯定会各有其独特的创意。虽然某些创意并不那么鲜明、充分、完整和有说服力,甚至可能被视为谬误,但终究还是独具特色的。在文风上,这同抄袭、模仿和变相的人云亦云的做

① 魏德士,法理学,丁小春,吴越,译,北京:法律出版社,2003,第292—293页。
② 魏德士,法理学,丁小春,吴越,译,北京:法律出版社,2003,第292—294页。
③ 魏德士,法理学,丁小春,吴越,译,北京:法律出版社,2003,第290—292页。
④ 魏德士,法理学,丁小春,吴越,译,北京:法律出版社,2003,第203页。

法相比总是值得倡导的。这一点对于法学教育和年轻法学家的培养均至关重要。

三、法学思潮与理论法学诸学科的形成

在中国古代,对于法的思考范式影响最大者,莫过于法家学派和儒家学派分别代表的两大主流观点①。在外域,西方人对法的考察视角主要是由自然法学、分析实证主义法学、社会学法学所代表的主流观点。某一特定时代的法学所应用的技术即方法,一定会给法学的思维风格打上烙印。当然,这种思维风格也会受到很多法的情况和法之外的情况的制约。更为重要的是,某一法学思维范式一旦唤起较多法学家的同一理论思维趋向,在或长或短的时期内,经过这些人群内部的相互切磋、整合和加工提炼,外部的批判与订正、认同与补充,以及时间与空间的考验,往往就要凝聚成为一股强弱不等的法学思潮。

在这股思潮中,若达到相对稳定状态,主要的理论观点较为一致,并有若干公认的权威性的代表人物,那么就成为一个法学流派。通常,一个理论法学学科正是某个法学思潮或法学流派主要理论观点系统化的产物。

为了具体地印证法学思潮如何创造理论法学诸学科,颇值得耗费点笔墨。我们先由现代西方三大法学主流派别谈起。

(1)自然法学思潮。它以价值为法之前见,采取判断或评价的演绎方法推导和解读法概念和理论体系。概括地说,其主要表现是:古希腊学者认为法是社会化的"自然";中世纪经院学者认为法是神的意志;17—18世纪启蒙思想家认为法是人的先验理性;19世纪以康德、黑格尔为代表的德国古典法哲学认为法是自由的定在;现代自然法学家认为法是社会理性。到目前为止,这股历史最为悠久而又较强大的思潮先后缔造了法哲学与法伦理学两个学科。

(2)分析实证主义法学思潮。它以规范(法律)为法之前见,采取规范的实证分析,尤其是形式逻辑的方法,推导和解读法概念和理论体系。这一思潮的发展过程亦可追溯至古代,并可分为三个阶段:第一阶段,依次有古罗马法学家的注释法学,中世纪波伦亚学派对罗马法的注释和评论,19世纪初法兰西、比利时等国法学家对拿破仑民法典的注释。第二阶段,以J.边沁、A.奥斯丁为代表的英美分析法学和德国实证主义法学(概念法学)。第三阶段,20世纪的原有两大派别即奥地利H.凯尔森和A.维德罗斯及J.孔兹等德国学者倡导的纯粹法学或规范法学,英国的H.L.A.哈特及J.拉兹等倡导的新分析法学。分析实证主义法学思潮缔造了纯粹意义上的法理学。这最先归功于奥斯丁和凯尔森。哈特以其特有的"规则说"有力地充实着该学科,但他主张的"最低限度的道德"观点却减损了法理学的纯粹性。至于近期英国的N.麦考密克和奥地

---

① 吕世伦.法的真善美:法美学初探[M].北京:法律出版社,2004:1.

利的 A. 魏因伯格,虽然不无道理地把法理学推向制度研究方向(即制度法学),但因受综合法学的影响,过多地吸纳自然法学,特别是社会学法学的成分,使法理学的纯粹性大为淡化。

(3)社会学法学思潮。它以社会事实为法之前见,采取社会学的归纳方法推导和解读法概念和理论体系。与前两股思潮相比,社会学法学思潮非常年轻,是 19 世纪末的产物。但其成长的气势却异常迅猛,短短的几十年间便变成实力强大的法学思潮,其矛头直指分析实证主义传统。社会学法学思潮分为欧洲和美国两大部分。欧洲社会学法学思潮直接以 A. 孔德的实证主义社会学为理论基础,在其发展过程中,法社会学家的功绩甚为突出。社会学法学思潮的最初形态是 R. Von 耶林的目的法学及 O. F. Von 祁克的学说。后继者 Ph. 赫克的利益法学强调社会利益与权利的分配;而 E. 艾利希和 H. 康特洛维奇的自由法学则转向法官的行为而突出“活法”。最终,杰出的社会学家 M. 韦伯完善了德国社会学法学体系。在法国,社会学家 E. 涂尔干(又译杜尔克姆)与弟子 L. 狄骥创立社会连带主义法学。20 世纪上半期,在北欧形成的以瑞典 A. 哈格斯特利姆为首的斯堪的纳维亚法学派即乌普萨拉法学派提出现实主义法学,同美国现实主义法学思潮遥相呼应。美国社会学法学思潮以联邦法院大法官 O. 霍姆斯的实用主义法学为启端和主导,追随者有 N. 卡多佐、R. 庞德诸人。庞德绕开实用主义的某些片面性,形成较全面和稳重的社会学法学体系。但不久,K. 卢埃林、J. N. 弗兰克等一大批年轻学者附和罗斯福的“新政”,提倡“法律改革”,引领了一股强大的现实主义法律运动,并且很快地在高校法学教育中居于支配地位,成为“官方法学”。他们提倡霍姆斯的重经验轻逻辑、法律预测说及自由法学上的“活法”说,同时吸取一些非理性的心理学法律观,强调执法行为尤其法官行为就是法。现实主义法律运动的某些方面固然抓住了社会现实,但在很大程度上却导向了贫乏的经验主义,其法律虚无主义色彩相当浓厚。从总体上看,这股现实主义思潮对于避免传统法学某些绝对化的弊病,推进法学与法律实践,起到积极作用。正是社会学法学强有力的发展,使当代的法社会学这个学科受到普遍重视。

了解了三大主流法学思潮之后,还有必要再考察一下当代西方其余一些对于理论法学学科形成攸关的法学思潮。

(1)经济分析法学思潮。该思潮以经济效益为法之前见,采取投入—产出的经济学分析方法推导和解读法概念和理论体系。以理查德、A. 波斯纳为代表的法律经济分析学说现已被学界广泛采纳,但它根深蒂固的“劫富济贫”的功利主义情结,以及把经济分析模式运用于一系列广泛的法律问题,包括性关系和收养等问题,也遭到来自各方的指责。经济分析法学思潮直接创建了法经济学。

(2)法的政治学思潮。该思潮以政治(主要是政策)为法之前见,采取政治与法律互动的分析方法推导和解读法概念和理论体系。它所形成的学科,便是法政治学。自现代特别是第二次世界大战以来,西方国家逐步转向社会化。集中表现在,法越来越强化其政治机制,强化国家对社会的普遍福利和公益事业的干预,实现"福利国家";同时,国家还要促进和保障多元形态的民主及广泛的自由与平等。围绕这样的宗旨,客观上就要求将法与国家政策密切结合。正是从这种视角上,不少学者也把法政治学称之为法政策学。

(3)法的伦理学思潮。该思潮以人际道德关系为法之前见,采取价值判断或分析方法推导和解读法的概念与理论体系,它所形成的学科是法伦理学。这股思潮形成的契机,是法学界对第二次世界大战期间法西斯主义灭绝人性、惨无人道的暴行进行刻骨铭心的反思。正如德国法学家魏德士所指出的,由于法理学对现实的法学和法律实践具有重要价值,因此,法理学是否有必要完全取决于法律工作者是否想知道他们要做些什么,或者说是否有意无意地迷失方向。这又涉及法律工作者对自身的认识①。可以断定的是,"人们对法哲学和法理学深入且全面的思考总是紧跟社会灾难、制度危机和政治变革。因此,法理学也是处理法学、社会制度与政治制度的新的(危机)局势的工具。而每当事件刚刚过去的时候,人们总是要思索如何用法律手段来防范恶法制度的出现。"②同时,它也是与西方的现实如与第二次世界大战后美国经济高度发达所同步滋生的一系列问题——对外侵略扩张(尤其朝鲜战争与越南战争)、贫富差距拉大、种族歧视、性别不平等、青年造反等——带来的社会道德沉沦、精神失落和良心不安的严重情况分不开的。值得注意的是,法伦理学形成的过程与自然法的复兴与快速发展有紧密关系。

(4)法的文化思潮。该思潮以文化为法之前见,采取历时性与共时性的对比考证方法推导和解读法概念和理论体系。这里所讲的作为法之前见的文化是以人文主义理念为底蕴的。历时性是对不同时期的法文化加以对比考察;共时性是对同一时期的不同地域、民族或国家的法文化加以对比考察。考察标准是相互差异的文化之间各自具有的特征与一致性,以及其文明进步的程度。只有将特征与进步性两者并重,才会产生意义。法文化思潮所积淀和结晶的学科是法文化学。

(5)法的人类学思潮。该思潮以文化人类学为法之前见,采取考古学和社会学田野调查等方法推导和解读法概念和理论体系。其形成的学科就是法人类学。该学科的基本目标是掌握原始(初民)社会的法生活。它对于揭示法的起源和发展,探讨法运行的历史规律是不可或缺的。法人类学同法文化学、法社会学在部分内容和方法上有许多近似之处,但主题和宗旨有区别。文化人类学开拓出一个与法律知识有关的完整的新世界。在这方面,19世纪末至20世纪初有关法人类学资料的涌现发挥了很大作用。简言之,有许多理由说明法学与人类学应该公开对话,这颇有助于扩大立法者、法学家和法官的眼界和理解力③。

---

① 魏德士,法理学,丁小春、吴越,译,北京:法律出版社,2003,第24—25页。
② 魏德士,法理学,丁小春、吴越,译,北京:法律出版社,2003,第17页。
③ 维拉曼,法律导引,张智仁、周伟文,译,上海:上海人民出版社,2003,第105页。

（6）法的审美思潮。该思潮以法为审美对象为前见，采取源自人之心灵深处的美感推导和解读法概念和理论体系。法美学就是来源于这个思潮。马克思认为，人不纯系依靠本能或简单的摹仿对象世界过生活，而是"也按照美的规律来建造"①。相应地，立法者的使命就是"把精神关系的内在规律表现在有意识的现行法律之中"。这就是立法者"不是在制造法律，不是在发明法律，而仅仅是在表述法律"的根据②。法美学正是要从美好崇高的精神层次探索与鉴赏现实的法是否及如何体现绝好的人性或"人的类本质"。如果说对没有人参与的自然界，人尚可对它加以人化，赋予其生命力，陶冶情操，获得美感的话，那么，直接体现人类本质的法，就必然会使人产生异常丰富、异常扣人心弦的美感。从审美的视角出发，人们（公民）能够把理性与情感结合起来追求法的真理，鞭挞恶法和弘扬良法。对于一个法治国家而言，这是非常令人神往和期盼的。

其他法学思潮，在这里无法一一例举。我们也要看到，新的法学思潮和法学思维范式会不断生长出来，且永无尽期。

四、理论法学诸学科的分类

不言而喻，对于范围宽阔、内容浩繁的理论法学如何进行学科分类，学界历来见仁见智。法学本身是个开放的知识领域，而不是一个封闭的盒子。它在自己的边缘处渐渐生发形成一大群其他学科。但对于作为其结构之要素的主要学科，大抵已形成共识，并没有更多的歧见。这里，可以简要地把它们概括为以下三类：

（一）纯粹法理学

如上文提到的，在法理学形成之初（从奥斯丁到凯尔森），它就已被赋予确定的内涵和外延，是后人将其弄得不伦不类、面目全非的。兴许事先预测到这种状况，凯尔森才刻意倡导一种"纯粹法理学"。事实上，凯尔森的理论在两种意义上才是"纯粹"的：一是它被称为脱离了任何意识形态的考虑，对法律体系没有作任何价值判断，"法律规范"的分析不受正义法是什么的任何概念的影响；二是守法的社会学研究和法律发展的政治、经济或历史影响等因素的研究，处于纯粹法学的范围之外。从本来意义上说，法理学就是纯粹以规范或法律本身为对象，而不与以别的内容为对象的学科相混淆的学科，特别不能与交叉性学科相混淆。在各理论法学学科中，法理学是唯一保持此种性质的学科。因此，许多西方学者把它叫做"法教义学"。康德认为教义学是"对自身能力未先予批判的纯粹理性的独断过程"。德国法学家阿图尔·考夫曼认为，法哲学并非法学，更非法律教义学。在法律教义学的定式里，这种态度完全正确。只是当

---

① 马克思恩格斯全集：第42卷，北京：人民出版社，1979，第97页。
② 马克思恩格斯全集：第1卷，北京：人民出版社，1956，第183页。

它把法哲学和法律理论的非教义学(超教义学)思维方式当作不必要、"纯理论",甚至非科学的东西加以拒绝时,危险便显示出来。此外,如何区分法哲学与法律理论,尚无一个令人满意的答案。对在法哲学旁还存在着法律理论这一现象,只能作历史解释。他认为,法哲学更为关注内容,而法律理论对形式尤为看重。① 这是十分有道理的。

(二)边缘性的理论法学学科

除纯粹法理学以外,其余理论法学诸学科全是边缘性的,即法学与非法学之间相交叉的学科。1960年以来,法律与经济学、社会学、文学、政治学、女权主义、种族理论、社会生物学等交叉学科研究的兴起标志着法学研究开始了全面的、革命性的转型。1987年,理查德·A.波斯纳在《哈佛法律评论》上发表文章,正式宣布了《法律作为一个自主学科的式微》②。虽然法学的这种学术转向是大势所趋,但却并非一帆风顺。在《法律作为一个自主学科的式微》一文发表十年后,即1997年,波斯纳重申了他所倡导的科学主义、交叉学科的法学研究进路。波斯纳的努力在某种程度上正反映了传统法学范式的惯性与惰性,反映了学术变革的艰难③。

(1)法哲学是法学与哲学的交叉。它以哲学的观点和方法来观察和理解法现象,因而抽象的形而上色彩浓厚。法哲学可进一步划分为理论法哲学(总论)和应用(部门)法哲学。两者虽存在性质上的共同点,但对象范围不一样,各自有其相对独立性。它们相互提携与促进,并不存在谁"指导"谁的关系。但要说明的是,这里讲的法哲学具有特定的含义,处于许多问题的交汇点上。这些问题涉及法律与道德的关系、法律命题的逻辑属性(描述性的或规定性的)、审判独立于政治的可能性以及与有组织的力量(organized force)之间的区别。所有这些,与学界大而化之的"法理学"并不是一回事。

(2)法社会学是法学与社会学的交叉。当今世界,伴随国家、政治、经济、文化普遍社会化步骤的加速,法社会学变成最热的学科之一,法理学与法哲学都有向其靠拢的趋势。与此同时,法社会学对更具社会学性的法律理论的兴趣也日益增加,如《无须法律的秩序》一书的作者美国耶鲁法学院教授罗伯特·埃里克森就认为,依社会科学进路来研究法律的规范理论是一种取代了法律经济学(托马斯·库恩意义上)研究范式的转换。④ 尽管波斯纳等学者不同意这种说法,但是把习惯、风俗、传统和社会规范纳入法和社会学研究,使得对人类行为的理解更强有力,对法律变革影响的预测更精确,

---

① 考夫曼,哈斯默尔温,当代法哲学和法律理论导论,郑永流,译,北京:法律出版社,2002,第11—12页。

② 此文经修改后收入了 Richard A. Posner, *The Problem of Jurisprudence*, Harvard University Press. 1990, ch.14. 中译本名为《法理学问题》,苏力译,中国政法大学出版社2002年版。

③ 沈明,世道在变——法律、社会规范与法学方法论,波斯纳,法律与社会规范,沈明,译,北京:中国政法大学出版社,2004,第5—6页。

④ Ellickson R. Law and Economics Discover Social Noms[J]. Journal of Legal Studies,1998(27):537.

这一点是人们不得不同意的。法社会学在法国、斯堪的纳维亚与美国等地区拥有极大的优越地位。尽管"更新过的法社会学变成事实科学式地澄清法律条件之方法的中心,并且可以整合法律史与法比较的结论"①,但每个学科仍应坚持自己对象的特定性。

(3)法经济学是法学与经济学的交叉。在美国,法经济学强调事实结果(表述为经济的事实和实际的成本),而不是强调原则和范畴,所以具有高度影响的法律经济学运动被说成是法律现实主义的新结果。20世纪60—70年代以来,法经济学的基本模式是把市场作为一个纯粹自由和自愿选择的自治领域。最有影响的学者是波斯纳,他曾经论证说,"事实上,普通法法庭,在历史发展中已经形成了一个模仿市场交换的趋势,尽管在解释司法判决的结果时,司法语言仍然是传统的原则范畴而不是经济的范畴。"②波斯纳并不否定事实(结果),而只是坚持不受阻碍的交换仍然表达了自由的要求,"即使是对交换中弱势的一方来说,不受阻碍的自由仍然提高了价值"③。在法经济学几十年的发展中,它使用相同的基本范式,即理性选择理论、博弈论和公共选择理论都可以看做这个基本范式的扩展和延伸。

(4)法政治学是法学与政治学的交叉。现代政治学强调个人权利、多元主义以及自律。就此而言,现代政治学带有明显的法学特征,因为只有法律才能规定和维护个人权利。在政治学中,如果不把诸如国家、国家的目的、政府的最好形式、主权概念和权力分立等问题与法学和法律联系起来,那它就不能很好地思考和解决这些问题。关于法律、法律职能和目的的思想乃是政治思想的天然继续,因此,我们发现,若干最早的关于法律的哲学探讨发生在政治思想领域里。苏格拉底、柏拉图、亚里士多德、霍布斯、洛克、孟德斯鸠都是考虑到人与国家关系的政治哲学家,他们把法律作为这种探讨的副产品来加以哲理化。近年来,法政治学这一领域变得十分重要了。法学家正从法官的政治思想背景角度来分析司法判决,特别是在解释宪法条款时,法官的政治靠山被认为是重要的。司法界和政界之间的相互关系(当政治问题被提到法庭面前时)现已成为必须深入研究的问题。在美国,这类研究已作了很多,作得比较认真,发表的学术文献已汗牛充栋。④ 根据以往的经验,需要注意的是在法政治学中,政治不是法律的附属品,法律也不是政治的附属品,更不能在它们之间画等号。如同其他学科一样,法政治学自身有一套稳定的法学思维范式。

(5)法伦理学是法学与伦理学的交叉。在法伦理学中,我们需要通过承认人类生

---

① 维亚克尔,近代私法史——以德意志的发展为观察重点,陈爱娥,黄建辉,译,上海:上海三联书店,2006,第548页。

② 曼塞奇,美国主流法律思想的历史,凯瑞斯,法律中的政治——一个进步性批评,信春鹰,译,北京:中国政法大学出版社,2008,第39—40页。

③ 曼塞奇,美国主流法律思想的历史,凯瑞斯,法律中的政治——一个进步性批评,信春鹰,译,北京:中国政法大学出版社,2008,第40页。

④ 维拉曼,法律导引,张智仁,周伟文,译,上海:上海人民出版社,2003,第130—131页。

活的道德维度（伦理学）与人类关注的更广泛问题（法学）的联系，寻求人们在关于基本问题的共识上是否有共同尺度。例如，对于道德的合理性、合正义性、符合因果律等共识。假如法伦理学对此有一些共识，那么就开辟了人类共同道德的前景。在法伦理学中，既包含有法学，又包含有伦理学，但两者又是互相区别的。从性质上说，法学研究的是人类实践理性的准则，研究体现个人本位和权利导向为特性的法律，而伦理学则将人类生活的道德维度放在恰当的位置，体现义务本位之特性。再从规则的外延上说，法律是最低限度的道德，而道德调整的范围要比法律宽泛得多。在法伦理学中，仔细研究和论证法律与道德的关系是个重要问题，但也要防止法律伦理化和伦理法律化。

（6）法文化学是法学与文化学的交叉。在中国，法文化学研究的主力是中国法制史的学者，其内容即"中国传统法律文化"。无疑，这是值得重视的，但它并不能替代作为理论法学科目之一的法文化学。两者之间的差别是：其一，在研究范围方面，法文化学的视野是全世界，而不限于中国；侧重于今天，而不限于"传统"；它及于整个法现象，而不限于法制度。其二，在研究方法方面，传统法律文化研究主要关注实证的考察与总结，而法文化学则需要在实证考察与总结的基础上进行理论的概括与提升，得出关于法文化的一般原理。

（7）法人类学是法学与人类学的交叉。新中国成立初期，中央人民政府政务院就有计划地组织一大批专家，对国内50余个少数民族地区的社会生活状况进行普查，留下弥足珍贵的民族学与人类学新资料。其中，包含着丰富的法人类学素材。可惜，当时中国法学界尚无力量对它们进行系统的及时研究。大体上可以这样说，即最近20年法人类学才进入学术界的视野。有若干法学家着手撰写一些论文，并已有几部探讨少数民族特殊规范生活的著作问世，还有翻译版本的美国A.霍贝尔的《原始人的法》和被译为《初民社会的法》的著作。与此并行的，不少学者对所谓"民间法"或"民间习惯规范"愈来愈表示关注，这对法人类学的研究亦是很大的促进。在此，有必要提及的是，具有独到学术价值的马克思晚年的人类学笔记及恩格斯多年苦心收集的人类学资料中包含的法人类学思想，是应该加以重视的。

（8）法美学是法学与美学的交叉。正如所有生动的形象都会成为审美对象一样，法律的形象表达也会进入审美领域并使人们对其产生审美感受和评价；法律也可以作为一种素材进入艺术领域，进入原本属于审美感受和评价的领域。因此，法律的美学问题是必然会被提出来的。事实上，在理论法学诸学科中最能使人动情的法美学，不论在国外与国内，都曾有人予以提倡和赞许，但它却长期处于步履维艰的状态，"迄今只有一些启示性的想法和零碎的观念"[1]。个中缘由，不难推想。人们的法律生活同他们的社会、经济、政治、文化生活的联系是极易被现实地感受到的。但高雅而不具实证

---

① 拉德布鲁赫，法哲学，王朴，译，北京：法律出版社，2005，第109—110页。

形式、常常被看成超尘脱俗的审美感受,如何和法律生活相沟通,这虽非匪夷所思,也是深思熟虑才可以达致的。德国法学家拉德布鲁赫曾经指出:"法律的特殊美学价值或许恰恰是通过法律与艺术的分离而得以更完整的体现的,而这种美学价值不能仅仅归功于对法律以外的艺术领域的糅合。"①有鉴于此,在法学与美学之间开拓一条适宜的、自然而然的融合渠道确实有待于时日。既然人们早已提出这个问题并已动手实践,那就终能有所成就。

（三）法学方法性质的学科

（1）法学方法论。总体上论述法学方法的性质、原理、意义,以及对法学使用的基本方法进行理论分析与概括。

（2）法解释学。法解释并不等于法学方法,但它所涉及的诸如为什么需要解释,解释什么,怎样解释等,却与方法问题密切相关。正是在这个意义上,才把法解释学归类于法学方法性质的学科。

（3）比较法学。依惯例,它是指导宏观地对不同法系、各国总体法制度、法律体系的比较,因而惯称为"比较法总论"。至于比较法分论应如何确定,则属尚待解决的问题。

五、结语

刚刚提到的关于理论法学前提性的几个问题,可以说均属宏大话语。但它们确实又都是不可轻视的。为了建设中国特色的理论法学体系,培养高质量的理论法学人才,首当其冲的应是对法学思维范式的理解、把握与运用。法学思维范式不仅体现于法学思潮或流派及各学科之中,而且更为普遍地和首先体现于每位学者的学术研究的整个过程之中。对这些学者而言,弥足珍贵的是创新二字。而创新之路的起点和一以贯之的东西无非就是要求他们形成和拥有自己的一套独立的和科学的法学思维范式。这样,当遇到某一法现象和确定某个法学题目时,他能习惯性地灵活启动个人的头脑进行思索与探究,而不会轻易地被别人的思维理路所左右。即使在同意别人观点的情况下,也绝非简单地人云亦云、照搬照抄,而是经过一番筛滤,含有自己的见地。由此可知,建立独立的法学思维范式是一个非常艰辛而又无止境的理论思维创新过程,是非常艰辛和不间断的,也可以说是一个无止境的思想解放历程。一旦多数法学家能如此做下去——如今已有一批中青年学者获得了显著成就——那么,中国理论法学园地就将成为鲜花竞放、思潮泛涌、流派纷呈的生机盎然的胜境。

吕世伦、程波撰写,刊于《学习与探索》2009 年第 4 期。

---

① 拉德布鲁赫,法哲学,王朴,译,北京:法律出版社,2005,第 110 页。

权利与权力关系研究

权利与权力是法学的基础和核心范畴,这一点在法学领域已大体取得共识。但是,恰恰就是这个对应范畴又成为最难弄清楚的问题。对这两个概念的理解众说纷纭,尤其对两者相互关系的看法上仍有显在或潜在的对立。通过长期对马克思主义国家与法的观点的学习和近些年结合实际的反复思考,笔者深深感到,真正阐明权利与权力关系实属一件关涉当前我国社会主义民主和法治发展前景的大事。

权利(right)是指特定主体(主要是个体)为实现一定的利益,依法直接拥有或依法为他人设定的做一定行为或不做一定行为的可能性。它强调独立主体之间平等互利,要求权利必须秉持公正的立场予以确认与保护,而不得随意干涉和损害。与权利不同,权力(power)的基本寓意是表达出命令人与受命人之间的关系,即特定人向其管辖下的他人或不特定多数人乃至管辖下的全体人实行的自上而下的强迫力量。它可能是合法的,甚至是合理的,但也可能是非法的、不合理的。探讨权利与权力时,都存在自身概念与其他几个相近概念之间的联系问题。在权利方面,它与人权(human right)是同义语,同法(right)、自由、平等及市民和社会不可分割。其中,权利是综合性的概念,法是权利的规范化;自由与平等是权利的前提条件;市民是权利的主体;社会是权利集结的场所。在权力方面,它同政权、主权及公民和国家是不可分割的。权力是综合性的概念,政权是权力的性质,即它的政治性;主权是权力的地位,就是指它对内的最高地位和对外的独立地位;国家是权力的结构或制度,是权力的垄断者;公民(国民)则是国家的下属或其管辖的对象,即国家的成员。笔者拟从权利与权力关系的客观历史考察和理论辨析两个角度展开讨论。

一、权利与权力的发生

权利与权力作为两种制度性意识形态现象,并非自古已然。并且,它们也不是一开始就同步形成的。

(一)权利的发生

遵照事物自身的实际运行逻辑,首先应当着重于对权利的形成加以考察。氏族社会的很长时期内,人们依赖血缘群体生活,群体的共同努力尚不足以维持和保护每条生命。因而,人与人之间为保存整体形态而相互接济,彼此没有差别和个性,也没有人会想到"你的"与"我的"之区别。权利和相应的义务也是无从谈起的。恩格斯说:"在氏族制度内部,权利和义务没有任何差别;参与公共事务,实行血族复仇或为此接受赎罪,究竟是权利还是义务这种问题……正如吃饭、睡觉、打猎究竟是权利还是义务的问题一样荒谬。"①到了野蛮时代的中期,伴随生产力的提高、社会劳动分工的发展,出现剩余产品及剩余产品的交换。简单产品交换经济关系的萌发,是权利及权利观念产生的决定性因素。这同权力毫不相干。马克思经过几十年的艰苦研究得出结论:"尽管个人 A 需要个人 B 的商品,但他并不是用暴力去占有这个商品,反过来也一样,相反地他们互相承认对方是所有者,是把自己的意志渗透到商品中去的人。因此,在这里第一次出现了人的法律因素以及其中包含的自由因素。谁都不用暴力占有他人的财产。每个人都是自愿地出让财产。"②这段话的关键词是"人的法律因素"。如同论者所特别强调的那样,"人的法律因素"首先在于"自由的因素",产品交换的双方主体必须都是具有自由意志的人,只有这样的人方能彼此做出自愿的意思表示,交换才可以完成。自由是人格的根本属性,是人与动物相区别的深层次的标志。从本源上说,自由是人所固有的,没有自由对人而言是最悲惨的。因此,19 世纪的伟大思想家们,从康德、黑格尔到马克思、恩格斯无不把法看做自由的实在,而且又都认为恰恰在人的自由意义上权利与法获得统一,使用黑格尔的公式便是:人格—自由—意志—权利—财产。自古以来,欧洲的各主要民族就将法与权利均用同一个词汇"right"来表达,这的确有其道理。其次,"人的法律因素"的第二个要素是平等。它是自由所派生出来的——唯有自由人同自由人之间才存在着平等。反过来说,平等表达着自由或人格意志,所以离开相互的平等,自由一定会流于空谈。最后,"人的法律因素"的第三个要素就是权利及其对应的义务。确切地说,该要素并不是与自由、平等并列的独立要素,而属前两者的综合物,即它同时包含着自由与平等两者共同追求的物质利益目的。以上所述,不过是对氏族社会的简单产品交换过程中包含"人的法律因素"的理论阐释。但更重要的问题在于,为什么从第一次产品交换起便自然而然地包含着"人的法律因素"呢? 答案是,交换自身的机制驱动的结果。正如私法学的常识告知的那样,产品交换只有具备自由、平等、权利和几个基本前提条件,才能顺利地进行下去。其一,交换必须存在独立的主体。他(A)和他(B)都占有一定的产品,并且可以按照本人意志来自由地决定是否出让属于自己的产品以及附加哪些条件来出让产品。其二,交换的双方主体必须有主体间性——它体现平等性(私法称为等价有偿)。但此种平等同晚近的较大规模市场经济中的商品交换尚有区别:刚刚出现的初级产品交换的主体仅仅是为满足自己临时的迫切的生活需求,而非追逐利润。因此,平等并无必要过分强调等价,主要是主体(不论是 A 或者 B)有公正的感觉而已。其三,交换基于一定的利益目的。"人们奋斗所争取的一切,都同他们的利益有关。"③缺乏利益的动机,权利便不成其为一种

①　马克思恩格斯选集:第 4 卷,北京:人民出版社,1995,第 159 页。
②　马克思恩格斯全集:第 46 卷上,北京:人民出版社,1979,第 195—196 页。
③　马克思恩格斯全集:第 1 卷,北京:人民出版社,1956,第 82 页。

价值,因而它就不会产生,即使产生了也不会存在下去。同样道理,权利所含有的自由和平等,亦会由此而变为多余的东西。

产品交换的致命障碍及权利的死敌是暴力。当年恩格斯系统地批判杜林的"暴力产生私有制"的理论时,曾尖锐地指出:"私有财产在历史上的出现,绝不是掠夺和暴力的结果。相反地,在一切文明民族的古代自然形成的公社中,私有财产已经存在了";"暴力虽然可以改变占有状况,但它不能创造私有财产本身。"①那么,作为私有财产先驱的产品交换,亦必然如此。在氏族社会时代,暴力主要表现为部落之间的战争。通过暴力来夺取其他部落或氏族的财产以及人身,将战败的部落、氏族成员加以杀戮或使之变成自己的奴隶。可见,暴力否定交换主体的人格及其拥有的自由、平等与权利,完全破坏交换机制,破坏其中包含的"人的法律因素",实际是置交换于死地。哪里运用暴力,哪里就不会有正常的产品交换,而且还会把已存在的交换关系毁掉。如果说权利孕育于交换中,那么权力则蕴涵于暴力之中。原始的产品交换排斥暴力,也不需要权力。至于说借权力来维持产品交换的情境,那是文明社会人的一大新发明。一定要说明的是,最早的产品交换中便包含"人的法律因素",它自身还远不是法律,仅仅是交换关系理想化的表现。只有当产品交换频繁地进行并成为常态的时候,人们才感到有把它加以规范的必要性。这种调整产品交换的规范,先是表现为外在的风俗和习惯,进而表现为人们的内在道德。此时大家都会认为,否定产品交换当事人的自由、平等和权利的交换,属于违背风俗习惯甚至违背道德的行为。扼要地说,那时的权利是习惯权利与道德权利,如此而已。

氏族社会的成员彼此没有实质的区别,所以也不会去区分谁是有权力的人,谁是无权力的人。维持氏族组织的内部关系,是每个人理所当然的职责。他们推举出的氏族首领,通常都是德高望重、富有经验的人。他负责维持氏族内部的生产与生活秩序,其身份仍为群体中的普通一员。非要说他有什么特殊性的话,那么只能是他比别人更辛苦、更操劳。另外,为应对战争的需要,人们会临时选出一位军事首领,那是冲锋在前、骁勇善战的人,将冒着更大的负伤和牺牲的危险。氏族社会中没有统治者与被统治者、管理者与被管理者;氏族首领、军事首领与其他成员一样,他们都是群体自治者,均不知道权力为何物,从而掌权人与非掌权人的划分就没有任何现实的根据。那里存在的是顶多可以称作"权威"的东西。它是在传统中形成的、人们自觉自愿赋予的一种有影响的精神性形象。恩格斯比喻说:"文明国家的一个最微不足道的警察,都拥有比氏族社会的全部机构加在一起还要大的权威,后者是站在社会之中,而前者却不得不企图成为一种处于社会之外和社会之上的东西。"②但把氏族社会说成是混乱不堪的,那纯粹是臆想。事实上,氏族内部是一种"有秩序而无政府的社会","一切问题,都由

---

① 马克思恩格斯全集:第3卷,北京:人民出版社,1995,第505页。
② 马克思恩格斯选集:第4卷,北京:人民出版社,1995,第172页。

当事人自己解决,在大多数情况下,历来的习俗就把一切调整好了。"①习俗可以说是"最高权威"了。

（二）权力的发生

权力是特定时代的现象,而权威则历来存在,并且到处存在。权力的萌发,是氏族社会晚期的事情。当社会剩余产品增加到一定程度时,在人们的头脑中越来越产生着一种念头,即自己不从事任何劳动或从事较少劳动而径直地抢掠其他氏族的财富,是很值得一冒的风险。于是,战争就愈趋频繁。为了壮大自己的战斗力,多个血缘和地域联系紧密的部落结成联盟,便在所难免。此时,恩格斯所谓的"军事民主制"就应运而生。"军事民主制"的基础依旧是氏族,但其中却蕴涵着从前未曾领略过的新因素,即权力因素。其集中表现就是:军事首领及其扈从的势力不断膨胀。他们同已经变成老贵族的氏族首领相勾结,成为新贵族。新贵族不仅占有战争俘虏变成的奴隶,而且也占有自由人沉沦而变成的奴隶,共同奴役和统治这些人。此外,随着人口增长和适应形势的需要,广大的下层自由人,亦逐渐成为被管理的人群。继而我们看到军事民主制的权力因素及其组织机构,跟着演化为名副其实的权力即国家。例如在雅典城邦,经过提秀斯、梭伦、克里斯提尼一次次的改革,一点点地完成这种转化。此时,新形成的统治阶级感到维护正常产品交换对己有利,也是社会发展不可缺少的,原先体现为"人的法律因素"的风俗、习惯与道德,现在被有选择地同步提升为法律上的权利。恩格斯所说"随着法律的产生,就必然产生出以维护法律为职责的机关——公共权力,即国家"②的话,指的就是国家与法律(权力的结构与规范)出现的同步性。

二、权利与权力关系的变迁

马克思说:"实际上,家庭和市民社会是国家的前提,它们才是真正的活动者"③。家庭和市民社会本身把自己变成国家,它们才是原动力。权利与权力的关系,从发生论上说,与此是完全一致的。权利与权力关系,实际上不过是社会与国家关系另一侧面的表现。社会(即广义上的市民社会)是物质生活需要的体系或叫"经济国家"经济关系产生了权利,因而权利属于作为社会细胞的家庭或个人。在马克思看来,"全部人类历史的第一个前提无疑是有生命的个人的存在。"④"人们的社会历史始终只是他们的个体发展的历史,而不管他们是否意识到这一点。"⑤之后,列宁也说:"唯物主义的社会学者把人与人间一定的社会关系当做自己研究的对象,从而也就是研究真实的个

① 马克思恩格斯选集:第4卷,北京:人民出版社,1995,第95页。
② 马克思恩格斯选集:第2卷,北京:人民出版社,1972,第539页。
③ 马克思恩格斯全集:第1卷,北京:人民出版社,1956,第255页。
④ 马克思恩格斯选集:第1卷,北京:人民出版社,1995,第67页。
⑤ 马克思恩格斯选集:第4卷,北京:人民出版社,1972,第321页。

人,因为这些关系是由个人的活动组成的。"①离开个人谈权利是无本之木,无从谈起。如同当初刚刚产生时的情况那样,就其性质而言,权利是同权力毫无联系的。市民社会的个人依靠自己拥有的权利来过经济生活,进行生产、交换和产品的再分配,并过着文化和政治生活(参加集会、结社、选举国家官吏及对他们进行监督等)。由于国家是权力的垄断者,因此习惯上称之为"政治国家"或曰政权。按照马克思主义创始人的解释,国家是根据社会自身的需要并从社会中产生出来的。但是,由权力自身的固有属性所决定,权力不可能完全避免自我扩张。权力一旦形成,那些实施统治或管理功能的掌权者及其机构便会迅速地转换为一种特殊权力(特权)而高高凌驾于社会和广大市民之上,作威逞强,横征暴敛。所以,权力自然而然地成为人们孜孜以求的目标,又是人们害怕的"利维坦"。那么在几千年的历程中,权利与权力关系是怎样变迁的?

(一)古代

无论是以雅典为典型的欧洲国家,还是以中国为典型的东方国家,在古代有一种最重要的共同特征,那就是权利与权力的高度统一。其中,权力的各领域包括国家、政治制度、法律占着绝对的统治地位。马克思说:"在古代国家中,政治国家就是国家的内容,其他的领域都不包含在内。"②又说:"或者像希腊那样,'res publica'(国家、共和国)是市民的真正私人事务,是他们的活动的真正内容,而私人则是奴隶,在这里政治国家本身是市民的生活和意志的真正唯一的内容。"③首先,以雅典自由人为例,城邦被视为最神圣、最值得夙夜关怀的,而其余的私人生活则属无所谓的"琐事"或"卑贱"的,主要靠奴隶解决就行了。在此种情况下,人们根本没有社会和市民的观念,以至于据专家们考察,在古希腊语中居然找不到相当于今日的"社会"一词。当亚里士多德讲"人类自然是趋向于城邦生活的动物"④的时候,真是字字珠玑,一语道破古希腊人的奥秘。完全可以认为,那里的市民统统异化为"公民",而真实的本来面貌的市民则尽已消逝或至少是无足轻重了。他们的城邦主义的确是权力至上主义。这就是为什么雅典人的民主相当多而自由则颇有限即重权力、轻权利的原因之所在。

第二种情况是罗马。在希腊城邦的西部稍后崛起的罗马,依靠征服战争攫取大量财富,刺激着经济特别是海内外大规模贸易的发展。西方历史上真正的私人经济及与其相适应的表达契约关系的"私法"空前繁荣起来。由此权利和对权利的法律保障(法律上的权利)获得牢固的物质基础和制度基础。再往后,随着"万民法"的出现,权利的主体范围扩大到地中海周边地区,这更加推动罗马人权利意识的增强。关乎罗马国家权力方面的事是由"公法"调整,一般人无权干涉。反过来,关乎个人的私法领域内的事,权力一般也不予干涉。而且相反,权力(尤其司法权力)还严格维护着私人利益,因

---

① 列宁全集:第 1 卷,北京:人民出版社,1984,第 368 页。
② 马克思恩格斯全集:第 1 卷,北京:人民出版社,1956,第 283 页。
③ 马克思恩格斯全集:第 1 卷,北京:人民出版社,1956,第 284—285 页。
④ 亚里士多德,政治学,北京:商务印书馆,1965,第 7 页。

为这样做对保证权力的物质基础——税收和权力治下的兴旺繁荣是甚为有利的。法国著名比较法学家勒内·达维德在分析相关问题时指出："尽管在认为法是先于并高于国家的自然秩序这种观念的影响下大家在很长一段时期内公认公法和私法同等重要，但实际上法学家的全部注意力都集中在私法上；从事公法显然既危险又徒劳无功。在罗马既不曾有宪法，也不曾有行政法；虽然刑法发展起来了，那常常是在规定个人间关系（罪犯与受害人或他们的家属）的范围内，因此，它不完全属于'公法'的领域。"①在国家的法律体系中，私法占据重要地位就意味着个人权利的重要地位。同当年的希腊人几乎把一切社会事务和个人的利益纳入权力范围的、狭隘而强烈的城邦主义相比，罗马统治者的权利眼界已大大开阔起来。所以，权利开始从权力的全面主宰下取得一席相对独立的地位。

第三种情况是古东方国家。马克思说，"像亚洲国家的专制制度那样，政治国家只是一个人的独断独行，换句话说，政治国家同物质国家，都是奴隶。"②当然，在西方社会沦为国家的"奴隶"或权利沦为权力的附属品时，这种情况对自由人而言，他们是借助民主制而心甘情愿做出的。相反，古东方人则是受独裁者强制而做出的，并且权力的暴虐性更厉害。

（二）中世纪

"中世纪存在过农奴、封建庄园、手工业行会、学者协会等等，就是说，在中世纪，财产、商业、社会团体和每一个人都有政治性质。"③所谓"政治性质"就是权力的支配性。在那里，权力呈现为一种多元权力关系的格局。作为权利主体的人，像按照抽屉被分隔着的一样，层次越高，拥有权力就越多。权利，只有在权力之下方有自己的某种生存空间。所以，"中世纪是人类历史上的动物时期，是人类动物学"④。此时的权利所体现的，主要是从罗马法沿袭下来但又迥异于罗马法的、上下与纵横交错的、完全不平等的契约关系。在封建制的基础上，国王与领主、领主与封臣、封臣与农奴之间，国家与贵族之间，国家与工商业者之间，国家与基督教会之间，都存在着权力与权利的协定。处于上层地位人具有统治下层地位人的权力，有接受下层地位人的财产贡赋和劳役的权利，同时负有责任和义务。但是，因为处于下层地位的人同自己顶头上司领主之上的人们之间没有协定（契约），所以才有"我的附庸的附庸不是我的附庸"之说。这也同中国封建大一统时代的情况不相同。

11 世纪与 12 世纪交接时期以后处于复杂的封建式权力（包括天主教权力）夹缝中的城市，市民阶级或第三等级悄然兴起。他们用手中的大笔金钱求赎，使得封建主允诺他们拥有自己管理城市内部事务的统治权力和继续发展手工业和商业的权利，同时

---

①　达维德，当代主要法律体系，漆竹生，译，上海：上海译文出版社，1984，第 74 页。
②　马克思恩格斯全集：第 1 卷，北京：人民出版社，1956，第 285 页。
③　马克思恩格斯全集：第 1 卷，北京：人民出版社，1956，第 284 页。
④　马克思恩格斯全集：第 1 卷，北京：人民出版社，1956，第 346 页。

也得到封建主的庇护。城市经济的发展改变了人民的生活观念,大批的农奴、自由农和小贵族纷纷抛弃传统的庄园而奔向城镇。这些社会成员的生活方式尽管不同,但却都是市民,拥有同样的法律地位,成为同等的权利主体。所有的成员都是独立的自由人。这些城市不仅拥有独立的立法权和司法权,而且拥有组织城市管理体系的权力。汤普逊指出:"各类城市的市议会,都是主权实体;每个城市都是一个自治的市民社会,各自制定法律、自行征税、自管司法、自行铸币,甚至根据各自需要结成政治联盟、自行宣战或媾和。"①市民社会的权力孕育近代国家权力;而市民阶级的个人权利,则是近代权利的肇端。

在中世纪的权利与权力关系运行过程中,还有一种特殊的权力结构体,那就是天主教会。日耳曼人入侵罗马,"它把古代文明、古代哲学、政治和法律一扫而光"②,唯一保留下来的只是基督教。基督教成为中世纪的文明代表,担当起恢复秩序和文明教化的责任,蛮族国家在扩张和建设的过程中吸收大批有文化的教士为其服务,教会因而获取许多政治、经济甚至军事方面的权力,并开始在意识形态、政治与经济领域自成一体。教会在中世纪的努力,首先是独立于世俗政权以外,以求自保,此时所谓"双剑论"为其典型学说。然后是干涉世俗政权并企图凌驾于他们之上,"日月论"为其典型代表。直到最后,教权衰落,退出世俗领域。在这场斗争中,教会在理论上宣扬教权至上;在行动中仿效君主集权制把教权最后集于教皇一人,营造一个组织严密的权力金字塔。教皇超越国界,成为最有势力的封建主。教权的集中和膨胀引起中世纪大规模的政教冲突。教会的作用不仅仅局限于思想意识和政治理论领域,在现实政治生活中它也始终是参与权力争夺的主角,成为约束王权的首要力量。

(三)近现代

近代社会是从中世纪末期的市民社会演化与扩展而成的、历史上最成熟的市民社会。这是实现了普遍权利或多元权利的社会,也是权利间自由竞争达到白热化的社会。这种社会"确实是天赋人权的真正乐园。那里占统治地位的只是自由、平等、所有权和边沁。"③自由,因为商品尤其劳动力的买者和卖者,只取决于本身的自由意志。平等,因为他们都以平等的资格签订契约,并承担其结果。所有权,因为每个人都是物的持有者(主要是资本或者劳动力)。自由、平等、所有权及其原则,均具有绝对的性质。边沁,因为他是市民社会权利的最有影响力的理论家和辩护人;他在"人人为自己,上帝为大家"的经典口号之下,只关心社会财富总量的增长,而毫不介意这些财富在人们之间是如何分配的。与此相一致,市民社会所产生的国家权力是由公民权利产生的,因此是公民主权,习惯上被称为"人民主权"。既然权力属于人民,那就意味着社会与

---

① 汤普逊.中世纪经济社会史:下册.耿淡如,译.北京:商务印书馆,1984,第174页。
② 马克思恩格斯全集:第7卷.北京:人民出版社,1956,第400页。
③ 马克思恩格斯全集:第23卷.北京:人民出版社,1956,第199页。

国家、权利与权力的关系已经摆脱中世纪的状态,而重新实现统一即"再统一"。但这种统一含有明显的虚伪性:政治上、法律上的自由与平等权利,掩盖着人与人之间的事实上的不自由、不平等的权利。这种权力不单是导致各领域中分化出强势群体与弱势群体的对立(尤其是富人与穷人的对立),而且强化和恶化了人类和自然的对立(无节制的资源消耗、环境污染)。权利的滥用和权力的放任所酿成的严重后果,已遭到绝大多数人的质疑、反对和自然界的惩罚,引发人类对延续百余年间的传统权利与权力关系进行深刻反思。于是,西方世界传统的权利与权力关系开始转向。这种新方向由作为"第二共产国际"首领的德国社会民主党人领导制定的 1919 年魏玛宪法率先奠定基础。但是,由于经济危机频发(尤其是 1929—1932 年全球性经济危机)、法西斯主义势力的嚣张和连绵不断的侵略战争及第二次世界大战,魏玛宪法指引的道路无法实现。直至第二次世界大战结束后,通过联合国宪章及各项人权公约的推动,魏玛宪法精神才在西方国家全面铺展开来,得到长足发展。

在权利方面,有两个特征。一是权利主体范围的扩大。这就是全体公民,不问其性别、种族、语言、籍贯、宗教、政治信仰、个人地位及社会地位如何,均有同等的社会身份并在法律上一律平等。二是权利的实际化。其中包括:政治上的知情权、国家赔偿请求权、反抗权与抵抗暴政权、自由表达权、废除事先审查权、公民的倡议权和复议权;经济和社会上的生存权、劳动权、劳动者的休息权、环境权;除此而外,还有隐私权、同性恋权、安乐死权等所谓"处于发展中的权利"。

在权力方面,也呈现两大变化着的特征。一是多元民主制的产生。就是说,权力在以国家为主导的条件下,逐步地分散化和社会化。宪法、法律宣布或默示各政党、工会、各职业团体、妇女组织、老年组织、消费者协会、农业组织、资本家团体,还有各种弱势群体组织、民族自治组织和地方基层机构等形形色色的共同体,都程度不同地拥有原属于国家的某些权力,突破国家独自垄断权力的格局。无疑,民主多元化对于民主制的完善具有重要意义。二是"福利国家"制度的出台。为达到"普遍福利"的目的就必须改变 19 世纪的权利放任主义,需要强化权力对权利的干预。权力借助货币、高额累进税及行政手段,使社会总财富和总收入的分配渐渐地向社会弱势群体倾斜,缩小社会不同人群特别是贫富间的差距。这种权力干预,不是强权的干预。它的目标是要使政治、法律的形式平等权利转化为经济、社会和文化的实质权利。

三、社会主义社会的权利与权力关系

社会主义,从它产生之初,就标志着对人压迫人、人剥削人的传统制度的否定以及憧憬人与人之间的普遍和谐。因此,它是作为一种理想主义而出现、存在和发展的。社会主义的直接对立面是自由主义和国家主义。自由主义维护剥削的新形式——资本的奴役,使权利集中到资本持有者手中,导致社会多数人处于贫困和鲜有权利的底层;而国家主义则维护延续数千年压迫或抑制人的旧关系,使权利绝对地集中到统治者或管理者手中,导致社会多数人处于无权或鲜有权利的底层。那么,社会主义意义上的社会同国家、需要体系同无产阶级专政即权利同权力,二者所具有的、相异于已往社会的根本特征何在? 这一点,从过去到当代的马克思主义经典作家已经做出理论阐述。但联系到社会主义的实践(尤其是前苏联、东欧国家和中国的实践),又确实模糊起来。因而问题就成为:对社会主义中社会与国家、权利与权力的关系怎样加以说明,尤其是怎样将其付诸实践。

尽管当代西方世界已具备产生某些社会主义因素的条件,但至今尚没有足够的根据能够说明:它完全克服了从社会中产生而又凌驾于社会之上的权力凌驾于权利之上的现象,而变成社会自治的力量。在那里,"国家"二字仍然是大写的符号。根本不同的是,在社会主义国家中,"社会"(权利领域)是大写符号,而国家(权力)则是小写符号,国家权力是从属于社会的。这便是人们习惯说的"小政府,大社会"。当年马克思的法哲学,恰恰是以批判而且是逐条批判黑格尔《法哲学原理》中国家法论部分所宣扬的"国家至上"观为标志,从批判理性主义法律观转变为科学社会主义法律观的。1875年马克思又指出:"自由就在于把国家由一个高踞社会之上的机关变成完全服从这个社会的机关。"①列宁遵循恩格斯的见解,说无产阶级专政已非传统意义上的国家,仅仅是"半国家"或"消亡之中的国家"②,即"组织得立刻开始消亡,而且最后不能不消亡的国家"③。1891年,已是晚年的恩格斯依然坚定地批判"国家迷信"。"在德国,对国家的迷信,已经从哲学方面转到资产阶级甚至很多工人的一般意识中去了。"而实际上,"国家最多也不过是无产阶级在争取阶级统治的斗争胜利以后所继承下来的一个祸害……直到在新的自由社会条件下成长起来的一代能够把全部国家废物完全抛掉为止。"④需要高度重视的是,列宁对刚刚引用的这个论断的评价。他认为恩格斯的论文"是专门用来反对流行于德国'对国家的迷信',完全可以称为马克思主义在国家问题上的最高成就"⑤。从马克思、恩格斯和列宁诸多的精彩阐释中不难理解:社会主义国家最本质的特征,就在于它要使自身回归社会、最后完全融入社会,让特殊的政治权力逐步回归于普遍权利之中。所以,如同毛泽东在《论人民民主专政》一文中所表明的那样,"国家消亡"理论是马克思主义关于国家或权力问题的核心理论。遗憾的是,虽然不少学者不乏引证马克思主义经典作家的言论,但对于"国家消亡"这样一个重大理论却很少问津,甚至基本上无人提及这个词汇。难道"国家消亡"论果真"过时"了吗?恰恰相反,尽管国际共产主义遭遇到巨大挫折,但世界形势的演进越来越证明:马克思

① 马克思恩格斯选集:第3卷,北京:人民出版社,1995,第313页。
② 列宁选集:第3卷,北京:人民出版社,1972,第185页。
③ 列宁选集:第3卷,北京:人民出版社,1972,第190页。
④ 马克思恩格斯全集:第22卷,北京:人民出版社,1956,第228页。
⑤ 列宁选集:第3卷,北京:人民出版社,1972,第235页。

主义经典作家(包括毛泽东在内)的"国家消亡"论,是一直被客观现实所证明符合人类文明发展的大方向,真正代表人类最大利益的社会历史运行规律的。更令人遗憾的还远不止于"过时"论。有些学者逆经典作家的"国家消亡"论而行之。他们居然在一个人权时代里提倡权力是"人权的前提和基础"①,甚至误入我们国际政治对手、霸权主义者的圈套。对手故意利用我们的"凡是敌人拥护的,我们就要反对"的逆反心理,提出"人权无国界""人权高于主权"之类的口号,让我们去"针锋相对"地回答"人权仅仅是主权范围内的""主权高于人权"之类的背离马克思主义基本原理的话。实际上,在马克思、恩格斯和列宁先后指导的三个"共产国际"的纲领和文件以及当代联合国的宣言和公约中,无不体现着人权是全球性的、主权应为人权服务这样的真理。当前许多学者关注中国法学与法律的命运,提出并研究"中国法学何处去""法学的重构""法律制度改革"等问题。但是,他们却忽略了中国法学和法律应当遵照国家回归社会、权力回归权利这样一些根本性的问题。造成思想意识形态领域里的这种局面的原因是多方面的。但其中不可忽略的一个基本因素,便是国家迷信和根深蒂固的传统权力观念在作祟。

中华人民共和国的成立,是中国历史上权力性质最剧烈、最根本性的一个变革。但是在此过程中,未曾完全中断的传统正是国家主义亦即权力主义。这种观念本源于悠久的、不间断的"王(皇)权至上"的绝对集权的政治法律文化。数千年来,不仅各大理论思想流派包括儒家、法家、墨家及律学家们没有能力摆脱它,就连农民起义领袖们亦不能幸免。旧意识形态的幽灵之所以一直到今天仍然纠缠着活人头脑的主要原因在于:其一,中国的经济和相应的文化的基本条件没有发生变化。这里主要指生产力尚未高度发达,从事手工方式劳动的小农仍占人口的大多数。诚如马克思所说,小农的自发要求并非民主、自治与法治,而是支配一切的政治权力,是对权威的高度迷信,企望借此以保证自己利益不受其他阶级的侵犯②。于是就决定了中央集权的政治结构还要继续沿袭下去。其二,前苏联社会主义国家的影响。新中国成立之初,面对的社会主义先驱和典范就是前苏联。它的高度中央集权制和计划经济体制这两项主要制度,是作为中国的基本参照而引入的。其三,革命战争时期的经验形成的"战时共产主义"的生活方式。党的大批骨干都是在革命根据地的战争环境之下接管城市和各主要部门的,因此用军事管制、军事纪律开展国家管理活动,依靠自上而下的权力来决定干部供给制生活和具有浓厚平均主义色彩的人民群众的衣食住行分配与调节制度。这种制度的显著特点就是强调集中统一和严格按照上级政策办事,以下级服从上级、百姓权利服从国家权力为天职。在此种情况下,群众的权利(人权)及自由、自治和法治被当做资产阶级的腐朽观念而不断被批判和抛弃;法学则变成"专政"学科,乃至于公

---

① 笔者仅承认,该命题对主权对内的人权管辖方面有一定道理,但不能当作一般、普遍的命题提出。
② 马克思恩格斯全集:第2卷,北京:人民出版社,1956。

开宣布人"治"的"优越性"。① 最后一个原因,是当时所面临的国内外的政治紧张形势。国际上,在"两大阵营"激烈对峙和军备竞赛的条件下,中国建国不久就发生了"抗美援朝"战争;在国内还要搞镇反、土改、"三反"和"五反"等大规模政治运动。这一切都迫切要求我们要在极度危难的环境中加快恢复国民经济,创造国家生存的物质条件。显而易见,完成这种艰巨的任务,没有高度中央集权是不能奏效的。于是国家主义意识便轻车熟路地直接派上用场②。后来,虽然步入和平经济建设时期,但这套习惯的思维进路理所当然地成为永远"正确"的万应灵丹。谁敢加以质疑和反对,谁就会被打成"资产阶级右派分子""右倾机会主义分子"甚至"反革命分子"。

"文化大革命"以后,与时俱进的马克思主义代表者邓小平,以敏锐的政治头脑反思既往毛泽东时代的经验与教训,提出符合时代潮流的"改革开放"的倡议。在经济方面,他认为社会主义就是要"解放生产力","关键是发展经济"及走"共同富裕"的道路③。为达到此目的,他在国际共产主义运动史上进行了史无前例的突破,大胆地提出在社会主义社会的初级阶段,必须实行市场经济。在政治方面,邓小平认为,过去是"离开民主讲集中,民主太少"④,认为应该强调"个人的民主权利"。可是他在 1989 年针对人权问题的谈话时,却强调:"国权比人权重要得多"⑤。这个论断,对于反对个别西方大国以人权为借口干涉第三世界国家内政,推行霸权主义,以及对于国内主权对人权的管辖而言,是重要而且有道理的。不过,鉴于人权既是关乎马克思主义基本原理,又是关乎当今全球注目的焦点问题,我们对邓小平的这一人权谈话必须作具体的分析,必须把它同马克思主义创始者的观点衔接起来,予以全面的理解。应该十分清楚地知道,该谈话是他在个别场合中,针对具体情况而做出的特殊判断。所以,绝不可像某些个别人权研究者那样,进行直观的、片面的理解和解释,认为这就是邓小平人权观的完整体系。换言之,绝不能把这个命题等同于马克思主义人权观的一般判断。犹如我们已经大量接触到的马克思主义经典作家所论述的——他们从来没有也根本不可能将人权(权利)问题视为属于纯粹各民族国家内部范围的事情。就现实来说,它也不是一个单纯的、民族国家内部的事务,我们签署联合国的一系列的人权宣言和公约的事实就是明证。所以,如果一般地、没有区分地认为"主权高于人权"那就离开了马克思主义关于解放全人类、实现人类普遍权利的原理,离开了科学社会主义的题中应有之义,并且也与新世纪的滚滚潮流相背离。

在笔者看来,目前中共中央先后提出的以人为本的科学发展观、构建社会主义和

---

① 参见吕世伦、贺晓荣《国家主义的衰微与中国法制现代化》,《法律科学》1999 年第 3 期;吕世伦、张小平:《中国法律文化传统与国家主义》,《金陵法律评论》2001 年春季号。

② 吕世伦,张小平,中国法律文化传统与国家主义,金陵法律评论,2001,春季号。

③ 邓小平文选:第 3 卷,北京:人民出版社,1993,第 373 页。

④ 邓小平文选:第 2 卷,北京:人民出版,1993,第 144 页。

⑤ 邓小平文选:第 2 卷,北京:人民出版,1993,第 345 页。

谐社会乃至和谐世界的主张,以及按照人权(权利)精神改造国家立法、执法与司法,重视"社会法"的地位,倡导社会自治,在快速发展经济的基础上弘扬公平正义……所有这些都是社会主义社会本质的客观要求。从终极意义上说,它们对于经历长期过程而逐渐实现"一个更高级的、以每个人的全面而自由的发展为基本原则的社会形式"①或者"这样一个联合体,在那里,每个人的自由发展是一切人的自由发展的条件"②的人类普遍权利的、符合社会文明运行规律的伟大理想,也是不可或缺的。

四、结论

(一)对权利与权力关系历史规律考察的结论

第一,最初的人类社会不曾存在权利与权力。后来,在简单产品交换中才形成权利;而权力则是社会分裂为阶级以后追随权利而逐渐出现的。权利先于权力,并且是权力的决定与推动力量。

第二,在人身依附关系的社会里,掌握权力的少数强势者垄断权利,完全剥夺或大部分剥夺广大劳动群众已有或应有的权利。

第三,资产阶级革命产生的权力是"人民主权",即承认政治上、法律上全体居民是最终的权力拥有者,国家只是这种权力运行的机构;人民通过行使选举权产生官吏。所以,由权利直接创造权力,是历史上权利与权力关系的一大进步。但是,这种权力不能消除资本拥有的事实上的、特殊的权利与权力。

第四,第二次世界大战爆发后,西方发达国家开始实行多元民主制,使权力逐步分散化,逐渐向着真实的"人民主权"转化;同时实行"福利国家"制度,逐步向社会弱势群体利益倾斜。其中包含着某些权力回归权利的社会主义因素,并客观上为社会主义的实现准备了更多的条件。但资本主义并不能、至少至今还没有为此提供更多的东西,即没有本质上的变化。

第五,社会主义的应有状态是,在有效地解放生产力和发展生产力的基础上,为群众(市民)不断提供越来越多的财富并对财富进行均衡的分配和再分配,以实现"共同富裕"。但由于生产力发展水平的限制及与之相适应的群众觉悟水平的限制,社会主义初级阶段还不能在短时期内摆脱形式平等、事实不平等的"资产阶级式的权利",离完全的平等还有一段距离。这里的关键问题是,必须设法保证遏制两极分化,使资产阶级式的权利重新变成资产阶级对权利的垄断。很明显,这种可能性在社会主义市场经济体制下比在计划经济体制下大大增加了。社会主义权利属于全体公民,这种权利通过国家机关来实行,而法治则是最基本的手段。因此,对社会主义国家而言,民主和

---

① 马克思恩格斯全集:第23卷,北京:人民出版社,1956,第649页。
② 马克思恩格斯选集:第1卷,北京:人民出版社,1995,第294页。

法治是不言而喻的事情。不过,正如马克思所说,权利永远不能超出社会的经济结构以及由经济结构制约的文化发展①。因此,社会主义民主和法治的完善,取决于群众权利的水平,即归根结底取决于社会经济和文化的水平。

(二)对权利与权力关系理论和法理考察的结论

第一,马克思主义关于权利与权力关系的核心观点在于,权利属于社会范畴,权力属于国家范畴。社会决定国家,也就是权利决定权力,而非相反。共产主义是通过权力(无产阶级专政)和法律消亡,实现普遍权利的途径来达到的。

第二,马克思主义创始人从无产阶级国际主义出发,认为以往的运动是少数人为了少数人利益进行的运动,而社会主义—共产主义运动则是大多数人参加的,为大多人谋利益的运动。如果说资产阶级的人权(权利)要求"很自然地获得了普遍的、超出个别国家范围的性质"②而具有国际性的话,那么"没有祖国"的无产阶级争取人权(权利)的斗争,不可避免地一开始就是超越国界(国家权力范围)的,其目标就是实现解放全人类和实现普遍权利。

第三,马克思、恩格斯和列宁先后指导的三个"共产国际"的章程与行动纲领中,既要求世界革命的无产阶级承认和支持弱小民族国家实现独立和内部人权的民主性运动,更强调普遍权利的国际性。

第四,作为联合国发起者之一的中国,曾签署《联合国宪章》《世界人权宣言》《经济、社会和文化权利国际公约》《公民权利和政治权利国际公约》等一系列人权文件。这些文件是符合人类利益和中国人民利益的。因此,对中国而言,这种行为绝不是一时的权宜之计,即应该看成是同马克思主义经典作家关于人权的理论精神及其预测的人类文明发展规律相一致。

第五,以胡锦涛为总书记的中国共产党的党和国家领导集体提出的构建"社会主义和谐社会"和"和谐世界"的主张,对协调国家关系、遏制各国官方当局滥用权力,使权力良好地服务于人民群众的权利,是大有裨益的。

总之,权利是目的,权力是手段,目的总是高于手段的。

吕世伦、宋光明撰写,刊于《学习与探索》2007 年第 3 期。

---

① 马克思恩格斯全集:第 19 卷,北京:人民出版社,1956,第 22 页。
② 马克思恩格斯选集:第 3 卷,北京:人民出版社,1995,第 447 页。

职权与职责研究

　　职权与职责是公法中的一对重要范畴,但法学界对此作专题论述的较少,而且多系浅尝辄止。笔者认为,在大力推动建设"责任政府"和"服务政府"的今天,深入探讨职权与职责的关系,无论从理论抑或实践层面,皆殊有必要。

一、职权与职责的概念与功能

（一）职权

　　职权,通常指国家机关及其工作人员为完成其承担的工作任务而依法拥有的权力,它表示能够做什么的法律授权。职权是被具体定位到特定国家机关及其成员(官员)的权力,是国家权力的具体化。广义的职权还包括其他社会组织及其工作人员在执行工作任务时,依法或依有关组织章程所拥有的权力。本文研究的职权与职责,是狭义上的。

　　实行分工或分权制度是国家事务的广泛性、复杂性的客观需要,也是民主法治国家之必然,不仅国家机构要有立法、行政、司法等职能的分工,而且不同职能的国家机关系统内部也必须进一步划分和明确职权。只有如此,抽象的国家权力才能落到实处,国家机器才能有效地运转。就是说,抽象的国家权力要同一定的主体相结合,转化为职权,即由特定的主体依照法律规定的内容、范围、手段、方式来享有和行使国家权力,实现国家职能。

　　职权制度的主要功能在于:

　　(1)强化国家权力的正当性或合理性。毛泽东指出:"全心全意地为人民服务,一刻也不脱离群众;一切从人民的利益出发,而不是从个人或小集团的利益出发;向人民负责和向党的领导机关负责的一致性;这些就是我们的出发点。"①国家权力的正当性或合理性来自于人民的授权;国家机构本身并非权力之源,它仅仅代表人民并为了人民利益行使国家权力。国家机关拥有一定的领导和管理社会的权力,其深层的依据就是人民自身的同意。而相应的法律授权,则是权威性、规范性的明示。所以,职权制度

---

　　①　毛泽东选集:第 3 卷,北京:人民出版社,1991,第 1094—1095 页。

下的国家权力的最根本点就是,不论赋予哪一个国家机关或个人来行使,都应当体现和实现民意。

(2)明确地划定国家权力的范围,为国家权力的合法性提供准确的判定标准。法律在赋予国家机构一定的职权时,通常既有概括性的规定,也有列举性的规定。即便是概括性的规定,国家机关所行使的职权也具有一定的范围,超越法定范围就是违法的。如同刘少奇所说:"国家领导人员的权力应该有一定的限制,什么事情他有多大的权力,什么事情不准他做,应该有一种限制。"①对公权力来说,"法无授权即禁止"。因此,在职权制度下,一个特定的国家机关是否依法来行使自身的职权可以按照法律的相关规定进行衡量。此外,职权制度为各种国家权力之间的相互冲突建立规范化的权限解决途径。这样便能消除行政层级官僚制度对于国家权力运行机制的负面影响,不断完善国家权力的权能结构。

(3)职权制度确保"法治政府""有限政府""责任政府""效能政府""服务政府"价值目标的实现。国家机关及其工作人员应当依法执政而非任意专断,权域清晰而非越界扩张,功绩卓著而非碌碌无为,谨记义务而非敷衍塞责,一心为民而非贪图私利。职权作为国家权力的存在和运作的一种形态,必须体现和实现国家与法的实质和目的。归根到底,这种理念直接关系到普遍的正义、民主、自由、平等、效率(益)、秩序诸价值,特别是人的幸福与尊严。职权制度通过法律来规定国家机关及其工作人员的权限,保证其各司其职、各安其位。这其实是把国家权力具体化为法律上的权力和责任,或者进一步说,将政治国家转化为法律国家。此外,职权制度可以避免因权限不清造成的内在摩擦和缺乏监督产生的腐败而增大管理成本,提高国家权力运行的效率。既然国家是个结构不易理清、功能繁多的权力体系,那么直接运用单一的权力来实现国家职能,就难免有很大的任意性,也必然导致权力运行的低能。职权制度为国家权力的行使规定了方向、原则、界限,有助于国家权力行使的合理化。当然,这种合理化就包涵着其高效性。

(二)职责

职责,职权的对称,通常指国家机关及其工作人员在行使职权过程中依法必须怎样做或不怎样做,以及对其失职行为所承担的处罚。它表示法律的命令。职责包含义务性的和惩罚性的两种。前者指职责主体依法必须怎样做或不怎样做的义务;后者指职责主体因违反自身义务而要承担的处罚。广义的职责还包括其他社会组织及其工

---

① 刘少奇,论党的建设,北京:中央文献出版社,1991,第645页。

作人员在行使职权过程中必须履行的义务和对其失职行为的处罚。①

　　国家机关及其工作人员之所以必须承担职责,原因在于:第一,权利义务一致性原则的要求。法治国家中的任何主体在享有权利或权力的同时,都必须履行义务或责任。一般地说,不存在只享有权利或权力的主体,也不存在只承担义务或责任的主体。国家机关及其工作人员既然享有职权,就意味着承担相应的职责。第二,职权公益性的要求。职权是国家权力的转化形式和实现的途径。如同前述,国家权力的宗旨是,通过实现国家职能,服务于社会公共利益和保障每个公民的权益。法律赋予国家机关及其工作人员以职权,正在于此。否则就是失职。可见,职权本身便内涵着职责,依法行使职权就是依法履行职责。第三,法治原则的要求。权力具有天然的侵犯性和扩张性,如果不受约束,必然会由为公众服务的手段蜕变为奴役公众、侵害人民利益的工具,因此,国家机关及其工作人员在行使职权的过程中,应当受到法律规范的约束和限制,严格遵守法律规范的义务。

　　职责制度的主要功能在于:

　　(1)明确职权运行的方向。要是说职权确定职权主体能够做什么和不能做什么,那么,职责则为其确定必须怎样做和不怎样做,使职权主体转化为职责主体。进一步讲,与私权利不同,私权利的主体替自身谋利益,将义务加于对方;但作为公权力的主体则是替自身之外的公众谋利益,即将义务加于自身,使权力与责任融成一体。在民主国家,更无须说社会主义国家,赋予一定主体以职权,为的是让它履行职责。原因就在于职责更直接地表达国家权力与社会公益相契合。此外,由于职责制度的内涵清晰,也便于从制度上对国家机构行使国家权力的行为进行有效的监督。

　　(2)遏制国家机构活动的单纯"权力化"的倾向,进一步强化法律对国家机构的"义务要求",为追究国家机构的不作为、乱作为的法律责任提供规则依据。江泽民强

---

　　① 英文中,responsibility 一般被译为"职责"。这一概念与三个主要的词语相联系:责任(accountability)、原因或理由(cause)和义务(obligation)。"第一,职责作为一种责任。如果一个人是负责任的,那他就应该对其行为和方式负责。第二,职责作为原因或理由的解释。对导致某种结果的原因或理由做出说明或解释。第三,职责作为一种义务。这是指某一主体应该具备一定的能力完成所赋予的任务,并负责对这些事情的进展给出解释。"见 Herbert J. Spiro. Responsibilicy in Government: Theory and Practice [M]. New York: Litton Educational Publishing, Inc. ,1969:14—19. "在政治活动和公共管理中,'责任'最通常最直接的含义是指与某个特定的职位或机构相连的职责,例如邮政局长的责任或调查委员会的责任(角色责任)。这种'责任'意味着那些公职人员由于自己所担任的职务而必须履行一定的工作和职能。责任通常亦意味着那些公职人员应当向其他人员或机构承担履行一定职责的责任或义务,这些人可以要求他们作出解释,而这些人自己又要向另外的人或人们负责。在按照等级结构组成的政府部门或企业公司中,通常存在一个垂直的责任链条,根据这个责任链条,机构中的每个人应当向其上级承担履行他或她自己职责的责任,这些职责包括管理他的下级人员,这些下级人员则应向他负责。由于这些承担责任的人能够按照要求作出解释,由于这些人可以因未履行自己的职责而受到责备或惩罚,因此角色责任和义务责任是紧密相连的。"戴维·米勒,韦农·波格丹诺,布莱克维尔政治学百科全书,北京:中国政法大学出版社,1992,第652页。

调要坚持"权责一致的原则"①。由于职责是对国家机构提出的从事某种行为的强制性要求。因此,对具有法定职责的国家机构来说,假如不履行法律所规定的相应的职责(作为或不作为),那就必须受到法律的处罚。职责制度的出现使得国家机构依据法律应当承担的责任进一步明确化,消除旧社会这种国家机构只享有权力而无责任的专横形象。职责制度恰在使国家机构的活动与履行责任之间建立紧密而牢靠的法律联系,接受法律的控制。

(3)切实保证公民权利的实现能够获得制度的有效保障,包括公民权利遭到侵犯时获得有力的救济。所谓职责,归根到底,无非就是让"官家"与官员对社会及其成员负责,一切从人民利益出发,一切为了人民利益;除此之外,不允许夹杂着自己的任何利益或特殊利益。通常,公民正是以这种切身的感受,来评判国家机关及其工作人员的好坏。

二、职权与职责产生的法理依据

在笔者看来,研究职权与职责的关系问题的一个重要环节,是要追根溯源,深入探讨职权与职责产生的法理依据。

(一)人民主权论

马克思认为,在应然性与正当性或合理性上,唯有"人民主权"才是"真正的"国家制度即国家制度的"真理"②。根据人民主权理论,国家的一切权力属于人民,人民权利是国家权力的源泉,国家的权力是人民赋予的。18世纪人民主权理论的杰出代表卢梭强调人民是主权的承担者,人民主权高于一切。他认为,应由人民掌握作为国家最高权力的立法权,"立法权力是属于人民的,而且只能是属于人民的"③。政府只不过是主权的执行人,政府负责执行法律并维持社会和政治的自由。人民之所以服从政府,"完全是一种委托,是一种任用;在那里,他们仅仅是主权者的官吏,是以主权者的名义在行使着主权者所托付给他们的权力,而且只要主权者高兴,他就可以限制、改变和收回这种权力"④。

在人民主权原则下,政府之所以必须承担起责任,乃是因为:在现代民主政治中,公民与政府之间的关系可以看作是权力的委托—代理关系。作为权力代理者的政府必须对权力委托人或被代理人切实履行事前商定的契约。在代议民主政治条件下,作为整体的人民是公共权力的所有者,但他们并不直接行使公共权力,而是将公共权力授予政府行使。因此,公共权力的行使者不是公共权力的主人。为了防止政府及其官

---

① 江泽民文选:第2卷,北京:人民出版社,2006,第107页。
② 马克思恩格斯全集:第1卷,北京:人民出版社,1956,第280页。
③ 卢梭,社会契约论,北京:商务印书馆,1982,第75—76页。
④ 卢梭,社会契约论,北京:商务印书馆,1982,第77页。

员违背授权者的利益和意志而滥用权力,就必须给他们获得和行使权力设定一些基本条件,这就是公共权力行使者唯公共权力的所有者之命是从。政府的权力既然来自于人民的委托,理所当然就应该在人民授权的范围内活动,并以保障公民权益、促进公共福祉为宗旨。如同潘恩所说:"一切授予的权力都是委托,一切僭取的权力都是篡夺,政府权力来自人民,必须对人民负责。"[1]因此,作为权力受托者、代理人的政府应当明确:不是人民为了政府而存在,而是政府为了人民而存在。

（二）法治论

法治是特殊的社会共同体——国家理想的治理方式和状态。亚里士多德指出法治应包含两重意义:"已成立的法律获得普遍的服从,而大家所服从的法律又应该本身是制订得良好的法律"[2]。同样,洛克更说,法治是这样一种状态,"政府所有的一切权力,既然只是为社会谋幸福,因而不应该是专断的和凭一时高兴的,而是应该根据既定的和公布的法律来行使。这样,一方面使人民可以知道他们的责任并在法律范围内得到安全和保障;另一方面,也使统治者被限制在他们适当的范围之内,不致为他们所拥有的权力所诱惑,利用他们本来不熟悉的或不愿承认的手段来行使权力。"[3]现代法治理论又有了进一步发展。哈耶克认为:"法治的基本点是清楚的,即留给执掌强制权力的执行机构的自由,应当减少到最低限度。"[4]

法治的逻辑沿着两条路径展开:一是对公民权利的保护,二是对政府权力的限制。法治社会要求政府必须是责任政府,政府须回应社会和民众的基本要求并积极采取措施予以满足,而且对政府行为设定相应的责任约束。从法治的角度看,权利与义务二者是有机统一的,有什么样的权利就应该有什么样的义务,行使什么样的权力就应该承担什么样的责任。任何公共权力都应当处于责任状态,任何公共权力的行使者都应当是责任的承担者。在国家和社会之间、国家权力和公民权利之间实现恰当的平衡;保持社会和公民权利的优先性与目的性地位,是法治要求之所在。

政治权力本质上是为了人民的福利而存在的,但政治权力只有委托到政府手里才能有效行使。但权力的行使有可能完全违背人民授权的初衷,甚至严重损害人民的权利和利益,出现权力异化。对此,美国宪法缔造人之一麦迪逊曾告诫世人说:"如果人都是天使,就不需要任何政府。如果是天使统治人,就不需要对政府有任何外来的或内在的控制了。"[5]休谟认为:"在设计任何政府体制时,应该把每个成员都设想成无耻之徒,设想他的一切作为都是为了谋取私利,别无其他目标。"[6]这些先驱思想家的话

---

①　潘恩选集,北京:商务印书馆,1981,第243页。
②　亚里士多德,政治学,吴寿彭译,北京:商务印书馆,1965,第199页。
③　洛克,政府论下篇,北京:商务印书馆,1964,第87页。
④　哈耶克,通往奴役之路,北京:中国社会科学出版社,1997,第73页。
⑤　汉密尔顿等,联邦党人文集,北京:商务印书馆,1980,第264页。
⑥　塞尔顿,公共选择理论的历史与现状,现代外国哲学社会科学文摘,1994(10)。

都带有比喻性,但其寓意是生动而深刻的。

西方自由主义者们普遍认为,国家是一种"必不可少的恶",有序的社会生活依靠国家和政府来维系,但同时要防止政府权力无限扩张而危害社会,政府权力的运行必须存在边界。诚如英国的阿克顿勋爵所说:"权力导致腐败,绝对权力导致绝对腐败。"①因此,权力的设定和行使一定要有明确的法律依据。根据权力法定原则,权力的合法性来源于法律的明确规定或法律的明文授权。与此相对应的还有一个侧面,那就是:对权力而言,"法无明文规定即禁止"的原则。"这与公民的权利不同,从法律的范围说,公民的权利是,凡法律没有禁止的,公民皆可为之。当然,此外还有道德等约束。行政机关的职权是,凡法律没有授予的,行政机关就不得为之。法律禁止的当然更不得为之。否则就是超越职权。"②"行政法的最初目的就是要保证政府权力在法律的范围内行使,防止政府滥用权力,以保护公民。"③

(三)分权制衡论

自亚里士多德以来,权力制约思想就是众多西方政治法律思想家倡导的防止掌权者权力专横的有效手段。自近代始,权力制约理论先后为西方各国宪法所确认,并构成宪政制度的核心和基础,成为近现代民主国家建立责任政府的重要手段。

孟德斯鸠认为,"一切有权力的人都容易滥用权力,这是万古不易的一条经验。有权力的人们使用权力一直到遇有界限的地方才休止",而"从事物的性质来说,要防止滥用权力,就必须以权力约束权力。"④他认为,每个国家都有三种权力:立法权、司法权和行政权。这三种权力互相独立,应由不同的国家机关来行使,而不应由同一个机关或同一个人来行使。"如果同一个人或由重要人物、贵族或平民组成的同一个机关行使这三种权力,即制定法律权、执行公共决议权和裁判私人犯罪或争讼权,则一切都完了。"汉密尔顿认为,要保障自由就要实行分权。"防止把某些权力逐渐集中于同一部门的最可靠办法,就是给予各部门的主管人抵制其他部门侵犯的必要法定手段和个人的主动。……野心必须用野心来对抗。"⑤

权力制约的过程,就是政府责任实现的过程。在代议民主制度下,作为权力所有者的人民与作为权力行使者的政府及其公务人员仍然处于相对分离的状态。这就决定了权力行使者的意志与权力所有者的意志可能保持一致,也有可能发生偏离。为了

---

① 转引自李泽厚,应是"绝对权力绝对导致腐败",载《读书》杂志 2001 年第 6 期原文如下:"《读书》二〇〇一年第一期冯克利先生文,首引阿克顿名言'权力导致腐败',绝对权力导致绝对腐败此乃'Power tends to corrupt; absolute power corrupts absolutely'('权力导致腐败,绝对权力绝对导致腐败')之误译,意思与原文并不相同,也可说颇有出入。但此误译屡见不鲜,我已见过数十次之多,有时甚至在正式的学术论著中。为免继续以讹传讹,似有订正必要。"

② 应松年,依法行政论纲,中国法学,1997(1)。

③ 威廉·韦德,行政法,北京:中国大百科全书出版社,1997,第 5 页。

④ 孟德斯鸠,论法的精神:上册,北京:商务印书馆,1978,第 154 页。

⑤ 汉密尔顿等,联邦党人文集,北京:商务印书馆,1980,第 264 页。

使两者始终保持一致,防止发生偏离,就需要权力制约,保证权力运用与人民的意志相一致。因而,权力制约是民主的本质要求,制约的程度反映着民主的发达程度。在民主政治体制下,防止权力滥用所依赖的基本原则在于:假如主权者要想有效地掌控权力,则对于一个机构的任何授权,必须同时课以相应的责任。

邓小平指出,权力的过分集中,缺乏法治的约束,是"目前我们所特有的官僚主义的一个总祸根"①。此种现象同我国几千年的专制主义,同新中国建立之初奉行的自上而下的计划经济体制和政治上的人治即民主、法治之不足,是密不可分的。因此,要贯彻国家权力的科学分工合作与相互制约原则,必须十分重视对集权主义观念的克服。

三、职权与职责的关系:职权本位抑或职责本位

(一)职权与职责的异同

所有的法律都有一个最核心的东西,即解决权利与义务、职权与职责的问题。私法调整个人之间、个人和法人之间的权利与义务的关系,公法则集中解决国家的职权和职责的问题。长期以来,我们的各种法理学教材没有"职权与职责"这一章,而是将其置于"权利与义务"的范畴之内。我们认为这二者之间有诸多的区别②:第一,在法律上给予国家机关多少权力也就意味着给予其多少责任,权责一体;虽然权利与义务之间具有统一性即"没有无义务的权利,也没有无权利的义务"③,但权利主体和义务主体经常是分开的,权利属于权利的主体,义务属于义务的主体。第二,国家权力不能随意转让和放弃,否则就是违法与失职;公民权利则可以转让和放弃。第三,国家权力是一种支配力,行使主体之间地位不对等;权利主体之间是平等的。第四,权力的实质是一种权威;权利的实质是一种利益。第五,职权和职责,职责是主要的,是第一位的,"责任政府""服务政府"即由此而来;权利和义务,权利是第一位的,这是由高度发达的市场经济决定的,是独立的个人主体性的法律表现。第六,对政府来说,法不授权不得为;对公民来说,法不禁止即自由。第七,在现代国家,权力是由公民权利产生的;公民权利是人依据其自然属性和社会属性所应当享有的。第八,国家权力是手段,公民权利是目的。这两者之间的关系告诉我们,法的精髓在于限制权力、保障权利,所以我们说宪法和法律的终极目的就是保障人权。

职权和职责有以下共同点:第一,法定性。任何一个主体的职权和职责都是法定的,而不是自我设定的。换言之,权力主体拥有或行使职权必须通过合法途径,否则便

① 邓小平文选:第2卷,北京:人民出版社,1994,第328页。
② 关于"权利与义务"和"职权与职责"这两对概念的区别,李步云教授有过专门的解释。见李步云,人权与宪法精神,中国人权网 http://www.humanrights.cn/cn/xsdt/xscg/t20090206_622878.htm。
③ 马克思恩格斯全集:第16卷,北京:人民出版社,1964,第16页。

不能成立。而职责是宪法、法律、法规、规章等法律文件所规定的权力主体必须履行的法定义务。第二,公益性。职权的行使与职责的履行旨在谋求和保护国家、集体、社会的公共利益,同时保护公民的合法权益,必须符合法定的公共目的和范围。第三,专属性。职权和职责的归属,在主体上具有专属性,也即只属于特定的主体。第四,伴生性。职权与职责具有相应性、协调性。如果只有职权而无职责,或者只有职责而无职权,都不符合现代法治社会的要求。职责与职权相伴而生,犹如一枚硬币的两面,缺一不可。

职权与职责之间的不同点是:从职权方面来说,其特点主要有:第一,国家权威性。职权是权力的具体化,其行使以国家强制力作后盾,相对一方必须服从。第二,不可处分性。职权不仅表现为法律上的支配力,还包含着法律上的职责要求,因此职权与职责是不可分割的,权力主体对其拥有的职权不得任意转让和放弃。即使权力可以放弃,那么责任是不可放弃的。而从职责方面来说,它一般由法律在赋予职权的同时加以规定,主要有以下特点:第一,义务性。它是行为主体以法定的作为或不作为来保障某种社会管理目标和社会公共利益得以实现的法律约束手段。第二,归责性。职责的强制性表现为通过事后的问责即依法追究行为主体的责任,确保职权的合法行使。权力主体如果不履行职责,将承担由此而产生的消极后果。

(二)职权本位抑或职责本位

传统行政和行政法采取"职权中心主义"或职权本位,强调权力者的行政资格和权力自身的强制力意蕴。这就必然留给权力者以较大的自由裁量行动的空间,不利于对行政权的控制。"职权中心主义"或职权本位与秩序行政模式相适应,单纯强调以强制性的职权来达成秩序目的。随着服务行政模式的拓展,政府权力中的职责或责任成分增加,基于秩序目的的政府权力或职权开始转变为基于福利目的的政府责任或职责,职权本位也开始转变为职责本位。"统治阶级并不享有任何主观性的主权权利。它只拥有一种为了满足组织公共服务的需要而必须的权力。除非是为了实现这一目的,它的行为没有任何效力或法律价值。""可以说公共服务的概念正在取代主权的概念。国家不再是一种发布命令的主权权力。它是由一群个人组成的机构,这些个人必须使用他们所拥有的力量来服务于公众需要。公共服务的概念是现代国家的基础。没有什么概念比这一概念更加深入地根植于社会生活的事实。"①

职权本位模式之下,出于秩序的考虑,法律和统治者强调的是权力的支配力,这种支配力所追求的结果是权力对象的服从。因而,命令——服从关系是该模式下最基本的行政关系类型,与此相适应的行政法也大多属于"管理法"或"工具法"。由职权本位模式过渡到职责本位模式,就是要削弱传统权力中支配力的解读,激活和强化权力所

---

① 莱昂·狄骥:公法的变迁法律与国家,郑戈,冷静译,沈阳:辽海出版社,春风文艺出版社,1999,第13页。

蕴含的协商、合作、说服、影响等理念,变基于职权支配力的管理为基于职责驱动力的服务。当然,这并非说、也不可能是要完全取消国家的管理职能。

职权驱动的约束对象,主要是作为权力对象的行政相对人;职责驱动的约束对象,主要是作为权力行使者的行政主体。职责驱动能够确保权力行使的主动性和积极性,更加适合于服务行政和福利国家模式。

职权本位模式奉行权力至上,强调行政或行政官员的地位与资格、强力、意志等要素及其作用。反之,职责本位模式则强调基于权力所生的义务与责任,推崇义务重于权力、责任重于资格或地位,如此更加贴近责任政府和"限权"的宪政理念。① 在现代社会中,国家活动的每一方面都涉及责任问题。而确立国家责任原则的需要也呈增长之势。②

建设责任政府是我国政府管理体制和行政改革的目标指向。责任政府的基本特征,在于政府从权力本位转向责任本位。责任政府的核心是,要求政府把维护和实现公民的合法权利和满足公民的正当利益作为政府不可推卸的责任。责任政府力图在政府的公共行政权力与公民权利之间取得一种平衡,把对公权力的限制与对私权利的维护统一起来;并运用一套对各种违法违纪、失职、渎职等行为的严厉追究和制裁机制,保障政府实现对民负责、施政为民的宗旨和目标。简言之,责任(职责)需要成为公民和政府之间良性互动的桥梁,因为政府的权力来源于公民的授予,政府的责任即为保障公民的权益并实现公众利益的最大化;同时,也通过这种责任来平衡政府内部结构中的权力关系,避免权力向政府及其人员的私利倾斜甚至过度倾斜。

当前,我国正处于体制转轨和社会变革的特殊历史时期,对国家权力的依赖和制约成为一个问题的两个方面。权力犹如一把双刃剑,如果我们只重视依赖权力推进体制转轨,而不重视规范和制约权力,就可能在这种转轨过程中产生一系列弊端。如已经出现的政府官员超越职权、滥用职权、以权代法、以权谋私、权钱交易、贪污贿赂等现象便是明证。因此,为公共权力设立一套制约、监督的机制和制度,成为当务之急。因此,迫切需要通过职责法律制度建设,加强对权力的制约,实现权责的对称,使国家机关及其工作人员在法律范围内活动,接受人民监督,对人民负责。

吕世伦、李英杰撰写,刊于《北京行政学院学报》2011 年第 1 期。

---

① 柳砚涛,论职权职责化及其在授益行政领域的展开,山东社会科学,2009(2)。
② 莱昂·狄骥,公法的变迁法律与国家,郑戈,冷静译,沈阳:辽海出版社,春风文艺出版社,1999,第179 页。

略论社会主义民主的制度化、规范化、程序化

　　社会主义国家是人民当家作主、主权永远属于全体人民的国家。因此,马克思主义经典作家历来十分重视社会主义民主。早在马克思、恩格斯《共产党宣言》中就指出:"工人革命的第一步就是无产阶级变成统治阶级,争得民主。"①继而列宁说:"胜利了的社会主义如果不实现充分的民主,就不能保持它所取得的胜利。"②1945 年毛泽东在回答新的中国怎样才能避免以往朝代"人存政举,人亡政息"的"周期律"的问题时,满怀信心地说:"我们已经找到新路,我们能跳出这个周期律。这条新路,就是民主。只有让人民起来监督政府,政府才不敢松懈。只有人人起来负责,才不会人亡政息。"③但是,在社会主义国家的实践中,民主却没有受到应有的重视。通常是讲专政多讲集权多,而讲民主少,民主有日渐遭到削弱的趋势。

　　从党的十一届三中全会以来,邓小平深刻地总结"文革"及其以前的"左倾"错误,断言宣布:"没有民主就没有社会主义,就没有社会主义现代化。"④我们要"在政治上创造比资本主义国家更高更确实的民主"⑤。他还一再强调民主的"制度化、法律化"⑥。从此,党的历届领导集体都把社会主义民主建设置于国家政治体制改革的核心地位。如果说人民当家作主是社会主义民主的实质问题,那么,民主的制度化、规范化、程序化则是实现和发展社会主义民主的问题。因此,只强调社会主义民主的必要性和重要性是不够的,还应该有效地解决如何实现和发展社会主义民主这个更迫切的问题。

一、社会主义民主的制度化、规范化、程序化的概念阐释

　　在社会科学中,"制度"是一个运用得最为广泛和使用频率最高的术语。根据唯物史观,借鉴各家各派的观点我们可以把"制度"概念扼要地表述为:"制度"是在利益博弈的基础上和各种社会集团实力的对比过程中形成的,由各种社会组织(从家庭到社

① 马克思恩格斯全集:第 4 卷,北京:人民出版社,1958,第 489 页。
② 列宁全集:第 28 卷,北京:人民出版社,1990,第 168 页。
③ 薄一波,若干重大决策与事件的回顾:上卷,北京:中共中央党校出版社,1991,第 156—157 页。
④ 邓小平文选:第 2 卷,北京:人民出版社,1983,第 168 页。
⑤ 邓小平文选:第 2 卷,北京:人民出版社,1983,第 322—323 页。
⑥ 邓小平文选:第 2 卷,北京:人民出版社,1983,第 146 页。

会和国家)安排的,旨在"集体行动控制个人行动",并为大多数人普遍接受的,具有现实存在的与相对固定的一整套的习惯或法律系统。① 简言之,制度是各种社会规范长期凝聚和结晶而成的、规制人们思想和行为的尺度或标准。一种制度首先是表现为长期形成的习惯,后来才逐步地被局部或大部分提升为法律。今日所谓的正式制度就是指法律制度,非正式制度即为风俗习惯、道德等制度。与规范和程序相比,实践性、实存性、权威性与固定性是制度的显著特征。

　　民主是基本的政治法律制度,即国家制度之一。其属性有两方面:一是国体,即对谁民主对谁专政。在统治阶级内部,"民主就是承认少数服从多数的国家"②。二是政体,即国家形式。分别有民主制、贵族制和君主制(专政制)。列宁说民主是一种国家形式,是国家形态的一种。③ 这就是从政体意义上所说的民主。民主的制度化指,在一个国家内部已存在的民主政治的情况下,如何把它确立为结构合理和运行有效,从而拥有最高权威的现实标准,为全社会的大多数人所接受和拥戴,并服从它的治(管)理。民主的制度化可以表现为正式制度,也可以表现为非正式制度。例如卢梭就说过,风俗习惯是"铭刻在公民们的内心里"的"国家的真正宪法"④。但在现代,随着社会和国家事务的复杂化,实证法律越来越成为民主制度化的最主要的形式。如果有民主但不能制度化,就意味着每个人能够任意对其表示服从或者不服从,任意地根据自己想法去做或不做民主所需要的事情。这样一来,必然导致无政府状态,民主便会顿时陷于瓦解。正是有鉴于此,邓小平专门论述"党和国家制度的改革"说:比之于领导者个人思想作风来看,"组织制度、工作制度方面的问题更重要。这些方面的制度好可以使坏人无法任意横行,制度不好可以使好人无法充分做好事,甚至会走向反面。""领导制度、组织制度问题更带有根本性、全局性、稳定性和长期性。这种制度问题,关系到党和国家是否改变颜色,必须引起全党的高度重视。"⑤

　　其次,民主的规范化。规范就是行为规则。在社会生活中的诸多领域,如经济、政治、文化、工程及机关、社团、企业、事业单位乃至各种竞技或游戏等领域中,到处都充满着规范。在前资本主义社会,奉行义务本位,相应地,对集体与他人尽义务的风俗习惯特别是道德规范,自然地占据主导地位,法律的作用是有限的。与此不同,在现代以来的民主国家,应市场经济的客观要求,必须奉行权利本位。因而,公平正义的、普遍的、明确与准确的,从而易于有效操作的法律规范,就成为调整人们权利与义务

---

① C. M. 哈奇逊,现代制度主义经济学宣言,北京:北京大学出版社,1993,第149页;V. W. 拉坦,诱致性制度变迁理论,科斯,诺斯等,财产权利与制度变迁理论——产权学派与新制度经济学派文集,上海:上海三联书店,1994,第375—378页;康芒斯,制度经济学:上,北京:商务印书馆,1994,第86—87页。

② 列宁全集:第31卷,北京:人民出版社,1985,第78页。

③ 列宁全集:第31卷,北京:人民出版社,1985,第96页。

④ 卢梭,社会契约论,北京:商务印书馆,1980,第73页。

⑤ 邓小平文选:第2卷,北京:人民出版社,1983,第333页。

关系的主要规范。因此,民主规范化的主要含义就是法律化。社会主义民主的规范(法律)化的实质就在于,使体现全体人民愿望的民族精神作为"国家意志",借助全面系统的文字形式,对社会的一切成员在哪些社会领域里,可以做什么或怎样做、不能做什么或不能怎样做,以及做和不做将会引起国家对相关行为的态度(认可、奖励、惩罚),以便保证社会能够顺畅地运转,保障和实现每一个人的合法和正当的权益。在此需要说明,民主的"法律化"比民主的"规范化"的内涵要窄。把法律化改为规范化的意义就在于,不仅要把民主当成法律规则,而且也当成各种社会规则,尤其当成社会的风俗、习惯、道德的准则。德国法学家埃利希也曾说:"活法不仅是原始的法律形式,而且直到今天仍然是最基本的法律形式。"①这样就会使国家法律的外在的"他律"同每个公民的内在的"自律"紧密结合一起,把社会主义民主变成坚不可摧的堡垒。

最后,民主的程序化。一般地说,程序指办事的手续和过程,或者"顺序、方式和步骤"②,它同样渗透在社会各领域,渗透在处理各种事务当中。俗语有道,不依规矩,不成方圆。在依法治国的条件下,尽管对民主而言程序被看作是形式性或工具性的东西,但是缺乏适当的程序,民主的制度化、规范化必将流于空谈。因为,只有通过程序才能确保民主成为一个活生生的有机体,才能使它们充分发挥其内在功能和外在作用,有条不紊地运作起来。程序的主要特征是具体的可操作性。

从理论上说,程序问题是颇为复杂、颇多争议的问题。其中关键就在于,怎样全面地看待程序正义和实体正义的关系。社会主义民主国家的治理必须依法办事,而"依法办事"就是"依程序办事",因此,程序就必然成为法治的核心。就是说,在完全符合程序正义的场合,虽然存在着关于结果正当与否的标准,但程序总是导致正当的结果。相反,"任何做法,只要与人们认为是属于正当法律程序的方法(例如不偏不倚和公正听证)相违背,都被认为有失公正的。"③无疑,实体正义是目的或内容,程序正义是手段或形式,目的总是高于手段的。但是,在目的已经确定的条件下,就如何实现目的而言,那么手段是决定性的东西。因为,目的(实质)本身不具操作性,唯有手段(程序)才是可操作的。如果硬要以实质代替程序,就必然重蹈前资本主义时代那种主观武断的覆辙,从而背反民主时代的精神。

再者,程序正义和实体正义的划分,这并不意味着程序正义属于同实体正义相互分离的纯粹形式的正义。事实上,在社会变迁过程中,复杂的价值问题经常可以借助程序予以化解,适当的实体规范往往是通过公正的程序形成的。再进一步说,众所周知,法治含有公正和有序两个目标。程序不仅提供有序的过程,也能实现相当多的公正,在解决国家成员间的纠纷时,当然离不开实体规范,但就是实体规范亦需关心程

① 张文显,二十一世纪西方法哲学思潮研究,北京:法律出版社,1996,第132页。
② 吕世伦,当代西方理论法学研究,北京:中国人民大学出版社,1977,第222页。
③ 彼德·斯坦,约翰·香德,西方社会的法律价值(中译本),北京:中国人民大学出版社,1989,第92页。

序,它不只是宣示某些权利与义务的内容,更重要还在于这些权利与义务用什么标准和由谁去确定,以及对于侵犯作为民主实体内容的自由与权利的行为在什么场合要按照什么形式、沿着何种途径进行追究等程序性前提的规定。这些对于法律产生实际社会效果,不可或缺。要确定一套社会主义民主要求的正当程序应包括:一方面,要使之具有普遍、公开(公布)、明确、稳定、可预测、不溯及既往、不自相矛盾和官方行为与法律一致等属性;另一方面,还要有具体制度的保证,如公民拥有知情权、参与权、听证权、告诉或申诉权、表达权、监督权、问责权、答辩权等。同法律中的实体正义与程序正义的划分相一致,现代的民主理论中也有实体民主与程序民主之区别。总之,民主的时代必然是越来越倾向于程序的时代。

概括地说,民主的制度化、规范化、程序化三者,既互相一致,又互相区别。一致性在于:第一,它们都是社会主义民主的存在和运作的形态,都反映人民当家作主并能够更好地实现当家作主的政治实体性。第二,它们都带有规则性。就是说,都围绕社会主义民主这一基本点,来安排与制约人们的行为,使之能符合民主的要求。第三,它们都体现法治精神,即要求人们确实坚守规则。第四,它们都是推进社会主义民主的重要方式。区别性主要在于:它们层级不同,从而功能与作用的大小也不同。正像前面已讲过的那样,民主的制度化直接关涉社会主义民主(政治国家)存废的本体性问题,是最高的规定。民主的规范化,是依据社会主义民主国家的意志,对人们进行系统的调整使民主变成社会的普遍实践。在民主的制度化与规范(尤其法律)化的关系中,制度化是优先的。因为,从根本上说,民主既是国家制度本身,而法律作为国家意志,是源自国家制度的。除社会大变革的情形之外,立法权本身是国家制度的一部分,国家制度是立法权的前提。① 当然,这并不影响立法对国家制度的渐进性的改善作用。不过,马克思以法国大革命为例,指出,正因为立法权当时代表着人民意志,所以它反对的不是一般的国家制度,而是特殊的国家制度。② 至于民主的程序化,则是为具体地实现民主的制度和民主规范,从而实现人民自由民主权利而确定的更为具体的最具切实操作性的手段。正是从这个意义上可以知道,当前提出民主的程序化,对我国的民主建设和法治建设都是非常重要的。

二、制度化、规范化、程序化是保障和推进社会主义民主的基本途径

人民作为国家的主体,拥有权力享受广泛的自由和权利。无疑,这是社会主义民主优越性的重要体现。但同任何事务一样,社会主义民主本身并非完全自足的。就是

---

① 黑格尔,法哲学原理:第 298 节,北京:商务印书馆,1961,第 315 页。
② 马克思恩格斯全集:第 1 卷,北京:人民出版社,1956,第 315 页。

说,首先它可能受到来自内部和外部的侵害;其次,随着时间和情势的推移,它需要不断地自我完善,不然就没有生命力。这种保障与完善的最强而有力的途径,正是使社会主义民主制度化、规范化、程序化。

(一)制度化、规范化、程序化能够明确、准确、具体地确认社会主义民主

确认社会主义民主,是一个用马克思主义国家观和法律观科学地总结实践经验的过程。斯大林在谈到社会主义立法特别是谈到制定国家根本法的时候指出:"新宪法草案是已经走过的道路的总结,是已经取得的成就的总结。"①毛泽东1954年关于中华人民共和国宪法草案的讲话中也详细地指出:"这个宪法草案,总结了历史经验,特别是最近五年的革命和建设的经验。它总结了无产阶级领导的反对帝国主义、反对封建主义、反对官僚资本主义的人民革命的经验,总结了最近几年来社会改革、经济建设、文化建设和政府工作的经验。这个宪法草案也总结了从清朝末年以来关于宪法问题的经验……同时它也是本国经验和国际经验的结合。"②这些论述,对于有效地发挥制度化、规范化、程序化在确认社会主义民主方面的作用,都是极为重要的。

确认社会主义民主是一件极其严肃、慎重的工作,同时又要做得很及时。新中国成立初期,在以毛泽东为首的党中央的正确领导下,中国人民在社会主义革命和建设中取得的每一重大成就,基本上都能及时地以制度化、规范化、程序化把它确认下来。1957年以后,由于"左"倾思潮的影响,这一工作便开始遭到轻视和削弱。在"文化大革命"期间,林彪、"四人帮"为了篡夺党和国家的最高领导权,篡夺人民的革命胜利成果,不仅蓄意利用了制度化、规范化、程序化不完备的漏洞,而且把它抛弃殆尽,践踏无遗。党中央粉碎"四人帮",这是中国人民为保卫社会主义事业、保卫社会主义民主和法治而斗争的伟大胜利。五届人大一次会议制定的新宪法和五届人大二次会议制定的七个法律,就是对于这一胜利的确认。这些立法文件,正确总结了我国30年来尤其同林彪、"四人帮"、"极左路线"斗争的经验,并表达了人民群众建设现代化国家的强烈愿望。从那个时候起,国家的立法得到长足的进展。这同时就是社会主义民主制度化、规范化、程序化的不断完备的过程。

(二)制度化、规范化、程序化能够向全社会指出怎样做和不怎样做,以实现社会主义民主;能够向国家机关及其工作人员和全体公民,指出怎样做符合社会主义民主的要求,怎样做是违反和破坏社会主义民主,以实现社会主义民主

十月革命以后,列宁强调说,假如我们拒绝用法令指明道路,那我们会是社会主义的叛徒③。毛泽东也指出:"用宪法这样一个根本大法的形式,把人民民主和社会主义原则固定下来,使全国人民有一条清楚的轨道,使全国人民感到有一条清楚的和正确

---

① 斯大林,列宁主义问题,北京:人民出版社,1971,第608页。
② 毛泽东选集:第5卷,北京:人民出版社,1977,第126—127页。
③ 列宁全集:第36卷,北京:人民出版社,1985,第188页。

的道路可走。就可以提高人民的积极性。"①制度化、规范化、程序化的指导性是明确的,就是说:每项规范都含有条件和目的,即主体(谁)、行为(作为和不作为)以及法律后果;对于行为的要求有的属于权利性的(可以做),有的属于义务性的(必须做),有的属于授权性的(可以做也可以不做)。凡是按法律规定去做的,就是合法行为,对于社会主义民主有利,因而将受到国家的肯定和鼓励;凡是不按照法律规定去做的,就是违法行为或非法行为,对于社会主义民主不利,要承担法律责任。

当然,对社会主义民主,只是确认,而没有保证或不能实现,那么确认便毫无意义。这样,社会主义民主顶多是一种形式上或纸面上的东西。而要保证社会主义民主的真正实现,就要强调国家机关、国家机关的工作人员和全体公民,一体地遵守、执行那些已经建设起来的制度、规范、程序。绝不允许哪一个人,包括位高权重的人以任何借口拒绝遵守、执行法律或者规避它们。践踏这些制度、规范、程序,就是践踏法治,从而就是践踏民主。毛泽东谈到"宪法的作用"时,曾指出,"全国人民每一个人都要实行,特别是国家机关工作人员要带头实行,首先在座的各位要实行。不实行就是违反宪法"②。国家的制度、规范、程序是人民群众通过国家机关制定的,人民群众不但有义务自己来遵守,而且也有责任监督国家机关及其工作人员来遵守和执行,同各种违法乱纪行为作斗争。只有做到了这一切。社会主义民主,包括公民的民主权力和权利,才能得到实现。

(三)制度化、规范化、程序化有利于排除威胁和强行纠正违法行为,保卫社会主义民主

无产阶级专政国家的制度化、规范化、程序化以及社会主义民主的实现,较之剥削阶级国家,具有无可比拟的广阔而深厚的社会基础,这是人们所熟知的。但是,这一点丝毫不表明也不排除,在社会主义国家里,尤其在现阶段,还存在着大量的违法现象。就是说,实现社会主义民主,还必须进行严肃的斗争。社会主义制度化、规范化、程序化,正是人民群众用以保卫社会主义民主的强大手段。

新中国成立初期,我们的社会主义国家,除了发布《惩治反革命条例》《管制反革命分子暂行办法》《劳动改造条例》等专门性法规之外,在其他一系列的法律、法令中也规定有许多对敌专政的条款。这对保卫社会主义民主,保卫人民的江山,起了巨大作用。尤其是五届人大二次会议通过的《中华人民共和国刑法》分则的第一项罪种,就是反革命罪。《中华人民共和国刑法》第九十条明确规定:"以推翻无产阶级专政的政权和社会主义制度为目的的、危害中华人民共和国的行为,都是反革命罪。"③坚决贯彻实施刑法规范,就能稳、准、狠地打击一切反革命分子;同时,也可以防止任意混淆两类不同性质的矛盾,到处乱扣"反革命"帽子,把人民内部问题硬"无限上纲"成敌我问题,错误

---

① 毛泽东著作选读:下册,北京:人民出版社,1986,第711页。
② 毛泽东著作选读:下册,北京:人民出版社,1986,第710页。
③ 中华人民共和国第五届全国人民代表大会第二次会议文件,北京:人民出版社,1979年,第166页。

地扩大专政范围现象的发生尤其必须清楚地认识到,由于剥削阶级的消灭,敌我矛盾性质的犯罪的范围已经大大缩小了。

强制纠正违法行为,对于保卫社会主义民主也是极为重要的。既然法制是社会主义民主的体现,因而任何违法行为都会给社会主义民主造成损害。违法行为分为刑事违法行为、行政违法行为和民事违法行为三种。刑事违法行为,就是犯罪。司法实践表明,有两种不同性质矛盾的犯罪。少数具有严重社会危害性的分子属于敌我矛盾,他们是专政的对象。"对于盗窃犯、诈骗犯、杀人放火犯、流氓集团和各种严重破坏社会秩序的坏分子,也必须实行专政。"①这些人对社会主义革命和建设事业的危害是很大的。相应地,对这些人的惩罚必须要狠。然而,这毕竟是极少数。大多数的犯罪分子则属于人民内部矛盾的性质,但他们也要负刑事责任。有人认为,社会主义法制只对敌人有强制性,对于人民内部没有强制性。这种想法显然是错误的,有害的。作为行为规则的法制,无论对谁都是有强制性的。诚然,法制对于人民内部的强制同对于敌人的强制,其性质是不同的。前者是作为专政的措施,强迫敌人遵守和执行的,在此前提下对他们进行教育和改造;后者是建立在充分的说服教育的基础上,并作为说服教育的补充手段。

总之,在制度化、规范化、程序化和社会主义民主的关系上,我们必须坚持辩证统一的观点,反对形而上学的观点。任何把制度化、规范化、程序化与社会主义民主对立起来、割裂开来都是不对的,都是非常有害的。社会主义民主决定制度化、规范化、程序化;而制度化、规范化、程序化确认、实现和保障社会主义民主。制度化、规范化、程序化和社会主义民主,二者始终是相互依存和相互促进的。

三、如何推进社会主义民主制度化、规范化、程序化

（一）提高全体人民当家作主意识,强化当家作主的地位

2002年十六大报告指出:"发展社会主义民主政治,最根本的是要把坚持党的领导、人民当家作主和依法治国有机统一起来,我们党和国家必须以保证人民当家作主为根本。"同样,十七大开宗明义地提出:"人民民主是社会主义的生命,发展社会主义民主政治是我们党始终不渝的奋斗目标。"社会主义民主以全体人民为主体,而这只有当人民意识到自己的主体性地位并付诸实际行动时,才能真正体现出来。为此就要依照宪法和法律保障人民政治上的知情权、参与权、表达权、监督权,使人民最广泛地动员起来积极地投身于民主选举、民主决策、民主管理、民主监督的实践活动,这里所说的管理包括管理国家和社会事务,管理经济与文化事业;这里所说的监督其渠道是宽阔的,包括来自党内、人大、政府专门机关、政协、司法的监督,也来自民主党派、社会团

① 毛泽东选集:第5卷,北京:人民出版社,1977,第366页。

体、各种媒体的监督。若没有人民广泛的管理和监督,就没有人民当家作主的积极性,也就不能更好地推进社会主义的民主制度化、规范化、程序化,也就不会有社会主义事业的发展。因此,社会主义应当始终与人民民主相伴而行。

(二)国家机关和公职人员要树立人民公仆和执政为民的理念

当年,马克思在总结巴黎公社基本经验的时候就提出,社会主义国家应当是"廉价政府";它的各种机关和组成人员,是人民的"公仆"和"勤务员",他们必须忠诚地为组织,为政权中的人民服务①,而不享有任何特权。因此,他们在行使权力的过程中不能进行专断,而必须"问政于民、问需于民、问计于民";先是从群众中来,再到群众中去。我们的政府是人民的政府。政府的权力是人民赋予的;政府的力量源泉,来自于人民的信赖、支持和拥护。他们还要树立社会主义法治观念,以公民的法律平等,尊重和保障人权,社会的公平正义,以及法制的统一、尊严和权威为原则,来履行职务活动。在具体方面,立法机关要把科学立法和民主立法相结合,完善中国特色社会主义法律体系;行政机关要依法行政,把单纯的管理型政府转化为服务政府、责任政府、法治政府、廉洁政府。② 司法机关要深化体制改革,把好维护公民权益的最后关口。国家机关和公职人员只有秉持执政为民的信念,在法律所允许的范围内,充分发挥主动性和创造性,才能保证法律得到切实贯彻执行,把人民的事业不断推向前进。

(三)坚持社会主义民主的自身机理

制度化、规范化、程序化,这些是从外部推进社会主义民主的绝对必需的方法。但与此同时,正像胡锦涛讲话中突出强调的那样,更首要的是把握与调整好社会主义民主的内在结构,充分发挥其自身机理。这种机理既体现于政体意义的民主中,也体现于国体意义的民主中;两者虽然有性质上的区别,但又是一体的。

第一,少数服从多数。列宁说,"民主就是承认少数服从多数的国家","我们并不期待一个不遵守少数服从多数原则的社会制度"③。少数服从多数是民主的最本质性的基本原则,这一点对社会主义民主也不例外。为什么要少数服从多数? 最主要的道理就是,通常多数的意见凝聚着更多的智慧和包含着更多的正确性。这如同当年亚里士多德说,"主张法治的人并不想抹杀人民的智慧,他们就认为这种'立法工作'审议,与其寄托于一人,毋宁交给众人。"④当然,这里存在着一定的假设成分。但是如果少数不服从多数,对国家的管理就会出现混乱,可能导致分裂,甚至导致"少数人的暴政",乃致民主制的毁灭。

---

① 马克思恩格斯全集:第 17 卷,北京:人民出版社,1963,第 361 页。
② 国务院工作规则,人民日报,2008-12-26.
③ 列宁全集:第 31 卷,北京:人民出版社,1985,第 78—79 页。
④ 亚里士多德,政治学,北京:商务印书馆,1965,第 171 页。

第二,坚持民主集中制。列宁说:"我们在自己的报刊上一向维护党的民主,但是我们从未反对过党的集中,我们主张民主集中制。"①1917 年十月革命之后,民主集中制成为苏维埃国家的基本组织和活动原则。这个制度是民主在组织与运行方面的基本制度。它包括少数服从多数、个人服从组织、下级服从上级、全国各级国家机关和公民服从中央最高国家机关诸原则。其中,除了少数服从多数之外的后三项原则莫不是由少数服从多数原则派生的,是少数服从多数原则的具体化。因此,把民主与集中等同起来是不正确的。另外,把民主与集中隔离开来,认为集中是民主之外或者集中凌驾民主之上的见解也是不妥当的。实际上,民主和集中是一体的,集中是民主本身的一个属性。就是说,民主(选举和表决)的结果就是集中。被集中起来的结果很有可能不是理想的,甚至错误的,但人们都有服从的义务。这种弊病或缺点只能通过民主的改善与纠错机制加以解决。民主而不能集中,民主的目标就达不到,从而民主本身就会失去意义。相反,集中而不讲民主,民主就可能蜕变为集权主义的牺牲品。

第三,尊重与保护少数。坚持少数服从多数的基本原则,丝毫不意味着忽视、排斥和压抑少数。因为,社会主义民主是包括少数在内的全体人民的民主,少数的地位同多数是完全平等的,彼此享有同样的政治、法律上的权力与权利。再说在某个问题上属于少数的,在另一问题上可能处于多数;反过来说亦然。更何况,有时正确意见并不在多数而恰恰在少数手中。所以,在现代民主理论中,尊重与保护少数是一项重要的、不能缺少的原则。这样做,有利于全体人民的大团结,有利于他们对国家大事的相互交流与切磋,把自己国家管理得更好。

第四,更有效地实现对人民敌人的专政。社会主义民主作为国体意义上的民主,是与对被统治者的专政相对应的,即人民民主的专政。换言之,国家对人口中绝大多数的人民内部而言是民主的,对极少数人民的敌人是专政的。这就意味着,要把人民民主专政纳入"依法治国"的基本方略的轨道上来,实现政治的法治化。

总之,民主的制度化、规范化、程序化都是社会主义民主存在和运作的形态,反映着人民当家作主并且能够更好地当家作主的政治实体性。它们都是推进社会主义民主的重要方式与手段,都围绕着社会主义民主,来安排与制约人们的行为,使之能符合民主的要求。如果说社会主义民主本身是静态的存在,那么,其制度化、规范化、程序化则是动态的存在;是社会主义民主的实现和不断发展的必由之路。正如胡锦涛所说的,"必须推进社会主义民主政治制度化、规范化、程序化",就是为更有效地解决这个迫切的问题。反之,没有制度化、规范化、程序化,社会主义民主就必然沦为名不副实的空谈。这一点已为大量的历史事实,特别是前苏联和我国改革开放前的经验所充分证明。

吕世伦、龚波撰写,刊于《北京行政学院学报》2009 年第 2 期。

---

① 列宁全集:第 27 卷,北京:人民出版社,1990,第 89 页。

社会主义民主政治"三化"及
其实现机理阐析

社会主义民主(人民民主),是社会主义的政治本质;社会主义民主政治则是社会主义民主的构造和运行的形态,主要指对国家的管理或治理。因此,两者紧密相关,不可截然分离。那么,怎样实施社会主义民主政治呢? 对此,胡锦涛在纪念党的十一届三中全会30周年的大会的讲话中作了明确的回答。他指出:"人民民主是社会主义的生命,人民当家作主是社会主义民主政治的本质和核心。"为了弘扬社会主义政治文明和深化政治体制改革,胡锦涛还指出,"必须推进社会主义民主政治制度化、规范化、程序化"。

一、社会主义民主政治的"三化"的概念阐释

(一) 社会主义民主政治的制度化

在社会科学中,"制度"是运用得最为广泛和使用频率最高的术语之一。在外延上,各种"制度"之间有广义与狭义的很大差别,其中包括基本制度、一般制度和具体制度。本文所讲的社会主义民主,属于我国基本的政治制度。

依照美国新制度经济学派的观点,"制度"内涵颇为丰富、范围也相当宽广。T. 凡勃伦在《全国阶级论——关于制度的经济研究》一书中,将"制度"阐释为人们的思想习惯或生活方式。G. M. 霍奇逊认为,"按照凡勃伦的看法,制度本身就是由'为大多数人普遍接受的固定的思维习惯'所组成的。"[1]他在直接吸收凡勃伦认知基础上,把制度定义为"通过传统、习惯或法律约束的作用力形成固定的、规范的行为模式的一种社会组织"[2]。康芒斯也对制度概念作了归纳概括,他说:"如果我们要找出一种普遍的原则,适用于一切所谓属于制度的行为,我们可以把制度解释为'集体行动控制个体行动'。"[3]T. W. 舒尔茨在论文《制度与人的经济价值的不断提高》中,对制度的内涵及其类别作了详细说明。依他之见,制度是一种行为规则,这些规则涉及社会、政治及经济

---

① G. M. 霍奇逊. 现代制度主义经济学宣言[M]. 北京:北京大学出版社,1993.
② G. M. 霍奇逊. 现代制度主义经济学宣言[M]. 北京:北京大学出版社,1993.
③ J. R. 康芒斯. 制度经济学(上)[M]. 北京:商务印书馆,1994.

行为。① 而 V. W. 拉坦基本上同意舒尔茨的看法,强调应将组织包含于制度之中理解。② 以新经济史研究而闻名的经济学家道格拉斯·C. 诺斯也坚持这样的观点:"制度包括人类用来决定人们相互关系的任何形式的制约。制度是正规的还是非正规的?二者兼而有之。"③我国经济学家林毅夫先生将制度安排分为两种,即正式的,也可以是不正式的。"正式的制度安排如家庭、企业、工会、医院、大学、政府、货币、期货市场等等。相反,价值、意识形态和习惯就是不正式的制度安排的例子。"④

根据唯物史观,借鉴各家各派(尤其现代制度经济学派)的观点,我们可以把"制度"概念扼要地表述为:"制度"是在利益博弈的基础上和各种社会集团实力的对比过程中形成的,由各种社会组织(从家庭到社会和国家)安排的,旨在"集体行动控制个人行动",并为大多数人普遍接受的,具有现实存在的与相对固定的一整套的习惯或法律系统。⑤ 扼要地说,制度是各种社会规范长期凝聚和结晶而成的、规制人们思想和行为的尺度或标准。一种制度首先是表现为长期形成的习惯,后来才逐步地被局部或大部提升为法律。制度化取决于某种行为方式是否占主导,占主导就意味着成为制度化的行为,这是制度化的基础。今日所谓的正式制度就是指法律制度,非正式制度即为风俗、习惯、道德等制度。与通常的规范和程序(包括法律规范和程序)相比,实践性、实存性、权威性与固定性是制度的显著特征。

民主是基本的政治法律制度,即国家制度之一。其属性有两方面:一是国体,即对谁民主对谁专政;在统治阶级内部,"民主就是承认少数服从多数的国家"⑥。二是政体,即国家形式,分别有民主制、贵族制和君主制(专政制)。列宁说的"民主是一种国家形式,是国家形态的一种"⑦,就是政体意义上的民主。民主政治的制度化指在一个国家内部已存在的民主政治的情况下,如何把它确立为结构合理和运行有效从而拥有最高权威的现实标准,为全社会的大多数人所接受和拥戴,并服从它的治(管)理。民主政治的制度化可以表现为正式制度化,也可以表现为非正式制度化。例如卢梭就说过,风俗习惯是"铭刻在公民的内心里"的"国家的真正宪法"⑧。但在现代,随着社会和国家事务的复杂化,实证法律越来越成为民主政治制度化的最主要的形式。如果有

---

① 科斯,诺斯等.财产权利与制度变迁理论——产权学派与新制度经济学派文集[C].上海:上海三联书店,1994.

② 科斯,诺斯等.财产权利与制度变迁理论——产权学派与新制度经济学派文集[C].上海:上海三联书店,1994.

③ 道格拉斯.C.诺斯.制度、制度变迁与经济绩效[M].上海:上海三联书店,1994.

④ 科斯,诺斯等.财产权利与制度变迁理论——产权学派与新制度经济学派文集[C],上海:上海三联书店,1994.

⑤ J. R. 康芒斯.制度经济学(上)[M].北京:商务印书馆,1994.

⑥ 列宁全集(第31卷)[M].北京:人民出版社,1985.

⑦ 列宁全集(第31卷)[M].北京:人民出版社,1985.

⑧ 卢梭.社会契约论[M].北京:商务印书馆,1980.

民主政治但不能制度化,就意味着每个人能够任意对其表示服从或者不服从,任意地根据自己想法去做或不做民主所需要的事情。这样一来,必然导致无政府状态,民主便会顿时陷于瓦解。正是有鉴于此,改革开放伊始,邓小平就一再强调"党和国家制度的改革",说:比之于领导者个人思想作风来,"组织制度、工作制度方面的问题更重要。这些方面的制度好可以使坏人无法任意横行,制度不好可以使好人无法充分做好事,甚至会走向反面"。"领导制度、组织制度问题更带有根本性、全局性、稳定性和长期性。这种制度问题,关系到党和国家是否改变颜色,必须引起全党的高度重视。"①

（二）社会主义民主政治的规范化

规范就是行为规则。它们可能由组织正式规定,也可能是非正式地形成。在社会生活中的诸多领域,如经济、政治、文化、工程及机关、社团、企业、事业单位乃至各种竞技或游戏等领域中,到处都充满着规范。在前资本主义社会,奉行义务本位,相应地,对集体与他人尽义务的风俗习惯,特别是道德规范,自然地占据主导地位,法律的作用是有限的。与此不同,现代民主国家,由于市场经济的客观要求,必须奉行权利本位。因而,公平正义的、普遍的、明确与准确的,从而易于有效操作的法律,就成为调整人们权利与义务关系的主要规范。因此,民主政治的规范化的主要含义就是法律化。制度化有多种表现,法律就是其中之一。邓小平三中全会讲的民主的制度化、法律化,就包括党规党法和国家法律的意义。这种规范（法律）化的实质就在于,使体现全体人民愿望的民族精神作为"国家意志",借助全面系统的文字形式,对社会的一切成员在哪些社会领域里,可以做什么或怎样做、不能做什么或不能怎样做,以及做和不做将会引起国家对相关行为的态度（认可、奖励、惩罚）,以便保证社会能够顺畅地运转,保障和实现每一个人的合法和正当的权益。

需要专门说明,民主政治的"法律化"比民主政治的"规范化"的内涵要窄。把法律化改为规范化的意义就在于,不仅要把民主政治当成法律规则,而且也当成各种社会规则,尤其当成被喻为"活法"的社会的风俗、习惯、道德的准则。德国法学家埃利希也曾说:"活法不仅是原始的法律形式,而且直到今天仍然是最基本的法律形式。"这样就会使国家法律的外在的"他律"同每个公民的内在的"自律"紧密结合在一起,使民主政治日愈坚强而有效。

（三）社会主义民主政治的程序化

一般地说,程序指办事的手续和过程,或者"顺序、方式和步骤"。它是执行民主制度和规范的规范。② 它同样渗透在社会各领域,渗透在处理各种事务之中。在依法治国的条件下,尽管对民主而言程序被看作是形式性或工具性的东西,但是缺乏适当的程序,民主政治的制度化、规范化必将流于空谈。因为,只有通过程序才能确保民主成

---

① 张文显.二十一世纪西方法哲学思潮研究[M].北京:法律出版社,1996.
② 吕世伦.当代西方理论法学研究[M].北京:中国人民大学出版社,1977.

为一个活生生的有机体,才能使民主政治充分发挥其内在功能和外在作用,有条不紊地运作起来。

程序的主要特征,是具体的可操作性。从理论上说,程序问题是颇为复杂、颇多争议的问题。其中关键就在于,怎样全面地看待程序正义和实体正义的关系。我国历来有重实体、轻程序的传统,因而在官方的决断(特别是审判)中造成很多不正当的结果(如冤、假、错案)。程序正义视为"看得见的正义",这源于英国有句古老的箴言:"正义不仅应得到实现,而且要以人们看得见的方式加以实现。"这句格言的意思是说,案件不仅要判得正确、公平,并完全符合实体法的规定和精神,而且还应当使人感受到判决过程的公平性和合理。社会主义民主国家的治理必须依法办事,而"依法办事"就是"依程序办事",因此程序就必然成为法治的关键环节。就是说,虽然程序设计不能百分之百地保证得到令每人满意的结果,但是在完全符合程序正义的场合,一般地说程序总能导致正当的结果。相反,"任何做法,只要人们认为同正当法律程序的方法相违背,都有失公正。"①无疑,实体正义是目的或内容,程序正义是手段或形式,目的总是高于手段。程序正义的唯一正当目的,即在于最大限度地实现实体正义。不过,在目的已经确定的条件下,就如何实现目的而言,那么手段就具有决定性的意义。因为,目的(实体)本身不具操作性,唯有手段(程序)才是可实际操作的。如果硬要以实体代替程序,就必然重蹈前资本主义时代主观专断政治的覆辙。

再者,程序正义和实体正义的划分,这并不意味着程序正义属于同实体正义相互分离的纯粹形式的正义。相反,既然两者都被称为"正义",那就表明它们有共同的性质,表里相辅相成。事实上,在社会变迁过程中,复杂的价值问题经常可以借助程序予以化解,适当的实体规范往往是通过公正的程序形成的。进一步说,众所周知,法治含有公正和秩序两个目标。程序不仅提供有秩序的过程,也能实现相当多的公正,至少是程序公正。在解决国家成员间的纠纷时,当然离不开实体规范,但就是实体规范亦需关心程序,它不只是宣示某些权利与义务的内容,更重要还在于这些权利与义务用什么标准和由何人来确定,以及对侵犯作为民主实体内容的自由与权利的行为在什么场合要按照什么形式、沿着何种途径予以追究等程序性前提的规定。就法律产生实际社会效果而言,这些都不可或缺。不过,确定一套社会主义民主政治所要求的正当程序:一方面,要使之具有普遍、公开(公布)、明确、稳定、可预测、不溯及既往、不自相矛盾和官方行为与法律一致等属性。另一方面,还要有具体制度的保证,如公民拥有知情权、参与权、听证权、告诉或申诉权、表达权、监督权、问责权、答辩权等。

① [美]彼德·斯坦,约翰·香德.西方社会的法律价值[M].北京:中国人民公安大学出版社,1989.

二、社会主义民主政治的"三化"之间,既互相一致,又互相区别

社会主义民主政治的制度化、规范化、程序化三者的一致性在于:第一,它们都是社会主义民主政治的存在和运作的形态,都反映人民当家作主并能够更好地保障人民当家作主的客观要求。第二,它们都带有规则性。即都围绕社会主义民主政治这一基本点,来安排与制约人们的行为,将其纳入民主政治的轨道。第三,它们都体现法治精神,即要求人们确实坚守规则。第四,它们都是推进社会主义民主政治的重要方式。

社会主义民主政治"三化"的区别性,主要在于:它们层级不同,从而功能与作用的大小也不同。正像前面已讲过的那样,民主政治的制度化直接关涉社会主义民主(政治国家)存废的本体性问题,是最高的规定民主政治的规范化,是依据社会主义民主国家的意志,对人们进行系统的调整,使民主变成社会的普遍实践。在民主政治的制度化与规范(尤其法律)化的关系中,制度化是优先的。因为,从根本上说,民主即是国家制度本身,而法律作为国家意志,是源自国家制度的。除社会大变革的情形之外,立法权本身是国家制度的一部分,国家制度是立法权的前提。①　当然,这并不影响立法对国家制度的渐进性的改善作用。至于民主政治的程序化,则是为具体地实现民主的制度和民主的规范,从而实现人民自由民主权利而确定的更为具体的切实操作性的手段。正是从这个意义上可以知道,当前提出民主政治的程序化,对我国的民主建设和法制建设都是非常重要的。

三、实现社会主义民主政治"三化"的机理

人民作为国家的主体,拥有权力享受广泛的自由和权利。无疑,这是社会主义民主政治优越性的重要体现。但同任何事务一样,社会主义民主政治本身并非完全自足的。就是说,首先它可能受到来自内部和外部的侵害;其次,随着时间和情势的推移,它需要不断地自我完善,不然就没有生命力。这种保障与完善的最强而有力的途径,正是使社会主义民主政治制度化、规范化、程序化。要想切实地实现社会主义民主政治,必须坚持和发挥这种民主政治的机理。

(一)要提高全体人民当家作主意识,强化当家作主的地位

2002年十六大报告指出:"发展社会主义民主政治,最根本的是要把坚持党的领导、人民当家作主和依法治国有机统一起来。""我们党和国家必须以保证人民当家作主为根本。"同样,十七大开宗明义地提出:"人民民主是社会主义的生命,发展社会主义民主政治是我们党始终不渝的奋斗目标。"社会主义民主政治以全体人民为主体,而

---

① 　黑格尔.法哲学原理(第298节)[M].北京:商务印书馆,1961.

这只有当人民意识到自己的主体性地位并付诸实际行动时,才能真正体现出来。为此就要依照宪法和法律保障人民政治上的知情权、参与权、表达权、监督权,使人民最广泛地动员起来积极地投身于民主选举、民主决策、民主管理、民主监督的实践活动。这里所说的管理包括管理国家和社会事务,管理经济与文化事业;这里所说的监督,其渠道是宽阔的,包括来自党内、人大、政府专门机关、政协、司法的监督,也来自民主党派、社会团体、各种媒体的监督。若没有人民广泛的管理和监督,就没有人民当家作主的积极性,也就不能更好地推进社会主义的民主政治制度化、规范化、程序化,也就不会有社会主义整体事业的发展。因此,社会主义应当始终与人民民主相伴而行,不可须臾分离。

(二)国家机关和公职人员要树立人民公仆和执政为民的理念

当年,马克思在总结巴黎公社基本经验的时候就提出,社会主义国家应当是"廉价政府";它的各种机关和组成人员,是人民的"公仆"和"勤务员",他们必须忠诚地为组织为政权中的人民服务①,而不享有任何特权。因此,他们在行使权力的过程中不能进行专断,而必须"问政于民、问需于民、问计于民",先是从群众中来,再到群众中去。而要真正实现社会主义民主政治,就要强调国家机关、国家机关工作人员和全体公民,一体地遵守、执行那些已经建立起来的制度、规范、程序。绝不允许哪一个人,包括位高权重的人以任何借口拒绝遵守与执行或者规避之。践踏这些制度、规范、程序,就是践踏法治,从而就是践踏民主。毛泽东谈到"宪法的作用"时,曾指出,"全国人民每一个人都要实行,特别是国家机关工作人员要带头实行,首先在座的各位要实行。不实行就是违反宪法。"②国家的制度、规范、程序是人民群众通过国家机关制定的,人民群众不但有义务自己来遵守,而且也有责任监督国家机关及其工作人员来遵守和执行,同各种违法乱纪行为作斗争。只有做到了这一切,社会主义民主政治,包括公民的民主政治权力和权利,才能得到实现。

我们的政府是人民的政府。政府的权力是人民赋予的,政府的力量源泉,来自人民的信赖、支持和拥护。政府要率先树立牢固的社会主义法治观念,恪守公民的法律地位平等、尊重和保障人权、社会的公平正义的原则,恪守法制的统一、尊严和权威的原则,来履行职务活动。在具体方面,立法机关要把科学立法和民主立法相结合,完善中国特色社会主义法律体系;行政机关要依法行政,把单纯的管理型政府转化为服务政府、责任政府、法治政府、廉洁政府和效能政府。③ 司法机关要深化体制改革,把好维护公民权益的最后关口。国家机关和公职人员只有秉持执政为民的理念,在法律所允许的范围内,充分发挥主动性和创造性,才能保证法律得到切实贯彻执行。

---

① 马克思恩格斯全集(第17卷)[M].北京:人民出版社,1963.
② 毛泽东著作选读(下册)[M].北京:人民出版社,1986.
③ 国务院工作规则[N].人民日报,2008-12-26.

（三）正确处理"多数"与"少数"的关系

制度化、规范化、程序化，这些是从外部推进社会主义民主政治的绝对必需的方法。但与此同时，正像胡锦涛总书记讲话中突出强调的那样，更首要的是把握与调整好社会主义民主政治的内在结构，充分发挥其自身机理。这种机理既体现于政体意义的民主中，也体现于国体意义的民主中；两者虽然有性质上的区别，但又是一体的。

第一，少数服从多数。列宁说，"民主就是承认少数服从多数的国家"，"我们并不期待一个不遵守少数服从多数原则的社会制度"①。少数服从多数是民主的最具本质性的基本原则，这一点对社会主义民主政治也不例外。为什么要少数服从多数？最主要的道理就是，通常多数的意见凝聚着更多的智慧和包含着更多的正确性。这如同当年亚里士多德说，"主张法治的人并不想抹杀人民的智慧，他们就认为这种（立法工作）审议，与其寄托于一人，毋宁交给众人。"②当然，这里存在着一定的假设成分。但是如果少数不服从多数，对国家的管理就会出现混乱，可能导致分裂，甚至导致"少数人的暴政"，乃至民主制的毁灭。

第二，坚持民主集中制。列宁说："我们在自己的报刊上一向维护党的民主，但是我们从未反对过党的集中，我们主张民主集中制。"③1917年十月革命之后，民主集中制成为苏维埃国家的基本组织和活动原则。这个制度是民主在组织与运行方面的基本制度。它包括少数服从多数、个人服从组织、下级服从上级、全国各级国家机关和公民服从中央最高国家机关诸原则。其中，除了少数服从多数之外的后三项原则莫不是由少数服从多数原则派生的，是少数服从多数原则的具体化。因此，把民主与集中等同起来是不正确的。另外，把民主与集中隔离开来，认为集中是民主之外或者集中凌驾民主之上的见解也是不妥当的。实际上，民主和集中是一体的，集中是民主本身的一个属性。就是说，民主（选举和表决）的结果就是集中。被集中起来的结果很有可能不是理想的，甚至错误的，但人们都有服从的义务。这种弊病或缺点，只能通过民主的改善与纠错机制加以解决。民主而不能集中，民主的目标就达不到，从而民主本身就会失去意义。相反，集中而不讲民主，民主就可能蜕变为集权主义的牺牲品。

第三，尊重与保护少数。坚持少数服从多数的基本原则，丝毫不意味着忽视、排斥和压抑少数。因为，社会主义民主政治是包括少数在内的全体人民的民主，少数的地位同多数是完全平等的，彼此享有同样的政治、法律上的权力与权利。再说，在某个问题上属于少数的，在另一问题上可能处于多数；反之亦然。更何况，有时正确意见并不在多数而恰恰在少数手中。所以，在现代民主理论中，尊重与保护少数是一项重要的、不能缺少的原则。这样做，有利于全体人民的大团结，有利于他们对国家大事的相互

---

① 列宁全集（第31卷）[M]. 北京：人民出版社，1985.
② 亚里士多德. 政治学[M]. 北京：商务印书馆，1965.
③ 列宁全集（第27卷）[M]. 北京：人民出版社，1990.

交流与切磋,把自己国家管理得更好。

(四)更有效地实现对人民敌人的专政

社会主义民主政治作为国体意义上的民主,是与对被统治者的专政相对应的,即人民民主的专政。换言之,国家对人口中绝大多数的人民内部而言是民主的,对极少数人民的敌人是专政的。我国1956年以后,剥削阶级作为阶级已基本消灭,专政的对象范围大大缩小,仅是敌视和破坏社会主义事业、代表旧剥削阶级残余(包括国外操纵的敌对分子)势力。在此种情况下,专政就不能借助新中国成立初期采取的那种疾风暴雨式的、大规模的群众运动方式来进行。因为继续那样做必导致社会秩序的动荡,并且也有碍于国家的法制现代化。正确的做法,应当是把处理人民内部矛盾与敌我矛盾的政治标准和手段,具体地转化为是否违法犯罪的法律标准和手段,来实施对敌人的打击。有人认为,社会主义法制只对敌人有强制性,对于人民内部没有强制性。这种想法显然是错误的,有害的。作为行为规则的法制,无论对谁都是有强制性的。诚然,从总体的政治意义上说,法制对于人民内部的强制同对于敌人的强制,其性质是不同的。前者是作为专政的措施,强迫敌人遵守和执行的,在此前提下对他们进行教育和改造;后者是建立在充分的说服教育的基础上,并作为说服教育的补充手段。但政治性标准并不等同于法律标准,在法律面前是人人平等的,这就意味着,要把人民民主专政纳入"依法治国"的基本方略的轨道上来,实现政治的法治化。

概言之,民主的制度化、规范化、程序化都是社会主义民主政治存在和运作的形态,反映着人民当家作主并且能够更好地当家作主的政治实体性。它们都是推进社会主义民主政治的重要方式与手段,都围绕着社会主义民主政治,来安排与制约人们的行为,使之能符合民主的要求。如果说社会主义民主政治本身是静态的存在,那么,其制度化、规范化、程序化则是动态的存在;是社会主义民主政治的实现和不断发展的必由之路。胡锦涛总书记所说的"必须推进社会主义民主政治制度化、规范化、程序化",就是为更有效地解决这个迫切的问题。反之,没有制度化、规范化、程序化,社会主义民主政治就必然沦为缘何谈起的问题了。这一点已为大量的历史事实,特别是前苏联和我国改革开放前的经验所充分证明。

吕世伦、龚波撰写,刊于《昆明理工大学学报》2010年第2期。

根本法、市民法、公民法和社会法

——社会与国家关系视野中的法体系初探

党的十六大报告提出,到 2010 年形成中国特色社会主义法律体系。这表明对社会主义法律体系的研究迫在眉睫。但法律体系的研究要获得成效,就必须摆脱传统的法律实证主义思维范式或所谓纯粹法理学的思维范式,提倡多姿多彩的思维范式①。我们认为,从市民社会与政治国家关系或权利与权力关系上进行考察,可能是此种法思维范式之一。它不只具有视角方面的新颖性,更重要的还在于能穿透法律体系的形式而把握其实质,也不妨说是形式性与实质性相结合来研究法体系。本文正是试图从法哲学角度,从潜藏于法律现象背后的国家与社会、权利与权力关系角度对法律体系进行解读。依据作者的观点,当今中国的法律体系可以分为四个部分,即根本法、市民法、公民法和社会法。

一、根本法

17、18 世纪之后,西方资产阶级借助社会同国家之间的互动关系,一方面稳固地掌握着政治国家,另一方面又通过产业革命建立起最发达最典型意义上的市民社会。这种市民社会创造了民主的政治国家,又以民主的政治国家为支撑,有力地保障市民社会的经济自由与人身自由。于是,封建制度下的社会与国家的对立,变成近代的社会与国家的"统一"。但是,这种"统一"始终包含着由官僚操纵的、凌驾于社会之上的国家制度与市民社会为控制国家制度而"向国家派出的代表团"或"全权代表"②所形成的立法权或议决权这两者之间谁主宰谁的"二律背反"。正是从这种意义上,马克思说市民社会和政治国家的统一带有一定程度的虚伪性。尽管如此,政治国家毕竟是凭借市民阶级(最初称作"第三阶级")的力量建造的。它不会容许国家对自己为所欲为;反之,要求最大限度地制约政治国家。为了恰当地解决前述的"二律背反"引发的冲突,缓和市民社会与政治国家的争斗,以利于全社会的共同需要和共同发展,就必须找到连接两者的牢固纽带。这条纽带就是作为市民革命初衷的那种意志,就是美国《独立

① 吕世伦.法的真善美——法美学初探[M].北京:法律出版社,2004.
② 马克思恩格斯选集,第 1 卷[M].北京:人民出版社,1972,第 319—320 页.

宣言》和法国《人权宣言》体现的精神,就是基于这些意志与精神的实证化而形成的根本法即宪法。所以马克思说,宪法,如同整个国家制度一样,事实上是市民社会与政治国家的"协议"或"契约"①。这种契约仅是近代以来发达的市场经济和民主制度的产物,拥有至高无上的权威。它是市民社会奉行的最高准则,也是政治国家的最高准则,从整体上调整私权利关系也调整公权力关系。一切其他的部门法均由宪法所衍生,并服从和实现宪法的宗旨,而不得同宪法相平行,更不得超越和侵犯宪法。

话说到这儿,我们对于当作惯例地将宪法简单地塞于"公法"里的学说,提出大胆和冒昧的质疑。这个质疑的基本理由前面已经交代过了。若"宪法—公法"说能够成立,那么另一个惯例的学说即"宪法—根本法"说就是一种悖论而需要予以推翻。

追本溯源地看,西方的"宪法—公法"说同大陆法系的国家主义历史传承有不可分离的联系。这是因为,国家主义意识形态,不论在民主共和政体(雅典)、贵族政体(罗马共和国),还是君主专制政体之下,人们所崇拜的对象都是国家权力本身的神圣性,而不是如何约束国家权力,即不可能是把宪法看成高于国家权力的东西。其具体的历史真相是,由于特殊文化背景所决定,古希腊人养成一种强烈的"人天生是政治动物"的城邦主义观念,把社会与国家并为一体,使社会变为国家(城邦)的附属品,即"希腊人的市民社会是政治社会的奴隶"②。在那里,以至于找不到相当于今天的"社会"(society)一词。这种情况通过提秀斯、梭伦和克里斯蒂纳等宪法的制定,不断地强化。显然,宪法从属于国家制度,而非相反。后来的罗马人全面地发展简单的商品经济,社会开始从国家中剥离,相应地有了公法与私法的区分。不过,在希腊人观念的巨大影响下,罗马社会尚未形成足以同国家相抗衡的实力。因而,那时的宪法性规范只能作为一般地调整"公共利益"的东西来看待,而不是高于"公法"并同时统领公法与私法意义上的根本法(母法)。经过"市民社会就是政治社会"③的黑暗的中世纪,到了近代的黎明时期,大陆国家又形成君主专制制度的统治,宪法的地位亦可想而知。与此不同的是,在英国,虽然不存在公法与私法的划分,而且宪法也仅仅属于普通法的一个组成部分,但它在群众中和政治制度上,都有着久远的、深厚的根基,是当然的和实际上的根本法。

至于在前苏联和迄止"文革"的中国,虽然承认宪法是根本法,但在高度集权政治和计划经济体制之下,实行的是人治而不是法治,是政策政治而不是宪法政治(宪政)。受此影响,在理论上就颇容易同大陆法系的"宪法—公法"说有很强的亲和力,亦即与"宪法—公法"说中的国家主义成分一拍即合。显然,那种现象现今已无继续重复的理由。

---

① 马克思恩格斯选集,第 1 卷[M].北京:人民出版社,1972,第 316 页.
② 马克思恩格斯全集,第 1 卷[M].北京:人民出版社,1956,第 335 页.
③ 马克思恩格斯全集,第 1 卷[M].北京:人民出版社,1956,第 334 页.

二、市民法

市民法是调整市民社会生产和生活关系的法,是人作为"市民"所享有的法即私法,包括民法和商法两大部门。

市民社会这个词来自西方。黑格尔是第一个真正从现代意义上界定市民社会内涵的思想家。在黑格尔以前,思想家们虽然也使用过市民社会这个概念,但他们把市民社会和政治国家看成是同一个事物,而相区别于家庭、教会、自然状态等。黑格尔第一次科学地发现和系统论述了市民社会与国家之间的对立,并把市场经济之下的所有权与契约规则界定为市民社会的核心内容。黑格尔虽然区分了政治国家与市民社会,但在市民社会和政治国家谁决定谁的问题上,却颠倒了两者之间的关系。他认为,国家是最后控制市民社会的力量,市民社会只不过是国家自我发展过程中的一个阶段。马克思从历史唯物主义哲学出发,对黑格尔的市民社会概念进行了修正。按照他的观点,不是政治国家决定市民社会,而是市民社会决定国家;国家是市民社会的外在表现,是市民社会基础之上的建筑物。20 世纪的葛兰西,除承认市民社会属于经济领域的存在之外,又承认文化尤其意识形态的特殊重要性。所以,他在市民社会概念的发展史中处在转折性的位置。葛兰西之后的市民社会理论家(如哈贝马斯等),则进一步视市民社会为独立的社团及其活动所构成的文化批判领域。表面上看,将市民社会理解为一个文化批判的领域和将它理解为一个私人交往的经济领域大相径庭。实际上,强调市民社会是一个文化批判的领域并不意味着否定它同时是一个私人交往的经济领域,而只是把私人交往的经济领域的存在作为一个无须说明的前提①。当代西方的市民社会概念,虽然对黑格尔、马克思市民社会概念有偏离,但更有补充和发展。

市民社会概念有广义和狭义之分。广义上的市民社会就是从物质方面加以强调的一般社会,社会主义社会是其形态之一。黑格尔和马克思常常把"市民社会"称之为"经济国家",就是由于它是物质生活资料的生产和消费的领域或"需要的体系"。与市民社会相对应的范畴,是"公民社会"或"政治国家"。市民社会与政治国家(公民社会)在本质上,就是经济基础和上层建筑的关系。"市民社会包括个人在生产力发展的一定阶段上的一切物质交往。"②"这一名称始终标志着直接从生产和交换中发展起来的社会组织,这种社会组织在一切时代都构成国家的基础以及任何其他的观念的上层建筑的基础。"③狭义上的市民社会仅指自由资本主义社会,它是从中世纪的贸易城市兴起、经过资产阶级革命确定下来,其典型形态便是 19 世纪的西欧北美社会,也就是梅因所说的"契约社会"。中国是一个具有长期国家主义传统的国家,国家主义的本质

---

① 王新生.市民社会论[M].南宁:广西人民出版社,2003.
② 马克思恩格斯全集,第 1 卷[M].北京:人民出版社,1956,第 284 页.
③ 马克思恩格斯全集,第 1 卷[M].北京:人民出版社,1956,第 41 页.

就是国家决定社会、社会隐没于国家。新中国的成立是中国历史上国家性质最剧烈最根本性的一次变革,然而脱胎于旧社会的新中国未曾剪断的仍然是国家主义这个脐带。在新中国成立以后的几十年中,中国逐步形成了"一大二公"的所有制体制和高度集中的计划管理模式,与此相适应的是政治权力全面支配社会生活这样一种国家与社会关系的格局。无可怀疑,这种国家主义,在新中国成立之初的国家重建过程中,曾发挥了很大的积极作用。但是,当国家重建的任务基本完成,社会发展已经步入正常的发展轨道之后,就越来越显示出它的弊端。可以说在改革开放之前的计划经济时代,社会被国家完全吞食了,社会的独立性遭到巨大的打击,个人的主体性蒙受严厉的限制。国家严密地控制了整个社会,社会好像一个军营,每个人好像是军营中的士兵。每一个企业都是国家的企业,每一个人都是"国家"的人,谈"私"色变。那时,人们穿同一种衣服,吃同样的饭,说同一种话,唱同一种歌。生产和生活中到处都呈现出浓重的"国家主义"色调。20 世纪 80 年代,中国开始实行改革开放与市场经济制度,国家逐渐退出某些社会生活的领域,社会的独立性和个人的自主性开始萌发。在市场经济体制的建构过程中,社会生活的二元结构在悄然形成并不断扩大。正如马克思所说,"当政治生活特别强烈地感觉到自己的力量的时候,它就竭力压制它的前提——市民社会及其因素,使自己成为人的真实的、没有矛盾的类生活。但它只有同自己的生活条件发生暴力矛盾,宣布革命是不停顿的,才能做到这一点,因此,正像战争以和平告终一样,政治戏剧必然要以宗教、私有财产和市民社会的一切因素的恢复而告终。"①当然,现今中国的市民社会,不是通过暴力革命,而是通过自动的体制改革逐步实现的。它要补的课,不是自由资本主义的课,而是市场经济及民主、法治的课。

市民社会是市场经济发展的结果,而市场经济的灵魂乃个人所有权和契约自由。市民社会使人从国家主义、集体主义和整体主义压制下解放出来,使人成为独立的人,成为自由的人,成为彼此竞争的主体。黑格尔指出,市民社会是个人追逐私利的领域,是一切人反对一切人的战场,并且也是私人利益与公共事务冲突的舞台,市民社会追求的目标是自身利益的满足。他说:"在市民社会中,每个人都以自身为目的,其他一切在他看来都是虚无。但是,如果他不同其他人发生关系,他就不能达到他的全部目的,因此,其他人便成为特殊的人达到目的的手段。""市民社会的市民,就是私人,他们都把本身利益作为自己的目的。"②实际上,他所理解的市民社会中的"市民",就相当于亚当·斯密的"经济人"和边沁的功利主义者,自身利益最大化是其一切行动的目的。马克思认为,随着社会利益分化为私人利益和公共利益两大相对独立的体系,整个社会就分裂为市民社会和政治社会两个领域。前者是特殊的私人利益关系的总和,后者则是普遍的"公共利益"的总和。因此,社会中的每一个独立的人也就担当着双重

---

① 马克思恩格斯全集,第 1 卷[M].北京:人民出版社,1956,第 430—431 页.
② 黑格尔.法哲学原理[M].北京:商务印书馆,1961,第 197—201 页.

角色,他既是市民社会的成员,也是政治国家的成员;依据其行为的不同性质,他分别活动于这两个领域之中。因此,人过着双重生活,"在市民社会中,人作为私人进行活动。市民就是私人,他把别人看作工具,把自己也降为工具"①。

由此可以看出,市民社会里的人是作为纯粹私人进行活动的,自由与平等是其基本准则,权利是其基本追求。这一切的总和就是本来意义上的真实的人权。调整这种市民之间关系的法即市民法,就是维护私权利(市民权利)的法,也可以说是"人权法"。

当然,社会主义市民法与19世纪的西方市民法有所区别。那就在于它以生产资料公有制为基础,并非无限制的自由经济。它的总体发展是沿着抑制两极分化、共同富裕和事实平等的更高水平的和谐社会的途径前进的。我们觉得,这一点往往被研究市民社会和市民法的学者所忽略。

三、公民法

公民法是调整政治国家领域内关系的法,是人作为公民所享有的法即公法,包括刑法、行政法、程序法(刑事诉讼法、民事诉讼法和行政诉讼法)以及军事法。

马克思说,"完备的政治国家,按其本质来说,是和人的物质生活相反的一种类生活。"②从发生论上说,国家是源自社会又凌驾于社会之上的特殊公共权力,即国家是社会的异化。相应的公民是市民的异化。本来意义上的人,作为市民,权利由本人自己来行使,互相绝非平等(平等的只是自由竞争的原则);而作为一个公民,政治上法律上都被宣布为"一律平等",并且权利亦转化为权力,只能同别人一起来行使。这是用形式的权力(公民权)平等掩盖着权利(人权)的事实上的不平等。

市民社会并非万能,也并非是一个自足的体系,在市场和整个市民社会的原则失效的地方,就是政治国家起作用的地方。然而,社会主义国家又有不同于一般政治国家的特点。恩格斯在其晚年指出,社会主义国家是无产阶级在革命过程中不得不"暂时地"加以利用的"祸害"。"不得不"利用,指社会主义国家对社会主义社会的重要性、必要性和现实性;"祸害",指它本身包含着腐败的现实可能性和历史局限性。列宁说,社会主义国家一开始就不是"原来意义上的国家",而是很大程度上已经返回并服务于以广大人民为主体的社会,而且最后要完全融合到社会之中的"半国家"。具体说,国家的公权力实质上是作为整体公民所拥有的权力。所有国家机关及其公职人员的权力,都是公民意志的体现和受公民委托才得以行使。所以,权力的拥有与权力的行使必须界限分明;两者一旦混淆不清,就很容易被权力行使者所篡夺。这种调整权力关系或"公共利益"关系的法,无非就是"公法"。

---

① 马克思恩格斯全集,第1卷[M].北京:人民出版社,1956,第428页.
② 马克思恩格斯全集,第1卷[M].北京:人民出版社,1956,第428页.

公民法的核心,是民主政治问题。其中,不仅包括实质民主即民主的性质,更重要或者说更难解决的,则是程序民主即借助何种形式和方法来体现和实现民主,把民主变成活生生的实像。无数的历史与现实雄辩地证明,冠冕堂皇的讲"人民主权""人民主宰一切"等是非常容易的,而怎样才能做到这一步却十分困难。对于什么是"宪政",为什么需要宪政以及如何把握宪政之类问题的要害和切入点,恰恰就在于能不能充分地贯彻程序民主。可见,当今世界是个程序的时代,不仅法律要讲程序,政治也同样要强调程序。

对于程序民主而言,有几个重大的环节:第一,民主选举。西方学者一般认为,没有自由的选举,就没有民主政治。选举是民主的本质内涵,民主在很大程度上就体现于全体选民的投票行为之中。选民通过定期或不定期的投票,以多数票原则决定重大事项,选出政府官员代表自己管理国家事务①。第二,民主议决。这是指立法的民主性,也就是如何根据民意来立法,以及可靠的公民参与立法活动的机制,最大程度地避免公民代表团或立法权力机关的任性和专断。第三,民主管理。所谓民主管理,就是让多数人来进行管理。列宁说:"对我们来说,重要的就是普遍吸收所有的劳动者来管理国家,这是十分艰巨的任务。社会主义不是少数人———一个党所能实现的。只有千百万人民群众亲自做这件事的时候,社会主义才能实现。"②然而,在社会主义初级阶段,由于受到各种条件的限制,人民群众的管理权利还只能通过其代表即干部来进行,还只能实行间接民主。随着社会的发展,这种间接民主将逐渐向直接民主即人民群众亲自管理国家过渡,民主管理的主体、形式和内容将愈加丰富和完善。第四,民主监督。凡有权力的地方就要有监督,否则难免会产生权力的滥用和腐败。监督是现代民主政治的重要内涵,完善监督制度,充分发挥监督的职能和作用,是现代民主政治真正实现的有力保证。

公民法必须保证人民群众对国家机关及其公职人员行使权力(公权力)的严密控制机制,防止权力的滥用和腐败。孟德斯鸠说:"一切有权力的人都容易滥用权力,这是万古不易的一条经验。有权力的人们使用权力一直到遇有界限的地方才休止。"③正是由于权力的这种特性,作为受委托者的国家机关及其公职人员就有可能重新由社会公仆变成社会的主人而凌驾于社会之上,而这是和人民的意志背道而驰的。公民法作为规范、约束国家权力的法,必须对权力行使的界限、程序作出具体可行的规定,真正落实"全心全意为人民服务"的宗旨。

公民法与市民法既对立又统一,存在着互动关系。公民法与市民法的区别表现在:①调整领域或对象不同。公民法的调整领域是政治国家中平等主体(公民)之间的关系,规范的是公权力;市民法调整的领域是市民社会中不平等主体(市民)之间的关

---

① 韩强.程序民主论[M].北京:群众出版社,2002,第125—126页.
② 列宁全集,第27卷[M].北京:人民出版社,1958,第123页.
③ 孟德斯鸠.论法的精神,上册[M].北京:商务印书馆,1987,第154页.

系,规范的是私权利。②调整手段不同。公民法主要是强行性规范,其方式主要是设置相对于权力的责任或义务;而市民法主要是任意性规范,其方式主要是赋予权利。公民法与市民法的共同点表现在:①法律地位相同,都是根本法(宪法)产生的部门法。②终极目的相同,都是为了保障人的权利,都是为了保障社会生活的有序和安定。③制定机关相同,都是通过正式的国家立法机关制定的,都反映了国家意志。国家与社会之间存在着互动关系,同样,公民法和市民法之间也必然存在着互动关系。

四、社会法

社会法是新近出现的一个法律部门,是公法和私法融合的产物,也是政治国家与市民社会之间互动的产物,主要包括经济法、劳动法、社会保障法、自然资源与环境保护法。

市民社会中人和人之间平等、自由只是一种形式上的平等、自由,由于主体实际地位的不平等,占有资源的不同,形式上的平等导致的结果却是实质的不平等,"契约自由"背后掩盖着压制和欺诈。这种实质不公平,随着社会的发展,必然带来一系列的社会利益冲突,甚至导致社会危机。这种状态突出地分布于企业主与劳动者之间、大企业与小企业之间、经营者与消费者之间,概言之,即社会的弱势群体与强势群体之间。19世纪末20世纪初,资本主义由自由竞争过渡到垄断阶段,社会矛盾开始激化。社会发展的大形势要求加强国家这只"看得见的手"的作用,以协调社会矛盾,平衡社会不同群体的需求。这便产生了所谓的"福利国家"。这种国家介入社会,公权力介入私权利,表现在法律领域中就是私法的公法化和公法的私法化,并随之产生一系列公权力与私权利边缘化的社会性的立法。

私法的公法化,其实质就是运用国家权力来调整一些原来属于私法的社会关系,使私法带有公法的性质和色彩。为了适应人类文明进展的规律,遏制无止境的贫富两极分化和保障国民的基本生活与社会安定,西方国家不得不对原来私法中的一些原则进行修正,如财产权神圣不可侵犯、契约自由、过错责任原则等。公法手段被不断运用于调整私人之间的交易,国家颁布大量带有强制性的法律法规来规制私人契约,先是劳动法,接着是反垄断法和反不正当竞争法,然后是证券法,较晚出现的是消费者权益保护法,以政府这只强有力的手来保护交易中处于弱势地位的当事人,尽可能实现实体公正。

再说公法的私法化。同样,随着社会的发展,政治国家的治理理念和管理方式也不得不进行改变,这主要表现为以下两个方面:①按照以往的观念,政府是管理社会公共事务的唯一的权力中心。但现今,因各种社会利益集团的形成及其事实上的权力增长,管理社会公共事务的权力中心必然趋于多元化。它既可以是政府(占主导地位),也可以是非政府组织,还可以是政府和非政府组织的合作。②过去的统治观念认为管理是"我命令、你服从",而现在的治理理念认为管理是社会方方面面的共同参与。治理方式强调加强政府、非政府组织和公民之间的平等协商与合作,凡是政府必须要管的公共事务,政府高层可以采用招标、承包、委托等私法领域的手段,把一部分公共事务通过签订行政合同,交给企业、非政府组织、公民等来经营,即"官办民营"①。这种国家以私人身份出现在法律关系中的结果就是公法私法化,主要表现则是将平等对立、协商较量、等价有偿、恢复补偿等私法手段引入公法关系,国家成为私法活动中的主体。这都是国家向社会靠拢、权力向权利靠拢的表现。

总之,20世纪特别是第二次世界大战以来,资本主义法律制度及其运行的原则发生了很大的变化。国家和社会相互渗透,公法私法界限日渐模糊,社会法开始产生。我国学者李景禧早在1936年就指出:"欧美近代的法学,是走向团体法及社会法的途径。"②社会法体系的概念,最早形成于20世纪初的德国和奥地利,以1919年《魏玛宪法》为主要标志。它是指为了实现社会政策而制定的诸如劳动法、消费者保护法和住宅法等法律所构成的,可以与公法和私法排列到一起的第三大法律体系。在英国,类似的法律被称为"社会安全法";在美国,则被称为"社会福利法";在法国,凡是有关公共秩序或利益、劳动关系以及经济安全保障的法律都被称为社会法,但学者所称的"社会法"主要包括劳动法和社会安全法。然而,在资本主义国家,公私法的融合和社会法的产生这个走向,是局势所使然,而不是哪位英明统治者自觉采取的。

在我国,市场经济的发展确实带来了社会的繁荣和进步,但随着改革的深入,市场经济的负面效应也随之出现,如贫富差距扩大、"三农"、东西部差距、上访、下岗、民工、贫困儿童失学等问题,对社会的安定造成了很大的压力。私法形式上的平等带来的实质上的不平等日益突出,迫切需要实质正义的补救。这样,劳动法、社会保障法凸现其重要性;出于可持续发展的迫切需要,社会环境和自然资源保护法也相继出现。经济法作为一个国家宏观调控社会经济发展的法律,更是当代市场经济的不可或缺的伴侣。同样,私法中的平等、协商原则也被广泛应用于公法中,如行政法中行政合同、行政指导等。这种趋势也就导致了社会法的产生,其根本原因是现代尤其当代市场经济发展的需要。

社会法的产生符合马克思主义的社会发展理论。政治国家只是历史发展到一定阶段的产物,是从社会中产生但又自居于社会之上并且日益同社会相脱离的力量。它不可能永久存在下去,随着社会的更大发展,国家将慢慢地失去现实性和合理性,最终要走向消亡。国家的消亡,不是国家的政治原则取代了社会的原则,而是国家的政治原则符合社会的需要,是国家向社会的回归,实现二者真实的统一。马克思认为,这个统一就是"把靠社会供养而又阻碍社会自由发展的寄生赘瘤——'国家'迄今所吞食的

---

① 郝铁川. 构建和谐本位的法治社会[J]. 学习与探索,2005(1).
② 李景禧. 社会法的基础观念[J]. 法学杂志,1936(6).

一切力量归还给社会机体";就是"社会把国家政权重新收回,把它从统治社会、压制社会的力量变成社会本身的生命力"①,国家和社会由合到分,由分到更高层次上的合。总体方向是朝着国家逐渐融入社会,社会自治的不断扩大,最后的目标就是"每个人的自由是一切人自由发展的条件"的"自由人的联合体"的大同世界。公法和私法的融合,社会法的形成,突破了公私法划分的固有界限,意味着"小政府、大社会"的推进。

社会主义国家,不言而喻,不是国家主义。在社会与国家的关系上,一开始"社会"就是大写的,"国家"是小写的,即以"社会"为本位。社会法应是社会主义的自觉选择。邓小平指出,社会主义的本质是消灭剥削、消除两极分化,最终达到共同富裕。顾名思义,社会法含有最多的社会主义的意蕴。它有助于实现社会和谐,协调公权力和私权利、公共利益和个人利益以及个人利益相互间的冲突,有助于促进每个人的全面发展。特别是在全球化迅速发展的今天,社会法在全球治理方面也应发挥其重要作用。一句话,社会法是人类实现自我解放的必然选择。

我们的基本结论是:宪法是根本法,高于公法和私法。现代社会是国家和社会二元互动的社会。政治国家与市民社会的分离,产生了市民法(私法)和公民法(公法)。政治国家是市民社会的异化,公民是市民的异化。市民法和公民法运行到一定程度,就需要社会法的产生。从人权角度讲,市民法是人的自我肯定;公民法是人的异化(否定),社会法则是否定之否定,越来越多地体现"人的类本质",使人与人之间由形式平等转化为实质平等。社会法应是社会主义的自觉选择,是国家与法走向消亡之途径的基本规则形式。

吕世伦、宋光明撰写,刊于《求是书刊》2005 年第 5 期。

---

①　马克思恩格斯选集,第 1 卷[M].北京:人民出版社,1972,第 377,413 页.

社会法的几个基本理论问题研究

对于社会法的研究,已在我国法学界热烈地展开。应该说,这确实是一件具有重要意义的事情。这一研究既需要部门法层面上可操作性的制度设计和规范制约,也需要法哲学层面上体系化、理论化的强有力支撑。但尚需看到,迄止目前,研究的视域更多地限于部门法学,特别是劳动法学、社会保障法学、经济法学和环境法学,而从法的一般理论高度上来把握社会法显得不足。有鉴于此,本文不揣冒昧地意图对社会法的几个基本问题进行初步探讨,借以抛砖引玉。

一、社会法的概念与结构

对社会法进行准确和科学的定位是进行社会法基本理论问题研究的前提。这也是目前学界关注社会法的一个重要内容。

对于社会法这个核心范畴,学界的界定广狭不一。从国外对于社会法的定位来看,社会法并不是一个在西方国家能够普遍使用的概念。在德国,社会法乃指独立立法域之社会安全法,逐渐将社会法与社会安全法划上等号。[1] 在理论界和实践领域,很少使用社会法的概念,而更多的是在使用的社会安全法的概念。"在法国,社会法的含义广泛,凡是有关公共秩序或利益、劳动关系以及经济安全障碍的法律,并且不属于传统公法学所界定的研究范围的,都可以称为社会法;而一般法学研究者所称的社会法包括:以研究劳动关系为主要内容的劳动法和研究社会安全制度相关法律规范的社会安全法。"[2]在日本,社会法包含的范围比德国要宽泛得多,对法律体系划分为公法、私法和社会法三个主要部分已经成为学界共识。[3] 在英国,社会立法被解释为对具有普遍社会意义的立法的统称,例如涉及教育、居住、租金的控制、健康福利设施、抚恤金以及其他社会保障方面的立法。在美国,社会法既包括旨在为解决各种社会问题,为保护经济弱者而制定的各种社会安全立法,如工业革命以前的济贫法,工业革命以后的工

---

① 参见张俊娜:《"社会法"词语使用之探析——基于法律术语的个案思考》,《语言应用研究》2006 年第 3 期,第 72 页。

② 竺效:《"社会法"概念考析——兼议我国学术界关于社会法语词之使用》,《法律适用》2004 年第 3 期,第 73 页。

③ 参见陈根发:《日本"法体系"划分中的若干问题——以公法、私法和社会法的划分为中心》,中国劳动和社会保障法律网:http://www.cnlsslaw.com/list.asp? unid =2127,2006 年 12 月 1 日。

会法、工厂法、社会救济法、社会保险法等；还包括预防社会问题、改善大众生活状况、促进社会一般福利而制定的有关法律。① 我国台湾地区的学者郝凤鸣认为，"社会保障制度不但涉及个人权益也关系集体利益，社会法即关于该制度之法律规范体系。本文所谓之社会法有别于范围广泛之社会立法，既非公法与私法以外所有第三法领域，也不包含全部之劳动法，仅限于与劳工福利、社会福利、社会保障或社会安全制度相关之法律规范。"② 当前，我国大陆学者对于社会法的定位也是众说纷纭，尚未形成统一认识。

从中外社会法的不同定位，我们可以看出，社会法本身就是一个很容易引起争论和质疑的概念。众多学者对于社会法定义的论述给予了我们很多启示，但是，这些定义存在的共同问题就是没有把对社会法的定位深入下去，没有从价值基础、根本取向和国家与社会关系等角度去揭示社会法的深层内涵。笔者认为，社会法是以社会实质公平和正义为导向的，对社会产品向弱势群体倾斜但又不过大减少强势群体收益的再分配，从而激发社会生产经营和劳动积极性，以达到社会和谐的，与公法私法并列的新的法律领域。

由此，理解社会法，首先要明确的是社会法是倾力于社会实质公平和正义价值目标的。应该说正义、公平和自由是法律作为一种社会规范所共有的基本价值。但是，在不同的法律领域和法律部门之中，在不同的历史时期和当代使命之下，这些价值是有不同位阶和侧重的。同时，公平、正义等价值理念本身，也有不同的理解和层级划分。正义有交换正义和分配正义之别，也有形式正义和实质正义之分。社会法的本质属性是确保社会再分配过程中的实质正义，有别于自由竞争领域的交换正义，也有别于形式正义。社会法是向弱势群体倾斜的法域，这是典型的分配正义而非交换正义。

其次，社会法是以社会为本位的法律，是国家向社会回归过程中的调整规范。以社会为中心是对自由竞争时期完全自由放任、以个人为本位的逆反，也是对极端个人主义的集中检讨。社会法的产生和发展，正是针对自由竞争所带来的贫富悬殊、两极分化、生态危机等重大社会矛盾和问题而实行的法律调控和化解。国家和社会的关系相应也有了重大变化，由自由竞争时期的"警察国家"向"福利国家"转变，国家监管范围和力度都有显著的增强。但是，需要我们注意的是，国家的这种监管和控制是适应社会需要而生的，是国家回归社会进程中的一个阶段。

再次，社会法是通过保护社会弱势群体的利益达到保护社会公益的目的。作为三大法域之一的社会法，其出发点、存在的基础和重点保护的社会关系，与传统公法和私法都有很大不同。"私法以个人利益为本位，通过市场调节机制追求个人利益最大化以及交易安全；公法以国家利益为本位，通过政府调节机制追求国家利益最大化以及

---

① 参见程亚丽：《经济法与社会法关系之探讨》，《宿州学院学报》2006年第2期，第16页。
② 参见张俊娜：《"社会法"词语使用之探析——基于法律术语的个案思考》，《语言应用研究》2006年第3期，第72页。

国家安全;社会法以社会利益为本位,通过社会调解机制追求社会公共利益最大化以及社会安全。"①在社会的价值倾向上,社会弱势群体是社会法的重点保护对象。从本质上说,社会弱势群体的利益会提升为整体社会利益,由国家和社会来保护,从而社会弱势群体的利益和社会整体利益达到统一。社会法所保护的人群不仅仅是弱势群体的利益,也有普遍的社会利益,比如环境保护法。即使侧重于保护劳动者、低保人群等社会弱势群体利益的法律,比如劳动法和社会保障法,其最终目标也是为矫正和清除社会中的不正义、不和谐的因素。这也是实现社会普遍利益和公共利益,乃至提高整个社会文明的需要长期的公共利益与短期的局部利益之间的这种调整即"福利国家"的推行,属于国民收入的再分配。乍然看来,这是"劫富济贫",是"公平"的后退;而实质上则是人类社会的一大进步,给包括强势群体在内的社会共同体的前景展现一缕文明的光彩。这样,如果单纯说社会法是保护社会公共利益的法律或者单纯说社会法是保护社会弱势群体利益的法律,都失之于不全面。社会法是通过保护弱势群体利益,进而实现社会整体利益的法域。

最后,社会法是与公私法相并列的法域。应该说,社会法的独立性已基本获得学界的普遍认可。社会法作为与公私法相并列的独立法域的兴起,是公法私法化和私法公法化的产物。私法公法化就意味着,在私法领域中逐渐渗入了国家干涉的因素,国家开始转变过去对于私法领域完全意思自治的放任;而公法私法化意味着,在公法领域中过去完全由国家管理和监控的部分中开始渗入私的因素,在不适合由国家管、不应该由国家管和国家管理不力的事务,更多地发挥个人、社会团体和社会的作用。在法律领域,从过去自罗马法以来泾渭分明的公私法二元界分中渐渐分化出一个既不是完全的公法,也不是完全的私法的空间,出现了一个可以日渐与传统的公私法相并列和相制约的独立法域。

二、社会法的历史轨迹

与其他法律一样,社会法也是奠基在一定国家和社会基础之上的。追溯社会法的历史渊源和发展轨迹,我们发现:社会法是人类社会文明发展的符合规律的产物,是国家和社会之间关系互动和国家逐渐回归社会的重要表现。在很长历史时期内,它伴随社会经济结构的变化及相应的文化发展,而一步步地产生、发展,并逐渐趋向于完善。

作为一种体系,社会法是比较近的事情,但是体现社会法的制度和思想却由来已久。人类结成社会很大的一个初衷就是在集体中扶老携幼、共渡难关、面对危机。事实上,社会保障制度源自于济困与济贫思想,这样的慈善和恻隐之心在人类社会早期就有所体现。

---

① 董保华等:《社会法原论》,中国政法大学出版社 2001 年版,第 15 页。

（一）战争、公共事务与社会保障

社会保障的原始形态，早在古希腊和古罗马时期就曾出现与当时的社会政治结构相适应。在那个时期，奴隶被排除在社会保障的范围之外，其劳动力的生产和再生产由其主人自己解决。但是，从制度上对自由民中的弱势群体利益有较多倾斜。考察古希腊、古罗马历史，我们会发现，当时的社会保障制度是与城邦的公共精神及战争联系在一起的。

整体性和公共性是古希腊城邦的本质特征，在这种精神的引领之下，城邦公民对城邦事务的高度关注是毋庸置疑的，诚如伯利克里所言："在我们这里，每一个人所关心的，不仅是他自己的事务，而且也关心国家事务；就是那些最忙于自己事务的人，对于一般政治也是很熟悉的——这是我们的特点：一个不关心政治的人，我们不说他是一个注意自己事务的人，而说他根本没有事务。"①与此相适应，城邦对于城邦公民的疾苦也相当看重，社会救济和保障的存在是具有社会基础的。最为突出的是人们非常关注与战争相关的人员，如将士、伤残军人及其亲属的社会救济。在客观上，这是鉴于当时战争频繁、迫切需要兵源，为鼓励公民参战、打消其后顾之忧的考虑的缘故。"公元前560年起，希腊政府就开始对伤残的退伍军人及其遗属发放抚恤金，对贫困者发放补助。公元6世纪末，罗马城邦也采取过大规模的有组织救济措施，城邦的市政当局用捐款和公款购买粮食，通过廉价出售以压低市场物价，此外也将粮食无偿地分发给丧失劳动能力的人和阵亡将士的遗属，以减缓社会冲突。"②在抚恤军人、阵亡将士方面，古罗马较之古希腊更为周到。

但是，需要我们注意的是，这些社会保障制度和理念是非常原始和初级的，是很有限的。从法律上说，维护和规范社会保障的制度，不过是公法和私法划分的附属物，而没有本身的独立地位。古罗马的法学家把法律分为公法和私法，认为"公法调整政治关系以及国家应当实现的目的，'有关罗马国家的稳定'；私法调整公民个人之间的关系，为个人利益确定条件和限度，'涉及个人福利'。"③或者说"公法是公益的法，私法是私益的法"④。这种划分主要以法律是保护公共利益还是个人利益为根本标准，奠定了大陆法系国家公私法划分的基础。至于社会保障制度，只隐时现地存在于公法与私法的夹缝中。

（二）政教合一、施恩论与社会法

在中世纪，很多传统社会救助活动都是带有宗教性质、与宗教活动结合在一起的。

---

① 参见修昔底德：《伯罗奔尼撒战争史》，转引自徐大同：《西方政治思想史》，天津教育出版社2000年版，第20—21页。

② 林嘉：《社会保障法的理念、实践与创新》，中国人民大学出版社2002年版，第57页。

③ 彼德罗·彭梵得：《罗马法教科书》，黄风译，中国政法大学出版社1992年版，第9页。

④ 美浓部达吉：《公法和私法》，黄冯明译，中国政法大学出版社2003年版，第29页。

这些活动主要由教会组织发起,表现为教会对教民的生活救济,给生活困苦的教民以最起码的生活保障。这种社会保障依附于宗教组织的根本原因在于中世纪政教合一的国家和社会关系状况,与基督教的施恩论教义关系密切。

在这一历史时期,社会救助和社会保障的主体并非国家,而是来自于教会组织、社会慈善组织和私人的慈善活动,且以教会组织为主。这是由基督教从精神领域统治及于世俗领域统治的社会历史现实所决定的。基督教根植于希腊城邦社会解体后兴起的世界性帝国与世界主义学说。它经历了古罗马帝国后期的分崩离析,在其废墟上与西欧文明一同发展起来。蛮族入侵后,无力接管庞大而又混乱的世俗世界,维护社会秩序的重任历史地落到基督教会身上。"如果说从废墟中拯救出什么东西来的话,这很大程度上要归功于有组织的教会所起的稳定性作用。"①历史给予了基督教以绝好的发展契机,它的势力范围得以迅速伸张,一个庞大的精神王国建立,同时也开始染指世俗王国。于是,"正宗教会徐徐替代了罗马帝国,成为社会上的统治势力"②。因此,这一时期的社会救助和社会保障以教区为单位,以基督教会组织为主体,以上帝对于教友的救助为宗旨。介入世俗社会并为弱势群体提供救助和保障的,是基督教会组织而非国家的政权。

私人慈善行为对于中世纪的社会救济与社会保障,也起到重要作用。"可以确定的是,能够证明一种非常感人的私人慈善模式已经在 1480 年到 1660 年期间确实存在,并且,也的确有很好的理由相信这种模式持续到整个世纪,也就是被一个评论家称之为'慈善的时代'的那个时期。"③这种私人慈善行为在当时之所以比较盛行、受到人们的认可,主要是由于这种慈善和救济比较能够符合当时社会历史现实的需要,具有比较大的弹性和适应力,不拘泥于形式、时间和数量的要求,能够随时适应环境与情况的变化。

正因为社会救济和保障不是国家和政府的责任和义务,因此也并没有被纳入法律规制的轨道中来。

(三)空想社会主义、社会和谐与社会法

近代初期的空想社会主义思想和运动是社会法思想发展过程的一个新阶段。该思潮主要是针对当时普通工人阶级及穷苦群众在立法不利于他们利益保护的情况下,率先从理论和实践上去解决当时存在的问题。以欧文为代表的空想社会主义者身体力行,致力于改善工人工作条件、提高工人福利。他召开工厂主会议推广自己的想法,呼吁议会通过这方面的立法草案,并出版小册子《论工业体系的影响》,两次发出有关呼吁书——《上利物浦伯爵书——论工厂雇佣童工的问题》和《致不列颠工厂主书——

---

① 伯恩斯、拉尔夫:《世界文明史》(上卷),赵风等译.商务印书馆1998年版,第399页。
② 汤普逊:《中世纪经济社会史》(上册),耿淡如译,商务印书馆1997年版,第101页。
③ Calvin Woodard, *Reality and Social Reform: the Transition from Laissez-faire the Welfare State*. The Yale Law Journal 72(2), 1962, p301.

论工厂雇佣童工的问题》①,努力把单纯赈济变为一切工厂主必须依法遵行的事。

事实上,空想社会主义思潮对于社会保障和社会福利的追求,是与其"和谐"的社会理想联系在一起的。他们的社会理念和终极目标,是消灭不平等的社会现状、解决社会中的"不和谐"问题。它在客观上积淀着社会法产生的最初社会土壤。从一定意义上讲,社会立法是社会自身施予国家立法领域的压力和要求。从国家的社会本质而言,它们必须承担此项义务。再者,鉴于这些问题作为社会的整体现象是连接在一起的,不能借助临时行政动议或零敲碎打的办法来解决,而必须从社会控制、社会调整、社会规范的整体目标层面上去对待和处理。这就是社会法。制定良好的以实现社会公益和公平正义为目标的社会法,比如济贫法、环保法、劳动法、教育法等,对于达到社会和谐至关重要。无疑,空想社会主义者对于社会法的产生做出了极为突出的贡献。

(四)自由竞争、功利主义与社会法

在自由资本主义时期,基本指导思想是促进个人自由和利益的最大化;在自由竞争的理论框架下,个人利益和社会利益是一致的,追求个人利益的最终结果就是促进了社会利益。在这里,社会利益被置换为个人利益。从根本上讲,自由竞争所追求的原则是优胜劣汰、适者生存,这与社会福利、社会保障所强调的"倾斜保护弱者""弱者救助、反歧视与倾斜保护"②的目标和原则并不一致。然而,自由竞争所带来的各种社会后果之一,就是在全社会中迅速分离出一个失业、流浪和困苦的社会阶层。这势必成为社会进一步发展的巨大障碍,必然要求在思想层面和制度层面对此问题进行解决。

在思想层面上看,尽管"那个时候的政治哲学主流是亚当·斯密的自由放任主义,但各种福利观念也在旁边生长出来具体"③。福利观念生长的原因有两方面:在理论上是自由放任政策根深蒂固的缺陷,并且日益走向极端,恶果累累;实践上是市场不是万能的,继续依赖市场那只"看不见的手"的自我调节,只能使情况越来越糟。简言之,政府必须出面,发挥它的干预作用。功利主义创始人边沁提出了某种集体形式的福利观念,他的"最大多数人的最大快乐"可以成为政府福利政策的依据。但边沁的含糊之处在于,"他既可以建构比《国富论》远为自由放任的经济理论,也可以建构允许国家权力扩张的福利理论"④。它的基本缺陷在于,只强调增加社会财富的总量,而不问财富在社会中实际是怎样分配的。这方面的问题,到了约翰·密尔时才稍有变化,显露出一些社会本位思想的端倪。

在实践层面上,自由资本主义时期的社会问题,根源于难以调和的两大敌对阵营的阶级冲突和对立。但是,面对日益觉醒的工人阶级的反抗,掌握国家政权的统治者

---

① 参见欧文:《欧文选集》(第1卷),柯象峰等译,商务印书馆1979年版,第146、158页。
② 郑尚元:《社会法的存在与社会法理论探索》,《法律科学》2003年第3期,第43页。
③ 诺曼·巴里:《福利》,储建国译,吉林人民出版社2005年版,出版导言第1页。
④ 诺曼·巴里:《福利》,储建国译,吉林人民出版社2005年版,出版导言第1—2页。

必须采取一定措施来缓和逐渐激化的阶级矛盾。于是,在生产过程中,他们"不得不用法律来防止资本主义剥削的过火现象"①;在再分配过程中,也要用法律手段去收拾资本留下的烂摊子,把法律作为重要社会调整机制。虽然这并不能从根本上解决当时的社会问题,但是的确起到了稳定社会、为穷人提供最起码的工作和生活条件的作用。《济贫法》和《新济贫法》就是这个历史时期的产物。《济贫法》正是在圈地运动进行得如火如荼、自由竞争的资本主义发展到一个顶峰、产生的流浪人口和失业群众的自由流动给统治秩序造成严重威胁的时候产生的。这从一个侧面说明,当时的统治秩序出现了一定程度的危机,并且,这种危机的化解仅仅依靠武力镇压不能奏效,反而会造成更剧烈的反抗与社会的动荡;限制人口流动亦无法做到。此时,过分反映阶级性特征的法律很明显已经无法解决日益尖锐的社会矛盾。为此,更多地体现社会性一面特征的法律,就充当了解决这种矛盾的重要途径。事实说明,社会法的产生和发展是反映当时当地社会问题和社会状况的一面镜子。

追根溯源,"工业革命的兴起是现代社会保障制度在欧洲兴起的最根本的原因。"②在19世纪初以及之前的一个历史时期,工业化给社会带来最为显著的变化,也最终导致了翻天覆地的变革。随之而来的就是,过去在社会中居于主导地位的自由放任原则显得非常不合时宜,即将变成社会发展的桎梏。③ 自由竞争和工业革命虽然没有和社会保障与社会福利的根本精神契合,但是,产生出了大量需要社会保障与社会福利政策解决的社会矛盾和问题。所以,当自由资本主义阶段的危机上升为整个资本主义世界桎梏的时候,社会保障体系和社会福利制度便应运而生了。与之相适应,社会法的真正发展契机,也是在自由竞争和工业革命的问题充分暴露之后、福利国家兴起、国家在一定程度上向社会回归的趋势出现之后才开始的。

(五) 福利国家、倾斜保护与社会法

社会保障的发展路径,可能是像德国那样自上而下地开始,也可能像英国那样自下而上地开始。但是,它们的共同点都是"国家的出场,政府开始充当一定的角色。从此,原有的传统保障形式开始走上了国家化、社会化的道路"④。可以说,现代社会法、社会保障制度是与福利国家的兴起、国家对社会加强监管紧密联系在一起的。

福利国家发轫于自由放任政策不再限制或较少限制国家在处理社会问题的地位之时。"在过去的大约一百年的时间里,西方社会已经经历,并且的确还正在经历着如

---

① 吕世伦:《马克思、恩格斯法律思想史》,法律出版社1990年版,第397页。
② 杨黔云、刘苏荣:《现代社会保障制度在欧洲兴起的原因》,中国劳动和社会保障法律网:http://www.cnlsslaw.com/lisl.asp?unid=2075,发布时间:2006年11月26日。
③ Calvin Woodard, *Reality and Social Reform: the Transition from Laissez-faire to the Welfare State*. The Yale Law Journal 72(2), 1962, p304.
④ Marrin Perry, *Western Civilization*. Boston: Houghton Mifflin Company,1992。

此风雷激荡的历史阶段。"①这就是努力从自由放任的传统走向福利国家的社会现实，在传统与现实之间寻求平衡的转折时期。"虽然福利国家这个词是众所周知的意义模糊"②，但是，福利国家还是包含着一些基本假定，那就是在处理社会矛盾和解决社会问题的过程中，政府能够成为核心社会机构、承担主要社会责任、努力敦促社会成员朝着既定方向和目标努力。"福利国家的出现意指政府提供社会服务力量的扩张，政府的责任不仅是救助一般贫困与社会急需而已，而且应更积极地保障并促进全民的福祉。"③这样国家在承担社会保障和社会福利责任的时候，就能够变被动为主动、变修修补补为整体构架，在制度层面和立法层面上为福利国家的兴起奠定基础。

在自由竞争早期一些学者的眼中，贫穷和弱势都是个人责任。比如，洛克就认为："与穷人相比，富人拥有更多为自己行为负责的资本。但是，在有关贫穷的问题上，除了以自己的行为对穷人施加影响力之外，富人无法帮助穷人。"④他们把贫困归结为穷人的道德问题，而非经济问题，更非社会责任。到了垄断资本主义阶段，多数学者认识到贫困等社会问题"并不关涉穷人的道德问题"⑤，而是国家和社会不可推卸的责任。与此相适应，提供救济和慈善的责任主体也就发生了转移：从私人和宗教机构转为国家。更为重要的是，在法律框架之内，社会救助和社会保障不仅仅意味着国家对于弱者的救济，而是把"某些弱者的个人利益提升为社会利益，并通过国家和社会来保障"⑥。由此，在西方世界，福利国家的"倾斜保护"原则，就在社会法领域确立起来了。

由于历史传统和社会经济状况迥异，各国的福利国家模式和社会保障模式表现出很大差异。在德国，社会法的保护原则主要是特殊性原则，而在英国却主要是普遍性原则，英国的普遍性原则建立在"贝弗里奇报告"基础之上，源自于人们在战后对于普遍的、覆盖全民的社会保障制度的渴求。贝弗里奇报告完成了"从国民保险补贴到财产调查补贴的转变"，即从主要以保险为基础的补贴到日渐侧重最近生活保障的财产调查补贴的渐进发展过程。⑦ 虽然贝弗里奇报告所确定的普遍主义观点在现实生活中从未全部付诸实施，但是这种原则和精神对于整个西方福利国家产生了深远影响。在德国，俾斯麦颁布的有关劳工保险的法律是社会保障法的起端，开社会法发展之先河。

---

① Calvin Woodard, *Reality and Social Reform*: *the Transition from Laissez-faire to the Welfare State*. The Yale Law Journal 72(2), 1962, p287.

② Calvin Woodard, *Reality and Social Reform*: *the Transition from Laissez-faire to the Welfare State*. The Yale Law Journal 72(2), 1962, p288.

③ 詹火生：《社会福利理论研究》，巨流图书公司 1988 年版，第 6 页。

④ J. S. Mill, *Dissertations and Discussions*, 181, 199(1859)(originally printed as The Claims of Labour published in the Edinburgh Review for 1845)；转引自 Calvin Woodard, 1962. *Reality and Social Reform*: *the Transition from Laissez-faire to the Welfare State*. The Yale Law Journal 72(2), p292.

⑤ Calvin Woodard, *Reality and Social Reform*: *the Transition from Laissez-faire to the Welfare State*. The Yale Law Journal 72(2), 1962, p293.

⑥ 董保华等：《社会法原论》，中国政法大学出版社 2001 年版，第 4 页。

⑦ 参见内维尔·哈里斯：《社会保障法》，李西霞、李凌译，北京大学出版社 2006 年版，第 92 页。

而在社会法的发展过程中,另一具有里程碑性质的事件是《魏玛宪法》的颁布。"《魏玛宪法》确立了现代意义的生存权,并赋予生存权以具体的内涵,即生存权不仅仅是活下去的权利,而且是能够体现人的价值、体现人的尊严地生活下去的权利。因而,作为宪法中的一项纲领性的权利,生存权保障成为现代社会保障立法的起点和归宿。"①后来,《魏玛宪法》虽然被实际废除,但是,该法所体现的原则和精神却被保存下来。这些原则和精神不仅仅保障社会成员的基本物质生活,更为关键的是,它还把社会保障提升到公民权利和社会精神意识的水平。

从法律规制角度来看,私法的公法化和公法的私法化,反映了福利国家对于社会管制方式和力度的重大转变。20 世纪初,尤其是二次世界大战以来,在"传统公法与私法之间的新兴中间领域,国家与社会经常相会之处",出现了社会法这样一个可以表达诸如"公土地法制、住屋社区与住屋建筑法、租赁法、劳动法制与经济法"②等各种法律形式的新兴事物。在经济与贸易的诸多领域,社会法的蓬勃发展消解了传统私法一统天下的局面,从另一个方面来看,以民法为代表的传统私法的局限性也凸显了社会法产生和发展的必要性。以归责原则为例,在垄断资本主义时期,劳资双方的实力对比日益悬殊,由此导致的劳资雇佣关系和交易不平等现象越来越多,产生大量的社会不公正问题,即自由竞争阶段"自足的实证正义最危险地导致忽略公共正义的问题"③。进而,以传统民法的过错责任原则不足以界定商品经济中的责任归属,无过错责任原则和公平原则成为不可或缺的补充,且后两者的地位愈加重要。在这个时期,各国的社会保障法和劳动法等带有明显社会性特征的法律蓬勃发展,并逐渐成为独立的法律部门。即使学者们对于社会保障法发展阶段的定位见仁见智④,但无可否认的是,多数学者都把二战以后福利国家的兴起作为社会保障法发展的黄金时期和成熟时期的肇始。而劳动法也是在 20 世纪中叶完全从私法中独立出来,被人们划归到社会法的行列。于是,社会法才真正地有机会发展起来。

三、社会法的价值基础

社会冲突和社会矛盾是人类社会无法回避,也不能一劳永逸根除的问题。在选择解决这些问题的途径和办法的时候,难免会存在诸种社会政策、制度和规则之间的价值位阶的冲突(诸如平等与效率、自由和秩序的矛盾),贯穿社会发展的始终。在当今

① 林嘉:《社会保障法的理念、实践与创新》,中国人民大学出版社 2002 年版,第 43 页。
② 弗朗茨·维亚克尔:《近代私法史——以德意志的发展为观察重点》下,陈爱娥、黄建辉译,上海三联书店出版社 2006 年版,第 526 页。
③ 弗朗茨·维亚克尔:《近代私法史——以德意志的发展为观察重点》下,陈爱娥、黄建辉译,上海三联书店出版社 2006 年版,第 534 页。
④ 参见刘诚:《社会保障法比较研究》,中国劳动社会保障出版社 2006 年版,第 13—19 页。

中国,在大力推进社会主义市场经济的过程中,同样出现了很多不和谐、不公正的社会现象。其中有些是市场经济自身的痼疾,但社会制度和法律建设未能有效发挥作用也是非常重要的原因。有鉴于此,必须积极促进法律在化解社会矛盾、解决社会问题、达到社会公平和正义中的作用。在这一过程中,法律应该以什么样的价值为基础、发挥何种调节和引导作用,就尤为重要。

社会法的价值基础和价值取向,是社会法基本理论中的核心问题。社会法的产生和发展,根源于社会问题的存在和国家权力向社会回归的历史演进,其存在的根本价值基础和价值取向也有决定性影响。

应该说,法律存在很多共同的价值,比如众所周知的秩序、安全、平等、公正、自由、效率等等。但是,法的价值并非处于一个水平线上。它们有各自的价值序列和位阶,它们之间在许多问题上还会存在冲突和矛盾,需要根据情况进行甄别和选择。不同的法律部门或者说法律领域的价值基础是各有侧重的,这取决于它所保护的社会关系的性质和致力于解决的社会问题的性质。社会法的价值基础既不同于民法对于自由竞争的最大限度的支持和保护,也不同于刑法对于社会秩序和安全的全力追求。它所面临的问题的核心是平衡平等和效率之间的矛盾,消减实质公正和形式平等之间的矛盾和冲突,保护社会弱势群体的利益、促进社会公共利益,增添社会福利、促进社会发展,追求真正的社会正义与和谐。

(一)平等与效率

平等与效率,是人类社会并相追求的两大社会价值和发展目标。但两者又很难同时充分实现,经常表现为此消彼长的相生相克的关系。在社会面对问题和冲突的时候,经常"或是以效率为代价的稍多一点的平等,或是以平等为代价的稍多一点的效率。照经济学家的习惯用语来说,出现了平等与效率之间的抉择"①。一个社会是否安定、有序、健康,在很大程度上讲要取决于能否有效地平衡两者关系。社会法的产生,正是基于社会中平等与效率之间关系的失衡。它所追求的目标就是寻求平等和效率的最佳结合点,达到在一个有效率的社会中不断增加平等的社会目标。以社会保障法和劳动法为重要内容的社会法近些年受到人们的普遍关注,根本的社会原因在于,在大力发展社会主义市场经济的过程中不断地造成贫富分化、社会弱势群体增加、生态环境遭到破坏等诸多社会问题。从一个侧面来看,在很长的历史时期,效率是市场经济政策的主要导向。这对于促进市场经济的高速发展是非常必要的,也的确对国民经济的腾飞做出了巨大贡献。但是,随之产生的问题也是不容忽略的。在这样的社会背景之下,如何矫正过分强调效率所造成的社会不公正和不和谐的现象,也就是重新确定社会法价值基础,便成为一个有决定性意义的事情。但是,在这里必须强调的

---

① 高登:《市场的位置与约束》,载阿瑟·奥肯:《平等与效率》,王奔洲等译,华夏出版社1999年版,第2页。

是,社会法所追求的平等如果就是简单的"同等情况同样处理",那么,当处于优势地位的人群和处于弱势地位的人群面对同样的竞争与选择时,空谈平等就是最大的不平等。

(二)实质公正和形式平等

当自由竞争和市场经济发展到一定程度的时候,社会各种资源必然随着资本的流动而日渐集中到社会某些阶层手中。面对此种局势,仅仅有立法平等和制度平等之类的形式上平等的要求,对于实现真正的社会和谐和公正是非常不够的。"形式上的正义要求是按照法律规定分门别类以后的平等对待,但它并未告诉我们,人们应该怎样或不该怎样分类及对待。"①"除非我们继续指明,如何将人们根据我们所认为特定社会的'道德'或'社会需要'进一步区分为许多小团体,否则就人们应享的'公平'所做的分类,必然仍旧停留在形式的阶段。"②我们所追求的平等和公正,不仅仅是形式上的平等。真正的平等和公正,刚好是反对单纯形式意义上的平等和公正。所以,以平等为由反对向社会弱势群体倾斜的政策和制度,恰恰是社会不平等的体现。

社会中形式平等而实质不公正的问题,主要是把不平等掩埋在表面平等、实则机会不均等之下。这诚如奥肯所言:"大部分对不平等来源的关注反映出一种信念:源于机会不均等的经济不平等,比机会均等时出现的经济不平等,令人更加不能忍受(同时,也更难以补救)。但是机会均等概念远比收入均等难以捉摸,而且它使任何有意义的衡量都落空了。"③人们似乎能够比较容易地认识到来自于家庭和出身的不平等造成的不公平,但却比较容易忽略掉由于政治法律制度的不公正所造成的不平等。这里面,我们可以把不平等分为作为的不平等与不作为的不平等。作为的不平等,是制度本身造成了社会不公正、不平等。不作为的不平等,是指放任社会不平等的存在,不去救治社会不平等疾患,不对社会弱势群体倾斜,以规则平等和形式平等为由放任实质不平等的存在和蔓延。我们可以进一步说,如果社会制度和法律规则不公所造成的社会现象和社会问题不能得到有效解决,就可以说实质平等是不存在的或者是非常有限的。

社会法是以实现社会实质公正为价值目标的。当公民在年老、疾病、伤残、失业、生育、死亡、遭遇灾害、面临生活困难时需要国家和社会给予物质帮助的时候,用市场经济的自由竞争是不能够解决问题的。当劳资双方实力悬殊、劳动者需要法律和制度去维护自己的合法权益的时候,不考虑劳资双方的实力对比的形式平等标准,是实质上最大的不平等。所以,以解决社会不公正、不和谐问题为历史使命的社会法,必然是扬弃(不是简单否定而是肯定中的否定)形式平等而选择实质公正。我们谈及社会资

---

① 丹尼斯.罗伊德(Dennis Lloyd):《法律的理念》,张茂柏译,联经出版事业公司1984年版,第109页。

② 丹尼斯.罗伊德(Dennis Lloyd):《法律的理念》,张茂柏译,联经出版事业公司1984年版,第109—110页。

③ 阿瑟·奥肯:《平等与效率》,王奔洲等译,华夏出版社1999年版,第73页。

源优化配置、实现社会资源的最佳分配方案的时候,必然不应该忽略掉对于社会实质不公平问题的关注和解决,其中很重要的一个方面就是关注社会弱势群体。列宁在谈到形式平等与实质平等问题关系时指出:"任何权利都是把同一标准应用在不同的人身上,即应用在事实上各不相同、各不相等的人身上,因而'平等的权利'就是破坏平等,就是不公平。"①因此,在这种情况下,他赞成马克思的说法:"要避免所有这些弊病,权利就不应当是平等的,而应当是不平等的。"②此中所言的"不平等",意思即是需要对社会弱者有所倾斜。但这完全不是意味着否定形式平等(不论政治上还是经济上)在我国现阶段的重大意义。

(三)社会弱势群体利益与公共利益

在当前的中国,强势群体与弱势群体之间的利益失衡与冲突的现象比比皆是。如贫富两极分化、"三农"问题、东西部差距、下岗失业、消费者权益的无保障等,其中有些矛盾已达到相当严重的程度,乃至有危机之虞。应该说,社会法对社会弱势群体的关注和倾斜性保护是得到学界广泛认可的。如董保华《社会法原论》一书,就把倾斜保护原则作为社会法的基本原则。③ 也许有人会存在疑惑:对社会弱势群体的倾斜保护会不会有碍社会生产效率和违背平等原则? 会不会在这种社会弱势群体利益与社会公共利益之间造成过大的张力? 存有这种疑虑的根本原因在于,对社会弱势群体之所以处于弱势的缘由认识得不清楚。

在这里,我们一定要弄明白,弱势群体的存在,"固然不乏其自身的某些因素的影响,但最主要的原因常常是因为社会资源(含经济、政治、文化各种资源)的分配不公造成的,所以应由社会整体承担责任,而不能反转过来归咎于弱者。还必须看到,在严格意义上讲,社会弱势群体的存在并不是一种社会的负担,而是为了整个社会的发展被迫做出牺牲的结果"④。从积极方面看,如果弱势群体能够得到公正的对待,基本权利得到保障,一定会唤起其主体精神和劳动与创造的积极性,迸发巨大的生产力,产生单纯自由竞争所无法比拟的效益。因此,解决社会弱势群体的问题和困难、确保社会弱势人群的基本利益与实现社会公共利益的根本方向是一致的。在这个意义上说,社会法是通过对社会弱势群体权益的倾斜保护以实现社会公共利益的法律。这与社会法作为以社会为本位的法律、保护社会公共利益的法律的定位,二者非但不矛盾,反而是一致的。

(四)社会福利与社会发展

无论是从哪个层次的含义上说,社会保障都是社会法的重要内容。社会保障与社

---

① 《列宁全集》(第2版)(第29卷),人民出版社1985年版,第89页。
② 《马克思恩格斯全集》(第19卷)人民出版社1963年版,第22页。
③ 董保华等:《社会法原论》,中国政法大学出版社2001年版,第143—153页。
④ 吕世伦、马金芳:《构建社会主义和谐社会的法机制研究》(上),《北京行政学院学报》2006年第4期,第62页。

会福利,是关系密切但又有重要区别的概念。社会保障是初级的社会福利,而社会福利是高级的社会保障。社会福利与社会法也是紧密关联的"福利国家"兴起之后社会法才开始迅猛发展起来。可以说,促进社会成员社会福利的发展,是社会法的重要目标。发展良好的社会法,可以"增进人类社会共同福祉,维护社会安全,如社会保障、环境保护;促进社会的均衡发展,即保护弱势群体,均衡社会结构;增强人类社会的合作协调能力,即干预竞争"①。当自由竞争及市场经济自身难以克服的矛盾和冲突反映在社会生活之中的时候,国家干预作用的优越性就体现出来。"福利国家"也正是在这种历史背景下,在西欧、北美渐至整个发达国家,强有力地迅速兴起。然而,如同任何事物的运行规律一样,"福利国家"的发展亦是一波三折的,甚至搞得愈深入,矛盾就显得愈多。主要表现在:一是福利投入太多,造成扩大再生产的资金不足;二是过多的福利待遇,使一些劳动者产生"懒汉"思想,不愿付出相应的劳动。我们看到,北欧及西欧国家的"福利国家"政策进展比较快,随之而来的是许多与自由竞争相反的社会问题也相继在各国出现。于是一些人开始质疑,国家的干预是不是走得太远? 社会福利是不是过头了? 简而言之,社会福利与社会发展的冲突引起了普遍的关注,从而在理论研究方面,与"福利国家"相对立的所谓"新自由主义"开始大显身手。②

那么,到底社会福利和社会发展之间有没有本质的冲突呢? 社会发展是不是社会法的价值基础呢? 我们认为,这要取决于如何定位社会福利,也要取决于如何定位社会发展。"社会福利通常指国家采取的各种社会政策的总称,即把凡是为改善和提高全体社会成员物质、精神生活而采取的措施、提供的设施和服务等都称为社会福利,不仅包括我们所谓的社会保障内容,而且还包括公共文化、公民免费教育、公共卫生服务与设施、家庭救助等。可以说,社会福利是最高层次的社会保障,或者说是社会保障发展的最高境界,它是经济和社会不断发展的产物。"③社会福利在本质上讲,是对社会资源的二次分配。在一个社会中,如果出现严重的贫富悬殊现象、社会弱势群体的基本权益得不到有效保护,那么,劳动者的生产积极性肯定会受到挫伤。从总体上观察,这种生产积极性的挫伤所造成的社会损失,远远要大于社会福利发展使部分劳动者懈怠所造成的损失。更何况,此种懈怠,第一,它不像某些人夸张得那么严重;第二,它与资本主义经济长期造成的被动劳动的心理有密切联系;第三,它说明迄今为止,劳动者依然没有处于社会主人的地位,因而就不可能有主人翁的责任感。归根结底,还是社会基本制度自身的问题。简单地把它归咎于劳动者身上,是舍本逐末的思维方式。社会的发展是个综合概念,绝不能仅依据某个时段的经济发展效率与规模来做结论。根

---

① 参见张俊娜:《"社会法"词语使用之探析——基于法律术语的个案思考》,《语言应用研究》2006 年第 3 期,第 72 页。

② 如 Pete Du Pont, *The Demise of the Welfare State and the Rediscovery of Liberty*, The Brown Journal of World Affairs 3, 1996. 克劳斯·奥菲:《福利国家的矛盾》,郭忠华等译,吉林人民出版社 2006 年版。

③ 参见路德维希·艾哈德:《大众的福利》,丁安新译,武汉大学出版社 1995 年版,第 181 页。

据人的自由与解放状况的发展程度,马克思把人类社会的发展划分为三个阶段:第一个阶段,是"人的依赖关系"占统治地位的阶段,即自然经济状态下的前资本主义阶段;第二个阶段,是"以物的依赖性为基础的人的独立性"阶段,即商品交换普遍发展的资本主义阶段,第三个阶段,是"建立在个人全面发展和他们共同的社会生产能力成为他们的财富这一基础上的自由个性"①的阶段,即未来作为自由人联合体的共产主义阶段。在那里,"每个人的自由发展是一切人的条件"②。可见,社会发展首先是作为社会主体的人的自身发展,也包括政治社会制度能够有利于公平和正义等目标的实现,以及社会与社会发展所依存的自然之间的良性互动发展。如果一个社会片面地追求短时期内的经济发展和生产效率,而无视社会公平正义原则和人与自然的和谐,久而久之,这种发展将导致社会的全面崩溃。社会保障法和劳动法重视社会弱势群体的基本权益,环境资源保护法保护自然环境的可持续发展,人口法和教育法则以社会主体自身素质的发展为目标。可见,社会法所维护的社会福利和社会发展是以社会的可持续发展为前提的。

四、社会法与社会主义和谐社会

和谐,是人类从古至今历久弥新的价值目标和社会理想。这种目标和理想,在不同的历史阶段会有不同的体现。"鳏寡孤独废疾者皆有所养",是人类童年时期的"和谐"理想;欧文的"和谐村"等空想社会主义者追求是人类青少年时期的"和谐"理想;而"物质产品极大丰富人民思想觉悟极大提高"的共产主义远景,则是人类最为高远的"和谐"理想。

此种和谐不仅仅包括人与人的和谐、人与社会的和谐,还包括人与自然的和谐。和谐主要表现为:国家和社会之间关系的良性互动;公平和正义原则的实现;平等和效率的相互包涵与协调;人、自然和社会之间的互相促进、共同发展。和谐社会就是"在公认的正义价值和规则的引导下,公民个人及群体的利益得到充分表达和维护,国家权力机构能够对社会利益冲突进行有效协调和整合,各个社会利益主体能够和谐共处,持续发展的社会"③。用逆向语言来表达这就是借助风尚习俗与道德(非正式制度),尤其是政策与法律(正式制度),及时而有效地不断克服和消灭不和谐现象的过程。

社会法作为一种重要的法律领域对社会和谐实现的意义尤为重大。社会和谐,也是社会法的重要价值基础和目标。

第一,对于人与自然的和谐来说,关键在于充分了解自然、尊重自然、按照自然的

---

① 《马克思恩格斯全集》(第46卷)(上),人民出版社1979年版,第104页。
② 《马克思恩格斯选集》(第2版)(第1卷),人民出版社1995年版,第294页。
③ 叶长茂:《构建公民社会:和谐社会政治发展的路径选择》,《东南学术》2005年第2期,第24页。

规律办事。在人与自然之间,既不能绝对地以自然为中心遏制人的主观能动性,更不能完全以人类为中心而忽视自然对人的惩罚能力;而是应在自然力和人类活动之间寻求妥协与平衡达到两者的良性互动、友好相处。在法律法规问题上,人与自然的和谐需要保护生态环境,在追求经济发展的过程中尽量不去破坏环境或者最小可能地影响生态。在这方面,自然资源法、环境保护法、矿产资源法、水法、森林法等法律,都是直面人与自然的关系,积极促进人与自然的和谐发展的。

第二,在人与社会的和谐方面,关键在于处理好国家和社会的关系,表现在物质实体上,就是要处理好公民与政府的关系问题。"构建和谐社会的动力机制,最主要的是必须全面贯彻尊重劳动、尊重知识、尊重人才、尊重创造的方针,激发各行各业人们的创造活力,坚决破除影响社会成员积极性的各种障碍,使一切有利于社会进步的创造愿望得到尊重、创造活力得到支持、创造才能得到发挥、创造成果得到肯定。"[1]在价值基础上,社会保障法和劳动法等法律制度和规范就是要充分保障劳动者的积极性、解决社会冲突、最终实现社会和谐。

第三,对于人的自身和谐来说,主要是充分重视人的全面发展,包括人口质量和劳动者素质的提高。在这方面,人口法、教育法等法律的价值,正在于为实现这种目标而有效地促进和谐。

在我国现阶段,社会主义市场经济蓬勃发展的过程中产生了很多社会矛盾和社会问题,表现为社会中的诸多不和谐现象。举其要者如:人与人之间关系的不和谐,表现为诚信的缺失、仁爱之心的缺失、安全感的缺失和人自身的异化,等等;人与社会关系的不和谐,表现为城乡差距日渐加大,贫富悬殊、两极分化问题严重,城市下岗职工再就业困难、基本生活保障不足,城乡居民看病难、医疗保障不到位,尤其是农村医疗保障刚刚起步,劳资关系紧张,农民工资不能全额、及时发放,等等;人与自然关系的不和谐,表现为盲目追求经济发展,不惜以自然环境的破坏为代价,代内正义与代际正义之间冲突日益激烈,等等。

在这些社会问题之中,凸现出国家与社会之间关系的矛盾和张力。一方面,从国家的控制范围上看,我国是具有悠久历史的"大国家","强干弱枝"的格局在我国历史上长期占据优势地位,在现实生活中,国家的"触角"伸得很长,渗透到很多私的领域,应该放开的放开得不够;另一方面,从国家能力上看,国家对社会的有效调控和治理还有待加强,很多应该由国家来承担的责任或者管理的事务还没有落到实处,应该管起来的没有管起来。

解决这些错综复杂交织在一起的社会不和谐现象需要各种社会机制的综合作用,法律是其中非常重要的一种。应该说,法律是作为一个整体通过公平、正义等调节机制促进社会和谐的。在传统的法律体系中,公法和私法都具有促进社会安全有序、公

---

① 杨国林:《构建和谐社会的必然性及其运行机制》,《宁夏党校学报》2005 年第 3 期,第 22 页。

平正义与和谐的功能。但是,在市场经济发展过程中存在很多单纯依靠公法、私法或者某一类法律并不能有效解决的社会问题。解决问题的路径和手段既不能仅仅依赖行政指令,也不能完全寄希望于公民个人,而必须依靠一种介于公法和私法之间、兼具公私法性质领域的法律。"社会法是基于政治国家向市民社会的渗透而产生的(在中国则应理解为政治国家的退位与市民社会的逐步成长这样一个过程)"①,可以说是公法私法化和私法公法化的产物。可以说,市场经济的发展需要借助作为一种新法域的社会法所具有的调整方法、调整对象、伦理价值基础的独特优势。

社会法在推动和谐、解决当前我国社会矛盾和社会问题方面发挥的作用主要体现在:

首先,以社会实质正义原则为导向,在二次分配过程中确立社会成员之间合理的资源和利益分配格局,照顾社会弱势群体,缩小贫富和城乡差距,缓解当前比较严重的社会矛盾。我国目前很多有目共睹的社会问题,如社会保障、劳资关系等,常常不是简单的两方当事人之间的事情,一般都涉及两个以上的多方主体。这类关系,超出了传统公法和私法调整对象、调整方法的范围。比如,劳动关系毫无疑问是一种合同关系,但劳动法既使用民法的概念和原则,又与传统民法有很大不同,包含着很多国家干预和行政执行的因素;社会保障法就更为特别,涉及国家、社会、家庭和个人。毫无疑问,在这多方关系中,雇员的利益、被保障人群的利益、农民工的利益等,都处于相对被动和弱势的地位。由于强弱双方在资源占有、信息占有等方面实力悬殊,如果按照简单的法律平等原则进行调整,势必造成极大的实质不公平和不正义,而且会进一步地激化社会内外部的紧张性。面对这种情况,社会法的调整作用,关键在于平衡其彼此间利益,向社会弱势群体倾斜,以期有力地缓解社会关系,趋向社会和谐。

其次,确立与国家本位和个人本位不同的原则,致力于社会团体的发展和社会公共利益的保护。社会法是在公法私法化和私法公法化中逐渐形成的,就这方面而言,在一个社会主义国家中,公法私法化应起主要作用。从更深的层面上看,这种法律发展的趋势反映了国家和社会关系的变化,即由传统的"绝对主义国家"②"大国家",向国家与社会良性互动的方向发展。这就意味着由原来的国家本位向社会本位方向转变,直接表现着国家的社会化。当某些弱者的个人利益提升为社会利益,并通过国家和社会予以保障之后,保护社会弱势群体的利益和保护社会公共利益二者的根本方向是一致的。对直接受益的主体而言,消费者权益保护法、社会保障法、就业促进法、妇女儿童权益保护法等法律都是着力于社会弱势群体利益保护的。但是,对社会的长远发展而言,这些法律则是维护社会公共利益,推动人与人之间的和谐、人与社会之间和谐的杠杆。

---

① 董保华等:《社会法原论》,中国政法大学出版社 2001 年版,第 250 页。
② 参见佩里·安德森:《绝对主义国家的系谱》,刘北成、龚晓庄译,上海人民出版社 2001 年版。

　　再次,尊重自然规律,保护生态环境,坚持可持续发展观,寻求经济发展与生态保护的平衡,实现人与自然的和谐。众所周知,自然环境是全人类共同的财富和全球最大的公共利益。但是,在日常生活中,在很多人看来自然环境的损益在短期内和小范围内似乎又与个人利益无关——"全体人"的利益常常变成和"全体人"无关的利益。其根本原因在于,自然环境的产生、发展、保护、破坏和修复都是长期而复杂的过程,许多短期行为常常不是立竿见影的,而是要到一段历史时期之后才能显出损益的后果。在大力发展市场经济的今天,已出现一种普遍的、司空见惯的怪现象:开发商和政府主管部门经常为了眼前的、局部的经济效应,打着"快速发展地区经济"的旗号,不择手段地牺牲自然生态环境。听任这种情况继续下去,一旦自然界"反扑"过来,其后果就不仅是"得不偿失",而是巨大的灾难了。所以,人类必须努力实现经济与生态的"双赢",坚持可持续发展的道路,在改造自然的同时保护自然,改善现有的生态环境,实现人与自然的和谐。在这一过程中,法律是不可或缺的调整机制。《中华人民共和国自然保护区条例》《全国自然保护区发展规划纲要》《森林和野生动物类型自然保护区管理办法》《中华人民共和国可再生能源法》等法律发挥了重要作用。

　　社会法以解决社会的甚至全人类的问题为目标,它同以解放全人类、实现社会公正与平等的社会主义宗旨是一致的。如果说欧美发达国家,是由客观形势的发展而不自觉地甚至被动地形成社会法制度的话,那么对于社会主义国家而言,社会法则是其题中应有之义,一开始就需要自觉地、全面地建立与推行,这是一项历史性的使命。

吕世伦、马金芳撰写,刊于《北方法学》2007 年第 6 期。

军事法体系的前瞻性研究

军事法作为国家法律体系中的重要组成部分,已经涵盖了国防建设、军队建设和国家安全保障的方方面面,基本上形成了以宪法为统领,以军事法律为核心,以军事法规、军事规章为重点的层次分明、结构相对完整的军事法体系,有力地保证了我军的革命化、现代化和正规化的建设。军事法体系已初具雏形。可是,由于军事法的特殊性、军事法研究力量的相对不足以及长期的和平环境,致军事法没有得到法学界应有的重视,在国家的法律体系中没有给予军事法明确的地位,人们对军事法的体系建设还存在许多分歧,这给军事法的进一步发展带来了诸多不利。为了尽快建立起一个体系完备、和谐统一的具有中国特色的军事法体系,保证"2010 年形成有中国特色社会主义法律体系"中不缺少军事法体系这个重要的组成部分,笔者现依据法理学的基本理论,结合我国现有军事立法体制和未来军事法的发展趋势,对我国军事法体系的科学构建进行一点前瞻性的探索,提出一些值得研究的问题,以期更多的专家学者加入到军事法的研究领域,推动我国军事法的跨越式发展。

一、军事法的巨大成就为军事法体系的形成奠定了基础

目前,我国军事法制建设取得了十分令人满意的成就,不仅成立了中央军委法制局①,有了领导全国军事法制建设的机构,而且还组建了中国军事法学会、北京市军事法学研究会等军事法学研究的学术团体,设立了军事法学研究基地,为军事法的发展提供了组织保障。在几代党和国家领导人的亲自关心下,经过军内外专家学者的共同努力,我国已经颁布了大量的军事法律、军事法规和军事规章,出版了大量的军事法学专著,取得了丰硕的军事法制建设成果,为军事法体系的形成奠定了坚实的基础。

1. 军事法的立法成就

"令严方可以肃兵威,命重始足以整纲纪。"我军自创建以来,十分注重对军队规章制度的建设和军队纪律的严格遵守。早在 1927 年 10 月我军创建之初,毛泽东针对红军中存在的问题,制定了"三大纪律,八项注意",成为我军组织纪律建设的最高效力的"法律",成为我军克敌制胜的法宝。毛泽东还明确地提出了我军正规化建设的"五统

---

① 中央军委法制局,经中央军委批准,于 1988 年 5 月成立,它是中央军委领导全军军事法制建设的办事机构和归口管理全军法制工作的职能部门。它与全国人大法制工作委员会、国务院法制局一起构成了国家权力机关、国家行政机关和国家军事机关的法制机构,共同推动着国家的法制建设。

四性"①的基本标准,后来成为我军建设步入现代化、正规化的标志。毛泽东领导我军制定了包括《中华人民共和国兵役法》《中国人民解放军纪律条令》《中国人民解放军队列条令》《中国人民解放军内务条令》等在内的一大批法律、法规,为依法治军提供了依据,保证了我军在各个历史时期都能完成历史使命。

邓小平同志在领导我军建设的时候,更是十分强调军队的法制建设,使依法治军思想成为邓小平理论的重要组成部分。他认为"党有党规,国有国法,军有军纪,国防建设和军队建设要逐步走向正规化、法制化道路","全党同志和全体干部都要按照宪法、法律、法令办事","治军要严,首先对领导班子要严,对高级干部要严"②。邓小平在1975年1月出任中央军委副主席兼总参谋长以后,一直主张军队建设的所有方面、所有领域都要建立制度、制定法律法规,纳入法制的轨道。他指出,"现在的问题是法律很不完备,很多法律还没有制定出来","必要的规章制度一定要恢复和健全"③。1977年12月28日,他主持召开了中央军委全体会议,一次性通过了涉及军事教育训练、军事院校建设、军队作风纪律、保密制度、武器装备建设、军队体制编制、兵役制度、军队财务制度等方面的九个条例和决定,军事立法工作全面启动。"有了这些章程,我们就有章可循,就能够统一认识,统一行动。"④正是这一系列的论述,为军队的革命化、现代化、正规化建设指明了方向,为军队决策机关制定方针提供了理论依据。1988年9月5日,中央军委专门制定了《关于加强和深化军队改革的工作纲要》,明确了"军事法规是正规化建设的依据和标志,军队改革要与立法结合起来,以改革促进法制建设,通过立法推动改革和巩固改革成果"。同年12月27日,中央军委在《关于1989年全军工作指示》中明确地提出,"全军工作以正规化建设为重点。从严治军,依法治军,运用思想教育、法规制度、行政管理等多种手段,综合治理军队的松散乱现象。"这是我军建设史上第一次把"依法治军"确定在军事法规之中,完成了我军法制建设认识上的新跨越。

1989年以后,以江泽民为核心的第三代领导集体高举邓小平思想的伟大旗帜,继续贯彻执行"依法治军"思想,抓紧军队的建章立制工作,使我军的法制建设迈入快车道。在他领导我军建设的十五年中,不仅第一次将"依法治军"载入国家的基本法律《中华人民共和国国防法》⑤之中,完成了"依法治军"理论,由军事法规向国家法律的历史性飞跃,而且还明确了我国军事法的立法体制,确定了各级立法主体的立法权限

① "五统四性"是指毛泽东对我军建设提出的部队的正规化建设的"统一的指挥、统一的制度、统一的编制、统一的纪律、统一的训练"和"组织性、计划性、准确性和纪律性"。参见《毛泽东军事文选》,战士出版社,1981年版第358页。

② 邓小平文选(第2卷)[M].北京:人民出版社,1993,第124页.

③ 邓小平文选(第2卷)[M].北京:人民出版社,1993,第5—164页.

④ 邓小平文选(第2卷)[M].北京:人民出版社,1993,第72页.

⑤ 《中华人民共和国国防法》第18条规定:"中华人民共和国的武装力量必须遵守宪法和法律,坚持依法治军。"

和法律规范的等级,制定了大量的军事法律、军事法规和军事规章。"在江泽民同志的领导下,军事法制建设取得了历史性的进步,有力地保障和促进了我军革命化、现代化、正规化建设。"①军事法经过"八五""九五"和"十五"三个五年立法规划的发展,军事法制建设成就斐然。我国不仅制定了指导国防和军队全面建设的基本法——《中华人民共和国国防法》,而且还制定了《中华人民共和国香港特别行政区驻军法》和《中华人民共和国澳门特别行政区驻军法》,顺利地实现了依法驻军香港和澳门,保证了香港和澳门的胜利回归。除此之外,还制定了包括军事立法、军事训练、军事管理、国防教育、武器装备、后勤保障、军人权益和国际军事合作等领域的一系列军事法律法规和规章,从制度上和法律上保证了党对军队的绝对领导,依法推进了军队的全面建设,初步建立了具有中国特色的军事法律体系,使"依法治军"成为"依法治国"的重要组成部分。

胡锦涛2005年担任中央军委主席以后,继续高举邓小平新时期军队建设思想的伟大旗帜,落实江泽民国防和军队建设思想,密切关注世界新军事变革的发展趋势,更加紧迫地强调加强军队的信息化、现代化和正规化建设,提高我军维护国家安全、保护人民生命财产安全的保障能力。在2005年3月的十届人大三次会议解放军代表团全体会议上,胡锦涛主席强调要不断增强政治责任感,把捍卫国家主权、安全和领土完整,保障国家发展利益放在高于一切的位置,紧紧围绕履行新世纪新阶段我军的历史使命,贯彻新时期军事战略方针,加速推进中国特色军事变革,努力提高我军信息化建设水平,抓紧做好军事斗争准备,增强应对危机、维护和平、遏制战争、打赢战争的能力。"各级要坚持解放思想、实事求是、与时俱进、开拓创新,努力探索信息化条件下和社会主义市场经济环境中治军的特点和规律,不断总结新经验,增强新本领,实现新进步。""要把从严治军作为一项全局性、基础性、长期性工作紧抓不放。"②在2005年10月11日中国共产党第十六届中央委员会第五次全体会议通过的《中共中央关于制定国民经济和社会发展第十一个五年规划的建议》中,中共中央从战略高度进行谋划,将"依法从严治军,加强正规化建设,加强武装警察部队全面建设"③等内容列入"规划"之中,为"十一五"期间我国军事法的发展指明方向。2005年10月,在视察南京军区时,胡锦涛主席进一步明确指示:"坚决贯彻从严治军的方针,严格执行条令条例和规章制度,确保部队的高度稳定和集中统一。"④中央军委主席胡锦涛不仅参与和审定了《中国人民解放军政治工作条例》,而且还签署、命令、颁布实施了《军队参加抢险救灾条例》

---

① 中央军委法制局.伟大的实践,历史性飞跃——江泽民同志领导军事法制建设十五年纪事[J].中国军法,2005(2).

② 黄国柱,曹智,李宣良.坚决履行新世纪新阶段我军的历史使命,努力开创国防和军队现代化建设新局面[N].光明日报,2005 - 03 - 14.

③ 胡锦涛视察南京军区并发表重要讲话[N].解放军报,2005 - 10 - 20.

④ 胡锦涛视察南京军区并发表重要讲话[N].解放军报,2005 - 10 - 20.

(2005 年 6 月 20 日)、《中国人民解放军后勤科学技术条例》(2005 年 7 月 26 日)、《中国人民解放军装备科技信息工作条例》(2005 年 8 月 8 日)、《中国人民解放军机关公文处理条例》(2005 年 10 月 7 日)、《中国共产党军队支部工作条例》(2005 年 12 月 11 日)等军事法规,使我军的全面建设进入科学化、规范化、法制化的新阶段。根据中央军委法制局的统计,截至 2000 年底,我国已经颁布实施的由全国人大及其常委会制定的直接调整国防和军队建设的军事法律有 15 部①,由国务院、中央军委共同或单独的包括《中国人民解放军内务条令》《中国人民解放军纪律条令》《中国人民解放军队列条令》《中国人民解放军司令部条例》《中国人民解放军政治工作条例》《中国人民解放军后勤条例》《中国人民解放军装备条例》等在内的军事法规、军事行政法规达 240 多件,由中国人民解放军总政治部、总参谋部、总后勤部、总装备部、海陆空二炮各军兵种和各军区制定的军事规章共达 3000 多件②,军事法制建设取得了巨大的成就,军事法体系已初步形成。

2. 军事法的立法体制已经形成

在立法体制上,早在 1990 年,中央军委就颁布了《中国人民解放军立法程序暂行条例》,1993 年 8 月发布了《军事规章、军事行政规章备案规定》,确保了军事立法的程序正当性和立法的科学性。2003 年 4 月中央军委在总结立法工作经验的基础上,颁布了《军事法规军事规章条例》,使军事立法工作与《中华人民共和国立法法》保持一致,废除了先前发布的《中国人民解放军立法程序暂行条例》和《军事规章、军事行政规章备案规定》,保证了军事立法工作走上科学化、规范化和制度化的轨道。

《中华人民共和国立法法》明确规定,中央军事委员会享有向全国人民代表大会提出法律议案的权利,"中央军事委员会根据宪法和法律,制定军事法规。中央军事委员会各总部、军兵种、军区,可以根据法律和中央军事委员会的军事法规、决定、命令,在其权限范围内,制定军事规章"。依据《中华人民共和国立法法》的规定,有关军事和国防建设的法律制度,中央军委可以向全国人大及其常委会提出立法议案,由全国人大及其常委会制定颁布军事法律,中央军委制定军事法规,各总部、军兵种、军区制定军事规章,国务院可以单独制定或与中央军委一起制定军事行政法规。为细化军事立法权限,中央军委专门颁布了《军事法规军事规章条例》,明确了各级立法主体的权限。

---

① 由全国人大及其常委会颁布的 15 部军事法律和决定是:《中华人民共和国国防法》《中华人民共和国兵役法》《中华人民共和国人民防空法》《中华人民共和国军事设施保护法》《中华人民共和国香港特别行政区驻军法》《中华人民共和国澳门特别行政区驻军法》《中华人民共和国现役军官法》《中华人民共和国预备役军官法》《中华人民共和国国防教育法》《中华人民共和国戒严法》《中国人民解放军选举全国人民代表大会和县级以上地方各级人民代表大会代表的办法(修订)》《中国人民解放军军官军衔条例(修正)》《全国人民代表大会常务委员会关于设立全民国防教育日的决定》《中华人民共和国中央军事委员会关于授予军队离休干部中国人民解放军功勋荣誉章的规定》《全国人民代表大会常务委员会关于确认 1955 年至 1965 年期间授予的军官军衔的决定》。

② 徐根初. 核心与基石[J]. 中国军法,2005(1).

"中央军委根据宪法和法律,制定军事法规。""总部可以根据法律、军事法规、中央军委的决定和命令,制定适用于全军的军事规章。""军兵种、军区可以根据法律、军事法规、中央军委的决定和命令、总部规章,制定适用于本军兵种、本军区的军事规章。""中国人民武装警察部队制定、修改和废止军事规章的活动,适用本条例。武警部队的规章与军兵种、军区规章具有同等效力。中央军委、总部、军兵种、军区、武警部队制定、修改和废止规范性文件的活动,参照本条例的有关规定执行。""军事机关拟定由中央军委或者国务院、中央军委提请全国人民代表大会或者全国人民代表大会常务委员会审议的法律草案的活动,拟定由国务院、中央军委联合发布或者批准发布的军事行政法规草案的活动,以及拟定由国务院有关部门、中央军委有关总部联合发布的军事行政规章草案的活动,参照本条例的有关规定执行。"①从而可见,全国人大及其常委会、国务院、中央军委、各总部、各军兵种、各军区和武警部队有关机关是军事法的立法主体,军事法的立法体制已经形成。

3. 军事法学研究日益繁荣

我国当代军事法学的研究自 1982 年开始以后,军内外军事法学专家潜心钻研、刻苦攻关、共同研究,取得了巨大的成就,形成了包括军事法学工具书、军事法学专著、军事法学研究论文在内的丰硕的研究成果。1984 年出版的《中国大百科全书(法学卷)》中,我国著名法学家张友渔、潘念之在卷首语中首次提出了军事法是一个独立的部门法的论断,军事法学跟宪法学、民法学、刑法学等法学部门一样,是法学体系中的一门分支学科。"法学研究的具体范围同法学的分科是密切联系的。从法的各种类别来说,法学研究范围首先是个部门法,如宪法、行政法、家庭婚姻法、民法、经济法、军事法、刑法、诉讼法。从而有与之相适应的宪法学、行政法学、家庭婚姻法学、民法学、经济法学、军事法学、刑法学、诉讼法学等法学学科。这些部门法属于国内法范围。"②这一论断的提出,极大地促进了学者将军事法作为一门独立的部门法进行研究的积极性,对军事法学的形成具有划时代的意义。

在军事法学工具书方面,我国先后编辑出版了《中国军事百科全书·军事法分册》(军事科学院军事百科全书编辑部,中国大百科全书出版社 1993 年出版)、《军事法学辞典》(杨福坤、朱阳明主编,国防大学出版社 1993 年出版)、《中华人民共和国军事法规汇编(1949—1988)》(中央军委法制局主编,解放军出版社 1988 年出版)、《中华人民共和国军事法规汇编(公开本)》、《中华人民共和国军事法规汇编政治卷乙种本(内部使用)》(中央军委法制局,解放军出版社出版)、《中华人民共和国军事法规汇编后勤卷乙种本(内部使用)》、《中华人民共和国军事法规汇编装备卷乙种本(内部使用)》(中央军委法制局,解放军出版社出版)、《中华人民共和国军事规章汇编》(中央军委

---

① 《军事法规军事规章条例》第 7 条、第 9 条、第 10 条、第 66 条、第 67 条、第 68 条。
② 中国大百科全书(法学卷)[M].北京:中国大百科全书出版社,1984.

法制局主编,解放军出版社出版)共17卷。

在军事法学研究专著方面,自从1988年由张建田、仲伟钧、钱海皓共同著述的我国第一本军事法学著作《中国军事法学》(国防大学出版社出版)出版以后,到2005年,我国共出版了有关军事法学的论著共达80多本,涉及军事法的概念、基本理论、军事法制史、军事刑法、国防法、战争法、战时军事法等方面。

有关军事法学基础理论方面的论著主要有:《军事法学》(夏勇、汪保康著述)、《军事法概论》(莫毅强、钱寿根、陈航主编)、《军事法学教程》(图们主编)、《军事后勤法概论》(徐有仁、张学谦主编)、《军事法学》(陈学会主编)、《军事后勤立法简论》(张子谦、张振江主编)、《军事法制建设研究》(军事法学研究会编写)、《陆军军制学》(雷渊深著)、《武器装备学》(钱海皓著)、《军人犯罪预防学》(杨东录主编)、《军事法制教程》(方宁、许江瑞、姜秀文著)、《军事法论纲》(周健著)、《军事法学》(张山新主编)、《军事法学》(陆海明、钱寿根编著)、《军队律师概论》(石成林、李昂主编)、《兵役法学》(侯庆贤主编)、《军事审判学》(田龙海著)、《军事立法学》(周健、曹莹著)、《军队刑事侦查学教程》(杨东录主编)、《军队法律服务工作概论》(石成林主编)、《军事法理学》(钱寿根著)等。

有关国防法学方面的研究专著主要有:《国防与立法》(任佩瑜著)、《有中国特色的国防建设理论》(刘义昌、库桂生主编)、《国防法立法理论研究》(军事法学研究会编写)、《国防法立法理论研究》(中国军事法学研究会编著)、《国防法知识问答》(图们、许安标主编)、《国防法概论》(许江瑞、方宁著)、《中华人民共和国国防法释义》(杨福坤、张春生主编)、《国防法学》(钱寿根、王伟伟主编)、《国防法学》(余子明主编)。

有关军事法学历史方面的研究专著主要有:《军事法史纲》(周健著)、《军事法制史》(丛文胜主编)、《中国军事法的传统》(周健著)、《中外军事制度比较》(李保忠著)等。

有关军事法制建设理论与实践方面的研究专著主要有:《军人法律手册》(朱阳明主编)、《军事设施保护法简论》(张纪孙、张柔桑主编)、《裁军与国际法》(刘海山、李玫著)、《紧急状态法学》(莫纪宏、徐高著)、《海战法概论》(张召忠编著)、《军队法制建设研究》(中国军事法学研究会编著)、《中国军事司法制度》(梁玉霞著)、《邓小平依法治军论》(戴怡芳著)、《中华人民共和国香港特别行政区驻军法释义》(中央军委法制局编著)、《军人违反职责罪》(黄林异、王小鸣著)、《军事行政法律行为研究》(夏勇、周健、徐高著)、《依法治军的理论与实践》(杨福坤、王文成主编)、《军事斗争准备中的法律问题研究》(西安政法学院科研部编)、《军队条令条例概论》(王安、张振岩主编)、《依法治军论》(宋新立著)、《中国军事法学研究的回顾与思考》(张建田著)、《军队条令条例教程》(军事科学院军制研究部编著)、《军队行政监察新论》(邓三士著)、《新世纪新阶段军队政治工作的根本法规》(程宝山主编)、《法律战——经典案例评析》(丛文胜著)等。

有关战时军事法学的研究专著主要有:《战争法概论》(顾德欣编著)、《国际法与战争》(张景恩著)、《战争法与现代战争》(郑国梁著)、《武装冲突法》(俞正山主编)、《战争法原理与实用》(丛文胜著)、《法律战:战时军事法》丛书:《战时军事法总论》、《战争法》、《战时军事行政法》、《战时军事刑法》、《战时军事刑事诉讼法》(周健主编)等。

我国目前在《法学研究》《中国法学》《法学杂志》《军事科学》《中国军法》等国内著名的法学专业期刊和《人民日报》《光明日报》《法制日报》《解放军报》等报纸上公开发表有关军事法学的学术论文多达 870 多篇。这些专业研究学术成果,极大地繁荣了军事法学的理论成果。主要有:张建田、仲伟钧在《法学研究》上发表的《应当重视我国军事法学的创立与研究》(1987 年第 3 期),莫毅强在《政法论坛》上发表的《关于建设具有中国特色的军事法律体系的几个问题》(1990 年第 1 期),谷安梁在《政法论坛》上发表的《关于军事立法理论问题的思考》(1993 年第 1 期),张纪孙在《法学杂志》上发表的《来自维也纳的报告——介绍国际军法和战争法研究新课题》(1995 年第 2 期),付池斌、黄伟在《中国军法》上发表的《战时军事审判管辖制度思考》(2002 年第 4 期),李佑标在《中国法学》上发表的《军事法与军事法学的概念研究》(2004 年第 5 期),曾宪义在《中国司法》上发表的《加强教材建设,推动军事法学的发展》(2004 年第 10 期),徐根初在《国防》上发表的《围绕新军事变革加强军事法学研究》(2005 年第 3 期)等。

2003 年 11 月,中国政法大学军事法研究中心正式成立,这是我国首个由高等院校设立的军事法学研究机构。12 月,中国政法大学决定设立军事法学专业博士点,聘请了中央军委法制局、总政治部司法局、解放军法院、解放军检察院、中国军事科学院、解放军西安政法学院等军队机关、教学科研单位的 16 位法律法学专家担任特邀顾问和特邀研究员,与本校的行政法学、刑法学、国际法学等学科的权威教授担任指导教师,研究军事立法学、军事司法学、军事组织法学和军事刑法四个方向。中国政法大学军事法学研究中心必将为我国的军事法学学科建设作出巨大贡献。

二、军事法体系的理论界说

有关军事法体系,法学理论界存在着不同的论说。依据不同的理论标准,专家学者们提出了不同的观点。有的专家学者认为军事法是一个综合法律部门,不宜将军事法单独作为一个法律部门;有的专家学者主张军事法是调整特殊的军事、国防法律关系的法律规范,应当作为一个独立的法律部门;有的专家学者主张军事法体系是“三层次”说,有的专家学者认为军事法体系是“四层次”说,有的专家学者还主张“五层次”说、“六层次”说等。

1. 军事法体系并不存在的理论学说

在我国法学界,存在着军事法学不是一个独立的法律部门的观点,不承认军事法律体系的存在。他们主张将有关调整国防和军队建设的法律规范放入其他法律部门之中。在2000年4月由国务院法制办公室汇编的《新编中华人民共和国常用法律法规全书》中,就把属于军事法范畴的法律法规分别编入宪法类、行政法类。如把《中华人民共和国香港特别行政区驻军法》《中华人民共和国澳门特别行政区驻军法》编入宪法类,把《中华人民共和国国防法》《中华人民共和国兵役法》《中华人民共和国人民防空法》《中华人民共和国军事设施保护法》等编入行政法类①。

2001年3月9日,李鹏在第九届全国人民代表大会第四次会议上所作的《全国人民代表大会常务委员会工作报告(2001年)》中指出,根据党的十五大提出的依法治国、建设社会主义法治国家的要求,为实现2010年形成有中国特色社会主义法律体系的目标。第九届全国人大常委会提出,要在第九届人大任期内这个法律体系初步形成,并明确提出形成有中国特色社会主义法律体系的基本标志就是:"第一,涵盖各个方面的法律部门(或法律门类)应当齐全。关于法律部门,法学界有不同的划分方法,常委会根据立法工作的实际需要,初步将有中国特色社会主义法律体系划分为七个法律部门,即宪法及宪法相关法、民法商法、行政法、经济法、社会法、刑法、诉讼与非诉讼程序法。第二,各个法律部门中基本的、主要的法律应当制定出来。第三,以法律为主干,相应的行政法规、地方性法规、自治条例和单行条例,应当制定出来与之配套。""到目前为止,全国人大及其常委会已经制定了390多件法律和有关法律问题的决定,国务院制定了800多件行政法规,地方人大制定了8000多件地方性法规。同时,构成有中国特色社会主义法律体系的七个法律部门已经比较齐全,各个法律部门中基本的、主要的法律也大多已经制定出来。因此可以说,以宪法为核心的有中国特色社会主义法律体系的框架已经基本形成。"②2003年3月10日,李鹏在第十届全国人民代表大会第一次会议上所作的《全国人民代表大会常务委员会工作报告(2003年)》中明确地说明:"在前几届工作的基础上,经过不懈努力,构成中国特色社会主义法律体系的各个法律部门已经齐全,每个法律部门中主要的法律已经基本制定出来,加上国务院制定的行政法规和地方人大制定的地方性法规,以宪法为核心的中国特色社会主义法律体系已经初步形成。"③在全国人大的网站上也是列出了宪法及宪法相关法、民法商法、行政法、经济法、社会法、刑法、诉讼与非诉讼程序法七个法律部门。这说明,全国人大的指导思想是不把军事法作为一个单独的法律部门来看待的。全国人大在其工作报告中和网站上将全国的法律体系分成了七个法律部门,没有将军事法作为一个法律部门分列出来,而是将有关军事法律规范的法律文件分散在宪法法律部门和行政法

---

① 国务院法制办公室. 新编中华人民共和国常用法律法规全书[M]. 北京:中国法制出版社,2000.

② 参见《全国人民代表大会常务委员会工作报告(2001)》。

③ 参见《全国人民代表大会常务委员会工作报告(2001)》。

法律部门之中,这对发展军事法、繁荣军事法学是极其不利的。虽然这只是全国人大的工作报告,但它对我国的法律体系的法律部门的构成却产生巨大的影响,许多学者都以此为依据来否认军事法是一个独立的法律部门。

其实,这与国家加快军事变革、迎接世界新军事变革的挑战、实现依法治军的要求是极为不相符的,对加速我国国防和军队的现代化和正规化建设是非常不利的。与许多法学专家学者的看法是相反的,军事法作为一个独立的法律部门既是国家权力结构法制调整的需要,也是国家实现民主法制建设的现实需要。作为国家权力构成中的重要一极,国防和军队必须纳入法治的轨道,否则,建设政治文明和法治文明的目标就可能会受到破坏,建设富强、民主、文明的现代化国家就很难实现。"兵者,国之大事也。死生之地,存亡之道,不可不察也。""军无法不立,法无严不威。"正如邓小平所说,"军队非讲纪律不可,纪律松弛是不行的","我们这个军队,历来强调一切行动听指挥,强调自觉遵守革命纪律"。必须做到"军队所有的领域,所有的方面"都要"有法可依",这样才有利于加强我军的革命化、正规化和现代化建设,才能不断地提高我军打赢未来的高科技战争的能力,保护国家和人民的生命财产的安全①。因此,许多专家学者都倾向于把军事法作为一个独立的法律部门来对待。如原中国法学会会长、著名的法学家张友渔老先生早在 1987 年为我国第一本军事法学著作《中国军事法学》所写的序言中就明确提出"军事法是一个独立的法律部门,军事法学是我国法学的一门分支学科"②。在 1991 年 12 月致中国军事法学会成立的贺信中再次指出,"军事法学是法学中的一个独立的学科,在我国社会主义法学体系中占有重要的地位"③。北京大学著名法学家沈宗灵教授认为,军事法是"调整国防建设和军事方面关系的法律规范的总称",是我国法律体系中的一个重要的法律部门④。吉林大学法学院法理学家张文显教授在其编著的全国普通高校使用的法学教材《法理学》中,明确将军事法作为一个独立的法律部门⑤。江苏省高级人民法院院长、我国著名的法学专家公丕祥教授在其主编的法学教材《法理学》中,将军事法与宪法、行政法、民法、经济法等一起作为我国法律体系中的十个主要法律部门中的一个独立的法律部门⑥。军事科学院的唐炎研究员认为:"军事法学是我国社会主义法学的一个分支学科,是研究军事法这一特定社会现象及其发展规律的科学,军事领域里一切以法为研究对象的社会科学都属于军事法学的研究范畴。"⑦从而可见,我国法学理论界普遍将军事法作为我国法律体系中的一个

---

① 邓小平文选(第 2 卷)[M].北京:人民出版社,1993,第 72—78 页.
② 张建田,仲伟钧,钱海皓.中国军事法学[M].北京:国防大学出版社,1988.
③ 张友渔文选[M].北京:法律出版社,1997.
④ 沈宗灵.法理学[M].北京:北京大学出版社,2000,第 348 页.
⑤ 张文显.法理学[M].北京:法律出版社,2004,第 36 页.
⑥ 公丕祥.法理学[M].上海:复旦大学出版社,2002,第 361—366 页.
⑦ 唐炎.国家军制学概说[M].北京:军事科学出版社,1990,第 32 页.

独立法律部门。早在1987年5月原国家教委就正式将军事法学与宪法学、刑法学、民法学等一起列为一门学科,同年10月,军事科学院也将军事法列为《中国军事百科全书》57个分支学科之一。现在的军事立法体制和立法数量表明了军事法实际上已经是一个独立的法律部门了。《中华人民共和国立法法》明确规定,中央军事委员会享有向全国人民代表大会提出法律议案的权利,"中央军事委员会根据宪法和法律,制定军事法规。中央军事委员会各总部、军兵种、军区,可以根据法律和中央军事委员会的军事法规、决定、命令,在其权限范围内,制定军事规章"。全国最高权力机关制定的立法规范明确规定了军事法是由全国人大制定的有关军事法律、军事法规、军事规章构成的。所以,军事法在我国的法律体系中应该成为一个独立的法律部门,而且它还应该是一个基本的法律部门,这样,才有利于我国军事法的全面发展,更好地促进国防和军队的现代化建设。

2. 军事法体系的"三层次"说

我国承认军事法是一个独立的法律部门的观点还是占主流,对军事法的体系也有不同的说法,出现了军事法体系的"三层次""四层次""五层次""六层次"学说之多。"三层次"学说专家学者认为,军事法体系内部的体例结构在纵向上大致分为三个层次:第一个层次是由全国人大及其常委会制定的军事法律和有关军事法律问题的决定;第二个层次是由国务院、中央军委依据宪法和法律制定的军事法规(含军事行政法规);第三个层次是由总部、军兵种、各军区为实施军事法律、军事法规而制定的军事规章①。军事法的"三层次"学说,是从立法体例和立法主体的角度对军事法律规范按照法律的效力等级来进行划分的。其优点就是法律体系的构成层次十分分明,法律规范的等级位阶十分明显,很容易把不同等级效力的军事法律规范归入相应的法律层次之中。其不足是只考虑到了军事法所调整的军事内部法律关系,并没有将我国有关调整军事法律关系的宪法规范涵盖进去。

3. 军事法体系的"四层次"说

"四层次"学说专家学者认为,依据法律的现有效力等级,将军事法分为军事基本法、军事法律、军事法规和军事规章。其学说构成的主要依据是原来我国所确定的军事法体系的建设目标。早在1994年的全军首次法制工作会议上就提出:"围绕军事法制建设的主要任务,从长远看,要逐步建立起从共同原则出发,具有内在联系、结构合理、门类齐全、内容完整、规范严谨、层次分明的军事法律体系。这一体系主要由以下几部分构成:第一,要有一部由全国人大发布的军事基本法(即国防法,是国防和军队建设的根本法)。第二,要有一整套由全国人大常委会发布的与军事基本法相配套的重要军事法律。第三,要有一整套由中央军委发布或国务院与中央军委联合发布,与重要军事法律相配套的军事法规或军事行政法规。第四,要有一整套由全军各大单位

---

① 张建田.中国军事法学研究的回顾与思考[M].北京:法律出版社,2003,第227页.

发布的与军事法规相配套的军事规章。"①所谓的军事基本法是指调整在国防建设和武装力量建设领域内最重要、最基本的社会关系的法律,通常认为就是《中华人民共和国国防法》。国防大学法学教授钱寿根就认为,"《中华人民共和国国防法》既是我国法律中的基本法,也是我国军事法体系中的基本法"②。军事法体系的"四层次"学说,突出强调了军事基本法与军事法律的效力的不同,认为军事基本法是国家加强国防建设和武装力量建设的法律依据,是制定其他军事法律、军事法规和军事规章的基础和依据。其实,这种说法缺乏法理依据。从效力等级上看,凡是由全国人大制定的法律都应该处于基本法的地位,都应该纳入基本法的体系之中。所谓的军事基本法从固有的属性来说,它应该归属于军事法律之中,因为在法律规范的称谓上,不存在军事基本法的说法,那只是人们对某种军事法律规范在整个法律体系中的地位的认知。所以,在军事法律之外,再有军事基本法的提法实属没有必要。

4.军事法体系的"五层次"说

军事法体系的"五层次"说认为,根据现有的立法体制构成来建设我国的军事法体系。指出"我国军事法的体系,是指以宪法为依据,以军事基本法为核心,以军事法律为主干,以现行的或即将制定的军事法律规范为基础组成的门类齐全、层次分明、内容和谐的有机的统一整体"③。我国军事法体系是指由军事法的分支部门组成的,门类齐全、具有内在联系、和谐统一的有机整体,是国家法律体系的重要组成部分。军事法的分支部门一般包括:军事基本法、军事组织法、军事行政管理法、兵役法、军事刑法、军事诉讼法、军事经济法、国防科技法、国防动员法、国防教育法、军事设施保护法、军人优抚法、战时特别法、战争法。④ 纵观我国法学专家学者的论述,他们各自从不同的角度阐释了军事法体系的构成,都有一定的合理性但也存在一些不足。"五层次"说与《中华人民共和国立法法》规定不相符,缺少军事规章这部分,其列举式阐述的军事法的分支部门不够全面,缺乏科学依据,欠缺科学完整性。

因此,综合我国不同法学专家的论说,并结合我国军事立法体制和现实状况,笔者认为,我国的军事法律体系应该是一个由四个法律效力等级层次不同的法律规范构成的内在的有机统一整体。这四个层次是:宪法性军事法律规范、军事法律、军事法规和军事规章。至于军事行政法规应当归入何类?依据《中华人民共和国国防法》《中华人民共和国立法法》《军事法规军事规章条例》的规定,军事行政法规在法律效力上与军事法规是相同的,完全可以将它纳入军事法规之中。因为从制定的主体上看,军事行政法规往往是国务院与中央军委联合发布的,从调整的社会法律关系来看也是涉及军事、国防建设与社会建设的诸方面的问题。将军事行政法规纳入军事法规之中是合理合法的。

① 张建田.关于我国军事法律体系的建立和完善问题[J].河南省政法管理干部学院学报,2004(1).
② 钱寿根.军事法理学[M].北京:国防大学出版社,2004,第213页.
③ 图们.军事法学教程[M].北京:法律出版社,1992,第105页.
④ 杨福坤,等.军事法学词典[Z].北京:国防大学出版社,1993,第2页.

三、军事法体系的科学构造

军事法经过长时间的建设发展,虽然初步形成了具有中国特色的军事法律体系,但是我国的军事法体制到底应该建成为一个什么样的体系,学界认识还不尽相同,目标还不是十分明确。随着我国民主法制的深入发展,国防和军队现代化的推进,军事法研究的不断繁荣,一个门类齐全、结构完整、构成科学、和谐统一的军事法体系应当迅速建立起来。

1. 按照科学发展观的要求,对军事法进行科学分类

在"十一五"期间,在科学发展观的指导下,我国的军事法体系会在现有成就的基础上获得更大的发展,成为我国社会主义法律体系中的重要的子体系。中央军委已经按照科学发展观的要求,遵循现代军事发展规律和国防现代化发展的实际需要编制了新的五年立法规划,而且更加突出了国防和军队新世纪新时期的历史使命,依法保障国防和军队跨越式发展目标的实现,为实现中华民族的伟大复兴提供强大的国防和安全保障。对于构建我国军事法体系的法律应当如何划分,许多学者从不同的角度,提出了不同的构成学说。虽然各自均有道理,但也存在不足。为构建科学的军事法体系,根据"四个层次构成"说的理论,结合军事法的立法体例和军事法已经初步形成的体系以及未来军事法的立法重点,笔者认为未来完整科学的军事法体系将是由国防安全法、军事组织法、军事行为法、军事管理法、军事保障法、军事处罚法、战时特别法、特区驻军法、军人权益保护法和国际军事法等十个子系统构成的科学体系。

(1)国防安全法。主要包括《中华人民共和国国防法》《中华人民共和国国防教育法》《中华人民共和国国防动员法》《中华人民共和国军事设施保护法》《中华人民共和国人民防空法》《中华人民共和国空间保护法》《中华人民共和国信息安全防护法》《中华人民共和国通信设施保护法》《中华人民共和国外层空间合作保护法》《中华国防科技法》《国防科技成果管理条例》《国防专利条例》《国防科技保密条例》《国防科学技术合同管理条例》《国防科学技术情报工作条例》等,以及相应的军事法规和军事规章。

(2)军事组织法。主要包括《中央军事委员会组织法》《中华人民共和国武装力量组织编制法》《中国人民解放军体制编制法》《中国人民武装警察部队体制编制法》《中华人民共和国民兵组织法》《中华人民共和国兵役法》《中华人民共和国现役军官法》《中华人民共和国预备役军官法》《中国人民解放军文职干部条例》《中国人民解放军现役士兵服役条例》《中国人民解放军士官管理规定》《中国人民解放军军事法院组织法》《中国人民解放军检察院组织法》《中国人民解放军科研院校组织法》《中国共产党军队支部工作条例》等,以及相应的军事法规和军事规章。

(3)军事行为法。主要包括《中华人民共和国戒严法》《军队参加抢险救灾条例》

《中华人民共和国飞行基本规则》《中国人民解放军军事训练条例》《中国人民解放军军事训练大纲》《中国人民解放军军事训练考核大纲》《中国人民解放军院校教育条例》《中国人民解放军军事科学研究条例》《中国人民解放军联合战役纲要》《中国人民解放军司令部条例》《中国人民武装警察部队司令部工作条例》《中国人民解放军指挥自动化条例》《关于执行〈中华人民共和国刑事诉讼法〉若干问题的暂行规定》《中国人民解放军保卫工作条例》《军事检察机关侦查工作细则》等。

（4）军事管理法。主要包括《中国共产党军队委员会工作条例》《中央军委纪律检查委员会关于贯彻执行〈中国共产党纪律检查机关案件检查工作条例〉若干问题的规定》《中华人民共和国军品出口管理条例》《中央军委关于新时期军队政治工作的决定》《中国人民解放军政治工作条例》《中国人民解放军内务条令》《中国人民解放军纪律条令》《中国人民解放军队列条令》《中国人民解放军队备条令》《中国人民解放军基层后勤管理条例》《中国人民武装警察部队装备管理条例》《军队武器装备进出口管理条例》《民兵武器装备管理条例》《军用爆炸物品安全管理条例》《中国人民解放军保密工作条例》《中国人民解放军边防值勤条例》《中国人民解放军计划生育条例》《中国人民解放军房地产管理条例》《中国人民解放军卫生工作条例》《中国人民解放军绿化条例》等。

（5）军事保障法。主要包括《中华人民共和国国防经费法》《中国人民解放军后勤条例》《中国人民解放军装备条例》《中国人民解放军装备采购条例》《中华人民共和国征兵工作条例》《战略武器定型工作条例》《中国人民解放军团级以上领导干部职务任免暂行条例》《中国人民解放军联勤条例》《中国人民解放军后勤科学技术条例》《中国人民解放军装备科技信息工作条例》《中国人民解放军机关公文处理条例》《中国人民解放军军需条例》《中国人民解放军物质条例》《中国人民解放军装备维修条例》《中国人民解放军审计条例》《中国人民解放军军衔条例》《军用机场管理规定》《关于军用港口、码头的规定》《关于保护海底电缆的规定》等。

（6）军事处罚法。主要包括《中华人民共和国刑法》中有关"军人违反职责罪"的规定、《破坏军婚惩治条例》、《关于剥夺犯罪军人军衔的规定》、《破坏国防设施和武器装备惩治条例》等。

（7）战时特别法。主要包括《中华人民共和国战时动员法》《中华人民共和国战时征用法》《中华人民共和国战时补偿法》《中华人民共和国战时交通运输条例》《中华人民共和国战时审判条例》《中国人民解放军后勤战时保障条例》《中国人民解放军战时空中管制规定》《中国人民解放军海上通行战时管制规定》《中国人民解放军战时褒奖条例》等。

（8）军人权益保护法。主要包括《中华人民共和国现役军人权益保护法》《中华人民共和国现役军人福利法》《军队转业干部安置暂行办法》《革命烈士褒扬条例》《退伍义务兵安置条例》《军人抚恤优待条例》《军人保险制度实施方案》《军人伤亡保险暂行规定》《军人退役医疗保险暂行办法》等。

(9)特别行政区驻军法。主要包括《中华人民共和国香港特别行政区驻军法》《中华人民共和国澳门特别行政区驻军法》《中华人民共和国台湾地区驻军法》《中国人民解放军驻香港部队干部轮换暂行规定》《中国人民解放军驻香港部队审计规定》等。

(10)国际军事法。主要是指我国已经承认和加入的国际军事条约和缔结的多边或双边协议。主要包括:《关于和平解决国际争端的马尼拉宣言》《关于禁用毒气或类似毒品及细菌方法作战协议书》《关于发生武装冲突时保护文化财产的日内瓦公约》《拉丁美洲禁止核武器公约》《不扩散核武器条约》《南太平洋无核区条约》《南极条约》《外层空间条约》《改善战地武装部队伤病者境遇日内瓦公约》《禁止或限制使用某些可被认为具有过分杀伤或滥用作用的常规武器条约》《禁止细菌(生物)及毒素武器的发展、生产以及销毁这些武器的公约》《1949 年 8 月 12 日日内瓦公约关于保护非国际性武装冲突受难者的附加议定书》等。

2. 完善军事权力体制配置理论,全面实现军队建设的民主化

军事民主是国家民主建设的重要组成部分,直接体现了国家政治文明的程度。军权是国家党、政、军权力结构体系中的重要一极,是国家权力的重要组成部分。目前,我国的军事立法,过多地强调了军事权力的正当性和合理性,而对军事权力的泛化和膨胀缺乏应有的考虑。这与现代制度文明的权力制衡理论是不相符的。随着我国政治文明建设的深入发展,人们对军权在国家权力结构中的地位和分配应当逐步进行深入研究,探寻对军权进行有效制约的权力制衡机制,防止军权的无限扩大。完备的军事法律制度,必须对军事权力在国家权力体系结构中的地位加以明确,对军事权力的行使加以科学规制,这对保障国防和军事现代化的发展,保证军队为人民服务,保证军队为捍卫国家的主权和领土完整,保护国家安全,保护广大人民的利益和国家利益是十分重要的。

3. 建立保证打赢信息化战争的法律制度

我国为迎接新军事革命,打赢未来的高技术信息化战争,军队从建制编成到作战式样,从陆、海、空、天、电一体化建设到军事后勤保障的现代化,都需要进行全方位的改革创新,消除不必要的体制障碍,理顺各种关系,确保"打得赢"目标的实现。我国现在正在加速推进具有中国特色的新军事变革,实现从机械化向信息化建设的跨越,需要完善的制度保障和优化的体制支撑。为此,我们必须加快军事法制现代化进程,积极制定适应信息化战争需要的精简、合成、快速、高效的军事体制编制的法律法规,保证军队联合作战体制的达成;制定适应国防和军队信息化建设所需的国防经费运行机制的法律法规,加速推进我国武器装备的现代化;制定保障陆、海、空、天、电一体化建设的法律法规,提高国防和军队打赢信息战的作战能力;等等。因此,必须通过一系列的法律法规,保障信息时代国防和军队的政治建设、组织建设、文化建设、军事训练等

获得跨越式发展,确保我国具有强大的国防和军队,保证我国全面建设小康社会目标的实现,保证全国人民安居乐业。

4. 未雨绸缪,构建战时军事法律制度

军事法必须对战时的法律问题进行理论研究,为未来的高科技信息战争提供法律制度保障。人们已经从国际全球化的背景下,本着未雨绸缪的态度,从战略高度对战时的法制理论进行研究,对战时经济、战时动员、战时保障、战时刑法、战时交通、战时通讯等方面提出了理论支持。我国已经在《中华人民共和国刑法》中规定了有关战时犯罪的情形,建立了战时刑事法律制度,但对战时配套的法律法规还没有制定出来。因此,今后必须加紧制定《战时军事法》《战时动员法》《战时行政法》《战时诉讼法》《战时褒奖法》等法律法规,为完善我国战时法律制度体系建设进行战略准备。同时,我国还对国际军事法进行了深入研究,熟悉国际法有关战争的规则、人道主义的法律和和平利用外层空间的相关规定,学会利用国际法武器进行斗争,为我国赢得和平建设的重要战略机遇期,丰富了我国军事法的理论内容,将我国军事法理论提高到一个新水平。

付池斌、吕世伦撰写,刊于《黑龙江省政法管理干部学院学报》2006 年第 2 期。

完善社会主义法治的一个契机

——当前全球金融危机引发的法学思考

2008 年美国金融危机的全面爆发和蔓延,使全球金融系统迅速陷入自 1929 年以来的最大厄难之中。随着经济全球化程度的不断加深,这场金融风暴,波及范围之广、冲击力度之强、连锁效应之快都是前所未有的,给世界各国经济发展和人民生活带来严重影响。中国也同样经受着巨大的考验与挑战。这场"百年一遇"的金融危机①,留给世人的沉重思考是全方位的。其中,中国特色的社会主义法学,肯定是个极为重要的视角。

一、全球金融危机的法律意识形态根源

经验表明,西方世界的经济发展的不同时期,往往受到相应的法律意识形态的主导与推动。隐藏在这次全球金融危机背后的法律意识形态,正是源于 19 世纪边沁的功利主义传统,继而又是在西方盛行多年的新自由主义。

广义而言,新自由主义泛指 20 世纪以后的当代具有自由主义倾向的思潮和流派,其中又分为左翼自由主义思想阵营和右翼自由主义思想阵营。左翼自由主义是对 17—18 世纪启蒙的古典自由主义作了重大修正而形成的,又被称为福利自由主义、社会自由主义、激进自由主义。右翼自由主义则继续沿着古典自由主义的传统前进,捍卫并发展了古典自由主义的基本信条。人们一般在狭义上将新自由主义限定为 20世纪以后的右翼自由主义,其主张大致包括:第一,坚持消极自由观念,反对积极自由观念;第二,主张进化理性主义,反对建构理性主义;第三,坚持自由对平等的价值优先性;第四,主张国家中立,坚持有限政府,认为政府比市场存在更为严重的缺陷,更容易造成对自由的侵犯。右翼自由主义又被称为保守自由主义,主要代表人物有:F. A. 哈耶克、诺齐克、M. 弗里德曼、B. 布坎南、K. 波普尔等。20 世纪 70 年代以后,随着凯恩斯主义的失灵,特别是以哈耶克获得诺贝尔奖为契机,右翼自由主义思潮呈现出蓬勃上升之势②。

---

① 美国联邦储备委员会前主席艾伦·格林斯潘语,http://news. xinhuanet. com/world/2008 - 09/15/ content_10009014. htm.

② 吕世伦. 西方法律思潮源流论[M]. 北京:中国人民大学出版社,2008,第 438 页.

在新自由主义思潮影响下,美国的金融政策和监管制度均体现为市场导向性的特点。冷战结束后,伴随着经济全球化的迅速发展,新自由主义不仅仅是美国经济政策的基础,也成为美国在全球推行金融自由化的工具。由于美国在国际金融体系中的主导作用,新自由主义的思想对这个体系也形成了极大影响①。

2009年2月4日,社会民主主义者、澳大利亚总理陆克文在该国《月刊》杂志撰文指出,新自由主义是金融危机的祸首。他认为,当前危机后果的始作俑者就是过去30多年以来自由市场意识形态所主导的经济政策。这一政策被称为"新自由主义、经济自由主义、经济原教旨主义、撒切尔主义或华盛顿共识",其主要哲学包括:反对征税、反对监管、反对政府、反对投资公共产品,推崇不受管制的金融市场、劳动力市场和自由修复的市场②。

这次全球经济危机,从根本上说,是多年来市场原教旨主义(新自由主义的原教旨派别)盛行、放松国家法律规制的恶果。百年前马克思就指出:"货币不仅是'进行交换的媒介',同时也是使产品同产品的交换分解为两个独立的、在时间和空间上彼此分离的行为的媒介。"③这使货币能够成为实体经济之外的强有力的特殊金融。长期以来,美国奉行的自由市场经济政策。过于相信市场的自我约束和自我调整能力,尤其激励虚拟的金融和货币市场的任意炒作,人为地造成了金融监管的缺失和松懈。以至于投机大师乔治·索罗斯也说:"金融市场的过度在很大程度上归因于监管当局未能实施适当的控制。"④以维护任性的自由为核心的监管理念、监管制度的漏洞和监管手段的不足,使金融体系的风险逐步累积,终于导致危机的爆发。

二、全球金融危机对构建中国特色社会主义法治的启示

金融危机的背后隐藏着深刻的经济危机,经济危机又可能进一步诱发政治危机和社会危机。对我国法学而言,最关紧要的是,为了进一步完善中国特色社会主义法治,以便推动经济的全面、均衡、可持续发展,不断提高广大群众的生活水平及在国际经济交往中立于不败之地,透过此次全球金融危机,我们能够从中总结的主要教训是什么。

(一)市场机制和国家干预要相辅相成

新自由主义者认为,市场具有自发调节性和自足性,不需要国家的全面监管和干预、他们推崇"守夜人式的国家"。如诺齐克认为,国家必须是最弱意义上的国家。主

---

① 国纪平.过度创新与金融风暴——初析国际金融危机的成因、危害及应对(上)[N].人民日报,2008 – 11 – 05.

② 陆克文.新自由主义是金融危机祸首[N].参考消息,2009 – 02 – 10.

③ 马克思恩格斯全集.26卷Ⅱ[M].北京:人民出版社,1973,第575页.

④ 乔治·索罗斯.索罗斯带你走出金融危机[M].刘丽娜、綦相,译.北京:机械工业出版社,2009,第143页.

要履行防止暴力、欺骗、偷盗和强制履行契约等有限职能。但是这场金融危机却再次告诉人们，不受监管的市场经济是多么可怕。2001年诺贝尔经济学奖得主、美国经济学家约瑟夫·W.蒂格利茨评价道："意识形态宣称，市场总是好的，政府总是坏的。我们从大萧条中吸取的教训是，市场不会向我调节——至少不是在一个与活着的人有关的时间框架内。"①美国著名学者弗朗西斯·福山②也提出，金融危机使新自由主义经济模式走入了死胡同③。真正的市场化改革，绝不能把市场机制与国家干预对立起来，既要发挥市场机制这只"看不见的手"的作用，又要发挥国家干预这只"看得见的手"的作用。只有这两只手紧紧地结合起来，才能避免重大的挫折，使国民经济获得健康和稳定的发展。

改革开放以来，中国积累了丰富的宏观调控的经验，运用法律等手段的宏观调控能力在不断增强。尤其在近几年的SARS、冰雪灾害和汶川大地震等重大突发事件中，中国政府的表现更加强了人们对中国政府干预能力的认识和干预有效性的信心。特别是，如同国际舆论和各界学者所公认的那样，面对当前的国际金融危机，中国政府采取及时和果断的救市与调整经济结构的措施，已经较快地显效。

但问题仍然在于，如何界定政府干预市场经济的范围；如何处理好政府干预这只"有形的手"与市场机制这只"无形的手"之间的相互关系；如何规范政府干预市场经济的行为等。这些均有待长期的摸索和解决，不可能一蹴而就，也不可能一劳永逸。

与西方有所不同，中国经济的发展过程中存在着两方面的阻碍：一是国家主义的影响。在中国，国家主义有着深厚的传统。新中国成立后，国家主义一直是阻碍社会主义市场经济、法治乃至法学建设的主要因素之一。国家主义在政治和经济活动中最经常的表现是行政权行使的无序性和随意性。如忽视发挥市场在资源配置中的基础作用，一味纵容、鼓励不符合公正、效率、法治精神的政府干预行为。二是自改革开放以来，直面高速度的经济发展。法律制度建设滞后和监督乏力，政府虽然逐渐退出微观经济领域，但宏观的经济调控则存在诸多漏洞。例如，国有资产巨量流失、官员寻租行为、官商勾结、行贿受贿成风、社会贫富分化日趋严重、造成人数众多的弱势群体等。各种腐败现象，不仅毒害世风民俗，对经济的成长亦是严重威胁。在全球金融危机的严峻形势下，面对国内存在的这些迫切问题，各界都强烈地呼吁我们对法律制度进行调整。

自20世纪中期以来，国家的经济干预已成为社会发展的大趋势，也是法律发展的

---

① 约瑟夫·斯蒂格利茨.我们是怎样陷入危机险境的？［C］.程恩富.金融风暴启思录.北京：中国法制出版社，2009，第25页.

② 弗朗西斯·福山于1992年出版著作《历史的终结与最后的人》(The End of History and the Last Man)，一举成名，并引发广泛争论。

③ 中共中央宣传部理论局.理论热点面对面2009［M］.北京：学习出版社、人民出版社，2009，第47页.

大趋势。然而,近二三十年,以英美为典型的西方国家在放任的新自由主义影响下,为了刺激经济增长的暂时需要,重蹈过时的老路,复又祭起市场万能的法宝。事实雄辩地证明,倒退注定是要碰壁的。美联储前主席格林斯潘在任期期间一直是自由市场运行体制的倡导者,奉行"最少的监管就是最好的监管"的理念。但在 2008 年 10 月 23 日美国众议院召集的听证会上,他则坦承,缺乏监管的自由市场存在缺陷,眼下的金融危机证明,他针对自由市场经济体系的想法和做法存在缺陷,这一点让他"震惊"。在次贷危机进一步恶化为金融危机之后,格林斯潘这位自由市场主义的信徒呼吁应加强对金融机构的监管。2007 年诺贝尔经济学奖得主之一埃里克·马斯金教授也表示:"美国次贷危机爆发的主要责任在政府的监管失误。"①

当然,我们所主张的国家干预应是尊重市场经济机制的干预,是授权和限权有机结合的干预。目前政府在救市过程中,一要避免行政化的过度过热;二要坚持依法运作。行政部门内部管理上的人为因素较多、随意性较大而法制因素少,以及由此导致的监管不力,也是金融市场失序的一个重要原因。腐败行政、低效行政本身就是金融隐患②。所以应在法律层面建立与完善相应的民主参与和监督制度,保障人民的知情权和决策权,使政府的救市行动在阳光下进行,并从社会中获得强大的支撑力。

还要清醒地看到,中国在此次金融危机中之所以没有像美国那样受到巨大的直接冲击,并非由于中国的金融体系非常严密、金融监管和金融立法非常完善,而是由于中国金融市场尚不足够发达,还没有完全对外开放、完全融入全球经济中,没有遭到金融泡沫破灭的更猛烈的冲击。事实上,我们还有许多监管与立法的空白之处,如果不尽快加以弥补,将无法从容应对金融危机给中国带来的后续的深远影响。

一个有序市场的基础是法制和监管,进而又是一个健康的金融体系赖以运行的根本性制度保障。如同几十年来我们已经体验到的那样,不论具体国情有何区别,有一点却是共同的,即一切发展中国家的改革和开放皆必须在健全的法制框架内进行。换言之,就是借助缜密的立法和严格的司法,把国民经济面临的外部风险控制在可以承受的范围内,力戒各种保守的与冒进的政策任性。

(二) 促进社会公平正义

当前全球金融危机对我们的另一启示就是:构建和完善中国特色社会主义法治,必须充分体现社会公平正义的基本要求。着力改善民生应成为今后中国法治发展的重点,加强社会领域立法,推动和谐社会建设。

促进社会公平正义,首先要保证和实现制度正义。在法治社会,由于政治制度、经济制度都是通过法律制度来体现和实现的,所以,紧紧把握好法律制度就成为表达和

---

① 次贷危机研究课题组.次贷危机正在改变世界[M].北京:中国金融出版社,2009,第 311 页.
② 李岘.冷静的法律与创新策略——金融危机的法律应对之策[J].北京政法职业学院学报,2009(1).

操控当代社会制度链条的关键,进而把社会公平正义落到实处。法律制度在贯彻和保障社会公平正义中的主要作用在于:

第一,法律有助于解放和发展生产力,为公平正义奠定雄厚的物质基础。这首先是由于法律能促进和实现人的解放,也就是人的自由。马克思继承康德和黑格尔关于法是自由的内在的思想,明确提出"法典就是人民自由的圣经"①。体现法(right)精神的法律(law),它的最高价值在于使人拥有名副其实的自由,成为主体性的人。这样,就会激发人的主观能动性、积极性和创造性,带来经济运行的高效率,带来财富的急速增长。其次,法律能适应市场经济的规律并引导人们遵循这些规律来相互交换自己的行为及其产品,以最小的成本赢得最大的产出。尽管今天我们不会再重复"市场经济就是法治经济"那样内涵模糊与外延不清晰的口号,但如果没有法治,现代市场经济肯定是无法继续下去的。因为法律保障着市场的秩序和效益。最后,拥有了较为丰实的财富的铺垫,我们按照公平正义精神来解决民生问题才靠得住。列宁指出:"劳动生产率,归根到底是保证新社会制度胜利的最重要最主要的东西。"②比资本主义制度更高的劳动生产率,会使广大群众的物质文化生活水平日益向上,切实体验到社会主义制度的优越性,从而强化参与和维护这个制度的信心和决心。反之,社会主义制度持续停顿于落后的状态,就表示它已失去生命力和继续存在的现实性。苏东社会主义国家的解体,其根本原因就在于此。当邓小平说"贫穷不是社会主义"③的时候,确实道出一个极具现实性的历史唯物主义伟大真理。30多年间的改革开放,我国正是沿着"经济建设为中心"的方针,努力摆脱贫穷,实现中华民族的复兴。目前,我国已成为世界第二大经济实体。虽然人均产值尚远远低于西方国家,但劳动生产率却高出一筹,经济实力的增强,也为我们抵御金融和经济危机(如1997年的东南亚金融危机),减少危机造成的损失,以及尽快地复苏(如眼下的情况)提供后盾。在经济全球化时期,我们能做到同各国相互竞争和双赢。同时又避免依赖他国,尤其是西方大国的外需(如不能长期主要靠出口贸易拉动国民经济增长以及购买美国国债等),而是不断地通过居民的共同富裕,使国家经济牢牢根植于内需;稳定的外需只能永远处于第二位,当然也是必要和重要的。

第二,对广大群众而言,更为迫切的是,借助法律来解决社会财富的分配与再分配的问题,直接地实现公平正义。正义的实质内涵是利益的分配(其中包括分配正义和矫正正义);而公平是当事人之外的第三者(尤其国家)所进行的利益分配,使当事人及周围群众感到这种分配的方式和结果是正当的、合理的。在刚刚启动社会主义市场经济体制的时候,中央提出"效益优先、兼顾公平"的口号,有其现实的、急切的根据。因为,我们的经济发展起点实在太低,甚至存在普遍贫穷,临时的救济都难以做到。当

---

① 马克思恩格斯全集:第1卷[M].北京:人民出版社,1956,第71页.
② 列宁选集:第4卷[M].北京:人民出版社,1972,第16页.
③ 邓小平文选:第3卷[M].北京:人民出版社,1993,第225页.

年,托马斯·阿奎那说过,财富"在全社会分配得很不平均",就与"合法性并无共同之处"①。确实,对于增加社会财富而言,市场经济的效能很高;但是,市场经济本身亦有很大的缺陷。经过一段时期的奋斗,我国经济得到欣欣向荣的发展,综合国力大大提高;与此同时,贫富两极分化也逐步加大,造成社会关系失衡和占人口多数的弱势群体的心理不平衡。这场全球金融危机刚一袭来,在珠三角和长三角地区,许多中小企业(首当其冲的是外贸出口企业)应声倒闭,数以千万计的农民工失业和纷纷返乡,加剧社会的动荡。就我国具体情况来说,经济之所以能造成如此严重的损失,同社会阶层结构和阶层间的收入结构的不合理,有密切关系。2009 年 3 月 6 日,世界银行行长佐利克(Robert. B. Zoellick)和世行首席经济学家林毅夫在《华盛顿邮报》联名发表文章《世界经济复苏取决"G2"》,该文提醒,为了实现"和谐社会"的目标,中国必须改变其收入分配。中国经济刺激方案应该将重点关注使较穷的消费者获得购买能力。为了避免金融危机演化为"人类生存发展危机",应当着力保护这些弱势群体。这是政府的责任,也是国际金融机构的责任②。邓小平提出的共同富裕和建立小康社会,恰在于消除两极分化。这里包含着古今中外一些有识之士的共同见解,即在比较符合公平正义的分配制度之下,一国中等收入者构成社会成员的主要部分和利益平衡的支撑点。通常,中等收入者可以较好地应对和承受在世界经济一体化背景下的突发性经济风险③,并能有效地推动国民经济的持续增长。

其次,鉴于上述理由,就必须进一步强化和完善作为公平正义实现的基本手段的法律制度自身建设。此次全球金融危机的背后实质是法律制度危机。一是劳动法,二是金融法,对于许多国家(含中国)来说,社会保障法滞后也是重要原因。劳动法的缺陷造成低工资,作为消费者主体的普通劳动者无钱消费,消费能力不足;社会保障法的缺陷造成储蓄过度,作为消费者主体的普通劳动者有钱不敢消费(医疗、教育和养老这"新三座大山"导致绝大多数中国人不敢消费),消费滞后。二者结合,必然使生产严重过剩、消费严重不足……金融法的缺陷造成金融投机泛滥,金融泡沫无限膨胀,从而导致超过真实消费能力的过度超前消费(美国为典型)。

中国表面上与美国相反(中国是债权国、美国是债务国),但实质上却相同,都存在由分配不公而引致的消费能力不足问题④。只不过中国是消费能力不足与消费滞后相兼,以消费滞后为特色;美国是消费能力不足与消费超前相兼,以消费超前为特色。美

---

① 阿奎那.政治著作选[M].北京:商务印书馆,1981,第 121 页.

② 参见《林毅夫报告揭秘中国经济:老百姓补贴大公司》,http://linyifu. blog. sohu. com/111865547. html;《佐利克林毅夫联合撰文:世界经济复苏取决中美合作》,http://linyifu. blog. sohu. com/111865380. html;《林毅夫:金融危机对于发展中国家的影响》,http://www. agri. gov. cn/jjps/t20081105_1166984. html.

③ 张恒山.略论制度正义——执政党的至上价值目标[J].中共中央党校学报,2007(4).

④ 2008 年独享诺贝尔经济学奖的美国经济学家保罗·克鲁格曼统计,在 20 世纪 70 年代,美国大公司主管平均收入是普通全职工人平均工资的 40 倍.而进入 21 世纪扩大到了 367 倍,参见中共中央宣传部理论局主编:《理论热点面对面 2009》,学习出版社,人民出版社 2009 年版,第 47 页.

国主要是泡沫掩盖了危机，中国主要是出口掩盖了危机。

为了在经济上实现供求平衡和消灭泡沫，根本措施是：强化金融监管立法，遏制非法金融投机，从而防止过度超前的消费；强化劳动立法，解决分配不公造成的生产过剩和消费能力的不足；强化社会保障立法，让消费者无后顾之忧，从而不致出现消费滞后（不敢消费）的现象①。

中央提出的"以人为本"的科学发展观，对我国社会主义法治建设具有重要的现实指导意义。其中，既包含法的形式正义，也包含法的实体正义。法治是源于人类对自身的存在、价值和命运的制度安排，"以人为本"则是深藏在它背后、决定其发展方向和命运的最高精神力量。"依法治国"主要是供给和实施治理国家所必需的制度、规范和程序；而"以人为本"的发展观的侧重点，则在于明确"依法治国"的价值取向和目的价值的基础。法治建设应围绕人的主体性和尊严而展开，以解放全人类为最高宗旨。立法、执法与司法都必须体现对人的终极关怀②。法律只有尊重和保护人权，公平正义才能落到实处，从而保持社会的稳定和健康发展。这样，我国在全球化的进程中便能永葆强大的生机和活力。

（三）推动建立国际经济新秩序

在全球金融危机的大背景下，二战后为顺应经济全球化进程而建构起来的以贸易自由化与金融自由化为核心宗旨的国际经济法律制度，正经受着前所未有的冲击和考验。长期以来，发达国家对国际货币基金组织等国际金融机构的绝对控制和发展中国家的极端弱势地位，是现行国际金融法律体制的致命弱点；而国际货币金融领域法律监管的制度性缺失，正是以美国为首的西方发达国家霸权的必然结果。在美欧等金融大国操纵的国际金融组织中，新兴市场经济国家和发展中国家缺乏对国际金融规则和决策的知情权、话语权以及规则制定权。现行的国际货币体系缺乏多元货币的制约和互补，美元霸权既加速美国在全球范围的财富积累，同时也输出美国金融市场的风险，形成财富掠夺和风险转嫁的双重结果。美元霸权直接威胁国际金融秩序的稳定与安全③。

中国一贯倡导建立国际经济新秩序。此次金融危机爆发后，中国政府积极参与国际社会为克服危机而采取的各项行动。作为世界上外汇储备最多的全球第二大经济体和贸易体，中国理应在国际经济法律领域发挥更大作用。中国政府应当充分利用当前有利的谈判地位，为中国争取在未来国际金融体系中有更多话语权，积极主动地参与国际金融体系游戏规则的制定，并在此过程中不断地促进与强化中国国家利益。具体措施包括：加强国际金融监管合作，完善国际监管体系；改进国际金融组织治理结

---

① 刘诚.强化法律规制以应对金融危机[N].法制日报,2009-01-20.

② 吕世伦,周世中.以人为本与社会主义法治[M].北京:中国大百科全书出版2006,前言.

③ 徐孟洲,杨松,席月民.美国金融危机对中国金融法治的启示[R]//中国社会科学院法学研究所.中国法治发展报告 No.7(2009).北京:社会科学文献出版社,2009,第255—270页.

构,提高发展中国家的代表性和发言权;完善国际货币体系,稳步推进国际货币体系多元化,共同支撑国际货币体系稳定,逐渐弱化经济交易中一律以美元作为结算单位的弊端。建立一套由广大发展中国家广泛参与的、具有严格拘束力和有效监督机制的国际金融法律制度,推动并形成一种公平、合理、稳定、有序的国际经济新秩序。

以往的法治研究常常呈现一种趋向,即把视角局限在国家边境以内,似乎这些法律成就的取得完全依靠这些国家自己的力量。但从全球的观点看,各国的损益是紧密关联的,西方法制的成就同牺牲、剥夺世界其他民族的利益分不开。换句话说,今天西方国家公民所享有的社会、经济、文化权利和社会保障水平的提高及清洁的环境,总要借助损害第三世界国家的人权与清洁权来换取。这些无可辩驳的事实决定了,消除此种不公平的现象,也只能以历史的眼光和从全球的角度来探究和着手①。

三、尾论

新中国成立 60 年,尤其是改革开放 30 年来,我国社会主义法治建设已取得辉煌的成就,基本上形成中国特色社会主义法律体系。这对于中国参与各方面(特别是经济全球化)取得重大成果,并带动国内经济和诸多领域的发展,使中国成为举足轻重的大国和强国,是极有贡献的。同世界各大国,特别是西方大国相比,在减少金融危机造成的损失、经济复苏的速度及信心指数上,中国均处于优越地位。这就是为什么危机不仅没有削弱反倒加强了中国国际影响力的原因。当下,我们反思此次全球金融危机的教训,首先应当肯定、巩固与发扬我们做的成功的基本方面,进而还要弥补危机中暴露出来的不足,以便做得更好。不论在国内和国外,不论过去、现在和将来,经济(包括金融)领域总潜在着人们不能立即预见或难以预见的多种多样的不确定性因素和变数,从而,期望一种绝对完善的经济—金融法律制度,是不切实际的幻想。但是,只要坚持中央既定的大政方针,又能与时俱进,不断完善法律制度和其他制度,敏于应对国内外形势的变化,我们保增长、保民生、保稳定,以构建和谐社会的大业,就会不间断地推进。

吕世伦、李英杰撰写,刊于《求实学刊》2009 年第 6 期。

---

①　朱景文.中心与边缘——法律发展的全球视角[J].新视野,2007(1).

论司法的结果公正

——从一个案件的两次不同判决谈起

福建周宁县公安局副局长陈长春利用职务之便,于 2000 年 5 月 31 日晚对其承办的遭流氓强奸后不久的 14 岁未成年少女陈某实施奸淫。陈长春为逃避法律制裁,对抗调查,实施了一系列妨害作证的行为。罪行败露后,陈长春畏罪潜逃,直至 2003 年 11 月 4 日被警方抓捕归案。2004 年 3 月初,周宁县法院对此案进行一审判决,以强奸罪判处陈长春有期徒刑 3 年,以妨害作证罪判处有期徒刑 1 年,决定执行有期徒刑 3 年。在检察机关的抗诉下,宁德市中级人民法院于 3 月 23 日在宁德市中级人民法院进行二审判决,依法予以改判。陈长春犯强奸罪,判处有期徒刑 8 年;犯妨害作证罪,判处有期徒刑 5 年,合并执行有期徒刑 12 年①。对同一起案件,两审法院的判决结果竟然反差如此之大,司法结果的公正性引起了人们的普遍思考。

一、案件的审判结果对传统司法公正观的挑战

从陈长春案件的审理来看,一审法院和二审法院所适用的法律都是《刑法》第 236 条有关强奸罪的规定和第 307 条有关妨害作证罪的规定,都认定被告人陈长春犯有强奸罪和妨害作证罪。可是两个法院的判决结果却大相径庭,一审法院仅判处陈犯强奸罪 3 年有期徒刑,犯妨害作证罪仅 1 年有期徒刑。虽然都是在法定量刑幅度内,但明显存在畸轻的状况。因为我国《刑法》第 236 条规定,强奸罪的法定刑的量刑幅度一般是 3 年以上 10 年以下有期徒刑。第 307 条规定,妨害作证罪的量刑幅度一般是 3 年以下有期徒刑或者拘役;情节严重的,处 3 年以上 7 年以下有期徒刑。二审法院也是适用这两条法律规定,但对陈犯强奸罪判处 8 年有期徒刑,对陈犯妨害作证罪判处了 4 年有期徒刑。很明显,二审判决的结果更合理、更公正。

从程序上看,一审法院在审理过程中并无明显不当,完全是按照《刑事诉讼法》的程序走下来的。如果没有宁德检察院的抗诉,如果没有最高人民法院的指示,该案件的审判结果会是怎么样,确实无法设想。影响该案公正判决的不是实体法的问题,也不是程序法的问题,而是法外因素干预的太多,人情、权力、关系对司法的公正影响太

---

① 关于《福建周宁县公安局副局长强奸少女被严惩》一案,新华网 2004 年 3 月 23 日有专题报道。

大,法官的自由心证太强了,太离谱了。因此,这个案件的判决结果对传统的司法公正提出了严峻的挑战,即:司法公正是实体公正和程序公正两方面的"二元结构"论,还是包括结果公正的"三元结构"说? 结果公正是不是通常所说的实体公正?

1. 司法公正的"二元结构"理论

传统观点认为,司法公正是"二元结构"的理论模式,即包括实体公正和程序公正两个方面。"司法公正,包括实体公正和程序公正两个方面。所谓实体公正,通常是指实体法所规定的权利义务以及相应的实体法律关系得以实现的公正性。所谓程序公正,通常是指借助程序上所确定的规则和程序,使实体法律关系得以实现的公正性或正当性。"①实体公正是司法公正的基点,是程序公正的出发点和归宿,程序公正是司法公正的重要保证。

从该观点看,司法活动只要将实体法上的权利和义务明确,把相应的实体法律关系确定下来,就达到了司法公正的目的。程序公正只是实现实体公正的过程,是程序保障的制度设计。然而,从该案的审判情况来看,一审过程中,法院就把被告陈长春和被害人陈某的权利义务分得比较清楚了,认定陈长春犯有强奸罪和妨害作证罪,被告也因此承担3年有期徒刑的刑事责任,受到了刑事处罚。显然,这样实现实体法律关系的结果是让人难以接受的,更谈不上司法公正了。故而,有了宁德检察院的抗诉,引发了二审程序,促使该案有了公正的判决结果。从而可见,司法公正的"二元结构"说,不能完整地体现司法公正的本质内涵。缺乏结果公正的司法公正是不完备的。"司法公正基本内涵就是要在司法活动的过程和结果中坚持和体现公平和正义的原则……司法公正既要求法院的审判过程遵循平等和正当的原则,也要求法院的判决结果体现公平和正义的精神。"②

2. 司法公正的"三元结构"理论

要全面准确把握司法公正,应当采用"三元结构"说,即司法公正是由实体公正、程序公正和结果公正三者构成的统一体。因为无论是程序公正还是实体公正都无法保证司法的结果一定是公正的。

从逻辑学上讲,正确的前提未必推导出正确的结论,一因多果或一果多因的现象时常出现。更何况司法活动是以司法人员为核心的一个动态过程。程序公正只是为法的内在价值的实现提供了正当的程序和手段,在其实现的过程中,仍然会受到程序规则的科学性、法官的中立性、当事人地位的平等性、诉讼程序的透明性、制约和监督的和谐性等多种因素的影响。除此以外,法外的不确定因素,如权力、身份、财富、关系等随时都会侵入到司法的过程之中,左右法官的思想,改变法院的判决,影响司法的结果。一旦司法主体的社会正义感发生了扭曲,任何不公的司法判决都可能以完备的程

---

①　尹忠显. 程序公正——法制现代化的迫切要求[J]. 中国律师,1999(2).

②　何家弘. 司法公正论[J]. 中国法学,1999(2).

序公正的形式表现出来,任何实质不公正的判决都可能以形式公正的形态表现出来。

例如,江苏如东县法院的法官就炮制了虚假原告、虚假诉讼标的物证、虚假证据的"三假"奇案,致使被告广东佛斯弟摩托车有限公司和广东比亚乔摩托车企业有限公司涉及诉讼长达 3 年之久,耗费了大量的人力、物力和财力;致使该案出现了一审、二审和再审,南通市人民检察院向江苏省人民检察院提请抗诉,江苏省检察院向江苏省高级法院提出抗诉的复杂程序,消耗了大量的诉讼资源,增加了社会诉讼成本。如果这个假案能在一审、二审中得到公正合理的判决,根本不致于出现等到 2003 年 11 月由南通市纪委、市检察院和市公安局等组成的专案组进行调查时,才使这起由人民法院副院长一手炮制的黑白颠倒的虚假诉讼得到公正解决①。

因此,无论是实体公正,还是程序公正,都无法涵盖司法的结果公正。公正的司法结果不仅体现在法律自身的"实然"层面,而且还充分体现在法律的社会效果的"应然"层面。司法的社会效果不仅要考察它的法律效果,更要评判它的社会效应,关注司法对社会正义的保护。所以,只有以司法的结果公正来保障的程序公正和实体公正,才能真正实现司法公正的价值目标。故而,司法公正应当是有实体公正、程序公正和结果公正三个方面构成的一个完整统一体。任何否认在实体公正和程序公正之外不存在结果公正的观点都是错误的,任何割裂三者关系的行为都是无法实现司法公正的,很难实现对社会正义的保护。

3. 实体公正≠结果公正

之所以会出现排除结果公正的"二元结构"理论,主要是因为有些学者将结果公正纳入了实体公正。"所谓实体公正,就是说司法活动就诉讼当事人的实体权利和义务所做出的裁决或处理是公正的。"②"实体公正是指实体法律对人们权益的规定与其所应得的权益相一致,以及法院所作的裁判结果使每个人所应得的权益得到完全保障和实现。"③此观点实际上是将实体公正与实体权利和义务的公正分配等同起来。然而,实体公正更多的是体现在法律制度层面上的正义分配,它是公平原则和权利义务相一致原则的立法精神在法律制度上的反映,是人们的公平正义理念通过法律形式的确认。实体公正主要体现在立法上,司法过程中的实体公正,实质上是对法律制度公正的执行,它仅仅为司法的结果公正提供了条件和可能。正如日本学者兼子一所说,"实体法上所规定的权利和义务……只是在一定程序过程中产生出来的确定性判决中,权利和义务才得以实现真正意义上的实体化或实定化。"④因而,实体公正是静态法律正义,它绝不等同于司法活动动态运作的结果。静态法律制度上的公正,还必须通过一

---

① 江苏省人民检察院工作报告[N].现代快报,2004-05-24.

② 何家弘.司法公正论[J].中国法学,1999(2).

③ 王盼,程政举.审判独立与司法公正[M].北京:中国人民公安大学出版社,2002,第175页.

④ 兼子一.实体法与诉讼法[C].谷口安平.程序的正义与诉讼.王亚新,刘荣军,译.北京:中国政法大学出版社,1996,第7页.

定法律形式的动态运作来实现,需要司法人员严格按照法定程序,忠实于事实,忠实于法律来保证实体公正的实现。因为实体法的条文表现为一般的规范性命题,其具体内容必须通过一个个具体案件的处理才能显示出来。实体法的一般规范命题,只有通过诉讼过程的程序的展示才能实现,而且诉讼程序不断地形成实体法的具体内容并累积性地反馈到一般规范的层次上去,进而发挥出程序公正保障当事人的诉讼权利和保障诉讼本身的公平、正义的两大职能。

有的学者甚至认为,实体公正就是结果公正。"实体公正是指审判结果的公正性,其本质就是把实体规范所确立的一般公正转化为对个人、个别案件的公正,即一般公正的个别化、具体化、实定化。"①该观点是从"客观真实论"和"法律事实论"出发,以司法主体法官都是正直的"法律人"为假定条件,以"相同的案件作出相同的判决"为理念所得出的"裁判的实体公正就意味着裁判结果的公正"的结论。实际上,这种观点忽略了实体公正的相对性、模糊性和不确定性。尤其是具有惩罚性的司法结果,更要注重对过错人的惩罚,以弘扬正义,教育和警示他人,司法结果的社会评判对司法的结果公正产生重大的影响。例如,英美法系的陪审团制,当事人双方在由一般市民组成的陪审团面前进行辩论和对抗,胜负则由陪审团判定,而且陪审团的裁断只得出结论而不提供理由,这样就使得判决结果是否客观真实无从检验。

实体公正就是结果公正的观点,还没有很好地注重司法结果公正是司法程序公正运行的结果。"审判结果是否正确并不以某种外在的客观的标准来衡量,而充实和重视程序本身以保证结果能够得到接受则是其共同的精神实质。"②审判结果的正当性、正确性需要通过审判程序的正当性、合理性加以保障,这样的审判结果才能具有较好的正当性和合理性,才能够很好地得到人们的广泛接受。正义不仅要得到实现,而且要以人们看得见的方式得到实现。在司法的过程中,法官的正义感、司法政策、司法文化、司法效率等因素对司法的结果公正都产生直接或间接的影响。正如美国现实主义法学家弗兰克认为,判决(D) = 刺激(S) + 法官个性(P)。法官的个性不同,对外界刺激的感受不同,因此,即使在面对相同的案件时,不同的法官也会作出不同的判决③。所以本强奸案的第一审判决和第二审判决就出现了明显不同的判决结果。司法的结果公正不但是实体法上的权利和义务的正当分配,而且也是正当程序指向的合理结果。从而可见,实体公正不完全等同于结果公正。

二、结果公正的内涵:实体公正和程序公正共同指向的正义目标

既然作为司法活动所追求的价值目标的实现的结果公正既不仅仅是程序公正,也

① 李修源.司法公正理念及其现代化[M].北京:人民法院出版社,2002,第60页.
② J.R. Lucas, *On Justice*, 1980, by Oxford University Press, pp1—19.
③ 吕世伦.现代西方法学流派[M].北京:中国大百科全书出版社,2000,第478页.

不仅仅是实体公正,那么,其真正的含义应该是什么呢?

从法学理论上讲,司法的本质就是司法者秉承公平的理念,以正义为基础,以公开、平等、严明、正当的外化形式为内容,代表国家施行现行法律制度的法律实践活动。其目的就是解决纷争、消除争议、贯彻法制、伸张正义、维护正常的社会秩序。因而,司法活动必须贯彻公平、正义、正当的原则,以程序的公开性、程序的平等性、程序的严明性和程序的控权性去实现权利义务分配的合理性、责任的明确性和惩罚的正当性。它绝对不仅仅是适用法律、解决纷争的纯粹过程,而是一个通过法定程序的"应然"公正过程所实现的社会权利义务的公平合理分配的"实然"公正的正确结果。所以,司法的结果公正是一种保障实体公正的程序正义所追求的目标结果。它不仅体现在程序上公正无偏私,而且更主要是体现在通过程序公正的实施达到司法活动的结果既忠实于事实又忠实于法律,还要符合立法中所体现的正义理念上。从这个角度理解,结果公正就应该是通过程序公正的过程所达到的一种社会正义的目标,即实体公正和程序公正共同指向的正义目标。

1. 程序公正的正义目标

司法程序是对司法过程的程序规制,是社会正义在程序制度中的体现。无论是任意性程序规范还是强制性程序规范,它都指向一定的程序结果。在诉讼程序中,就表现为司法裁判。裁判的公正性,主要取决于程序的正当性和程序的公开性。司法的公正的判决依据和判决形态同动态的诉讼过程密不可分,通过公正的诉讼程序才能使司法获得正当性,离开了程序过程这个载体,司法结果公正的判定就缺失了判断的标准。故而,公正的程序是保障司法公正的重要条件,是保护社会正义的重要标尺。

可是,程序公正未必就能达到结果公正。因为程序公正又分为完善的程序公正和不完善的程序公正。不完善的程序公正是指"虽然在程序之外存在着衡量什么是正义的客观标准,但是百分之百地满足这个标准的结果得以实现的程序却不存在"①。在不完善的程序公正的场合,程序的完成不一定能得出正当的结果。完善的程序公正是指在程序之外还存在着决定结果是否合乎正义的客观标准,且同时也存在着使满足这个标准的结果得以实现的程序。正如罗尔斯所言,完善的程序公正有两大特点,"首先,对什么是公平分配有一个独立的标准,一个脱离随后要进行程序来确定并先于它的标准。其次,设计一种保证达到预期结果的程序是可能的。"②在完善的程序公正的场合,虽然存在着结果正当的独立标准,但正当的结果必须要通过程序来实现。没有程序的公正,很难保证结果的公正。

由于程序公正自身存在着完善的程序公正和不完善的程序公正之分,再加上适用程序本身又是一个认知衡定的过程,常常受到司法者自身素质、正义感程度、司法独立

---

① 谷口安平.程序的正义与诉讼[M].王亚新,刘荣军,译.北京:中国政法大学出版社,1996,第4页.
② 罗尔斯.正义论[M].何怀宏,译.北京:中国社会科学出版社,1988,第83页.

程度及利益因素等的影响,往往程序自身的正当性就很难实现,更何况通过程序去实现的实体公正呢? 那就更难保证了,因而程序公正有程序公正自身的结果。"程序价值的意义就在于它的过程性和交涉性",体现了程序运作过程的形式正义。程序公正的结果能否充分体现实体公正,主要在于程序的公开性、平等性、严明性和控权性发挥的程度。因此,程序公正运行的结果未必就必然体现实质正义,结果未必就是公正的。

　　根据美国学者马丁·P. 戈尔丁的评价标准,程序公正的价值标准应当包括九个方面:"①任何人不能作为有关自己案件的法官;②结果中不应包含纠纷解决者个人的利益;③纠纷者不应有支持或反对某方的偏见;④对各方当事人的意见均给予公平的关注;⑤纠纷解决者应听取双方的辩论和证据;⑥纠纷解决者只应在另一方当事人在场的情况下听取对方的意见;⑦各方当事人应得到公平机会来对另一方提出的辩论和证据作出反应;⑧解决的诸项内容应以理性推演为依据;⑨分析推理应建立于当事人作出的辩论和提出的证据论证。"①这九项内容,都是说明在程序运行的过程中,要充分体现程序的公平性与正当性,目的就是实现程序公正的价值目标,维护社会正义。不仅在方法上公平合理、公开透明,而且在结果上要实现公平正义的理念。所以,这九项内容可以看做是程序正义所追求的目标。

　　该强奸案的一审,由于法官徇私情,有意偏袒被告人陈长春,虽然是按照刑事诉讼法的程序走下来,但在程序上缺乏应有的正当性和合理性,审判的结果不可能是公正的,根本达不到实现社会正义的目标,势必会导致判决的结果成为借法律程序之名,行偏袒当事人之实的司法腐败。所以,司法的结果,应当是程序公正的价值目标的具体体现,是维护社会正义的一种结果。

　　2. 实体公正的正义目标

　　静态立法上的实体公正,需要通过动态的司法程序运作,才能去实现立法的价值目标,达到维护社会正义的目的。"法是否有效,取决于它的正义性。"②正义是立法的精神,正义观念是立法者的主导思想。立法中的正义只是司法的指导思想,制度分配的正义只为法律正义提供了现实依据,法律正义的实现,关键取决于司法正义。法律制度层面的正义需要司法过程中的动态运作来实现。正如罗尔斯所说,"公平对待的善意必须通过设计为实现社会正义目标的实际措施和制度上的手段来加以实施。"③司法的目标,始终是维护社会正义。法官裁决案件,绝不是单看法律规则,而是要看法律规定所要实现的社会目的。"纸上的法律"不同于"现实的法律"。只有从法律规定的目的出发,才能真正科学地裁决案件,保证司法结果的公正。从而可见,正义,永远是司法追求的价值目标。司法的理性结果,永远是对社会正义的保护。这就要求司法者在认定案件的客观事实的过程中,把握案件的真实性,通过正确的程序,按照法定步

①　马丁·P. 戈尔丁. 法律哲学[M]. 齐海滨,译. 北京:三联书店,1987,第 12 页.
②　阿奎那. 政治著作选[M]. 马清槐,译. 北京:商务印书馆,1956,第 116 页.
③　罗尔斯. 正义论[M]. 何怀宏,译. 北京:中国社会科学出版社,1988,第 83 页.

骤,正确适用法律原则和规范,作出符合立法精神的裁判结果。而且这种审判的结果符合整个社会的普遍价值,被社会公众和当事人自己所认可和接受。

因而,重庆市高级人民法院院长赵俊如认为,"结果公正是指司法机关推动审判活动作出的裁判结果同时符合实体公正、程序公正及形式公正的目标,即结果正确和实现结果的形式及过程也正确。"①从司法活动的社会目标而言,结果比过程更重要,结果公正,是比实体公正和程序公正更具有价值意义的公正。实现结果公正与实体公正和程序公正的和谐统一,是司法活动应当达到的最佳境界。所以,笔者认为司法的结果公正应界定为:结果公正是司法机关作出的裁判结果符合实体公正和程序公正并合乎公平正义的立法理念的价值目标。

从本案的情况来看,其实体公正的正义目标就是对被告人陈长春进行从重处罚。因为从社会正义角度讲,身为公安局副局长的他,本应当成为社会正义的维护者,公民人身和合法财产的保护者。可是他却滥用手中的公权力,将执法权变成侵害他人合法权利的手段,其社会后果十分严重,危害极其深远。若不从重处罚,绝不能平民愤,绝不符合立法的正义要求。从法的实体公正来看,立法上就有对司法、执法人员违法、犯罪给以从重处罚的法律规定。"以暴力、胁迫或者其他手段强奸妇女的,处三年以上十年以下有期徒刑。奸淫不满十四周岁的幼女的,构成奸淫幼女罪,以强奸论,从重处罚。其中奸淫幼女情节恶劣的,处十年以上有期徒刑、无期徒刑或者死刑。"本案中,被告奸淫的对象是未年满十四岁的少女,具有法定从重情节,依法应当以强奸罪从重处罚,量刑幅度应当在 3 年以上。所以,一审判决仅判被告陈长春犯强奸罪 3 年有期徒刑,显然是不符合实体公正的正义性和正当性的,判决结果当然是不公正的,无法被人们所接受。二审给被告的强奸罪科处 8 年有期徒刑,是基本符合公平正义理念的,所以它的审判结果是公正的。

同样,被告犯妨害作证罪也有法定从重情节,也应从重处罚。"以暴力、威胁、贿买等方法阻止证人作证或者指使他人作伪证的,处三年以下有期徒刑或者拘役;情节严重的,处三年以上七年以下有期徒刑。帮助当事人毁灭、伪造证据,情节严重的,处三年以下有期徒刑或者拘役。司法工作人员犯前两款罪的,从重处罚。"可一审审判人员,为徇私情,没有将被告人作为司法工作人员犯该罪的犯罪主体来处理,仅科处陈长春 1 年的有期徒刑。这样的判决结果明显是实体不公。到了二审才依法将其判处 4 年有期徒刑,保证了实体公正目标的实现。

三、结果公正的主要体现

结果公正,作为司法机关通过审判活动所作出的同时符合实体公正和程序公正目

---

① 赵俊如.论司法公正[N].法制日报,1998 - 07 - 06.

标的判决结果,是比程序公正更进一层的社会正义的体现。它是程序公正的"应然",更是法律正义的"实然",任何一项裁判都必须在保证程序公正的前提下,去实现结果的公正,这样才能更好地保障社会正义的实现。在现实司法活动中,如何认定司法个案的结果是公正的?笔者认为,应当主要从以下三个方面来把握:

1. 公平对待双方当事人

司法活动作为社会正义的最后一道防线,能否完成其历史使命,是否公平地对待双方当事人是一个重要的体现。完善的司法活动,应该是双方当事人不分民族、国籍、地位、贫富,一律平等地受制于法律的统一约束之下,不应有任何特权阶层或特权个人。法官应严格地依法行使国家审判权,居中裁判,公平对待诉讼参与人。正如英国著名法官丹宁所说:"一名法官要想得到公正,他最好让争诉双方保衡而不要介入争论。假如他超越此限,就等于是自卸法官责任,改演律师角色。"① 然而,由于人是社会的人,同诸多社会关系交织在一起,会形成不同的社会关系网、人情网。一旦涉诉,人们就会充分利用其已有社会关系,去趋利避害,避重就轻,想方设法地去逃避法律责任。法官作为社会成员,他不可能避开社会而存在,而且往往同官府政要形成一定的人情关系、领导关系、朋友关系等。一旦他们的亲朋好友涉讼,总难免会有偏袒一方的倾向。无形之中,社会地位高的人,财富多的人就本身占了上风。在这种情况下,越是社会地位低的人,越需要法律的保护;越是贫穷的人,越需要社会的公力救济。故而,公平对待双方当事人,是保证结果公正的前提和基础,是"法律面前人人平等"原则在司法过程中的体现。

本案中,如果一审的法官能公平地对待双方当事人,不使被告人陈长春的权力因素介入到案件中来,不考虑陈的公安副局长的身份,那么,或许就不会出现判决结果畸轻的情况,或许就可以有一个比较公正的判决。二审的法官,就是撇开了当事人的身份、地位、人情等所有的法外因素,把公安局长作为一个普通的犯罪主体来对待,充分考虑该犯罪的法定情节和酌定情节,依法给予了公正的判决,使陈得以被科处有期徒刑 12 年的刑事惩罚。

2. 忠实于事实,忠实于法律

忠于事实,是指案件的处理结果,完全符合案件的客观事实和法律事实。任何一个司法判决的做出,都不是法官随心所欲的结果,都必须依据一定的事实和法律。然而任何所争诉的事实都是已经发生的过去,能否全面客观地再现其真实情况,那只能依据法官在办案过程中所采信的证据。证据的取得又是一个复杂的人为过程。证据能否真实地反映已发生的事实,关键取决于证据收集者的指导思想、识别能力、正确程序、科学方法等诸多方面。证据的收集方式、取舍以及证据收集者的指导思想都直接影响到证据的全面性和科学性。因此为保证司法的结果公正,必须对证据的提供和取

① 西方法律思想史资料选编[M].北京:北京大学出版社,1983,第 216 页.

得、举证责任、证明标准、证据的质证、证人的身份、证据的审查和认定等都要坚持全面、科学、客观的态度。司法人员要本着对当事人负责,对法律负责,对社会正义负责的态度深入细致地开展多方面调查研究,不轻信、不偏袒、不歪曲,力争查找出全面证明案件事实的证据,真实地再现案件的客观事实。

同时,法官还要秉承公平正义理念,求真求细求实,使案件的处理结果符合法律事实。因为案件的待证对象,从客观事实上升到法律事实,需要有一个法律适用的过程。法官要通过"涵摄(subsumtion)",把应当得到检验的事实纳入相关规范的事实构成之中,根据法律规范的标准对生活事实进行比较性观察和评价。然后,按照这四个步骤进行法律适用:"①认定事实;②寻找相关的法律规范;③以整个法律秩序为准进行涵摄;④宣布法律结果。"①任何待证、未经法律证明的客观事实,都不能认定为法律事实。为此,办案人员必须面对众多大量的证据材料要进行仔细甄别,辨别真伪,分清主次。特别是对于一些疑难大案、涉及权贵富豪案件,更要大胆、细心地对案件证据进行全面调查处理,冲破势力网、人情网、关系网,按照完整的证据操作规程,真正找到反映案件的真实证据、关键证据,进行认真的质证、认证,弄清准确的法律事实,为正确适用法律创造条件。

然而,司法活动,只有忠实于事实还是不够的,还必须忠实于法律。这里"忠实于法律"有两层含义:一是适用法律正确;二是适用法律的结果要符合法律的精神。司法活动的目的就是要惩恶扬善,维护正义,保护合法,打击非法。一切客观事实只能说明事物本身,不能上升到分配责任义务、保护权利的境界。若要通过这些客观事实去要求当事人承担一定的责任,保护一定的权利,就必须"以法律为准绳",做到程序公正,适用实体法正确。因为程序公正是司法公正的前提和基础,是实现实体公正和结果公正的主要保障措施。任何司法实践活动总是程序在前,结果在后,没有程序,也就无所谓结果。"法之所以称之为法,并与其他社会制度和解决社会问题的过程相区别,在于它的形式化、程序化。正是法律程序的形式使得法律关系成为一种特殊的和独一无二的社会。"②程序是诉讼过程的制度化,它具有位阶结构,是规范合理性和结果公正性的接合部和缓冲地带。正如丹宁所说"公正的法治秩序是正义的基本要求,而法治取决于一定的正当过程,正当过程又主要通过程序来体现"③。实体规范通过公正的程序来实现,复杂的社会价值通过程序来形成。因而司法活动首先要忠实于程序法,借助于完备的程序达到保护实体的目的。

不过,程序法只是为实体法的贯彻落实而服务的,为实现实体公正,还必须使司法活动忠实于实体法。该享受的权利一定要依法加以保护,该承担的法律责任要坚决依法追究。不管是任何人、任何阶层、任何团体,均需法律面前人人平等,严格依法办事。

---

① 伯恩·魏德士.法理学[M].丁小春,吴越,译.北京:法律出版社,2003,第296—297页.
② 约翰·亨利·梅利曼.大陆法系[M].顾培东,等,译.北京:世界知识出版社,1984,第31页.
③ 丹宁.法律的正当程序[M].李克强,等,译.北京:群众出版社,1984,第31页.

严防各种变相适用法律,避重就轻的行为。否则,法律的尊严受到亵渎,法律正义遭到践踏,法律的威信也就一扫落地。

本案的一审就是没有很好地忠实于实体法,导致一审判决在认定事实上出现"但被告人陈长春在实施强奸过程中,当被害人喊疼痛时,未继续实施奸淫,可酌情从轻处罚"①的错误认定,有意将犯罪既遂认定为犯罪中止,为陈长春重罪轻判寻找法律借口。一审判决出来后,引起全国舆论一片哗然,各大媒体争相报道该判决,许多专家学者纷纷发表自己的观点,对该案的不公判决进行批评指责。这更说明,忠实于事实、忠实于法律,对保证结果公正有多么的重要。只有使二者得以均衡兼顾,才能很好地体现司法结果的公正。

3. 完整的惩恶扬善的司法行为

真正意义上的司法结果公正,不仅体现在立案、侦查和审判阶段,而且还体现在执行阶段,是整个司法全过程的公正体现。在司法实践中,立案阶段时常会出现该立案的不立案,该早立案的而没及时立案,该立重案的而立了轻案等现象。这些情况时常都是人为造成不公的结果。有些本该依法追究法律责任的人,却因案件未立而不能得以惩治,有些本该需要司法保护的合法权益却因立案困难而没能得到保护。因而惩恶扬善的司法活动必须在立案阶段过程中就注重结果的公正,偏离了此目标,社会正义就有可能得不到有效保护。

当然,结果公正最明显最充分的体现应在审判结果上,这不仅要求法官在严格按照程序法的基础上去公平裁判,更重要的是体现在审判结果要公平、合理、合情、合法,既忠实了事实又忠实了法律,真正达到惩恶扬善的目的,使该承担法律责任者一定承担相应的法律责任,使权益受害者真正得到法律的保护。坚持公开辩论、公开审判、公开质证、公开判决制度,严防"暗箱操作"和"审判分离"的现象。坚决采用抗辩式审判形式,以改传统的纠问式审判方式。法官依据法律,作为一个居中裁判人角色居中裁判。在证据上要坚决按照质与证相统一原则,未加质证的证据不能作为定案的依据,而且证据要当庭质证,当庭采信,一证一质,一证一定,使证据能够在法庭上公开、公平地去论证已发生的案件事实。判决时,坚决按照已采信的证据,根据法律规定去判明各自的责任、权利和义务。

然而,再公正的判决,若得不到公正合理的执行,那只是一纸空文,毫无意义。因而执行的公正直接关涉到结果公正。在司法实践中,民商事判决主要存在于当事人的合法权益因执行难而受阻,使公正的判决无法落到实处。当前"执行难"问题已成为社会普遍关注的问题。在刑事判决执行中,不公正现象就更为突出了。刑法上所规定的保外就医、取保候审、缓刑、假释、减刑等好像是特地为某些特权阶层而设定的。因而,

---

① 关于公安局副局长强奸少女被轻判,检察院依法提请抗诉一案,请关注新华网,2004 年 3 月 19 日的报道。

为实现真正意义上的结果公正,必须在司法的整个过程中,始终如一地坚持依法进行惩恶扬善,打击犯罪、保护公民合法权益的正义行径,维护司法公正。只有这样,才能全面贯彻实施依法治国的方略,更好地用法律维护公平与正义。

本案中,要严格监督被告人陈长春的刑罚执行情况,严防其继续借用各种人际关系在执行过程中逃避刑事处罚,严格监督保外就医、取保候审、缓刑、假释、减刑等在其身上适用的法定事由和法定程序,坚决杜绝在其执行过程中的不公现象。

以上三方面的论述,说明了结果公正是司法公正的一项重要内容,是保护社会正义、高扬法律威信的良好体现,离开了结果公正的司法公正是毫无现实意义的。结果公正、程序公正和实体公正是司法过程中的紧密相联的三个重要内容,忽视任何一方,都不能很好地达到司法公正的目标,无法实现法律的公正的价值。三者的协调统一,才能更好地促进我国法治的现代化进程。

吕世伦、付池斌撰写,刊于《黑龙江省政法管理干部学院学报》2005 年第 1 期。

审判前夜的调解

——调解与审判关系的法经济学思考

一、调解与审判关系的法律界定

随着中国经济水平的发展与公民法律意识的提高,我国案件诉讼量逐年上升,法制建设的速度无法满足转型期社会发展的客观需求,司法资源的有限性日益引起人们的重视。有鉴于此,多元纠纷解决机制中的调解程序受到社会各界的广泛关注。2011年10月,十一届全国人大常委会第二十三次会议审议并公布了《民事诉讼法修正案(草案)》,其中增加第二十五条,作为《民事诉讼法》第一百二十一条:"当事人起诉到人民法院的民事纠纷,适宜调解的,先行调解。"

调解的纠纷解决方式,在新中国成立后的司法实践中曾经起过重要的作用。1982年,我国《民事诉讼法》将"调解为主"原则改为"着重调解";1991年,又将之修改为"根据自愿与合法的原则进行调解";2005年,最高人民法院确立了"能调则调,当判则判,调判结合,案结事了"的司法原则;2009年,最高人民法院进一步提出"调解优先、调判结合"的司法原则。2010年6月7日,最高人民法院发布《关于进一步贯彻"调解优先、调判结合"工作原则的若干意见》,指出:"牢固树立'调解优先'理念。调解是高质量审判,调解是高效益审判,调解能力是高水平司法能力……把调解贯穿于立案、审判和执行的各个环节,贯穿于一审、二审、执行、再审、申诉、信访的全过程,把调解主体从承办法官延伸到合议庭所有成员、庭领导和院领导,把调解、和解和协调案件范围从民事案件逐步扩展到行政案件、刑事自诉案件、轻微刑事案件、刑事附带民事案件、国家赔偿案件和执行案件,建立覆盖全部审判执行领域的立体调解机制。"[①]

调解与审判关系的法律和政策变化,是与我国经济发展水平及法治建设进程密切相关的。目前,我国对调解程序优先性的强化,主要体现为立法机关、司法机关自上而下的引导,但这并不意味着对法治建设的否定,而是当前社会经济条件下尽可能保障当事人利益与社会整体利益的客观需要。本文的宗旨在于,用法经济学的成本—收益分析法,探讨"先行调解"程序的经济合理性问题。当然,法经济学的研究方法只是分

---

① 最高人民法院关于进一步贯彻"调解优先、调判结合"工作原则的若干意见[N].人民法院报,2010 - 6 - 28.

析调解与审判关系的诸多研究进路之一,其分析过程只是从特定方面对问题作出一种解释,以助于人们更加全面地研究思考。

二、调解与审判的成本—收益分析

成本—收益分析方法是法律经济学研究的主要分析工具。在经济学语境下,各种纠纷解决机制相当于一个市场,调解与审判属于这个市场诸多产品中的两种。任何一种纠纷解决手段都依存于供求双方的交换,纠纷解决机制市场是国家、当事人之间建立起的交换关系,当事人通过对投入(成本)、产出(收益)的理性计算,选择最经济的纠纷解决方式。①

(一)调解与审判的成本分析

成本指"生产一种产品所需的全部费用"②。调解成本与诉讼成本属于纠纷解决成本,包括物质性的货币成本,还包括非物质性的时间、精力成本;包括有形的物质成本,还包括无形的机会成本、风险成本;包括当事人的私人成本,还包括公共成本、社会成本等。

1. 货币成本与时间、精力成本

调解与审判的直接成本③主要包括物质性的货币成本与非物质性的时间、精力成本等。一般而言,审判的货币成本,包括案件受理费用,鉴定、公证、律师代理费用,申请证据保全费用,裁决执行费用等。而调解程序较之诉讼程序则简化、灵活得多,相关支出项目也较少。对于立案后当事人双方采取庭外调解方式解决的案件,一般只收取少量案件受理费。④ 对于法官助理、特邀调解员以调解方式结案,案件未经开庭审理的,诉讼费往往减半收取。⑤ 因此,调解的货币支出一般情况下小于审判。非物质性的成本主要指当事人在纠纷解决过程中所花费的时间、精力成本。通常而言,纠纷解决程序越正式,当事人用于采集证据、鉴定、公证等过程的时间、精力成本越多。由于调解程序可以更多地简化甚至省略繁杂的程序性事项,正常情况下的调解可以为双方当

---

① 计算公式为:纠纷解决效益 = 纠纷解决收益 - 纠纷解决成本。参见冯玉军的《法经济学范式》;周林彬的《法律经济学论纲》等著作,另一种观点认为,"法律效益 = 法律收益 + 法律成本"参见吕忠梅、刘大洪的《经济法的法学与法经济学分析》等著作。此外,国内也有学者用"效率"一词表示这种比例关系,另有学者指出效率是劳动成果(收益)与劳动力(部分成本,而非全部成本)之比。参见李正生的《法律经济学》。斯坦福大学波林斯基教授在其著作《法和经济学导论》中指出:"效率"一词用来指某种情形下的总成本与总收益之间的关系。相当于"饼的大小"(对应于"公平":如何分饼)。

② 冯玉军.法经济学范式[M].北京:清华大学出版社,2009,第235页.

③ "直接成本"即法律系统运作的成本,参见贝勒斯:《法律的原则——一个规范的分析》,张文显等译,中国大百科全书出版社1996年版,第24页.

④ 参见人民网:http://dg.people.com.cn/GB/6749945.html,2012-06-28。

⑤ 参见朝阳法院《关于庭外和解案件的收费规定(试行)》第一条。

事人节省更多的时间与精力。

　　根据经济学家科斯的交易成本理论:"如果交易成本为零,不管怎样选择法律规则、配置资源,有效率的结果都会通过市场交易而实现。"①但纠纷解决实践中,交易成本基本不可能为零,无论是调解还是审判,都需要消耗一定的货币成本与时间、精力成本。此时,根据科斯第二定理:"一旦考虑到进行市场交易的成本……合法权利的初始界定会对经济制度的运行效率产生影响。"②即"较优的法律规则是能够使交易成本的影响最小化的规则"③。具体而言,当交易成本为正时,可以使当事人在纠纷解决中用于诉讼费用、鉴定费用等交易成本最小化的程序设计是较优的。这种规则既包括调解优先适用,也包括降低诉讼费用、合理简化诉讼程序的规定,如小额诉讼等。值得注意的是,如果说调解较之审判的一个优越性在于其可以节约货币与时间、精力等交易成本,那么久调不决反而是对交易成本的无限增加,同时造成机会成本④增加与司法资源的浪费,是一种不经济的现象。因此,只有在纠纷适合以调解方式解决的情况下,并合理、有限度地使用调解前置程序,才可以降低纠纷解决机制的运行成本,减少纠纷主体双方投入的程序性资源消耗。

　　2. 私人成本与公共成本⑤

　　纠纷解决机制运行的直接成本不仅包括私人成本,还包括公共成本。上文中调解与审判的货币成本和时间、精力成本主要是从私人成本角度进行分析的,它是指直接由私人支付、容易为私人所计算和考虑的各项纠纷解决费用。

　　调解与审判的纠纷解决方式同样涉及社会公共成本问题。公共成本是指纠纷解决中全社会的总支出,包括由社会或其他非受益者通过税款等方式形成的社会财富。具体而言,一项滥用诉权的行为会增加社会其他个体的经济负担,但行为者个人却不为此而支付足够抵偿这种损害的成本。此时,该行为结果就表现为私人成本小于社会公共成本,这种性质的外部影响被称为"外部不经济"⑥。

　　通常情况下,诉讼作为相对精确的司法程序,将更有助于事实真相的发现,有助于保护权利受侵害者的利益,从而实现司法公正与社会正义。然而,诉讼产生的公共成本往往要比调解高昂得多。这种公共成本非由当事人直接负担,而是由整个社会包括其他非利害关系人共同分担的。因此,司法政策在对司法行为进行引导时,不仅需要

　　① 即科斯第一定理,参见钱弘道:《经济分析法学》,法律出版社 2005 年版,第 137 页。
　　② 科斯.社会成本问题[A].科斯等.财产权利与制度变迁[C].上海:三联书店,1994,第 20 页.
　　③ 波林斯基.法和经济学导论(第三版)[M].郑戈,译.北京:法律出版社,2009,第 12 页.
　　④ "机会成本"指为了得到某种东西所放弃的东西。这里指当事人若将时间、精力成本投入纠纷解决,就不能获得将其投入生产可能产生的更大的收益。参见曼昆:《经济学原理:微观经济学分册》,梁小民等译,北京大学出版社 2009 年版,第 5 页。
　　⑤ 一般而言,私人成本是与社会成本概念相对应的;具体而言,社会成本 = 私人成本 + 公共成本。此外,从另一个角度分析,社会成本 = 直接成本 + 错误成本 + 道德成本。
　　⑥ 陈宗波,等.法律的经济解释[M].桂林:广西师范大学出版社,2004,第 205 页.

考虑到当事人的私人成本,还需要权衡相应的公共成本,以实现社会整体成本最优配置。"先行调解"的程序设计不仅有利于对私人成本的节省,更主要的是统筹考虑整个纠纷解决机制运行的社会公共成本。

3. 错误成本与道德成本

以上分析了调解与审判的直接成本,包括货币成本与时间、精力成本,私人成本与公共成本。然而,在纠纷解决机制的成本—收益分析中,只考虑直接成本的消耗是片面的。美国经济学家波斯纳曾指出:"最大限度地减少法律实施过程中的经济耗费是评价和设计法律程序时所应考虑的重要价值,司法活动所应达到的价值目标是实现诉讼直接成本与司法错误成本之和的最小化。"[①]在此基础上,德沃金提出了道德成本理论,指出法律程序的目的应当实现"直接成本 + 错误成本 + 道德成本"总额的最小化[②]。

错误成本。由于人们并不能对案件事实及法律拥有完美信息,错误在所难免,因此,纠纷解决成本中的错误成本也不容忽视。错误成本包括立案中的错误成本、裁判中的错误成本、执行中的错误成本,以及其他错误成本。这些错误,都会影响纠纷解决资源的有效利用,对私人成本与社会公共成本造成浪费。此外,错误程度并不一定等于其社会成本,错误的社会成本还取决于它所造成的激励扭曲[③]。调解的纠纷解决方式又被称为"廉价的正义",在某种程度上,其意味着以司法精确性为代价换取司法审判的效率性。一般认为,调解结案的错误程度往往要高于精确的司法审判,但是,由于调解的相对私密性,其所造成的社会激励扭曲影响会低于公开进行的审判,因此,调解的错误成本便显得没那么高昂了。

道德成本。德沃金认为法律的经济分析是"一元价值工具主义"的功利的方法。针对此,他提出了"多元价值工具主义"的道德成本分析方法,以实现结果所包含的几种价值最大化来评价程序的方法。尽管道德成本并不直接表现为经济形式,也不易于通过货币衡量和估算,但对社会主义和谐社会的构建却起着重要的作用。由于调解更易于维护以和为贵的道德伦理思想,故而在道德成本方面,消耗往往更小。

为了更好地理解调解与审判的成本问题,试举一简化后的案例:A 生产商用某工业原料作为食品添加成分,有效降低生产成本每箱 1000 元,消费者甲服用一箱该产品后,造成人身损害花去医疗费 1200 元。假设法院作出完美判决的赔偿额为 1200 元,但由于法院并不能拥有完全信息,因此消费者甲最终获得 600 元的赔偿。本案中,裁判的

---

① Richard A. Posner: *An Economic Approach to Legal Prospect and Judicial Administration*, The Journal of Legal Studies, 1973(2). 转引自郭志远、洪文林:《行政诉讼调解制度的经济分析》,载《安徽大学法律评论》2007 年第 2 期。

② 贝勒斯. 法律的原则[M]. 张文显,等,译. 北京:中国大百科全书出版社,1996,第 28 页.

③ "激励扭曲"指不适当的激励导致行为人对错误行为的延续。参见罗伯特·考特、托马斯·尤伦:《法和经济学》,史晋川等译,格致出版社等 2010 年版,第 391 页。

错误程度为:$1200-600=600$(元)。但错误程度并不能简单地等同于该错误所造成的社会成本。在该案中,生产商因违法行为产生的收益为 1000 元,纠纷解决成本为 600 元,其仍可获得 400 元的效益(净收益),该错误往往会产生激励扭曲,即生产商可能从此习惯于用工业原料进行食品生产,了解该案审判结果的其他生产商也可能纷纷效仿。假设生产商生产 1 万箱该产品,每箱节省成本 1000 元;1 万名消费者购买该产品,导致每人人身损害费用 1200 元;本案因判决错误而导致的社会成本为:$1200\times10000-1000\times10000=2000000$(元)。再加之诉讼的直接成本消耗,受害人的精神损失及该行为对整个社会信用体系建设所产生的道德成本,其具体数额将数倍于原告的胜诉收益与被告的生产收益。社会整体财富在无形中被大量损耗了。

综上所述,在假定收益相同的情况下,调解的直接成本往往比审判的直接成本低。在难以具体量化的道德成本方面,无论是在乡土社会,还是陌生人之间建立经济交往关系的市民社会中,一般更合乎传统道德的、更易于修复对抗关系的纠纷解决方式还是调解。在错误成本方面,通常理解下,调解的错误成本高于审判的错误成本,但鉴于调解产生的激励扭曲要远小于错误审判所带来的激励扭曲,因此,调解仍是值得优先考虑的。

(二)调解与审判的收益分析

纠纷解决的收益是纠纷解决过程中所获得的收入的总和。既然调解有利于简化诉讼程序,从而节省纠纷解决成本,那么为什么诸多纠纷不是在一开始就通过调解解决,而是诉至法院,甚至有许多纠纷是"在审判的前夜达成和解"[1]的呢?这是因为纠纷解决效益不仅取决于纠纷解决的成本,还需要考虑纠纷解决的收益。当事人之所以肯追加纠纷解决成本,根本目的在于增加纠纷解决的收益,纠纷解决收益包括物质收益和非物质收益。因此,诉讼过程本身虽然是货币成本与时间、精力成本等的巨大消耗,但却有可能带来远远高于成本的收益。为便于理解,下文将在模拟的具体案件中展开对纠纷解决收益的分析。

消费者甲购买上市公司 A 的产品,因产品质量问题造成人身损害,花去各种费用合计 10 万元。甲找到销售者协商,销售者指出自己小本生意无力赔偿。于是,消费者甲又找到 A 公司要求赔偿。在确定、联系索赔人的过程中,消费者甲已经消耗了一定的货币成本及时间、精力成本,如果把这些成本用于其他工作,甲可以获得另外的收益,即纠纷解决还需要注意机会成本的损耗。但为何事情发展至此,大部分消费者都不是放弃诉讼,而是继续坚持选择"讨个说法"呢?

1. 调解与审判的预期收益

"讨个说法"即权利主张,其源于人类最基本的公正感。然而,随着纠纷解决进程

---

[1]　波斯纳:"许多案件事实上是在审判的前夜达成和解的。"见波斯纳:《法律的经济分析(下)》,蒋兆康译,中国大百科全书出版社 1997 年版,第 730 页。

的推进,大量的成本投入会使理性当事人考虑是否值得继续追加纠纷解决成本,乃至启动诉讼程序。这就涉及诉讼产生的一个直接动因——纠纷解决的预期收益。

预期收益是当事人预计自己能够通过纠纷解决机制获得的利益。消费者甲在和生产商 A 交换信息后,会对调解的预期收益和审判的预期收益作出估算。一般情况下,只有当调解的预期收益大于调解成本,且大于审判的预期收益时,当事人才可能倾向于接受调解。而只有当审判的预期收益大于诉讼成本,且大于调解的预期收益时,理性的当事人才倾向于选择诉讼。问题在于,实践中初次调解达成的条件往往低于当事人的调解预期收益,此时,当事人易倾向于风险偏好,即不惜冒败诉的风险或判决后的实际效益小于调解效益的风险,而坚持推动诉讼程序。一般而言,原告启动诉讼的实际诉讼效益 = 胜诉概率 × 胜诉收益 + 败诉概率 × 败诉收益 - 诉讼成本,此时,败诉收益为 0。如果当事人预期收益过于乐观,则很可能提起诉讼。而如果胜诉概率或法院判决的实际胜诉收益过低,则很可能导致诉讼效益为负值。对于被告应诉,同样适用以上公式,只是胜诉收益一般为 0,败诉收益将为负值。对被告而言,即便诉讼效益为负,但只要其有可能小于调解的负效益,拒绝调解便有可能发生。

在该案例中,A 公司不会接到投诉电话就立即把钱汇到消费者甲的账户上的,双方会展开某种程度的谈判,而由于信息不对称,地位悬殊,消费者往往处于劣势。A 公司相关负责人指出消费者存在使用不当的过错,并出具产品检验证明指出合理使用不会导致危险,认为公司方最多可以赔偿 5 万元。此时,就涉及当事人的预期收益问题。如果消费者的预期收益是小于或等于 5 万元,那么纠纷将至此获得解决。但如果消费者有更高的预期收益,他就需要进行一个大致的估算。假设消费者的预期收益为 10 万元,诉讼成本为 1 万元,则应满足:胜诉概率 × 10 万 + 败诉概率 × 0 - 1 万 ≥ 5 万。在此种情况下,只有当消费者有 60% 以上的胜诉把握时,才值得拒绝调解而进入诉讼程序。

2. 风险对收益的影响

较为乐观的预期收益往往是纠纷解决进入诉讼程序的推动力,而风险则可以成为诉讼的阻力。上例中,假设胜诉后消费者可以获得 10 万元的赔偿,但胜诉与败诉的比率均为 50%,消费者因举证困难等问题仍有败诉风险。根据丹尼尔·卡尼曼及阿莫斯·特沃斯基教授的观点:"在有风险的情况下做出决策选择时,人们会将结果'表达'为从他们的当前状态出发的收益或损失,对于收益,人们是风险厌恶的;而对于损失,人们则是风险偏好的。"[1]据此,杰夫·拉切林斯基教授指出原告会在调解的确定收益与胜诉

---

① 举例而言:①对收益的风险厌恶:"50 元确定收益"与"50% 概率得到 100 元、50% 概率什么也得不到的赌博"之间,大多数人将选择确定收益;②对损失的风险偏好:"50 元确定损失"与"50% 概率损失 100 元、50% 概率什么也不失去的赌博"之间,大多数人将选择赌博。参见 Daniel Kahneman & Amos Tver sky, *Prospect Theory: An Analysis of Decision Under Risk*, 47 E-conometrica 263 (1979). 转引自罗伯特·考特、托马斯·尤伦:《法和经济学》,史晋川等译,格致出版社等 2010 年版,第 411 页。

的可能收益之间进行权衡,如果大多数原告都是风险厌恶的,那么他们就会倾向于调解而非诉讼;而被告会在调解的确定损失与审判的可能损失之间进行权衡,如果大多数被告都是损失厌恶型的——也即对损失是风险偏好的——被告会倾向于诉讼而非调解①。

　　在我国的纠纷解决实践中,大多数生产者在初始谈判阶段往往会尽力压低赔偿数额,不惜冒诉讼的风险。这与杰夫·拉切林斯基教授的理论相符合。但原告是否鉴于风险厌恶而普遍接受初次谈判或法院外调解的结果呢? 从我国目前社会纠纷现状观之,尚难作出此结论。探究原告不惜冒败诉风险而乐于启动诉讼程序的原因,难道是当今中国已进入诉讼社会,国人好诉且司法资源足以满足任何纠纷解决的需要;还是国人普遍以公平正义为人生价值准则不达正义不罢休? 或许从成本—收益的经济利益角度分析,更易于解释此问题。

　　3.诉讼中调解的收益增值

　　一件纠纷进入诉讼程序,未必全部是因为当事人深信诉讼能够公正地分配双方权益(其可能更希望法官可以不公正地分配给己方更多利益)。大部分案件中,当事人双方对于诉讼或调解的纠纷解决方式本身并无明显厌恶或偏好。对于原告而言,其之所以选择投入更多的成本进行诉讼,往往是因为其相信执著地诉讼必然会提高自己的收益。对于被告而言,其愿意冒诉讼的风险,是因为其相信必要的风险可以节省更多的成本,也正如丹尼尔·卡尼曼及阿莫斯·特沃斯基教授所指出的,人是损失厌恶的,所以在损失面前,大多数人会表现出风险偏好性。因此,案件进入诉讼程序并拖延到最终判决前才达成调解,往往是由于当事人力图谋取收益增值至收益最大化的结果,尽管这一过程需要冒一定的风险。

　　前举的案件中,由于谈判后和解的结果为 5 万元收益;而诉讼即便胜诉法院会判赔 10 万元,但胜诉败诉概率均为 50% ,$100000 \times 50\% = 50000$。其收益是与事前和解相一致的,并且诉讼将花费更多的成本。既然如此,为何消费者往往会坚持选择以诉讼方式解决纠纷? 如果大部分诉讼中的原告是经济理性的,那原因只能是他们能够从诉讼中获得更多的收益。而这部分收益的产生,似乎并不能简单地从数理公式中推出,但根据实践经验,又并非难以理解。

　　上例中,诉讼可能会吸引来新闻媒体,该公司的竞争者及有过不愉快经历的其他消费者会在互联网等信息平台上对 A 公司进行谴责,而舆论往往会影响该上市公司形象,甚至可能会影响其股价。此时,即便舆论不会对法院公正审判形成压力,即便法院判 A 公司胜诉并无须支付任何赔偿费用,该案所导致 A 公司货币成本及非货币不可量化的成本损失(如企业声誉等)已远远超出 10 万元的损害赔偿金额。面对此种局面,一种并非符合上述数学推理计算的收益情况便有可能出现:A 公司领导亲自出面,并

---

① 罗伯特·考特,托马斯·尤伦.法和经济学[M].史晋川,等,译.上海:格致出版社,2010,第 411 页.

请来媒体,表示认真对待消费者诉求,愿意支付全部 10 万元损失费用,并公布 A 公司产品质量监督奖励措施,再另附 2 万元以表示奖励,双方握手言和,A 公司知名度大增,节省了广告开支,而消费者甲获得了高于审判的收益。

当然,真正能够实现双赢的案件并不普遍,但通过对以上案例分析,可以发现,此时的诉讼程序,已不仅仅是一种纠纷解决机制,而很可能体现出某种工具性价值。原告的预计是:随着诉讼程序的推进,被告企业声誉等无形成本的消耗将远远大于自己的成本消耗,由此迫使被告给出更高的赔偿金额。被告的预计是:随着时间的拖延,原告若不能及时获得赔款将无以为继,由此迫使原告接受较低的赔偿金额。整个诉讼过程虽始终以追求正义为名,但某种程度上却成为一场成本与利益的较量。双方均在以诉讼所耗费的成本向对方施加压力,以增加自己谈判的筹码。在诉讼的自始至终,双方所欲求的,可能并不是最公正的审判结果,而是最有利于自己的审判结果与最不利于对方的审判压力。随着纠纷解决成本投入的不断增加,一旦裁判结果与个人预期收益相去甚远,当事人在风险偏好心理的主导下,往往无视裁判结果的公正与否,而意图投入更多的时间、精力以捞回之前的成本,于是便易于产生上诉、申诉、信访、上访及拒不执行等问题。

三、调解与审判关系的反思

调解制度的复兴与发展是有其经济合理性的,而"先行调解"程序的提出。更是我国司法实践长期酝酿的选择。从法经济学的角度分析,对当事人而言,"先行调解"程序有利于最大程度地节省私人成本,并可以更好地避免双输的局面。① 对法院而言,调解作为一种便利的选择,不仅有助于缓解案件激增带来的审判压力,而且可以有效降低错案率,法官偏好调解本身即是一种经济人最大化其自身利益的选择。对社会资源的整体分配而言,调解有利于节省个案中的司法成本,从而在更大范围内实现社会正义。以往研究中,有学者将我国民众遇到纠纷时选择"忍忍算了"解释为国人"厌诉""耻诉"②,而从法经济学的角度进行分析,便不难发现,民众普遍"老实、本分"的背后,往往是成本与收益权衡后的无奈选择。基于此,在纠纷解决机制设计中,应注意司法资源的合理配置问题,减少法律救济的制度性障碍,使普通民众可接近司法。

与此同时,应当注意片面追求调解率,以调压判、久调不判往往会导致社会司法资源的更大浪费。笔者认为,处理好调解与审判关系的关键在于调解适用的时间。调解的优先适用绝不能将整个审判程序都异化成调解程序,使当事人对审判结果的合理预期完全落空。这实际上无异于剥夺了当事人法定的诉讼权利,也是同我国建构社会主

---

① 例如,企业方赢了官司却输了企业声誉;消费者赢了官司却得不到执行款项。
② 从文化传统角度分析,有其合理性;但尚难以揭示行为本质。

义法治国家的方向背道而驰的。最高人民法院 2010 年 12 月发布施行的《法官行为规范》,对法官诉讼中的调解活动作出了详细规定:"切实遵循合法、自愿原则,防止不当调解、片面追求调解率","分歧较大且确实难以调解的,应当及时依法裁判"。那么,什么情况属于分歧较大、确难调解?何为"当判则判"中的"当判"?实践中一般认为自最后一次开庭审判之后,如果双方当事人仍未能达成协议,而且推断在合理时限内也难以达成协议,或者即使可能达成协议其成本过高的情况下,就不能硬性地组织调解。所谓"调解用尽"的主张很可能导致"过度调解"。调解的边际效用并不总是递增的,具体案件中,当司法鉴定、举证、质证等程序都已进行过若干次后,久审不判,久调不决,无疑会导致当事人及社会的诉讼成本增加,不利于有限司法资源的合理分配。

综上所述,通常只有当纠纷解决的预期收益大于纠纷解决的成本时,经济理性的当事人才有可能将纠纷解决付诸实践。一般情况下,调解的成本往往低于审判成本。在比较调解收益与审判收益当中,不难发现,当事人主张的预期价值越高,调解越难达成,越容易导致审判的发生。当事人对审判的胜诉率越乐观,调解也将越发难以达成。然而,纠纷解决的实际收益并非总是与当事人的预期收益相当。一些官司打到最后,当事人不仅耗费了大量的人力、财力,而且也往往不计机会成本地投入了大量的精力,陷入了一种非理性的状态。针对此,法官的适当引导则显得十分必要。因此,"先行调解"的程序设计,在一定意义上符合人类经济理性,并有利于司法资源的谨慎分配。毕竟,我们不能因部分法院片面追求调解率,就否定调解作为纠纷解决机制在当下中国司法实践中的积极作用。

吕世伦、陶菁撰写,刊于《求实学刊》2012 年第 5 期。

中国法学家访谈录——吕世伦

记者(以下简称"记"):吕教授,您好!很荣幸今天有机会采访您!我们注意到,1948 年也就是在您 14 岁的时候就参加了东北民主青年联合会,这对您以后的学习和生活有什么影响吗?

吕世伦(以下简称"吕"):我比较喜欢看书,我的家乡大连是特殊地区,苏联红军占领大连后我们没有见过国民党,看见的全是日本军队和苏联红军。占领旅顺和大连的条约是苏联外长莫洛托夫和国民党外交官王世杰签订的,也就是国民党政府签订的条约。苏联红军开始不承认共产党在东北的政权,但毕竟它是共产党的军队,所以也对国民党进行限制。当时的情况十分混乱,满街的标语口号都是国民党、共产党分别贴的。国民党贴的是蒋介石万岁、热烈欢迎中央军;共产党贴的是共产党万岁、毛主席万岁。当时斯大林派出驻防部队,在大连逐渐明确了一个方针:"承认共产党在大连的政权"。当时共产党不叫共产党,叫民主联合会,联合会主任是共产党的市委书记。所以国民党也不敢公开活动了,共产党是秘密的,国民党也是秘密的。那时候宣传的书几乎不要钱。比如苏联印的斯大林《列宁主义问题》。马克思、恩格斯、列宁的著作,到处都是,很便宜,几分钱就买一本。另外,1945 年七大闭幕,闭幕后日本投降,宣传七大的书也到处都是,也几乎不要钱,如毛泽东的《论联合政府》、刘少奇的修改党章的报告《论党》、朱德的《解放区战场》。国民党也出版了很多书,宣传蒋介石、宣传国民党、宣传中央军的。所以到处都是书,都是几乎不要钱的。我选择了一些自己感兴趣的书来看,接触到了毛泽东的著作、马列著作,后来就参加了东北民主青年联合会。当时主要宣传三方面内容:第一,宣传中苏友好,向苏联老大哥学习;第二,宣传民主政府。所谓民主政府,就是秘密共产党领导的政府;第三,宣传解放战争的胜利。后来我就逐渐写一些小文章,当时苏联红军办的报纸叫《实话报》,《实话报》就是《真理报》,是苏联红军司令部办的报纸。另外也发一些小评论。尽管这样,因为我的阶级成分不好,所以没有受到重视。

记:关于新中国成立初期废除伪法统的问题您了解多少?

吕:废除伪法统是毛泽东和国民党谈判时提出的条件当中的一项。1949 年 2 月发布了《废除国民党的六法全书和确定解放区的司法原则的指示》,这个文件实际上是与国共谈判时期党的条件相对应的,是新中国建立初期的指导性文件。新中国建立初期根据这个文件的精神进行法律制度的建设,所以这个文件在当时很重要,为确定新型的法制奠定了良好的基础,为我们的法律制度指明了一个社会主义、共产主义的大方向。关于这一点还是不容忽视的。但这个文件有一个缺点,即过多强调国家政权,且在强调国家政权意识的同时没有很好地强调法的意识。因为我们是通过革命战争用革命手段夺取的政权,毛泽东也曾说过国家政权就是一切,这样就出现很大的漏洞。

记:吕教授您是从 1953 年到 1957 年在人民大学读的本科是吗?1952 年的情况您了解吗?

吕:是的,我 1953 年开始在人民大学读书,但 1952 年的情况我也了解一些。

记:您能否给我们介绍一下关于 1952 年的司法改革,以及紧接着的改造旧法统和改造旧的司法机关这一时期的情况?

吕:1952 年司法改革最主要的是清理司法工作者队伍。在这个过程当中,指导思想有很大的问题,即片面强调司法改革的政治性、政治属性,而忽略了司法改革中提高司法人员业务素质的属性。因此把国民党的旧司法人员基本上清除掉了,送到图书馆、看大门等。因为他们是旧司法人员,很难为新中国司法实践服务,所以为了填补人员空缺,吸收了大批的老干部、军人、工人这样一些外行来接手司法工作。他们根本不懂什么是司法,因此造成了很多的冤假错案。这一方面是因为他们不懂司法,另一方面当时确实也没有司法依据,所谓无法司法。我们碰到这样一个案子:有一个国民党三青团的成员,他受到批判以后骑自行车带人被抓住,由于他有历史问题被定为反革命骑自行车带人罪,现在看来是一个笑话。所以,当时的司法状况一塌糊涂。

记:1952 年的院系调整和人员变化,您能否系统地介绍一下?

吕:院系调整是在司法改革的第一年进行的,院系调整是全国性的。院系调整以后,清华大学本来是综合性大学的,后来变成一个工业大学;北京航空航天大学原来没有,后来从清华大学的航空系、四川大学航空系、北京理工大学(原来叫北京工业学院)的航空系合并而成。后来形成八大学院:政法从北大分出;邮电学院从清华分出;北航上面已经提到;北医从北大分出,现在又合并在一起;北京地质学院,从北大地质系出来;北京石油学院是新成立的;北京矿业学院是从清华采矿系出来的。这次院系调整对法学造成了很大的压抑。全国大学的法律系均被取消,只有两个学校保留法律系:中国人民大学和中央政法干校(培养干部的学校,即现在公安大学的地方);后来东北人民大学(现在吉林大学的前身)的行政系改为法律系。另外国民党遗留下来的教员都不能上课,因为他们守旧、主张旧法观点。课程由苏联专家培养出来的一些中青年教员上。当时人民大学的很多老师都戴着两块校徽,一块校徽是中国人民大学,另一块是西北政法学院、中南政法学院、华东政法学院或者北京大学。这实际上都是培养学马克思主义法学的,这种情况是历史造成的。调到人民大学做党委书记的原同济大学党委书记程天权的导师,复旦大学的叶考信以及北大法理教研室很多人都是从人民大学毕业的,比如刘升平(教研室主任)、朱华泽、王勇飞(后调入中国政法大学)等。

记:您刚刚提到苏联专家在这里授课,您能给我们详细介绍一下苏联专家来华授课的情况吗?

吕：苏联专家是从莫斯科大学来的，法律系主任有一个苏联顾问，另外每一个教研室都有一个苏联专家讲课。苏联专家前一天晚上给年轻教员讲课，由翻译翻译成汉语，老师们记下来之后，第二天给学生念讲稿。我之前还留了一部分（打印的）讲稿，现在看来，水平的确是比较差。

记：那苏联专家讲课的内容包括哪些方面？

吕：都有。刑法、民法、诉讼法、国际私法等。苏联专家呆了大概两三年的时间。所以，全国院系调整后，法学的地位就很低了，影响了对法学人才的培养。我们所使用的教材在1957年以前基本上用苏联专家的讲稿和莫斯科大学的教材。课程设置都是苏联的法律，没有中国自己的。法理讲《马克思列宁主义关于国家与法权理论》，宪法讲苏联宪法，法史除了外国法制史以外，还有苏维埃法制史、国家与法权历史、苏维埃国家法，还有民主国家（东欧）法。那时候不光是人民大学，包括公检法部门，书架上基本上都是人民大学法律系翻译的苏联教材。

记：法院的司法审判是否受到苏联教材的影响呢？

吕：当然不会直接受到影响，但它的法律思维却受到了苏联教材的影响。尽管苏联法制方面有一些问题，但比我们还是先进的，它是要搞立法的。列宁在国内革命战争结束以后，立即亲自领导起草了很多部法律。宪法先后有1917年《宪法》、1919年《宪法》和1924年《宪法》，另外制定了俄罗斯社会主义国家的刑法典、民法典、民事诉讼法典、刑事诉讼法典、婚姻家庭和监护法典等。相反，我们一直强调条件不成熟，立法不能着急，要成熟一个制定一个（法典）。当时我们的法制观念比较薄弱，相对来讲，苏联当时的法制观念比我们还是要强很多。

在部门法方面，因为新中国没有立法，所以上课主要讲两个方面的内容：一个是党的相关政策，一个是实践过程中的工作经验总结。这是一个很大的缺漏。教学的核心内容有两个：一条是党的领导，一条是群众路线。理论法学和部门法学都是讲这两个方面。例如，1958年"大跃进"时，我是总支科研秘书，当时强调科学"大跃进"，要编写教材。法理界写了一本《人民民主专政和人民民主法制是社会主义国家的锐利武器》，当时我建议叫《论人民民主专政和人民民主法制》；刑法界出的是一本小册子叫《中华人民共和国刑法是无产阶级专政的重要工具》；刑事诉讼法出了一本蓝灰色皮的《人民民主专政的司法制度是人民民主专政的锐利武器》。书和教材都是宣扬这两个方面：党的领导和群众路线。

教学核心内容还有另外一个侧重点即教学大批判，批判资产阶级。在1959年后转向"批修"，批苏联修正主义。教师和学生绝大部分时间是在参加政治运动，在我之前的两届学生参加土地改革、"三反"、"五反"，从我们这届开始搞农业合作化运动。1955年参加"肃反"运动，1957年"反右派"，1958年"大跃进"、搞人民公社化，1959年"反右倾"，"反右倾""大跃进"结束，三年困难时期开始。这三年基本上没有做事，因为没有东西吃，要保持热量。当时因为饥饿，杨树叶子都被摘下来搅碎，蒸了吃，叫做叶绿蛋白。那几年因为没有能量,搞不起运动,所以还上了一些课。肖扬(原最高人民法院院长)正赶上这个时期,所以他们还学到了一些东西。

记:就您了解的情况看"反右派"时期有多少法学家受到过批判? 具体有哪些人?

吕:"反右派"从全国形势看,是毛泽东要搞反官僚主义,要求并发动党内外人士提意见,结果提完意见后性质就变了。当时全国共划了55万"右派",而全国的知识分子也不过几百万,并且被划为"右派"的很多人都是专家。最多的"右派"产生于两个部门:一是新闻界,因为它写东西,暴露事实,揭露社会黑暗面;二是法律界,首先,刑法学界很多人被划为"右派",如高铭暄老师的导师刑事庭庭长贾潜;还有一些民主党派人士如章乃器;复旦的杨兆龙。北京政法学院的钱端升等搞刑事法学的人基本上都被划为"右派"。因为刑法学界主张无罪推定等西方法律原则,为罪犯开脱罪责,这在当时看来是为反革命分子服务的,都是"右派"。其次,理论上主张法律继承性的都是"右派",一个是贾潜,一个是复旦的杨兆龙,贾潜提倡"砖瓦碎片论",杨兆龙先生写了一篇《论法的阶级性和继承性》的论文。最后,坚持西方法律观念的人大部分被划为"右派"。

记:这些被划成"右派"的人后来是怎么处理的呢?

吕:后来给摘帽子了,但摘了帽子还是"右派",叫做"摘帽右派"。

记:当时被打成"右派"的人好多都被派去劳教去了,法学界的情况也是如此吗?

吕:是的,情况和社会上一样。被划成"右派"的法学家都不能再从事本职工作,被派去劳教改造。当时基本上没有人做学问,也没有书可读。原来中苏友好时有《苏维埃司法》杂志,后来和苏联关系恶化后,杂志的订购也取消了,苏联教学的那些资料也束之高阁,因为要对苏联修正主义保持一定的警惕。那是1959年以后的事了。当时培养法律阶级性的观念,主张司法是人民民主专政的工具——刀把子。另外我补充一点,司法改革后形成了一种体制,即国家司法机关的地位从高到低依次是:公安、检察、法院、司法部系统。四机关中以公安机关为首,每个地方的政法党委书记都是由公安局长担任的,开会由公安局长主持。所以,公安局在当时是很受欢迎的,然后是检察机关,法院的地位很低。这套体制保持了很长时间。

司法当中还有两个重要的缺陷:重刑轻民、重实体轻程序。程序被看成是资产阶级刁难人民群众的一种手段,程序是捆绑无产阶级专政的东西,是繁琐的东西。

记:那上述您提到的公安机关为首的体制什么时候才废除?

吕:"文革"以后。邓小平强调要培养法官,把行政与司法分开,这样才废除了这套体制。所以法制不发达很重要的表现就是行政控制司法,中国传统司法文化中也是这样,行政长官担任法官,县官最重要的任务就是审案子。

记:当时派了很多人去苏联留学,您当时去了吗?

吕:我当时没去,原来名单中有我,但因为我家出身不好,所以就没能去成。

记:就您所了解的情况,当时有哪些人去了呢?

吕：去了很多。每年都有一批留苏名额，理工科也有。到苏联留学的很多人拿到副博士学位。社科院法学所的最早一批人中，主力队伍都是从苏联回来的，比如王家福。

记：当时去苏联留学需要什么条件呢？

吕：首先家庭成分和政治表现要好，学问是第二位的。1953年时，人民大学本来已经决定让我去苏联留学，后来又动员我去北大做教员。

记："文革"期间您有没有受到冲击？

吕："文革"那时候就要你斗我我斗你，谁不受冲击呢？我家庭出身虽然不好，但没有什么历史问题，一直都是从学校到学校。来人民大学以前当中学教员，又是党的积极分子，就是成分不好，没什么历史问题。我在1963年人民日报发了两篇论文，一篇叫做《为帝国主义服务的自然法》，另外在人民日报的内部刊物上发表了一篇《关于现实主义的法学批判》，那时候叫实在主义。这两篇文章都是比较"左"的。有些人就到学校说我用的是苏联的材料，现在苏联修正主义正在利用我们，我们写文章，可能会被苏联修正主义所利用。所以那时基本不写文章，一写就会受到批判。因此当时基本没有学术可言，都是批判。

记：那个时候的法学研究情况怎么样？

吕：新中国建立以后，强调以马列主义、毛泽东思想为指导，在我看来这是无可非议的。但是它实际上是一种带有歪曲形态的马克思主义。在一些实例中，被曲解和片面化了。因为我同时研究马列主义法律思想和西方法律思想，所以我知道马克思关于国家和法讲的是什么问题。我出版了两本法律思想史，先是《马克思恩格斯法律思想史》，后来出了第二版；还有一本《列宁法律思想史》。所以马克思、恩格斯、列宁在国家和法的问题上有哪些基本观点我比较清楚，毕竟研究了五十多年。事实上，当时的很多观点都不是马克思、恩格斯的观点。比如法律继承性的问题，马克思、恩格斯早就提到了法有继承性。恩格斯晚年在历史唯物主义的通信中，一再提到法的继承性问题，法的继承性是法的相对独立性的重要表现。可当时谁提倡法的继承性，谁就会被划成"右派"。再比如马克思、恩格斯关于民主问题的论述，当时我们也把它曲解了，民主很大程度是作为口号来喊的。所以我觉得民主法治当时在我们国家是没有地位的，特别是法治。毛泽东在1956年提出了"百花齐放，百家争鸣"的双百方针。但是1955年"肃反"的时候却提出"舆论一律"，这两个方针是不能相提并论的。但在实际中舆论是一律的，如果是自己独特的东西，要受牵连。所以当时除了论证党的领导、群众路线之外，没有可研究的对象。

另外，在大批判当中主要强调下列一些带有倾向性的观点：一是国家专政。国家高于社会，专政就是一切。二是阶级性是高于人性的。三是集中高于民主。因为它讲的实际上不是民主是集中，是集中指导下的民主。四是政权高于人权。到现在为止很多人还持有这个观点：国家主权高于人权，政权高于人权。五是实体高于程序。

在法理方面也有三个"高于":国家高于法律;政策高于法律;群众运动高于法律。在毛泽东看来,法律不能解决实际问题,群众运动能解决实际问题,是最有效的解决实际问题的手段。所以在 1958 年北戴河政治局扩大会议上毛泽东公开宣传人治观点。他和刘少奇两个人,一个是党内主席,一个是国家主席。毛泽东曾经在会议上讲:"法律不能解决实际问题,法律不能治党,也不能治军,但是党的政策能解决问题。什么是法呢? 党的政策就是法,共产党的会议就是法,人民日报社论就是法。法不过是条文"。他说:"我是宪法起草委员会的主席(1954 年《宪法》),现在我也记不住两条。"言下之意就是说法很难发挥作用。他讲到:"很多人到国外探讨法治和人治的问题,我看法治很难解决问题"。刘少奇谈话很明确地说:"我们就是要人治,不要什么法治。"所以在理论上指导思想就是这样的,法治怎能发展?

另外,批判当中还有这样一些内容,主要是批判旧法观点的。旧法是指资产阶级自由主义法律观点,包括民主制以及其中的普选制、人民主权等,这些都是要批判的,说它是虚假的、欺骗人民的。权力的分立和制衡、自由和平等、法治以及人权理论也是要批判的。当时认为权力和权利都带有阶级性的,因此讲人权是非科学的。所以我们当时根本不讲人权,而是批判人权。现在人权观念很普遍,还成立了人权研究所,但在当时人权这个词是很忌讳的。另外,私法观点、法的继承观点同样遭到批判。还有就是批判程序、辩护制度和无罪推定。很多人就是因为无罪推定被划成"右派"。搞刑事法学的人主张无罪推定,很多人都被划成"右派"了。

记:那您从事法学研究这么多年,对法理学、法哲学、法社会学都有所涉及,您能就理论法学对中国法和中国法学的发展作一个整体的评价吗?

吕:首先,理论法学按照马克思主义理论建设这么多年(主要是"文革"以后)是有很多进展的,它对应用法学,对我们的法律实践起了很大作用。现在研究部门法的人都往法哲学这方面靠,出现了刑法哲学、行政法哲学、民法哲学等。因为没有理论法学指导,没有理论法观念的指导,部门法只能限于就事论事。所以现在很多人都困惑,老说法学理论没什么用处,实际上理论法学有很大的价值。比如当时依法治国是典型的"右派"观点。我们班有一个同学叫林希翎,是毛泽东钦点的第一号"右派",人民日报头版头条刊登。现在看来她提出的民主法治的要求并不高。

现在的理论法学确实也存在问题。第一,到现在为止,理论法学建设的发展水平还是比较低的,没有把马克思的经典著作很好地消化,过去歪曲形态的马克思主义还没有完全清除。刚刚我提到的政权高于人权这种观点就是这种表现,这根本不是马克思的观点。一个国家的法律应该为人民服务,法的阶级性观点现在大家虽然都有看法了,但是了解并不深。第二,我们的理论法学与法制建设实践结合得不是很紧密。理论法学工作者应该更多地参与社会法制建设实践活动,积累经验,从理论上提升。这个工作应该加强。第三,理论法学本身建设不到位。理论法学的范围是比较宽阔的。去年人民大学出版社让我给他们策划一套理论法学丛书,我策划了 10 本书目。第一本就是法哲学。第二本是纯粹法理学,由张德淼(中南政法学院理论法学系的系主任,曾参加《法的真善美》这套书的撰写,《法之真》由其撰写)编写。为什么加纯粹呢?因为现在的法理学是大杂烩,无需多言,而我们这本书专门研究规范的法理学,不是现在所说的法理学。第三本是法社会学。第四本是法经济学,由钱宏道(以前在法学所,现在苏州大学)主编。第五本是法政治学,由姚建宗(吉林大学)撰写。还有法伦理学、法文化学、法美学、法人类学等。为什么我要搞这套丛书呢?我有我自己多年来考虑的问题。因为现在我国和西方一样,法理学和法哲学已经不分了。像博登海默写的那本书就叫做《法哲学——法理学及其方法》,已经不再是康德、黑格尔严格意义上的法哲学,而是通义的法哲学。此外,现在法理学比较混乱,包容的东西太多,比如法与经济基础上层建筑,显然是法哲学的范畴;法和利益的关系、法的社会功能和作用,这显然是法社会学的范畴,也都放进法理学了。所以法理学现在可谓大杂烩,任意性太强。很重要的一点原因就是理论法学到底包括哪些学科不清晰。所以我要一个学科一个学科地列出来,就产生了这套丛书。

当然,除了纯粹法理学外,其他的小学科都是边缘学科,将来还会有更多的边缘学科产生。总之,只有把法理学的范畴搞清楚了,才能把理论法学深化。

该文刊于同名的北京大学出版社 2010 年版本。

第四篇

西方法哲学

转向"人法"的桥梁

——托马斯·阿奎那法律思想的合理成分

　　当年,奥古斯丁(Aurelius Augustinus,354—430)几乎完全依赖上帝的恩典,否定人类有自我拯救能力的学说,在一些重要方面陆续受到中世纪基督教思想家们的修正。托马斯·阿奎那(S. Thomas Aquinas,1225—1274)就是其中最重要的人物。阿奎那生活的世纪是意大利早期文艺复兴运动的前夜,他尚在人世时就已经达到了神学和哲学的巅峰。1567年教会尊称他为"天使博士"(Doctor Angelicus),1879年教皇利奥十三世(Leo XIII,1878—1903)正式宣布其体系为教会官方学说。他的学说至今仍可以被誉为是对罗马天主教神学、哲学、伦理观的权威解释。阿奎那不仅追随奥古斯丁,而且紧跟当时由阿拉伯人传入欧洲而刚刚为人所知的亚里士多德。他详加评注了亚里士多德的几乎全部的主要文献,并在其神学著作中广泛利用亚里士多德的思想资料,为树立基督教在西方世界中占主导地位的哲学权威,作出巨大贡献。

　　阿奎那宣扬"人们之间天生不平等",主张"在人类事务中,低级的人也必须按照自然法和神法所建立的秩序,服从地位比他们高的人"[1]。他把亚里士多德理解为自然的奴隶制解释为神意,为奴隶制度辩护。在这方面,阿奎那表现出希腊哲学特别是亚里士多德对他的影响。亚里士多德把希腊智力生活的新眼光带给了中世纪,并使中世纪人相信,理性是一把钥匙,一定可以打开认识自然界的大门。从13世纪迄今,这种激励人心的因素从不曾完全消失[2],而且对欧洲精神生活影响很大。W.乌尔曼甚至认为,亚里士多德理论对中世纪社会及政治统治的观念具有革命性的影响[3]。然而,阿奎那并没有止步于此,而是致力于根据基督教信仰来重新解释亚里士多德,并按照亚里士多德的哲学来改造基督教神学,他把亚里士多德的理论同福音教义相适应,使之同基督教信仰体系协调一致,并将自然的和神学的知识创造一个无所不包的宏大的思想体系。所以博登海默说,他的思想体系乃是基督教圣经教义与亚里士多德哲学的一种巧妙的结合。萨拜因也指出:"托马斯哲学的本质在于,它想建立一个全面的综合体系,一个无所不包的体系,而这一体系的关键在于和谐与一致。……启示虽然处于理

---

①　托马斯·阿奎那.阿奎那政治著作选[M].马清槐,译.北京:商务印书馆,1963,第146页.
②　乔治·霍兰·萨拜因.政治学说史:上[M].盛葵阳、崔妙因译.北京:商务印书馆,1986,第293页.
③　丛日云.西方政治思想史:第二卷[M].天津:天津人民出版社,2005,第273页.

性之上,但决不悖于理性;神学完成了由科学与哲学开始的体系,但决不破坏其连续性。信仰是理性的完备形态。它们共同建立了知识的殿堂,但决不彼此冲突或相互矛盾。"①

如果说,奥古斯丁是古代时期向中世纪的转变过程中一个关键的思想家,那么阿奎那就是一个从中世纪文艺复兴向近代转变过程中的一个继往开来的思想家。阿奎那以卓越的睿思,担当综合基督教义与哲学的历史重任,其法律思想的建树在他的著作中获得整体的表现。它既是对以前的各种思想进行汇总、修正和发展,又是当时欧洲中世纪发展时期具有深刻远见的反映。其合理成分在于以亚里士多德为媒介,受文艺复兴的启发,增加浓厚的世俗主义的色彩,成为神学法转向世俗法的一座架桥。

一、调和自然国家观与神学国家观

在中世纪早期,人们普遍相信"国家的根基是不洁净的,源于人的罪,国家不过是用以压制邪恶和惩罚违法者的必要的恶。"②奥古斯丁就曾把政治社会(国家)描绘为堕落的人以拯救他们罪恶的一种神授的秩序。国家存在首先是因为人有原罪。在这里,奥古斯丁揭示了国家的不自然,国家不过是用以抑制人的原罪造成的一些社会后果的人类建制,是上帝用以惩罚人类原罪的手段,或者说是上帝实现其惩罚和拯救人类计划的安排,其自身并无独立价值。

在亚里士多德的国家理论中,却带有鲜明的自然主义色彩。亚里士多德从自然人性的角度提出了"人是政治动物"这一命题,认为国家是从家庭中自然地生长、发展起来的最高级的社会组织形式,并在原则上可以满足作为公民的人之需要。国家是以实现共同体最高的善为目的的,在于保障良好的生活。国家是自然法则作用的结果,而不是契约或习惯的产物,更不是上帝惩罚人类的"刑具"。亚里士多德的立论有两个特点:社会和国家不是被当作观念的,而是自然的,社会和国家是被一体看待的,因为一切都包括在城邦政治生活中了。不难看出,亚里士多德有关城邦方面所形成的概念,不可能刻板地应用于中世纪社会,而需要加以相当程度的修正。

阿奎那生活在基督教社会,一方面不想离开从教父一直传到13世纪的那一套政治与社会传统,把国家视为神的计划或人之自然本性的需要,另一方面,又认为作为社会的正式代表——国家,应当具有必要的手段满足公民的共同利益,诸如和平秩序、生活资料的生产贸易、抵御外侮、控制犯罪等管理行为,这必须成为一种权威。因此,阿奎那既强调人类灵魂的得救,并以超自然(来世)的永福为人之目的,又指出只有教会可以满足这种需要,特别是在"决定一个统治者何时和何种程度上违反了法律并因此

---

① 博登海默.法理学——法哲学及其方法[M].邓正来,译.北京:中国政法大学出版社,1999,第28—29页.

② J. M. 凯利.西方法律思想简史[M].王笑红,译.北京:法律出版社,2002,第116页.

将受到抵制的问题上,教会成为最高仲裁者"①。同时,阿奎那还把亚里士多德主义当作稳固信仰的一种有力的哲学上的支持,认为政治社会起源于人的群体的自然本性,具有价值和合法性,国家和法的目的是要保障人的世俗幸福,调节人的外在行为,使人尽可能在世俗范围内过好的生活。在这里,阿奎那尤其突出国家目的的伦理性,就是为了谋求人的"公共幸福",就是过一种"有德性的生活",以达到享受上帝快乐的目的。就这样,阿奎那自觉地肩负起了调和理性与信仰以及自然国家观与神学国家观的沉重使命。

这种调和还表现在,国家既非原罪的产物(奥古斯丁说),亦非性恶的结果,而是出于人类之本性或自然法。国家远远不是必要的恶,或人之堕落的结果,它是自然本身的创造,从一开始就经过了作为自然创造者的上帝的许可。"无论人类是否有罪,政治共同体都是既存的,并且是以理性为基础建立起来的天然制度。"②这个结论对缺少主权而不是法律的 13 世纪而言,的确大大抬高了国家的权威性。于是,阿奎那"就打通了亚里士多德关于人的城邦天性的理论和基督教的上帝创造自然的教义,自然地就把国家作为上帝设计的一部分而予以正当化了"③。

阿奎那主张君主权力要受到法律的约束,权力只能依照法律加以行使,"就法律的支配能力来说,一个君主的自愿服从法律,是与规定相符合的。""按照上帝的判断,一个君主不能不受到法律的指导力量的约束,应当自愿地、毫不勉强地满足法律的要求。"④就任何制度而言,阿奎那认为,最保险的办法就是法治。法治在绝大部分情况下是一种实践的需要,因为贤明之士不常有,而且人治不可避免地会滥用职权。这些思想导致了阿奎那对分权的政治秩序的坚定的接受,在这种分权的政治秩序中,"最好的制度是所谓混合制度,或以和谐的方式结合了君主制、贵族制和特殊政体的优点的制度。"⑤因为在这种政体中,法律是君主制、贵族制和民主制所产生的几种类型的综合⑥。法律是政治的特有工具,统治者通过法律的力量而不是通过别的力量来促进公民中的正义和道德的善。道德之善的获得正是重复那些由法律所规定的行为的结果,或是在好的法律下的习惯生活和教育的结果。因此,立法的重要性就在于它具有建构

① 卡尔·J.弗里德里希.超验正义——宪政的宗教之维[M].周勇,王丽芝,译.北京:生活·读书·新知三联书店,1997,第 19 页.
② 肯尼斯·W.汤普逊.国际思想之父[M].谢峰,译.北京:北京大学出版社,2003,第 66 页.
③ J.M.凯利.西方法律思想简史[M].王笑红,译.北京:法律出版社,2002,第 117 页.
④ 托马斯·阿奎那.阿奎那政治著作选[M].马清槐,译.北京:商务印书馆,1963,第 122—123 页.
⑤ 列奥·斯特劳斯,约瑟夫·克罗波西.政治哲学史:上[M].李天然,等,译.石家庄:河北人民出版社,1998,第 278 页.
⑥ 卡尔·J.弗里德里希.超验正义——宪政的宗教之维[M].周勇,王丽芝,译.北京:生活·读书·新知三联书店,1997,第 20—21 页.

特点,并构成最重要的政治学术活动。① 在阿奎那看来,作为政治的尤其是社会的动物——人,不可能在自然状态下孤独地生存,而必须运用理性,与他人合作,过社会生活。这意味着需要国家来管理社会。所以说"国家"对人来说是自然的,但它不是由自然赋予的东西,而是为人的本性所倾向并为理性完善的产物。只有国家能够使人变得善良,只有在国家的结构中,人才能达到生活的完满。国家是促进善的一种手段,而不只是阻止罪恶和伤害。

从思想贡献上说,托马斯·阿奎那打破了中世纪典型的神学政治的"话语霸权",频繁使用古代法学的词语,为人们用"人"的眼光观察、了解和分析政治问题,从此不再仰赖宗教权威的自治世俗国家的观念,开始穿透中世纪的薄雾。阿奎那大胆地将国家从教会的束缚下剥离出来,认为国家无论是在其起源上还是在其运行上都与教会的权威无关,它有着自身存在的价值。这种思想为近代民族国家的形成提供了某种理论依据。特别是他吸收了亚里士多德关于国家权力起源于民众的思想,进一步激发了中世纪关于"民权"问题的讨论,促进了中世纪的宪政主义的发展。②

二、确立广泛的自然法体系

托马斯·阿奎那的法律理论源于自然法传统。他把亚里士多德关于国家的自然起源的描述与自然法联系起来,充实自己的自然法理论。并在坚持自然法的总体原则不可改变的前提下,承认引入私人财产权是合法的,在一定程度上满足市民社会发展的要求。但他更多看到的是私人财产所带来的自私和损人的趋向。这种保守性,又限制社会自由,特别是商品的自由竞争。

阿奎那以整个宇宙为背景,强调法律是支配宇宙秩序和社会的工具,并承认法在道德和社会秩序中的中心地位,"表达了一种在中世纪被广泛接受的有关政府和社会秩序的信念,即法的卓越不凡"③。他把专门用之于人的法律称为人法,而这人的法律又被分为万民法和市民法。从一种意义上说,人法只调节人类的生活,因此它必须特别适应人类的时代特点。从另一种意义上说,人法不过是把通行于宇宙的更广阔的原则应用于人类而已。就人类的情况而言,由于人有理性而区别于其他生物,人法的标准是由理性来规定的;并且,由于人身上的合理性意味着社会性,所以法律提出的标准是为了公共利益,而不是为了个人或某一特殊阶级的利益。因此,法律背后还具有普遍的权威,而不是个人的意志。此种权威是为了本身的共同利益而行动的整个民族,

① 列奥·斯特劳斯,约瑟夫·克罗波西.政治哲学史:上[M].李天然,等,译.石家庄:河北人民出版社,1998,第278—279页.

② 丛日云.西方政治思想史:第二卷[M].天津:天津人民出版社,2005,第305页.

③ 卡尔·J.弗里德里希.超验正义——宪政的宗教之维[M].周勇,王丽芝,译.北京:生活·读书·新知三联书店,1997,第26—27页.

通过立法或是通过创立惯例这样一种不大明确的办法而取得成果,或者说它得到受托治理社会而担任公职的人物的批准。① 因此,阿奎那把法定义为"由管理社会的人,为公义而制定和颁布的理性条例"。"法是行动的法则与尺度,使人行动或限制其行动;因为 lex 源于 ligare,约束人的行动。"②这种关于法律"具有理性、旨在服务于公众和公开化"特征的界定,标志着法律概念发展的一个新阶段。

阿奎那还从神学主义的立场出发,试图尽可能密切地联系神法来阐述人法,并把论证的重心放在人法是从自然法派生出来这一点上。阿奎那认为人的法规以及为使法规能够生效的强制行动所进行的辩护,始终是人类本性所固有的。因此,总的说来,人的法律可以称之为自然的法律的必然结果,人们只需要使这种法律变得明确有效,以便应付人的生活或人的生活中特殊情况的紧急需要。自然法通过两种方式成为人法的基础:第一,由自然法的原则演绎为法律条文,此类法律具有自然法效力;第二,将自然法的原则应用于社会问题而订立的法律,此类仅具有人法的效力。人类自然倾向是过社会生活,不做有害他人之事。一般人通过教育受到约束,但也有人不可理喻,须通过法律的惩罚来学会自我约束。这就是说,自然法既可以用于制定人法,包括各种国家的市民法,同时,自然法也有助于判别善法和恶法。

阿奎那将法律分为永恒法(神的自然法)、自然法(人的自然法)、人法(人的成文法)和神法(神的成文法,主要是《圣经》)四种类型。这种划分方法也是很独特的。四种法律是理性的四种形式,它们显示在宇宙现实的四个层次之中。虽然只有一种类型直接涉及人类,但"他把人类社会及体制看成是宇宙体系的一个典型的层次,在这个层次中通行着在别的层次里表现为不同的方式的相同的原则。"③这种划分的目的是要论述人法乃是整个神圣统治体系的一个重要组成部分,而天上和人间的一切都是由这个体系来统治的。换言之,一个不合法的统治者主要不是破坏人的权利和体制的人,而是一个反抗上帝借以统治世界的整个神圣体系的人。

阿奎那有关永恒法(神的自然法)的观念是沿着斯多噶学派、西塞罗和奥古斯丁的传统而形成的。阿奎那认为,永恒法起源于神的智慧的永恒计划,宇宙的整个社会是由神的理性支配的,而神的理性是没有时间界限的,永恒的。所以上帝对于创造物的合理领导,就像宇宙的君王那样具有法律的性质,这种法律被称之为永恒法。人类无法直接认识这个上帝的计划。人类只能认识永恒法的部分或者一些片段,即自然法。上帝的启示和人的理性,是了解永恒法的媒介和方法。在这里,阿奎那强调理性并用理性分辨永恒法(上帝法)和自然法,自然法并非自然规律,而是理性反省人类自然本性所颁布的律令。自然法具有道德约束的力量。

自然法也是沟通永恒法与人法的桥梁,是理性动物(人)以其理性(上帝理性的印

① 乔治·霍兰·萨拜因.政治学说史:上[M].盛葵阳,崔妙因,译.北京:商务印书馆,1986,第302—303 页.
② 唐逸.理性与信仰——西方中世纪哲学思想[M].桂林:广西师范大学出版社,2005,第265 页.
③ 乔治·霍兰·萨拜因.政治学说史:上[M].盛葵阳,崔妙因,译.北京:商务印书馆,1986,第300—301 页.

迹)对永恒法的参与,是上帝用来统治人类的法律。它之所以称为自然法,是因为人类世界就是神创造的自然世界的一部分,并且还表现着人类思维和活动的共同规律(自然规律),例如基本的道德原则等。自然法的根本律令就是追求善而避免恶,由"趋善避恶"导出的人所固有的倾向和基本原则是:他们要生活在社会里,要保存自己的生命,生养和教育孩子,寻求真理,发挥聪明才智。① 这一学说体现了人对其向善和自我发展的能力的一种坚定不移的信念。② 在阿奎那关于自然法的规定中,保全人的生命、维护人的各种本能、维持社会秩序这三大基础要素,是与自然的倾向和上帝的意愿相一致的。就开始承认人的独立地位而言,同把人看作自然的奴隶的古希腊自然法理论和把人看作上帝的奴隶的奥古斯丁的自然法理论相比,是一大进步。

人法是通过国家机关制定的法律,人法只有在符合"正确理性"时才具有法的性质。人法是根据自然法,最终是根据永恒法制定的。一切法律都是从立法者的理性和意志中产生的,但不得违反自然法,更不得违反神法。凡违背自然法的法律皆不称其为法律而是"恶法",人民没有服从的义务。

阿奎那还认为,人类立法优于人治。但是立法必须贯注于公共福利的实现,必须以他在自然法中可以看到一些片断的习惯法为准绳。立法可能因制定的时间和环境的不同而不同,但其精髓是正义。正义的法律对良心有约束力,不正义的法律对良心没有约束力。对阿奎那来说,不是每一条实证法都符合自然法。法律可能违背公共福利,干涉立法者没有涉及的事务,或者不公正地分配负担。这些法律即是"暴力"。根据自然法,它们没有法律效力。③ 阿奎那进一步指出,如果法律的制定仅仅促进立法者自己的利益,或超出法律赋予立法者或统治者的权力和程序,或强加不平等的负担于被统治者。那么,臣民与其相对抗就是正当的。值得注意的是,阿奎那尽管指出人们有权推翻这种法律以及强制推行这种法律的暴君,但是他仍忧心忡忡地认为,必须考虑暴力方式的弊和利,这种对抗只有在不妨碍公共安全和公共秩序,并不给共同体带来巨大灾难的情况下才是合法的。不言而喻,如果对法律的遵守将直接导致违背永恒的习惯法,则应当严格禁止。

阿奎那认为,除了自然法和人法,还必须有神法来指导人类的生活,达到可以称之为自然理性的境界。原因在于:第一,人的一切行为是受法律支配的,如果人追求的是适合人类自然能力的目的,有自然法和人法的指导就够了。但是,人法仅能约束外在行为,不能指导内在德行而引向人们希望得到超出自然能力的永恒幸福。换言之,人们仅凭理性能力是无法实现永恒幸福之终极目的,因而还需要得到神法的指导。第二,由于人类的判断往往不正确,尤其在一些特殊的偶然的问题上更是如此。所

---

① 乔治·霍兰·萨拜因.政治学说史:上[M].盛葵阳,崔妙因,译.北京:商务印书馆,1986,第300页.

② 卡尔·J.弗里德里希.超验正义——宪政的宗教之维[M].周勇,王丽芝,译.北京:生活·读书·新知三联书店,1997,第33页.

③ N.霍恩.法律科学与法哲学导论[M].罗莉,译.北京:法律出版社,2005,第206页.

以,就有必要让成文的神法进一步指导人类的行为。第三,人类难以判断内心世界的活动,神法可以指导人们内心的活动并引导人们内在的诚实。第四,人的法律不可能禁止和惩罚一切恶行,这就必须有一种能够防止各式各样罪恶的神法。总之,所谓神法实质就是指上帝的启示和恩赐,而不是天生的理性的新发现。神法中有关社会生活的律令与自然法一致,如"勿杀人"与"自我保存""教养后代"相一致。神法与自然法并不矛盾,也不会使自然法无效,而且还可以补充人法的不足和纠正人法的错误。

阿奎那通过对自然法的新阐释,论证神法高于人法,而神法由教会解释,故教会法高于国家法,教会的权威高于世俗的王权。显然,这是教权遏制世俗王权的根据。同时,阿奎那用上帝的理性为自然法披上了一件神圣的外衣,并承认自然法是人类的普遍理性,这也有利于人类的自我保存和发展。他把禁止自我毁灭作为自然法的普遍法则,这些都为近代法治主义者以自然法来反对封建专制提供现代思想和理论武器。直到现代,阿奎那的自然法对西方法治实践仍有影响,例如对美国和德国的宪法体制而言,它成为不可缺少的理论资源。

三、倡导道德美德与相对的自然法

托马斯·阿奎那在奥古斯丁与亚里士多德之间进行综合,提出道德美德(德行)与可变的自然法的思想,特别是在亚里士多德关于自然公正思想的基础上,对自然法的绝对不变性观念进行了修正。因此,可以认为阿奎那是西方世界中相对自然法理论的经典倡导者。在西方历史上,在亚里士多德《伦理学》之后,阐发善和美德的佼佼者非阿奎那莫属。他对美德问题既有总体分析,也有分类的研究。特别是关于美德与邪恶的观点提供了"历史上乃至当今关于道德研究著作中最详尽、最全面的解释"[1]。最近二十年来,西方学者的许多著作,都表明对阿奎那关于美德解释的兴趣在明显复兴。

阿奎那对服务于人类行为模式的善的生活规则,投入了极大的关注,并认为自然法为人类如何处于有美德的生活中提供了向导。[2] 阿奎那详细地分析了人的道德行为,充分讨论了德性。道德行为是经过思考和选择的行为,其最高标准是上帝的理性、永恒或神圣的法规(lex ceterma)、《新约》和《旧约》中的法规。此外,还有自然或人类的法规(lex naturce),这是写在人心上的法规。因此,要想为善,一种行为必须符合神圣的法规或自然法规所激发的理性,是教诲或灌输的结果。美德是那些直接通往善或终极目标的习惯。美德的活动就是理性的运用,以避免行为方式的极端化。从这个意

---

① 约翰·英格利斯.阿奎那[M].刘中民,译.北京:中华书局,2002,第 129 页.
② 约翰·英格利斯.阿奎那[M].刘中民,译.北京:中华书局,2002,第 118 页.

义上说,美德意味着对邪恶的规避。阿奎那认为,善行不是推理过程,而是自发的人格之外化,故需要养成美德的习惯。人的自然本性是追求快乐,故有自然美德,即智力美德(知识、智慧、悟性)和道德美德(谨慎、公义、坚毅、节制)。① 同时,阿奎那认为道德美德是相对于制度而言的,它指的是人作为一定国家公民的相对的美德,而不是人作为人的绝对美德。②

与美和美德理论密切相关,阿奎那还是相对自然法(可变自然法)学说的奠基人。人有理性可以发现自然法,也可以认识美德,但人的理性可能受情欲、伪信念和腐败风习的蒙蔽。人的本性是寻求善和幸福,但不能认识超越性的终极目的,因此上帝向人类启示成文的律法实属必要,这就是《旧约》十诫。又由于人类理性是上帝的创造物,与人的自然目的和被创造的全部秩序相一致,所以也可以成为道德智慧的直接来源。我们评价道德行为的依据,在于这种行为与我们对自然法的理性认识相一致的程度。在所有道德思考中,我们都认识到真正自然的东西就是道德的、公正的,因为这是上帝的意志,是符合理性的。而且正是这种认识才使我们思考得以进行下去。③ 因此,阿奎那重申,只要涉及思辨的和实践的理性的共同原则,就会有一个并且是共同的真理和正义,它为一切人所知晓。但是当涉及实践理性的具体结论时,就不存在被一切人所共有的真理和正义,并且它也不是所有人都知道的。在这里,阿奎那强调了人的理性在自然法中的位置,他的结论是:只要涉及自然法的共同主要原则,那么它们对所有人来说都是同样的。④ 从这些论述中明显地看出自然法是相对的,即时空上可变的。不过,这种可变的自然法只能通过各种形式的添附而改变,不能通过抽取基本原则的方式来改变。原则无论何时何地是永不变更的,这是因为人们的基本倾向是始终如一的。尽管道德法在特殊场合的具体应用时可能异常复杂,难以确定,但认识到只要我们按照理性的命令、遵从自然法去行动,我们就是道德的,无论在精神上还是在心理上都是令人宽慰的。

阿奎那进一步指出:自然法并不是一系列涵盖所有人类事务的规则,其正当性或合理性取决于法的目的性要求。如同亚里士多德曾经指出,许多需要依赖法律规范的事情,道德上却无关紧要。人类不能离开规则而生活,但是,有规则的生活并不是美好幸福的生活。在很大程度上美好幸福的生活并不取决于按照规则而生活,而取决于规则本身。因此,阿奎那认为自然观念不是一成不变的,自然法的某些部分(不可否认,它们无法明确界定)可以推翻,并随着情势变迁,为了应付需要而予以替换。在阿奎那

---

① 唐逸. 理性与信仰——西方中世纪哲学思想[M]. 桂林:广西师范大学出版社,2005,第262页.

② 列奥·斯特劳斯,约瑟夫·克罗波西. 政治哲学史:上[M]. 李天然,等,译. 石家庄:河北人民出版社,1998,第280页.

③ R. T. 诺兰. 伦理学与现实生活[M]. 姚新中,等,译. 北京:华夏出版社,1988,第66页.

④ 卡尔·J. 弗里德里希. 超验正义——宪政的宗教之维[M]. 周勇,王丽芝,译. 北京:生活·读书·新知三联书店,1997,第66页.

看来,生活只有一个目的,但是有达到目的的种种手段。所有这一切的背后只有一种权利,一种法律,一种正义。"于是人类法律终于得以完全重建,并允许在人类政府中担任重要角色,不但要弥合自然法遗留的罅隙,并在许多自然法未能直接规范,仅仅提供原则的复杂人际关系中,进一步发扬自然的精神。"①

对此,可以从阿奎那的著作中举出两个最典型的例证:第一,私有财产制是违背基督教原始教义的,但阿奎那后来又证明,这种制度对社会发展有益,故而就变成自然法的一部分。第二,上帝是平等地造人的,但阿奎那认为奴隶制也是符合"自然"的,因而也是自然法的组成部分。简言之,二者均被说成是"对自然法的有益补充"。可见,自然法是非常"灵活"的。事实上,经过七百多年之后,即 18、19 世纪,英国的休谟、斯密和功利主义法学,德国的历史主义法学,尤其是奥斯丁分析法学和德国实证主义法学等思潮的汹涌而至,反自然法已成为主导力量。直到 20 世纪 20 年代,由德国什坦姆列尔和其后的拉德布鲁赫等提倡"内容可变的自然法""日新月异的自然法",又使自然法得以"复兴"。不过,从那时起到当代这一百年中,所推行的都是相对自然法。这同当年阿奎那的贡献是分不开的。

四、赋予人的理性以更多的价值

阿奎那认为,为了生存,人类不得不结成社会。神并未赋予人类如动物所具有的巨大体力,只是给人类理性与语言,人类借以彼此交换意见,用理性互助,从而营造社会生活。而这种社会必然是政治的,因为其中始终贯穿着人们共同遵守的以"自然法(natural law)"为核心的人法,它使人类结成的社会长久存在。所以,人类不可能用不着统治者而自己成为自己的国王。

在阿奎那看来,理性、自然法、人类欲望和神的制裁必须互相补充。只要渗透于自然秩序的人类理性能够识别法和规则,人的道德选择就会有坚实的基础。因个人或单个的目的而侵犯自然世界之合理性与有序性,就是侵犯了道德的基础。② 因此,阿奎那的全部的政治法律哲学中,人的理性的地位永远赫然在目。

在阿奎那那里,基本的主题是理性与信仰以及理性与自然。"自从教父学创立以来,信仰和理性不是互相对立而是互相渗透,信仰的权威地位要求也必须尊重个人的理性和良心的决定,这成了基督教的基本观念之一。"③阿奎那认为,"如果人们由于错误信仰而被一级教会宣判,在判决与自己的信仰相悖因而可以说是错误的情况下,则应当宁愿接受教会的惩罚(逐出教会)也不屈从,因为屈从有违个人的真诚(contra veri-

① 丹尼斯・罗伊德.法律的理念[M].张茂柏,译.北京:新星出版社,2005,第 61 页.
② R.T.诺兰.伦理学与现实生活[M].姚新中,等,译.北京:华夏出版社,1988,第 67 页.
③ N.霍恩.法律科学与法哲学导论[M].罗莉,译.北京:法律出版社,2005,第 197 页.

tatem vitae)。"①因此,与奥古斯丁相比,阿奎那确实赋予了人的理性以更多的价值。正如 W. 汤普逊所指出的那样:我们发现,阿奎那对于当代世界的重要价值在于他对理性的捍卫。② 然而,阿奎那也充分论证了情欲可能克服理性的种种处境,这种不曾忽略人类伦理经验的具体处境的思想,也足以令现代人感到亲切。③

阿奎那与亚里士多德一样,对于人类的理性采取一种宽大的看法。阿奎那认为,哲学与神学有明显的区别。神学的基本原则是启示真理,这是超越人类理性的,仅能通过信仰获得,而哲学的基础是理性。凡理性可以证明的,如必然、可能、不可能,皆属于哲学范围。也就是说,哲学有自己的独立的领域,在此领域内,哲学并不从属于神学。这种理性思维的独立性,属于亚里士多德传统,奥古斯丁派并不承认理性思维的独立性,是阿奎那将其综合到基督教思想之内的。然而,托马斯解释理性思维独立性的理由,却是出于教义。他认为,理性不可能有违于信仰,因为理性(自然)和恩典同出于上帝。理性有自身的局限性,理性只能证明自然的知识或信仰的 ABC,如上帝的存在、上帝的纯一性之类,但不能证明信仰本身和信仰的奥秘。哲学没有悖于信仰,而是达不到信仰。哲学又是神学的附属品,但哲学有自身的独立性,而且可以为信仰服务。

阿奎那最终目的在于,从精神上和内容上对世俗哲学进行改造,使之与信仰调和起来。恩典并不损害自然或自然法,而是使之更趋完善,人的政治生活因此获得一种新的尊严。世俗国家与上帝之城不再是对立的两极,它们乃是相互联系、互为补充的部分。在这种自然与恩典的相互关联中,阿奎那表达了中世纪自然法理论家努力调和自然与恩典,以成就一个永恒的神圣秩序的理想。他指出,在所有创造物当中,人因为有理性而成为唯一受命参与宇宙的理性者。这是对人的尊严和能力的肯定。尽管人堕落了,但他并未丧失正确运用自己的力量以拯救自己的努力。在这场宗教剧当中,人的贡献不但需要,而且确实不可缺少。

自然法只是做了人类向神恩之永恒秩序攀登的一个阶梯,上帝当然是宇宙和神圣的永恒秩序的牢固终端。阿奎那所代表的中世纪自然法理论,关键之处在于,自然法不过是理性的人对这种宇宙理性秩序的一种参与罢了,它强调的是法规而非权利,是对国家的义务而非个体的权利。可以说,这是一种与17—18世纪古典自然法不同的义务本位的自然法。

确实,西方中世纪经院哲学的先行者在普遍的理性秩序观点的背景下,建立了良好的管理方法。普遍的理性秩序论不断地、全面地把几乎所有良好管理的理论与宪法相联系,而宪法被认为具有普遍的约束力。不过,这一由共同信念支持的、清楚而有约束力的价值法则到了宗教改革运动时期,在理性与信仰、自然与恩典之间做出的微妙平衡后的三个世纪便被二者各自的发展打破了。"对后来的这些发展阿奎那是不会同

① N. 霍恩. 法律科学与法哲学导论[M]. 罗莉,译. 北京:法律出版社,2005,第 198 页.
② 肯尼斯·W. 汤普逊. 国际思想之父[M]. 谢峰,译. 北京:北京大学出版社,2003,第 69 页.
③ 唐逸. 理性与信仰——西方中世纪哲学思想[M]. 桂林:广西师范大学出版社,2005,第 264 页.

意的,但是他早就为这些发展做了准备或提供了方便。一种发展是路德以所谓更纯洁和更脱俗的基督教名义拒斥亚里士多德主义教会。另一种发展是马基雅弗利以一种既非古典亦非基督教而显然是现代的理想的名义否定亚里士多德和教会。"①

五、结束语

阿奎那的伟大成就在于,他将亚里士多德的人与自然的概念同基督教思想进行了综合,其最著名的表述是,天意不是要废除自然法,而是要使之完美。在这里,经院哲学将哲学的理性与神学的启示融成一体。在理解亚里士多德时,阿奎那在使理性屈服于信仰和使信仰屈服于理性两者间选择一条居中路线。自然秩序是好的,因为它是上帝创造的。人类是按照上帝的形象创造的,尽管后来堕落,但是仍然保留着一些美德和理性方面的能力。自然中的所有事情都以某种有道德的行为作为目的,人所追求的目的是自然给予他的。② 这样,阿奎那就用一种折中主义把本来无法调和的理性与信仰调和起来。

作为基督徒,阿奎那假定一切人都有一个最终的目的,即认识上帝,热爱上帝。尽管他在人类最高幸福状态中保留了对上帝的爱,但他强调的显然是对神圣事物的理性的沉思。不过,阿奎那又与亚里士多德不同,他认为原罪决定人类要靠自己的努力达到最高的幸福是不可能的,这则是受奥古斯丁的影响的结果。上帝的恩典是必需的,可以在教会的教义、圣礼和戒律中发现。教会是上帝启示的保管者。阿奎那在很多方面发展了奥古斯丁的观点,比如人有原罪,但人可以获得教会的帮助;人法要符合人的理性,就是要服从神法和自然法。在道德和法律领域中,这就意味着,人们的德行与他们运用理性来理解支配着社会秩序的那个自然法的程度、与他们的行为同自然法符合的程度是一致的。③

在中世纪的传统中,可以找到法治的实质和对实质描述的一些概况。例如,规范过程,通过其程序(仪式)及其按照法律条款判定的原理,都包含一些在任何政体下良好秩序的基本要求。和亚里士多德一样,阿奎那认为人是政治和社会的动物,政治社会对于人来说是自然的,人属于社会,否则将无法生存。在引导人们走向美德的过程中,最优秀的人应该统治其他人,统治的职责依美德进行分配④,法律的统治,乃是上帝的道德秩序以及为确保这个道德秩序,而通过理性为人类所理解的神灵启示的一个自

---

① 列奥·斯特劳斯,约瑟夫·克罗波西.政治哲学史:上[M].李天然,等,译.石家庄:河北人民出版社,1998,第293页.

② 肯尼斯·W.汤普逊.国际思想之父[M].谢峰,译.北京:北京大学出版社,2003,第67—68页.

③ R.T.诺兰.伦理学与现实生活[M].姚新中,等,译.北京:华夏出版社,1988,第65页.

④ 列奥·斯特劳斯,约瑟夫·克罗波西.政治哲学史:上[M].李天然,等,译.石家庄:河北人民出版社,1998,第279页.

然反映。阿奎那大量吸收和利用了亚里士多德的观点,认为世俗君权至高无上,优越于其他政府形式,并区分合宜的君权和暴政,还断言政治共同体具有天然性。与此同时,阿奎那自然而然地要设法修改亚里士多德关于法律和市民社会的见解,使之适应欧洲盛行的主要是封建君主性质的制度①。历史学家认为,经过阿奎那系统阐发过的自然法理论和亚里士多德的国家理论,在十三四世纪早期的教俗辩论中,为菲力浦四世的支持者们提供了强有力的思想武器,是使他们得以摧毁教皇专制主义的理论基础②。虽然,阿奎那的法学思想未能从根本上超越宗教神学,并且不可避免地要始终承认上帝所在天国的神圣秩序的绝对权威和不可超越性。但是,作为一名为大众服务的知识分子,阿奎那对他那个时代的问题做出了足够的回应,在不同程度上把法与现实社会,与人的社会联结起来,赋予法以世俗的基础。

更为重要的是,阿奎那不仅为中世纪欧洲的神法转向人法做了思想理论的铺垫,从而为神学法向世俗法——"人法"的转向,架起了一座桥梁,而且作为正在蓬勃崛起的伟大文艺复兴运动的一翼,阿奎那法律思想的合理成分又给这场运动提供了某种巨大的推力,特别是对接踵而来的路德和喀尔文的宗教改革,甚至对复兴罗马法的波伦亚学派的发展,都有不可磨灭的功绩。

吕世伦、程波撰写,刊于《法制与社会发展》2007 年第 3 期。

---

① 昆廷·斯金纳.近代政治思想的基础:上卷[M].奚瑞森,亚方,译.北京,商务印书馆,2002,第 91 页.
② 丛日云.西方政治思想史:第二卷[M].天津:天津人民出版社,2005,第 305 页.

近代法理念的萌动

——西方人文主义法律思潮探析

在历史研究领域,有 12 世纪的人文主义(构成经院哲学的基础)、文艺复兴时期的人文主义或宗教改革时期的人文主义等提法。对文艺复兴时期的人文主义者来说,一个人如果有信仰就必须把信心建立在人性之上,人文主义不断关心着它可以变更和改善人类命运的可能性。在这种意义上,人文主义的含义与生存问题和对生命的关怀联系起来。人文主义知识分子全心关注历史、文学和古代经典,通过接触希腊罗马文献来丰富和陶冶人的心灵。这种受传统陶冶而变得文明,受文学训练而能明晰地表达的教育思想一直流传下来,至今尚未完全过时。在欧洲文艺复兴和宗教改革的历史图景中,随着国家法的兴起和新兴法律部门的发展,人文主义法学家们将罗马法的研究从实用性的目的中解放出来,在客观上打压了评注法学派的理论权威。法律人文主义提出多种的理论导向,包括:对罗马法律文本进行历史哲学性的纯净化工作;系统的法律建设的尝试;法学教育改革;对一种理性主义和系统的自然法的重新注重。① 所有这些,意味着蕴含理性和人文精神的近代法理念开始萌动,直接对人文主义法律思潮的形成起到催生作用。由于系统有力度的人文主义法律思潮的研究著述尚付阙如,在本文中,笔者将秉承学术自由之精神,讨论在近代理性主义和人文主义法理念萌动之际,人文主义法律思潮的产生,同欧洲文艺复兴与新教人文主义紧密相关的历史、社会氛围,分析人文主义法学及其开创性贡献对现代西方法律传统的深远影响,以期抛砖引玉,达到深入了解西方近代法理念之目的。

一、文艺复兴时期和 16 世纪的新教人文主义思想

开始于意大利并传播到欧洲其他地方的文艺复兴运动,其世界观的核心就是要回归辉煌的古希腊罗马文化,而把中世纪的思想成果边缘化。文艺复兴的作家们并不看重中世纪的思想成果,甚至认为它们与古代的成就相距甚远,中世纪只是一段插曲。从这个意义上说,欧洲的文艺复兴运动是向后看的,是典型的否定之否定,它把古代作为一切真理的源泉,以被基督教文化否定的古典文化来否定基督教文化,使久已成为

---

① 叶士朋.欧洲法学史导论[M].吕平义,苏健,译.北京:中国政法大学出版社,1998,第 139—142 页.

历史的古希腊罗马文化的精神在窒息千年之后获得重生,并赋予其新的内容。

文艺复兴的思想主流通常被称为"人文主义"(Humanism)。人文主义一词可以用来指代一种建立在人类高贵品性基础上的伦理,并转用于研究和行动。它奠定个人和集体道德的基础,建立法律,创建经济,引发政治制度,培育艺术和文学。在反对中世纪神学世界观的斗争中,文艺复兴时期的人文主义思想家们对非基督教的古代世俗文化发生了兴趣。他们怀着极大的热情搜集、整理古代文化典籍并重新阅读和编辑它们,添加上他们自己的充满激情的评注,甚至仿照古典作品进行创作,部分地通过考古学而形成一种洞察古代世界的历史知识。15 世纪下半叶也是印刷书籍出现的时代,那些久被埋没和遗忘的古希腊罗马的经典迅速被翻印和研究,这大有助于更多的公众接触到许多世纪以来一直被忽视的著作,并大大拓展了欧洲人的思想范围。与此同时,知识和思想的拓展又使他们具有怀疑精神,因为很难设想在众多的知识和思想中只有某一种是正确的。

文艺复兴时期的人文主义者高雅深刻,他们推崇古希腊罗马文化的"古典精神",努力通过追求语言典雅、流畅的风格意识和古典的和谐意识来全面开发和协调人的天性,培养自己的品性。他们或刻意摹仿古罗马雄辩家的风格,或以古典文化精神为其优雅所追求的楷模,或主张返回西欧文化的原初情境即"回到本源"。在这里,没有新的教条,没有主宰的探究路线,人们在大量有意思的古代思想中兼收并蓄,尽情享受。在方法上,人文主义以对各种典范性的、纯粹沿袭下来的古代文本,进行文法、修辞学、历史和道德哲学的研究。"表现了一种真正的文化的一致性,这种一致性虽然自然具有松散的性质,却比任何民族分歧或对立都要强而有力。"① 人文主义关心的是古典观念如何被得到和表达;他们用一种现实主义眼光来研究人类事务,开始深入到人类经验的真正结构;他们致力于把希腊哲学融入基督教,向野蛮的欧洲灌输理性世界观;其根本目的在于倡导非基督教的世俗文化和世俗理性精神。

在某种意义上,宗教改革也是文艺复兴的一个结果。从表面上看,它虽然是宗教内部进行的改革,但实质上是人文主义运动在宗教神学领域的延伸,是新思想文化运动的组成部分,是新兴的"资产阶级革命"(恩格斯语)。宗教改革的影响甚至比人文主义更大、更深远,因为它具有更广泛的社会群众基础。这场运动本身是国家日益成熟、民族主义日益兴起的一个表现。它最终消除了对王权的制约,从而强化了民族主义。它使各个国家都陷入了内战和动乱,从而迫使世俗政府来维持秩序和决定信仰的条件。在思想领域,伴随宗教改革出现了主权概念和君权神授观念,与之对立的是加尔文宗教和耶稣会的反抗权利。②

---

① 昆廷·斯金纳. 近代思想政治的基础,上卷:文艺复兴[M]. 奚瑞森,亚方,译. 北京:商务印书馆,2002,第 305 页.

② 罗兰·斯特龙伯格. 西方现代思想史[M]. 刘北成,赵国新,译. 北京:中央编译出版社,2005,第 18 页.

　　新教人文主义者普遍拒绝基督教教会对人类精神生活的垄断,并谋求从教会学说以外的视角来看待自身所处的社会和世界。宗教改革家马丁·路德就受益于人文主义者的思想影响,他否定经院神学,反对其苍白的重智主义,强调人们内心情感生活,从而在中欧的普通民众中掀起了前所未有的大震动。路德引用原始基督教的教条"因信称义"来阐发自己的宗教思想,它意思指人的灵魂得救不在于教会,也不在于"事功",只在于个人的内心信仰。只有信仰才是获救的必要条件,"事功"只是信仰的结果。这种"因信称义"说消除了教会的权威和不确定性,并以信仰的方式返回个体性和内在性,也可以说是"人的发现"。加尔文的宗教改革思想也属于"因信得救"说,但是,他用上帝"先定"论予以深化、强调了"因信得救"的宿命论。"先定"说指宇宙中的一切都源于上帝永不更改的安排和命令("先定"),因此个人得救是上帝预先的拣选,早已注定,个人的功德和教会的存在都不能改变上帝的先定。个人事业的成功只是表明实现了上帝所赋予的先定使命(天职)。由于宗教改革家对"因信称义"的理解,引发激烈争论,把焦点从形而上学的分析和思辨转移到个人的体验和圣经在信徒认识上帝的作用上。于是导致一种新的人文关怀,即要把基督信仰与个人的生活经历关联起来。用现代世俗主义者的眼光来看,这种将宗教(公共)生活世俗化的观点并不是一件坏事。人类已经变得更加理性,人们早已抛弃了各种过时的信仰。他们已经拒绝的,如果不是上帝,那么至少是各个教会礼仪所附属的东西。它是人类成熟和独立生活所不可缺少的条件。这种公共生活世俗化的种子,其结果是加强文艺复兴人文主义精神,也是催生现代世界诞生的重要因素。

　　宗教改革直接的要求是消除教会的权威,由外在的权威返回个人的内心信仰。而人文主义思想最为核心的部分,是冷静、批评、独立判断、知识自由与自信的精神。这事实上是人文主义者无意识追寻的结果,与习惯在一切方面接受教会权威的中世纪恰恰相反。因此,人文主义的传播强有力地影响了新教改革的兴起并深刻地影响了接受它的文明统治者。① "广阔得多""多样得多"的人文主义观点蜂起,反映了影响人民思考的各种民族国家的成长,也反映替代彼岸世界宗教观的世俗观点的兴起,以及宗教本身分化为若干流派的变异。这样,曾经是中世纪标志的思想统一性,终于在16世纪开始消失,取而代之的是思考方式的更大的多样性。事实上,此时开始渗透到天主教会的人文主义精神逐渐得到包括多位主教在内的上层人物的支持,继之而起的,是法律家人文主义的确信。这种法理念的确信,是在人文主义法学家与中世纪权威、经院学派之认识方法的战斗中产生的。因此,布罗代尔认为,"不从与基督教进行对话的含义上加以理解,就无从理解欧洲思想,即便这种对话充满杀气,这种争论非常暴烈。这种视角对了解人文主义至关重要,而人文主义是西方思想的一个基本方面"。②

---

① 　J. M. 凯利. 西方法律思想简史[M]. 王笑红,译. 北京:法律出版社,2002,第157页.
② 　费尔南·布罗代尔. 文明史纲[M]. 肖昶等,译. 南宁:广西师范大学出版社,2003,第316页.

人文主义对世俗生活的重视,必然引起对世俗法律的重视。文艺复兴促进人们对古罗马法的研究,带来"罗马法的复兴",并使人们开始用科学的方法而不是神学的眼光去面对罗马法。伯尔曼认为,西方从 16 世纪开始的法律革新的关键是路德关于个人权力的观念变为近代财产法和契约法发展的中心。① 罗科斯·庞德认为,知识的复兴、哲学思考的影响,以及人文主义的研究(humanist study)引发了诸多的科学观念,而正是这些观念使得这一时期研究法律之方法的持续发展有了可能性。在 13 世纪的时候,以圣·托马斯·阿奎那为首的哲学家们,就开始考虑正当法律的约束力和法律制度的哲理底蕴。与此同时,人文主义者也正在为人们对罗马法进行历史研究和系统研究奠定基础。这样,两个具有头等重要意义的事件,确立起一门法律科学。②

二、西方人文主义法律思潮兴起的历史、社会氛围

人文主义法学,分享人文主义法律思潮对古罗马文化的倾慕。人文主义法学家首先把注意力转向罗马法典籍,尤其是罗马皇帝优士丁尼主持制定的《民法大全》(Corpus Iuris Civilis)。这是因为,在罗马的古迹受到人文主义者几乎是顶礼膜拜的时代里,罗马法的威信是崇高的。对罗马法复兴运动进行过深入研究的学者们都倾向性地认为,在 11 世纪末意大利波伦亚等大学恢复对罗马法的研究以来,在神圣罗马帝国各地就开始使用罗马民法典作为法学理论和实践的基本依据。用比较法学家达维德的话说:"罗马法研究的恢复,其结果首先是在欧洲恢复了法的意识,法的尊严,法在保障社会秩序、使社会得以进步方面的重要性。……罗马法研究的恢复,首先是把法看成世俗秩序的基础本身这一观念的恢复。"③12 世纪之后,不复止息地与表现优帝古典主义之伟大罗马法学遭遇的过程,直至借助人文主义才开始尝试,去追索优帝法典背后的古典罗马法本身,历史法学家在此之后继续此项尝试,并且在方法上总结了对现代罗马法学的探讨。④

我国学者沈宗灵先生认为,罗马法在西欧大陆的复兴与先后出现注释、评论和人文主义三派法学家对罗马法的研究和传播是密切联系的。⑤ 值得注意的是,每一学派都把优士丁尼的《民法大全》奉若圭臬,但每一学派都有不同的研究路径,对罗马法的价值取向的排序亦各有先后。自 15 世纪以后,受意大利人文主义思潮影响的法学家,

① 哈罗德·J.伯尔曼.法律与革命[M].贺卫方,等,译.北京:中国大百科全书出版社,1993,第34—35 页.

② 罗科斯·庞德.法理学:第一卷[M].邓正来,译.北京:中国政法大学出版社,2004,第43—44 页.

③ 勒内·达维德.当代主要法律体系[M].漆竹生,译.上海:上海译文出版社,1984,第48—49 页.

④ 弗朗茨·维亚克尔.近代私法史——以德意志的发展为观察重点:上册[M].陈爱娥,黄建辉,译.上海:上海三联书店,2006,第22 页.

⑤ 沈宗灵.比较法研究[M].北京:北京大学出版社,1998,第94 页.

对罗马法的研究也发生了重大的改革。特别是在 16 世纪上半叶对罗马法的继受进入高潮的时期,与文艺复兴和宗教改革运动互为表里的人文主义思潮终于在罗马法研究领域内开花结果,进而导致对评注法学派的方法和宗旨进行反击的法国人文主义法学派的形成。

　　人文主义法学家的视野是历史的。他们注重法律的历史沿革,探索法律现状与历史传统的联系,注重以获得罗马法的历史知识来代替对罗马法实用性的强调。现代学者认为,罗马法是作为"学者的法律"而出场的。意大利北部的大学教授们重新发现了它,以经院哲学和人文主义的方法精制和发展了它;并且只有教授讲授它,人们必须到大学中去学习它。① 英国学者巴里·尼古拉斯进一步指出:罗马法的复兴是一种学术上的复兴,一方面这一复兴发源于大学,另一方面它同在法庭中应用的法并不相关。从前一种意义上讲,罗马法的学术特点一直没有丧失,而且它还在很大程度上传给了现代民法。但是,实践中的法也不可能总是不受大学沸腾情形的影响,因而,必然地出现朝着学术兴趣方向发展的相应变化。②

　　在法国,人文主义法律思潮的涌动,还直接源自于人文主义法学家对评注法学派的严格批判,并彻底质疑他们的精神基础。人文主义法学家要求撇开其意大利前辈所作的注释、评论而回归罗马法最初的渊源。其内在动力是他们对古代的一种新的、直接体验,特别是对罗马法及其社会背景的一种更深刻的认识和更精确的理解。正是从这个意义上,"法学人本主义者的主要目标和整个人本主义的主要目标基本相同:尽可能地理解古典世界"③。15 世纪以来,以人文主义精神为指导的法国人文主义法学家注释并批判罗马法之目的,不在于恢复罗马法大全之原貌,而是从历史的观点探求法律概念真正的含义。这种"历史性的批判方法",在 16 世纪的法国受到特别的重视。④通过这种方法,人文主义法学家们发现了罗马法也是特定社会条件的产物,从而开始反对有关罗马法的普遍适用性的主张。⑤

　　从 11 世纪开始,随着西欧城市的复兴,商业的兴起,市民等级开始形成,从而创造了一个进步的社会。在中世纪,"市民"是许多地位平等的人结合而成的自治团体。据马克斯·韦伯分析,中世纪市民的特征在于,他们有共同的法律和法庭,有程度不同的自治的行政机构。也就是说,与贵族和庄园里的农奴不同,市民这一新的等级有着不同的生活条件和生活方式。市民们也有着特殊的社会地位与精神气质,表现在他们崇尚世俗与实用,有着强烈的个人主义色彩,自然成了中世纪宗教与封建社会的一股新

　　① K.茨威格特,H.克茨.比较法总论[M].潘汉典,等,译.北京:法律出版社,2003,第 375 页.
　　② 巴里·尼古拉斯.罗马法概论[M].黄风,译.北京:法律出版社,2000,第 46 页.
　　③ 戴东雄.中世纪意大利法学与德国的继受罗马法[M].北京:中国政法大学出版社,2003,第 105 页.
　　④ Peter Stein. Roman Law in European History[M]. Cambridge University Press,1999:150.
　　⑤ R.C.范·卡内冈.法官、立法者与法学教授——欧洲法律史篇[M].薛张敏敏,译.北京:北京大学出版社,2006,第 78—79 页.

的力量。"它要求,对于司法裁判、专家鉴定意见、律师的辩论与公证人的实务中显现出来的法律事实,应该做理智的掌握;它有力地促进了政治的自信及世俗知识分子的养成。后者鼓舞了对罗马法的诉求,前者则提高了对言说书写技艺要求、法律意见的精确程度。"①与此同时,公法、刑法和商法等法律部门的迅猛发展,使得罗马法已无能为力。尤其是商法,它是新近社会需求的产物,远非罗马法所能涵盖。新的立法形势和新兴法律部门的发展迫使罗马共同法逐渐退居为法国的补充性法源,这在客观上抑制了评注法学派的理论权威,从而对新理论的出现起到催生的作用。

人文主义法学派在法国的兴起,也顺应中世纪法国法律实践的需要。随着民族意识的觉醒,自15世纪起,率先在欧洲形成民族国家的法兰西开始制定本国法——主要是记录习惯法。立法数量上虽然没有英格兰那么蓬勃,但从16世纪后开始变得不可或缺。尤其是路易十四和路易十五统治时期,颁布许多条例,其中的某些部分还被吸收到后来的拿破仑法典。现代学者认为,记录习惯法对于法国共同习惯法的逐渐形成并最终导致习惯法与成文法的融合,都是十分必要的。否则,1804年民法典绝不可能统一法国的法律。②

至15世纪中期,法国的许多习惯法已经被成文化。特别是法国的君主政权通过下令"认可"(即像法律一样记载和颁布)各种地方习惯,把分化了的国家法律都打上皇家的印记。这种"认可"的做法是一个很独特的现象:一方面,它是形成文字并登记在册的习惯法;而另一方面,它又是立法,因为那些文字被赋予法律的效力,其他未被"认可"的习惯就不能与它相违背。③习惯法的编纂在卡洛斯七世(1454)、路易十一世(1481)和亨利三世的命令下持续进行,作为这一运动的最大成果,便是1510年编纂出版、1580年修订的《巴黎习惯法》(Coutume de Paris),此书极大地推动各地区习惯法走向统一的进程。它在法国北部习惯法地区,获得类似于法国南部罗马法区中的《民法大全》的地位,面世后就成为习惯法区中通行的普通法,为各地所采用,其后还出现有关它的注释著作。《巴黎习惯法》一书的重要性日显突出,还要归功于巴黎最高法院(成立于13世纪中期)富有影响力的判决。1580年该书新的增订版便载有巴黎最高法院对于一般问题所作判决的摘要。④有学者认为,当时法国立法的发展,还没有全面到能置法学家意见于不顾的地步。巴黎高等法院及其下属的各省法院的法官们都受过罗马法的训练;为解释和评论各地习惯法而著述不断的学者们,都曾在讲授罗马法中接受过教育,都在评论习惯法(coutunmier)的过程中发挥着不容忽视的作用。在法

---

① 弗朗茨·维亚克尔.近代私法史——以德意志的发展为观察重点:上册[M].陈爱娥,黄建辉,译.上海:上海三联书店,2006,第34页.

② K.茨威格特,H.克茨.比较法总论[M].潘汉典,等,译.北京:法律出版社,2003,第121页.

③ R.C.范·卡内冈.法官、立法者与法学教授——欧洲法律史篇[M].薛张敏敏,译.北京:北京大学出版社,2006,第102页.

④ K.茨威格特,H.克茨.比较法总论[M].潘汉典,等,译.北京:法律出版社,2003,第122页.

国南部,这种作用还表现在,他们不是意大利注释法学家们的"跟屁虫",而是改装换颜,以罗马法研究的开山鼻祖的身份出现。同时,法国的法学家也在人文主义运动中承担主导性角色①。

三、人文主义法学派主要代表人物及其开创性贡献

在 15 世纪 40 年代,洛伦佐·瓦拉(Lourenco Valla,1406—1457)成为最早的对罗马法进行评注的先驱提出批评的人文主义者。瓦拉将语言学和历史学批评的具体技巧应用于古代典籍,不仅证明所谓君士坦丁的圣职授予书乃是赝品,而且著有《论拉丁文的优美六卷集》,指出当时"日益普遍的语言不纯现象……有许多是法学家作出的"。他指责评注法学家们误解了拉丁文,在讨论法学遗产问题时提出一些毫无意义的区别,尤其是在阐述法学词汇时,"既不合乎道理,也不合乎恰当的用法"②。瓦拉之后的一代人中有几位主要学者对瓦拉的"法学人文主义"观念予以发挥。1480 年在佛罗伦萨担任希腊文教授的安杰洛·波利齐亚诺(1454—1494),首次按照新的人文主义手法对优士丁尼法典作了分析,这一工作使他被誉为是第一个使优士丁尼《汇编》重见光明的人。曾在罗马跟瓦拉本人学习的朱利奥·蓬波尼奥(1428—1497)开始不仅在在语言学方面还在史学方面开始引申瓦拉的方法论,发表一部《罗马史概论》以及一部历史分析著作《罗马的地方行政官、法律和教士》。一些开业的法学家,"承认瓦拉的批评言之成理并开始使用他的新手法,这是法学人文主义的第一个胜利"③。

在法国,较早使用"法学人文主义"这种新的手法,是人文主义者纪尧姆·布代(Guillaume Bude,1467—1540)。布代于 1501 年前往意大利,在佛罗伦萨跟随法律人文主义者克里尼托学习过人文主义方法。他于 1508 年出版了猛烈抨击经院主义法学的论战之作《法学汇编注释》。此书对瓦拉及其追随者已经探讨过的史学方法和语言学方法有重要的发展。布代首先成功地使大量的对罗马法所作的单独注释成为不可信,指出这些注解往往是以对关键的罗马法学名词原文的讹误或是时代颠倒的曲解为依据的。他还开始质疑把罗马法看作是一个统一的法律整体的整个趋势,并以实例证明其内容实际上是由古罗马史上各不相关有时期的材料拼凑而成的。布代没有将民法典当作"文字的理性",因此也就没有当作一种直接有效的法律渊源,而是将它当作一

① R.C.范·卡内冈.法官、立法者与法学教授——欧洲法律史篇[M].薛张敏敏,译.北京:北京大学出版社,2006,第 102—103 页。
② 昆廷·斯金纳.近代思想政治的基础,上卷:文艺复兴[M].奚瑞森,亚方,译.北京:商务印书馆,2002,第 309—312 页。
③ 昆廷·斯金纳.近代思想政治的基础,上卷:文艺复兴[M].奚瑞森,亚方,译.北京:商务印书馆,2002,第 312 页。

份需要按照新型的人文主义古诠释学来加以解释的外来文件。① 到 16 世纪,法国的法学家在人文主义运动中承担了主导作用,重量级人物包括法国布鲁日大学的阿尔恰托(Andren Alciati,1492—1550),雅克·居雅斯(Jacques Cujacius,1520 或 1522—1590),雨果·道诺(Hugo Doneau,1527—1591),巴黎大学罗马法教授弗朗索·浩特曼(Fran-cois Hotman,1524—1590)以及法贝尔(Faber,1557—1624)等。他们强调语言和历史,要求用一种历史的比较的方法,即根据罗马法当时的条件或对罗马法原文进行比较的方法来研究罗马法,强调恢复作为一种古代文化的罗马法的本来面目,企图通过人们对罗马法中包含的理性知识的增长来改革西欧中世纪后期的法律。②

阿尔恰托是法国人文主义法学派的领导人和创始人,也是早期法学中的人文主义潮流的代表人物。阿尔恰托最初接受的是传统的法学教育,1511 年后以开业律师的身份回到他的故乡米兰。由于受人文主义文化的影响很深,阿尔恰托坚持认为,律师也需要有人文主义学术的充分的基础训练。1518 年,阿尔恰托应邀到法国阿维尼翁大学担任民法教授,1529 年转往布鲁日大学。阿尔恰托依靠人文主义者的手法,加之对法律具有远为全面的理解,终于将人文主义者多少有些零散的见识,发展成为对法学的系统的新观点。他的成功研究和教学使布鲁日大学成为当时欧洲著名的法学研究中心,以致他首创的人文主义方法不久之后便干脆成了教授法律的法国方法(Mos docen-gi Gallicus)。英国学者昆廷·斯金纳说:"在他卷帙浩繁的法学著作的几乎每一页都可以看出他基本上是人文主义的信仰。"阿尔恰托首先采纳波利齐亚诺将民法典看作是历史文件的做法,于 1515 年就民法典发表一部早熟得惊人的著作《短注集》。在此书中,他尽量集中于著作文字本身,利用对拉丁文献和希腊文献的知识来阐明著作的精确意义;还以瓦拉的方式,对公认的手稿中明显的讹误作了一些揣摩性质的校勘。其次,他还推进克里尼托关于法学词汇释义的工作,于 16 世纪 20 年代初期对《汇编》中题为"论辩义"的部分进行详尽的研究。最后,他对蓬波尼奥提出的有关设置司法职位的历史问题产生了兴趣,就以古罗马的地方行政官职务撰写一部简短的论著。③

居雅斯是法国人文主义法学运动中最为杰出的一位。居雅斯师从阿尔恰托,他对《Pauli Sententiae》所做的注释属于他最早的著作,这也是那个时代鲜为人知的论述优士丁尼以前的罗马法方面著作之一。同时他还整理并加注释地编辑另外一部著作《Ulpianitituli》(《乌尔比安努斯的业绩》);最重要的是他对保罗鲁斯、奈雷蒂乌斯、马塞

---

① 昆廷·斯金纳.近代思想政治的基础,上卷:文艺复兴[M].奚瑞森,亚方,译.北京:商务印书馆,2002,第 314—315 页.
② 沈宗灵.比较法研究[M].北京:北京大学出版社,1998,第 97 页.
③ 昆廷·斯金纳.近代思想政治的基础,上卷:文艺复兴[M].奚瑞森,亚方,译.北京:商务印书馆,2002,第 312—314 页.

留斯、乌尔比安努斯等伟大罗马法学家的著作都作了评注。① 居雅斯庞大的作品集,几乎都是关于罗马法原始文献的注释研究,他是对原有文本加以科学性研究的群儒之杰出代表。居雅斯致力于罗马法的历史研究和文物研究,并成为法律史研究的先驱者。以至于当代学者竟然仍持有这样的看法:像萨维尼之辈的一代罗马法学者所做的工作,只不过是在居雅斯留给后世的浩瀚资料中探索一下而已。

雨果·道诺则是把法律作为一个整体进行系统阐释的先驱者。因此,分析意义上的罗马法体系——正如论者们在 19 世纪所研究的那种体系——可以说渊源于他。② 道诺也是阿尔恰多的学生,作为人文主义法学家,他相信在优士丁尼法表面上的混乱之下必定存在一个理性的结构,并试图指出这一理性结构。从这种体系化的观念出发,道诺对后世私法学的发展产生极大影响。首先,他把优士丁尼所提出的"法(ius)"理解为归属于个人的主观权利,而将整个法律理解为一个权利的体系。根据优士丁尼将"ius"定义为"授予每人其所应得"的观点,道诺认为自己的任务就是分析法律,即在不同的情况下将属于个人的 ius 分配给他们——在这里 ius 显然就成了个人所具有的主观权利。其次,道诺是法学史上第一位将法律体系区分为由主观权利构成的实体法与诉讼程序两部分的法学家。最后,也是道诺首次提出在含义上与后世潘德克顿法学基本相同的他物权概念(即 iu ra in rebus alienis 或 iu ra in re aliena)。③

弗朗索·浩特曼,对优士丁尼修订法典作了著名研究。罗科斯·庞德认为,他在 1567 年出版的《反特里波尼安》(Antitribonianus)一书中,就已经质疑和抨击了优士丁尼法典在现代欧洲的权威性,并使法律从优士丁尼法典的文本中获得解放。浩特曼还著有一部系统的反暴君论著作《法兰西的高卢人》,并成为反暴君论的理论专家。浩特曼坚持认为,善法具有伟大的价值,应当鼓励去学习和完善适合地方条件的法律。美国学者艾伦·沃森指出,即使没有浩特曼对法律应持革新的态度,法学人本主义者对于属地法的启示也是一目了然的。法学人本主义者导致法学界和法律界对属地法从理性上肃然起敬和学习,这或许不完全是偶然的,成果极其突出的属地法学,是法国人文主义法学意料之外的副产品。④

由于受文艺复兴时期人文主义者对古典时代典型的倾情的影响,在法国发展得尤为强劲的人文主义法学派,对法律传统文献进行了一种致命的批评。他们认为传统的文献在风格上粗糙而不纯正,在哲学上幼稚而无知,对其所涉猎的法律文本的历史背

---

① 艾伦·沃森.民法法系的演变及形成[M].李静冰,姚新华,译.北京:中国政法大学出版社,1992,第105—106 页.

② 罗科斯·庞德.法理学:第一卷[M].邓正来,译.北京:中国政法大学出版社,2004,第44页.

③ 金可可.论人文主义法学中对人权与对物权的区分[J].西南民族大学学报人文社科版,2005,(4):50.

④ 艾伦·沃森.民法法系的演变及形成[M].李静冰,姚新华,译.北京:中国政法大学出版社,1992,第106—109 页.

景毫无知识①。在人文主义法学家眼中,评论法学派糟糕的拉丁文、历史敏感性的完全缺乏以及对原始文献的无视是令人哀叹的;所以"返回原文"现在成为他们共同的呼声。人文主义法学家提出要撇开繁琐冗长的评注,透过忠实于原初文本的版本回到法律文献本身;他们甚至觉得《优士丁尼法典》都不可信,而渴望回到古代罗马法学家的原作上来。就研究优帝之《民法大全》来说,法国的人文主义法学家们不再满足于以前人留传下来的注释文献,从而开始以独特的风格研究罗马法,用人文主义的原则以及严谨的语言学和经验的历史学的知识,从事于罗马法大全的注释,并对前人注释罗马法的文献内容,提出严厉的批判。

随着对原始文献重新发生兴趣,《民法大全》的历史性质得到强调,人们希望按照当时的历史面目重新发现罗马法。这第一次促使人们试图探索《民法大全》中的"添加",并且由此揭示出真正的古典法。② 这样,在古典文化领域和罗马法复兴运动中,造就的法国人文主义法学派的重要特征就表现在,主张对古代罗马法文献的校勘,对原始文本直接的分析和在此基础上的综合。罗科斯·庞德认为,15 世纪下半叶和 16 世纪的人本主义者(The Humanists),乃是一个法学家的学派。相比较而言,这个法学派对实际法律几乎无甚直接影响。从事实际活动的法律人当时依旧在追随评注法学家;他们只关注评注法学家的注释并且以其赋予文本的那种形式评注文本。他们被称之为"意大利学派"。但是,现代世界中科学研究法律的方法却直接起源于人文主义者,他们被称为"法国学派"③或称为法国人文主义学派。

这种被称为法国法学派的人文主义思想的开创性贡献在于,力图改变评注法学派的法律方法,重建古代法律文本的纯粹性。他们主张用纯粹的渊源取代传统,以理念的认识取代借逻辑手段证立权威的做法,用体系代替个别性地批注词条。在这些要求里,人文主义法学首次指向法的历史源头、理性法的理念性、内部体系、一般概念,最后是转向历史法学派的"新人文主义"。④ 人文主义法学派崇尚用哲学和历史的方法来研究古典罗马时代及其法律文本的真实含义,"企图恢复罗马法的本来面目以及它在古代社会所处的地位。这就要求破除中世纪以来所堆积的诸多对罗马法的束缚和误解,开拓一条真正从历史角度进行研究的途径"⑤。从而对现代西方法学的产生和发展,带来深远的影响。

第一,人文主义法学基于追求真理意愿而来的义务感,企图将语言学和历史学批

① 叶士朋.欧洲法学史导论[M].吕平义,苏健,译.北京:中国政法大学出版社,1998,第 139 页.
② 巴里·尼古拉斯.罗马法概论[M].黄风,译.北京:法律出版社,2000,第 49 页.
③ 罗科斯·庞德.法理学:第一卷[M].邓正来,译.北京:中国政法大学出版社,2004,第 43 页.
④ 弗朗茨·维亚克尔.近代私法史——以德意志的发展为观察重点:上册[M].陈爱娥,黄建辉,译.上海:上海三联书店,2006,第 74 页.
⑤ 金可可.论人文主义法学中对人权与对物权的区分[J].西南民族大学学报人文社科版,2005,(4):57.

评的具体技巧应用于古代典籍,借以反驳经院哲学对民法典的传统解释,尤其是这样一种蓄意歪曲历史的假设:法学家的主要宗旨应该是使法律条文尽量适应现有的法律环境。他们谴责这种方法论是野蛮的和无知的,并坚持认为:倘若要真正认识民法典,就应该根据法典条文本身的史学和语言学方面的技巧来思考这些条文。从这种角度来认识民法典的结果,是人文主义者对一种新型的和比较侧重于历史的法学,做出实质性的贡献。① 这个实践上的努力,陆续积累起一种不论是在规划方向上,或是在范围上都远远超越注释法学的文献,并为现代法律文献中最重要的种类做好准备。②

第二,16 世纪人文主义法学所代表的是从后世所增益的文本中恢复经典文本的原貌,关注希腊影响罗马法的程度以及引致变革的因素,关注罗马法文本的体系及其作为当下的现实制度基础的可能用途。③ 由此可见,法国人文主义法学派偏重理论之研究,这对罗马法理论的探讨有重大的意义,尽管对法国实务影响是间接的。然而,人文主义者这种偏重理论之研究的合理主义,动摇了优帝法典的古老权威;而且,正是人文主义才使法律家成为真正有学养之士。这些法律家,"在现代应用中,不再取向于普遍性,风格虽然有些传统但仍不失为进步,并且专注于当下任务的法律实务,已经自信十足地立定脚跟"④。

第三,伴随着法律人文主义的出现和不断地承认属地法律习俗,《民法大全》的权威性衰落了。法国人文主义法学对《民法大全》权威的贬低,从客观上鼓励了同时期法国习惯法学的研究热情,同时,也促使人们去发现某些未依赖于优士丁尼而保存下来的后古典作品,特别是重新关注《狄奥多西法典》。⑤ 这就造成了中世纪后期特别是 16 世纪法国的法学,在欧洲臻于领先的甚至中心的地位。一些人文主义法学家积极参与到习惯法的研究中来,其中尤以杜穆林(C. Dumoulin,1500—1566)对《巴黎习惯法》的研究影响最大。人文主义法学所提倡的自然法的理性方法也被习惯法学者用于对习惯法的编纂,并对后来《法国民法典》的制定作出重大贡献。在历史法学派的纲领里,秘藏着人文主义法学的理念。另外,人文主义法学派对德国学说汇纂的现代应用学派的形成也多有助益。

第四,法国人文主义法学和法律家对欧洲中世纪后期的政治性影响,根植于包括

① 昆廷·斯金纳.近代思想政治的基础,上卷:文艺复兴[M].奚瑞森、亚方,译.北京:商务印书馆,2002,第 309—310 页.

② 昆廷·斯金纳.近代思想政治的基础,上卷:文艺复兴[M].奚瑞森、亚方,译.北京:商务印书馆,2002,第 68—69 页.

③ J. M. 凯利.西方法律思想简史[M].王笑红,译.北京:法律出版社,2002,第 174 页.

④ 弗朗茨·维亚克尔.近代私法史——以德意志的发展为观察重点:上册[M].陈爱娥,黄建辉,译.上海:上海三联书店,2006,第 10 页.

⑤ 巴里·尼古拉斯.罗马法概论[M].黄风,译.北京:法律出版社,2000,第 49 页.

逻辑的事实分析、针对事理而排除非理性情感与物质利益探求的论证风格和形式技术的方法,以及本时期产生的人文意识形态等因素,无不深刻地反映16世纪以后不断上升的市民社会精神。人文主义法学学者,不仅把自己在世俗事业中所用到的智慧和专业思想带入基督教信仰的实践和阐释中,同时,也彻底打破教会对法律教育和法律职业的独断。这个发展过程,不断加剧世俗的人们对法律的评判能力,增强对法律事务的信心,给西欧市民阶级的法律意识带来深刻的转变。

第五,"自然法是众所周知的人文运动,启蒙时代总体方面的特征之一"①。法国人文主义法学派认为,法律应该和其他学科一样,能够以从普遍到特殊的逻辑形式表现出来。因此,他们提出要把原来重复抵牾之处甚多的《学说汇纂》《优士丁尼法典》等文本置于"理性的秩序"之下,试图在经典文本的基础上重构一个符合理性的体系。这种法理念中的"人文主义——民族主义的理性主义",使人文主义法学成为后世自然法学派中的相对自然法论的先驱,并且在当时也产生了模糊的法典化的构想。

16世纪后期,由于法国爆发宗教战争以及法国国王对胡格诺新教徒(即加尔文宗教改革的法国信徒,人文主义法学家多从此信仰)的迫害,法国人文主义者逃到了荷兰和德国,从而将该学说又传播到了那里。人文主义法学派在荷兰,演变为著名的"荷兰学派(Dutch Elegant School)",并产生了一代法学宗师——格劳秀斯(Grotius,1583—1645)。格劳秀斯是17世纪自然法的勃兴和有影响力的最重要的神学家、人文主义者与法律家之一。格劳秀斯充分运用他极为娴熟的罗马法来实现人文主义精神。他认为罗马法的权威不是建立在中世纪的帝国思想上,而是基于古代的典范性。这种自然法方案具有实践性、伦理性的动机,为各民族订立有拘束力的规则。因为格劳秀斯是借自然法来论证他的国际法,因此是以可普遍适用之法律学说的形式表现出来的,所以它对自然的私法也具有典范性。透过德国的普芬道夫(Pufendorf,1632—1694)和沃尔夫(Wolff,1679—1754)等媒介,格劳秀斯的影响深入到德意志,其他欧洲自然法典的细节里,甚至及于学说汇编学、欧洲的现代私法②。事实上,在德国,理性法是从人文主义与宗教改革里发展出来的。法学里的人文主义一方面藉由体系化法律素材来改革法律课程,另一方面,它在认识论的脉络里彻底探讨了法与衡平的关系。因为路德企图以如何在神面前正当化的宗教问题,来取代如何正当化统治权、实证法的问题,却反而使普芬道夫、沃尔夫等重新提起自然法。格劳秀斯、普芬道夫及沃尔夫的理性自然法学说开创了近代古典自然法学说的先河,但它们都根源于法国人文主义法学派和中世纪的自然法观念,这一自然法学说的重要贡献在于,使整个公共生活彻底受意识形

① 戴东雄.中世纪意大利法学与德国的继受罗马法[M].北京:中国政法大学出版社,2003,第129页.
② 弗朗茨·维亚克尔.近代私法史——以德意志的发展为观察重点:上册[M].陈爱娥,黄建辉,译.上海:上海三联书店,2006,第280—281页.

态的支配。在国际法领域,自然法展现它推论出一般理性规则的力量;对宪法理论,自然法自始就担当起超实证的批判,或正当化某种既存的宪法状态的工作;在私法领域,理性自然法被用来对抗实证法中的一些现实因素,并广泛去除了罗马法法源、各种古老权威对私法学原则上的拘束力,并借助其新的整体观照,为私法学开启了建构自治体系的道路。①

吕世伦、程波撰写,刊于《求是学刊》2007 年第 6 期。

---

① 弗朗茨·维亚克尔.近代私法史——以德意志的发展为观察重点:上册[M].陈爱娥,黄建辉,译.上海:上海三联书店,2006,第 263—266 页.

略评拉德布鲁赫法哲学

拉德布鲁赫(1878—1949),德国著名的新康德主义思想家。他所构建的相对主义法哲学,是一套富于创意的理论。在西方法学思潮从近代到现代的大转折时期,它起到积极的推动作用,具有非常值得关注的国际影响力。

一、法的真善美

拉德布鲁赫法的法哲学是"相对主义"法哲学,而从内涵上则是真善美相统一的法哲学。学界往往强调前者,而对后者重视不够。但恰恰是后者更能表明拉德布鲁赫对法哲学的卓越贡献。

新康德主义弗莱堡学派认为,存在两个不同的世界:事实世界和价值世界,前者是此岸的为我之物世界,后者是彼岸的自在之物世界。与此相对应有两种知识,即事实知识和价值知识。事实知识和价值知识之差异具体表现为自然科学和文化科学(社会历史科学)的区别。自然科学是研究事实世界的科学,其概念是事实知识;而文化科学则研究价值世界,属于价值知识。作为新康德主义价值学派的重要人物之一,拉德布鲁赫一再强调,法是各种价值密切相关的文化现象、文化概念;法之目的就是追求传统的三位一体的"终极价值",即伦理的、逻辑的、美学的价值,或真、善、美的思想。

最高绝对价值有三:善的价值、美的价值、真的价值。而法律价值在这三者中没有独立的位置。不过这三个最高价值最终需着落于社会生活,而法哲学就是探讨共同体成员怎样相互在共同体之内使最高价值成为现实,这就找到了法律在价值体系中的位置。一句话,法律的价值体现为共同体成员共同生活的规则。这样,真的逻辑价值、善的伦理道德价值、美的美学或文化价值就包含在法理念之中了。拉德布鲁赫认为,法律确定地直接为善的伦理价值服务,同时,善的伦理价值也接受了真的逻辑价值和美的美学价值。当真的逻辑价值和美的美学价值"作为道德上行动的目标而进入伦理的善的学说时,通过这种方式,它们就再一次换上了——伦理的——价值特性的外衣"①。他还认为,真善美都属于"绝对价值",即不能从别的价值中衍生出来的东西。有鉴于此,作为一个系统性的法哲学应将真善美三者纳入视野之中。

---

① Radbruch Gustav. Gesamtausgabe, Hrsg. von Arthur Kaufmann, Rechtsphilosophie II, Auflage 1932 [M]. Heidelberg: Verlag C. F. Muller Juristischer, 1993:279.

第一,法之真。

法之真属于法律科学的对象。拉德布鲁赫将法律科学限定在狭义上,即实证法律规则之客观意义上的科学。实证法律规则是法律科学的研究对象。更进一步地说,它涉及的是法律规则,而不是法律生活;是法律规范,而不是法律事实。这样的法律科学是法律之客观意义上的科学,是指法律会被怎么理解;所谓法律之主观意义上的科学,指法律的意思是什么。依拉德布鲁赫的观点,这样的法律科学就是借助经验的、实证的方法或曰"现象的方法"探讨法律概念,主要是成文法尤其是特定国家的成文法。例如,探讨法律的公开性、普遍性、统一性、可行与必行性,尤其是确定性。拉德布鲁赫专门强调,法律的确定性指法律自身的确定,非依靠法律所实现的确定,这两者分别属于规范的结果的不同领域。一言以蔽之,法之真或"法律概念"就是回答"法律实际是什么"的问题。

"法律不属于自然王国,不属于价值王国,也不属于信仰王国,而属于文化王国,所以法律科学也是文化科学。"①法律科学作为一种文化科学,具有三个特点:它是理解性的、个人文化主义的和涉及价值的。首先,法律科学是一门理解性的科学。意思是说,法律科学不追求"符合真理观"那种意义上的真实性,而是追求法律条文的客观有效性。诚如郑成良先生在《法律之内的正义》一书里所言:在事实之真与法律之善之间,"合法性优先于客观真实性的制度安排是唯一与司法公正的特殊品质相符合的结构"②。其次,法律科学是一门个人主义化(以个人为主体)的科学。它的任务在于理解个体性中的法律规则。具体的法律事件不仅是法律的一般案例,它还是为了得出具体案件判决的法律。所以,法律事实上不是规范的总和,而是判决的总和。不难看出,这个判断与英国法律实证主义和美国现实主义法学有共同之处。最后,法律科学是涉及(不是等同于)价值的科学。以法律科学的价值关系作为标准帮助个人主义化的科学将个别事实区分为本质性的和非本质性的,从而避免法律科学湮没于无尽的非本质性的个别事实之五里云雾。

第二,法之善。

在拉德布鲁赫那里,法之善用得最多的场合叫做"正义",有时也叫做"道德""正当""合理"。所谓法或法的理念,就是回答"法应当是什么"。"应当"作为价值取向,无非就是正义。拉德布鲁赫认为,"法理念仅涉及正义,而不是别的什么,正义是法律之母"③。同法的"逻辑价值"、法律概念相比,正义处于更高、更优的地位。法律的目的旨在实现正义,法律直接服务于真善美这三个价值中的善的价值即正义。

---

①　Radbruch Gustav. Gesamtausgabe, Hrsg. Von Arthur Kaufmann, Rechtsphilosophie II, Grundzüge der Rechtsphilosophie [M]. Heidelberg: Verlag C. F. Muller Juristischer, 1993:175.

②　郑成良.法律之内的正义——一个关于司法公正的法律实证主义解读[M].北京:法律出版社,2002,第113页.

③　Kurt Wilk. The Legal philosophies of Lask,Radbruch and Dabin [M]. Harvard University Press, 1950:73.

拉德布鲁赫强调,正义的核心是平等与人权。但此种平等与人权主要是形式上的,事实上是不存在和不可能的。这由人与人之间的多种差异所决定的。从一定角度看,平等总是预先规定着的不平等现象的抽象。然而,这并没有妨碍作为德国社会民主党的、正直的理论家的拉德布鲁赫为争取尽可能多的平等与人权而努力。拉德布鲁赫说,一切不追求正义、不承认正义的法律不仅仅是"非正确的法",它甚至"根本上就缺乏法的性质"。正如康德、黑格尔认为法是自由的定在一样,拉德布鲁赫一再强调的"法的本性"或"法的性质"是人权。而人权的核心则是自由及各个自由主体之间的关系——平等。

第三,法之美。

在西方古今相继的法哲学家之中,最为重视法与文化关系的人非拉德布鲁赫莫属。如果说,法的逻辑价值是"真",法的道德价值是"善",那么,法的文化价值就是美。法的文化价值体现法的逻辑价值与道德价值的统一;相应地,法之美体现法之真和法之善的统一,是集真和善之大成而上升为新质。①

除此之外,在拉德布鲁赫的价值分类方法中,不仅有内容上的三分即逻辑价值、道德价值、文化价值,还有主体方面的三分即个人价值、集体价值、"超人格"的价值(文化价值)。拉德布鲁赫说:"在整个经验世界范围内,只有三种可能具有绝对价值的事物:人的个体人格,人的总体人格,人的作品。我们能按照它们的根基区分出三种价值:个体价值、集体价值和作品价值。"②个体价值的目标是道德,集体价值的目标是正义,作品价值的目标是真和美。以这三种价值的排序中谁最居先,就区分出三种不同的观念,即个人主义、超个人主义、超人格主义。这三种价值是彼此对立的,个体价值是集体价值和作品价值的对立物,集体价值是个体价值和作品价值的对立物,作品价值是个体价值和集体价值的对立物。这三种价值中的任何一种都可能作为最高之价值而让其他二者为自己服务。在个人主义观念那里,个体价值是最高的,集体价值和作品价值都要服务于个体价值。对于超个人主义观念来说,集体价值最重要,个人价值和文化价值只有服务于集体价值才有其存在的意义。而尊奉文化价值至上者,认为个人价值和集体价值都应让位于文化价值。法、国家和道德一样,都居文化之下。这两种三分法,同样显示法的文化价值或者法之美的崇高地位。

正是从上述意义上,拉德布鲁赫认为自己的法哲学是"文化至上主义"的,也可以称为"超人格主义"的。

然而,在突出文化至上主义的同时,拉德布鲁赫并没有忽略对"文化"含有正负两种因素的分析。他说文化绝不是完全纯粹的价值,这其中有着文明与野蛮,品位和无

---

① 参阅吕世伦主编《法的真善美》的各相关部分,北京:法律出版社,2004年版。

② Radbruch Gustav. Gesamtausgabe, Hrsg. von Arthur Kaufmann, Rechtsphilosophie II, Auflage 1932 [M]. Heidelberg: Verlag C. F. Muller Juristischer, 1993:279.

品味,真理和谬误之分。所有这些都或者阻碍价值或者促进价值,或者错失价值或者实现价值,无不与价值相关。文化的现实意义就是去实现价值,用施塔姆勒的话说就是对"正确"的追求。这意味着,文化至上主义要弘扬的是文化中的精华而不是文化中的糟粕。其中体现出拉德布鲁赫"相对主义价值论",贯穿着承认事物间的对立及其解决的辩证法。

二、法的理念

在拉德布鲁赫那里,法律的概念被确定为人类共同生活的一般规则的总和,包括意志、联合、强制和共同遵守四个要素。他引入黑格尔关于"法的概念"的界定,认为法的概念指法实际是什么,因而,它是可经验或可感知的。与此不同,法的理念则是无法感知的"假定"的目标,指法"应当"是什么,是法律制定和适用的最高原理。认为法的理念由经验归纳得来,那就错了,法的理念不是由研究实定法所能得到的。同样,也不能说法的理念是研究实定法的前提。因为从本质上说,法的理念是先天的。所谓先天的,是指逻辑假设上在先的,而时间上却在后的。法的理念能从经验得知,却不能由经验建构。它给法律指明方向,却永远不能到达彼岸,这与黑格尔"法理念"的界定有别。但是,法的理念的研究要想获得意义,就不能停顿于纯精神层面,不能超越科学,亦即必须关注作为法的形式的法律。因为,只有法律才具有普遍的妥当性,具有普遍遵守的效力。拉德布鲁赫说:"法律是有意识地有益于法律价值和法律理念的现实。法律概念也是为法律理念而安排。"①法律理念通过法律概念得到确立。在法的理念中应包括三个要素:正义、合目的、确定性。

第一,正义,系各独立个体不应当被他人欺负、相互尊重各个人的利益。正义分为主观正义和客观正义。当人们把正义当做人性和善来看待,这就是主观正义,而客观正义是人与人之间的应有关系。客观正义是法哲学研究的重点。正义意味着平等。亚里士多德以两种正义表述平等:关于财富的绝对平等是矫正正义,对不同的人不同对待的有比例的平等是分配正义。这是拉德布鲁赫所赞同的。

第二,合目的,系符合法律追求的结果或效能。正义要求相同情况相同对待,不同情况不同对待,但没有告诉我们怎样衡量相同和不同,这只有诉诸法的目的才有可能得到解决。法律的目的跟国家的目的不可分离,"国家是作为规范化活动的法律,法律是作为规范化主权的国家,一个不能从另一个区分开来,因此,法的目的问题和国家目的问题也是不可分割的。"②显然,此一说法同凯尔森国家是"法律体系"或"法律秩序"

① Radbruch Gustav. Gesamtausgabe, Hrsg. von Arthur Kaufmann, Rechtsphilosophie II, Auflage 1932 [M]. Heidelberg: Verlag C. F. Muller Juristischer, 1993:255.

② Radbruch Gustav. Gesamtausgabe, Hrsg. Von Arthur Kaufmann, Rechtsphilosophie II, Grundzüge der Rechtsphilosophie [M]. Heidelberg: Verlag C. F. Muller Juristischer, 1993:92—93.

的观点是同声相和的。但拉德布鲁赫又指出,"法律目的问题是不会一清二楚的"①。其实,他在更多场合下将法的目的等同于"公共利益"。拉德布鲁赫认为,人之所以经常不能将公共利益(即法的目的)与法的确定性的价值及正义协调起来,那是人性的不完善导致的。

第三,确定性,系给人们提供可预见的指针,在模糊不清的状态中找到秩序与和平。法律的确定性包括四个方面:①法律应当是实定的,是制定法;②该被制定的法律应当是确定的,即以事实为基础;③以法律为基础的事实应当得到尽可能无差误的确认;④实定法不能轻易被变更。②"法的确定性的要求,与自然法的理念一样是一个从深层次的需要中产生出来的要素,也就是使混沌的现实状况变得有秩序,开辟可以预见的道路,服从统治这样的需要中产生出来的要素。……就法律而言,正义理念的实质在于依照普遍的规范解决纠纷;在这里,法的确定性就给予法的概念以比实证性更广泛的性质。"③

正义、合目的、确定性这三者是完整一体的,但另一方面又存在着相互对立的紧张关系。

其一,正义与合目的之冲突。一方面,正义要求平等,但合目的性即在公共利益领域平等是不存在的。从合目的性的角度看,由于人与人之间的普遍性差别和和欲求目标的不同,所有的不平等都是根本的。也就是说,人们起点的迥异使合目的性必然导致各种不平等。另一方面,正义体现普遍的平等,而合目的性主要体现为个体的希冀。两相比较,正义更利于平等。对此,夸特·威鲁克(Kurt Wilk)概括地指出,按照拉德布鲁赫的理论逻辑,"正义规定个人与国家整体的关系。因此,正义应当优先于合目的性"④。这样,就显示出正义与合目的性之间存在差异与对立。

其二,正义与确定性之冲突。实在法要求其效力不受正义、合目的原则的影响,无论实在法如何不正当都必须予以适用。从实在法的这一立场看,"恶法亦法",但对极端恶劣的法的适用无疑会损害法的理念,从这一角度说,"恶法非法"。拉德布鲁赫于1946年在《南德意志法律家报》发表了《法律的不法与超法律的法》一文,提出了著名的"拉德布鲁赫公式",试图解决这二者之间的矛盾。他对拉德布鲁赫公式的表述是:"正义和法的安(确)定性之间的冲突是可以得到解决的,只要实在的、通过命令和权力来保障的法也因而获得优先地位,即使其在内容上是非正义的、不合目的性的;除非实在法与正义之矛盾达到如此不能容忍的程度,以至于作为'非正确法'的法律必须向正义屈服。在法律的不法与虽内容不正当但仍属有效的法律这两种情况之间

① Radbruch Gustav. Gesamtausgabe, Hrsg. Von Arthur Kaufmann, Rechtsphilosophie II, Grundzüge der Rechtsphilosophie [M]. Heidelberg: Verlag C. F. Muller Juristischer, 1993:93.
② Kurt Wilk. The Legal philosophies of Lask, Radbruch and Dabin [M]. Harvard University Press, 1950:108.
③ 吕世伦. 现代西方法学流派[M]. 北京:中国大百科出版社,2000,第964页.
④ Kurt Wilk. The Legal philosophies of Lask, Radbruch and Dabin [M]. Harvard University Press, 1950:359.

划出一条截然分明的界限,是不可能的,但最大限度明晰地作出另外一种划界还是有可能的:凡正义根本不被追求的地方,凡构成正义之核心的平等在实在法制定过程中有意地不被承认的地方,法律不仅仅是'非正确的法',它甚至根本上就缺乏法的性质。"①

其三,法的确定性与合目的性之冲突。按照通常的理解,目的总是优于手段的。纳粹主义者曾叫嚣:对人有利的东西就是法。因此,合目的这个目标的实现常常不顾忌甚至有意识突破实定法的界限。但是,绝不是所有对人有利的东西就是法,而是说,能产生法的确定性、能导致对正义的追求的东西,最终才是对绝大多数人有利的,而确定邪恶的法必然违背普遍利益。所以,法的确定性应优先于合目的性。

那么,如何协调正义、合目的、确定性这三者之间的矛盾关系呢?按照拉德布鲁赫反复强调正义是法理念之基础和优先地位的见解,就应当以正义为标准,结合社会的实际状况,来决定法的目的;进而,再依据体现正义之目的的法律规范,保证规范的确定性。唯依据体现正当目的的正义来判断某一法律规范究竟是否具备了法律的本质、是否符合法律的概念。在法律实施过程中坚持这样的确定性就会有法治,而且是善治。然而,话虽这样说,要彻底解决法理念间的二律背反是不可能的,"如果世界最终没有矛盾,生活不是抉择,那么,在此是多么的多余!"②法理念的各种不同价值并没有给我们提供一成不变的选择公式,而是需要我们凭借自己的偏好和取向做出抉择。

三、几点简短的评论

(一)关于相对主义

相对主义哲学,有绝对的相对主义和相对的相对主义之分。绝对的相对主义,是把认识的相对性加以绝对化,其必然导致否定客观真理的存在,导致不可知论和诡辩。相对的相对主义,承认矛盾或对立双方的相反相成的可协调性,承认相对中存在着绝对成分或真理性——实际上就是辩证法。简言之,辩证法肯定包含相对主义,但又肯定不能单纯地归结为相对主义。我们认为,弄清这个问题对于把握和理解拉德布鲁赫的法哲学特别是相对主义法价值论及其新贡献与缺陷,都是至关重要的。

相对主义是拉德布鲁赫法哲学的理论基础和方法论上的一个重要特征。他认为,应然原理只能通过其他的应然原理得到证明,应然不能由实然得出,而那个最初的应然原理是无法证明的公理,是属于信仰的领域。我们不能像科学那样来决定价值的问

---

① 以上引文参见古斯塔夫·拉德布鲁赫《法律的不法和超法律的法》一文,转引自古斯塔夫·拉德布笹赫《法律智慧警句集》,第170—171页,舒国滢译,北京,中国法制出版社,2001。

② Radbruch Gustav. Gesamtausgabe, Hrsg. von Arthur Kaufmann, Rechtsphilosophie II, Auflage 1932 [M]. Heidelberg: Verlag C. F. Muller Juristischer, 1993:307.

题,科学能够告诉人们,什么是我们能够做、愿意做的,但不能告诉我们,什么是应该做的。要回答这个问题,必须运用法哲学的相对主义的方法论。为此,法哲学必须完成三项任务:其一是研究达到法律目的的方法;其二是从两个方向对法律的价值判断进行思考,那就是向下探究法律判断实现的最后手段,向上探究价值判断所依据的世界观;其三是得出一个关于价值判断的虽非法哲学的体系,但仍是一个完整的系统。概言之,这样的相对主义的任务就是在一定价值观和世界观范围内确定每个价值判断的正确性,而对这个价值观或世界观本身并不做评判。

最后,不容忽略的是,拉德布鲁赫郑重地对他倡导的法哲学相对主义的理论倾向表现出两种态度,即斗争和尊重。他说,如果对方主张的观点不能得到确证,就要与之斗争;相反,如果对方观点无可辩驳,就应予以尊重。但在总体上,他的相对主义是强调学术上的宽容。的确,拉德布鲁赫的著作中充盈着这种宽容的精神品格。在那里,"尊重"固然是宽容,"斗争"也同宽容不悖,而非"一棒子打死"。因为,彼此都遵循平等精神,摆事实,讲道理,不以权势压人。不过,宽容也有原则底线,那就是,对不宽容者是无法讲宽容的。

学界对拉德布鲁赫的相对主义可以说见仁见智,批评者有之,赞同者有之。马克斯·恩斯特·迈耶尔(Max Ernst Mayer)认为,"拉德布鲁赫的理论不过是怀疑的相对主义,因而是站不住脚的。"①②莱奥纳德·内尔松(Leonard Nelson)认为,拉德布鲁赫的相对主义"并没有(由于不可能断言其绝对真实)绝对听天由命地放弃价值判断,而是仍拥有相对的嘲讽和相对的狂妄,来确立这样的价值判断"③④。然而阿图尔·考夫曼则回应这些批评说,他们当中没有谁能够说应该否定相对主义价值论,而且他们都对拉德布鲁赫存在误解,把他的相对主义等同于道德冷漠主义。而其实,我们更应该有理由把它看做是斗争的相对主义,拉德布鲁赫从他的相对主义推导出了"古典自然法的传统要求":人权、法治国家、权力分立、人民主权、自由和平等。由此看来,拉德布鲁赫的相对主义是积极的相对主义。⑤

---

① 参见马克斯·恩斯特·迈耶尔(Max Ernst Mayer). 法哲学[M]. 柏林,1933, 21. 转引自阿图尔·考夫曼. 古斯塔夫·拉德布鲁赫传——法律思想家、哲学家和社会民主主义者[M]. 舒国滢,译. 北京:法律出版社,2012.

② 阿图尔·考夫曼. 古斯塔夫·拉德布鲁赫传——法律思想家、哲学家和社会民主主义者[M]. 舒国滢,译. 北京:法律出版社,2012,第 129 页.

③ 参见莱奥纳德·内尔松(Leonard Nelson). 没有法律的法学(Die Rechtswissenschaft ohne Recht). 哥廷根/汉堡,1949, 第 115 页. 阿图尔·考夫曼. 古斯塔夫·拉德布鲁赫传——法律思想家、哲学家和社会民主主义者[M]. 舒国滢,译. 北京:法律出版社,2012.

④ Radbruch Gustav. Gesamtausgabe, Hrsg. Von Arthur Kaufmann, Rechtsphilosophie II, Grundzüge der Rechtsphilosophie [M]. Heidelberg: Verlag C. F. Muller Juristischer, 1993;130.

⑤ 阿图尔·考夫曼. 古斯塔夫·拉德布鲁赫传——法律思想家、哲学家和社会民主主义者[M]. 舒国滢,译. 北京:法律出版社,2012,第 130—132.

有学者指出,拉德布鲁赫的相对主义法哲学的意义和价值在于:①相对主义是法哲学体系开放的关键,是拉德布鲁赫法哲学体系自我更新的活力之源。相对主义立场实际上主张的是差异性,是主体的创造性。这种差异性其实就是矛盾。它是黑格尔哲学体系自我发展的内在动力,也是拉德布鲁赫相对主义法哲学的精髓。②相对主义实质上是一种方法论,相对主义的任务首先是要提供一种法哲学研究的方法,它是法哲学的一种提问方式,二元论就是这样的一种方法,它区分了诸如理念与现实、信仰与知识、实然与应然等对应范畴。③相对主义是一种理性世界观。拉德布鲁赫作为新康德主义法哲学家,他的相对主义源自康德哲学。康德哲学的核心就是给理性划界,而拉德布鲁赫就曾宣告,他的使命在理性地揭示终极方向,而不是陷入非理性的迷雾之中。对于最终的价值判断,相对主义拒绝给出答案,它放弃了证明最终立场的根据,但并未放弃其立场本身,这种对自身立场的守候正是理性的展现。①

从前面的概括与阐发中不难看出,拉德布鲁赫的法哲学确实是一个博大精深的体系,提供了许多此前学者们没有或少有的新思想、新观点,在此不赘述。

(二)关于主题建构的方法

在拉德布鲁赫别开生面地建立的真善美的法哲学体系中,包括内容结构和主体结构。内容结构包含逻辑价值、道德价值、文化价值。其中,道德价值处于主导地位,文化价值为其他两种价值的统一,体现两种价值的相互依存、渗透关系。与此相应,主体结构含个人价值、集体价值和文化价值。个人价值是独立的并成为集体价值的基础,而集体价值又是个人价值的升华,二者的统一是文化价值,它从精神到物质全面体现对人的人性关怀。我们看到,在两种价值结构中,作为要素的每个价值都具有特殊的内在规定性与独立性。同时,每个价值都与其他价值相区别与对立;但它们之间又相辅相成,其中有一个属于主导地位即矛盾的主要方面,决定整个结构性质与运行的方向。最后,两个价值的矛盾环节在更高地位的价值中得到统一。这生动地揭示了法价值运行和发展的规律。

再说拉德布鲁赫的法理念结构。正义是抽象性的精神要素,其目的是具体性的期待要素,确定性是实证性的保障要素。这三个要素的关系,同样得到了合乎逻辑的说明与论证。这些对于理解与施行法律而言,均颇有裨益。

(三)关于法文化

拉德布鲁赫是法文化学的重要奠基人,提倡法哲学中的文化至上主义。这方面已唤起一些学者的注意,但迄今为止深入探索的人几稀。这是因为,法文化学与法美学密切相关,让一个人既精熟地掌握法学又洞悉文化学和美学,实属难以企及。

---

① 参见蒋海松:《拉德布鲁赫相对主义法哲学探析——书于〈法哲学〉的解读》,引自"西方法体思想史研究会 2012 年年会暨第五届拉德布鲁赫法思想研讨会"论文集,2012 年 11 月。

文化是人类世世代代相因相袭、革故鼎新而逐渐积淀和发展起来的最为宏观的思维和行为模式。作为精神现象的文化,它的可感知的载体极为广泛,有显性与隐性之分。法属于文化的一个组成部分,一个不可或缺的形态。法意识与法律是文明社会的产物,亦是维系与推动文化的重要力量。由此可以体悟到,拉德布鲁赫把文化价值置于所有法价值之上是非常有道理的。虽然拉德布鲁赫强调文化价值至上,但同时又提醒不要把"至上"绝对化,不要将文化中善与恶、正与邪兼收并蓄。同样,这是无可辩驳的。

概括起来,通过对拉德布鲁赫相对主义法哲学几个最主要的理论观点的分析,可以清楚地感受到,这些富于创意的说教里不乏辩证主义的闪光。他的相对主义并非绝对的相对主义,而基本上属于相对的相对主义。

(四)商榷

本文着重地阐发和论述拉德布鲁赫对法哲学的功绩,并不意味他的法哲学已臻于完美、无瑕可击。笔者经过审慎的思考,简要地提出不成熟的看法。其局限性的集中表现,就是作为法哲学理论基础的相对主义。

拉德布鲁赫秉持康德应然与实然对立的观点,把法律看作是纯粹形式的存在,只有人们赋予内容之后才算"实质法律",这种内容可以是善的,也可以是恶的。只有输入"内容可变的自然法"或曰道德、社会理想等的法律,才是正义的法律。当他说法律与正义是平等关系而非源流关系时,就意味两者原本都是独立的东西。与此相一致,他把法学分成历史地研究实质方面的"专门法学"和逻辑地研究形式方面的"理论法学"。显而易见,这种将法的形式与内容相分离、认为各自具有独立价值的观点,表现出一定程度绝对相对主义的二元论的浓厚色彩。这种情况在理论上难以成立,在事实上也是不存在的。说到这里,令人自然而然地联想到那位同为新康德主义者凯尔森的"纯粹法学"。但它们之间也有明显的差异:拉德布鲁赫虽然认为存在着纯粹的法律框架,但如果不注入实质性的内容便难以正式叫做"法律";而凯尔森则认为法律就是实证法,同"实质"问题无关或没有直接关系,趋向极端的法律实证主义。不容忽略和抹杀的是,他对法律规则的研究却是非常杰出,需要予以弘扬的。

拉德布鲁赫法哲学的绝对的相对主义倾向的突出表现,还在于对价值判断问题上的观点。他明确地表示不承认任何"最终(或终极)"价值判断,说对最终价值判断的回答只能是"我们不知道",那是信仰问题。法哲学相对主义所承担的任务,仅仅是从理论上概括社会生活和法律生活的世界观的"途径",确认实现应当实现的目的的"手段",以便澄清世界观的"最终假设",系统地发挥能够设想的"最终假定"。在这里,拉德布鲁赫否定价值判断的"终极"性是正确的,因为任何价值都要受到认识能力的时空制约,不可能绝对正确。但是,人们也不能因此而全盘否定价值判断的必然性,特别是某些判断包含的绝对真理成分。如所周知,任何"途径"或"手段"总是同一定的"目的"直接联系的,而任何目的都难免同价值判断紧密相关。实际上,拉德布鲁赫所谓的"最终假设(定)"的追求,又何尝不是一种价值判断基础上的具有"最终"嫌疑的价值追求呢。

吕世伦、徐江顺撰写,刊于《北京行政学院学报》2013 年第 5 期。

论德沃金的"整体性法律"理论①

一、整体性法律是德沃金的理论范式

德沃金倡导的法律整体性或曰整体性法律（law as integrity）理论，实际上是在借鉴各学派主张的合理成分的基础上，创造性地提出的一种新的法学思维范式。

出于社会的整体性和政治的整体性，一个国家的法律体系本来就应当是整体的。如果法律不是整体的，而是立法者、执法者和司法者任意性的东西，那就必然破坏法治国家的政治目的，使社会中的权利失去保障。

怎样实现整体性法律？这包括历时性（纵向）和共时性（横向）两方面。前者指坚持国家按照一套前后一致的原则办事，后者指在不违背维护权利这个目的性原则之下，使社会各群体能够达成理性的妥协，以便一体地理解和遵循共同规则的约束。立法的整体性和司法的整体性，均是整体性法律的组成部分。

与整体性法律相悖的主张有：第一，因袭主义。它因过分地看重历史上的定论，而妨碍法官对现实问题的解决。第二，实用主义（功利主义、工具主义）。它因目光短浅，而不能全方位地看到社会利益需要的格局。

只要仔细地分析一下便不难发现，德沃金整体性法律的理论范式，相当成功地把价值、规范、事实三大法律因素协调起来，而呈现出一套法学理论的新范式。在二战后自然法学、分析实证主义法学、社会学法学三大主流派的趋同过程中，整体性法律理论所取得的成就，远胜于各种具有"综合性"法学倾向的诸派别。

二、法律阐述的整体性

法律如何保证它的整体性？最为重要的是把法律理解为"解释性的法律"，对法律进行"阐述性的建设"。对法律的解释、阐释或诠释，有许多种类。但从大的方面来说，有法律实证主义传统的描述性方式，即死板地按照法律文本进行的说明。与之对立的另一种，就是德沃金所归纳的阐述性的方式。德沃金说，法律概念本身就是一个阐述

---

① 本文是吕世伦先生为其博士生李晓峰的博士论文《德沃金法律思想》写的序言，题目是主持人所加，经征求吕先生意见同意刊登以飨读者，在此对吕先生深表感谢。

性的概念。它的文本内涵是把作为对象的法律同特定的目的紧密联系起来进行创造性的理解和说明。其中包括两个方面：一是解释文本要关注它的起源和历史，了解原初的立法精神；二是把法律文本与立法者区别开来。但是，侧重点不应当是法律的过去而是现实的客观情境，不是法律发生的原因而是其发生的结果。这就需要建设性或创造性的智慧，摆脱形式主义造成的干瘪的、片面的法律，使之变成丰满的、完整的法律。

　　阐述性法律与描述性法律两种观念之对立的重要反映是，法律有没有确定性，尤其疑难案件有没有唯一正确答案的问题。按照描述性法律观，法律解释的对象只能是实定法。但是，第一，实定法显然不能网罗社会中的一切，必然存在着诸多的漏洞；第二，即使法律有现成的规定，也难免语境和语义上的含糊性；第三，对于法律空缺结构，不采纳非实证（特别是道德）的观点和规范就无法来填补。由于这些原因，许多案件就会出现每个人自说其事。结论就不能是法律所确定的，疑难案件亦不可能存在唯一正确的答案了。不同的是，阐述性法律观则摒弃把实证法当作唯一的法律因素的看法，注重发掘法律背后其他法律因素，还有道德这个非实证事实的意义。这就意味着能够保证法律的确定性，也能够使疑难案件获得唯一正确的回答。

三、法律渊源的整体性

　　在德沃金论证整体性法律和阐释性法律的过程中，包含着一个不同于法律实证主义的唯规则（范）论的法律渊源的新说。在他眼中，法律渊源有规则、原则、政策三者。在承认规则具有最直接和最广泛意义的前提下，他突出地强调法律原则。的确，此前学者们和法律家们对原则问题的阐发十分不足。当国家权力机关确定一项立法纲要的时候，总必须同时考虑到原则的要求和政策的要求。

　　规则、原则、政策及其关系是：①规则。同原则相比，它们作为行为规则都是针对特定情况下的有关法律权利和法律责任的特定决断。对于具体规则而言，它在具体案件适用时有一个重要特点，即要么它是有效的，要么是无效的，不可能同时都有效。所以，规则应尽量地完备化。针对德沃金的这一说法，李晓峰博士尖锐地指出：德沃金把问题绝对化了。实际上，一项规则需要多项规则来补充的情况是屡见不鲜的。②原则。它是规则之上的指导性的准则，因而其"分量"或深度都高于规则；并且，它没有必要也不可能像规则那样周备和细密。原则不同于规则之处，还表现在对于案件的适用时，常常会遇到相互冲突的原则可能同时有效。在这种情况下，就需要进行"分量"的权衡。最后，借助原则审理案件较之以原则名义宣布的规则，更能表现法律制度的连续性和一致性。德沃金论述的法律原则，主要是个道德问题。③政策。它也是任何国家法律不可或缺的因素之一。没有政策，法律体系便不可能与时俱进。德沃金认为，政策与原则有重要的区别。政策的意义在于确立整体性的目标，是指明目标的综合性的陈述。原则的意义在于确立个人权利,是指明权利的分配性的陈述。所以,在权利、义务关系的案件中应根据规则和原则,而不能根据政策进行裁判。

正由于法律渊源包括规则、原则、政策,特别是原则的存在,德沃金断然拒绝法律实证主义者单纯基于规则的缺陷或空白而得出法官自由裁量权的理论。他相信,原则和政策足以弥补规则的局限,不至于导致任何案件结果的空缺,法官的自由裁量仅是规则、原则和政策范围之内的权力。

四、权利——整体性法律的核心

在二战后的美国世俗派自然法学三大家中,有富勒的道德法学,罗尔斯的正义法学,德沃金的权利法学(整体性法学)。所以,权利问题是德沃金整体性法律理论及其组成部分的解释性法律和法律渊源(尤其原则)学说的核心。德沃金的权利理论是古典自然法的"自然权利"观点的当代解读,同法律实证主义的法律产生权利的观点,同功利主义和当代经济分析主义法学的只重竞争的自由与和平等而藐视事实上的自由与平等的观点,是对立的。

德沃金认为,只要在集体不反对的任何情况下,个人就有权利。一切政治的决定和法院的裁判都是为了权利的实现。尽管权利有背景权利与制度化权利、抽象权利与具体权利、对国家的权利与对公民的权利、普遍权利与特殊权利的划分,尤其道德权利与法律权利的划分,但都应当以个人权利为主轴。

在权利问题上,基本的是每个人受到国家和社会"关怀和尊重的平等权利",否定任何形式的个人优越的特权。与此相关,个人出于道德或良心或宗教的考虑,对政府施加压力的非暴力的温和抵抗,属于"善良违法"。如果说公民享有权利,那么政府的根本任务就是"认真对待权利",关怀、尊重和保护公民的权利。

吕世伦撰写,刊于《山东社会科学》2006 年第 7 期。

自然法的谱系及其蜕变

——以施特劳斯的"魔眼"为观照

There 's nothing serious in mortality; All is but toys; renown and grace is dead.

——莎士比亚《麦克白》

一

在法律学界,西方法律思想史的理论源流和历史演变展现出这样一幅宏观的图景:从最早古希腊古罗马的自然主义自然法思想,到中世纪的神学自然法,再到17、18世纪伴随启蒙运动诞生的理性主义自然法(中国法学界一般称为"古典自然法")。19世纪,除康德、黑格尔的哲理法学派仍承袭自然法的因素外,主导性的思潮则是对自然法思想加以反思、批判甚至拒斥而兴起的历史法学派和分析实证法学派;至20世纪,以反思二战和法西斯主义为契机而复兴的新自然法学,加上强势崛起的社会法学,以及经过改造的新分析法学被并称为"三大法学流派"①。其中,我们可以发现自然法的概念源远流长,贯穿古今,是法律思想史上最浓墨重彩的一笔,对整个法律理论的发展进程也产生了较深远的影响。

但是,向来以美德、高尚、正义、权利、自由、平等标榜的"自然法"在今日法学界不同程度地受到冷遇,乃至那些通常被归入"新自然法学派"名下的学者许多人都不愿在自己的理论上使用"自然法"这个词汇,包括其主将罗尔斯和德沃金,而后者则干脆否认自己的学说属于自然法学。尽管自然法学号称"三大法学流派"之一,但诚如波斯纳所言,在"大多数人认为自然就是非道德意义上的达尔文式的竞争"之时,"甚至'自然法'这个术语也是一个时代的错误"②。因此,理解在历史上最为显贵、在法律理论发展中影响最重大的自然法学说,分析其理论内在的延续、波折,以及思索其在当代的命运,对于梳理法学理论的发展脉络,指引理论追求和研究方向都不无裨益。

---

① E.博登海默:《法理学:法律哲学和法律方法》,邓正来译,中国政法大学出版社1999年版;吕世伦主编:《西方法律思潮源流论》,中国人民公安大学出版社1993年版。

② 波斯纳:《法理学问题》,苏力译,中国政法大学出版社2002年版,第296页。

在当代法学界,法律思想、理论派别的演变更多地被归因于社会的变迁、物质生活乃至科学技术的提升,归因于国家政治制度的变革甚至环境气候的影响,也即归因于外部历史因素。而理论的内部因素,诸如思想渊源的扬弃传承,理论根基的转化更新却没有得到应有的重视和充分的探究。在这方面,列奥·施特劳斯(Leo Strauss)对古典思想家的深入解读和阐释却给出了一个全新独到的视角。本文将跟随施特劳斯"超越时空的魔眼",对自然法观念的起源、演进及其理路谱系作一考察,并试图揭示出自然法思想在这一谱系中是如何逐渐丧失其高贵地位,一步步蜕变,以致在形形色色现代思潮的遮蔽下,沦为实证法难以(甚至放弃或拒绝)辨识的"高级法"背景。

二

在古希腊,哲学、伦理学、政治学和法学思想融为一体,并无区分,而自然法一直是这一思想体系的主流根基。"自然法"一词首先意味着这样一种法律,它决定是非善恶的标准,决定什么可以凭借自然可行并且拥有正当性或合理性。对于习俗法、城邦法、人定法和国家法而言,自然法拥有更高的效力,违背自然法则的城邦律令、实在法是恶法,最终将归于无效。自然法概念的提出,是为了超越特殊人群、城邦和时间的特殊习俗和规则,寻求一种普遍的、永恒的适用于人类的规则体系。

自然法是更高级的法律,但并不是所有更高级的法律都是自然的。在索福克勒斯的著名悲剧《安提戈涅》中,安提戈涅为埋葬其背叛城邦的兄弟波吕尼克斯,公然反抗了僭主克瑞翁的禁令,其申辩时便提出了"不属于今天也不属于昨天,永恒地存在着的"比禁令更高级的法。① 大部分学者都将安提戈涅指向的法视为一种自然法,认为这是自然法思想的最早起源。但施特劳斯认为,"只要自然的观念还不为人所知,自然权利(法)的观念就必定不为人所知。"② 因此,这也就区分了直接诉诸"天地""神灵"的神法与自然法,否认了古希腊早期有自然法的观念;并且恰恰是因为存在着诸种互相冲突、不可调和的习俗、规则、法令,也即所谓"诸神之争"的"前苏格拉底世界",为"自然正当""自然法"的产生提供了必要性。

自然法的理论提出和确立需要若干条件,首先需要的便是"自然"的观念。"因为自然的发现必定要先于自然权利(法)的发现。"例如希伯来的《旧约》就没有"自然"的概念,因而也没有自然法这样的思想。③ 在古希腊,发现自然是哲学的工作,亚里士多德把早期的哲学家称为"谈论自然的人们",与"谈论诸神"的人们区别开来。发现自然

---

① E. 博登海默:《法理学:法律哲学和法律方法》,邓正来译,中国政法大学出版社1999年版,第4页。
② 列奥·施特劳斯:《自然权利与历史》,彭刚译,生活·读书·新知三联书店2003年版,第82页。
③ 列奥·施特劳斯:《自然权利与历史》,彭刚译,生活·读书·新知三联书店2003年版,第82页。

之前,某些事物或者某些类别的事物最具特征的行为,被认为是它的习惯和方式。而自然的发现在于哲学家、爱智者把现象之全体分成自然的现象和不属于自然的现象,也就是将原先的"习惯"或"方式"的概念"分裂成一方面是'自然'(nature)的概念,另一方面是习俗的概念"。自然(physis)与规范(nomos)的分野,也就导致了判断事物和行为好坏、真假、善恶标准的变化,"就可以开始用事物之间的'自然'的区别,代替那些因群体而异的事物之间的武断任意的区别"。自然发现之前,对于生活于一时一地的人们来说,"我们的"生活方式、特殊的习俗或方式具有头等的重要性,至上的善恶标准也就是"自产的又长久因袭的",古老的和自己的等同于正确的和好的,新的和陌生的意味着糟糕的,而有关正确方式的问题则是由权威来解答和保障的。哲学的出现,一方面发现了自然,极大地改变了人们对政治事务、法律的理解,淡化了诉诸祖传而要求正当的路数,转而诉诸好的——根据自然在本质上就是好的事物,也即判断对错善恶的标准是自然,是事物自然的本质属性,由此产生的规则和方式也就是自然法;另一方面,哲学是理性对事物本性的追寻,需要反对任何权威,而"对于自然权利(法)的发现来说,权威之被质疑和摆脱是何等的不可或缺"①。《理想国》中的父亲和家长克法洛斯起身去照看奉给诸神的牺牲之后,对自然法和正义的讨论才开始。②

　　从词源上看,"法"是和习俗、惯例、协议或权威意见相联系的东西,"自然法"本身就是存在内部紧张甚至矛盾的概念。③ 因此,自然的发现虽然为自然法理论提供了前提,但古典自然法的最终确立还需要完成"自然"与"法"的结合和协调共存。在古希腊,这主要体现在战胜习俗主义的挑战和克服来自智者派的非难,需要抛开习俗、同意来思考自然正当在政治领域的可能性。施特劳斯指出,习俗主义尽管与后来的历史主义在形式上具有相似性,都将善恶、正义与具体时空、与历史环境联系起来,但习俗主义与历史主义的根本区别在于,前者承认自然的规范性,后者认为自然是虚构的神话。但与古典自然法不同的是,习俗主义尽管假定自然与习俗之间的分别具有根本性,自然较之习俗或社会法令有着更高的尊严,但又认为正义和正确的判断标准在于各共同体的决断,除了共同体成员的同意之外,正义在自然中别无依据。"同意虽能产生和平

---

①　列奥·施特劳斯:《自然权利与历史》,彭刚译,生活·读书·新知三联书店 2003 年版,第 83—95 页。
②　柏拉图:《理想国》(第一卷),郭斌和、张竹明译,商务印书馆 1986 年版,第 6 页。
③　Leo Strauss, *Studies in Platonic Political Philosophy*, The University of Chicago Press, 1983, p138. 甚至,苏格拉底和柏拉图主要是使用"自然正当",只在《高尔吉亚篇》(*Gorgias Timaeus*, 483e)和《蒂迈欧篇》(83e)极为罕见地使用过"自然法"。我们还可以发现,后世几乎每一种体系完备、逻辑融贯的自然法思想都不得不对这种"自然"与"法"的紧张关系作出说明或某种安排,要么过度强调"自然""理性"而对"法"作出宽泛的理解(如阿奎那),要么为了保证自然"法"的义务性或约束力而重新界定"自然"的内涵(如苏亚雷斯、霍布斯)。这也就导致"哲学家倾向于否认自然法的自然性,法律家则倾向于否定自然法的法律性"。

与秩序,却不能产生真理。"①由此,施特劳斯认为哲学习俗主义的基本前提就是将善的等同于使人快乐的,也就是伊壁鸠鲁主义的趋乐避苦。但是,各种习俗和使人快乐的原则不仅相互不同,而且彼此冲突,这就迫使自然法超越它们而走向一个真正的正义观念。古典自然法认为善的事物本质上有别于使人快乐的事物,人们只有在按照其本性去行为时才是善的;习俗主义将善的混同为快乐的是因为其无视在"意见"中所体现出来的"知识",哲学的目的就是运用辩证法将各种互相冲突的习俗意见升华为融通无碍和完备的知识,也就是引导人们判定对于人而言何者本于自然就是善的。善就是与自然人性相一致的生活,制约着善的生活的一般特征的准则就叫"自然法"②。在此,古典自然法不仅假定了自然的存在,而且还假定了自然事物的本性是始终如一的,包括人永恒不变的天性以及人性自然构成的等级秩序。这也就成为庸常的习俗主义和智者们非难古典自然正当的起点。他们认为,人的本性在于趋乐避苦;根据自然,最大的善就是追求最大的快乐,是比别人拥有更多或者统治别人,因而自然法就等同于强者的意志和利益,或者说正义和城邦并非出于自然,乃是出于习俗或约定。古典自然法的辩护是,某物之有益于人并不证明它是自然的,世间存在着出于本性或者内在地就令人能钦佩的或者高尚的东西,它们绝大部分都与人们的私利无关,或者摆脱了人们的算计之心。并且,人性并非如智者所言,是漫游于原野的,因为使人区别于动物的是理性和语言,语言在于交流,人区别于其他动物的本性也就是社会性。人组成团体、城邦、社会也就与自己的利益盘算无关,而纯出于自然本性。"由于人天生就是社会性的,他的自然完善就包括了最卓越的社会品德——正义;正义和权利(正当)是自然的。"③

三

相对于法学界将古希腊、古罗马,特别是中世纪的神学自然法思想作出了详尽明确的划分,施特劳斯更愿意将一些主要的思想家划归为一个总体,"由苏格拉底始创,

① 列奥·施特劳斯:《自然权利与历史》,彭刚译,生活·读书·新知三联书店 2003 年版,第 12 页。
② 列奥·施特劳斯:《自然权利与历史》,彭刚译,生活·读书·新知三联书店 2003 年版,第 125—128 页。
③ 列奥·施特劳斯:《自然权利与历史》,彭刚译,生活·读书·新知三联书店 2003 年版,第 130 页。
实际上,关于社会性是否是人的自然属性,是柏拉图笔下苏格拉底显白教诲与智者派观点的重大区别,如在柏拉图的《普罗塔戈拉——或智术士们》中(320d—322c),普罗塔戈拉就暗示人的自然天性并不包括社会性,为了功利的目的(活命以及活得好)才聚合起来,并且,人们还需要借助后天习得的某些技艺(主要是智者传授的政治术)才有可能组建稳定的城邦。这显然也不同于亚里士多德"人是城邦的动物"。此后,人的社会性是自然的还是后天形成的问题一直蕴含于自然法思想中,并成为自然法古今之变的主要方面。例如斯多亚学派典型代表着古代一方,认为社会性是个人自然属性,从个体性到社会性人的理性逐步完满;而近代自然法明确断言社会性是后天获得的,而非人的自然属性,典型如霍布斯和普芬道夫。

为柏拉图、亚里士多德、斯多亚派和基督教思想家(尤其是托马斯·阿奎那)所发展的那种特定的自然权利论,可称之为古典自然权利(正当)论。"①也即认为,这些经典思想家之间同大于异,拥有一些基本的、核心的共性。这种共性,用现代学者的话描述就是,"古人的政治哲学既是描述性的又是规范性的……不知区分事实与价值、描述和评价……",以及"一个主要观点就是:存在着一种所有人共享的(不管他们在历史中的位置如何)普遍人性"②。用施特劳斯自己的话就是,"传统的自然法,首先和主要地是一种客观的'法则和尺度',一种先于人类意志并独立于人类意志的、有约束力的秩序。"③

古典自然法既是描述性的又是规范性的。所谓描述性,指在该理论中自然法则被认为是客观存在的,是在事物属性中尤其是人的本性中被理性发现的,而非人为创制发明的。尽管"自然和法律(习俗)的分别,对于苏格拉底和作为总体而言的古典自然权利论,都一直保持着充分的重要性"。但古典思想家还是把自然与法律联系起来,把正义与合法联系起来,并且通过由哲学向政治哲学的转变(这个转变主要是由苏格拉底完成的,所谓"两个苏格拉底"的说法)④,保持"中道"和"清明",允许和鼓励研究非自然之物的人间事物,但其根本目的还是在于探讨"本身为最初或就其本性为第一位的东西",探讨"合于自然的"最高的美德和最佳的政体,以及"超历史、超社会、超道德和超宗教的"自然正当(法)。所谓规范性,指符合自然本性的政治制度和自然法则虽然优于实在的制度和人定的法律,但由于完美政体和自然法在人类社会的实现需要"机遇",又由于根据人的社会性,人们只能在公民社会或政治社会才能实现完善,因此,次等的政体甚至有违自然的人定法、习俗法也就是必要的(在神学自然法里,则是为了实现永恒的天国,俗国和尘世的恶是必要的),并且"人性是一回事,德性或人性的完善又是另外一回事"⑤。这种意义上自然法则是人们所愿望和盼求的目标或理想,具有规范性质。古典自然法学家还认为,必须淡化自然法的这种规范性,因为"自然正当会成为公民社会的火药桶",由理性所明辨的自然法与仅仅基于意见的习俗法令之间需要妥协,只有"次生的自然法"才能与公民社会相融。⑥

尽管施特劳斯强调了古典自然法一以贯之的核心论点,但他还是"区分出三种类

---

① 列奥·施特劳斯:《自然权利与历史》,彭刚译,生活·读书·新知三联书店2003年版,第121页。
② R.昂格尔:《现代社会中的法律》,吴玉章、周汉华译,译林出版社2001年版,第3—4页。
③ 列奥·施特劳斯:《霍布斯的政治哲学》,申彤译,译林出版社2001年版,第2页。
④ 甘阳:"政治哲人施特劳斯:古典保守主义政治哲学的复兴",载《自然权利与历史》,生活·读书·新知三联书店2003年版,第73—79页。
⑤ 列奥·施特劳斯:《自然权利与历史》,彭刚译,生活·读书·新知三联书店2003年版,第122页,第135—141、147页。
⑥ 列奥·施特劳斯:《自然权利与历史》,彭刚译,生活·读书·新知三联书店2003年版,第155—156页。

型的古典自然权利(正当)论,或者说古典派理解自然权利的三种不同方式"。分别是苏格拉底—柏拉图—斯多亚式的、亚里士多德式的和托马斯主义式的。① 第一种自然正当的理论主要着眼于处理由理性所辨明的自然正当与基于习俗意见的正当之间如何共存的问题,或者说致力于平衡哲学的"善"与政治的"善"("苏格拉底之死"戏剧化地展示出两者的尖锐冲突)。因为那些本然地或者出于自然就是最高尚的东西,并非是人类与城邦最迫切需要的。人类本质上是介于禽兽与众神之间的存在物,超越表象进入理念世界或者走出"洞穴"寻找阳光仅仅是哲人的事情。哲人与普通人有关正义的见解的冲突如下:正义就是善,就是给予每个人他所应得之物,而"正如只有医生才清楚在所有情况下什么对身体是好的,也只有明智的人才清楚什么是依自然对人的灵魂是好的"②。因此,实现自然的正义需要把城邦交由哲学王来统治,让明智者处于社会的主宰地位。但在现实中应得之物一般由城邦法律规定,往往要么体现这个社会的主流"意见"(主要是道德和宗教),要么体现为强者的意志专断。为了避免城邦的混乱甚至崩溃,哲学家应该改变哲学的表达方式,区分"显白教导"(the exoteric teaching)与"隐匿教诲"(the esoteric teaching)③,抱着改善而非颠覆政治社会的目的来写作。为了对城邦有益,哲学就必须转化为政治哲学,掩盖原初的自然法,转而追求政治上的"善",即"在不惊吓积压如山的成见的同时消除积压如山的邪恶"。最后,该派的推论还隐含,为了避免"正义就是对朋友善,对敌人恶",需要超越城邦建立"世界国度"。从协调自然法与城邦法的角度,斯多亚学派以及西塞罗更多地追随了苏格拉底和柏拉图,西塞罗《国家篇》中的西庇阿"似乎就表明了,公民社会所能依据的'自然法',其实乃是一种较低的原则淡化了的自然法"④。不同之处在于,斯多亚学派更为清晰系统地提出了自然法理论,他们像研究"物理"(physics)那样研究自然法,并认为理性造物能够知晓自然法并按其行事;遵循自然法的指引,人这种理性和社会性的动物才能趋于完满。

而亚里士多德则认为,在城邦中所能获得的正义是完美的正义和无可争议的善,政治上的善就是最高的善、哲学上的善,没有必要来淡化自然正当(法)。他似乎还断言,一切自然法都是可以变易的。⑤ 施特劳斯认为,亚里士多德真正的意思并不是否认自然法的普遍有效性和永恒性,而是在表明"自然权利(法)最终要栖身于具体的裁决而非一般的规范","在极端情形下,正常有效的自然权利的规则被正当地改变了,或者

---

① 列奥·施特劳斯:《自然权利与历史》,彭刚译,生活·读书·新知三联书店 2003 年版,第148—167 页。
② 柏拉图:《理想国》,郭斌和、张竹明译,商务印书馆 1986 年版,第7—10 页。
③ Leo Strauss, *What is Political Philosophy*, The University of Chicago Press, 1959, pp221—232.
④ 列奥·施特劳斯:《自然权利与历史》,彭刚译,生活·读书·新知三联书店 2003 年版,第155—158 页。
⑤ 列奥·施特劳斯、约瑟夫·克罗波西:《政治哲学史》,李天然等译,河北人民出版社 1993 年版,第134—135 页、第143 页以下。

说是根据自然权利(法)而改变了;例外与规则同样是正当的"。自然正当无法在人定法上得到充分的表述,但其政治上的重要性不言而喻(施特劳斯由此把"绝对主义"和"相对主义"区分开来,即由于正义的要求在实践中可以权变,所以不存在普遍有效的行动规则,但仍然存在普遍有效的诸目的等级)。①

最后一种自然正当理论是托马斯主义的自然法学说,或者说神学自然法,它摆脱前两种学说的踌躇和含混,对自然正当与公民社会的根本和谐,对自然法的普遍有效和永恒不变不再有任何疑虑。因为它将人的最高目的寄托于彼岸,通过法律的指引和恩典的救助,上帝促使人逐渐完善;其中,自然法是人的理性对永恒法(上帝神圣理性)的分参,自然法与人定法、神法共同让人获得善和上帝的知识,实现永恒幸福。但阿奎那和其后的托马斯主义自然法带来了新的含混:自然法或人的理性、良知(synderesis)所指示的法律对人的行为如何施加义务或约束力,对于违反自然法的惩罚仅仅是失去永恒幸福吗,还是上帝安排了其他直接的惩罚? 这种自然法能否被没有信仰《圣经》、未经神启的人心所认识? 为回应前一个问题,其后的自然法学者从托马斯主义学说的反对派,如司各特(Duns Scotus)那里借用了"意志论",为只注重"理智""良知"的自然法增加了(上帝的和人的)"意志"的因素,其中的关键人物是西班牙的苏亚雷斯(F. Suarez)。② 而后一问题导致的结果是,经院哲学在认识上帝和自然法的方式上争论不休:理性,还是基于信仰《圣经》的自然神学,抑或启示神学? 现代性和现(近)代自然法部分地乃是对于这种神学化自然法的一种反动,要求自然法或自然权利独立于神学及其争论,转而求助于世俗的道德原则。

四

17、18 世纪的欧美社会发生了巨大的变化,一大批声誉卓越的思想家也涌现出来。这一时期政治法律思想总的特点是理性主义、反封建、反教会、天赋人权、社会契约论和自然法。其中,自然法理论阐述了自然状态、自然权利、自然法这"三个自然",与自由、平等、人性、法治等概念紧密结合起来。法学界将此时期含有上述内容的理论称为古典自然法学(施特劳斯将古希腊罗马时期的自然法称为古典,而把这一时期称为现代自然权利论,为以示区别,本文姑且称为近代自然法)。③

施特劳斯确实也将近代自然法看作一个总体,这个总体是对古典自然正当理论的

---

① 列奥·施特劳斯:《自然权利与历史》,彭刚译,生活·读书·新知三联书店 2003 年版,第 162—165 页。
② See Leo Strauss, *Studies in Platonic Political Philosophy*, The University of Chicago Press, 1983, pp141—143.
③ 吕世伦主编:《现代西方法学流派》(上卷),中国大百科全书出版社 2000 年版,第 6 页。

反叛和抛弃。他认为近代的自然法观点和古希腊古罗马的传统自然法观点之间，确实存在原则的区别。如上所述，古典自然法是一种根据事物自然属性（或上帝赋予的秉性）客观存在的、与人意志无关的、具有根本约束力的法则和尺度；而"近代自然法，则首先和主要是一系列的'权利'，或倾向于是一系列的'权利'，一系列的主观诉求，他们起始于人类意志"①。其他特征还包括：自然法被认为可以像"几何"原理般推导出确定的结论；最佳政治秩序不再受适宜条件的限制，而是可以在任何时空环境中获得；这一时期的自然法在内容上主要是自然公法；以及很重要的，自然法学说至此抛弃了传统的"审慎和保守"，变得激进并极具"革命性"②。

不唯如此，施特劳斯甚至将近代自然法及其之后19世纪的历史主义、实证主义看作总体，在法学中也就是把近代自然法与历史法学、实证主义法学甚至20世纪的社会法学等都看作总体。这个总体也就是现代性理论和逻辑的一步一步展开推进：现代性的肇始，客观的自然法蜕变为主观诉求的自然权利，自然的"好坏""善恶"标准被"进步"观念替代；之后，自然权利的拓展意味着自然欲望的合法性，反思自然法的结果是"自然"与"道德"（自由）的分离，"进步观念"被改造成为"历史观念"；最后，自然法观念在政治、法律理论中逐步被剥除、清理，在价值判断领域，根本不存在永恒的、普遍确定的对错标准，善恶好坏只有历史中一时一地之标准，并且这种标准变动不居，更为激进的是"历史主义"，历史也被认为是根本没有方向，更没有目标的。③ 而在法理学界，还出现了将研究范围局限在"实际存在的由人制定的法"，断然拒绝研究"应然的法律""比喻性法律"的分析实证法学派。④

自然法思想的一步步蜕变，施特劳斯用"现代性的三次浪潮"把整个思想理论的历程作了详尽的描述和廓清。第一次浪潮的引领者是马基雅维里、霍布斯、斯宾诺莎和洛克，他们掀起了全面拒斥西方古典思想传统的浪潮，并主要由霍布斯和洛克提出了近代自然法，也就是自然权利论；第二次浪潮是现代性的第一次危机，卢梭掀起了对现代性和近代自然权利论的批判，康德、黑格尔、马克思就是沿着这一方向一步步迈进，但这一批判实际上推进了现代性；第三次浪潮也就是现代性的第二次危机，掀起了对自然权利论的更全面更大规模的批判，其主将包括尼采、海德格尔、马克斯·韦伯，并延续至今日形形色色的社会科学家和后现代主义者。最后，施特劳斯还总结了三次理论浪潮在政治实践中对应的三种社会组织制度，"自由民主制理论与共产主义理论，肇

① 列奥·施特劳斯：《霍布斯的政治哲学》，申彤译，译林出版社2001年版，第2页。
② See Leo Strauss, *Studies in Platonic Political Philosophy*, The University of Chicago Press, 1983, p144.
③ 甘阳："政治哲人施特劳斯：古典保守主义政治哲学的复兴"，载《自然权利与历史》，生活·读书·新知三联书店2003年版，第12—13页。
④ 奥斯丁：《法理学的范围》，刘星译，中国法制出版社2002年版。

兴于第一次和第二次现代性浪潮;第三次浪潮的政治含义被证实为法西斯主义"。虽然,"理论的危机不必然导向实践危机",比之后来者,自由民主制的优先性在现实中可谓显明昭彰(施特劳斯很欣赏和尊重丘吉尔,曾借用后者的幽默说民主制度是最糟的制度——除了其他实行过的制度外①),但西方现代文明和自由民主制的理论根据——近代自然法(或现代自然权利论)却因饱受批判而深陷危机②。

五

施特劳斯说,"我曾经认为,霍布斯是近代政治哲学的创始人。这是一个错误:这个殊荣,应该归于马基雅维里,而不是霍布斯。"③"马基雅维里的问题,是一个新异的问题;他跟此前政治哲学关注的问题根本不相同。"④这个根本不同的问题首先便是不再关注人们应当如何生活,而是把目光降下来,关注人们事实上如何生活。马基雅维里反思了公民社会的基础,他认为全部人类事物都变动不居,不可能服从于稳定的正义原则,决定每一事例中何为合理行动的,与其说是道德目的,不如说是势在必行的必然性。因而,当古典传统探讨"理想国"和上帝的王国时,当哲学家追寻最好的政治秩序、制度和德性的生活实践时,他们就进入了不切实际的奇想中,建立公民社会的正当秩序必须降低最终目标,用有效和现实可行来取代善和正义,才能有所结果。德性(virtue)绝不能被理解为国家(commonwealth)为之存在的东西,相反,德性是为了国家的建立和维系才存在。此外,在柏拉图和亚里士多德那里,最佳政治秩序的实现依赖于不可控制的命运或机会,靠机运的原因是政治秩序的好坏还依赖于质料,即人民或人民的自然本性。马基雅维里同意这一原因,但他认为质料可以改造,杰出人物可以克服此困难,机运可被驾驭。"因为命运之神是一个女子,你想要压倒她,就必须打她、冲击她。"⑤这无疑是在颠覆先前对"自然"的特殊理解,"自然"不再提供人类的"界限"或"规矩与尺度",一切好的东西不归于自然,而归于人的创造,自然只不过是提供了创造的"材料"。这也就等于说,在人类意志面前,不存在什么永恒的抉择,政治问题或建立文明社会问题成为(人为)技术问题,没有什么"自然的"法则。⑥

---

① 阿纳斯托普罗:"施特劳斯在芝加哥大学",黄薇薇译,载刘小枫、陈少明主编"经典与阐释5":《古典传统与自由教育》,华夏出版社2005年版,第55—75页。

② 列奥·施特:"劳斯现代性的三次浪潮",丁耘译,载《西方现代性的曲折和展开》,吉林人民出版社2002年版,第86—101页。

③ 列奥·施特劳斯:《霍布斯的政治哲学》,申彤译,译林出版社2001年版,"美洲版前言",第9页。

④ 列奥·施特劳斯:《关于马基雅维里的思考》,申彤译,译林出版社2003年版,第8页。

⑤ 尼科洛·马基雅维里:《君主论》,潘汉典译,商务印书馆1985年版,第121页。

⑥ See Leo Strauss, *Studies in Platonic Political Philosophy*, The University of Chicago Press, 1983, p144.

　　以纯粹的政治品行取代道德原则给公民社会的建立带来了新的困难,必须在马基雅维里"现实主义"的层面上恢复政治的道德原则,也就是恢复自然法。霍布斯的理论就是这样的努力。但正如霍布斯自己在《利维坦》中宣称的,传统政治哲学更其是一场幻梦而非科学,并且当时非目的论的自然科学观已经摧毁传统自然法的基础——假定了自然和人的目的性。因此霍布斯要重建自然法就不能像传统学说那样,从永恒不变的自然"法则"出发,从某种客观秩序出发。为了避免怀疑论者的吹毛求疵,他为自然法找到的新基础是自然"权利",即某种绝对无可非议的主观诉求,这种主观诉求完全不依赖于任何先在的法律、秩序或义务,相反,它本身就是全部法律、秩序或义务的起源。① 为了重新找到独立于任何各民族共识的自然法,霍布斯进行如下的严密推演:首先,他认为,因为对于人性而言,最强有力的是情感而非理性,自然法的基础就肯定不在于人的目的而在于一切情感中的最强烈者,也就是自我保全免遭横死的欲求。在人类进入政治社会之前的自然状态,人人都有自然的权利来进行自我保全,同时被许可采用各种自我保全必需的手段,并且对于何种是正当的手段,每个人都是自我的裁断者。为了克服自然状态这种狼与狼之间的关系,弥补自然状态的缺陷,人们需要进入公民社会,将判断何者为实现自然权利的正当手段的问题交给一个由契约产生的"利维坦";国家和政府的职能就不再是创造和促成有德性的生活,而是为人们自我保全、和平生活提供保障。这样,自然法和正义就在于信守契约和和平、保护自我保全的自然权利,如果人性自我保全的情感不改变,这种自然法在政治社会中不仅是可能的,还是永恒不变的。此外,为了使人们认识到对地狱或上帝的惩罚的恐惧是虚幻不实的,确保他们对死于暴力的恐惧才是最有力的,需要对人们进行启蒙。通过对大众启蒙,霍布斯的自然权利和自然法才能获得最牢固最融贯的根基。

　　以上推演为学界共识,但施特劳斯"魔眼"的锐利之处在于,他详尽揭示了霍布斯自然法学说的人性基础、哲学世界观、评判善恶标准的改变以及这种学说在政治理论中引发的新的可能和困难。具体来说,霍布斯首先放弃了古典学者的"自然观念",否认自然的目的性和对人的义务性,但在剔除"人天生是政治或社会动物"的观念之后他留下了人拥有确定不变的本质属性这一预设;其次,为了在"除了物体及漫无目的运动之外一无所是"的自然科学世界寻找一个幸免于机械因果论的"安全岛",霍布斯不得不假定了一个"我们就是其产生原因,或者其构造在我们能力范围内或取决于我们的任意意志的东西",一个我们有意识建构的、对于自然不断征服的世界,因而,进步观念的提出就成为可能。② 同时,施特劳斯对霍布斯学说在内涵逻辑上与之前、之后学说的差别作出了精细区分,对该学说中能够引起困难、带来进一步变化的因素也洞若观火。例如,他提醒人们注意这种新的自然法是赋予国家主权(利维坦)以最高效力,因而不

---

① 列奥·施特劳斯:《霍布斯的政治哲学》,申彤译,译林出版社 2001 年版,"前言"第 2 页。
② 列奥·施特劳斯:《自然权利与历史》,彭刚译,生活·读书·新知三联书店 2003 年版,第171—181页。

同于人性完满为目标的古典自然法,是一种以"合法政府"取代"最佳制度"的"自然公法";他也指出,自然权利对自然法则的取代,意味着正义的统治必然不是智慧(哲学王)的统治,而只能是同意(契约)的统治,更深的意蕴是自然权利的基础上唯一合法的制度乃是民主制;他还辨明,尽管迫使人们从自然状态进入公民社会的自然法是寻求和平、生活的便利以及自我保全的更强有力的手段,但是这种自然法还是有别于伊壁鸠鲁主义的理论,除了承认永恒不变的自然法存在的差别外,伊壁鸠鲁主义认为合于自然的生活高于公民社会,而霍布斯认为自然状态比政治社会低劣(这也暗含进步的意味)。①

　　初看上去,洛克的自然法学说与霍布斯的截然不同,他假设的自然状态本身就是和平的世界,他似乎在说自然权利好像诞生于自然法而非如霍布斯所说自然法基于自然权利,他还"明智地"证明了上帝之真实不妄并将自然法与神企相勾连……施特劳斯认为,这种差异只是表象,洛克的自然法思想其实已经和托马斯主义发生了根本性的断裂,而造成这种断裂的正是霍布斯那"理该受到谴责的名字"。通过对洛克许多自相矛盾、前后不一致的说法的解读,施特劳斯认为《圣经》教诲只是幌子,洛克的自然法学说与霍布斯的观点大体一致,这种一致既是从自然权利推导出自然法,也是认为自然法不过就是为着人们的相互保障或人类的"和平与安全"而发出的诫命,更是认同一切社会或政府的权力来源于个人的契约,都是由本然地属于个人权利派生而来。所不同的是,洛克站在霍布斯的基础上反对霍布斯的某些具体结论,比如,自我保全的权利远不是有利于专制政府,而是要求有限政府;洛克的自然法还更强调个人的自由权利和财产权利,与现代自由民主制的政治实践更为接近,因而洛克是最为著名和影响最大的"现代自然权利论的导师"。施特劳斯还重点剖析了洛克自然法思想中的最具特色的财产学说,展现出洛克的"舒适地自我保存的权利",强化了洛克"普遍的富裕和平是完善正义的充分必要条件"的结论。通过指明洛克财产学说中劳动源泉、欲望满足之漫无目标、公民社会不仅保护而且扩大个人财产等论证,施特劳斯似乎在暗示所谓"资本主义精神"的实质是现代自然权利论,而不是什么"新教伦理",从而对韦伯学说乃至其所谓"价值与事实"分离的社会科学顺手一击。②

　　一般而言,18世纪美国的自然法思想被认为是英法等欧洲政治法律思想的翻版。施特劳斯自己很少正面谈及美国,不过《自然权利与历史》一书以引用《独立宣言》那段著名的话开篇,以及在其他一些地方稍稍提及过联邦党人。他认为,美国的开国时期的政治家和思想家都是现代自然权利论者,承认存在高于实在权利和实在法的判断是非的标准,即自然法;他们主要坚持自由民主制,在思想内容和倾向上与洛克最为接近。③

---

① 列奥·施特劳斯:《自然权利与历史》,彭刚译,生活·读书·新知三联书店2003年版,第187—198页。
② 列奥·施特劳斯:《自然权利与历史》,彭刚译,生活·读书·新知三联书店2003年版,第239—256页。
③ 施特劳斯:"自由教育与责任",肖涧译,载刘小枫、陈少明主编:《古典传统与自由教育》,华夏出版社2005年版,第9—24页。

六

对于法国著名思想家孟德斯鸠,笔者涉猎范围内,施特劳斯甚少提及,但他认为《论法的精神》一书需要从它旨在反对托马斯主义也即神启自然法来理解。从孟德斯鸠把德性作为民主制的原则出发,施特劳斯认为其更接近古希腊而非托马斯的精神;此外,把法、政体、道德、宗教与气候、地理环境、人口等因素联系起来,《论法的精神》实际上体现了孟德斯鸠的另一个面向:人的政治活动乃至人本身都是历史性的(一时一地的)。后者对法国另一位广为人知的自然法论者卢梭产生了重要影响。

无论是施特劳斯还是其弟子,对卢梭都着墨甚多,因为在他们看来,现代性第一次的危机正是出现在卢梭的思想中。这个危机首先表现在卢梭打破了启蒙运动进步的迷梦,指出"科学技术的进步"并不等于人类的进步,它不仅否认艺术和科学的进步促进了道德,而且断言:这样的进步总导致道德的堕落。① 并且,"古代政客们无休无止地谈论的是风尚和德性;今天的政客们除了贸易和金钱,什么也都不谈"。因此,卢梭试图返回古典思想中去寻求解救之道,但他之返回古代同时又是现代性的一个推进。缘何如此,施特劳斯认为这是由卢梭思想的实质所致——在返于城邦与返于自然状态之间有着明显的紧张关系,问题的症结不在于卢梭如何解决社会性与个体性的冲突,而在于他如何看待那种无法解决的冲突。② 具体而言,紧张关系就在于,卢梭一方面追随古典学者认为德性和自由社会彼此能以某种方式相容,但另一方面他又沉溺于现代性中,跟随现代科学和政治学的潮流,拒斥了下述观念:人按其本性而言就是趋向于一定目的的,是"城邦(政治)的动物"。他赞同了霍布斯、洛克,认为公民社会或国家是人为之物,源于人们自我保存的欲望,自然法的根基就不能从人的本质属性、自然目的中而必须到自我保全的权利中去寻找。

但为消弭上述紧张关系,使德性、自由和公民社会可以相融,卢梭毕竟还是脱离了霍布斯,其自然法理论的逻辑在于:首先,卢梭根据自己的人类学研究和试验方法提出了不同以往的自然状态下人的特征和属性。施特劳斯把卢梭的这种自然人叫做"前道德的、既可为善也可为恶的次人(subhuman)",因为卢梭认为自然人缺乏理智,只有两种基本激情(保存自己的欲望和对自己同类苦难的同情)和两个特征(意志自由和无穷的可塑性)。霍布斯认为自然人没有社会性(asocial)但有理性,而卢梭则认为自然人不仅没有社会性,也没有理性(arational),因为理智需要和语言相伴而生,不是自然的。这种次人被迫为了生存而思考,因而才获得了心智的发展和理性,所以人类的特质并

---

① 列奥·施特劳斯、约瑟夫·克罗波西:《政治哲学史》,李天然等译,河北人民出版社1993年版,第646页。

② 列奥·施特劳斯:《自然权利与历史》,彭刚译,生活·读书·新知三联书店2003年版,第260页。

非自然的赐予，而是盲目命运和偶然环境的结果——人道乃是历史过程的产物，人性则是人自由意愿希望成为的东西。既然理性并非自然的，那基于理性盘算的个人利益，如自我保全、占有财产，就不能认为是自然权利了，如果依此再进一步，结论就会是理性的法则不再被看作是自然法。但施特劳斯认为，卢梭受孟德斯鸠的教诲没有走出这一步，而把自然状态个人的彻底独立和意志自由看作是自然权利，甚至把自由看作是比保全生命更高的善，或者把自由就等同于善和德性；自由的本质也就是自我立法，那自然法（如果存在的话）就是最大限度地保证人的自由；要在公民社会中实现德性和善，也就是使公民的自由最大限上接近自然自由，唯一的途径就是所有公民把自己全部的权利通过社会契约都让渡给一个公意，所有权利也就由这一公意立法来保障，自然权利被社会的实在法所吸纳，自然法也就成了公意，或者说公意取代了自然法的地位（甚至卢梭从来没有提到过自然法）；尽管如此，卢梭还是认为真正的自由只有在公民社会之外才可获得，最完美的社会也会使自由受到限制。①

　　但施特劳斯及其门徒们对卢梭的关注主要不在于其结论为何，而在于卢梭为推导出他的结论而采用的那些理论预设及其处理自由与社会、德性的方式。施特劳斯认为，正是这种预设和方式使现代思想进一步背离古希腊以来的古典传统，为之后的历史主义、虚无主义埋下祸根。霍布斯和洛克虽然已经否认了用于判断善恶对错的自然"客观的"法则，即推翻了"自然目的式的""义务式的"自然法，但他们毕竟保留了自然人性情感的假设；这种自然的主观欲望尽管低劣但却是永恒不变的，由此推导出的自然权利和自然法就是根基牢固、客观存在并且具有普遍性的。但卢梭的预设却是没有什么自然的人性，自然的人具有无穷的可塑性，就算有什么本性的话，那也只能是意志自由；人性的发展和完满需要在"历史的"过程中由偶然的力量支配，因此人性的解放和自由就不仅是摆脱社会、习俗、实在法的束缚，还是摆脱自然力量的束缚。德性、善就只能归于自由，自由实质就是自我立法，这实际上就等于说，所有的权利和法律都源于个人意志，都是在人社会化的过程中的人为人造之物，自然法不再是客观存在的；如果存在自然法也只是根据主观意志达成的社会契约，或者依附于社会契约所托的公意。这样的"自然法"已经背离其古典的内涵和意义，彻底蜕变。此外，卢梭的学说中因其广泛的丰富性而充满了危险的因素，如他假定了人性完满的历史过程，被后来的康德改造成"历史观念"，和黑格尔一起，"历史"变成了一个总体过程不以人的意志为转移走向自己的终点即"目的王国"（或称为"自由王国"）；之后经由马克思，演化出共产主义。同样，追随卢梭的逻辑，康德宣称，从人类本性的实然推导不出人和人类社会的应然。因此，他的道德法既不是自然法，也不再源于自然法；道德法的标准仅仅是理性的形式（仅需经过普遍化的检验，如法是普遍化的自由意志），无须过问理性的内容。此外，卢梭还论述了任何社会制度和法律都会对自由造成压迫，并且在社会中偏向有

　　① 列奥·施特劳斯：《自然权利与历史》，彭刚译，生活·读书·新知三联书店 2003 年版，第 274—300 页。

产者,财产的平等需要对现有社会秩序的破坏和革命,这也为有关阶级的诸理论提供了火种。对历史观念的进一步推演便是现代性的第二次危机,卢梭"次人"概念在自然属性中的"虚无",赋予偶然性以意义,对"自由意志"的无限强调,都为尼采和海德格尔们,也即"历史主义"的登场埋好伏笔。当然,卢梭自己没有走那么远,他似乎不相信人能完全社会化,对逝去的美德时代以及所谓的自然自由,他还怀有一种古典的罗曼蒂克式的迷恋。①

当然,那个时代并不乏对卢梭和法国大革命的反思和批驳,其中最激烈的当属埃德蒙·柏克。他以一种保守主义的立场试图唤回传统以及前现代的自然法,但结果却是在另一个方向上深刻地改变了前现代的学说,决定性地把自然的、"人的权利"转变成了"英国人的权利",从而将自然法推入了"历史"(文化)的滚滚洪流。②

七

19世纪中叶以来,随着社会的变迁、科学的发展,法学思潮与流派纷呈,自然法学说在理论界成为一些新兴学派批判的靶子。"哲学家倾向于否认自然法的自然性,法律家则倾向于否定自然法的法律性。"③自此,自然法两千余年一统天下的风光局面一去不复返。在哲学、政治学界,取而代之的是历史主义、相对主义,或者某种"宽宏大量的自由主义",科学代替哲学,出现"事实与价值分离"的新社会科学;在理论法学界,历史法学、分析实证法学以及同样坚持实证化的社会法学接踵而至,各领风骚"数十年"。因本文主旨所限,不一一赘述。但值得指出的是,施特劳斯认为以上诸理论归结起来,要么把善恶对错的标准归结为历史的(一时一地的),要么是不承认有这种标准,或者认为存在诸多不同的标准,对它们的价值判断在理性上是不可能的或不科学的,总之就是要拒斥一种普遍有效的自然正当(法)。

尽管自然法遭遇空前的危机,但它并没有因此而完全中断其影响力和感召力。从康德、费希特、黑格尔和马克思到二战前后的半个世纪中,新康德主义派思想家如德国的施塔姆勒、拉德布鲁赫、拉斯克和意大利的韦基奥,作出了别开生面的贡献。他们倡导"内容可变的自然法"或价值相对主义,提出诸如法的应然(内容)与实然(形式)、法的合理性与合法性、法的概念与理念,以及法与理性、正义、道德、人权等的系统阐释。

---

① 以上观点,散见于《自然权利与历史》第六章中有关卢梭的论述,甘阳在该书前所写的"政治哲人施特劳斯:古典保守主义政治哲学的复兴"("列奥·施特劳斯政治哲学选刊"导言)一文,以及《政治哲学史》中布鲁姆所写的"卢梭"一章。国内较好的文章,可参见吴增定:"有朽者的不朽",载《现代政治与自然》,上海人民出版社2003年版,第242—293页,特别是其中第274—287页。

② See Leo Strauss, *Studies in Platonic Political Philosophy*, The University of Chicago Press, 1983, p146.

③ Crowe语,转引自雅克·马里旦:《自然法:理论与实践的反思》,鞠成伟译,中国法制出版社2009年版,第108页。

新黑格尔主义派思想家,如英国的格林、鲍桑奎和意大利的克罗齐也有类似的论述,法国的柯勒对法律文化更有独到的见解。① 所有这些理论,都在一定程度上使用或分享了"自然法"这个概念。特别是凭借反思二战和纳粹主义思潮的东风,也迫于纽伦堡和东京审判的实际需要,自然法思想一扫一个多世纪以来的颓势,掀起复兴的大潮,并跃居成为20世纪"三大法学流派"之一。其中有以法国的马里旦和比利时的达班为代表的新神学自然法学,更有美国的富勒、罗尔斯、德沃金、菲尼斯等世俗派思想家,可谓人才辈出。

　　或者由于现代学科领域的划分,或者由于有些学说在时间上要晚,更可能是由于施特劳斯认为"当代西方学术已经误入歧途而积重难返",施特劳斯几乎没有对"复兴自然法"作任何评述,但我们依然可以借助他梳理出的古典自然法和现代自然权利论的特征和要素,来对所谓"新自然法"进行简要评价,以完成勾勒整个"自然法谱系"的工作。

　　朗·富勒学说的主要观点是其与英国新分析法学代表人物哈特进行论战之中形成的。他从区分法律的内在道德和外在道德出发,将自然法分为程序自然法和实质自然法,并将法律比作有(实体)目的的事业②。但是,富勒最为强调的是法律的内在道德的八项原则,即法的一般性、公开性、不溯及既往和稳定性等,并且他自己认为"以往的自然法学说都仅指实体自然法,他所讲则主要是程序自然法"。甚至,"恶法非法"中的"恶"主要是指违反程序性问题,而不是传统自然法所指的道德伦理意义上的"恶"。菲尼斯也提出了自然法的几项原则,但也都是些程序性问题,他还认为"实体自然法……仅仅是类比意义上的法律"③,即不承认这种自然法具有法律的效力,也就否认了自然法对人为制定法具有的实质约束力和更高地位。

　　与富勒一样,德沃金学说的一项主要任务,就是批判分析实证法学。同时,与目前奠基在"目标"上的功利(效益)主义法学相反,德沃金的理论奠基在"权利"上,即他所谓正义的法律"对于所有的人给予同等的关怀与尊重的权利",并号召"认真对待权利",这与"自然权利论"何其相似也!但只需提出一点,就足以区分近代自然法与德沃金的学说。德沃金认为,在所有案件中不分情形地僵化适用法律规则会带来不正义,侵害正当的个人权利。克服的方法是在这种情形下引入"法律原则"来改变"规则"的适用。但是他又认为,"原则"就蕴含在法律之中或者本身就是法律,并不需要诉诸制定法之外的东西,"权利"完全是实在法之内的事物。此外,德沃金倾向于认为在美国

　　① 刘建伟:《新康德主义法学》,法律出版社2007年版;卓英子:《新黑格尔主义法学》,法律出版社2006年版。

　　② 富勒:《法律的道德性》,郑戈译,商务印书馆2005年版。

　　③ 约翰·菲尼斯:《自然法和自然权利》,董娇娇等译,中国政法大学出版社2005年版,第223页。

"法律原则"主要体现在宪法和民权法案中①;而无论"古典自然法"还是"近代自然法",都是与实在法相对并在效力上高于实在法的概念。德沃金不使用"自然法"和拒绝承认自己的学说属于自然法学派,不无道理。

至于罗尔斯,施派弟子多有"恶"评,意气之词不提也罢,倒是布鲁姆把罗尔斯的《正义论》归结为"权利优先于善",与此相对,古典自然法和施特劳斯立场则是"善优先于权利"②,甚为精当。但是不可否认,"无知之幕""正义二原则""权利优先于善"的提出还是颇显"现代自然权利论"的大师气象,只是在"现代社会科学精神"的拷问下,"正义论"的根基越来越不牢靠,乃至在《政治自由主义》中罗尔斯不得不把理论根基移植于公民社会的"重叠共识"上,在背离古典自然法的方向上渐行渐远,而历史主义的气息越来越浓。

施特劳斯曾说,在许多个世纪以来,自然法一直是西方主流政治思想的基石,但在当今的时代,却被几乎所有领域的学者所拒斥,但罗马天主教的思想家是例外。确实,在新托马斯主义者、法国人马里旦那里,人们确实看到一种接近古典意义上的自然法。他假定了不变的人性和禀赋知识,并以此重新阐释了自然法的本体论要素和认识论要素,主张人权源于自然法,而不是近现代自然法所认为的"自然法源于自然权利"③。但是,在"这个现代性就是圣经信仰的世俗化"的时代,在这个"上帝已经被驱逐,尘世已经自足"的世界④,这种诉诸神学理论的自然法,是死亡还是复活? 实难预料。

归结起来,当代所谓"复兴自然法",或者已经实证化(如富勒和菲尼斯的程序性自然法,德沃金法律范围内的"原则问题"),或者是判断标准历史化、相对化(如罗尔斯之诉诸"共识",施塔姆勒之可变自然法)。因此,这已经不完全是古典自然正当和现代自然权利意义上的自然法了。也许施特劳斯会说,这是褪去了自然法的灵魂、徒具自然法外壳的"现代性"法律理论。

跟随施特劳斯的"魔眼",我们知道现代法律理论,哪怕是"新自然法",都已经彻底放弃了"独立于实在法而又高于实在法的判断是非的准则",也丧失了区分好坏善恶的绝对标准,因此面临危机。即便如此,克服这种"现代性的危机"是否一定需要返回古典传统,尚未有定论,况且对施特劳斯的真实意图,他自己的弟子也有争论。再者,法学克服自身危机、进一步发展是否还存在不同于政治哲学的发展道路,也未可知。整体而言,"施特劳斯的重要性并不在于他那些有名的说法例如'隐秘的'或'自然权'之类,而是这些说法形成了对西方政治思想史的一种全新读法和看法,这种读法是以往

---

① 罗纳德·德沃金:《认真对待权利》,信春鹰、吴玉章译,中国大百科全书出版社 1998 年版。
② 张辉选编:《巨人与侏儒:布鲁姆文集》,秦露、林国荣等译,华夏出版社 2003 年版,第 294 页。
③ 雅克·马里旦:《自然法:理论与实践的反思》,鞠成伟译,中国法制出版社 2009 年版。
④ 甘阳:"尘世还是上帝",载《将错就错》,生活·读书·新知三联书店 2002 年版,第 440 页。

西方没有的。"①本文的全部主旨,也就在于强调,他的这种全新的读法和看法对于重新理解西方"自然法的谱系",为更深层地思考和探究"法学的发展"问题,提供了极为有益的启示。

八

正像历代自然法的代表人物那样,作为一位专治西方政治哲学思想的卓越学者,施特劳斯成功的背后,也难免存在着值得商榷之处。在此,不妨切换立场,从马克思历史唯物主义的视角对他"魔眼"辨识的自然法谱系进行一番再思考:

首当其冲,施特劳斯纯文本的解读和纯思想理路的梳理,使得他的视野过多地受到思想这个抽象领域的囿限,没有站到社会生活的高度上来俯察自然法产生与变迁,找出其现实根源。无可否认,思想意识,尤其是像自然法这种具有强大影响力的法律意识形态,有它独立的历史传承。但毕竟这种独立是相对的并且是次生的存在。追根究底地看,自然法来源于社会自身的实际需要,反过来又服务于社会需要。因此,离开现实社会的情境来探讨自然法,就无法完满达到探讨的目的。对此,可以集中关注下面两个问题。

第一,关于自然法的产生问题。实际上,历来已有许多学者包括恩格斯,对此提供了丰富(当然不是足够)的考察线索。比如,古希腊诸城邦是在既无内部暴力也无外部暴力干涉的条件下,自然而然地从原始社会末期部落联盟演变而成;与处于相同发展阶段的其余地区相比,古希腊的生产力发展水平(以铁器的使用为标志)是较高的;从而人们从自然那里的获取亦较多些;优越的地理环境更能使人产生对自然的亲切感;以雅典为典型代表的民主制和共和制,以及若干城邦的温和君主制,大抵都是先前军事民主制度的延续,人们(自由民)之间存在着区别,特别是古东方人所不能想象的自由和平等,这些关系,都显得很"自然"。恰恰是基于这些客观现实,古希腊人的"自然"观念以及随之而来的自然法观念,便会自然地生发出来。②

第二,关于自然法的变迁问题。仅就宏观层面而言,施特劳斯没有向读者清晰地交代:究竟是什么社会因素导致古代自然法转向中世纪神学主义自然法,进而转向近代理性主义自然法,以及这些转折所产生的社会效应。由于缺乏对自然法所依据的现实关系连续性的揭示,便必然有损读者对施特劳斯的自然法谱系及其嬗变分析的信度,也不利于从理论与实践结合上把握这种分析。应当说,就思想形态来研究思想形态,正是施特劳斯解析自然法理论的一大"硬伤"。

此外,施特劳斯著作的字里行间,充满了他对古代自然法或"原初的自然法"的情

---

① 甘阳:"与友人论美国宪政书",载《现代政治与自然》,上海人民出版社2003年版,第469页。

② 吕世伦、张学超:"论西方自然法的几个基本问题",载《法学研究》2004年第1期。

有独钟。而此后的两千多年中,自然法则处于不断的"蜕化"状态。进而,他居然对现代"复兴自然法"不屑一顾,不予任何评说。确实,此种自然法的研究观念带有明显的保守倾向。自然法伴随社会发展而变迁属于常态;反之,它一直保持其始创时的面貌,恰恰是不可思议的。自然法变动不居的运行,在总体上是同人类文明发展的大趋势相一致的。换言之,不管人们是否还借用"自然法"这个古老的术语,也不管旧日的自然法在法思想领域的一统天下局面是否被打破,一代又一代的人们都会为它灌输某些新东西,使之符合时代的节拍向前推进。其所以一定如此,不仅在于法不可能摆脱同人性(尤其是以此为准则的是非善恶评判)之间的紧密联系,也在于这种人性或马克思称为"人的类本质"会越来越浓烈地渗入法的内涵之中,并最终成为真正的"以人为本"的法。

江兴景、吕世伦撰写,刊于《法理学论丛》(第四卷),法律出版社 2010 年。

后现代法学思潮的哲理渊源探析

作为一股发轫于 20 世纪末的学术思潮,后现代法学在西方掀起了认识论和方法论的革命,并已逐渐影响、渗透到西方,尤其是美国的法学研究和法律实践中。中国学界对此虽有初步研究,但仍存诸多误读和误述。缺乏对该思潮哲理渊源的全面把握,乃是其原因之一。本文结合当代西方学界对后现代法学思潮的前沿性研究成果,通过法学和哲学两个层面的交叉研究,探寻西方后现代法学思潮的哲理渊源,以期加深对这一新兴法学思潮的认识。

一、现实背景

在现代法律话语中,言必称柏拉图、亚里士多德、洛克、康德和韦伯;而福柯、利奥塔、德里达和罗蒂等思想家的著作则是后现代法学倡导者青睐的智识渊源。福柯法律史的"知识考古和权力的微观研究"、德里达的"解构主义观",为质疑、挑战和重构西方法律思想,实现法律解释学的后现代转型及法学研究方法论的创新,提供了丰富的理论资源。

利奥塔对后现代社会来临的预言和剖析,以及为"异类知识"和"非主流的小型叙事"寻求合理性基础的系列著作,刮起了后现代主义旋风,无疑为美国学界的法律与文化运动、种族批判法学和激进女权主义法学等后现代法学思潮的兴起,奠定了与主流法学相抗衡的话语基石。后现代主义哲学大师罗蒂的新实用主义观,则为后现代法学思潮在种族、女权、社会弱者权利的保障、法学研究方法等方面寻求理论与实践的突破口,提供了重要的美国本土理论依据。

福柯、德里达、利奥塔、罗蒂既是大学教授、作家和思想家,又是力图与现代知识分子完全决裂的"异类"知识分子。在青年时期,他们参加过反对法国发动的阿尔及利亚战争的政治活动,以及著名的"五月风暴"学生运动。面对二战后的社会、文化、政治、法律等领域的危机,这些后现代主义思潮的代表人物无不托古言志,重新挖掘尼采、马克思和弗洛伊德思想的叛逆精神,发扬黑格尔、胡塞尔、海德格尔的思想方法论原则。他们一方面对传统进行彻底颠覆,而另一方面则试图寻求一个适应未来社会要求的新思想、新方法。

二、后现代法学思潮的哲理渊源

(一)知识考古与权力微观研究

1. 权力与知识的结盟

在西方现代法制史上,酷刑和肉刑在18世纪启蒙时代以后被废除,"监禁"成为了针对刑事犯罪行为的主要处罚方式。这是否意味着启蒙运动和人文精神的胜利呢?刑罚是否更为人道,更加符合理性? 在现代主流话语中,这无疑体现了社会历史的进步和政治法律制度更为文明化。然而,通过对权力的系谱学研究,福柯发现答案并非如此。

在《规训与惩罚:监狱的诞生》一书中,福柯则认为,无论是中世纪的酷刑制度(即对肉体的折磨),还是现代的监狱制度,都不外是权力运作的模式之一。因为现代的监狱制度实际上就是对人的肉体进行"规训",而规训不外乎指纪律、教育、训练、训诫等意思。与绞刑架相似的残酷政治可能导致民众暴动的潜在成本相比,监禁体系只需要付出很小的代价,没有必要发展军备、增加暴力和进行有形的控制,只要有"瞭望塔"上的注视目光就可以了。这是一种监视的目光,每一个囚犯在这种压力下,都会逐渐自觉地变成自己的监视者。这样,权力可以如水泻般得到具体而细微的实施。

如果说监狱是一种规训组织,是权力实施规训的表现,那么整个现代社会则是一个庞大的、充满规训的组织,如学校、工厂、医院、军队、感化院等。作为规训机构,监狱与现代社会的其他主要构成部分并没有两样。差别仅在于,监狱显得更严酷而已。所以,整个现代社会无异于一座大监狱,所有人都在这里接受规训,只不过程度上有所不同而已。在这一意义上,教师、医生、教育家、社会工作者,都承担着法官或纪律执行者的责任。规训无处不在,无孔不入。每一个人在肉体、行为、态度、言语等方面都必须听命于它。基于这样一种"权力和知识相互勾结、互为盟友"的事实,福柯推导出:"我们应该承认,权力制造知识……权力和知识是直接而又相互连带的;不相应地建构一种知识领域,就不可能有权力关系;不同时预设和建构权力关系,就不可能存在任何知识。"①

2. 知识分子的良知与法律帝国的除魅

长期以来崇尚文以载道的知识分子,一直以真理和正义之宗师的身份在言说。人们也认为他们具有这种能力和权力,他们是普通大众当之无愧的代言人。因此,做一名知识分子好像意味着,他代表了整个人类的意识和良知。福柯认为,知识分子现在大多数已经不再以"普天下大众求正义的普遍代表者"的面貌出现,而是习惯于在各种具体部门从事具体工作。他们虽然仍然保持着知识分子的身份和良知,但已经变成了

①　米歇尔·福柯.规训与惩罚[M].北京:三联书店,1999:29.

面对专门问题的"专家型"人物。普遍性知识分子的没落也就意味着，探讨普遍性问题并以正义和真理之化身自居的知识分子的没落。

知识分子应通过对自己专业领域的分析，坚持不懈地对假定为"不言而喻"的原理、真理，提出怀疑和挑战，动摇人们的心理习惯、日常行为和思维方式，拆解熟悉的、被认可的事物，重新审查规则和制度。在此基础上，重新"问题化"，以此来参与政治意愿的形成，完成他作为一个公民的角色。与此同时，一个政治集团，如果对真理漠不关心，就会前后矛盾、言行不一。但是，如果一个政治团体或政治学说声称他掌握了真理，那可是最危险的。传播真理的功能不应该以法律的形式出现。"传播真理的任务，是一个永无止境的工作——除非它把奴隶似的沉默强加于人。"①

法律帝国的除魅，则体现于以下方面：

（1）挑战法律进步观。法律进步观认为法律正逐渐变得最为人性化，法律的强制性在减少。福柯则认为，法律中的隐私权和个人自治权淹没在由规训和强制所构成的准法律制度之中，因而法律的强制性不但没有减弱，反在这些准法律的掩饰下保持着它那锋利的棱角。②

（2）揭露并挑战一直统治着法律学术界的法哲学和政治哲学的理论框架。福柯认为，这是一种伴随着"社会契约论"而萌生的一种"经典法理学"。该理论将权力仅仅视为一种国家权力，而对"权力的运作"已渗透于分散的社会各个机构（如学校、工厂、医院、军队等）的事实，则视而不见。关于权力的微观研究，就是要向人们展示现代法律与规训不可分割的密切联系，因为法律已日益趋向管理化和规范化，而不仅仅只是体现为赤裸裸的强制和压迫。

（3）法律发展的实质。法律不只是一些规则和原则，它总是伴随着权力的运作和知识的积累不断地发展着。如果说法律文本的解释活动本身并没有什么基本意义，而只是一种对规则体系的暴力性质的偷偷挪用，以使某个指令得以实施，或者使规则服从于一个新的权力意志，或者迫使规则的参与者进人另一种游戏，那么法律的发展实际上就是一系列的解释活动。③

（二）"后现代状况"与多元正义观

1. 对后现代状况的考察

在利奥塔看来，后现代社会就是最高度发达的社会或后工业社会。作为以"心灵的培养和个人教化为核心内容"的传统知识观已经过时了。知识以一种生产力不可或缺的信息商品的形式出现；在世界范围的力量竞争中，知识已经是并将继续是一个重

---

① 包亚明.权利的眼睛：福柯访谈录[M].上海：上海人民出版社,1997:146—148.

② Douglas E. Litowitz. Postmodern Philosophy & Law [M]. Kansas：University Press of Kansas, 1997：65—66, 123—133.

③ Anthony Beck. Foucault and Law：the Collapse of Law's Empire [J]. Oxford Journal of Legal Studies, 1996,16(3)：489—502.

要的、也许是唯一的赌注。知识的商品化性质的转变,亦迫使公共权力重新思考、定位其本身与大公司、公民社会之间的关系。而技术是理解、界定知识不可或缺的工具:科研中的"效率至上原则"表明,没有金钱的投入就不可能证明知识,因而就不能掌握真理。

可见,现代社会中,科学知识通过权力获得合法性。权力、真理、技术和财富四者互相渗透、相互合谋,彻底地改变了知识的状况和性质。对知识的追问不再是有关知识的真、善、美、正义或道德意义等问题,它关注、偏爱的是"有用""效率"等东西。

2.后现代主义视野中的多元正义观

利奥塔通过对后现代状况的考察,提出"知识的合法化"问题。其目的在于,揭露知识更为依附权力,一切宏大叙事的合法地位都是权力参与的结果。没有权力、财富或技术支撑的"话语"(discourse)丧失存在的合法地位,被挤到了边缘地带。

利奥塔提出应当将"知识"划分为"叙述知识"和"科学知识"两大类,"知识不能归结为科学,也不能等同于学问"。这种主张的理由是,这两大类知识拥有各自合法化的方式,处于平等的地位,不能以科学知识的标准来判断叙述知识的有效性或合法性。

利奥塔视"叙述知识"为传统的、出身贫微的知识,是"习惯知识的精华"。"叙述知识"及其形式是与文化融为一体的,它们本身就是文化的一部分,所以它们具有一种内在的合法性。这种知识的产生和传播是群体参与、世代相传的产物,不存在统一的标准。而"科学知识"的合法性是建立在权威、共识的基础之上的,具有排他性和独断性。所谓"科学的进步"不过意味着,在已建立的规则框架内,提出新的论证,或者发明某种新规则,从而变成新的游戏而已。

叙述知识具有"现代性"与"合法化"两种形式。利奥塔断言:"当代社会(后工业社会)与文化(后现代文化)中,知识的合法性问题是以不同的方式来形成的。宏大叙事已经失去了它的可靠性。我们不再求助于宏大叙事,来使后现代科学的话语合法化。但是,小型叙述,特别是在科学中,仍然是想象和创造的精华形态。"①

所以,"多元正义观"可体现为以下几方面:

(1)在一个多元文化的社会,不同的社会群体有着不同的正义论。这些群体仍然可以和谐相处。在后现代社会中,我们应当鼓励差异、挑战整体主义政治法律传统。

(2)在我们做出伦理的或者合法性判断时,必须抛弃既有的标准,因为在西方文化中,法律不过是通过语言游戏来证明其合法地位的。昨天我们说"人人享有不可剥夺的权利",今天我们却说"应当拥有自由主义的民主"。可见,话语的权力总是掌握在"真理"的拥有者手中,"标准"不过是权力与知识结盟的产物。

(3)现代法律研究者们对"共识"的青睐是虚幻的;"共识"总是强权压迫的产物。建立在"共识"基础上的法律和判决,只可能反映强者的力量,因为弱势群体根本就没

---

① 冯俊,等.后现代主义哲学讲演录[M].北京:商务印书馆,2003:531—535, 543,305—317.

有享有过话语的表达权利。走向后现代,就是要打破"共识"的束缚,强调不同群体之间的价值观的不可通约性。①

（三）解构主义范式与作为悖论的正义理念

1. 破除西方传统语音中心主义和逻各斯中心主义迷信

在德里达看来,整个西方文化,从古希腊摇篮时期开始,在建构以人为主体的人文主义传统时,就同时建构了"语音中心主义至上"原则。按照这一原则,人所面对的自然和整个客观世界的主体地位,以及人面对他人和整个社会的主体地位,都是以"言说的人"或"理性的人"的面貌出现的。以此为基础的"言说的人",根据"声音"与"意义"的二元对立关系,在处理主客观关系过程中,将理性原则现实化,从而保障了人的主体地位。这种思维模式强调,语音中体现的思想观念与客观事实是一一对应的。反映在传统语言学中就是"能指"与"所指"的关系。

历代的传统文化利用语言中"能指"与"所指"的"在场"与"不在场"游戏,进行各种知识和道德价值体系的建构,并赋予某种意义系统,以规范化和标准化。因为传统文化所寻求的任何同一性的中心,都是某种在场出席。只有在场出席的事物才是最有力量、最有价值的。而恰恰是社会中的精英话语决定了任何事物的存在与否。"在场"的魔术般的特征,也因此成为长期占统治地位的霸权文化论证各种真、善、美、正义、秩序的主要理论武器。这种策略将人文主义中的"主体的人",带入二重化、神秘化的"意义世界"。通过"意义世界",最终将人本身(即被统治者)纳入被宰制的社会制度和道德秩序。作为不折不扣的新尼采主义者,就是要彻底揭露这种游戏的虚伪性,破除对绝对真理的崇拜和迷信。②

2. 永无止尽的解构精神

"解构"一词,是海德格尔在改造胡塞尔现象学时所提出的"还原、建构、解构"三步曲的其中一个环节。在海德格尔的著作《存在与时间》中,"解构"指分解、消解、拆解各种系统结构,以此将失落的主体意义挖掘出来,并使之得到显现。然而在德里达看来,海德格尔对"形而上学"的解构工作只完成了一半。重建"解构"这一概念,就是要贯彻一种彻底颠覆二元对立概念的基本策略。传统的"二元对立"之所以必须被颠覆,是因为它构成了迄今为止的一切社会等级制度和暴戾统治的理论基础。作为一种策略,"解构"在批判和摧毁二元对立的同时,又建构和实现原有的、二元对立所不能控制的、某种新因素和新力量,从而造成彻底摆脱二元对立后,进行无止境的自由游戏的新局面。

可见,永无止境的解构精神,对于既成的传统文化,以及保守的政治、经济、法律、社会结构而言,就是采取不承认的态度,并且力图破坏原有传统体系中的核心。对于

---

① Douglas E. Litowitz. Postmodern Philosophy & Law [M]. Kansas: University Press of Kansas, 1997: 65—66, 123—133.

② 冯俊,等. 后现代主义哲学讲演录[M]. 北京:商务印书馆,2003:531—535, 543,305—317.

解构运动中"产生差异的差异"而言,也同样是无中心、自由游荡、不断扩大的创造活动。在论证"批判合理性"的持续意义时,德里达指出:"我们不是要以历史终结时的幸福感,来为自由主义民主和自由资本主义的降临唱赞歌,也不要在因'意识形态'的终结和宏大的解放话语的终结而拍手相庆。让我们永远不要忽略一个显而易见的事实:到处都存在着无数的苦难。任何程度的进步都不能让人们忽略一点,即可以绝对肯定地讲,以前在地球上从来没有这么多男人、女人和孩子饿死、被征服或被杀戮。"①

3. 解构就是正义

在对待法律与正义的关系上,解构并不是一种政治上的虚无主义。恰恰相反,它体现并认可一种"不惜代价地为边缘群体实现正义"的无限努力。解构的警钟长鸣,它时刻提醒我们,法律永远不会达至完美的正义状态;因为正义是永恒的追求,当我们似乎要达到正义时,正义却那么的可望而不可即。德里达认为,法律与正义的这种辩证关系,贯穿于以下三种形式的悖论式过程中。这在英、美等国的判例法实践中可找到充分的证据。

(1)规则的悬置。法官必须"遵循先例"或立法者原意,但这么做又有可能面临"适用不正义的规则或判例"的可能性。然而,不适用先例却又会出现"创制"法律的情形。可见,法官必须"既要维护法律,同时又要否定它"。这样,正义挑战法律的局限性,而法律则挑战正义的诉求。

(2)"不可决断性的幽灵"。"正义"是不可计量的、无限的、没有条件的;而"法律"既是决定性的、规则化的,又是解释性的。因此,我们永远不能说,法官所做出的某一特定判决,就一定是充分实现了冲突一方权利的绝对正义结果。没有任何司法判决可以捕捉到完整的"正义"。任何先例因此也不是完全公正的,但是,尽管存在着司法过程中不完全正义的事实,一旦法官做出了判决,该判决将成为法律的一部分。

(3)判决的紧迫性阻碍了知识的完全把握。也就是说,尽管正义是无限的和不可捉摸的,需要占有大量的知识和信息方能相对准确地把握它,但是,司法裁判的迫切性使得法官的每一个决定只能是不成熟的。可见,"正义"的悖论体现于,尽管需要实现当事人的正义,但这一要求却永远不可能通过法律的权利与义务关系方式,得以完全实现。它总是体现为一种残缺不全的、令人遗憾的正义。②

(四)"无中心的"新实用主义法律观③

1. 剖析"真理主义"文化传统

在《实用主义后果论》这一新实用主义宣言中,罗蒂开宗明义地指出:"本书旨在阐

---

① 韦恩·莫里森. 法理学:从古希腊到后现代[M]. 武汉:武汉大学出版社,2003:546.

② J. M. Balkin. Deconstructive Practice and Legal Theory [J]. Yale Law Journal, 1987:743;吕世伦,高中. 拨开当代美国法律解释学的迷雾:在激进与保守之间[J]. 湖南师范大学学报,2004(2).

③ Richard Rorty. Consequences of Pragmatism[M]. Minnesota: University of Minnesota Press, 1982:Introduction.

述一种关于真理的实用主义后果论。这种理论认为,对于真理这一问题,人们并不需要期待一种所谓哲学的理论。也就是说,在实用主义者看来,真理不过是所有真实的命题或论断所共享的特征而已。例如,培根没有写过莎士比亚的传记,昨天下了场雨,爱比恨更好,2 乘 2 等于 4……除了上述命题或叙述所展示的事实以外,实用主义者怀疑,究竟还有什么更具道德价值的东西需要探究。"

实用主义者可能在特定场合反对或者认同某些行为,但他们怀疑,是否存在某种普适性的、有意义的理论或话语,能证明这种行为举止的恰当性和合理性。

在法哲学思想史演进历程中,一直存在关于"自然与真理"的传统分歧,即柏拉图所称的"神与巨人"之争。一方是以柏拉图为代表的学者,他们主张人类之所以享有自尊,是因为他们的一只脚跨越了世俗的时空,进入了超验世界。另一方则以伽利略为代表,他们主张,时空和历史的片断可以归究为某种精准的数理运算。在 19 世纪,这种"神与巨人"之争,演化为"超验哲学"与"经验哲学",或曰"柏拉图主义"与"实证主义"之争。超验主义者坚持认为,自然科学不是最后的权威,在其背后仍然存在着可以挖掘的真理;而实证主义者则认为,作为研究时空世界之事实的自然科学,是一切真理之所在。

在罗蒂看来,经验主义哲学家或者实证主义者仍旧在做哲学(doing philosophy)。原因在于,超验主义者视之为精神的东西,经验主义者则以情感问题予以化解了。经验主义者在讴歌自然科学发现客观自然规律方面的成就时,超验主义者则以"真实的东西并非一定是真理"的论断贬之。

2. 后法哲学和后伦理哲学时代的图景

传统文化中已孕育的征兆是:大写的哲学家消失了,西方知识生活的中心即将陨落。依靠大写的哲学家或大写的哲学,来区分何为真理,何为客观,何为真、善、美,不过体现了某种"英雄崇拜"的文化情结。在后法哲学、后文化图景中,只有小写的哲学,小写的真理,只有专门问题的研究者;而没有"特殊"的问题需要解决,没有"特殊"的方法需要运用,亦没有"特定领域"的标准值得遵从。

在后哲学、后文化社会中,也会有对道德伦理价值研究感兴趣的哲学教授,对法律价值理论情有独钟的法学家。他们志趣各异,无可指责。这些知识分子在任何一个领域都可以展开研究、发表观点,寻求事物之间的比较优势,而不是去干"筛选出真理的东西,抛弃非真理的垃圾"之类的"高尚"工作。这些学者属于颠覆柏拉图主义和实证主义的所谓"颓废主义者"。他们抛弃核心原则,抛弃中心和结构。他们也会去图书馆检索文献,阅读书籍,并且为这个知识库添加新的内容。但是,他们可能只是试图向后人描述其经历的一切,描述所处时代所发生的一切,而不是对往昔评头论足,以指导今世,更不会奢盼留下永恒的东西,以启示后人。

3. "平庸的"新实用主义法律伦理①

"无中心的"实用主义法律伦理观强调,只能通过结果或后果,方能衡量我们现存的制度或未来的实践是否正当与合法。这种牌号的实用主义确实显得平庸和渺小,因为它不企图为任何案件或问题提供系统化模式,也不企图构建某种严格意义上的、关于"法律与正义的本体论意义上"的法律理论。

在罗蒂看来,美国法学界已有越来越多的学者正树起反形式主义的旗帜。这说明,实用主义思想已被众多法学家所接受。R.波斯纳、R.昂格尔以及 K.德沃金等学者,均可归入这种宽泛意义上的实用主义思潮。事实证明,在适用法律时,不需要因缺乏理论而心感惭愧;重要的是,形成一种新的视野,将观点付之于法律实践,看是否行得通。如果效果好,也不要洋洋自得,或试图从中总结出什么宏大理论或原则;如果效果糟糕,就中止它,将其抛弃。

因此,法庭不是在寻找法律中早已存在的权利,而是进行一场关于某种观念的试验,如同"在黑暗中的跳跃"。法官在某些情况下,是在无原则的情况下做出司法判决的,没有固定的公式可循。只能本着"试试看"的态度。总之,如果要探求一个公平的社会,解决诸如同性恋、堕胎、安乐死、反歧视性行动等道德上的两难抉择,那么就依赖于某种"后现代主义"的直觉。未来社会中出现的问题,不是靠某种忽然发现的真理来解决,只存在某种缓慢的、痛苦的选择。

三、后现代主义法哲学思想的承继与发展

欲进一步解析后现代主义哲理思想对后现代法学思潮的深刻影响,可从后现代法学思潮的主要特征入手。然而,这种归纳与总结之努力本身,就可能会受到后现代法学的倡导者们的反对或嘲讽,因为后现代主义者的基本立场就是要颠覆现代法学长期以来的大一统的、旗帜鲜明的法学研究风格,解构宏大叙事,强调个体的体验和直觉。不过,借维特根斯坦的隐喻,在后现代法学思潮这一大家庭中,至少存在着某些相似之处。②

(一)怀疑、嘲讽和批判现代性法学对基础主义和本质主义那种不可割舍的情结

后现代法学思潮的兴起,在某种意义上体现于对现代性法学所面临的基础主义危机的回应。这种现代性危机源于这样一种认识,即支撑现代法治的基石、原则,已越来越经不起推敲了。这些基础主义的概念包括中立、正义、理性、社会契约、理性的主体、个人自治等。

在后现代法律思想家视域中,从古希腊柏拉图、亚里士多德始一脉相承的特征,是

---

① Richard Rorty. The Banality of Pragmatism and the Poetry of Justice, Contingency, Irony, and Solida-rity [M]. Cambridge: Cambridge University Press, 1989.

② 高中.后现代法学思潮[M].北京:法律出版社,2004.

某种"为法律和司法判决、权力和权利、暴力强制和个人自由寻求合法性和正当性基础和本质"的不懈努力。建立在理性主义、经验主义或超验主义认识论、方法论基础之上的西方现代和当代形形色色的法学思潮和学术流派，正是这种基础主义和本质主义幽灵常驻的具体体现。

而后现代法学中的反本质主义和反基础主义倾向，体现了对有史以来的法学研究者、哲学家和法官，为现实法律制度提供形而上学认识论基础的各种努力和尝试的深刻怀疑态度。这些后现代法学者致力于将潜含在主流法学话语中的各种前提和假定，从后台置于前台，揭示其形而上学的本质和虚假特征，从而解构那些原本看起来确定无疑、和谐一致的文本结构和意义。

（二）认同、探求甚至拥抱法学研究中可能存在的悖论

事物之"悖论"意味着，逻辑或经验的不一致性、人类理性之有限性和现代性进步观念的盲目自大。因而，"拒绝悖论"体现了对事物、规则或制度内部那些不可通约的矛盾所持的恐惧心理和回避态度。这正是包括法学家在内的现代主义学者们，致力于探求万物之基础和终极真理的动机，后现代主义法学家们恰恰认为事物之悖论并非洪水猛兽，并且积极地直面甚至期待"悖论"。

例如，作为后现代法学思潮的重要组成部分的边缘法学流派（outsider jurisprudence），如种族批判法学、激进女权主义法学以及同性恋法学等，一方面赞同批判法学运动对现代性权利观念的批判，认同"法律权利使得社会中部分群体的既得利益合法化、定型化和凝固化，成为阻碍社会变迁和弱者权利保护的绊脚石"；但在另一方面又反对批判法学运动抛弃权利话语的虚无主义态度，坚信权利话语在唤醒边缘群体的自我意识、团结意识，以形成与主流话语相抗衡的政治力量方面，仍然有着积极的意义。

在后现代法学视域中，权力与语言是相互支撑、交相为用的，所谓"权力支撑话语，话语产生霸权"。因而，在社会进步、文明发展的主流话语霸权中，边缘群体（贫困的白种妇女、有色种族、囚犯等）的微弱声音被"进步"的喧嚣声所掩盖。然而，后现代法学者却又主张用讲故事的方式来诉说自己种族、群体的经历，用现代性法律话语形式来表达弱势群体的非法律语言的诉求，借此在法庭中释放自己的声音。

（三）主张含法律主体在内的"主体"不过是社会中人为构建的产物

如上文所述，现代主义者往往将权力渊源建立在作为社会主体的个人身上。他们认为，作为主体的个人可以行使自己的权力，并控制社会和自然的进程。正是在此意义上，现代性话语中的"主体"观是人类社会可以无穷尽地进化和发展的"进步"观念的理论源头。尽管现代性法学也承认社会、文化的因素制约着主体的"自治性"能力，但仍旧认为，主体至少享有相对的自治权，有能力决定其享有这种自治权力的程度。

后现代法学理论则试图刺穿笼罩在"作为主体"的个人头上那种形而上学的光环，以及与此相关的"进步"理念。他们指出，"主体"不过是社会构建的产物，主体根本无法在实质意义上控制他所处的社会现实环境，他不过是一个庞大的政治、法律、文化中

的一个小小的部件。现代性"主体"根本无法自主选择价值标准或信仰,更无法控制这种"社会构建"的必然性。

批判种族主义法学就认为,"种族主义"意识形态在长期的历史发展进程中已渗透到了美国社会的政治、法律、文化的各个方面,也深刻地影响着反歧视运动的参与者所做出的努力。所以,尽管主流社会中的许多学者也在为反种族主义而斗争,但是美国20世纪70年代后出现的针对民权运动的"反歧视"与"逆向歧视"之争,以及该运动在80年代后的衰落,都表明许多反种族歧视的学者们自身并没有摆脱种族主义文化的影响。

可见,"主体"这个概念本身并不存在某种形而上学的中心或本质。不同的文化背景和传统,不同的法律政治制度语境下,作为个体的人必然会带有这种社会环境赋予他的价值判断和行动指南。可见,在后现代法学的视野中,"主体"是碎片化的、无中心的。而所谓的"法律主体"不过是特定的社会中的主流话语,为了自己的利益、以法律的名义人为构建的产物。

(四)主张多元视角观,提倡知识考古学、系谱学方法、权力微观分析、小型叙事、悖论分析、反讽式诘问、解构等方法

后现代法学研究者们在整体上采取了从法律、文学、社会学、心理学等众多领域的多元视角,来探究、评价现实法律制度,排斥现代主义法律研究"从法律中了解法律"的内在视角,以打破传统的主流法学"条块分割、画地为牢"的僵化局面。正是这种多元视角观和积极借鉴其他学科研究成果的态度,使后现代法学研究者从后现代思潮,尤其是后现代主义哲学阵营中吸取了包括知识考古学、系谱学方法、权力微观分析、小型叙事、悖论分析、反讽式诘问、解构等方法。

例如,后现代法律研究者们以上述各种可能的、替代性法律分析工具为武器,引入了一系列的"小型法理学"(minor jurisprudences),或者法律知识的碎片式认识,借此与现代主义的一元化法律观竞争,并试图颠覆它。有的后现代法学倡导者则试图使现代法律制度乃至现代性法学,全盘"问题化"。他们视"法律对自由和个人自治的保障"为欺骗性的把戏,认为现代法律已腐烂变质,它的基本前提充满谬误和虚构。

如果说后现代法学中的"解构"意指"唤起法律人忆起过去被遗忘在'后台'中的人类生活",那么一些后现代法学研究者正是采取这种以彼矛攻彼盾之策略①。他们从现代主义法学家的主流法律话语出发,对自由权、财产权、公私领域的划分等基本理论进行分析,尔后将之一一解构,以揭示这些命题背后所隐藏的意识形态上的偏见。

---

① Stephen M. Feldman. American Legal Thought from Premodernism to Postmodernism [M]. London: Oxford University Press,2000:105.

结语

无可否认,后现代法学对文明社会特别是近代和现代以来的无数圣哲与贤智们提出和发挥的种种宏大叙事、体系性、大写的哲理、元话语、主体化等的揭露与批判,确是入木三分的。这些理论观点,越来越多地渗透于法律和法学领域。西方现代性理念和制度常常被世人崇奉为正义的化身,不可动摇的真理和终极的发现。由此形成话语的暴政、愚弄人民乃至涂炭社会弱势群体的现象,在历史的各个时期都有反映。但是,随着时势的发展,其局限性和谬误,就会或早或迟地凸显出来。进而言之,即使被客观事实充分证明符合社会发展规律的马克思主义,也不可能囊括一切或穷尽真理。这说明,我们必须时刻警惕并反对形形色色的教条主义。在这方面,我们的教训已经够多了,付出的代价亦不可不为昂贵。

然而,在肯定后现代主义及其法哲学所蕴含的合理性因子的同时,还应当看到这股思潮所存在的偏颇。从认识论角度说,人类的经验必然要不断地上升为抽象的高度,从而能够更深刻地认识社会,更有力地改造世界。若把解构、碎片化和相对化当作一种新的绝对真理来信仰,我们岂不将变为短见浅识的族类?再者,如果说后现代哲学和法学是西方发达国家发展"过度"的产物,那么,对于当前的中国,虽然应当借鉴后现代主义理论的合理之处,但所面临的最迫切、最主要的任务,仍是现代化的问题。否则,我们就有步入歧途的危险。

吕世伦、高中撰写,刊于《北京行政学院学报》2004年第3期。

再探后现代法学研究中的
几个基本问题

后现代主义不是什么全新的、前所未有的东西；不是什么以前从没有见过或听说过的东西……毋宁是，在任何一个现实的文化中，总有一些因素是现代主义的，一些是后现代主义的……很少会发现一个现代哲学家不带有哪怕一丁点后现代思想的因素。①

——弗兰西斯·西博格

一、后现代法学是否还有进一步研究的意义？②

在学界乃至普通人的心目中，可能存在着这样的疑问：在以理性为核心的现代法治中，后现代主义者宣扬的那一套行得通吗？ 在致力于实现法制现代化宏伟蓝图的中国大陆，谈论后现代不是太奢侈、太超前了吗？ 在中国大陆，妇女地位日渐改善，民族间团结和睦，后现代法学中的种族批判、激进女权主义、法律与文学运动、同性恋法学等思潮在中国有市场吗？ 前两年学界已经就后现代法学的问题热火朝天地讨论过了，再研究或探讨它，有何理论或现实意义？

再看一组国外研究数据。澳大利亚北部一所法哲学与政治哲学研究机构对主流法学代表人物和后现代法学的奠基人物学术思想的影响进行了比较。下面这些数据展示的是澳大利亚最高法院（大法院）和美国联邦最高法院在近二十年的司法意见中对这些学者思想的引证率③：

---

① 冯俊、弗兰西斯·西博格等:《后现代主义哲学讲演录》,51—53 页。北京,商务印书馆,2003。
② "后现代法学"与"后现代法学思潮"两种表述之间应该还是存在区别的。笔者更倾向于后一种。不过,在本文两种提法未作区分。
③ http://www.ntu.edu.au/faculties/lba/schools/Law/apl/blog/cites2.htm.

	High Court （澳大利亚最高法院）	US Supreme Court （美国联邦最高法院）
Jacques Derrida（德里达）	0	0
Michel Foucault（福柯）	0	0
Ronald Dworkin（德沃金）	12	13
Julius Stone（斯通）	12	22
Richard Posner（波斯纳）	5	87

德里达和福柯无疑都是后现代主义哲学和后现代法学的奠基者。他们的法哲学思想属"异类"或者非主流法学的智识渊源。[1] 罗纳德·德沃金和波斯纳分别是英美法学界左派自由主义法学和右派经济分析法学的领军人物。斯通则是澳大利亚现当代的法理学、法哲学界的第一人。他的"综合法学"思想对英美法学界也具有深刻的影响。可以说，后三者是英美法系主流法学的代表。

乍一看此表，后现代法学思想在司法领域根本派不上任何用场，或者说法官们对这些"奇谈怪论"根本就不感兴趣；而德沃金、斯通、波斯纳则是他们青睐的对象。[2] 其实，该图表中隐含着太多未言之含义。尤其是当我们在研究中发觉激进女权主义法学的代表人物凯瑟琳·麦金侬和安德尔·德沃金（女）的理论被美国联邦最高法院和加拿大联邦最高法院广为引证时，更会觉得意味深长，后现代法学研究的意义也更值得我们去体味。

以下就后现代法学研究中的几个基本问题与学界同仁探讨：

（1）后现代法学的大致特征；

（2）后现代法学研究的现状及面临的难题；

（3）后现代法学研究的意义；

（4）对后现代法学的简要评价。

二、后现代法学的大致特征

当人类迈入现代社会，特别是西方文明高度发达的时期，诸多社会、政治、经济问

---

[1] 参见吕世伦、高中：《后现代法学的哲理渊源探析》，《北京行政学院学报》，2004（3）。

[2] 美国法哲学、法史学教授斯蒂芬·菲尔德曼在其专著《从前现代主义到后现代主义历程中的美国法律思想》中对美国最高法院近二十年来司法意见的研究结果表明，在涉及堕胎的"生育计划署诉凯西"案、"得克萨斯诉琼森"的美国第一件焚烧国旗案等判决中，一些法官的司法意见表现出极强的反基础主义、反本质主义的倾向，尽管在事实上他们并没有提及福柯、德里达等人的名字或理论。见 American Legal Thought from Premodernism to Postmodernism, S. M. Feldman, Oxford University Press, 2000:182—186. 这对我们究竟如何看待上述表格中的数据应有所裨益。

题接踵而至。20世纪初的两次世界大战,给人们带来了巨大的精神创伤;冷战时期,两大敌对阵营对异类极力镇压和排挤;经过长期的斗争在政治领域取得初步胜利的少数种族、弱势群体仍然面对着歧视和冷眼、南北贫富差距日益悬殊、战火仍在地球上的许多地方燃烧着……

对上述现实的亲身体验和理论反思,必然会体现到以关注人类生存和发展为核心的20世纪人文、社科领域。如果说"哲学是时代精神在思想中的把握",那么后现代主义哲学正是用另类视角对这一系列现象进行深层思考、解剖和总结的结晶。

通常认为,这些"异类"思潮的先驱可追溯至尼采、海德格尔。而风云人物则包括法国的利奥塔、福柯、德里达,美国的罗蒂等学者。福柯对现代社会中权力与知识关系的揭露、利奥塔的科学与语言游戏观、罗蒂的新实用主义后果论、德里达的解构主义范式,无不展示了与现代性思维迥然有异的风格。

在现代法学理论中,法律是以保守、中立、普适的面目出现的。法律在维持社会秩序与安定、促进社会发展与人权进步等方面,的确起着不可磨灭的贡献。然而在新的时期,现代法律以及作为其理论、价值支撑的人文、社会科学中的最后一个堡垒——现代法学,亦面临着自身的合法性危机。后现代主义思想家们在质疑、挑战现代性世界观和方法论的同时,也将反思。批判的矛头直指现代法学所弘扬的基本原则、法治理念,揭露诸多规则和制度在维护强者的利益的同时,对弱势群体的漠视和排斥。[①]

他们试图运用各种新的方法,采用不同于现代主流法学的认识论进路。颠覆体现于现代法学领域的形形色色的流派中,那种一脉相承的形而上学的本质,从而打破其话语霸权,化解"语词的化石",使非主流的、边缘性话语获得一席存在的空间。如果说后现代法学的基本思想和方法主要源于欧洲大陆,那么美国就是一块试验田。激进女权主义法学、种族批判法学、法律与文学运动等后现代法学的兴起,正是美国独特的社会、政治、文化传统的体现。

欲对后现代法学的主要特征予以归纳和总结,这种意图本身就会受到后现代法学倡导者们的反对或嘲讽,因为后现代主义的根本立场就是要颠覆现代法学长期以来大一统的、旗帜鲜明的法学研究风格,解构宏大叙事,强调个体的体验和直觉。不过,借维特根斯坦的隐喻,在后现代法学这一大家庭中,至少存在着家族相似之处。

(1)怀疑、嘲讽和批判现代性法学对基础主义和本质主义的那种不可割舍的情结。

(2)藐视并挑战现代性法学话语中的确定性原则、传统范畴、宏大叙事以及包括学术研究领域在内的各种不可逾越的界限和陈规。

(3)认同、探求甚至拥抱法学研究中可能存在的悖论。

---

① 例如,克斯塔斯·杜兹纳(Costas Douzinas)在《人权的终结》一文中,尖锐地指出:"人权的历史已经在与统治和压迫的抗争中走向其终结……只有当我们将人权视为赖于他者而存在,人权方能回归至其所处的目标而成为后现代的正义准则。"克斯塔斯·杜兹纳著,季乐宇译:《人权的终结》,载《南京法律评论》,2003年秋季号。

（4）主张含法律主体在内的"主体"不过是社会中人为构建的产物。

（5）主张多元视角观,提倡知识考古学、系谱学方法、权力微观分析、小型叙事、悖论分析、反讽诘问、解构等方法。

三、后现代法学研究的现状及面临的难题

后现代主义思潮已渗透到了文学艺术、社会科学、哲学、史学等领域。甚至在近几年来,生物学、天文学、数学、物理学等自然科学领域亦可感受到后现代思潮的冲击。①如果说关于后现代主义思潮在上述领域（特别是文学艺术、哲学和社会科学领域）中影响和趋势的研究,在中外学界已是成果斐然,那么西方法学界对后现代法学的研究则略显单薄,尽管也已取得了相当大的进展。②

在中国大陆法学界,2000 年 1 月 6 日中国人民大学法律与全球化研究中心主办了"后现代法学与中国法制现代化"研讨会,当时与会者包括来自内地、香港和美国的法理学、政治学、哲学、史学等领域的学者六十余人。作为研讨会成果,朱景文教授主编

---

① 参见波林·罗斯诺著,张国清译:《后现代主义与社会科学》,2 页,上海,上海译文出版社,1998。

② 笔者现已收集到的具有代表性的后现代法学专题研究著作（英文版）:

a. *Postmodern Jurisprudence*: *The Law of Text in the Texts of Law*, C. Douzinas and R. Warrington and S. Mcveigh, Routledge, London and New York, 1991. 中译名:《后现代法学:法律文本中的作为文本的法律》（1991）。

b. *Post – modern Law*: *Enlightenment, Revolution, and the Death of Man*, edited by A. Carthy, Edinburgh University Press, 1990. 中译名:《后现代法律:启蒙、革命与人的死亡》（1990）,内含 5 篇由不同学者撰写的论文。

c. *Legality and Illegality*: *Semiotics, Postmodernism and Law*, edited by W. R. Janikowski & D. Milovanovic, Peter Lang Publ. Inc., New York, 1995. 中译名:《合法性与非法性:符号学、后现代主义与法律》（1995）,内含 12 篇由不同学者撰写的论文。

d. *Postmodernism and Law*, edited by Dennis Patterson, Dartmouth Publ. Co. Ltd, 1994. 中译名:《后现代主义与法律》（1994）,该书收集了 11 篇刊登在美国主要法学刊物上的、由不同学者撰写的文章。

e. *Postmodernism and Law*: *Jurisprudence in a Fragmenting World*, H. M. Stacy, Dartmouth Publ. Co. Ltd, 2001. 中译名:《后现代主义与法律:碎片化世界中的法学》（2001）。

f. *American Legal Thought from Premodernism to Postmodernism*, S. M. Feldman. Oxford University Press, 2000. 中译名:《从前现代到后现代的美国法律思想》（2000）。

g. *Kantianism, Postmodernism and Critical Legal Thought*, Ian Ward, Kluwer Academic Publishers. Boston&London, 1997. 中译名:《康德主义,后现代主义与批判法律思想》（1997）。

h. *Postmodern Philosophy & Law*: *Rorty, Nietzsche, Lyotard, Derrida, Foucault*, by D. E. Litorwitz, University Press of Kansas, 1997. 中译名:《后现代哲学与法律:罗蒂、尼采、利奥塔、德里达与福柯》（1997）。

i. *Literary Criticisms of Law*, G. Binder & R. Weisberg, Princeton University Press, 2000. 中译名:《法律的文学批判》（2000）。

j. *Postmodern Legal, Movement's*: *Law and Jurisprudence at Century's End*, Gary Minda. New York University Press, 1995. 中译名:《后现代法律运动:世纪末的法律与法学》（1995）。

的《当代西方后现代法学》收录了 24 篇论文以及研讨会论文和发言摘要。① 这些论文涉及"后现代法学的一般特征""后现代法学学派研究""后现代法学与中国"三个方面。这一开创性研究成果在很大程度上为法学界进一步研究后现代法学思潮打下了基础。

平心而论,仍然有许多理论问题尚未涉及,或者开拓不够,因此需要进一步的关注:

(1)前现代、现代、后现代等概念的区别和联系,以及做此区分的必要性和意义等理论界定问题。如果说"后现代主义哲学"一说已为中外哲学界所接受(这与中外学界的普遍关注与深入研究密不可分),那么"后现代法学"是否实然存在,需要翔实的论证。

(2)鉴于后现代法学思潮仍处于萌发阶段,该思潮的倡导者之间针对许多法学基本问题远未达成共识,如何准确地归纳后现代法学思潮的基本特征,以及该思潮与现代性法学争论的基本主题,均须深入细致地研究和分析相关材料。

(3)综观人类思想发展史,批判精神、怀疑精神一直是推动理论创新不可或缺的动力。马克思主义的诞生就是典型例证。因而,需要准确地把握和界定马克思主义法学、西方马克思主义法学、美国批判法学运动等批判性法学思想与后现代法学之间的异同,以及后现代法学思潮所包含的"保守"与"激进"的双重属性。

(4)后现代法学所采用的诸多新颖的法学研究方法,究竟能对当前中外法学研究产生多大影响,这些方法本身所蕴含的价值与缺陷,以及它们与传统的研究方法究竟存在着哪些区别与联系。

(5)即使后现代法学确实存在,而非昙花一现的学术思潮,亦与其特定的语境(社会、政治、文化背景等)有着千丝万缕的联系。如何从中国法制的现状和未来发展的层面上,批判性地反思和借鉴后现代法学思潮无疑是该项研究的重点和难点之一。

(6)后现代法学思潮究竟对西方部门法学的研究产生了多大影响,或者根本就没有什么影响,这都需要资料来佐证。囿于精力,笔者在这方面的资料收集工作做得也很不够。(从手头的零散资料来看,似乎后现代法学思潮已渗透到了英国的刑法学界、欧盟法研究领域以及国际人权法研究领域等。)

四、后现代法学研究的意义

上文提到的"现状和难题"实际上就体现了后现代法学研究的意义所在。

具体而言:

(1)研究后现代法学思潮有助于我们从"另类"视角来看待源远流长的西方法律思

---

① 朱景文主编:《当代西方后现代法学》,北京:法律出版社,2002。

想。中国近现代以来,由于本土的法治资源严重不足,大量地借鉴和吸收了西方法律思想和制度。在学术研究方面,"拿来主义"倾向更为明显,而反思则有所阙如。后现代法学思潮体现了对西方法治文明的深刻反思。不管其观点正确与否,其精神实质是虚无主义或相对主义,都可有助于我们进一步研究我们可能已经十分熟悉的西方法律思想文献。

(2)美国之所以能够成为后现代法学思潮得以萌芽和发展的沃土,主要与美国历史以来的种族、妇女地位、同性恋、弱势群体的保护等问题息息相关。美国独特的宪政结构、"经由法官解释方可适用"的法律体系、各州权力在历史上和地缘上的独特性与日益扩张的联邦权力的普遍性和强制性之间的矛盾与冲突,是后现代法学思潮得以在美国兴盛的制度基础。西方现当代法学的形形色色的法学流派也主要扎根于美国。后现代法学思潮正是对以德沃金为首的"自由主义法学"和以波斯纳为首的"经济分析法学"等主流法学思想进行批判与反思的产物。可以这么说,欲了解美国法哲学界、政治哲学界在近二十年来正在思考什么、辩论什么、为什么要这么言说,均可从后现代法学思潮中找到答案。另外,欲学习美国在法制建设方面的得与失,欲移植美国的政治制度和倡导形形色色的自由主义理念,欲学习"法律的经济分析方法",也可以从后现代法学思潮中找到许多的启示。(这主要针对当前中国学界"言必称美国"这一蔚然成风的事实。)

(3)中国学术界的许多学者正在大力倡导民间法理念、构建判例法制度和推行违宪审查制度……还有诉讼法学界关于"诉讼利益"的争鸣等,实际上涉及一个重大问题:法律究竟是什么? 也就是法律的解释问题。尽管在中国学界研究法律解释问题的专著已如雨后春笋般地涌现,笔者以为,大量的著作仍然围绕着的是技术层面上的法律解释问题;即使存在一定程度上的法哲学探讨,但理论根基仍显不牢,缺乏说服力。一个制度人为构建也好或者自身发展也好,如果缺乏形而上的理论积淀和支撑是没有生命力的。不管相信与否,法律解释问题就其根源实质上是个意识形态问题。学者们普遍厌恶意识形态上的东西,但是在这个客观存在着的意识形态领域,你不去占领它,自然会有人(尤其是既得利益者)去把持它、操纵它。"话语需要权力的支撑,权力离不开话语的修饰",其实讲的就是这个道理。可见,法理学研究、西方法律思想的推介,是十分重要的。意识形态的禁区不能突破,部门法也难以发展。

以"人的存在就是解释"为核心理念的后现代法律解释观正是借助哲学、文学评论、社会学、心理学等学科成就,在深层次上研究"文本、解释者、传统"等问题的"别开生面"的智识成果。① 我国学界在探讨"法律解释问题"时,对这方面的理论的关注明

---

① 参见吕世伦、高中:《拨开当代美国法律解释学的迷雾:激进与保守之间》,载《湖南师范大学社会科学学报》,2004(2)。

显不够。这在另一方面也反映出我们在西方法律思想史研究方面，可能做得还不够。

（4）处于社会主义初级阶段的中国，传统与现代、封建与进步、理想与现实、工业化与环境保护、对外开放与民族自强、民主的多元化与政治制度的一体化、公平与效益等悖论与冲突，在理论与实践中日益呈现出来，可谓错综复杂、扑朔迷离。中国的法学研究和社会主义法制建设正直面改革与创新、传统与转型等重大课题。可以说，西方资本主义社会在过去三百余年中陆续出现的诸多问题，正在被现代化征途中仅仅走了二十多个年头的中国所面对。如果说西方资本主义发展之初，靠的是压榨弱势群体、欺凌弱国以获取资本的原始积累来起家的，那么中国的现代化道路是否也应仿效之？如果中国还是共产党领导，国家的制度还是社会主义性质，那么这样的仿效定然会因缺乏群众基础，而丧失民心。"郎顾之争""三农问题""上访问题"均反映出中国在发展过程中问题的独特性、复杂性、多样性。后现代主义思潮对西方发展模式的反思，正可为我们所借鉴。

如果我们认为"启蒙"不仅只是意味着或者不应当指精英群体对愚昧者的文明开化，而是一种永无止境的过程，"启蒙者"本身也应当不断接受自上而下和自下而上的双向启蒙过程，那么后现代法学也可为我们如何看待中国学界目前关于"新左派与新右派"之争，提供许多启迪。

事实上，"后现代"只是一个标签、一个符号而已。后现代主义是全新的，或者是旧的东西复兴。（在很大程度上）只是一个解释的问题。后现代法学也并不是真得那么"后现代"，也并非那么的激进和超前。它是作为弱势群体的"他者"，在"进步"的喧嚣声中无奈的呐喊。中共十六届三中全会提出的"以人为本的可持续发展观"，其实就是认真对待这种"呐喊"的政治性回应。也正是在此意义上，笔者认为信春鹰教授对后现代法学的评价的确恰如其分："后现代法学是在为法治探索未来！"[①]

基于此，西方后现代法学对现代法制（治）文明的反思和批判，对我国的法制现代化建设和法学研究的蓬勃发展，无疑具有启迪和借鉴意义。我们应当长期地关注它、研究它，并且批判地借鉴它。

另外，笔者想指出的是：欲批驳一个对手，首先得了解它、琢磨它；欲指责一种新思潮哗众取宠、浅薄无知，抑或褒之为富含启迪的智识洞见，也得先了解它、接近它。否则，将会出现堂吉诃德拿着长矛与风车作战的滑稽局面。（另外，这也涉及学术诚信的问题。）

---

① 信春鹰：《后现代法学：为法治探索未来》，载朱景文主编：《当代西方后现代法学》，北京，法律出版社，2002。

五、对后现代法学的简要评价①

欲评价后现代法学的"得"与"失"是一件困难的事情。美国著名学者波林·罗斯诺在研究后现代主义与社会科学的关系时就指出,力图不偏不倚地评价后现代的思想方式,简直是一种"赢不了"的冒险行动。赞成后现代主义基本原则的人,可能认为这种评价是不公平的,或是误导他人的,或者属于一种试图再现那不可再现的事物的徒劳之举。反对后现代主义基本前提的人则可能会提醒,不要为那些在心智上不健全、在道义上有危害或在其他方面不可取的某些研究活动寻求辩护。②

本文旨在探讨后现代主义思潮对法学研究的影响,以及后现代法学思潮究竟对法律的理论与实践有何意义。西方法学,尤其是美国法学界是在何种意义上体现了法学的后现代转型,这种转型对人类文明的发展而言的启迪或反思体现在哪些方面。如果能为了解和反思令人困惑的后现代法学思潮提供某种借鉴,那么这种工作就不是徒劳无功的。

以下部分综合西方学界对后现代法学的褒与贬,特别是利托维茨的著作《后现代哲学与法律》,谈谈笔者的浅见。③

（一）后现代法学的"平庸"之见

1. 法律发展的偶然性历史观

在对法律进行谱系学研究中。尼采和福柯均指出,法律中的那些现存的概念,如权利、犯罪、财产、义务等范畴,并不是某种或某些符合宇宙普遍结构的、不可更改的、僵化的原则,而是偶然性的东西。如果权力结构、社会事实等发生变化,体现在这些概念中的含义可能会截然不同。

例如,现代的平等权利体系不过是基督教权利的"世俗转型"（尼采语）,而当代的刑罚制度中,监狱、规训、感化制度等不过是惩罚方法的新实验。这些方法可能看起来更人性化。但在很大程度上,存在着潜在的危险,因为它使整个社会变成了一座大"监狱",人的思想和行为陷入了在如织的规训之网的羁绊中。

这种谱系学式的历史考查和对"必然性"的否定,目的在于嘲讽和批判现代主义将现存的法律秩序神圣化、合法化、唯一化的企图。后现代法学的倡导者宣称,在现行的

---

① 参见高中:《后现代法学思潮》,第五章,北京,法律出版社（待出）。按照出版社关于此丛书的整体要求,在写作中贯彻"以介绍为主,评价为辅"的原则。因此,本书并未就上文提到的一些研究难点做过多的探究;受篇幅的限制,后现代法学思潮中的许多理论和学说（如同性恋问题法学理论、美国法律思想史的后现代阐释观等）也未涉及。这是本书留下的遗憾。希望在未来的研究中能弥补这些缺憾。

② 参见波林·罗斯诺著,张国清译:《后现代主义与社会科学》,前言,上海,上海译文出版社,1998。

③ D. E. Litorwitz, *Postmodern Philosophy & Law: Rorty, Nietzsche, Lyotard, Derrida, Foucault*, University Press of Kansas, 1997.

规则体系之外,仍然存在着没有被发现或认可的权利。这些"异类"的权利诉求,不符合现代法治的自由、权利观和正当程序的检验,因而被武断地排除在外。谱系学的批判进路就是要揭示,现代法治的诸原则和制度并非"自然形成的"或"理性的必然要求",它仍然与其他类型的社会安排一样具有偶然性和非理性的特征。用一句话总结就是要剥开现代法治神圣的外衣,展示它的平庸性。

在法哲学中,这种谱系考查方法的力量可从它对精神病理学及其实践的挑战中得以佐证。福柯在《疯癫与文明》一书中指出,在一定意义上,"疯癫"(madness)是一种社会构建的概念。在关于"清醒"(sanity)、"明智"的某种无可置疑的概念主宰下,社会中的某类人必然会被划归为"疯癫"的异类群体。历史上曾经有一段时间,失业者、流浪者、无家可归者、不同性倾向的人,或反抗命运安排的叛逆者,被划归为"异类""疯癫者",将他们从街上清除出来,通通关入收容所、疯人院去接受主流文化的"教化"和"恩泽"。

尽管福柯的理论并不一定能为精神病医生的日常工作提供任何指南,亦未提供任何实质性标准来检验"何种精神上的障碍是社会因素或身体因素造成的"。甚至没有提出类似于弗洛伊德的心理学理论宏大构架,但它确实对主流社会那些武断的"疯癫"与"清醒"的精神病理学检验标准提出了质疑,敲响了警钟。

例如,尽管传统以来,"同性恋"一直被视为某种应当治疗的"精神病"。所谓"患有"同性恋病症的人,并非真正受到了某种精神性紊乱的困扰,某些看似为个体的精神障碍可能是因为社会环境造成的,"疯癫"与否的判断或许只是社会构建的标准,包含着武断、不人道、不合理的成分。因此,福柯的《疯癫与文明》至少为相关学者、职业者考察、判断上述问题,提供了"三思而后行"的启迪。①

尼采关于"法律概念是社会建构"的观点以及福柯的《规训与刑罚》确实没有提供关于法律、法律制度的宏大理论,但他们揭示了"权力关系"对法律演进的巨大影响。当代的刑罚制度可能恰恰是打着"修正不端行为"的幌子,在激活犯罪、产生罪犯。例如,美国联邦刑法规定"基于同意的吸毒行为是犯罪";因此,联邦监狱中关押了大量因触犯此规定的罪犯。但其他许多国家对"基于同意的吸毒"持相对宽容的态度,并不必然将此类行为认定为犯罪。②

可见,尽管后现代法学中的谱系研究和偶然性、相对性认识论可能无法改变美国的刑罚实践,但至少可以使我们认识到某项法律制度,并非"铁板钉钉"、不可更改的普

---

① 罗苓·哥茨伽柯对美国、加拿大和澳大利亚三国的女同性恋者的社会调查说明,同性恋倾向既具有生理因素,又具有社会因素。See Lorere Gottschalk, "From Gender Inversion to Choice and Back-Changing Perceptions of the Aetiology of Lesbianism over Three Historical Periods", Women's Studies International Forum, Vol. 26, No. 3, pp221—233, 2003.

② See Douglas E. Litowitz, *Postmodern Philosophy & Law*: *Rorty, Nietzsche, Lyotard, Derrida, Foucault*, by University Press of Kansas, (1997), pp156—166.

遍真理,而是在特定社会环境下的"人为建构"。"罪"与"非罪"不是必然的理性判断,不存在纯客观的标准。

谱系学进路可能会使那些期待宏大法律叙事理论的人大失所望,因为它并不能为法官判决具体案件,提供明确无误的理论指南。现代法学中的诸多理论无不在竭力为"使人类服从规则治理的事业"献计献策,试图使自己的理论和学说成为真理性标准、当代之显学。在宏大话语中,"谱系学方法"和"相对主义认识观"自然显得渺小和平庸。正如后现代法学家们所揭示的,处于主流地位的价值体系一直在宣称:它本身是不需要价值评估(value-free)和检验的,这意味着那些遭受偏见对待的人,被不假思索、肆意地排斥于主流群体之外。

马克思早在一百多年前就指出,人们总是试图将社会秩序神圣化、永恒化。其实,他们本身不过是这个秩序中的一个部件而已。也就是说,他们并没有意识到,或者刻意忽视了这样一个事实:话语需要话语之外的东西的支撑;概念需要概念之外的材料来建构;原则并不能回答具体问题。

可见,"平庸"的谱系考察方法和看似"虚无"的相对论,却能激活我们反思"普遍真理""绝对规则""不可置疑的实践"。如果掌握政权的决策者或者在自然科学或人文科学中耕耘的知识分子在声称他们已掌握了某种真理之前,能有所踌躇和顾虑,那么后现代思潮的"平庸"之见,就是对人类"反思现在"和"探索未来"的贡献。

2. 边缘者的权利

对"不可通约性的价值冲突和边缘化倾向"的洞识,源于利奥塔的法律观。利奥塔认为,任何制度都会产生"异类群体或个体",因此,在法律制度中不可能存在中立性的裁判者或纯理性的规则。① 德里达的解构理论亦主张,在文学解释、法律解释中,既要关注文本又不能忽略处于文本边缘的事物,即"既要关注已说的话,又要挖掘未言之话,鼓励被压抑的声音的叙说"。也如福柯所言,欲了解"清醒"的社会学含义,就必须研究"癫疯"领域中正在发生的一切;欲了解"合法"的概念,就应该关注"不合法"的状况。

在利奥塔看来,现代权利话语中的霸权主义排斥了某些权利的诉求,边缘性的话语被法庭之类的机构所运用的语言游戏压抑了。作为规制联邦法院所审案件的《美国联邦司诉讼程序规则》规定,原告如不能为起诉提供足够的事实,诉讼请求将驳回……应被告的请求,法庭将拒绝采纳或审查任何不能支持原告诉讼请求的事实或因素。这在事实上,为某项诉讼请求的"合法与否"提供了人为的界线。

例如,某位无家可归的人可能正确地指出,一个能派一百万士兵去海湾地区打伊拉克,或花巨资派遣宇航员登月的国家,应该解决无家可归者的基本住房要求或失业

① Lyotard, The Differend, 13, cited from Douglas E. Litowitz, *Postmodern Philosophy & Law*: *Rorty*, *Nietzsche*, *Lyotard*, *Derrida*, *Foucault*, by University Press of Kansas, (1997), p159.

者最低社会保障金的诉求吧！然而,这并不意味着这些人就一定有权利享有基本住房或最低保障金,他们必须将这些内心感受用法律术语表述出来,方能依此控告美国政府的某某法律条款或社会政策侵犯了他们的非法律规定上的权利。

女权主义法学家和种族批判法学家们正是在理论和实践上,将这种边缘性的权利诉求转化为法律的语言,以此来与主流法律竞争。以"性骚扰"（sexual harassment）为例,妇女在过去常常被告之,欲在男人的世界获得职业机会,就必须以承受"性骚扰"为代价。既然"性骚扰"事件中的施害者或受害者在事实陈述上相互冲突、举证困难,并且法律贸然干预此类纠纷,可能有侵入私人领域之嫌。这样,法律在避免妇女遭受性骚扰的制度保障上的"不在场",被正当化、合法化了。

这意味着在美国 20 世纪 60 年代以前,妇女在遭受"性骚扰"而痛苦不堪时,法律根本不会理会这种边缘化的声音。她们成为了法律的"局外人"（outsiders）。女权主义法学家在这一问题上的执著努力,逐渐改变了这一边缘化的格局,使妇女的痛苦经历能够在法律中得以探讨和解决。诚如麦金侬所言:现在有可能对"性骚扰"采取一些社会行动了,因为一些妇女正致力于将妇女遭受强暴的经历纳入法律规制的范围中来……"性骚扰"作为一个法律术语表明,法律应该用受害者的眼光来看待这一问题。这一法律术语无疑是女权主义法学的一大发明创造。①

可见,如果利奥塔的"法律制度会产生异类和排斥异类"的论断是正确的话,我们就有理由关注法律制度之外的边缘声音和边缘事件。因为这些"异类"在法律结构中,没有诉说自己的故事的"法律"权利。"婚姻内强奸"（spousal rape）在传统乃至现代法学中,是一个不可思议的概念。在司法实践中,以前也没有哪位男人因为婚姻内"不经同意"的性行为而被判定为强奸罪。然而,许多妇女确实觉得在婚姻期间曾遭受了丈夫类似形式的强奸。最终,美国法律进行了相关修改,以反映这种"曾经不被法律认可"的伤害。②

又如,在公共场面或通过某种公共媒介对某一种族的侮辱性语言或公开作此类演讲,是否对该种族构成了侵权法上的侮辱? 受害者可以据此向对方提出侵权损害赔偿吗? 自由主义法学认为,对民族的侮辱性言语的宽容和忍受,是保障美国宪法修正案中言论自由原则得以实现的前提和代价。在这一问题上"言论自由的原则"享有比"平等原则"更为重要的分量。而后现代法学者们则主张,这样的侮辱性言语不亚于在这个种族每个成员的脸上打一记耳光。因此,他们坚决反对用"言论自由原则"来为这种行为辩护。

在以前,这些问题都不是法律问题,未纳入司法审查的对象中来,因为少数种族的

---

① Catharine Mackinnon, *Sexual Harassment*: *Its First Decade in Court*, Feminist Unmodified Cambridge, Mass.: Harvard University Press, 1987. p103.

② Nadine Taub and Elizabeth Schneider. , Women's Subordination and the Role of Law, in *The Politics of Law*, pp151—176.

声音能够逐渐在主流话语中获得一席地位,也只是第二次世界大战以后,尤其是 20 世纪 50 年代以后的事情。而上述的对种族侵权性言语侮辱事件进入司法实践的视线,也不过是上世纪末的故事。①

　　不管上述事例在司法中将如何判定,至少利奥塔的"价值不可通约观"和"异类话语边缘化"的论断,确实使我们警醒:或许一个国家或地区的法律制度和实践,事实上存在着对某些诉求的冷漠对待,而这种态度又与体现在法律制度中的主流法律思想、意识形态以及文化传统有关。因此,它提醒我们对于受到伤害而又无法通过合法渠道表达自己的诉求的边缘群体,应当开辟一条诉冤途径,使之能参与到主流语境中来。

　　民主的社会,应当是一个能平等参与辩论和决策的社会。利奥塔的思想告诉我们,在民主的道路上还有很长的路要走,法治也并非真正的完备无疑,不需要与时俱进。可见,后现代法学理论有助于我们站在法律实践之外来观察、研究"法律领域"与"非法律领域",时刻审慎地对待它们之间的界线,从而在实践中真正推进法律的革新与发展。

　　3. 揭露现代性法学中形而上学的神话

　　在现代法学中,法律文本的制定者、判决的作出者,往往在文本的形式和确定过程中采用了两分法:即将文本的结构和对象分为部分和整体、中心与边缘、内部和外部、公共和私人、个体与群体。

　　解构理论的矛头正是指向这些"人为"构建的等级化秩序,因为一种权威的建立,必然以牺牲另一种利益为代价,对某种利益的认可,极有可能会忽视或践踏与之相对立的利益。解构的对象正是这种武断无情的两分法。尽管德里达关注的是法律与正义的本质,但他的解构方法却被后现代法学的众多研究者所利用。批判法学运动、种族批判法学、女权主义法学、法律与文学乃至德沃金等主流法律学术研究者、倡导者们都在或多或少地实践着解构的"工作"②。

　　激进女权主义法学对司法实践中所宣称的中立原则进行了无情的揭露。它指出在非法同居的案件中,法官体现出来的是意识形态意义上的判断。例如,作为非法同居一方的女子在对方抛弃她以后,可以向法庭请求该男子赔偿她所遭受的物质和精神上的损失吗? 法官当然会用极为精致的语言来分析男女双方之间是否存在着某种契约,这样的案情是否属于司法裁决的范围等。无疑,这些都是重要的法律问题,但是在意识形态层面上,法官却在探寻这类案件中原告(女子)与被告(男子)之间究竟是一种什么样的关系。

　　值得注意的是,司法意见中往往特别看重,这个女原告在非法同居关系中,是否扮

---

　　①　"Polish Group's Suit Accuses NBC of Slur Campaign", Chicago Sun-Times, January 3, 1996, p7.

　　②　Douglas E. Litowitz, *Postmodern Philosophy & Law*: *Rorty*, *Nietzsche*, *Lyotard*, *Derrida*, *Foucault*, by University Press of Kansas, 1997, pp162—163.

演着准妻子角色,或者完全是一个故意勾引男人来承诺照顾她一辈子的浪荡女人。可见,解构的目的就是要揭露法官在中立法律原则掩饰下的"性别推理",从而揭示司法过程的意识形态作用。① 尽管我们不能就此归纳出,解构的方法就一定能为这些充满争议的案件提供明确的洞见,并且许多解构主义的法律文献恰恰使问题越弄越复杂。但是,它仍不失为了解法律的独特路径和视角。

在绝大多数私法领域中,尽管传统以来,主流法学一直认为,合同、侵权、财产等法律调整的是个人与个人之间的平等主体关系,但在事实上,往往体现着个人利益与社会、集体利益之间的冲突,如消费者的权益保护与生产销售者的财产权利、经营权利之间的冲突等。主体在法律形式上平等了,但是在力量上却并不平等。近几十年来,消费者保护法规在各国的兴起正是对这种"在实质上的不平等地位"的挑战。可见,邓肯·肯尼迪对公私领域的"两分法"的解构是有一定道理的。因为法律并不是一套自在自为、脱离政治使命的中立原则,它本身是一面反射深层次的政治冲突的镜子。法官在某种意义上确实扮演着政治性角色,尽管他们或许不愿意承认这样的事实。②

近几十年来美国国内的反歧视行动的受挫,堕胎案引起的法律、政治和社会上的巨大振荡,以及"里根革命"的"豪言壮语",无不说明法官这个角色在政治、法律和社会激烈冲突的漩涡中,必然摇曳不定,无法完全控制法律与公正的天平。法官手中的正义之剑亦成为了一柄双刃剑。无人能明确地知道,它究竟要舞向何方。

早在 20 世纪初,现实主义法学的启蒙者霍姆斯大法官就指出,"法律"不外是对法官行为的预测。对"法律概念"如此"平庸"的概括,可能正体现了当时社会大变革时期,法律在政治利益冲突影响下,呈现出来的不确定性、非至上性。

可见,在奥斯丁、哈特、凯尔森为首的主流法学中,很难在其倡导的法律文本"内在视角"中,解释这种法律与政治、社会变迁的关系,后现代法学在方法论上所采用的与之相对立的外部视角(external perspective),确有它的用武之地。也正是在这个意义上,后现代法学摆脱了束缚法官和律师的制度局限,能够自由地、多视角地看待法律,而某些关于法律与实践的洞见,恰恰不是法律学的"内在视角"中可能获得的。可谓当局者迷、旁观者清,说的就是这个道理。

4. 打破主流法律话语霸权

利托维茨认为,后现代主义的一个值得赞许的特点是对语言的重新认识:个体不过是他或她所参与的话语的产物。将这一论断推至极端的是拉康(Lacan)的语言学理论:"不是主体运用语言",而是"语言叙说主体"。而福柯则认为,主体只是,也仅仅只是主流话语和规训(disciplines)的产物。

① Clare Dalton, *An Essay in the Deconstruction of Contract Law*, in *Critical Legal Studies*, ed. Allan Hutchinson C. Totowa, N. J., Rowman & Littlefield, 1989.

② 参见戴继·凯尔瑞斯:《言论自由》,载宪法比较研究课题组编译:《宪法比较研究文集》,济南,山东人民出版社,1993。

如果我们不将"主体与语言"的关系极端化,那么我们至少也可能承认,话语(discourse)和语言世界确实对个体的社会地位和角色有着深刻的影响。在这里,我们可能会去探求语言、话语究竟是如何被控制和生产的。在法律制度这一语境中,我们应该问:谁有权决定法律话语的标准? 谁有权力决定什么可以说,究竟什么样的话语是绝对不允许言说的?

福柯在《知识考古学》中揭示,包括法律在内的社会实践,被一群特殊的局内人(insiders)长久操纵着,他们被授权来讲述、扮演着特定的社会、法律角色。在法律实践中,这些参与者都是一些有执照的职业者。他们从法学院毕业,通过律师考试,尔后成为律师协会中的一员。基于高昂的法科教育培养费用,这些领域中的佼佼者自然大多是白人男性和财富拥有者。而法科教育则将一套一套的主流社会的理念、原则、价值观输入他们头脑中,使法律共同体的话语既显独特性、专属性,又与主流社会的话语息息相关。大多数黑人、妇女、贫困者自然成为了这个主流话语的局外者(outsiders)、被规制者和沉默者(silent outsiders)。

后现代主义社会、政治哲学使我们认识到权力、语言、知识、真理这四个方面的相互支撑、"我中有你、你中有我"的密切关系。法律话语的霸权就是在这种被人们所忽视的"秘密结盟"中构建出来的。因此,法律的研究,不应该仅仅局限于对法律原理、原则、概念内涵的分析,同时也应该追问:这一系列法律原则和概念究竟是以何种方式,在什么情境下塑造成形的?

可见,后现代法学认识论有助于将法学与人类学、社会伦理学、经济学、心理学、文学等非法学领域的学科相结合,丰富法学研究的方法,促进法学研究和法律知识的深度和广度,使不为法律所言说的人物、事件参与到法律话语的交流中来。例如,主流宪法理论话语中,一直对隐私权、堕胎权、同性恋权利、安乐死权利等诉求,抱有敌意的态度。原因在于,美国宪法在 20 世纪 50 年代以前,根本就没有这些话语的地位或位置。现在却欲寻求宪法的保护,这不亚于是天方夜谭、胡言乱语。

从后现代法学视角来看,这恰恰是一种十分自然的社会运动的产物。个体、文本传统总处于不断的运动变化过程中。真理总是在不断地出现。① 因此,即使是宪法文本以及以之为基础和中心的宪法性话语,也不应该是一成不变、高高在上、神圣不可侵犯的圣坛。

这种后现代主义法律话语观看起来似乎针针带刺、充满挑衅性,往往使人产生某种不安定感,因而从内心中会产生一种本能的抵触态度。然而在事实上,这种进路也可以在具有鲜明的现代主义特色的主流思想家中找到。伯尔曼(Berman)的《法律与革命》,库恩的(Thomas kuhn)的《科学革命的结构》,弗里德曼(Lawrence Friedman)的《美国法律史》,德沃金的《自由的法》等现当代颇具影响力的著作中,均可以找到这种洞见

---

① Truth keeps happening.

和风格。

后现代主义者所影响的绝不仅仅只是法律,还包括文学理论、女权主义、社会学、艺术以及哲学。通过解读这些后现代主义者,人们可以为人文科学的其他领域的开拓与创新奠定基础。①

(二)后现代法学"失之何在"

从某种意义说,后现代法学的洞见和崭新进路,亦成了它"耀眼"的缺陷。如前文所述,后现代法学特别强调从多元视角对法律制度进行批判性研究。而英美主流法学采用的是一种从制定法、判例和法官司法意见中认识法律的研究范式,即将法律制度、规则体系看作是一种自在自为的自我更新、自我完善的体系。② 美国哈佛法学院前院长庞德在《普通法的精神》中早已鞭辟入里地描绘了这样一种法律认识。

平心而论,作为法律理论家、法官或律师,从法律体系的内部和外部来看待法律都是不可或缺的。每天,我们从报纸上读到一些在法庭上打的官司,我们知道这些案件会怎样在法律范围内解决。我们会就此问题问自己,"法律究竟是如何规定的?"当"反歧视行动"(affirmative actions)引起的争端诉之于最高法院时,我们必然会要考虑到宪法的第十四修正案中平等保护条款是否确实保障这种"反歧视"的社会政策和民间做法。

当"性骚扰""婚内强奸"等概念出现时,法学研究者会研究现行法律制度和判例,了解在制度内是否可以找到支持它们的证据。或者,如果纳入这些概念,相关法律将如何进行调整? 这既是法官不可回避的职责,也是他们(至少大多数)实际上正在从事的工作。法庭审理或许确实像一场游戏,但是游戏也要有游戏的规则。例如,足球比赛中,对抗的双方就必须遵守比赛的规则,而不能单纯从外部视角,如从文化传统、政治影响等方面,来看待这些游戏规则。裁判者更应以规则为准绳来规制这场比赛,否则只可能导致混战和纷争,游戏将无法玩下去。可见游戏亦好、法律诉讼亦好,内在规则无疑是制约其结果的不可或缺的准则。这亦是社会生活的有序进行所必不可少的前提。

因此,相对稳定的、普遍的、可预见性的规则是不可缺少的。如果后现代法学一味地强调社会语境、社会实践,而忽略甚至排斥这些在社会生活实践中形成的规则和制度,那么民主、法治、权利的保障、法律原则的发展将无从谈起。如果将法官的司法意义仅仅从外部视角来评判,或者将之斥为资产主义话语霸权的产物,那么极有可能同时抛弃了法律在保障公平、正义方面所具有的积极功能。少数种族权利、弱者群体的保护等,将根本无法在现有环境下得以确立或发展。

---

① Douglas E. Litowitz, *Postmodern Philosophy & Law*: *Rorty*, *Nietzsche*, *Lyotard*, *Derrida*, *Foucault*, by University Press of Kansas, 1997, p166.

② Anthony Beck. *Is Law an Autopoietic System*?, Oxford Journal of Legal Studies, Vol. 14, No. 3, Oxford University Press, 1994.

在现今法律中,确实存在着某些荒唐的规定,某些与时代发展不合的、僵化的规则。运用外在批判视角的法官,就可以避免纯内部视角可能带来的,对法律的极端保守、无为的态度。20 世纪 50 年代关于避孕药具的隐私权判决、运用社会研究成果的布朗判例,均表明外在视角对"法律发展"的重大意义,但是此判决无一不是以法律的语言、宪法的原则话语为载体所作出的。

可见,真正意义上的法治精神是兼容并蓄的。它既体现了一种形式,又包含着内容,既保障形式正义,又维护实质主义。当形式正义与实质正义相冲突时,恰恰需要将法律的内在视角和外在视角紧密结合,将继承与批判融为一体,否则就不可能有法律和法治的实践。

事实上,福柯、利奥塔、德里达、罗蒂等后现代主义学者无一提出要"抛弃法律""抛弃法院"。但他们的批判进路,以及反映于种族批判法学、激进女权主义法学、法律与文学中的某些观点,的确给人一种"法律虚无主义"的感觉。他们的理论中渗透出来的反人道的人道主义和反人文的人文主义精神,似乎表明他们本意并非构建,而是要撼动主流法学顽固的根基,使之出现某些裂痕或缺口,以便于容纳长期以来被压抑的声音。而欲使这个坚固堡垒有所动摇,非施之以持续性的猛烈火力不可。这或许是它矫枉过正的原因?

从这一意义来看,后现代法学采取的"考古""解构""讲故事"等方法,或许体现了某种话语交锋中的策略或谋划。因此,后现代法学的"失"可能只是某些观点上的"失",并非方法论意义上的"失"。

结语

从西方自然法思潮的发展历史及学者在不同时代的思想表现,可以看出以理性为旗帜的自然法思想,既可以成为诉求平等、自由、正义的思想理论武器,也可以为暴政、极端国家主义实现"集团正义""民族正义"的原则张目。正因如此,当下西方形形色色的自由主义思潮,如平等的、功利的、实用的,无不从自然法中或明或暗地寻求绝对主义、真理主义的庇护。

这种一元论的、绝对主义的自然法思维方式,其实也适于评价在西方法哲学流派中的其他主要理论主张,如法律实证主义、波斯纳的法律与经济理论、新马克思主义法学乃至美国现实主义法学本身。这些法学思潮的一个共同点就是"唯我独尊"的绝对主义法律观。这种思维定式的根源起源于柏拉图主义,经过 17 世纪至 18 世纪的理性主义、科学主义直至当代西方的世界(或全球)法治主义。在这种精英主义文化中,处于弱者地位的边缘群体如黑人、妇女、精神病人、囚徒、老弱病残者的声音,往往被滚滚向前的社会进步车轮的喧嚣声所覆盖了。

后现代思潮中的哲学认识论转型以及各种激进法学理论的兴起,无不与这种大背景下的知识环境有密切联系。可见,多元、碎片、非一体性、小型叙事、反"主义"等思维方式,正是现代精英主义文化自身所埋下的一颗"炸弹"。福柯的知识考古学就是要戮力破除这个"绝对主体"的虚伪性。从批判法学中分裂出来的种族批判法学、女权主义法学以及法律与文学的"混血儿",就是要用"我行我素"的讲故事的方式,来消解这种主流话语霸权对边缘话语的冷漠和蔑视。

从后现代法学的倡导者来看,他们时刻留心别陷入"主义"的樊牢之中。尽管他们在无情地解构中亦有在主流话语中建构"边缘群体的话语正当化地位"之本意,但这种建构的进路,是通过无数的碎片化知识、故事揭露和展示出来的。可见,在后现代哲学以及法学视野中,"解构""知识考古""讲故事"等只不过是一种方法论层次的策略,它似乎并无意发展成为一种本体论,尽管它以解构"本体"为核心。

从上述意义来看,后现代主义哲学并非某种"主义",尽管它的确代表着某种思潮;后现代法学也并非某种"霸气十足"的新潮法学,它不过是在现代主义法学一统天下,又有强大的资本文明作为物质基础的状况下,在"穷乡僻壤"中自由地聚合在一起,与主流法学阵营"打游击战"的,一群性格刚强、执著(有时还特别顽固不化)的,在现代主流社会看来有点儿"癔病"的学者、活动家和同情者。这样的异类群体,在人类社会发展的每一个时期(东方社会或西方社会),或隐或现,只是在"正史"中难以寻觅到他们的踪迹而已。

吕世伦、高中撰写,刊于《人大法律评论》2004 年卷。

现实主义法学对美国法学教育的影响

美国现实主义法学,是当代法学理论界最值得注目的法学学派之一。它以约翰·杜威实用主义哲学为机理,吸收了瑟斯特恩、韦伯勒恩的制度经济学、查理斯·博德的历史经济解释学和 J. H. 鲁滨逊的"新历史学"的理论精髓,从奥利弗·温德尔·霍姆斯的实用主义法学发展而来。由卡尔·尼可森·卢埃林、杰罗姆·弗兰克等现实主义法学家完成其理论体系建构①。20 世纪 20—30 年代,在美国形成规模宏大的现实主义法律运动,并将现实主义法学推向高潮,提出了一套全新的法学思维范式:从关注"书本上的法"转向"现实中的法",从关注法律规则的作用转向法官的司法活动。其研究的方法和成果,满足了时代发展的需要,成为罗斯福新政时期的"官方法学",是对美国后来法学思想的形成和发展产生了巨大影响的重要法学流派。美国得克萨斯大学法学教授布莱恩·雷特曾客观地指出:"美国的现实主义法学是 20 世纪美国本土最重要的法理学运动,它不仅对美国的法学教育和法学学术产生了深远的历史影响,而且还推动了美国的法律改革和律师业的发展。"②这场运动持续到 20 世纪 60 年代。70 年代以后,现实主义法学的思想、观点和传统被行为法学、经济分析法学、批判法学等学派继承和发展,甚至到 90 年代美国的"新公法运动"都能发现现实主义法学对美国法学思想的深远影响。

现实主义法学,一开始就以改革和批判的精神对美国的法学教育进行了大胆的创新,并取得了显著的成果,直接促进了美国法学和法律事业的发展。为吸收和借鉴现实主义法学合理的东西,促进我国法学教育的科学发展,为我国社会主义法治事业服务,本文拟介绍现实主义法学对美国现代法学教育的影响。

一、促进课程体系改革,创设实践性法律课程

18 世纪后期以前,美国的法学教育基本上采用学徒式教育模式,到 19 世纪中期美国的法学本土教育才发达起来。美国法学院从 1850 年的 15 所发展到 1900 年的 102 所③(现在,全美国大约有 203 所法学院,其中 178 所是经美国律师协会批准的)。随着

---

① Michael Martin, *Legal Realism: American and Scandinavian*, 1997 Pater Lang Publishing, p10.
② Brian Leiter, *American Legal Realism*, *The Blackwell Guide to Philosophy of Law and Legal Theory*, p1.
③ 劳伦斯·M.弗里曼.美国法学教育背景.第 1 页(见中国人民大学法学院网站).

法学院的增加,法学教师的队伍逐渐壮大,法学教育事业繁荣昌盛。他们创立法学教育的培育体系,编制法学院的课程体系,编写法学教育的各种教材,创立了著名的"兰德尔法学教育模式"。该种教育模式在 19 世纪,占据了美国法学教育的统治地位,到了 20 世纪初期,由于社会结构的变迁,僵化的"兰德尔模式"已经不能适应现实社会的要求了。为此,现实主义法学对美国的法学教育进行了大胆的改革,从课程的设置到教育方法的采用,都更加体现了法学教育的社会实践性的要求。

现实主义法学的课程改革如一股强劲疾风,"吹皱"了美国法学教育的"一池秋水"。这种改革,应当追溯到哥伦比亚大学法学院早期的课程改革活动。早在 1914 年,哥伦比亚大学就在约瑟夫·克拉克院长的带领下,对法学教育进行大胆的改革。约瑟夫·瑞德利奇是该领域的第一位法学家,他向哥伦比亚大学法学院递交了一份报告,准备向哈佛大学法学院的法学教学方法进行挑战。1921 年,奥尔夫罗德·瑞德也建议对官方的"判例教学法"进行改革。哥伦比亚大学的现实主义法学家作了进一步的深入研究,他们认为:把法律作为社会科学和可以从其他社会科学那里得到帮助,都是十分必要的。他们尝试着将社会学法学运用到法学教育之中。他们坚信,因课程体系的重新划分和所采用的材料与法律实践更加接近,改革一定能够取得成功。为此,哥伦比亚大学开展的这场课程改革,在三门课程上把他们的改革体现出来。一门是赫尔曼·奥利芬特的贸易法规,一门是劳尔·多灵的产业关系。还有一门是安德赫尔·穆尔的商法。1922 年,这些课程首先给三年级的学生开设,成效显著:第一,他们不是根据法律条文来组织材料,而是根据存在的社会问题和经济问题来组织材料,结果,在贸易调整这门课中所涵盖的材料就包括合同法、侵权法、衡平法、刑法和公司法。产业关系这门课就涉及合同法、侵权法、代理法、衡平法和宪法的法条。同时,穆尔在商法领域也取得了进展。他们的改革,打破了人为的法学划分的藩篱,使学生在学习时视野更开阔,效果更明显,实效性更突出,学生们十分喜欢。第二,奥利芬特和多灵强调了与他们的课程的一些非法律材料的关联性;学生们打开他们的案例教程,呈现在他们面前的是 30 多页的经济史方面的材料。多灵课程劳动法案例时常出现经济学和社会学的材料。最后,奥利芬特和多灵使用了大量的法定材料。① 经过这些法学教授的大胆改革和尝试,他们在法学教育的新领域取得了十分可喜的、令学生非常满意的成效。

现实主义大师卢埃林指责当时的法学教育是"抽去了事实的空洞条文",敦促法学院应该研究解决"把法律和人文知识适用于行动的问题"。他主张在法学院开设除法学以外的课程,法学院应当聘请其他非法学学科的专家进行任教。在卢埃林现实主义法学思想的指导下,到 1931 年,耶鲁法学院出现了经济学家担任侵权法和公共商业控制课程教授的现象。历史学教授、心理学教授、社会统计学家和来自哈佛商学院和迈

---

① Laura Kalman, *Legal Realism at Yale* 1927—1960,1986, The University Of North Carolina Press, p69, 75,168,149,228.

阿密商学院助教都纷纷来到耶鲁法学院进行任教。1932 年,哥伦比亚大学法学院的教师中有财政学教授、法经济学教授、政治学家。除此以外,哥伦比亚大学其他学院的许多教授和法学院的教授们一起担任法学院研究生的多门课程。这样一来,法学院的教师队伍就形成了包括保险学教授、市场学教授、哲学教授、统计学教授在内的多层次、多学科的全新构成。① 从此,美国的法学教育,出现了不是学法律的教授在法学院执教的情况,体现了美国不同于世界其他国家的法学教育的特色。这或许就是现实主义法学对美国法学教育的巨大贡献之一。

另一位现实主义法学家弗兰克从法律事实的不确定性理论出发,在耶鲁法学院创造性地开设了一门"事实发现"课程,打破了传统的只注重案例和法律条文的陈腐做法,让学生从更广的视野中去把握"法律事实"。他的课程受到了广大法学院学生的欢迎,提高了法学院学生发现法律事实、找到案件解决方法的能力。在他的开创性举动的带领下,随后美国的许多法学院都先后开设了"法律诊所式课程""法庭辩论课""律师职业道德""律师文书写作课"等实践性课程,用"实习课程""专题课程""模拟法庭"等教学形式代替了以往的"判例教学"。专题研讨已经成了许多法学院的高年级学生的必修科目。

第二次世界大战以后,美国各法学院从教材的选择到编排、修改都体现了"现实性"的要求,对于法学本身的看法也在发生着改变。自 1960 年以来,美国法学界内,以"法律与××"为题的学科和这些学科的研究成果激剧增加。例如法律与经济学,法律与社会,法律与文学,法律与政治等。如今,在任何一所美国法学院,法律经济学都是学生必修的课程,在现实主义法学的影响下,美国的法学教育发生了一场革命性的变化。并随着社会生活实际的深刻变革和新兴法学派的不断发展,促使法学超越自身的学术边界,成为涵涉政治、经济、社会等诸多现实因素的综合学科。正是在现实主义法学的推动下,现在美国法学院的基本法律课程主要有合同法、侵权法、财产法、刑法、民事诉讼法、证据法和衡平法等 22 门课程,同时,必须选修宪法、行政法和税法等公法课程。②

二、否定"判例教学法",创立实效性教学法

现实主义法学的主要贡献之一,就是它彻底改变了美国的法学教育模式。19 世纪占据美国法学教育主导地位的方法就是兰德尔创立的"判例教学法"。这种教育方法,就是让学生上课时用苏格拉底式讨论问题的方法来代替传统的系统讲授,以分析的方

① Laura Kalman, *Legal Realism at Yale* 1927—1960,1986, The University of North Carolina Press, p69,75,168,149,228.

② David S Clark, Tugrul Ansay, *Introduction to the United States*, p20.

法代替传统的概念和法条的演绎方法。其具体做法是:先要有一套判例法教材。如合同判例法教科书、刑法判例法教科书等,其中收集有关某部门法或某一主题的有代表性的判例。课前由学生根据老师的安排进行认真准备,包括熟悉某些判例,掌握案件事实和判例根据等,通过自己独立思考作好发言摘要。上课时由老师作简单启发性发言后即引导学生展开讨论,以探讨、分析、评价有关判例。期末考试也以分析判例作为主要内容。判例教学法有助于学生生动、活泼地学习,有助于培养学生的独立思考、分析、推理和表达等能力,有助于掌握从事法律专业,特别是开业律师工作的技巧等。到20世纪初,判例教学法已在美国所有法学院推行。

可是,判例教学法使学生学习的法律知识仅限于判例法,特别是上诉法院的判决,它使法律与其他学科分隔开来。到了20世纪20年代,"判例教学法"受到美国法学界的猛烈批评,成为现实主义法学责难的主要目标。弗兰克认为兰德尔是一位"十足的神经病",他用判例教学法"误导"了美国的法学教育,他将上诉法院神话化了。在弗兰克看来,兰德尔是"修道院式的专注书本知识的书呆子"①。按照兰德尔的训练方法来培养法学院的学生,无疑就像饲养员给小狗喂食一样,学生学的知识太有限了。因此,法学院对兰德尔判例教学法必须予以否定,注重学生的法律实践能力的培养。

1916—1936年,在罗斯科·庞德担任法学院院长期间,哈佛大学主要推行兰德尔的僵化的教学法,使整个哈佛大学法学院的绝大多数人都变成了法律形式主义者。哈佛大学法学院成为了抵制法学教育"现实化"的中心。现实主义法学在哈佛大学法学院很难有一席之地。然而,当30年代法律现实主义进入耶鲁大学法学院和哥伦比亚大学法学院的时候,哈佛大学法学院的五位学者极力冲破兰德尔僵硬的判例教学法的控制,成为哈佛大学法学院反对法律形式主义的一面旗帜。他们是哈佛大学法学院的菲利克斯·弗克伏特、詹姆斯·M.兰蒂斯、埃德蒙德·M.莫根、托马斯·R.鲍威尔和乔治·嘎登讷。

哈佛大学法学院的菲利克斯·弗兰克伏特采用"超链接"的方法,教他的学生要打破概念法学的禁锢,鼓励他们弄清所有课程之间的关系。在他教合同法时,学生们不必非要等到第二学年开设衡平法时,才去了解合同法的有关赔偿问题。弗兰克伏特采用现实主义法学的方法,冲破传统的宪法和行政法之间的藩篱,将1932年的三分之二的行政法课程拆分为多种行政权力成分进行讲授,而这些权项按照传统的做法是赋予宪法学的。传统法学家们反对弗兰克伏特将行政法纳入宪法的倾向。他们认为所有的法学院都开设有宪法课程,教行政法的教授应当把行政法纳入宪法层面。但耶鲁法

---

① Laura Kalman, *Legal Realism at Yale* 1927—1960,1986, The University Of North Carolina Press, p69, 75,168,149,228.

学院的专家学者也对弗兰克伏特的远见卓识大加赞赏。①

　　由于弗兰克伏特改革了行政法的学习方法,进而他就用现实主义法学的方法再次对宪法学的学习进行改革,以便能够正确弄清联邦最高法院到底发挥了什么样的作用。1928 年,弗兰克伏特和詹姆斯在他们的研究报告《联邦最高法院事务》中提出:"一个行之有效的司法统计系统,应当使得社会对我们的政治制度的审查成为可能",分析摆在法院面前的不同案件。他们的结论是:历史上在联邦最高法院起决定性作用的因素是联邦最高法院司法权的紧缩,因为它膨胀的业务已经导致法官们主张联邦最高法院的司法权应当限定在公法问题上。②

　　托马斯·R.鲍威尔赞同弗兰克伏特研究司法行为的重要性。20 世纪 20 年代,鲍威尔告诫他的学生,司法观是法官经验偏见的结果。在 1923 年,当联邦最高法院以最低成本进行立法,在 4 到 5 个决定中达不到预期效果时,鲍威尔写文章指出,如果案件在 9 个月以内得到判决,立法应当坚持。在课堂教学,他也是坚持自己的观点。H. 托马斯·奥斯特恩回忆说,在鲍威尔的课堂上所教给他的是"真没有所谓的宪法这样的东西,只有令人作呕的联邦最高法院的判决"③。

　　詹姆斯·M.兰蒂斯也对传统法学教育不满。他教立法法这门曾经被兰德尔从课程表上删除的课程时,在他教的那一学期,设计出了像麻醉剂这样的主题,并让他的学生从世界上不同国家的做法的制高点来解决这个问题。同学们讨论了如何修订立法、如何实施立法。到这学期末,每个同学都起草了一份立法草案,他后来将这些草案汇总,作为一个提案报告交给提案委员会。

　　在所有反法律形式主义的观点中,没有什么观点比弗兰克福、鲍威尔和兰蒂斯对公法的方法更加彻底了。庞德和霍姆斯都认为,法律是社会科学的一部分,在法官们进行司法主观反映的司法推理的时候,他们表明了法律的建构是要考虑经济要素的。弗兰克福和鲍威尔通过他们对联邦最高法院的研究,拓展了这门社会哲学,并将它拿到课堂上。但他们却不能把支持这种观点的霍姆斯和庞德联系在一起,因为那时候,立法法还没成为传统法学院所开设的课程。在此种情况下,兰蒂斯成为受广大律师喜爱的经验主义者和一位反叛传统法学的现实主义者。

　　现实主义法学对教育的突出贡献,体现在私法领域的实验和在私法领域进行的法理学尝试。20 世纪 20—30 年代,许多现实主义法学家都极力将他们的学生所学的私

　　① Erwin Griswold, *Thomas Reed Powell*, Harvard Law Review69 (1956):793—794; Powell to Dewey, n. d, BoxA/A4, Powell Papers,Harvard Law School Archives.

　　② Felix Frankfurter and James Landis, *The Business of the Supreme Court* (New York: Macmillan, 1928), pp52—53 (n. 174),300;Thueman Arnold, Frankfurter,30Mar. [1932], Box 21, Frankfurter Papers, Library of Congress(here after FFP,LC).

　　③ Erwin Griswold, *Thomas Reed Powell*, Harvard Law Review69 (1956): 793—794; Powell to Dewey, n. d, BoxA/A4, Powell Papers,Harvard Law School Archives.

法课程同律师们的法律实践活动结合起来。他们尝试将法律同社会科学融为一体,运用功能分析方法,使法学教育更具可行性。

在哈佛大学的教授中,就有一位私法领域的现实主义法学者——乔治·嘎登讷。作为一位合同法教授,嘎登讷为1932年的《哈佛大学法律评论》撰写了一系列的文章,阐明了他认为解决合同纠纷时应排除占据统治地位的司法行为的12项基本原则,并预测到20世纪合同法的衰落。嘎登讷跟许多现实主义法学家一样,通过主张在解决合同纠纷时用侵权责任代替合同责任,从而进入合同法与侵权法交叉的研究领域。

埃德黎德·M.莫根可能是哈佛大学唯一的一位极力向他的学生阐明,法律是私人从业者实际工作的意识的学者。他认为:证据是介于私法和公法之间的领域,私人从业者和公共律师都需要清楚这一点。作为哈佛大学法学院毕业的一名研究生,莫根在耶鲁大学作短暂的停留后,于1925年应邀回到了哈佛大学法学院。在耶鲁大学,他跟瑟尔曼·阿诺德一样,认识到了司法程序跟实在法一样重要,因为司法程序中的步骤规则能使律师清楚地知道如何运用实在法,莫根希望授权给年轻的律师,通过让他们把握"掌握证据规则,而不是让规则来控制他们,妨碍他们的思想"的理论,以避开"对社会不公正和极其荒谬的想法"[1]。

莫根认识到由于其缺乏对庭审情况的了解,许多学生都发觉对证据的研究似乎是"技术上的强词夺理",他就让学生像律师一样用案例分析的方法和问题法的混合运用,来挑战自我。他的案例教程使他的学生用了许多真实的情况来研究证据规则。大量带有问题的案例引证,使学生能够从法官如何处理案件的不同角度,来分析案件,得出结论。他不是研究法官用控诉的方法解决问题,而是有机会亲自解决问题。在所有的哈佛大学法学院的教授中,正如现实主义法学家和哈佛大学的法学家们所说的一样,他或许是第一位在法学理论和法学教育上倾向现实主义的。他通过使法学教育更具有实践性的方式,来增加法律的必然性和实效性。他的观点蕴含了现实主义法学的内容。

1946年,威斯利·斯特哥斯担任耶鲁大学法学院院长以后,更是注重实效性教学方法的运用,在其担任院长以后的一年半时间里,成功地对教师队伍进行大调整。商法专家弗瑞德瑞奇·凯斯勒和早期的最著名的现实主义法学家赫瑟尔·云特马被聘任为全职教授。耶鲁大学的访问学者,侵权法、冲突法和国内贸易法专家和用社会科学解释法律的急先锋——佛勒·哈珀也担任全职教授。原先是耶鲁大学法学院的哲学教授F.S.C.瑙施佭普被任命为英国法哲学教授。另外,教师队伍中还包括人类学家、政治学家拉斯威尔。而且,耶鲁大学法学院还聘任了一大批地位显赫的德高望重的现实主义法学家做客座教授,每年来法学院讲一到两门课程。他们中间有:瑟尔曼·阿洛德、菲利科斯·科恩、阿比·佛托斯、杰罗姆·弗兰克和查理斯·克拉克等人。

---

① Edmund Morgan and John Maguire, *Cases on Evidence*, Chicago:Foundation Press,1934, Preface.

他们致力于法学教育的改革和大胆的尝试，使耶鲁法学院充满了生机与活力。①

20世纪40年代后期即二战结束后的5年，耶鲁法学院的课程考试继续关涉到社会科学和社会政策，关涉到法学职业教育。虽然对法学职业教育不是那么特别强调，但现在要比以前关注得更明显了。从1946年伊始，就举办让学生们参加庭审旁听、行政事务代理、仲裁委员会和立法委员会的专题研讨会。杰罗姆·弗兰克开始讲授有关审判的课程——"事实发现"和威斯利·斯特哥斯讲授有关仲裁的专题。所有这些课程都是尝试着让学生的注意力从传统的法学教育即以诉讼为核心的观念转移到法律实践上所开设的课程，重点放在社会科学和社会政策，其分量要比法学职业教育大得多。40年代末期，在耶鲁法学院出现了选修课大爆炸的局面。许多新开设的选修课都是有关社会科学的。1948年，耶鲁法学院为律师、法学院的学生和其他领域的学者，提供了为期一个学期的对高级法律研究和与之相关的社会科学之关系展开探讨的平台。

20世纪60年代出现的法律诊所教育，就是在现实主义法学方法的引导下产生的。在诊所教学中，学生通过扮演律师角色锻炼职业判断力、完成高等技能的培养。当学生们具备了这些专业技能时，毕业后寻找一个机构以便继续他们的职业培训就显得不那么重要了。关键在于使学生能够从经验式教学中学到东西，将这种经验式学习能力应用于将来，法律诊所教育试图提供给学生一种方法，使其成为更好的、成熟的学习者。学生们不仅学会基本技能，具备判断力、职业责任心、法律和社会知识，同时也应该掌握学习方法。这就大大提高了学生解决实际问题的法律能力。

三、加速了三大法学院的融合

哈佛大学法学院、耶鲁大学法学院和哥伦比亚大学法学院是美国著名的三大法学院，19世纪社会学法学派占据主流的时代，哈佛大学法学院一直居于"法学霸主"地位，"兰德尔教育模式"一统天下，耶鲁法学院和哥伦比亚大学法学院无不受到其影响，随着现实主义法学的诞生，并逐渐取代社会学法学的地位，而成为美国的主要法学思潮。耶鲁法学院和哥伦比亚大学法学院与哈佛大学法学院也经历了从一开始不断磨合、排斥到最后走向相互融合的过程。

耶鲁法学院和哥伦比亚大学法学院始终是现实主义法学的阵地。从它一诞生，现实主义法学家就以这两所大学的法学院为基地，阐释现实主义法学的理论体系，形成了与哈佛大学法学院分庭抗礼的局面。早在20世纪初期，在进步主义思想的影响下，哥伦比亚大学法学院的教授赫尔曼·奥利芬特、安德赫尔·穆尔、罗尔·童灵就尝试着改革法学院的教学内容，将社会学的相关知识加入到法学教学的内容中去，以满足

---

① Laura Kalman, *Legal Realism at Yale* 1927—1960, 1986, The University Of North Carolina Press, p69, 75, 168, 149, 228.

学生的现实需求。到 20 年代末期,哥伦比亚大学法学院已经形成了以奥利芬特、穆尔、因特玛·道格拉斯和洛恩·马歇尔为核心的具有现实主义法学思想倾向的学术团体。哥伦比亚大学法学院也即成为当时现实主义法学启蒙阶段的领导核心。到 1928 年以后,现实主义法学的领导核心迅速从哥伦比亚大学法学院转移到耶鲁大学法学院。该院的阿罗德、克拉充、汉密尔顿、罗德尔等一大批不满足"兰德尔判例法"教学的教授们成立了课程改革委员会,对法学院的课程进行了大胆的改革,使现实主义法学的思想观点深深地根植于耶鲁大学法学院的学生心中,为现实主义法学的形成和发展奠定了坚实的基础。到 1930 年,时任哥伦比亚大学法学院教授的卢埃林,将现实主义法学教育改革的成果进行归纳总结,发表了《现实主义法学——下一步》的文章,针对当时占统治地位的社会学法学,第一次提出了现实主义法学的概念,公开表述了现实主义法学的基本观点。从此拉开了以卢埃林为代表的现实主义法学与以庞德为首的社会学法学之间的论战。

卢埃林在《现实主义法学——下一步》一文中指出:法律领域里最核心的问题是法官的行为,法律规则只是观念的逻辑,它对指导法院进行判决几乎没有价值,法律规则只有依靠法官才能成为确定性的,法律的"核心"就是"官方的调整行为与受这种行为影响的那些人的行为和它们之间的相互关系"。他粗略地勾画出了"现实的法"和"纸上的法"之间的区别。卢埃林现实主义法学观点的提出,立即遭到当时的法学泰斗庞德的批判。1931 年 3 月,庞德借参加纪念霍姆斯大法官九十岁诞辰之机,发表了纪念文章《对现实主义法学的一个要求》,对现实主义法学进行了公开批评。他写道:"这一时期新现实主义的心理分析并未完全从那种非难老式的法理学思想方式的教条主义中解放出来。"然而,"闭眼不看通过法规和制度可以使司法体制达到稳定,这是武断的、不切实际的","法律秩序的一个引人注目的现状就是立法界和执法者不可能将其正在做的事情同他们应该做的,或者同他们认为应该做的事情截然分离开来"。

针对时任哈佛大学法学院院长的庞德对现实主义法学的批评,1931 年,在哥伦比亚大学执教的卢埃林,在弗兰克的协助下,确认了大约二十名现实主义法学家,并收集他们的著作编纂整理,在《哈佛法学评论》上发表了其长篇论文——《关于现实主义的一些现实主义——答庞德院长》,全面阐述了现实主义法学的理论。特别是他本人对法律概念的基本思想。卢埃林认为:现实主义法学家承认法律的概念的可变性,都看重司法人员实际创立的法,都认识到社会的概念也在变化之中,社会变化比法律更快,所以这样的可能性总是存在的,即任何一部分法都需要重新加以审定,以便决定它怎样才能更适合它本来为之服务的社会。卢埃林指出庞德所认定的现实主义法学的特征是不准确的,或者完全是歪曲的。卢埃林还阐明了现实主义法学家所共享的九个共同的出发点,揭示了社会法学家和现实主义法学之间的关系。

弗兰克也对庞德提出了更富个性、更加有力的抨击。弗兰克指出:庞德的司法判决形成的理论是以人为地区分"财产案件"和"人们的行为案件"为根据的。而这种人为的划分是不科学的。第一,因为财产和商业贸易经常都是无比特殊;第二,因为庞德认定,分离就是彼此独立,自成一体,还有不受人们影响作用的客观存在,心理学家们已经表明这是种错误的设想;第三,因为庞德十分严格地对那种要求适用抽象规则的部门法和那种需要及时地和煞费苦心地研究特殊情况下的新奇事实的部门法加以区别。弗兰克认为,每一个案件反映出一个法官应在何种程度上坚持先例,反对自由地修改原有的判例问题。弗兰克坚持认为虽然已经将机械主义的法理学的危害后果暴露无遗,但他仍然试图证明机械主义法理学在立法方面很大程度上是合理的。现实主义法学与社会学法学之间的激烈论战,引起了法学界空前热烈的讨论,并吸引越来越多的法学家们就此发表自己的看法。由于卢埃林的理论更关注现实,"日益增多的美国法学家在这场引人注目的'庞德—卢埃林之争'中,站在较年轻的卢埃林一边,以至30年代,现实主义法学逐渐取代社会法学,成为美国法哲学的主流"①。

随着论战的进展,哈佛大学法学院与耶鲁大学法学院和哥伦比亚大学法学院之间的关系一度很紧张。在1916—1936年间,罗斯柯·庞德担任哈佛大学法学院院长时,由于他主张社会法学的观点,对现实主义法学给予极端的排斥。因此,当时的哈佛大学法学院很少受到现实主义法学的影响。此时的耶鲁大学法学院和哥伦比亚大学法学院已经取得了现实化教育改革的显著成效,他们培养出来的学生水平已经大大超过哈佛大学的学生。

但是以菲利克斯·弗兰克伏特、詹姆斯·M.兰蒂斯、埃德蒙德·M.莫根、托马斯·K.鲍威尔和乔治·嘎登讷等为代表的反对法律形式主义的哈佛大学法学院的教授们,也悄悄地进行着现实主义方法的尝试,并取得了良好的效果。直到1946年6月,艾文·格瑞斯沃尔德担任法学院院长以后,哈佛的教育改革才略有起色。格瑞斯沃尔德从来不像庞德那样独断专行,他采纳了学院法学教育课程委员会的报告,吸收了这个报告的作者洛恩·富勒的观点。这个报告采用现实主义法学家对哈佛大学的批判方法,在许多方面确认了现实主义方法的有效性。最后得出结论,传统的法学教育既没有使学生明白法律是一门社会科学,也没有训练他们担任律师履行自己职责的基本技能。1947年的这个报告,在很多方面是大胆的。学校课程委员会严厉地批评了判例教学法和法学院的教学没有将法律同社会科学融合的错误做法。课程重新定位的建议说服了许多人。格瑞斯沃尔德决定,哈佛大学法学院教育的"基本价值"应当定位在法学教育的基础领域。他称之为"严谨、理智原则、如何训练思维"。格瑞斯沃尔德院长确信,在1947年委员会的报告发布以后的13年中,法学院老师最终采用的课程,变化不是十分明显。

1960年,三大法学院从分歧走向了融合。哈佛大学虽然还没有成为现实主义法学

---

①　G. Edward. White, *Patterns of American Legal Thought*. p65.

的温床,但已经走向了现实主义法学①。到 2003 年 12 月,哈佛大学法学院的默顿·哈维茨教授继续讲授美国的现实主义法学,让学生讨论霍姆斯对后来现实主义法学的影响,比较克尔曼的现实主义法学观同哈维茨和坡赛尔的现实主义法学观的异同。三大法学院的融合,加强了法学教育信息的沟通,实现了法学教育资源的共享,共同推动着美国法学教育的向前发展。

吕世伦、付池斌撰写,刊于《东岳论丛》2006 年第 2 期。

---

① Laura Kalmen, *Legal Realism at Yale* 1927—1960,1986, The university of North Carolina Press, p69,75, 168,149,228.

第五篇

法学专著的简评及序跋

李桂林、徐爱国《分析实证主义法学》序※

呈现在读者面前的这本《分析实证主义法学》,是两位法学后生近年来的一个科研成果,是他们在各自博士论文的基础上所做的进一步扩展和深化。这两个作者,其中的一个是我在 20 世纪 80 年代末所指导的研究生,后在我的推荐下去北京大学任教并获得法学博士学位;另一个也是北京大学的法学博士,现在在武汉大学从事博士后研究。看到这本纯粹学术著作的出版,我认为在法理学逐渐为人们所淡忘、西方法理学越来越不为人们所重视的今天,两位作者能够甘于寂寞,不急功近利,潜心于西方法理学的探索,的确是一件可喜可贺的事。

在西方,分析实证主义法学一直是一个显要的法学流派。从 1832 年奥斯丁发表《法理学范围之确定》算起,其发展经历了一百六十多年。在这一百多年里,这个学派曾经被视为西方科学法理学的经典,也曾经被视为只重视权力不考虑道德的、为法西斯法律辩护的理论工具。在英国,这个学派的理论一直是法律院系法理学的主导派别,第二次世界大战以前处支配地位的是奥斯丁的"法律命令说",第二次世界大战之后则是哈特的"法律规则说",今天又兴起了麦考密克和魏因贝格尔的"制度法论"。而在美国,它一直受到其他法学流派的批判(比如《法律的道德性》的作者富勒,《法律与现代精神》的作者弗兰克,《认真对待权利》和《法律帝国》的作者德沃金等就对其持批判态度)。谁是谁非,至今尚未有结论。

在中国,我们对于分析实证主义法学的了解甚少,这与这种理论的晦涩有关,与它过于思辨有关,也与中国人疏于分析实证的方法有关。在现有的法理学著作里,我们对于这个学派的研究只是专著的研究,不够完整,不够全面,也不够准确。奥斯丁的《法理学讲义》,我们还没有中译本;哈特之前的分析法学,我们尚没有足够的资料;拉兹的理论,我们还只是雾里看花;麦考密克的法律推理理论我们还没有涉及。从这个意义上讲,这本《分析实证主义法学》,实为我国在这个著名法学流派研究方面填补了一个空白。

对于法律思想的研究,历来都有两种方式:一种是专题性的研究,比如法学研究的方法,法律的概念,法律的结构,法律与道德的关系,法律与正义的关系,法律的推理;另外一种是人物的研究,比如奥斯丁的法律命令说,凯尔森的法律规范说,哈特的法律规则说,拉兹的新分析法学,麦考密克的制度法论。两种方法各有利弊,前者的特点是

※ 该"序"在吕世伦文集的前三卷中失收,今补遗

明确、清晰和有条理,不足的是可能片面、附会甚至误解;后者的特点是全面和准确,但同时又难为读者所把握,缺乏一定的引申和评析。两种方法比较而言,前者更难一些,它要求作者对于原著全面准确的把握和严密慎重的思考。《分析实证主义法学》采用的是后者。当然,两位作者有他们自己的解释,他们声称是用一种分析实证的方法来研究分析实证主义法学,拿哈特的话说,是用一种"内在的观点"来审视分析实证主义法学。而在我看来,这是一种不可避免的缺憾,因为,对于中国的研究者来说,要全面准确地掌握分析实证主义法学理论,然后从一个更高的角度来诠释这个全新的东西,这个要求太高了。我只是希望,两位作者能够朝这个方向继续研究下去,为我国分析实证主义法学的研究奉献更高水平的成果。

吕世伦

1999 年 10 月于中国人民大学

※刊于武汉大学出版社 2000 年版

钱福臣《美国宪政生成的深层背景》序

我们将要翻开阅读的《美国宪政生成的深层背景》是一部行文不长的小册子,而且从题目上看似乎也显得有点平淡无奇。但这完全是误解。实际上,该书确属一部高质量的学术专著。该书作者以深刻的法哲学思维,通过对美国宪政的生成的研究,全面而系统地分析和概括了近代以来西方宪政的最基本的精神、经验和主要之点;书中所使用的资料亦丰富而翔实,言简意赅,爽直明快,颇有可读性。依我所知,迄今为止,在类似主题的作品之中,如此独具特色的创造性专著,诚属少见。

在世界史上,美国是第一个以成文宪法为核心的、正式又体系严整地建立起宪政的国家,具有明显的典型性。这是国内外读者所公认的。正如作者指出的那样,美国宪政生成的背景十分复杂,是包括深层的理论思想、历史传统、社会需要、主观条件等诸多因素及其相互交错和结合的结果。同时,它所经历的途程也带有渐进性。从 1739 年马里兰人民自由权利法案至北美首部成文宪法即弗吉尼亚宪法,从邦联宪法至 1787 年联邦宪法,再至 1789 年的 10 条宪法修正案(权利法案),从立法、行政、司法三种权力的不均衡至马歇尔大法官通过处理 1803 年马伯里诉麦迪逊案件而确立司法审查制度,先后达半个世纪之久。美国所走过的宪政之路是成功的,经验是可贵的,对后世的影响是巨大的。但不容忽视的是,在美国宪政的生成中,又包涵着一些容易被忽视的、时代的局限性和有产者的阶级偏见。

根据我本人反复捧读的体会,该书所阐发的宪政的理论要义,大体上可以概括为以下几点:

其一,宪政的现实社会基础和目的。宪政的最深厚的根源,是近代西方市场经济的发展。商品交换打破了人的依赖关系(身份关系),导致社会的大分解,使个体从整体的牢固束缚中解放出来。马克思《资本论》所讲的在前资本主义制度下商品交换中的"人的法律因素",现在已成长为强大的现实。那就是个体获得了独立的人格,自由和彼此平等的地位,使其能够自主地支配个人的行为和财产;并且,同他人发生关系,主要是通过契约来进行。这样,社会上到处出现强烈的对个人权利的诉求和基本人权的呼吁。随此而来的,以利益为准则又构成多元群体,而各个群体都要求拥有一定的权力,形成多元权力的格局。在这方面,当年法国托克维尔所赞赏的那种北美自由个人自愿结成的地方自治,起到了巨大的特殊作用。之后,马克思主义创始人对这种地方自治亦给予高度的评价。宪政就是直接建筑在这种个人权利诉求和社会权力多元之上的。不言而喻,西方人包括美国人,他们并非把宪政本身当作目的,而是把它当做满足每个人自身利益的一种强有力的政治手段。趋利避害乃是人与生俱来的本性,人们奋斗所要取得的一切都超不过利益二字。从某种意义上说,在前资本主义制度下,不允许个人利益的单独存在;而资本主义制度则为个人利益的追求提供了广阔的空间,这就是无处不在的人与人之间激烈的自由竞争和优胜劣汰。在人们的心目中,也不得不默认这是无可置疑和不可避免的。没有这种普遍的利益驱动,宪政便不会被创造,即使创造出来也没有意义。

其二,宪政的运行机制。这包括素来为东方人所未曾听闻的两个重要内容:①人民主权。它经历了古代希腊尤其雅典的民主制,古罗马的"人民"观念、混合政体和私法,尤其是1215年《大宪章》及后来的宪法性文件,而逐渐成长,并为美国人所接受。无疑人民主权与民主制密不可分。但是,从一开始,它所指的"人民"和"主权"就是不周延的、局限的。还在美国进行制宪时,奴隶、妇女、纳不起税的白人男子、印第安人等,就不在人民的范围。这不仅没有做到卢梭倡导"公意"基础上的人民主权论,甚至没有达到洛克式的羞羞答答的人民主权论那种水平。针对这种实际情况,该书作者把人民主权分为理论逻辑上或政治上的人民主权与实际上或法律上的人民主权两种,是非常正确和独到的科学见解。人民主权,在英国是议会主权,在美国是宪法主权。这个事实生动地证明,西方的人民主权通常是滞留于所谓"政治解放"和"法律平等"的层面。②分权与制约平衡。有的学者认为分权和制衡是宪政的基石,此话并非没有道理。人民为了保障自己的权利,要求建立强大和统一的国家权力,但又担心过于强大的权力会任意侵害自己的权利,因而同时又追求分权与制衡。分权,既有国家职能部门间的横向分权,也有中央与地方间的纵向分权,明显地是为了防止因高度集权所必然带来的任性或专横。制衡,则是为了防止国家权力的某个部分的越权而导致特权。当初,美国制宪者奉行实践中的孟德斯鸠主义,极为鲜明地将国家权力分为立法权、行政权和司法权三个部分,并将拥有立法权的议会再掰成两半即参众二院。不过,分立开来的各种权力必然又相互渗透和融合。如果这种分立是绝对的,那么就会像黑格尔所说,整个国家就会立即土崩瓦解。根据200年的实证经验来考察,美国三权分立的运行,固然出现不少纰漏,但总体上是做得相当成功的,并非像国家主义者描绘的那样糟糕。应当承认,近代以来的民主和法治,从美国人正式地贡献出宪政之后才趋于成熟。

其三,宪政的根本保障,即"法律至上"。法律至上可以理解为法治(法的统治),首先是"宪治"(宪法之治)。严格说,"法律至上"这种绝对化的用语并非很科学,但它作为西方人的传统观念和现实需要是客观的存在。早在亚里士多德的《政治学》中,法治的基本内涵已经得到精湛的阐发。在他看来,法治大大优于人治,法律的统治,犹似神祇的统治。古罗马国家通过立法,主要是私法把希腊人的法治观念加以实证化。即使在黑暗的中世纪,统治者也不得不承认"国王在法之下"的原则。到了17、18世纪,启蒙思想家更直接地把法治作为推翻专制制度的重要口号,使之更加深入人心。美国宪法正是在这种时代大潮中出现的。所谓宪政，就是以宪法为根本法的法律统治或曰宪法政治。这点，毛泽东在《新民主主义的宪政》的演讲中已经说到了。不过，他在强调"民主政治"时，却没有同样地强调法治。宪政的目的性价值基础是"以人为本"，保证和实现个人的权利或基本人权。但是，商品社会的基本法则是自由竞争。个人权利之间，多元的社会权力之间，以及国家的各种政治权力之间，无不存在着竞争。协调（而不是压制）这诸多的竞争，不使社会成员的利益冲突激化，以维护每个人的所得或应得，所能采取的唯一的办法，就是将这些矛盾纳入宪法和法律的轨道上来。必须指出，近代西方的法治主义是从传统的自然法（高级法）那儿引申出来的，换言之，是人的理想选择。

统观历史和现实可以知道，宪政是人类文明的发展规律，时代的呼唤，世界运行的大趋势，任何民族国家都无法回避，更不可能阻止。如果说西方国家的宪政是历经2000多年的酝酿而自发地生成，那么从理论上说，社会主义国家则应当自觉地实现宪政，把它作为真正的人类解放、人类全面发展的必由之路，进而最终达到"自由人类联合体"的崇高目标。

我所概括和叙述的、对宪政问题的这些粗略想法，仅仅是期冀给读者们阅览这部专著提供些许参考。

最后，要感谢钱福臣教授让我为其大作撰写这个小序。

吕世伦

2004 年于中国人民大学寓所

※刊于法律出版社 2005 年版

吕世伦《理论法学经纬》序

拙作命名为《理论法学经纬》,是根据理论法学本身的内涵而确定的。按照国内外大多数法学家们的共识,理论法学应当包括两大方面:第一,法律史学,其中又分为法律制度史学和法律思想史学。它们均是研究法律运行总体脉络的学科。通常,法律制度是建立在一定的法律思想(或曰法学理论、法律学说)的基础上;反过来,法律制度对法律思想和社会意识也有巨大的影响力。不言而喻,作为一门专史,法律史学的对象属于历时性的存在现象,所以谓之理论法学的经(纵)向学科。第二,法的一般理论。除了法理学是纯粹研究法律或规范本身的学科之外,还应包括其他同法律基础性理论密切相关的法学与别的学科领域相交叉所形成的"边缘学科",并且这些学科伴随法学的发展在不断地增加。到目前为止,已有法哲学(法学与哲学的交叉)、法社会学(法学与社会学的交叉)、法经济学(法学与经济学的交叉)、法政策学(法学与政策学的交叉)、法人类学(法学与人类学的交叉)、法美学(法学与美学的交叉),如此等等。几十年来,本人或多或少、或深或浅地涉足到这些学科领域,发表了一些论著,有的是写出来但没有发表而压了箱底。所有这些学科都是相互并存的、共时性的,所以谓之理论法学的纬(横)向的诸学科。

今年恰逢我的"古稀之年"。大体估算了一下,平生所撰写理论法学的文章总共300篇左右。这些东西清晰地映现出自己学术思想的演化历程。早年时期的作品,显得很天真幼稚,无法登上大雅之堂是不言而喻的。后来,直到"文革"结束之前,受到极左的、歪曲形态的"马克思主义法学"之长期和反复的熏陶,中毒匪浅。职之故,这些作品连自己都觉得不好意思去面对,当然不会编入书里去。这几年,我先后对余下的文章进行了整理和梳缕,辑成三部文集:第一部是《法理的积淀与变迁》(674千字,法律出版社2001年),内容属于法律思想史学方面的;第二部是《法理念探索》(600千字,法律出版社2002年),内容属于法律一般理论的;第三部便是目下的拙作《理论法学经纬》。顾名思义,它的内容既有经(纵)向的法律思想史学,又有纬(横)向的法的一般理论,两者都属于理论法学范围内的作品。文集中有些是本着"互师互学,教学相长"的精神,同我的研究生们一起研写的。经验使我感到,这是培养研究生的一种颇为有效的方法,还能够起到师生之间彼此启发和共同提高的作用,所以这是我经常采用的。在这里想特别强调,1984至1988年我在南开大学法学研究所担任研究员和所长期间,与中国法制史专家杨恩翰教授共事的过程中,经常向他请教有关中国法律思想史方面问题;收入这本书里的中国法律思想史学部分(包括一篇长文和两篇短文),就是我们合写的,但主要贡献应归于他;至于我所发挥的作用很有限,毋宁说主要是为了向他学习才参与的。此外,我还不能忘怀当年同几位专家教授们富有成效的、合作的情谊。现在,我郑重地向以上的同学们和朋友们,以及合作者们表示真挚的谢意。

本书存在的缺点或不足,可能比比皆是,衷心期望和欢迎读者的不吝赐教,我定会虚心加以思考和拜纳的。

人生有涯,学海无涯。虽然我正式迈入法律科学殿堂已半个多世纪,但真正称得上"成就"者几稀。这个事实鞭策我仍须发挥暮年的余热,使自己还能有所进步。

我的感想或感慨有许多,为了节省读者的时间,就此停住。

这些话权且充作本书的"序"吧。

吕世伦

2004 年于中国人民大学寒舍

※刊于中国检察出版社 2004 年版

简评周世中《法的合理性研究》

由山东人民出版社出版的周世中博士的《法的合理性研究》一书,以合理性理论为基础,研究了法的合理性概念、类型和历史发展。该书展示了作者深厚的学术造诣和理论功底,展示了作者对推动法学理论研究所作的努力。

对法的合理性的认识,不同的法学家有着不同的见解。作者对法的合理性概念的释义,意在为深层次地建构合理性的体系奠定基础。作者分析众学者的不同观点,立足马克思主义的法学立场,从法的合理存在的主要因素着手,把法的合理性概念定义为满足人民群众需要和符合社会发展规律与其自身发展规律的实质属性。这样的定义,为进一步深挖法的本质和真谛找到了逻辑起点,提供了平台。

任何一种理论都有其渊源。我国对法的合理性范畴的研究也源远流长。从孔子的"克己复礼"的礼治论,荀况的"隆礼至法"的礼法统一论,韩非的法之理,程朱的"法者,天下之理",康有为的"天定公理",严复的法合公理说,梁启超的公理论,一直到孙中山的革命公理学说等。西方对法的合理性的研究,也形成了一系列学说,有客观合理说,主观合理说,理性合理说,神学合理说,规范合理说和社会合理说等。马克思关于法的合理性的叙述,是关于法的合理性研究中一颗璀璨的明珠。作者立足于马克思主义法学的立场,从中西方浩瀚的法的合理性研究成果中,批判性地吸收,探求了法的合理性的理论依据,获取了自身理论的建构源泉。

法律实践是法的全部活动,包括立法活动、执法活动和司法活动。作者对立法的合理性、依法行政的合理性以及司法行为的理性化进行论述分析。通过对法律实践中合理性的分析,使法的合理性的理论体系在实践中得到了运用,更进一步推动了法的合理性的理论研究。同时,重点探讨了法的实质合理性和法的形式合理性,旨在获取在法治道路上如何选择良好的法律,如何设计形式上完备的法律,以更好地推进法治建设。

毋庸置疑,这部书是提升我国法的合理性研究水平并回应法治建设的法学理论新作。

吕世伦撰写,刊于《光明日报》2005 年 5 月 20 日第 8 版。

吕世伦主编、严存生副主编
《西方法律思想史论》后记

　　奉献给读者的这部《西方法律思想史论》与二十年来国内已出版的西方法律思想史著作(包括我们自己撰写的一批西方法律思想史著作)有很大的不同。其差别主要在于,后者一般属于叙述性的通史作品和教材,而本书的基本宗旨是对于作为一门学科的西方法律思想史进行整体的分析、考察和总结,纯属研究性的。我们的目的是,使读者能够比较全面地把握西方法律思想史这门学科的有关情况,并大略地预测本门学科在新世纪和新千年的发展远景。除此之外,本书还具有浓厚的史料性。这对于西方法律思想史的研究者和爱好者肯定是不无裨益的。

　　本书的撰稿人都是长期从事于西方法律思想史的教学和研究人员,而且多半是有影响的资深的西方法律思想史的专家。以姓氏笔画为序,他们是:西南政法大学教授、博士生导师文正邦——第一、二、三章;中国人民大学教授、博士生导师、法学博士史彤彪——第四、十四章;中国人民大学教授、博士生导师吕世伦——第五、六、七、八、十三章;中国人民大学法学博士生任岳鹏——第二十章第三节;西北政法学院资深教授严存生——第十五、十六、十七、十八、十九、二十(第一、二节)、二十一章;华中科技大学法学院副院长、副教授、法学博士曹茂君——第九、十、十一、十二章。本书由吕世伦审阅并最后定稿。

　　书中欠妥之处,希望读者不吝指教。

吕世伦

2005 年中国人民大学

※刊于商务印书馆 2006 年版

陈根发《论日本法的精神》序一

日本在近现代法制和经济上所取得的成就,在世界史上具有一定的影响和意义。近代以来,我国对日本法制和日本法学的借鉴是全方位的,并且这也是我国法学研究的开端。但是,由于日本帝国主义的侵华战争,这一法学交流的传统也因此中断。第二次世界大战后,日本在法制建设中基本剔除了法西斯主义和封建主义因素,实现了法制现代化。由于我国与日本同处东亚,面对西洋法律文化,两国的现代法律文化在某种意义上仍然是"东亚法系"中两个毗邻的"开发区"。因此,了解日本法和日本法的精神,对于我国的法治建设和社会主义市场经济建设都具有一定的现实意义。但是,近些年来,我国学者在外国法和比较法的研究中,存在着或多或少忽视或轻视日本法的倾向,在对日本法的研究中也存在着重应用法学、部门法学而轻理论法学的现状,因此在中日法学的交流中,与日本学者对我国理论法学的全方位研究相比,出现了不对称的局面。

由于历史的原因,日本法制的近代性与欧美相比有较大的差异,它较多地维持了封建习惯,缺乏市民自由的特征。日本"现代法"是日本近代资本主义法的变化形态,它与近代法具有共同的经济基础,两者的差异是由资本主义经济的发展阶段所决定的。现代日本法律被划分为公法、私法和社会法三大体系,其中社会法体系在资本主义国家中具有领先地位,它为日本资本主义的迅速发展提供了独特的法制系统。另一方面,在整个日本法学中,理论法学始终处于基础性和指导性地位。其中,法哲学被认为是基础法学的基础,由于日本法学对新康德主义法哲学的推崇,因此在"法哲学"与"法理学"的名称使用和学科体系上,一直偏重于发展大陆法系的法哲学,这一传统对我国早期的法哲学也有影响。

本书的焦点之一是对日本四大理论法学思潮的研究。作者在国内外第一次将现代日本理论法学思潮相对划分为日本新康德主义法学、日本马克思主义法学、日本法社会学和日本自然法学等思潮,对各大法学思潮的产生、发展、地位及其相互关系做了深入探索,描绘出现代日本理论法学各流派和平共生、百家争鸣的现实图景,并进而揭示了各大理论法学思潮的本质、特征和精神面貌。

日本新康德主义法学的形成主要是受到施塔姆勒(Rudolf Stammler, 1856—1938)、凯尔森(Hans Kelsen,1881—1973)、拉德布鲁赫(Gustav Rad bruch,1878—1949)等新康德主义法学家及其法律思想的影响。它主张当为(ought)与存在(is)的辩证统一、债权在近代法中的优越地位、社会法的理论、相对主义是民主主义法律理念的基础、国际法优于国内法、对意识形态的批判等。这些基本主张在现代日本法学和社会生活中具有极大的权威和正统性。为了阐明日本新康德主义法学在日本法学中的地位,作者选取了它的三个代表人物:日本法哲学鼻祖恒藤恭(Tuneto kyô,1888—1967)、日本宪法学泰斗宫泽俊义(Miyazawa Tosiyosi,1899—1976)和法哲学大师尾高朝雄(Otaka Tomô,1899—1956),对他们的法律思想做了分析和比较,揭示了他们在当代日本法学中的指导性地位和影响。

日本马克思主义法学诞生于20世纪20年代,从诞生起就受到了天皇统治的彻底弹压,但是在一些杰出法学家的研究和倡导下,表现出了顽强的生命力。第二次世界大战后,日本马克思主义法学受到的来自国内和国际的各种考验也是罕见的,但它还是找到了发展的空间。日本马克思主义法学具有自己浓厚的特色,极力主张法的阶级性、批判性和国际性等。作者在研究中选取了它的三个代表人物:"日本的马克思"平野义太郎(Hirano Yositarô,1897—1980)、日本马克思主义法哲学"第一人"加古佑二郎(Kako Yositarô,1905—1937)和日本马克思主义法社会学大师渡边洋三(Watanabe Youzô,1921 —),对他们的法律思想做了分析和比较,揭示了他们在日本法学中的特殊地位。

日本法社会学是"社会学法学"在日本的表现形态,它的产生受到了法律进化论、日本马克思主义法学、"活法"(living law)和经验法学等思想的影响。其中日本马克思主义法学对战前日本法社会学的影响具有划时代的意义。战前的日本法社会学与马克思主义法学存在许多共同点。战后不久的"法社会学争论"和"法律解释争论"造成了日本法社会学在研究方法上的分化,形成了马克思主义法社会学和经验主义法社会学两大倾向。但从总体上看,日本法社会学主张法社会学方法的多样性、对法的概念和法的精神作扩张性解释、提倡马克思主义与经验主义方法的结合等。作者选取了它的三个代表人物:日本法社会学"始祖"末弘严太郎(Suehiro Izutarô,1888— 1952)、民主主义斗士戒能通孝(Kainô Mititaka,1908—1975)和日本"法学之王"川岛武宜(Kawasima Takeyosi,1909—1992),对他们的法律思想做了分析和比较,揭示了他们在日本法社会学乃至整个日本法学中的巨大影响。

日本自然法学也有着自己独特的遭遇和辉煌。最初传入日本的西方法律思想是法国的自然法学思想,但是由于法律实证主义的迅速崛起,自然法思想没有在明治立法中占据明显的优势。战后,"不死鸟"(phoenix)的自然法思想在自然法色彩浓厚的日本新宪法下获得了彻底解放,日本自然法学也走上了复兴的道路。日本自然法学具有自己浓厚的特色,主张"法的自然法"或"法学上的自然法"、多元文化主义的自然法、儒学和理学的自然法及对西方正义论的调整等。作者选取了它的三个代表人物:大法官田中耕太郎(Tanaka Kôtarô,1890—1974)、儒学者长尾龙一(Nagao Ryûiti,1938—)和天主教神甫永帕鲁图(José Llompart,1930—),对他们的法律思想做了分析和比较,揭示了他们在日本法学中的地位和影响。

本书的另一个焦点是对"日本固有法的精神"的研究。通过对古代日本的习惯法、武士社会的法及其法律意识的研究,作者认为在日本的固有法中存在着三大"精神",即现实主义精神、公家和团体主义精神及和谐主义精神。不仅如此,作者还进一步探索了决定现代日本法精神的深层原因,认为日本固有法的精神具有内在、深刻的两面性,与西洋法和日本现代法存在着既相适应又相矛盾的局面。最后,作者对"日本理论法学精髓"提出了自己的见解,认为日本理论法学中存在着价值相对主义的法学观、法律意识形态的批判观和历史唯物主义的革命观等积极因素。

陈根发同志以日本理论法学的多样性和法制现代化为镜,对我国的法制现代化和理论法学研究提出的建设性意见也具有一定的现实意义。长期以来,我国在对外国法律思想和法律文化的借鉴上较多的是倾向于美英法德等国,对于临近的日本反而有疏远和轻视的倾向,但事实上日本的法律思想和法律文化中有一些值得我们借鉴和适于在我国发展的因素。如作者在结论中写到,即使在社会主义条件下,任何事物的发展也只有在存在内部多样性的情况下才是可能的,法学和法制现代化也不例外,它们需要多种"和而不同"或"价值相对主义"法学理论相辅相成的交流、合作和指导。

有学者在评论作者的这一研究时指出:陈根发博士能够引用大量的材料,比较详细地介绍日本学者在理论法学方面的研究和成果。一般而言,我们都熟悉日本学者对于中国法制史和民商法的研究,我国对日本民商法和刑法等部门法的研究也比较多且深入。但是,由于资料的缺乏,我们不知道日本理论法学的历史和现状。因此,这一研究有填补国内法学研究空白的作用。① 陈根发同志长期从事律师工作,曾留学日本,访学美国,具有丰富的律师执业经验。他在攻读博士学位期间所表现出的求实、严谨和锐意进取的精神超出了我对他的期望,他的理论素养、功底和独特的研究风格具备了从事国际性高水平研究的条件。相信他的这部专著能够对读者全面、客观和准确地理解日本法的精神起到参考作用。

吕世伦
于中国人民大学寓所
2005 年 6 月 16 日
※刊于北京大学出版社 2005 年版

---

① 吴玉章:《法学博士学位论文:学术与策略之间》,载《清华法治论衡》2005 年第 5 辑。

吕世伦《西方法学思潮与流派》
丛书序言

　　源远流长的西方法学,是人类文明史的一颗璀璨明珠。从古希腊、古罗马开始,它迄今已有两千五百余年而愈盛,成为西方社会文化的一个极为重要的组成部分。在这一充满理性思辨的领域,贤杰辈出,学派纵横,卷帙浩繁,闪烁着耀眼的智慧光芒;亦如大江之涛,前赴后继,滚滚推进,不断地扩展和深化。当然,与任何事物的发展一样,有光明就有黑暗,有进取就有曲折。西方法学发展的历程,也间或泛起些许糟屑和污秽,但总体上顺应了社会发展与人类思想演进之规律。西方法学的积淀与变迁,提供了诸多有益于民主与法治建设的知识成果,是人类应当汲取的财富;而那些喧嚣一时、昙花一现的沉渣,亦不失其反思和警戒之意义。正是鉴于这些反复的考虑与权衡,我们才决定编辑这样一套《西方法学思潮与流派》丛书,力求使其尽可能较广泛和全面地体现西方法律思想发展的多样性特征。

　　该丛书定位为普及性知识读物,其对象主要是高等学校法学本科学生或具备相当知识水平的人士,同时亦包括那些对西方法学感兴趣或需从中查找有关资料的研究人员。因此,该丛书具有两个特点:第一,语言通俗、明了,文字简练,脉络清晰。第二,侧重于客观性资料的概括与介绍,不含过多的分析与评论。必须指出的是,西方法学中的一些学派或思潮的代表性著作包含着许多极富哲理思辨的、艰深难懂的论说。要将这些表述刻意加以"通俗化",不仅困难重重,而且可能拧曲原意、伤其精髓。逢此情形,我们只能力求做到恰如其分,相信读者能予以谅解。

　　本丛书的主题是"西方法学思潮与流派"。依学界通说,"法学思潮"和"法学流派"二者,完全可视为同义语。但仔细揣摩,它们之间还是能够区分,并且在某种特定情形下应当予以区分。"法学思潮"亦称"法律思潮",指在一定时期、一定区域(如欧洲、北美)或国家里,带有普遍性,且常常起伏不定的,对法现象进行理解和论说的趋向。而"法学流派"则是指,在法学思潮中逐渐凝结而成、相对稳定的派别或支派。其中,不仅存在着核心人物及其论著,更重要的是还有为法学界公认的、相对确定的主导精神和主义。不过,无论"法学思潮"还是"法学流派",它们均有大小和强弱不等的时空影响力。

　　《西方法学思潮与流派》丛书,是法律出版社的张波先生和赵浩女士首先动意,继而与我们共同策划的。之后,我们又陆续得到了法律出版社法学学术出版分社、张波先生及各位责任编辑的鼎力相助。今日,在此拙作得以付梓之际,我谨代表二十多位作者,向颇具声望的法律出版社的朋友们致以深深的谢意。同时,我们也由衷地期盼专家学者和广大读者不吝赐教。

吕世伦

2005 年 6 月于中国人民大学

※刊于"丛书"23 部,法律出版社 2005—2008 年

于沛霖《恩格斯法律思想研究》前言

　　马克思主义熔铸了人类优秀文化遗产的精华、无产阶级集体智慧的结晶和国际共产主义运动的丰富经验。它是我们认识世界和改造世界的强大思想武器,是我们社会主义事业和工人阶级政党的理论基础。马克思主义是一门博大精深的科学体系,除哲学、政治经济学和科学社会主义这三个主要的组成部分外,马克思主义法学也是它的重要内容。马克思和恩格斯在创立马克思主义的同时,也创立了马克思主义法学。马克思主义法学与马克思主义哲学、政治经济学、科学社会主义及其他组成部分都包含一系列基本原理和原则,有着密切的内在联系,构成一个不可分割的有机的整体。马克思主义法学以马克思主义的方法论和世界观即辩证唯物主义和历史唯物主义作为理论基础,科学地回答了法的起源和发展的一般历史规律,以及法的本质、特征和作用等这些以往法学家们不能科学解决的问题,并且涵盖着一套新的关于法和法现象问题的逻辑系统,可以说马克思主义法学是文明社会法学史上的最高成就。

　　马克思主义是以马克思的名字命名的,但马克思主义并不是马克思独自一人的创造,恩格斯也作出了不可磨灭的巨大贡献。恩格斯除了与马克思合作共同创作了诸如《德意志意识形态》《共产党宣言》等思想巨著外,他本人也是一位杰出的思想家,他的历史唯物主义法律思想的轨迹闪烁着独特的思想光辉。特别是在马克思逝世以后,恩格斯独自担负起指导国际共产主义运动,整理和出版马克思遗著以及维护、发展马克思主义的重任,"成了整个文明世界中的最卓越的学者和现代无产阶级的导师"①。同时,恩格斯以极大的热忱和严谨的科学态度从事着马克思主义的理论研究工作。他的众多著作,系统地阐发了马克思主义关于国家和法的理论,对马克思主义法学发展作出了突出的贡献。

　　系统地研究恩格斯的法律思想,可以更加完整准确地理解和掌握马克思主义的历史唯物主义法学体系。凡是熟悉马克思主义及其著作的人都知道,恩格斯的法律思想同马克思的法律思想是密切联系、不可分割的整体。"不了解恩格斯的全部著作,就不能了解马克思主义,就不能全面地阐述马克思主义。"②当代,一些西方学者,特别是马克思主义的敌人,不断散布马克思和恩格斯"对立"的理论,攻击马克思和恩格斯在许多问题上存在着根本性的"分歧",否认存在统一的马克思主义,有马克思主义和恩格

----

①　《列宁选集》第 1 卷,第 86 页。
②　《列宁选集》第 21 卷,第 72 页。

斯主义之分。这是让任何一个研究马克思主义理论的学者都感到荒唐可笑的,这是对马克思主义形成发展历史的歪曲。因此全面而准确地总结和阐述恩格斯的法律思想,能够合乎历史实际地概括恩格斯在马克思主义史上的地位和主要理论贡献,这也是坚持和捍卫马克思主义的需要。

同时,当前研究马克思主义法学理论,包括恩格斯法律思想,的确具有重要的现实意义。邓小平同志1985年9月在党的全国代表会议上指出,那些认为在建设时期学习马克思主义理论没有实际意义的看法是一种误解。他要求新老干部特别是新干部针对新的实际掌握马克思主义基本理论,提高运用它的基本原则和基本方法来积极探索解决新的政治、经济、社会、文化基本问题的本领,从而加强工作中的原则性、系统性、预见性和创造性。他认为只有这样,才能坚持社会主义道路,把社会主义事业和马克思主义理论推向前进,同时也才能防止一些同志特别是中青年同志在复杂的斗争中迷失方向。邓小平同志早在1979年还说过:"我们党是一个马克思主义的大党,我们自己不重视马克思主义的研究,不按照实践的发展来推动马克思主义的前进,我们的工作还能做得好吗?"遗憾的是,我们对马克思主义的研究的确在一个阶段内相当薄弱,特别是对马克思主义法律思想的研究更是如此,表现为研究者不多,而且对研究对象本身还存在着一些异议。有人认为马克思恩格斯没有系统的专门的法学著作,只有分散的法律思想,不能成为体系,因此认为不存在"马克思主义法学体系";有人认为,在当今全球一体化的时代,马克思恩格斯一百多年前依据当时的资本主义社会实际情况进行的研究,所得出的结论已经"过时"了。这些看法正说明了对马克思主义法学的不了解,研究得不够。令人欣喜的是,尽管如此,国内研究队伍中仍有学者持之以恒、孜孜不倦地在这个阵地上坚持着,通过他们的辛勤耕耘,也的确涌现了一批有影响的著作:李光灿先生和吕世伦主编的《马克思恩格斯法律思想史》,李龙先生主编的《马克思主义法学著作导读》,黎国智先生主编的《马克思主义法学著作导读》,公丕祥先生的《马克思法哲学思想述论》,杜万华先生的《马克思法哲学和法律社会学理论研究》等。但我赞同付子堂先生对该领域研究的评价:马克思主义法律思想研究是一个偏僻冷门,也是一个永久的基础性研究课题。值得注意的一个现象是国内对马克思的思想和著作,包括马克思和恩格斯的合著研究较多,但专门研究恩格斯的成果甚少。较有影响的有中国人民大学编写出版的《恩格斯和马克思主义》,其中孙国华先生等撰写的第十一章"恩格斯的法律思想";在纪念恩格斯逝世百年之际,由我和万其刚撰写的《恩格斯法律思想的历史轨迹》一文,付子堂先生的《恩格斯晚年关于法律功能问题的理论探讨》等文。总的看来,系统研究恩格斯的法律思想和著作的成果还不多。

二十年前,为了系统地研究马克思和恩格斯创立马克思主义法学的历程,以及他们所提出的法学的学说、原理和论点,以填充国内外在这方面的阙如,同时,也为了给我国法学研究生提供一部专业理论的试用教材,由老一辈的著名法学家李光灿先生与我共同发起和组织编写了《马克思恩格斯法律思想史》一书,这也是1985年获准的国家第一批博士点研究项目。沛霖同志当时就参加了该书的编写工作,并撰写了第五编"马克思逝世以后恩格斯对马克思主义法律思想的捍卫和恩格斯法律思想研究发展"。该书1991年由法律出版社出版,十年后,由于读者的需求,在2001年又修订出版。这些年,沛霖同志一直有一个愿望,想系统地研究和总结恩格斯的法律思想,我也一直支持他进行这项研究。现在这部专门研究恩格斯法律思想的著作经过作者多年努力终于完成了,也是件非常值得祝贺的事情。

该书的内容主要是研究恩格斯历史唯物主义法学观的形成、发展和基本观点。该书共分三篇,上篇主要研究恩格斯历史唯物主义法学的形成,研究恩格斯从青年黑格尔主义、历史唯心主义法学观转变到历史唯物主义法学观的过程,研究以他与马克思合著的《德意志意识形态》和《共产党宣言》为标志形成的历史唯物主义法学体系。中篇研究恩格斯的历史唯物主义法学观在革命实践中的验证、运用和发展,包括1848年欧洲革命时期的法学思想、巴黎公社时期的法律思想以及批判拉萨尔主义和反杜林主义的法律思想。下篇研究恩格斯在马克思逝世以后对历史唯物主义法学的新贡献,包括《家庭、私有制和国家的起源》的法律思想、《费尔巴哈论》等著作的法律思想、晚年历史唯物主义通信的法律思想。该书在研究中坚定地遵循历史和逻辑相一致的原则。恩格斯法律思想的脉络离不开他所处的时代,不了解其历史背景就很难作出科学的判断;在研究中坚持科学态度,忠实于原著,从恩格斯的著作中挖掘其本来的意义。

应该看到,由于时代的发展,马克思主义法学在当前阶段不可避免地受到当时整个时代的限制,个别结论也不同程度地带有时代局限性。马克思主义法学的世界观和方法论基础本身就决定了它具有与时俱进的理论品格,它必须而且能够立于时代的前列,吸收时代的先进成果,回答和解决时代提出的实际问题,但这需要我们在实践中不断丰富和发展马克思主义法学。我国改革开放以来实行的"以经济建设为中心,坚持四项基本原则,坚持改革开放"的基本路线,特别是党的十五大提出的"依法治国,建设社会主义法治国家"的治国基本方略,使我国的社会主义民主和法制建设得到了极大的发展。这些新的丰富实践,迫切需要把马克思主义法学推向一个新阶段。该书对这样的时代需求作了积极的回应,丰富了我国马克思主义法学理论研究。尽管对某些重要著作,如《德意志意识形态》和《费尔巴哈论》的理论阐释尚显不足,但仍不失为一部马克思主义法学理论研究的力作,而且从某种程度上弥补了我国在该领域研究的空白。希望从事马克思主义理论研究的同事们更加努力,使我国马克思主义法学理论的研究能够更加深入和繁荣。

吕世伦

2006年2月于中国人民大学

※刊于辽宁师范大学出版社2007年版

吕世伦、周世中《以人为本与社会主义法治》前言

　　无论是在西方文化还是在中国文化中,以"以人为本"为核心的关怀精神都有其深刻的历史渊源。近代以来的西方法制史无不印证着人们对人文精神的尊重。在历史上,西方学者在表达"以人为本"的含义时,有"人道主义""人本主义"等提法。而文艺复兴以来更多的是以"人文精神"来表述。在中国,"以人为本"的文化精神最早可推至殷末周初,那时人们已经从宗教观念中分离出"人德"的观念。春秋时代管仲甚至径直提出"以人为本"的口号。特别是自儒家倡导"民本"主义之后,已经历两千余年的传统。中央提出的"以人为本"的科学发展观,汲取中外历史中的这些进步和合理的成分,使之发扬光大。

　　党的十六届三中全会通过的《中共中央关于完善社会主义市场经济体制若干问题的决定》指出:"坚持以人为本,树立全面、协调、可持续的发展观,促进经济社会和人的全面发展。"这一科学的发展观,生动地体现了经典马克思主义学说中的重要思想,成为我国"依法治国,建设社会主义法治国家"治国方略的重要补充。这无疑对我国社会主义法治建设具有重要的现实指导意义。

　　在本质上,法治是源于人类对自身的存在、价值和命运的制度安排,"以人为本"则是深藏在它背后决定其发展方向和命运的最高精神力量。可见,"依法治国"主要解决的是治理国家所必需的规范问题、制度问题和程序问题,而"以人为本"的发展观则进一步明确和解决了"依法治国"的价值取向和目的价值的基础。本书从法哲学的角度,探讨法治如何体现"以人为本"及如何构建符合"以人为本"科学发展观的法治精神,剖析"以人为本"与社会主义法治关系的重大理论问题,用以填补国内外对于这一主题专门研究的阙如;而且从现实的法治观念、立法精神、执法和司法理念的角度,研究法何以保证实现人的"权利"和"自由",何以体现"以人为本"的发展观,以保证社会主义法治与科学发展观的协调发展。

　　本书分为四个部分:第一部分,探讨"以人为本"的概念及其思想渊源。主要论述了西方"以人为本"的思想渊源、中国"以人为本"思想的发展以及马克思主义"以人为本"的科学内涵及其地位。第二部分,研究法如何体现"以人为本"的发展观。针对社会主义法治建设中出现的一些重大问题,本书从立法、执法、司法的法律实践,探求如何使社会主义法治更好地实现"以人为本"的发展观,明确了"以人为本"的立法精神、

执法理念和司法原则,提出了立法、执法与司法都必须立足于对人的终极关怀,社会主义法治应当以彻底解放人为最高宗旨。第三部分,研究社会主义和谐社会的建立与"以人为本"的社会主义法治精神的关系和实践问题。这一部分涉及社会主义和谐社会的概念、内容、人与自然的和谐、人的人格权、自由言论权、弱势群体的法律保护等社会实践问题。对于这些问题的分析与探索,拓展了我们认识社会主义法治的视野,从更广泛、更深层次上挖掘了"以人为本"的法治理念。第四部分,对中西方"以人为本"的法律观进行比较研究。通过四个部分的阐述,本书确立这样几个基本的观点:第一,将"以人为本"作为依法治国的价值基础;第二,"以人为本"既是一种精神,也是一种原则,应将其贯彻到整个立法、执法、司法的实践中;第三,"以人为本"的科学发展观对中国法治未来的发展走向具有决定性的影响。

本书为司法部"法治建设与法学理论研究"的重点项目。2004 年 12 月立项,项目的主持人是中国人民大学法学院的吕世伦教授,项目的主要成员有:广西师范大学周世中教授、吴国萍副教授、扬州大学的蔡宝刚教授、中国人民公安大学的张学超博士、中国人民大学的高中博士。项目组成员围绕课题,展开调查和研究,在国内学术刊物上发表了系列论文。在此基础上,组织中国人民大学、中国人民公安大学、扬州大学、广西师范大学等高校的科研力量,撰写了这部学术专著。除了课题组成员外,参加本书撰写的人员还有:中国人民大学的李远龙博士、付池斌博士、徐宏亮博士、任岳鹏博士,中国公安大学的刘文副教授、广西师范大学的法学理论硕士生梁国江、全莉萍、欧阳梅、林楠。全书最后由吕世伦、周世中修改、定稿。

※刊于中国大百科全书出版社 2006 年版

鄂振辉《执法权研究》序

国家权力是整个权力体系的核心内容,而执法权则是其关键性的运行环节。执法权至少有两个重要特征:第一,同每个公民的切身权益攸关。一个公民从出生到死亡,可以不与立法机关、司法机关发生直接联系;但是,他无法避免与执法机关或部门打交道和受其管辖。第二,比之于立法权和司法权,执法权更为活跃和更为积极,其触角所及的空间也十分宽阔。只此两方面已足以表明,国家权力极具现实的与广延的重要性。因此,执法机关和它的执法行为唤起全国或全社会的倾心关注,乃是必然的也是必需的事情。对于法学与政治学的学者,更是如此。

从人类社会的法制发展史看,凡是法治水平比较发达的国家,其执法权都受到法律的有效规制,从而使公民权利得到最大限度的保障。所以,在我国面临政治体制改革的今天,我们越发感到,执法权及其合理配置已成为我国政治体制改革最关键的环节之一。近年来,在这方面,中央先后做出了一系列的明确规定。举其要者:①2000年9月8日国务院发布了第63号文件,即《国务院办公厅关于继续做好相对集中行政处罚权试点工作的通知》所指出的,"目前,政府职能转变和行政管理体制改革尚未完全到位,行政机关仍在管着许多不该管、管不了,实际上也管不好的事情,机构臃肿、职责不清、执法不规范的问题相当严重。往往是制定一部法律、法规后,就要设置一支执法队伍。一方面,行政执法机构多,行政执法权分散,另一方面,部门之间职权交叉重复,执法效率低,不仅造成执法扰民,也容易滋生腐败"。②中国共产党第十七次代表大会上胡锦涛总书记已指出,要"完善制约和监督机制,保证人民赋予的权力始终用来为人民谋利益。确保权力正确行使,必须让权力在阳光下运行。要坚持用制度管权、管事、管人,建立健全决策权、执行权、监督权既相互制约又相互协调的权力结构和运行机制。健全组织法制和程序规则,保证国家机关按照法定权限和程序行使权力、履行职责"。③温家宝总理在第十一届全国人民代表大会所作的《政府工作报告》中指出,要"深化政府机构改革。这次国务院机构改革方案,主要围绕转变职能,调整和完善行业管理机构,加强社会管理和公共服务部门,探索实行职能有机统一的大部门体制;针对职责交叉、权责脱节问题,明确界定部门分工和权限,理顺部门职责关系,健全部门间的协调配合机制"。当下,我国的大部制改革正在加紧进行中,所以,研究执法权的功能、属性、目的、运作及其配置等内容,是十分迫切和必要的。

继而,对行政权与执法权的关系予以较为细致的分析,突出地阐发执法权的特点,并借以理清行政权与执法权的关系。作者指出：行政权是指由国家或其他行政主体担当的执行法律，对行政事务实施主动、直接、连续、具体管理的权力，是国家权力的组成部分。而执法权，是指国家行政机关、法律授权或委托的组织及其公职人员在行使行政管理权的过程中，依照法定职权和程序，贯彻实施法律，将法律运用到具体人、具体事的权力。在一般意义上说，执法权与行政权的逻辑关系是一种种属关系，即行政权是一个种概念，而执法权是一个属概念。行政权力从宏观的角度看由三部分构成：内部行政权力（行政机关内部）；中间行政权力（行政机关与其他国家机关或法律授权委托的组织之间）；外部行政权力（行政机关针对第三人的权力），就是作为该书研究主题的执法权。从微观上讲，行政权由决策权、执行权、监督权三部分构成。执行权是执行法律、政策、命令的权力。在现代社会，政府管理事务不胜繁多，因而执行权的分量就显得举足轻重。所谓执法权，主要的乃是执行法律。在我国县、市政府，尤其如此。

我国改革开放 30 年来，在依法治国、建设法治政府方面取得了显著成效，但也的确存在一些不容忽视的问题，最突出的表现就是政府职能不清，执法部门分工过细，执行机关过于分散，进而造成相互扯皮，资源耗费，并给相对人带来很大负担。由于执法权没有按照法治的轨道合理配置，导致执法扰民，效率欠佳，公民、法人的正当权益得不到应有的保护。为此，在立法上单单强调规范政府行为是不够的，还亟须对政府权力，特别是执法权，进行科学与缜密的规制。

最后，在前论的基础上，通过把握古今中外执法权及其理论发展的轨迹，紧紧结合我国现实的国情，仔细探讨构建执法权的配置模式。作者提出：执法领域的问题不仅是执法行为规范与否的问题，更重要的在于执法背后的执法权力设定与配置问题，而这同样是我国面临的政治体制改革的一项重要内容。就我国而言，导致执法不力、执法扰民的最根本原因包括：受旧有传统观念的影响较深；对国家权力配置的重要性认识不足；国家权力设定，尤其是行政权与执法权设定中随意性强，缺乏法定性、严谨性、科学性、公开性。为了提高执法水平，保障公民权利，应从片面地注重研究执法行为的羁绊中解脱出来。

该书所研究的这些问题是颇有理论价值与实践价值的，字里行间不乏创造性的闪光点。不难想象，这样一部专著，没有长期艰苦的探索和智慧的积淀，是不可能完成的。

该书作者鄂振辉是我在南开大学法学所担任首任所长期间指导的第一位硕士研究生，现任北京市委党校法学教研部主任，是法学博士、副教授；还担任中国行为法学会理事、北京市宪法学会理事、北京市行政法学会理事。她 1985 年毕业于中国政法大学法律系，1988 年在南开大学法学研究所获得硕士学位并留校任教，1994 年调入北京市委党校法学部工作。鄂振辉曾对我说过，她在北京市中高级党政领导培训的教学工作以及实际调研中,愈益感觉到执法权及其科学配置对于保障公民权的重要性。为此,决意着手研究执法权,耗时三年多,其间克服了诸多困难。我希望作者在今后的理论研究与教学实践中密切追踪这一课题,锦上添花,使自己的观点不断趋于完善。

吕世伦
于中国人民大学法学院
2008 年 3 月 27 日
※刊于北京出版社 2008 年版

吕世伦主编、王振东副主编
《西方法律思潮源流论(第二版)》前言

《西方法律思潮源流论》是 1993 年推出的,言谈之间已经 15 个年头了。主编此书的初衷,无非是打算以一种新视角,把过去几十年间西方法律思想史的教学与研究之心得,以及同研究生们一起探索的成果,进行一番清理,做个简单的总结。但未曾料到,这个想法获得了肯认。拙作先后被一些法律院校采纳为教材,读者购阅的情况颇为不错,不久便已告罄。直到近几年,仍不时地有人通过各种渠道,希望读到它。

拙作的幸遇,大约与它所独具的特点不无关系。首先,书中把自然法学、分析实证主义法学、社会学法学作为西方法学的三大主流派加以把握,并分别地对其始源、演变和当前的状况,系统地加以评述。通过这样的思路,读者可以较为清晰和顺当地了解西方法学的文理和脉络。这一点,与传统的历史断代并以代表人物(而非学派)为主导的阐述方法,迥然有别。再者,书的次侧重方面,是对杂多而不易缕析的当代西方诸法学流派,做了尽可能周全的分析、归纳与整理。一些新学派,如存在主义法学、现象学法学、行为主义法学、符号学法学、多元论法学、西方马克思主义法学等,在迄今为止的国内西方法律思想史的教程或专著中尚付阙如(我同谷春德合著的《西方政治法律思想史》增订版乃系例外)。无疑,这利于克服以往的同类作品所难以避免的头重脚轻、显得厚古薄今的弱点。同时,又会使读者以三大主流派的观点为凭依,比较容易地勾勒出当代西方法学思潮的轮廓。

不过,缘于主编者学术造诣之不逮和成书之仓促,导致拙作存在许多缺陷。最主要的是,对自然法学、分析实证主义法学、社会学法学的表述,过于简略。再者,书中所列的当代西方各法学流派,有的尽管想法新颖,却没有多少创意,影响也不大,实际上不构成一个独立的学派;有的语言佶屈聱牙、晦涩难懂,而且其法学地位亦不太高。对这样个别的法学派别予以删略,可能会省去读者一些精力。最后,当前的学术形势发展甚速,新东西与日俱增,相形之下,书中不少资料已显得陈旧或者不符现实需求。此次该书的增订,很大程度上正是把弥补上述缺陷作为主要目标。

《西方法律思潮源流论(第二版)》的撰稿人(以撰写篇章先后为序)是:吕世伦(第一篇,第四篇第五章,第五篇第四章);徐爱国(第二篇);王振东(第三篇,第四篇第四章,第五篇第二章);程波(第四篇第一章);鄂振辉(第四篇第二章);刘文(第四篇第三章);吕庆明(第四篇第四章);卓英子(第四篇第六章);薄振峰(第五篇第一章);张小平(第五篇第三章);冯玉军(第五篇第五章);李法宝(第五篇第六章);任岳鹏(第五篇

第七章）；高中（第五篇第八章）。全书由我和王振东统一进行整理、编辑和定稿。

第二版是在初版基础上研写的，并保留其中的部分成果。为此，就不能忘记初版撰稿人的贡献。他（她）们（以原来顺序）是：王卫平、公丕祥、龙庆光、史彤彪、吕世伦、吴兴怀、邹列强、李法宝、杜钢建、杨少南、徐爱国、鄂振辉。

我们还要向中国人民大学出版社法律分社的编辑们致以诚挚的谢意。他们不仅最先动议重修这部书，而且在其编撰和付梓方面也给予我们许多鼓励与帮助。

吕世伦

2008 年 4 月于中国人民大学

※刊于中国人民大学出版社 2008 年版

吕世伦、徐爱国《西方著名法哲学家丛书》总序

　　人类的法律文化或法律文明，可以区分为法律制度和法律思想两大载体。法律是硬结构，法律思想是软结构。历史地看，它们共生并相互渗透和依存。比较而言，法律制度通常趋向于稳定和迟滞，而法律思想则显得敏锐和活泼。由于此缘故，一个时代的法律文化变迁，总不免表现为法律思想为先导，法律制度随之产生或变革。

　　中国为古老文明的大国，原本有自己独到的法律传统，也有自己的法律思维范式。临到清末，在西方列强的入侵和文化的冲击下，中国法律文化传统出现断裂，开始发生历史性的转型。早些时候，中国人学习日本，而日本的法律又来自于西方的德国。晚些时候又学习前苏联的法律，中国法律传统又增添了社会主义法律的色彩。这样一来，我们现今的法律同时是中国传统法律、西方自由主义法律和社会主义法律的混合体。反过来也可以说，我们的法律既欠缺中国传统，也欠缺东洋（日本）和西洋（欧美）的法律传统。法律职业者们所学和所用的是西方的法典，而要解决的则是中国社会本身的问题。

　　不可否认，近代以来的西方法律是摆脱人身依附关系及倡导民主与法治的先行者。因此，对它不应当亦不可能漠然对待，更不能简单地予以排斥。不过，在东西方有重大差异的法域，法律职业者生搬硬套西方的法律理念处理中国的问题，就意味着粗暴地对待了中国的社会。另一方面，当法律职业者们这样做的时候，又没有真正弄懂西方法律制度得以建立的法律理论，这又粗暴地对待了西方法律。中国学习西方法律已是历经百余年的不争事实。现今，法律制度的趋同化与各民族法律个性的减弱，是法律发展的一般模式。面对此种时代的大趋势，我们要做的不仅仅是要建立现代的法律体系，更重要和更深层次的在于弄清作为西方法律制度底蕴的法律思想。换言之，法律的研究和运用，只停留在法律制度的建立及相关资料的整理和解释上是远远不够的，而应该是法律规范与法律精神的统一。善于从法律制度中寻找法律的精神，从法哲学的抽象中探取法律实践所隐含的意义，才是中国法律职业者的共同任务。

　　从中西法律制度借鉴的角度看，我们更多地移植了西方的法律制度，而对西方法律精神则关注不足，主要表现在没有把握到西方法律的精髓。只有法律制度的引进，没有法律思想的参详，如同只有计算机的硬壳而无计算机的软件；没有法律的思想而实施法律的制度，那么法治的运行便成为无从谈起的问题。理解、消化和应用西方法律制度中所包含的法律理论，是我们继续和深化法律现代制度的紧迫任务。正是基于

这样的考虑,我们决定编写一套西方法哲学家的学术传记丛书。

西方法律思想存在于西方法哲学家的脑子里,表现在他们各具特色的个人生活之中,物化于他们的法律著作之内。每个法哲学家的思想各不相同,但是同一时代的一批法学家则代表了那个时代的法律思想文明。同样,每个时代法学家的思想也各不相同,存在着主流与非主流甚至逆流的思想观点的交叉与对立。几千年西方法律思想家的理论传承,构成了西方法律思想史的全景。基于这样的认识,本套丛书的着眼点是法学家个体。通过每个法学家独特的经历、独特的思考和独特的理论,我们能够把握西方法律传统的精神和品质。

今天,我们正在建立和完善中国特色社会主义的法律体系。这首先就要求有充实而有效的中国特色社会主义法律理念。中国特色社会主义法律理念要在马克思主义法律观的指导下,广泛借鉴古今中外的法律精神遗产,尤其要"立足中国,借鉴西方"才能达成。

是为序。

吕世伦　徐爱国
2008 年 12 月

※刊于"丛书"多个分册,黑龙江大学出版社 2008—2013 年(余者续出)

王建国《列宁司法思想研究》序一

列宁是世界上第一个社会主义国家的创立者,他系统地继承和发展了马克思主义国家和法的理论。列宁从当时俄国的经济、政治和社会现实条件出发,并在指导苏维埃政权的法律实践中,开拓性地阐发社会主义司法权思想,把人类对司法权基本问题的认识推向了一个新的阶段。

但不容忽略的是,长期以来,在国际共产主义运动内部对列宁的司法思想存在着诸多误解,包括新中国成立后照搬前苏联理论的影响,以及西方法学家对列宁司法思想进行蓄意的丑化与攻击造成的传染,使不少人对列宁司法思想萌生和蔓延了一种盲目抵触和排斥的心理。由于他们不肯下工夫读点列宁相关的著作,因而就谈不上全面与深刻地把握列宁司法思想的精髓。与此不同,如果能够以实事求是的科学态度郑重阅读列宁的原著,便不难理解其中的真谛。从而,来自极“左”的和“右”的扭曲,便会扳直,还原列宁的本来意思。还有一点需要澄清,苏联的解体也不能为列宁国家思想和法律思想“过时”论的武断提供证明。前苏联斯大林时代的集权主义政治,是斯大林变改列宁民主政治思想导致的;至于苏维埃国家的解体,则是后斯大林时期领导人以“反斯大林主义”为旗号,完全抛弃列宁主义造成的恶果。对于列宁司法思想的研究,刚刚讲过的道理也是重要的参照。只要没有偏见便可知道,列宁司法思想是一笔宝贵的财富。我们在探讨列宁司法思想的过程中,应当赋予它时代价值,这对于社会主义国家的司法实践、司法制度的完善以及揭示社会主义司法权的正当性与合法性,具有巨大的裨益。

当然,我们也应当看到,如同任何伟大思想家一样,列宁的司法思想亦不可避免地存在着时代的局限性。特别是在当时比较落后的俄罗斯的背景下,这种局限性更是不难理解的。这同样表现在司法思想方面,例如,列宁讲专政而民主强调不够,对“专政不受法律限制”欠清晰的分析等在其司法思想中的反映;有关法的继承性,法官队伍建设和审判程序的指示,存在着一定的片面与粗略之处。

简言之,我们既不能抹杀列宁法律理论和司法思想的积极意义,又不能否认它的局限性,而应当采取科学态度正确认识和借鉴列宁司法思想中合理成分,以服务于社会主义的司法实践。

正由于来自各种思想理论的干扰,1949 年新中国成立迄今,尚不曾有过一部较完整的研究列宁司法思想的著作问世,已有的也顶多是部分的涉及。因此,青年学者王建国的《列宁司法思想研究》这篇博士论文,便显得难能可贵。他通过对列宁原著执著的攻读,对列宁司法思想脉络的悉心梳理,力图准确把握其理论精髓和予以恰当的历史定位,完成约 30 万字的可观篇幅,并顺利地通过答辩。目下,置于我们面前的这部专著,就是作者在自己博士论文的基础上,经过仔细修改的作品。该书作为国内第一部系统而集中阐发列宁司法思想的学术成果,不妨认为它在一定程度上填补了这一主题研究领域的阙如。

通览全书可以知道,作者以历史和时代为视角,以严谨的治学作风和不辞辛苦的努力,阅读浩篇巨轶的《列宁全集》,同时收集和借鉴国内外诸多的相关资料。书中以唯物史观为指导,运用历史逻辑与理论逻辑相统一的方法,解读列宁司法思想形成与发展的进程和司法理念以及对社会主义司法体制的构想;还注重思考如何将学习与借鉴列宁司法思想同当前我国司法实践紧密结合的问题,其中一些观点和论述,不乏创意和说服力。所有这些,均是颇值得赞许的。我作为当初该博士论文答辩委员会的主席,对《列宁司法思想研究》一书的正式出版感到十分高兴,并相信它有助于唤起学人对这个主题的重视和更深入的求索。

谢谢作者让我为其大作撰序。

吕世伦
2009 年元月于中国人民大学
※刊于法律出版社 2009 年版

孙文恺《法律的性别分析》序一

　　性别与性别关系是人类社会永恒的话题之一。然而,就当下国内的法学研究而论,性别与性别关系的分析范式似乎并未引起人们足够的重视,由此视角考察法律现象还是一个较新且逐渐升温的论域。从这个意义上说,我的博士研究生孙文恺于九年前(亦即2000年4、5月份)选择法律与性别之间的关系作为其博士学位论文选题,具有一定的理论前瞻性。如今,经过长时间的沉淀与大篇幅的改动,他的博士学位论文形成了这本《法律的性别分析》。

　　厘清"性别"的内涵,是对法律进行"性别"分析的前提。这里用以分析法律现象的"性别"是指社会性别(gender),而非一般意义上的生理性别(sex)。诚然,马克思主义经典作家一直关注妇女问题,且其论述对我们研究国家与法律现象也有直接的启发。例如,马克思于1868年致路·库格曼的信中写道:"每个了解一点历史的人也都知道,没有妇女的酵素就不可能有伟大的社会变革。社会的进步可以用女性(丑的也包括在内)的社会地位来精确地衡量……"马克思对妇女问题的重视,使两性平等成为后来社会主义国家和法律制度建设的重要指导原则之一。当然,我们必须意识到:马克思主义经典作家在论及妇女问题时,主要运用了"生理性别"的概念。

　　"社会性别"的概念是女性主义者的理论贡献。虽然不同派别的女性主义者对这一概念有着不同的理解,但其主旨都在强调性别的形成与规范模式有着强烈的心理学、社会学因素。就此而论,波伏娃所谓"女人并不是生就的,而宁可说是逐渐形成的"之观点,较好地概括了社会性别的内涵。既然性别是后天"逐渐形成"而非先天地"生就的",那么性别在形成的过程中,就为各种制度、意识形态的渗透及发挥作用提供了契机。这里必须指出的是:女性主义者之所以推出"社会性别"的概念,其根本目标在于论证两性不平等的非理性。也就是说,透过社会性别的概念,人们可以更清晰地认识社会如何建构了男性在两性关系中居于支配地位的性别制度和性别意识形态。

　　《法律的性别分析》一书,以社会性别的概念为逻辑起点,分析了法律与社会性别之间的互动关系。通过梳理法律制度塑型性别与性别关系的历史,作者透析了法律制度影响社会性别的机制,并进而指出该机制直接促成了两性不平等的制度与意识形态。在工业革命颠覆了传统的性别关系后,资本主义国家的法律制度为消弭两性间的性别冲突亦随之发生变迁;由其性质所决定,社会主义国家自建立起就确立了两性平等的法律制度。然而,即便在推动两性平等的法律制度确立后,两性不平等的现象并未得以根除。女性主义认为性别歧视的意识形态应该为此"埋单",故女性主义法学则继之以"解构"性别歧视的法律意识形态。令人遗憾的是,女性主义法学因解构性别歧视的法律意识形态,反使自己陷于四分五裂的状态中。有鉴于此,作者提出了实现性别正义的法律进路。特别需要说明的是,《法律的性别分析》一书运用了"性别正义"的提法,以取代主流的"性别平等"概念。这是一种值得肯定的理论尝试。

1997年,我的硕士生曾以讨论美国女性主义法学为主题的论文获得了硕士学位。2001年,我的博士研究生孙文恺以女性主义法学倡导的核心概念"社会性别"为切入点分析法律现象,则在更深层面讨论了法律与性别之间的互动关系。《法律的性别分析》体现了作者自21世纪初以来关于法律与性别之间关系的思考,这一思考开创性地探讨了法律与性别之间的理论关系。因此,本书的研究具有重要的理论与现实意义。作为他的导师我非常高兴地看到他的大作出版,并欣然为其作序。在看到作者不断进步而感到欣慰的同时,我也衷心地希望他能持续地就此问题进行更深入的研究,以创造更多、更好的成果!

吕世伦

2009年11月于北京海淀区世纪城寓所

※刊于法律出版社2009年版

程波《中国近代史法理学（1895—1949）》序

对清末民国以来中国法理学学术史进行总结,无疑是具有重要的学术价值。由于各方面的原因,这一研究,曾一度被忽视。近十年间,该主题又渐渐为学人所注目,但研究仍处于分散、零乱的状态,缺乏全面性、系统性。今天,摆脱意识形态上的种种纠葛,求真务实,客观评析这一时期的法学学术思想,不只可能,亦有必要。鉴于此,程波教授在其博士论文基础上完成的《中国近代法理学（1895—1949）》一书,旨在梳理中国近代法理学形成发展的理论资源,辨识其学术谱系,寻找其学理依据。这一研究进路,对于探讨中国法学借鉴西方,反省中国法理学的学术历程,以推动当代中国本土的法学教育实践,是颇有意义的。

中国近代法理学生形成的知识背景,实际上是自外入中的结果,特别是明治日本的"东学"渊源,值得注意。与此同时,在中国近代法理学形成发展的历史阶段,充斥着法学名家及其经典作品,一些流传下来的法理学作品人们交口称赞,但对他们真正卓越之处却缺乏共同的认识。此故,就需要有人起而予以价值判断和谨慎甄别,形成"一种正确得当的差别意识"——这是达成共识的必要前提。因此,本书的出版,将有助于我们了解中国近代法理学生成的知识背景及其变化,亦系达成共识所必须做的工作。

程波博士是我的学生,向来勤奋好学,做事认真,攻读博士学位期间,突飞猛进,学业日精。本书是他的博士论文的一部分,在成稿时我就读过了。作为作者数年思考的阶段性成果,相信它将成为中国近代法理学学术研究的起步,也希望作者以此为契机,在这个领域大展宏图。本书得到2010年度教育部人文社会科学研究规划基金项目的出版资助,实为幸事。应作者之约,我写下以上几段话,以表达内心的喜悦和祝贺之情。是为序。

吕世伦

2011 年 11 月于北京世纪城

※刊于商务印书馆2012年版

严存生《西方法律思想史》序

西北政法大学严存生教授是我的老朋友。我们彼此相交与相知始于共同的专业西方法律思想史,通过长期纯洁的学术切磋,建立起深厚和真诚的友谊。平心而论,虽然我虚长其几岁,从事西方法律思想史的教学与研究早他几年,但他是后来居上者,于今我已无法与之比肩。我亲睹他学术上日渐精进,对他在该专业领域的深邃钻究颇有了解,严谨的治学态度和持之以恒的毅力使之获得丰硕的研究成果和学界同仁的赞许。现在他已步入古稀之年,仍然老骥伏枥,笔耕不辍,令人羡叹。这部独著的《西方法律思想史》便是很好的明证。

西方法律思想史对于投身其中的人而言,确实是"吃力不讨好"的法学学科。它面对西方历史上和现实中诸多哲学家和法学家的浩瀚著作,要阅读与研究、发掘与提炼那里蕴含的种种法观念,揭示这些法观念的源流和发展规律。有鉴于此,一位法学家欲独自撰写出具有浓郁特色的教程,是颇为困难的。这不仅需要对每个思想家的法观念有深入研究,还必须对西方思想史的全貌或整体"心中有数"。为达致此目的,有关学者坚忍不拔、历久弥坚地"坐冷板凳",静心览阅著作和积累资料,思考与提炼各著作的合理内核,寻找其思想理路(核心的概念、思维逻辑的起点与归宿),归纳出理论的体系,进而把它置于西方法律思想史的"长河"中予以定位。

严存生教授这部教程,是他历经30余年西方法律思想史教学与科研生涯的辛勤劳作之结晶。我以为,该书的突出特色有以下几方面:

第一,是它的系统性。此教程前后相继,扼要明晰地阐发西方法律思想的历史发展,不滞留于对主要流派和人物介绍的前置层面,还善于将它们联成一体,分析相互之间的内在关系。如此,让读者不再孤立地了解各流派和人物,而是能够在迷茫的纵向和横向的思想网络中较为准确地找到它们的位置,对西方法律思想有一个总体的、动态的理解和把握。

第二,是它的客观性。首先,该教程对各个流派和人物的介绍,力求客观和全面,抓住主要之点详细展开,在介绍观点时,尽量援用一手资料,使读者得识"庐山真面目",而非仅知道笼统与抽象的概括。其次,评价学派和人物,采取历史的眼光和辩证的观点,把它们放到其时其地的背景中来认识,避免绝对的肯定或否定的主观主义或形而上学,更侧重探查它们对现代和未来的意义。

第三,是它的深刻性。该教程对许多流派和人物的客观介绍和思想发掘是透彻的。譬如,对流派的介绍,除了一般观点与人物之外,更致力于对该流派所使用的核心概念、研究的基本问题、主要方法等的深层推敲。再如,对人物的法观点的介绍,既注意其总的思路,又注意剖析其哲学基础与思想渊源。这样做有利于读者在认知和把握流派和人物的过程中,知其然亦知其所以然。

第四,是它的资料的丰富性。在该教程中,作者汇集大量的经过精选的原著资料,汇聚百家的精彩言论。这可以减轻读者付出大量时间阅读茫如烟海的法学著作之重负。

严存生教授后半生以西方法律思想史为业,该教材凝结着他不少的心血,字里行间不乏作者匠心独运的想法,故而非常值得一读。

最后,谢谢存生教授让我对这部大作的先睹为快,并获得书中的启迪之益。

吕世伦
2012 年 7 月末于中国人民大学
※刊于中国法制出版社 2012 年版

曹茂君《西方法学方法论》序

西方法学研究中一个令人困惑的现象,就是学者们经常要向人们解释"法律是什么"。类似的问题在其他学科研究中似乎并不存在。这个法学研究最基本的问题常常令人烦恼不已。法学常常被人们认为是幼稚的学科或者落后的学科,一方面在于其研究对象的多变性,另一方面在于法律科学随着时代的发展存在着重大的差异。不同时期法学研究在内容上不像其他学科之间那样存在着内在的关联。不同时代的法学知识的差异性,使人们感到迷惑:法律在每个时代面临的问题难道不一样吗?

法律作为人们行为的规则,是法学主要的研究对象。但是,法律在人类历史发展长河中经历了不同的发展阶段。在最初的习惯法阶段,法律并没有完全和道德、宗教规范区别开来。法律的形成和发展很大程度上是一种自发的产物。习惯法从形式上反映的是一个社会的共同意识,这种意识受到当时社会的宗教意识的约束,因而最初的法学不能宣称自己具有创造法律的功能,只不过是对习惯法进行阐释。由于习惯法的简单、粗糙,并且不能直接作为人们的行为依据,更不能作为司法裁判的依据,因此,最初的法学的主要功能就是从习惯法中创造出各种司法裁判规则。这种从形式上没有创造法的法学,实际上却创造了无数的解决实践问题的法律技术,从而形成了人类最初的法律知识体系。习惯法时代的法学为人类提供了确定人际关系和解决社会冲突的基本规范。但是,这种法律很杂乱,矛盾冲突也比比皆是。习惯法注定要向制定法发展。在制定法阶段,法学的主要功能不再仅仅限于提供司法裁判规则,还要向人们提供简洁、清晰并且内在逻辑一致性的法律规则体系。创造出具有逻辑一致性的法律规则体系成为法学发展第二个阶段的主要任务。在欧洲中世纪兴起的大学法学教育中,法学家们创造了法律概念的唯名论方法、不同权威性规定的辩证逻辑方法以及由法律原则确保法律规则逻辑一致性的方法。通过这些方法,中世纪的法学家们将社会生活某些领域零散形成的法律规则转变成由原则、规则和概念形成的法律部门体系。在这个转变过程中,法学所具有的功能不仅限于对已有的社会规则的注释,而且还具有创造社会生活中没有的规则的能力。在习惯法向制定法的发展过程中,法学所具有的创造性功能,使法律从诸多的社会控制手段中分离出来,成为一种独立的社会控制手段;法学也成为人类知识体系中一个相对独立的学科知识体系。到了近代,随着自然科学取得的巨大成功,人类理性的认识能力也获得了充分的展现。人类相信,只要掌握了人类社会和自然界的发展规律,就可以通过规划、设计和实践探索,创造出一个美好的世界。法律适应时代的发展,产生了法典化运动的需要。法典化形式存在的法律,不仅作为人类行为规则的价值而存在,而且还具有实现人类社会理想目的的功能。法学在法典化时期的主要功能,就是通过寻找人类社会发展的法律规律,为法典化提供实证的理论依据。

一个人的成长,经历了少年、青年和壮年,最后迈入老年。在一个人一生经历的不同阶段,其面临的任务和需要解决的问题并不相同,因此,需要从现实出发,通过自身的努力去寻找解决这些问题的具体办法。在人类社会的发展过程中,法律经历了习惯法、制定法和法典化等不同发展时期。在这些不同的时期,法律的表现形式、法律的任务和法律自身的体系都是不同的。法学需要配合法律发展的不同时期的任务以及所具有的现实条件,完成不同的知识体系的创造。为此,需要发展出不同的法学方法论去完成这些使命,这是法律和法学自身的性质所决定的。

在其他学科看来,法律和法学的特殊发展道路,才会形成法学发展的困境。如何让人们清晰地认识法律科学知识体系的创造机制,就成为法学方法论承担的主要任务。因为这个缘故,在西方方法学理论中,法学方法论是一个传统的研究领域。但是,我国法学对这个问题的研究还处于空白状态。《西方法学方法论》一书恰好填补了这个空白。该书指出,西方社会历史发展的每一个重大的社会变革,都对法学提出了属于自身的特殊问题。法学为了完成时代的使命,从现有的法律现状出发,结合时代的思想潮流,创造出符合时代需要的新的知识体系。该书从方法论角度,清晰地向人们展示了法学和法律如何通过自身的变革,顺应了时代发展的需要。这种研究视角在法学界是具有创新意义的。而以往的法学著作对西方法律和法律思想的介绍,受学科局限,将思想和制度的变革割裂开来,人们很难认识到时代变革的思想如何直接转变为制度的创新。以往的法制史和法律思想理论还可能犯一种错误,即把不同时代的法律和法学任务视为大致相同,或者把现代的法律任务视为古代社会已有的法律任务。即使是介绍不同的学术观念,也常常使人难以理解学者们提出的一些学术见解是回答法学领域的什么具体问题。以自然法为例,在不同的时代,自然法存在的形态和发挥作用的方式实际上完全不同,但是,人们往往把自然法当成是一脉相承的东西。

改革开放以后,我国法学积极介绍、引进西方法律思想和理论,以促进我国法学学科的完善。然而,如何系统消化外来的知识,阐释西方理论的形成背景和知识体系的创造过程,进而形成解决中国现实问题的法律和法律理论,则是法学研究中的薄弱之处。没有这个环节,中国法学的研究就有可能对西方的法学理论浅尝辄止,很多学术观念与西方的学者的本意大相径庭。从这个意义上说,法学方法论问题的研究还只是一个开始。

作者是本人指导的硕士和博士。在校期间他就确立了法学方法论作为学术主攻领域。经过十余年的努力,终于有一本较为系统的阐释西方法学方法论的作品问世。这是作者长期努力探索的结果。该书从方法论角度向人们展示了西方法学在长期的历史演化过程中,为了完成时代赋予的特殊历史使命,进行了各种创新性探索,给人们一个了解西方法律和法学理论的崭新的视角,对于我们学习和了解西方的法学具有很好的工具性作用和理论上的启迪。

作为作者的导师,我十分欣慰地看到该书的出版。希望该书能够对繁荣我国的法学研究起到积极的推动作用。

吕世伦
2011 年 12 月
※刊于法律出版社 2012 年版

吕世伦《社会、国家与法的当代中国语境》
绪论:理论法学的基础课题

社会、国家与法及其相互关系,对法学和作为法教义的法理学而言,是最基础性的问题。相对地说,三者各有自身特定的蕴涵,因而彼此区别着。但是,它们之间又有紧密联系,不能孤立地存在。这一点不论对实证考察或理论研究皆具有绝对的意义。

社会(西方习惯地称之"市民社会")属于人的生活和物质资料的生产与再生产及人口生产与再生产即"种的繁衍"的共同体,它有不仰赖国家与法的独立性。从最低级的原始社会到最高级的共产主义社会,莫不是如此。在批判黑格尔国家主义观点时,马克思已明确地指出,不是国家与法决定市民社会,相反是市民社会决定国家与法。国家是由社会决定并来自社会、服务社会或者压迫社会的政治共同体。在民主制之下,法源于社会意志,进而直接通过国家意志表现出来。其存在方式不是共同体,而是人们行为的规则体,由法精神、原则、规范、政策、习惯所构成。

社会、国家与法之间互动的总趋势是,随着社会形态的变化,作为意识形态的国家与法亦或早或迟地发生与之相适应的变化。中国从半封建半殖民地社会转化为社会主义社会,再从计划经济体制转化为市场经济体制以来,国家和法及其观念也跟着大踏步地向前推进。这就是中国特色社会主义制度和理论的形成。但是,因为国内形势的复杂性、尤其改革开放30余年变化的剧烈,国内法学界对一系列相关问题尚来不及思考甚至没有察觉到,即使有些论述也是初步的,说服力不算太强。相形之下,鄙人的智能和笔触更显得才疏学浅,不堪与闻。在这部书里,仅想就笔者认为的若干带有基本性质的关注点,向学界同仁讨教。

多年以来,笔者最为重视的问题,排在第一位的便是:社会主义社会同本来意义上的所谓"市民社会"是个什么关系。依照传统的看法,资本主义社会是用生产资料私有制和资本奴役劳动来定义,而这又需通过自由市场经济的途径予以表现和实现。相反,社会主义社会则以公有制和按劳分配来定义,借助严格的国家计划经济来表现和实现;前苏联和中国都是如此。但是,这种计划经济体制导致的结果却是生产力发展的迟滞,造成社会的普遍贫困。有鉴于此般铁的事实,邓小平在马克思主义发展史上破天荒地断然否定对市场经济的传统偏见。他认为,贫穷不是社会主义。相反,社会主义就是要解放生产力、发展生产力,通过先富带后富,实现社会的共同富裕。果然,短暂的几十年,中国经济插上腾飞的翅膀,带动社会滚滚向前。在这种情况下,中国法学界自20世纪80年代末90年代初,有越来越多的人引入"市民社会"理论,倾向于认为我国社会主义社会应当建成为一个"市民社会"或者一个"社会主义市民社会"。不过,根据笔者长期的反复思考,深觉社会主义市场经济条件下的社会是或者应当是"市民社会"的提法颇值得商榷,更明白地说是欠妥的。其主要的失误就在于,这些学者几乎完全忽略了以19世纪为顶峰的自由资本主义社会即典型的市民社会,它与社会主义社会属于互相对立的、本质不同的社会形态。本来意义上的市民社会,黑格尔描绘为"私利的战场,人与人斗争的舞台",马克思对此亦表赞同。显然,把当代中国引向这种形态的社会是一种巨大的历史倒退,时代和人民大众都不会允许。把市民社会看成我国社会主义社会发展的模板和前景的学者,常常是以用非现实的、理想化的思维方式来看待市民社会为前提的。毛泽东早在半个多世纪以前就已断定此路不通。从前是这样,现在仍是这样。除此而外,目前还有一种"社会主义市民社会"的提法。此论较之前者是有所区别、有所前进的,但他们最大的缺点,同样是对本来意义上的市民社会缺乏批判性。无论如何,用"社会主义市民社会"替代"社会主义和谐社会",不免过于简单化了。确实,市民社会(狭义的)是发达的市场经济的必然产物,不以人们的愿望为转移。社会主义市场经济条件下的社会,也不能避开市民社会现象。在这个意义上,"社会主义市民社会"有其实际根据。但是,不能忘记,市民社会在社会主义社会中属于局部现象,就是说仅存在于市场交易领域。而在主导性的全民所有制这个更宽阔的范围内,则是社会主义性质的社会;市民社会只属于附庸地位的局部。它导向的前景是社会主义,而非资本主义。更何况市场经济本身不是自足的,其发展途程中必然产生贫富两极分化。简言之,我们既不应否认或抹杀社会主义社会存在一定范围的市民社会,但也不能把它加以理想化,看得那么完美,以至于把它和社会主义和谐社会划等号。

社会主义国家,从应然上说是个比资本主义国家更高历史类型的国家。用列宁的话表达,它是"一开始就走上消亡的道路而最终不能不消亡的国家",因而同资本主义国家存在着本质的差别。尽管资本主义国家与社会主义国家的宪法皆规定"人民主权",但政治体制上却大相径庭。一般情况是,资本主义奉行三权分立、代议机构两院制和民主共和制。这是最有利于保持或维护资产阶级文化意识形态的领导权,而模糊广大群众视野、维护资本利益的。到今日为止,西方国家正是无时无刻地凭借这种意识形态标准,企图同化整个世界。哪个民族国家拒绝他们那一套,就被认定违背民主(专制)、没有自由(侵犯人权)。社会主义的中国则坚持人民主权的统一性,奉行人民代表大会制和共产党领导下的多党合作政治协商制。实践证明,这是符合当前中国具体国情的、富有生命力的国家制度。但不能否认,它在完善人民当家作主、全心全意服务人民、保障与发展人权、优化民生机制等诸方面,仍有瑕疵,尚须逐步加以改进。社会主义政权机构必须是一个服务政府、廉洁政府、责任政府、法治政府、高效政府,而不能单纯归结为管理政府。在国家问题的研究过程中,遵循马克思主义创始人以来的社会主义—共产主义经典作家的基本理念,极其重要。这里面包含着两条界限的清晰划分:一是马克思主义与国家主义的界限;一是马克思主义与西方自由主义的界限。国家主义,是指以国家权力为核心,以权力至上为价值基础的意识形态或观念体系。其内在精神在于:重国家,轻社会;重权力,轻权利;重人治,轻法治;重整(集)体,轻个体;重实体,轻程序。最为关键的是,在社会与国家关系上所坚持的不是社会本位而是国家本位。与此相反,自由主义是以个人自由为核心,以私的权利至上为价值基础的意识形态或观念体系。它所倡导的自由、民主和法治无不体现着个人主义精神。这种既排斥社会干预又拒斥国家干预的、个人间"平等权利"竞争的后果,不可避免地导致社会权利拥有上的分化和集中,使拥有大资本的少数人成为社会与国家的支配力量。虽然 20 世纪以来西方国家纷纷踏上"福利国家"与"多元民主"之路,其中涌现若干社会主义(民主社会主义)色彩,但根本的社会格局即私有制的主导地位及贫富对立的格局,却没有根本性的变化。当然,强调社会主义同国家主义和自由主义的对立并不等于对它们进行全盘否定。反之,其中含有的一切合理成分,必须予以借鉴和汲取。

社会主义法是表达作为整体的社会权利与国家权力关系及其与市民或公民个人关系的规范体系。在这个体系中,最实质的东西无非就是人权。人权所涉及的基本的对应范畴,有权利与权力、权利与义务和国家机关及其公职人员的职权与职责。既然社会与国家由全体人民为主宰,那就意味着不是权力创造权利,而是权利创造权力;不是权利为权力服务,而是权力为权利包括社会权利服务。然而,如何实现人民当家作主呢? 唯一可行之路便是将他们的意志提升为法律,并依照法定程序组成国家机构和遴选出公职人员来运作权力而不得逾越法律的界限——这就是法治。法律保障个人间的平等权利与平等义务,确立国家机关及其工作人员的以职责为主的职权和职责制度,严防权力的腐败、滥用和低效。社会主义不仅有其形式层面,更有价值层面。马克思指出,普遍人性即人的"类本质"是美好的。因此,立法的能动性并不在于创造法,而是从已存在于人的类本质中不断挖掘和发现法。这也就是要按照美的规律建造法,使法之真与法之善结合一起,体现出法之美,一个法治国家,不言而喻地要具备程序上的合法性,同时一定要具备实质上的合理性。合乎客观规律表示必然性,反映价值目的表示法的应然性,注重现实需要表示法的实然性。一种理性状态的法必须具备这三方面的属性。依法治国是以体现社会绝大多数人的意志的规范办事,即程序正义的形式原则。如果抛开该原则,那只能导致统治者自行其是的人治或者无政府状态。我国法治的基本目标在于构建社会主义和谐社会。为此,首先使法充溢着以人为本或人文主义的精神。以人为本必须坚持:在个体与整体的关系中,以个体为本,而不可离开个人谈整体;在人的自由与其他价值关系中,以自由为本,因为唯有自由才是人的核心价值,生存与发展都应以自由为归宿;在权利与权力、权利与义务的关系中,以权利为本,即以权利为前提与目的。假若把这些关系颠倒过来,便会复归"极左"年代的老路。就实质而言,以人为本无非是人权问题。以此为视角,可以重构法的体系,其构成要素包括:第一,根本法,是实现人权的总纲;第二,市民法,调整人在社会生活尤其市场经济活动中的权利与义务关系;第三,公民法,调整人在国家或政治领域中的权利与义务关系,包括公民与权力的关系;第四,社会法,把政治与法律的形式平等升华为社会、经济、文化和环境方面的事实平等。这种平等所恪守的原则,首先不是法律而是法律背后的公平正义。在当前中国,最急迫的就是在民生问题上要侧重扼制和解决人与人之间的分化尤其贫富的两极分化,切实又有效地保障社会弱势群体的利益。构建社会主义和谐社会的法律机制,有伦理方面的机制(公平正义)、政治方面的机制(民主与监督)、主体性方面机制(人格与自由)和"天人合一"方面的机制(环境友好)。中国特色的社会主义法治是与国家的改革开放一道产生、发展和完善起来的。这个崭新制度的主要内涵包括:它的指导思想是邓小平理论;它的核心内容是"依法治国"的基本治国方略;它的价值基础是以人为本;它的目标是构建社会主义和谐社会。

当下,中华民族正处于历史性的崛起的新时期,我们法学工作者应该为之作出自己的贡献。

※刊于清华大学出版社 2013 年版